HEYNE BIOGRAPHIEN

Zum Autor:

Salvador de Madariaga wurde 1886 in Nordspanien geboren. Er studierte ursprünglich Ingenieurwissenschaften, verließ aber diesen Beruf 1916, um sich ganz seiner schriftstellerischen Arbeit zu widmen.
Von 1916 bis 1921 lebte er in London, von 1922 bis 1927 war er Leiter der Abrüstungsabteilung beim Völkerbund in Genf. Nach Beginn des Spanischen Bürgerkrieges ging Madariaga ins Exil nach Oxford, wo er einen Lehrstuhl erhielt.
Zu seinen zahlreichen literarischen Werken gehören u. a. Biographien über Christoph Columbus und die hier vorliegende über Cortés, mit der er viel zur Revision des königlichen Bildes beigetragen hat, das man früher über diesen Kolonisator Mittelamerikas verbreitete.
Madariaga starb 92jährig in seiner Wahlheimat Locarno.

Salvador de Madariaga

CORTES

Eroberer Mexikos

Wilhelm Heyne Verlag
München

HEYNE-BUCH Nr. 12 / 116
im Wilhelm Heyne Verlag, München

Deutsche Übersetzung von
Helmut Lindemann

Genehmigte, ungekürzte Taschenbuchausgabe
Lizenzausgabe mit Genehmigung der Deutschen Verlagsanstalt, Stuttgart

Printed in Germany 1984
Zeittafel und Ergänzungsbibliographie: Dr. Hubert Fritz
Umschlagfoto: Archiv für Kunst und Geschichte, Berlin
Innenbebilderung: Bildarchiv Preußischer Kulturbesitz, Berlin (12)
Archiv für Kunst und Geschichte, Berlin (5)
Umschlaggestaltung: Atelier Ingrid Schütz, München
Bildteil: RMO, München
Gesamtherstellung: Presse-Druck, Augsburg

ISBN 3-453-55116-8

Inhaltsverzeichnis

Vorspiel

Die Wiederkehr des Quetzalcoatl

Im Jahre Vier-Haus der achten Jahresgarbe der mexikanischen Zeitrechnung widerfuhr dem Kaiser Moteczuma dem Jüngeren ein großer Schrecken. Wir nennen jenes Jahr 1509. Die Mexikaner zählten die Zeit nach »Garben« zu zweiundfünfzig Jahren.[1]

Moteczuma war Uei Tlatoani von Mexiko, das heißt Oberherr oder wörtlich: Er, der spricht. Als solchem gebührte ihm höchste Achtung von jedermann im ganzen Reich, angefangen bei dem zweithöchsten Würdenträger des Staates, der stolz den Titel Ciuacoatl oder Weib-Schlange trug – allerdings eine furchtgebietende Verbindung. Wohin Moteczuma auch ging, stets wurden vor ihm die Straßen sorgfältig gefegt, wiewohl er sie niemals wirklich betrat, da er in einer Sänfte getragen wurde; ging er wirklich einmal zu Fuß, so nur über Teppiche, welche seine erhabenen Füße davor bewahrten, Mutter Erde zu berühren. Mächtige Würdenträger bedeckten ihre reichen Gewänder mit groben, billigen Überwürfen, ehe sie ihm unter die Augen traten. Niemand durfte ihm ins Antlitz blicken. Wenn einem solchen Mann ein Schrecken widerfuhr, so konnte nur Furcht vor übernatürlichen Gewalten die Ursache sein.

Er war ein eifriger Anhänger der Religion seines Volkes. So mochte denn, als die zwölf Wahlmänner nach dem Tode des Kaisers Ahuitzotl unter den sechzehn möglichen Anwärtern ihn erwählten, wiewohl er unter den lebenden Nachfahren seines Vaters, des Kaisers Axayacatl, erst der sechste war, den Ausschlag für die Entscheidung gegeben haben, daß seine Frömmigkeit ihm bereits den Vorsitz in der Priesterschaft eingetragen hatte. Außerdem fielen freilich auch seine kriegerischen Taten ins Gewicht, die ihm das Recht verliehen, sein Haar nach der Weise derer zu tragen, die mindestens sechs lebende Gefangene als Opfer für den Kriegsgott Uitzilopochtli eingebracht hatten.[2]

Cervántes de Salazar, Kanonikus von Mexiko, beschreibt den Kaiser kurz nach dessen Tod folgendermaßen: »Er war ein Mann von mittlerer Statur und trug eine gewisse Ernsthaftigkeit und Majestät zur Schau, welche selbst denen, die ihn nicht kannten, deutlich verriet, wer er war. Er war schlank und schmal und hatte die gelblich braune, an einen Papagei gemahnende Hautfarbe seines Volkes. Das lange, glänzend schwarze Haar reichte ihm fast bis auf die Schultern, während der dürftige Bart aus einzelnen, nur wenige Zoll langen schwarzen Haaren bestand. Die schwarzen Augen blickten ernst, und insgesamt paarte sich auf seinem Antlitz Leutseligkeit mit königlicher Majestät, so daß, wer ihn ansah, von Liebe und Ehrfurcht bewegt wurde. Er war ziemlich kräftig, gewandt und schnell, ein guter Bogenschütze und Schwimmer und in allen kriegerischen Übungen wohl bewandert. Er war gutmütig, wiewohl ein strenger Richter – beides, weil er geliebt und gefürchtet werden wollte; denn er wußte aus eigener Erfahrung wie aus Erzählungen seiner Vorgänger, daß seine Untertanen Menschen waren, die nur mit Strenge und Härte regiert und auf dem Pfade des Rechts gehalten werden konnten. Bot sich Gelegenheit dazu, so war er ein guter und geistreicher Redner, doch hütete er seine Zunge. Er liebte die Frauen und pflegte seine Manneskraft durch Drogen zu stärken; er behandelte sie gut und genoß sie in größter Heimlichkeit. Feste und Vergnügungen mochte er gern, doch ließ ihn sein ernstes Wesen Zurückhaltung üben. Was die Religion und die Anbetung seiner eitlen Götter anging, war er eifrig und fromm, opferte sehr fleißig und gab Weisung, daß alle religiösen Vorschriften auf das genaueste befolgt würden, nirgends zeigte er weniger Milde als bei noch so geringen Verstößen gegen den Gottesdienst. Diebstahl und Ehebruch, für die er sein Volk besonders anfällig wußte, bestrafte er sehr streng, und weder Freundschaft noch flehentliche Bitten durften dem Vollzug des Rechts im Wege stehen. Seinem Volk begegnete er so majestätisch, daß er selbst den Größten nicht gestattete, in seiner Gegenwart zu sitzen oder Schuhe zu tragen oder ihm ins Antlitz zu schauen. Ausnahmen gab es nur für ganz bestimmte Personen, die große Herren und von königlichem Geblüt sein mußten.

Er war stets sorgfältig und auf seine Weise reich gekleidet, hielt sich erstaunlich sauber und badete täglich zweimal. Außer zu den Mahlzeiten verließ er nur selten seine Gemächer, empfing dort auch nur wenige Besucher. Die Regierungsgeschäfte ließ er größtenteils durch die Mitglieder seines Rates erledigen, die einzeln oder gemeinsam zur Berichterstattung kamen. Das geschah durch drei Dolmetscher, wiewohl sie alle dieselbe Sprache sprachen. Von seinem Hause aus gelangte er in den Haupttempel des Uitzilopochtli zu den Opfern und verrichtete in einigem Abstand von den Großen seines Reiches viele Gebete. Danach kehrte er niedergeschlagen und in Gedanken versunken zurück, ohne mit irgend jemand ein Wort zu wechseln.«[3]

In solcher Stimmung befand er sich fraglos auch damals, als er an einem Abend jenes schicksalschweren Jahres Vier-Haus der achten Garbe das Jammern und Wehgeschrei seiner Untertanen vernahm und, auf die Terrasse seines Schlosses tretend, am Himmel ein Meteor entdeckte, das seine schlimmsten Befürchtungen bestätigte. War es doch sein Los, in einem höchst unglücklichen Zeitalter zu regieren. Die mexikanischen Astrologen meinten, der Welt, in der sie lebten, werde es nicht besser ergehen als den drei Welten vor ihnen. Die erste, welche Atonatiuh oder Wassersonne hieß, war von einer Sintflut verschlungen worden. Die zweite, Tlalchitonatiuh oder Erdsonne genannt, war von Erdbeben gevierteilt und zerrissen worden. Die dritte, Ecatonatiuh oder Windsonne geheißen, war von einem Wirbelsturm hinweggefegt worden, so daß außer ein paar Affenweibchen kein Lebewesen übriggeblieben war. Die vierte Welt, Moteczumas Welt, hieß Tlatonatiuh oder

Feuersonne; von ihr wußten die Astrologen genau, daß sie durch Feuer vernichtet werden würde. Auch entbehrte dieser zerstörerische Wahnsinn nicht gänzlich der Methode; denn die Mexikaner glaubten, das Ende der Welt werde künftig genau wie in der Vergangenheit in einem der Zwei-Schilfrohr-Jahre kommen, also in einem der Jahre, in denen man »die Garben aufband«, dem zweiundfünfzigsten und letzten eines Jahreskreises. Moteczuma konnte sich noch des letzten Males erinnern – es waren gerade zwei Jahre vergangen –, als er mit seinem Volk durch quälende Zweifel gegangen war: Geschieht es diesmal, oder haben wir noch zweiundfünfzig Jahre zu leben? Während des ganzen Jahres waren die Vorzeichen sehr schlecht gewesen: achtzehnhundert mexikanische Krieger waren im Fluß ertrunken, »die Sonne wurde gegessen« (d. h. es gab eine Sonnenfinsternis), und zudem traten Erdbeben auf. Kein Wunder, daß alle Mexikaner, vom Uei Tlatoani bis hinunter zu dessen bescheidensten Untertanen, Monate, Wochen und Tage hindurch gezittert hatten, bis die letzte Stunde des Jahrkreises schlug. So kam es, daß die Zeremonie des feierlichen Feuerentzündens in jenem Jahre besonders ernst und in großer Bewegung begangen worden war.

Moteczuma hatte befohlen, daß seine Krieger sich bemühen sollten, in den Kämpfen jenes Jahres einen tapferen und vornehmen Feind lebendig gefangenzunehmen, dessen Name mit jener Zeremonie besonders verbunden werden sollte. Dem Soldaten Itzcuin war es gelungen, in der Schlacht einen Hauptmann von Vexotzingo mit Namen Xiuhtlamin zu fangen; da xiutl Jahr bedeutet, schien dies dem Kaiser hinlänglich anzuzeigen, daß der Gefangene den unerbittlichen Göttern ein willkommenes Opfer sein werde. Endlich begann die gefürchtete und gleichwohl herbeigesehnte Zeitspanne, und die Mexikaner fingen an, sich für den Tag des Zweifels zu rüsten. Mit jener Gleichgültigkeit, wie sie der nahende Tod verleiht, warfen sie ihren Hausrat und Schmuck in die Lagune, über der die Stadt erbaut worden war: die kleinen Steinmühlen, in denen die Hausfrauen den Mais zu Mehl zerrieben, und dazu die steinernen und hölzernen Bilder der Hausgötter. Schließlich fegten und säuberten sie sorgsam die leeren Häuser und löschten an dem mit Seufzen erwarteten Tag alle Feuer. Die fünf »leeren Tage«, die am Ende jedes Jahres wiederkehrten, wurden diesmal mit Fasten und Beten verbracht. Nirgends im ganzen Reich durfte etwas brennen oder aufflammen. Das Feuer war tot. Bis der »Meister der Himmelswissenschaft« verkünden würde, daß sich die Welt weiter drehe, bedurfte es keines Feuers.

Feuer war unnötig; denn falls die Sterne nicht mehr kreisen würden, könnte auch der Priester kein neues Feuer entzünden, sondern die Welt würde ihr Ende finden. Die Sonne würde nicht wiederkehren, die Nacht würde immerdar währen, und in der dauernden Finsternis würden die fürchterlichen Tzitzimitles über sie herfallen und alle verschlingen. Also liefen sie alle auf die Terrassen hinauf, nachdem sie die schwangeren Frauen eingeschlossen hatten, die, sollten die Sterne nicht in ihrer Bahn bleiben, gewiß zu wilden Tzitzimitles werden und jedes Menschenwesen in Reichweite verschlingen würden. Die Kinder mußten auf jederlei Weise wachgehalten werden, weil sie, schliefen sie ein, gewiß in Mäuse verwandelt würden. Ganz Mexiko blickte zitternd und bebend von den Terrassen der Stadt zum Hügel Uixachtecatepetl hinüber, wo das neue Feuer, falls es denn eines gäbe, entzündet werden sollte.

Die Priester hatten inzwischen ihre Masken und Schmuckstücke angelegt, wodurch ein jeder von ihnen zum lebendigen Abbild des Gottes wurde, dem er jeweils diente, und hatten die lange, feierliche Prozession begonnen, die sie mit sorgfältig berechneten Schritten genau um Mitternacht auf den Gipfel des Hügels führen sollte. Der Priester, dem es zufiel, das neue Feuer zu entzünden, übte sich im Gehen mit den beiden Holzsstücken, einer Spindel und einem Brett, mit denen er die lebenspendenden Funken hervorrufen sollte. Dicht neben ihm schritt der unglückliche Gefangene Xiuhtlamin, auf dessen Brust das Feuer entzündet werden sollte. Eine riesige Menschenmenge folgte der Prozession, während weitere Schwärme in Kanus oder auf andern Straßen den Hängen des Hügels Uixachtecatepetl zustrebten.

Dort auf der höchsten Anhöhe betrachtete der »Meister der Himmelswissenschaft« vom Dache eines kleinen Tempels aus besorgt, wie sich die Plejaden dem Meridian näherten, ihn überquerten und unverwandt ihre Bahn verfolgten. Auch beobachtete er die drei Sterne im Stier, welche nahe den Plejaden standen und den Mexikanern das Feuerzeug bedeuteten, dessen Namen Mamalhoaztli sie dem Sternbild gegeben hatten. Sobald diese Sterne den Meridian überquert hatten, aus dessen weiter Ferne sie auf die nächtlichen Beobachter herabschauten, die ihr klares Licht als Signal zu blutigem Ritus erwählten, verkündete der »Meister der Himmelswissenschaft« die Tatsache den anderen Priestern, die, vielleicht weniger besorgt als die Menge ihrer Gläubigen dort in der Ebene, im Dunkel eines tiefer gelegenen Tempels gewartet hatten. Xiuhtlamins letzter Augenblick war gekommen. Rasch packten ihn fünf Priester und legten den Wehrlosen auf den Opferstein. Dort erstach ihn der Oberpriester mit einem Obsidianmesser dicht über dem Herzen, so daß mit einem Stoß alle wichtigen Venen und Arterien durchschnitten wurden. Sein Herz wurde herausgerissen und noch pochend zur blutrünstigen Gottheit emporgehoben, während der feuerentzündende Priester sein hölzernes Mamalhoaztli auf die blutige Brust legte und fieberhaft die Spindel in ein trockenes, heißes Loch des Brettes drehte. Eine Wolke von Sägemehl stieg empor und legte sich auf den Leib des Opfers. Plötzlich ein flüchtiger Funke, noch einer und noch einer – die Wolke fing Feuer. Der Priester nutzte sein Glück, und bald beleuchtete eine stetige Flamme die klaffende Wunde im Leib des Opfers und die gespannten Gesichter der Priester. Auf dieses neue Feuer wurde das Herz des Opfers geworfen, erster Brennstoff des neuen Zeitalters, und allmählich gab man den ganzen Leib dem Feuer zur Nahrung.

Alsbald trugen sie ein flammendes Kohlenbecken aus dem Tempel hinaus in die kalte Nacht, die erfüllt war von einem Meer angstgepeinigter Menschen. Der Anblick des Feuers war das Signal für die Wiedergeburt der Freude, des Lebens und seiner tausenderlei Verrichtungen. Sobald die anwesenden Männer und Frauen das Licht erblickten, stachen sie sich mit Maguey-Dornen in die Ohren und sprengten das Blut aus ihren Wunden zum Feuer hin. Um das Kohlenbecken standen die Ortspriester aus allen Städten und Dörfern im Tal, versuchten ihre Kienfackeln an der neuen Flamme zu entzünden und rannten, sobald das gelungen war, so schnell sie konnten den Hang hinunter. So lief das Licht einer neuen Hoffnung hier und da durch die Nacht, um neue Opferfeuer in den Tempeln, Freudenfeuer auf den Märkten und Herdfeuer in jedem Hause zu entzünden. So schnell und eifrig waren alle, daß bald nach Mitternacht allüberall Feuer brannten, die das Tal ringsum fast taghell erleuchteten.

Moteczuma erinnerte sich jenes denkwürdigen Tages. Er wußte, daß sein Volk über den Zweifel und die Angst von damals hinweggekommen war. Dennoch war ihm die tödliche Furcht vor dem Schicksal geblieben. Die Götter waren hart. Er war erst ein Jüngling von neunzehn Jahren gewesen, als im Jahre Acht-Schilfrohr sein Vorgänger Ahuitzotl, nachdem er im Jahre zuvor zum Uei Tlatoani gewählt worden war, dem Uitzilopochtli einen neuen Tempel geweiht und dabei zu Ehren des Gottes zwanzigtausend Gefangene aus Macatlan, Tlapan, Tzicoac, Uaxtepec, Xolochiuhyan, Tzapotlan, Cuauhnauac und Yoaltepec geopfert hatte. Vier Tage lang hatten die Opfer vor vierzehn Tempeln in meilenlangen Schlangen gestanden und darauf gewartet, daß ihre Stunde schlüge. Sie waren über und über gekälkt, bis auf einen schwarzen Streifen über den Augen. Auf dem Kopf trugen sie Adlerfedern, um die Stirn eine Binde aus Bastpapier, die mit Flaumquasten festgebunden war, dazu Kragen, Gürtel und Lendentuch gleichfalls aus Papier. In der Rechten hielten sie ein Papierfähnchen und in der Linken einen spielerischen Schild aus Schilf, der mit fünf Adlerflaumfedern geschmückt war. Am Tempel angelangt, wurde das Opfer die Stufen hinaufgeführt oder, falls es zu schwach oder zu stark war, um selbst in den Tod zu gehen, an den Haaren hinaufgezerrt. War der Unglückliche endlich oben, so packten ihn fünf Priester und warfen ihn auf den Techcatl: zwei Priester hielten seine Arme, zwei seine Beine und ein fünfter hielt den Kopf nach unten, indem er ihm ein hölzernes Joch auf die Kehle preßte. Dann wurde das Opfer auf die übliche Weise dadurch vollzogen, daß sie dem Gefangenen mit dem schnellen Stoß eines Obsidianmessers die Brust öffneten und das Herz als Speise für die Sonne herausrissen. Von Zeit zu Zeit mußten sich die Priester ablösen, wenn die körperliche Anstrengung sie ermatten ließ.

Herz auf Herz wurde in die Adlerschüssel geschüttet, Leichnam auf Leichnam wurde die Treppen hinunter in den Tempelhof geschleudert. Alte Männer, denen diese scheußliche Arbeit aufgetragen worden war, schafften sie weg und ließen sie häuten und aufteilen. Nie zuvor in der Geschichte Mexikos waren dem Kriegsgott solche Hekatomben dargebracht worden. Unter seinen düsteren Vorahnungen mochte Moteczuma wohl darüber nachsinnen, daß unter seiner Regierung den Göttern noch kein solcher Beweis von Treue und Verehrung erbracht worden war. Einer uralten Überlieferung zufolge sollte einer der mächtigsten Götter, Quetzalcoatl oder die »Schlange mit den kostbaren Federn«, der Gott der Winde, eines Tages nach Mexiko zurückkehren – »ein Mann von schönem Äußeren mit ernstem Antlitz, hellhäutig und bärtig, angetan mit einem langen weißen Gewand«. Dieser Mann, »den sie Quetzalcoatl, andere aber wegen seiner großen Tugenden Huemac nannten, war in das Land der Mexikaner gekommen und hatte diese durch Wort und Tat den rechten Weg gelehrt, hatte sie von Laster und Sünde errettet, ihnen Gesetze und die wahre Lehre gegeben; und um sie in ihren bösen Lüsten zu zähmen, hatte er das Fasten eingeführt. Als er aber erkannte, wie geringe Frucht seine Lehre trug, war er auf demselben Weg, den er gekommen war, gen Osten von hinnen gegangen und an der Küste von Coatzacoalco verschwunden. Als er aber von ihnen schied, hatte er gesagt, er werde später, in einem Jahre Ein-Schilfrohr, wiederkehren; dann werde seine Lehre angenommen und seine Söhne würden Herren des Landes werden, während sie, die Mexikaner, und ihre Söhne viel Unheil und Verfolgung erleiden würden . . .« Als nachdenklicher Staatsmann und als Wahrer der Religion und der Überlieferungen seines Volkes konnte Moteczuma die Hinweise und Vorzeichen nicht verkennen, welche die Erfüllung dieser Verheißung ankündigen mochten; denn die Wiederkehr des weißhäutigen und bärtigen Propheten aus dem Osten würde Unheil und Verfolgung über sein Volk bringen. In jenem schicksalhaften Jahr Vier-Haus der achten Garbe trafen nicht nur eines, sondern mehrere Vorzeichen ein, die ihn tief beunruhigten. Eines Nachts »erschien ein großer Komet am östlichen Teil des Himmels, welcher wie eine riesige Feuerflamme aussah, sehr hell war und Funken sprühte. Dieser Komet hatte die Gestalt einer Pyramide, war unten breit und wurde im Aufstieg schmäler, so daß er in einer Spitze endete. Er war inmitten des Osthimmels zu sehen, erschien gleich nach Mitternacht und verharrte dort bis zum Morgen; und als die Sonne aufging, verdeckte ihr Licht ihn, so daß man ihn nicht länger sehen konnte.«

Kaum hatten sich die Mexikaner von ihrem Schrecken erholt, als der Cu oder Tempel des Kriegsgottes Uitzilopochtli in Flammen stand, »ohne daß ein menschlicher Grund vorhanden war, und die Flammen schlugen von den Dachbalken nach außen; die Priester schrien nach Wasser, um das Feuer zu löschen, aber je mehr sie darauf gossen, um so mehr brannte es«. – »Das nächste Vorzeichen war der Blitzschlag, welcher, grundlos und ohne Donner, den Cu des Feuergottes traf, welcher Xiuhtecutli hieß. Dieser Cu hatte ein Strohdach, in das der Blitz schlug, so daß er ausbrannte. Allen erschien es als ein Wunder, weil es keinen Donner gab, wiewohl es ein wenig regnete.« – »Das vierte Vorzeichen war ein Komet, der am Tage, während die Sonne am Himmel stand, Mexiko von West nach Ost überquerte und dabei glühende Kohlen und große Funken verstreute. Er hatte einen sehr langen Schweif, und alle begannen auf einmal zu schreien, weil er wie ein Werkzeug des Schreckens aussah und auch als solches angesehen wurde.« – »Das fünfte war, daß die Lagune von Mexiko ohne jede Spur eines Windes anschwoll. Sie schien zu kochen, das Wasser sprang hoch hinauf, auf der Lagune erhob sich ein heftiger Sturm, so daß die Wellen an die nahe gelegenen Häuser schlugen und viele zum Einsturz brachten. Den Mexikanern erschien es wie ein Wunder, da sonst kein Wind war.« – »Das sechste Vorzeichen bestand darin, daß in jenen Tagen Stimmen aus der Luft vernommen wurden, wie wenn ein weinend Weib umherliefe und sagte: ›O meine Kinder, wohin soll ich euch bringen?‹ «

Wir können uns vorstellen, welches Echo diese Stimmen in der prophetischen Seele Moteczumas fanden, die so voll von Vorahnungen war. Denn unter allen Hinweisen und Vorzeichen der Natur rühren uns diejenigen, welche reden, am tiefsten an; solches ist die Gewalt der menschlichen Stimme. Daher war Moteczuma gewiß besonders dankbar für die Schweigsamkeit des achten Vorzeichens, nämlich »Männer mit zwei Köpfen«, welche damals »an vielen Orten erschienen ... Sie wurden zu Moteczumas Palast geführt, damit er sie sähe; sobald er sie aber gesehen hatte, verschwanden sie, ohne ein Wort zu sagen.« Das schlimmste unter allen diesen Vorzeichen, die Moteczuma mit Furcht und Schrecken erfüllten, war jedoch das siebente: »Ein Vogel von der Größe und Farbe eines Adlers, der einen Spiegel auf seinem Kopfe trug. Die Fischer oder Wasserjäger, die den Vogel fingen, brachten ihn zu Moteczuma, der in seinem Palast war, in einem Saal namens Tlillan Calmecac. Es war Nachmittag. Moteczuma betrachtete den Vogel und den Spiegel, den er auf dem Kopfe trug, der rund und sehr blank war; als er hineinsah, erblickte er die Gestirne des Himmels, die ›Kleinen Maste‹ oder Mamalhoaztli. Moteczuma aber erschrak und blickte mit dem Gesicht eines erschrockenen Mannes beiseite. Als er abermals in den Spiegel blickte, sah er bewaffnete Männer zu Pferde, die sich versammelten.«

Eines Morgens kamen die Priester, die bei Nacht den Tempel Tetzcatlipocas, des Königs der Götter, bewachten, und meldeten dem Kaiser, sie hätten des Nachts im Osten eine weiße Rauchsäule gesehen. So weiß war sie, daß sie hell wie am Mittag schien, »und sie hob sich von der Erde empor, bis sie fast an den Himmel rührte, und schien gleich einem gewaltigen weißen Riesen voranzuschreiten«. Moteczuma sprach zu ihnen: »Bedenkt, ob ihr nicht halb im Schlafe waret oder ob ihr es vielleicht gar geträumt habt!« Als sie jedoch darauf beharrten, hielt Moteczuma in der nächsten Nacht selber Ausschau, und wirklich kam sie – »weißer als Schnee und wurde im Herankommen dikker, so daß es aussah, als wandere ein sehr großer Mann dicht unter dem Himmel durch die Luft«. Der Kaiser berief seine Geisterbeschwörer und Zauberer und fragte sie: »Was habt ihr bei Tag und bei Nacht gesehen, die ihr doch Wächter des Volkes seid?« Worauf die Unglücklichen erwiderten: »Herr, wir haben gar nichts gesehen, weder bei Tage noch bei Nacht.« Moteczuma ergrimmte und ließ sie ins Gefängnis werfen und einmauern, auf daß sie verhungerten. Dann rief er Nezahualpilli zu sich, den greisen König von Tetzcuco, einem der Nachbarstaaten, die seine Oberhoheit anerkannten, weil er dessen Erfahrung und Weisheit sehr hoch schätzte. Der alte König, dem das Vorzeichen nicht von ungefähr gekommen war, sprach zu Moteczuma: »Es ist der Wille unserer Götter, daß dies ein Ende habe; was kann ich dazu sagen? Was mich angeht, mein Herr und geliebter Enkel, so werde ich es nicht erleben, weil ich mich nun niederlege und dieses mein Abschied ist.« Moteczuma weinte, er weinte um seinen alten Großonkel und um sich selbst; und in einem neuen Aufwallen seines Grimms ließ er die Magier erwürgen.

Ungerührt von dem Tod ihrer Dolmetscher, folgte ein Omen auf das andere, und Moteczuma mußte erkennen, daß die frommen Taten, die er verrichtete, um die Götter zu besänftigen, diesen nur neue Gelegenheit gaben, ihn mit düsteren Vorzeichen zu verfolgen. Der fromme Kaiser bedachte den Umstand, daß er zu seinen Lebzeiten noch nichts getan habe, um sein Andenken zu verewigen. Also rief er Weib-Schlange und teilte ihm mit, er habe beschlossen, daß zu Ehren von Uitzilopochtli ein riesiger runder Stein geschaffen werden solle. Weib-Schlange fand das gut und nahm das rechte Maß dafür. Als aber der riesige Stein fertig war, vermochte keine Anstrengung ihn an die Stelle der Stadt hinabzuschaffen, für die er bestimmt war. Vergeblich zogen lange Ketten von Sklaven mit aller Kraft an den Seilen; die Seile rissen, doch der Stein rührte sich nicht. Vergeblich opferten die Priester Wachtel auf Wachtel, um den Stein mit unschuldigem Blut zu beschmieren und dadurch geneigt zu machen. Dieser aber blieb nicht nur unbeweglich liegen, sondern ging sogar so weit, seinen Entschluß unmißverständlich kundzutun. Nach einigen unverständlichen Warnungen gefiel es dem Stein also zu sprechen: »Sagt Moteczuma, es sei zu spät. Er hätte früher daran denken sollen. Sein Ende ist nahe.« Gleichwohl befahl der Kaiser den Priestern, sie sollten den Stein abermals mit Wachtelblut umschmeicheln und ihm zu Ehren Kopalharz räuchern; auch sollten alte Männer vor ihm tanzen und singen, um ihn in Bewegung zu setzen. Zuerst sah es aus, als sollte diese Behandlung Erfolg haben. Der Stein bewegte sich. Als sie aber die Brücke von Xoloco halbwegs überquert hatten, »deren riesige Zedernbohlen sieben Hand breit und neun Hand dick waren, sprach der Stein abermals und sagte: ›Bis hierher und nicht weiter!‹ In diesem Augenblick gab die Brücke nach.« Der Stein fiel ins Wasser. Am nächsten Tage leitete Moteczuma persönlich die Rettungsarbeiten; aber wiewohl er die Mittagsstunde wählte, wenn das Wasser am klarsten ist, und das Wetter so schön war, daß er seine Majestät mit einem Sonnenschirm schützen mußte, und der Stein so riesengroß war, konnte man ihn doch nicht finden. Bald darauf entdeckte man ihn wieder oben auf dem Hügel, von dem er so widerwillig herabgekommen war.

Kaum hatte Moteczuma sich von diesem Zwischenfall erholt, als er eines Tages beim Spaziergang auf der Dachterrasse seines Schlosses eine weiße Wolke entdeckte, die über Tetzcuco zum Himmel aufstieg. Dies aber geschah: Ein Bauer arbeitete auf seinem Acker auf dem kleinen Hügel Quetzaltepetl, als plötzlich ein Adler ihn an den Haaren packte und durch die Luft davontrug in einen Saal, »den schönsten, den er je gesehen«. Dort sah der Bauer nicht mehr einen Adler, sondern einen großmächtigen Herrn, der zu ihm sprach: »Komm her, fürchte dich nicht. Nimm diese Rose und diesen Duftzerstäuber und genieße. Aber schau her und betrachte Moteczuma, wie er hier hilflos liegt, sinnlos betrunken. Verwunde ihm den Schenkel.«

Es konnte kaum mehr zweifelhaft sein, daß diese Warnung unmittelbar von Huemac selber kam, und daher finden wir Moteczuma um diese Zeit so besessen von dem mächtigen, geheimnisvollen Herrn, daß er – im Wachen wie im Schlafen – davon träumte, wie er sein hohes und gefährliches Amt aufgebe und Zuflucht suche in Zincalco, dem Paradies des Huemac, wo man niemals stirbt, »wo es Speisen und Getränke aller Art gibt, und alle Sorten von Rosen und Obstbäumen«. Er ließ Uitzilopochtli vier Sklaven opfern und nachher häuten, damit die Häute dem Huecmac als Gabe geschickt würden. Seine Gedanken kreisten offenbar um diesen Huecmac oder Quetzalcoatl, die Gefiederte Schlange, deren uralte Weissagung die Wiederkehr weißer, bärtiger Männer als Eroberer aus dem Osten verkündigte. Er gab Weisung, daß Priester und alte Leute sowie seine Calpixques oder Statthalter in den Provinzen berichten sollten, was für Träume in seinem Reich geträumt wurden. Alsbald liefen Nachrichten von Träumen mit übler Vorbedeutung ein. Er ließ die Träumer töten. Das schlimmste Vorzeichen jedoch war nicht ein Traum, sondern eine Vision der Wirklichkeit.

Eines Tages kam ein Mann von schlichtem Stand zu ihm und sprach: »Unser Herr und König, verzeiht meine Kühnheit. Ich komme aus Mictlan Cuauhtla. Ich ging ans Gestade des Meeres und sah dort eine Art Berg oder großen Hügel mitten auf dem Meere einherfahren, ohne das Ufer zu berühren. Dergleichen haben wir nie gesehen, und doch sind wir als Küstenwächter immer auf dem Posten.« Moteczuma sprach: »Laß gut sein. Geh und ruh dich aus.« – Der Mann aber, der ihm diese Nachricht brachte, hatte weder Ohren noch Zehen, denn sie waren ihm abgeschnitten worden. Wie gewöhnlich ließ Moteczuma den Boten im hölzernen Gefängnis einsperren. Gleichwohl schickte er Vertraute aus, um festzustellen, ob sein Bericht zutreffe. Die Vertrauten kehrten zurück und sagten, »es sei wahr, daß zwei Türme oder kleine Berge auf dem Meere umherfahren«. Dann reisten zwei von Moteczumas hohen Würdenträgern an die Küste. Sie versteckten sich im dichten Laub der Bäume und beobachteten dieses neueste Vorzeichen. Alsdann kehrten sie nach der Hauptstadt zurück, begaben sich geradewegs zu Moteczumas Palast und berichteten ihm mit der Ehrerbietung und Unterwürfigkeit, die ihm zukam. Sie sagten: »Unser Herr und König, es ist richtig, daß Leute, von denen wir nichts wissen, gekommen und am Ufer des großen Meeres gelandet sind. Dort haben sie mit Ruten gefischt und andere mit Netzen, die sie ins Wasser warfen, bis sie zu später Stunde ein kleines Kanu bestiegen, damit an den beiden hohen Türmen anlegten und hinaufstiegen. Es mag sich wohl um etwa fünfzehn Personen handeln, die sich in irgendwelche roten Säcke kleiden, andere auch in blaue, grüne oder braune und wieder andere in schmutzfarbene, so häßlich wie unser ychtilmatl, abermals andere auch purpurfarben. Auf dem Kopf trugen manche rote Tücher, einige auch große Kopfbedekkungen wie Töpfe, vielleicht um sich vor der Sonne zu schützen. Ihr Fleisch ist sehr weiß, weißer als das unserige, doch tragen die meisten lange Bärte, und das Haar reicht ihnen bis auf die Ohren.« Moteczuma war niedergeschlagen und sprach kein Wort.

Quetzalcoatl war zurückgekehrt. Sein Name war Hernán Cortés.

I.
Unterwegs zu sich

Hernán Cortés landet in der neuen Welt

Fernando, Hernándo oder Hernán Cortés wurde im Jahre 1485 geboren: im Jahre Sechs-Haus der achten Garbe, wie das Volk, das zu bezwingen er geboren wurde, gesagt hätte. Sein Geburtsort war Medellín, eine kleine Stadt in Estremadura, »einer der besten Provinzen Spaniens«, also in dem Lande nördlich von jenem Puerto de Palos, in welchem die Entdeckung Amerikas vorbereitet wurde und welches darum mit gutem Recht dessen berühmtesten Bezwingern das Leben geschenkt hat.

Sein Vater war Martín de Cortés de Monroy, seine Mutter Doña Catalina Pizarro Altamirano. Gómara fügt hinzu: »Beide waren Hidalgos; denn alle diese vier Linien – Cortés, Monroy, Pizarro und Altamirano – sind sehr alt, adlig und angesehen.« Las Casas hingegen, der Cortés nicht mochte, ihn aber gleichwohl gut kannte, begnügt sich mit der Feststellung: »Er war der Sohn eines Gutsbesitzers, den ich kannte, sehr arm und bescheiden, jedoch ein alter Christ und, wie es heißt, ein Hidalgo.« Immerhin fällt auf, daß auch Gómara, der in späterer, glanzvoller Zeit bei Cortés Kaplan war, zwar die Mutter Doña nennt, nicht aber den Vater Don. Damit würde zwar Martin Cortés keineswegs aus der Klasse der Rittergutsbesitzer ausscheiden, zu der Las Casas ihn zählt, doch deutet es an, daß die mütterlichen Vorfahren von Hernán Cortés in der Gesellschaft jener Tage einen höheren Rang einnahmen als seine väterliche Familie.

Wir vermögen uns das Leben des Martín Cortés in dem

weltfernen Medellín sehr wohl vorzustellen, kann es sich doch kaum sehr wesentlich von dem Leben jener Hidalgos unterschieden haben, die uns bei Cervantes begegnen.[4] Er war gewiß »ein Junker von denen mit der Lanze im Wehrschrank, einer altertümlichen Tartsche, einem mageren Klepper und Jagdhund. Ein Gericht von etwas mehr Rind- als Hammelfleisch, jeden Abend beinahe Heringssalat, arme Ritter sonnabends, freitags Linsen und ein Täubchen als Zugabe sonntags kosteten ihn drei Viertel seiner Einkünfte. Der Rest ward auf einen feinen Tuchüberrock, Beinkleider von Plüsch für die Festtage und Pantoffeln von demselben Zeuge verwendet, die Wochentage aber machte er im feinsten Flausrock Staat.« Sein Haus war zweifellos »als Landhaus sehr geräumig; das Familienwappen, obschon nur in grobem Stein, über der Hoftür angebracht, das Speisegewölbe im Hofe, der Keller am bedeckten Eingang des Hauses und viele irdene Krüge drum herum« – eines jener Häuser also, wo man im Schatten dicker Mauern den frischen Duft feuchter Erde atmen und in stillem Entzükken den spanischen Sommer verbringen kann.

In einem solchen Hause verbrachte Hernán Cortés seine ersten Jahre. Einer seiner Biographen berichtet uns, seine Eltern hätten ihn von einer Amme nähren lassen, »was mit weniger Pomp geschah, als ihm später sein persönlicher Mut eintrug«. Aber Cortés war niemals empfindlich, und schon gar nicht in jener ersten Lebenszeit. Als eines Hidalgos Sohn fand der Knabe sein Vergnügen darin, seines Vaters Pferd zu reiten und mit seines Vaters Windhund Hasen zu jagen, hin und wieder wohl auch als Anführer anderer Burschen aus der Stadt — denn führen tat er schon damals — solche Streiche zu verüben, wie sie jede neue Generation begeht, um damit gegen die Welt zu protestieren, die sie vorgefunden hat. Um seine Gesundheit war es freilich nicht zum besten bestellt. Wie wir von Gómara wissen, »wuchs er so krank auf, daß er oftmals dem Tode nahe war«. Das findet man oftmals bei Männern mit bedeutendem Geist, weil in der Kindheit das Gefäß ihres Leibes nicht stark genug ist, um ohne schmerzhafte Anspannung den Druck auszuhalten, der sich darin entwickelt. Das Heilmittel, zu dem die Familie griff, scheint die besondere Verehrung des heiligen Petrus gewesen zu sein. Warum Petrus? könnte einer fragen. Nun mag ein phantasiebegabter Kopf nach mancherlei Gründen Ausschau halten und deren vortreffliche finden, nicht jedoch die wirkliche Ursache: den Zufall. »Seine Eltern, fromme und gottesfürchtige Leute, warfen das Los, welcher der zwölf Apostel sein Schutzpatron sein sollte, wie das auch heute noch in unsern Familien geschieht, das Los aber fiel auf Petrus. Das war der Grund für die besondere Anhänglichkeit an diesen Heiligen, die er während seines ganzen Lebens bekundete und dessen Schutz er die Zähigkeit zuschrieb, die ihm später zugute kam, als er eine lange Kette von Prüfungen bestehen mußte.«

In der Tat fügte es sich gut, daß Sankt Petrus und der Zufall am Tor des Lebens von Hernán Cortés standen. Unter den Aposteln vertritt Petrus die Staatskunst und den rechten Gebrauch der Macht, die Cortés auszuüben bestimmt war; aber auf dem Wege dorthin ließ sich der zarte Knabe aus Medellín häufig vom Glücksstern leiten, der ihn auf seiner abenteuerlichen Laufbahn stets beschützte – vor allem gegen seinen schlimmsten Feind, und der sollte natürlich Hernán Cortés selber sein. Auch war er dem gewöhnlichen Glücksspiel nicht abgeneigt. »Er spielte Spiele aller Art, aber nicht nach der Weise gewerbsmäßiger Glücksspieler, sondern nahm Verluste ebenso gelassen hin wie Gewinne.«

Mit vierzehn Jahren wurde er nach Salamanca geschickt. Die berühmte Universität, damals eine der vier großen Stätten der Gelehrsamkeit in der christlichen Welt, war für einen ehrgeizigen Jüngling ein Mittelpunkt nicht nur der Bildung, sondern auch des gesellschaftlichen Lebens; denn hier, in den lebhaften Kollegienhäusern und in den bald still gelehrsamen, bald lärmend bewegten Sälen der Hochschule konnte der arme, aber stolze Landjunker die Söhne der größten Herren als Gleiche unter Gleichen kennenlernen. Die Universität wurde demokratisch regiert und gewährte den Studenten viele Befugnisse einschließlich des Rechtes, sich ihre Professoren zu wählen. Der junge Cortés kam 1499 nach Salamanca. Sieben Jahre zuvor, während der Siebenjährige in Medellín noch kindliche Spiele trieb und im Kampf gegen seinen widerstrebenden Körper des heiligen Petrus Schutz suchte, hatte ein spanisch-jüdischer Seher aus Genua eine neue Welt entdeckt. Im Jahre 1499 konnten die Kosmographen in Salamanca in ihrer Begeisterung über die dramatische Wendung, welche ihre Arbeit durch die Entdeckung erfahren hatte, schwerlich ahnen, daß unter der Menge der Rechtsstudenten ein vierzehnjähriger Knabe verborgen war, welcher eines Tages der Entdeckung ihren eigentlichen Sinn dadurch verleihen würde, daß er ein glänzendes, exotisches Reich in jener neuen Welt eroberte, die Columbus geträumt, aber niemals wirklich gefunden hatte.

Wieviel er in Salamanca studiert hatte, wie hoch er die Stufenleiter akademischer Bildung erklommen und warum er sein Studium abgebrochen hat und nach Hause zurückgekehrt ist, sind Fragen, über deren Beantwortung sich seine Biographen nicht ganz einig sind. Gómara, dessen Darstellung zweifellos von Cortés selbst herrührt, schreibt: »Er kehrte nach Medellín zurück, weil er übersättigt war oder weil er über das Studium anders dachte, oder vielleicht auch aus Geldmangel. Seine Eltern waren über seine Rückkehr sehr aufgebracht. Sie zeigten ihm ihr Mißvergnügen darüber, daß er das Studium aufgegeben hatte; denn, da er ein kluger Kopf und zu allem geschickt war, wollten sie, daß er Jura studiere, eine reiche und vor allem angesehene Fakultät.«

Gómara hat wahrscheinlich recht, nur dürfen wir annehmen, daß alle drei von ihm genannten Ursachen mitgewirkt haben. Nachdem er nämlich zwei Jahre lang unter den wachsamen Augen einer fraglos frommen und strengen Tante Grammatik studiert hatte, dürfte sich der junge Hernán Cortés übersättigt gefühlt, seine Entscheidung, den Weg der Wissenschaft anstatt des Kriegspfades gewählt zu haben, bedauert und zudem seine Mittel erschöpft gehabt haben – denn in Salamanca, wo es so viele fürstliche Freunde gab, mußte ein armer Landjunker manche bittere Stunde verbringen. So kam es, daß der sechzehnjährige

Cortés Salamanca und der Wissenschaft ein für allemal den Rücken kehrte. Sein Hauptmotiv war schon jetzt der Ehrgeiz eines Mannes der Tat, der ihn vorwärts trieb, der ihn die stillen Klausen der Gelehrsamkeit verlassen und mehr Reichtum, das heißt aber auch mehr Bewegungsfreiheit suchen ließ; denn materieller Ehrgeiz beim Manne der Tat zeigt nur an, daß seine mächtige Seele nach Raum verlangt. Gleichwohl sehen wir aus allen Zeugnissen seiner Zeitgenossen, daß eine zweite Macht am Werke war, die den jungen Cortés sehr wohl auf dem Wege der Wissenschaft hätte festhalten können. Er war scharfsinnig, verstand sich darauf, geistige Begriffe zu meistern, und war nicht weniger klug als tapfer. Er war ein guter Lateiner und konnte lateinische Ansprachen ebenso erwidern. Das beweist, daß er ein ungewöhnlich begabter Student war. Cortés dürfte also ein typischer Mensch seiner Zeit gewesen sein, den die Natur an den Scheideweg von Wissenschaft und Kriegskunst gestellt hatte. Dort war er wohl imstande, die beiden Arten zu leben mit dem unparteiischen Auge eines Mannes abzuwägen, welcher wußte, daß er auf beiden Wegen erfolgreich sein könne. Dieses Nebeneinander von Waffen und Wissenschaft sollte noch einen andern Mann, der nicht weniger bedeutend war als Cortés, in seinen Bann schlagen. Er folgte bald dem einen, bald dem andern Weg und errang leuchtenden Ruhm auf beiden, wenngleich nirgends Reichtum; denn in den häufigen Anspielungen auf dieses Thema, die Cervantes dem Don Quixote in den Mund legt, vernehmen wir des Dichters eigene Stimme.

Mag Cortés also das Bakkalaureat errungen haben oder nicht, so werden wir jedenfalls sehen, wie er während seines ganzen abenteuerlichen Lebens gleiche Begabung für Wissenschaft und Kriegshandwerk an den Tag legt, eine erstaunliche Fähigkeit, immer gegenwärtig zu sein, mit dem Willen bei der Tat, mit dem Geist beim Denken. Er bewies Meisterschaft in der Menschenbehandlung, Meisterschaft gegenüber den Dingen. Er bewies eine Gabe des Ausdrucks: beim Tun, indem er das Richtige tat, beim Denken, indem er das Richtige sagte, und zwar immer zur rechten Zeit. Nicht zuletzt aber bewies er, daß er das rasche Auge und die mächtige Klaue des Adlers besaß, zugleich aber auch die langwierige, schlaue und nötigenfalls gewundene Art der Schlange. So verschmolz er in seiner vielseitigen Persönlichkeit Adler und Schlange, die Symbole des Volkes, welches er bezwingen sollte, und des Gottes Quetzalcoatl – der gefiederten Schlange, als deren Verkörperung sie ihn zuerst ansahen.

Einstweilen aber kehrte der sechzehnjährige Quetzalcoatl in sein heimatliches Medellín zurück, wo seine erzürnten Eltern ihn erwarteten. »Er nahm und erregte gewöhnlich viel Anstoß in seinem Elternhaus, denn er war ungestüm, hochfahrend, unruhig und liebte Händel.« Händel übrigens liebte er, wie wir noch sehen werden, nicht nur von einer Sorte. Es muß für die Eltern etwas schwierig gewesen sein, den jungen Mann in ihrer Kleinstadt zu bändigen; denn obwohl sie natürlich an ihrem einzigen Sohn hingen, willigten sie ein, daß er das gefährliche Waffenhandwerk erwählte, was damals für einen Spanier Italien oder Indien bedeutete. Hernán schwankte, ob er bei Gonzalo de Córdoba anmustern sollte, der in ganz Spanien als *der* Große Kapitän bekannt war und gerade auf der Höhe seines in Italien gewonnenen Ruhmes stand, oder ob er sich den Spaniern anschließen sollte, die damals nach Indien strömten, angelockt von dem Golde, das dorther kam. Während er noch mit der ihm eigenen Vorsicht erwog, welche der beiden Reisen ihm am meisten zusage, wurde ein mächtiges Geschwader von dreißig Schiffen ausgerüstet, das den soeben vom Königspaar ernannten neuen Generalgouverneur nach Indien bringen sollte. Der neue Gouverneur Don Frey Nicolás de Ovando, Kommandant von Alcántara, war am 3. September 1501 ernannt worden und hielt sich zur Zeit in Cáceres, nicht weit von Medellín, auf; auch scheint er mit der Familie Cortés bekannt, wenn nicht gar befreundet gewesen zu sein. Die Karriere des jungen Hernán stand damit fest: er würde im Gefolge des neuen Gouverneurs nach Indien reisen, und Indien war gewißlich groß genug für ihn.

Aber es sollte nicht sein. »Als er eines Tages über anderer

Leute Dächer stieg – er hatte eine Liebelei mit einer jungen Dame –, fiel er von einer baufälligen Mauer. Als er dort halb begraben lag, wäre er fast von einem Mann erdolcht worden, hätte nicht eine alte Frau, jenes Mannes Schwiegermutter, an deren Tür der kleine Eisenschild von Cortés mit viel Lärm geprallt war, ihn daran gehindert. Sie stürzte auf den Lärm hinaus und bat ihn, dem Fremdling kein Leids zuzufügen, bis man wisse, wer er sei.« Da Ovando am 13. Februar 1502 von Sanlúcar absegelte und dieser tragikomische Unfall den jungen Hernán am Mitfahren hinderte, kann der vorwitzige Don Juan damals höchstens siebzehn Jahre alt gewesen sein. Sein Sturz fesselte ihn ans Bett, dort aber suchte ihn sein altes Viertagefieber wieder heim und spielte seinem schmerzenden Leibe übel mit. Gómara schreibt, die Krankheit habe lange gedauert.

Sobald er wieder auf den Beinen war, beschloß er, sein Glück in Italien zu versuchen. Der Große Kapitän war immer noch dort und nahm eines jungen Mannes Phantasie noch immer gefangen. »Dorthin zu gehen, machte er sich auf den Weg nach Valencia.« Wir haben ihn schon auf der Straße gesehen, denn es scheint, als habe Cervantes eine ganze Seite seines großartigen Buches im Hinblick auf diesen Knaben von achtzehn Jahren geschrieben, der ohne Geld im Beutel, aber mit einem Schatz an Reichtümern und Ruhm in den Augen gen Italien zog. »Bald darauf trafen sie auf ein Bürschchen, das nicht allzu rasch vor ihnen herschritt, und das sie daher einholten. An dem Degen trug er ein Bündel auf der Schulter, das, wie es schien, seine Kleider enthielt, die in einem Paar Hosen, einem Mantel und einem Hemd bestehen mochten: denn ein Sammetröckchen, mit Atlas aufgeschlitzt, unter dem das Hemde hervorhing, hatte er an. Die Strümpfe waren seiden, die Schuhe nach Hofessitte vorn abgestutzt. Er mochte achtzehn bis neunzehn Jahre alt sein, hatte eine heitere Miene, ein gewandtes Wesen und sang, des Weges Müh sich zu erleichtern, lustige Lieder. Als sie ihn einholten, beendete er eben eines, dessen Schluß also lautete:

Ich folge der Trommel,
Das Geld ging mir aus,
Wär krank nicht mein Beutel,
Dann blieb ich zu Haus.

›Ihr reist sehr leicht, mein junger Herr‹, knüpfte zuerst Don Quixote das Gespräch an, ›laßt uns doch, wenn's Euch gefällig ist, wissen, Freund, wo Ihr hin wollt.‹ – ›Daß ich so leichtgeschürzt reise, dazu veranlassen mich Hitze und Armut‹, erwiderte der Jüngling, ›mein Weg aber geht in den Krieg.‹ – ›Wieso Armut?‹ fragte Don Quixote, ›wegen der Hitze, das mag sein.‹ – ›Lieber Herr‹, erwiderte der Jüngling, ›ich führe in meinem Bündel ein Paar Sammethosen, zu diesem Röckchen gehörig; zerreiße ich sie auf der Landstraße, so kann ich in der Stadt mich nicht damit putzen, und andere mir zu kaufen, dazu habe ich kein Geld. Darum also und um es mir leichter zu machen, trag ich keine, bis ich einige Kompanien Fußvolk, die kaum zwölf Meilen von hier stehen, eingeholt habe, wo ich mich anwerben lassen will . . . Lieber will ich den König zum Herrn und Gebieter haben als einen Knicker am Hofe.‹ – . . . ›Es gibt auf der Welt nichts Ehrenvolleres oder Ersprießlicheres‹, sagte Don Quixote, ›als zuvörderst Gott und zunächst dann seinem König und angeborenen Herrn zu dienen, vornehmlich mit dem Schwerte, durch das man, wie ich schon oft gesagt habe, wenn auch nicht größeren Reichtum, aber doch mehr Ehre erlangt als mit der Feder; denn obgleich mehrere durch die Wissenschaften den Wohlstand ihrer Familien begründeten als durch die Waffen, so hat doch der Kriegsmann einen gewissen Vorzug vor dem Gelehrten und ist mit einem Glanz umgeben, der ihn über alle emporhebt.‹«[4] Der Jüngling lauschte Don Quixote etwa hundert Jahre später als der junge Cortés derselben Straße fast in demselben Aufzug und derselben Sinnesverfassung »in den Krieg« folgte. Und nichts hätte die Lage des jungen Hernán Cortés besser umschreiben können als jene Anspielung auf den Zwiespalt zwischen Feder und Schwert, dem er eben entronnen war. Treffender waren höchstens noch die Worte, mit denen der edle Ritter aus der Mancha von seinem vor ihm inkarnierten Vorbild auf der Landstraße Abschied nahm: »Und merkt Euch das, was ich jetzt Euch sagen will, es kann Euch zu großem Nutzen und zur Erleichterung mancher Mühsal gereichen: Verweilt mit Euern Gedanken nicht bei den Widerwärtigkeiten, die Euch begegnen könnten. Die schlimmste von allen ist der Tod, und sobald es ein rühmlicher ist, gibt es nichts Wünschenswerteres als ihn!« Der Bezwinger Mexikos hat diesen stoischen Ratschlag so getreulich befolgt, daß man meinen möchte, sein Leben habe das Vorbild abgegeben.

Dennoch hat Cortés damals Italien nicht erreicht, sondern ein Jahr auf Abenteuer verschwendet, die er mit dem Mantel der Verschwiegenheit zugedeckt zu haben scheint; denn unter allen seinen Biographen spricht nur ein einziger davon, und dieser, sein Vertrauter Kaplan Gómara, übergeht sie mit einer Eile, die nicht ganz frei von Mißbilligung ist: »Gleichwohl setzte er nicht nach Italien über, sondern wanderte ein Jahr lang ungebunden, wiewohl nicht ohne mancherlei Not und Entbehrung umher.« Weiter nichts. Hernán, der zum Mann der Tat geboren war, vollendete seine Studien als Mann der Tat auf der Hochschule der Lebenserfahrung.

Trotz des Schweigens seiner Biographen brauchen wir unsere Phantasie nicht besonders anzustrengen, um zu erraten, wo der junge Cortés so ungebunden umhergewandert war. Man denke sich ein Kind, welches gewöhnlich daheim gehalten wird, nun aber erfährt, daß eine glänzende Prozession vor seinem Fenster vorüberziehe. Wo ist das Kind? fragen die Eltern. Wo kann es anders sein als am Fenster? Ist es denkbar, daß Cortés, der in Medellín, einer kleinen Binnenstadt in Estremadura, geboren und nun im Süden Spaniens losgelassen war, der Küste fernblieb in einer Zeit, da Sevilla, Cádiz, Sanlúcar und Palos, alle diese südlichen Häfen erfüllt waren von dem großartigsten Schauspiel, das die Weltgeschichte je gesehen hatte? Die heimkehrenden Karavellen, strahlend vom Licht der neuen Welt. Kapitäne, Steuermänner, Abenteurer, Mönche und Glücksritter. Indianische Kaziken, bald splitternackt, bald angetan mit fremdländischem Aufputz, mit goldenen Ringen und Kopfschmuck aus Silber und Federbüschen. Sklaven – Männer und Frauen und Kinder, zitternd vor Hunger. Gold, Gold und abermals Gold — Berichte von ungeheuerlichen Körnern groß wie Erbsen, wie Nüsse, wie ein kastilischer Brotlaib, ja wie eine Kirchenglocke, wodurch der Soundso an einem Tage ein reicher Mann geworden war. Soundso selbst, wie er mit siegessicherem Lächeln an Land stieg, mit prächtigem Hut, blitzendem Goldhalsband und Scharen von Sklaven. Hin und wieder sah man auch den Entdecker in Person an der Spitze einer seiner sorgfältig zusammengestellten Prozessionen durch die Straßen von Sevilla ziehen, reich geschmückt, mit Papageien, glitzernd von goldenen Ketten und goldenen Masken seltsamer Machart und Gesichtsbildung; vielleicht aber auch als Kontrast in der dunkelbraunen Kutte eines büßenden Franziskanermönches oder sogar in eisernen Ketten als stolzer verschlossener Schiffbrüchiger und Gefangener. Woge auf Woge des erregend Neuen: neue Länder, Perlenbänke, Inseln — alles umsonst. Eine Schar künftiger Eroberer: Vicente Váñez, Hojeda, Bastidas, Guerra, Alonso Niño, Nicuesa, Pedrarias, Balboa, Ponce de León – alle gespannt, eifrig, besorgt einander beobachtend. Ein Kommen und Gehen zwischen den Kanzleien des Königlichen Gerichts und des Bischofs Fonseca, des obersten Sachwalters der indischen Angelegenheiten, damit man sich ein Patent sichere, ein Stückchen Boden, um es nach Gold und Perlen zu durchwühlen, vielleicht auch einen Zuschuß für eine Karavelle oder eine Bestallung als Adelantado oder Gouverneur von Ländern, die noch zu entdecken wären. Weiter in die Häfen von Sevilla und Cádiz, um Matrosen zu werben und junge Leute, die begierig waren, ein Vermögen zu finden oder den Tod; um einen Steuermann oder Kapitän aufzutreiben, der bereit wäre, sein Leben zu riskieren für soundso viele Anteile an Gold und Sklaven, die man entdecken würde. Allüberall die Spannung, mit der jene phantastische neue Welt an der alten iberischen Eiche zerrte, ihr Wurzeln, Äste und Blätter abriß, um das Feuer der Entdekkung zu nähren . . . Das war das Bild, mit dem sich die Augen des jungen Cortés füllten, als er in seinem achtzehnten und neunzehnten Lebensjahr ungebunden irgendwo umherzog; denn dieses Irgendwo dürfen wir getrost in Sevilla, Cádiz und anderen Häfen suchen, an deren Mauern die Wellen des Lebens aus der neuen Welt schlugen. Darum »kehrte er nach Medellín mit dem Entschluß zurück, nach Indien zu fahren. Seine Eltern gaben ihm ihren Segen.« Sie gaben ihm auch Geld für die Reise.

Endlich also, gegen Anfang des Jahres 1504, segelte der neunzehnjährige Cortés von Sanlúcar de Barrameda aus seinem Schicksal entgegen. Sein Schiff mitsamt Kapitän, Steuermann und Mannschaft stammte aus Palos, dem kleinen Hafen, aus dem nur zwölf Jahre früher Colón zu seiner Entdeckungsreise aufgebrochen war. Fünf Schiffe gehörten zu dem kleinen Geschwader, das ausschließlich auf Handel ausging. Der Kapitän des Schiffes, ein gewisser Alonso Quintero, scheint ein seltsamer Geselle gewesen zu sein, der von heftiger, primitiver Habgier verzehrt wurde. Die Überfahrt nach La Gomera bei Teneriffa, die für die wenig erfahrenen Steuermänner jener Zeit als erste Etappe vorgeschrieben war, verlief ohne besondere Ereignisse.

Nachdem sie in La Gomera zur Muttergottes von der Überfahrt gebetet hatten, nahmen sie neuen Proviant und Wasser an Bord. Quintero, der danach gierte, den anderen Kapitänen zuvorzukommen und seine Waren in Santo Domingo teurer zu verkaufen, segelte unbemerkt von hinnen. Ehe er aber noch Hierro, die westlichste der Kanarischen Inseln, erreicht hatte, erhob sich der Wind, der mit seiner äußersten Freiheit und anarchischen Ungebundenheit, wann immer es ihn gut dünkt, Recht und Gerechtigkeit zum Siege führt, mit solcher Gewalt gegen den rücksichtslosen Seefahrer, daß jenem der Mast zerbrach und mitsamt Rahe, Segeln und Takelage aufs Deck krachte. Verletzt wurde niemand, weil die meisten Fahrgäste und Seeleute gerade achtern waren, wo »sie die Konserven und Marmeladen aßen, welche Cortés als seinen Proviant an Bord gebracht hatte«. Er war erst neunzehn, bewies aber schon damals jene Großzügigkeit, die in späteren Jahren eine der Erklärungen dafür war, daß er seine Leute so gut in der Hand hatte. Eßwaren bedeuteten damals an Bord einen nicht zu verachtenden Besitz, wie der Atlantik die Reisegefährten von Cortés nur zu bald lehren sollte.

Schwer enttäuscht und niedergeschlagen kehrte Quintero nach La Gomera zurück und bat die anderen Kapitäne, auf ihn zu warten, dieweil er seinen Mast erneuern ließ. Merkwürdigerweise entschlossen sich jene zu warten, wiewohl er es schwerlich verdient hatte. Dabei kannten sie doch wohl das spanische Sprichwort: »Wer einen Korb macht, macht auch hundert«, und mußten nur zu sehr vermuten, daß Quintero sie nicht um ihrer Gesellschaft willen zu warten bat, sondern damit er sie abermals hinter sich lassen könne, sobald sich eine neue Gelegenheit bieten würde. Eben das tat er einige Tage später, als die fünf Schiffe zusammen auf hoher See waren. Wiederum von seiner Habgier getrieben, setzte er bei Nacht alle Segel in eine frische Brise, die ihn bald den Blicken seiner geduldigen Gefährten entführte. Die kleinen Brisen und sanften Winde aber, die hierhin und dorthin fliegen, bald in Indien und bald in Spanien sind, bald im Heute und bald in der Zukunft, lachten sich in der Finsternis in ihre Flügel (denn Fäustchen haben sie nicht), wenn sie an die Enttäuschung dachten, die des habgierigen Seefahrers wartete.

Die Tugend mußte obsiegen und Quintero bestraft werden. Diesmal stand nicht der Wind, sondern der Steuermann im Dienst der ausgleichenden Gerechtigkeit. Freilich war er – zu seiner Ehre sei's gesagt – nicht ihr williger Diener, sondern die höheren Mächte, die es fraglos am besten wissen, vertrauten lieber seiner Unkenntnis als seiner Rechtschaffenheit. Es war Francisco Niño aus Palos, ein Mitglied jener Familie Niño, die in der Geschichte Amerikas einen nicht geringen Platz beanspruchen darf, weil sie Besitzer einer der drei Karavellen der Entdeckungsreise war und diese, La Niña, nach der neuen Welt gesteuert hat. Immerhin scheint dieser Sprößling der berühmten Familie seinen glanzvollen Namen nicht mit so viel Selbstvertrauen wie andere getragen zu haben, verlor er doch tatsächlich die Orientierung. »Die Seeleute wunderten sich, der Steuermann war traurig, die Passagiere weinten, und niemand kannte den Weg, den sie gekommen waren, noch den Weg, den sie fahren mußten. Der Kapitän gab dem Steuermann die Schuld, der Steuermann dem Kapitän; denn es stellte sich heraus, daß sie uneins waren. Zugleich wurde der Proviant knapp, und Wasser gab es nicht mehr. Sie tranken nur noch, was sie bei Regen sammelten. Alle beichteten (und, wie ein anderer, durchaus glaubwürdiger Chronist berichtet, vergaben einander). Manche verfluchten ihr Schicksal, andere baten um Gnade und warteten auf den Tod, der schon einige Opfer gefordert hatte, oder rechneten damit, dort zu landen, wo Kariben leben, welche Menschenfresser sind.«

In dieser verzweifelten Lage erschien am Karfreitag bei Einbruch der Dunkelheit eine Taube, die sanft den Mast umkreiste, »ohne sich von dem Jammern der Seeleute stören zu lassen. Lange Zeit hindurch schien es, als fliege sie nicht um den Mast, sondern stehe reglos; dann setzte sie sich auf den Mast und erschien ihnen zweifellos als ein gutes Omen. Sie weinten vor Freude, hoben die Hände zum Himmel auf und dankten dem gnädigen Gott, dem Herrn aller Dinge. Einer meinte, das Land könne nicht weit sein, ein anderer sagte, der Heilige Geist habe geruht, in Gestalt jenes Vogels zu ihnen zu kommen, um die Leidgeprüften zu trösten. Wohin die Taube auch flog, das Schiff folgte ihr.«

Die Freude an Bord kann man sich vorstellen. Francisco Niño fand alsbald sein Selbstvertrauen wieder, das ihn auf der Überfahrt so traurig im Stich gelassen hatte. Es war die Feigenbaumküste und das Vorgebirge Samaña auf der Insel, die damals Española hieß (Haiti). »Stimmt das nicht, sagte er, so schlagt mir den Kopf ab und werft meinen Leib in den Kochkessel dort.« Diesmal aber hatte er recht, so heftig Quintero und seine Freunde auch widersprachen. Vier Tage nachdem sie Land gesichtet hatten, liefen sie in den Hafen von Santo Domingo ein. Dort fand Quintero zu seinem Ärger die vier andern Schiffe vor, die vor ihm eingetroffen waren und vermutlich auf dem Markt den Rahm abgeschöpft hatten.

Der Generalgouverneur war nicht in der Stadt, wohl aber

Medina, einer seiner Sekretäre und ein Freund von Cortés. Er war vermutlich sehr erleichtert angesichts des jungen Mannes, den alle auf See verloren geglaubt hatten. Medina besuchte ihn an Bord und erläuterte ihm »das Gesetz der Inseln und ihrer Bezwinger«. Diesem gemäß riet er seinem unerfahrenen jungen Freund, sich eintragen zu lassen und als Bürger seinen Wohnsitz zu nehmen, um in den Genuß der Privilegien als Eroberer zu kommen. Diese bestanden in Land, das zu bebauen war, in einem Stadtgrundstück für ein Haus und dazu in der Gewißheit, daß er in Kürze Gebieter einiger Indianer sein werde. Blieb er fünf Jahre ununterbrochen auf der Insel, ohne diese anders als mit besonderer Erlaubnis des Gouverneurs zu verlassen, so würde er ein freier Mann sein und könnte gehen, wohin er wollte. Hernán Cortés hörte sich das höflich an und gab zur Antwort: »Weder hier noch auf einer andern Insel dieser neuen Welt wünsche oder gedenke ich so lange zu bleiben.«

Was Medina mißfiel.

Das Habichtnest

Als der neunzehnjährige Cortés in Santo Domingo ankam, begann die neue Welt soeben, aus dem sagenhaften Nebel, der dieses »Indien« in den Vorstellungen des Columbus umgeben hatte, hervorzutreten und als spanisches Kolonialreich in Amerika Gestalt anzunehmen. Entdeckung, Eroberung, Unterwerfung der Indianer, wirtschaftliche Erschließung der neuen Länder und politische Ordnung der Kolonien liefen nebeneinander her, ohne allerdings miteinander in Einklang zu stehen. Man muß die verschiedenen Strömungen, welche das bewegte Leben jener geschäftigen Zeit ausmachen, voneinander trennen, damit man Ereignisse und Vorgänge begreifen lernt, die sonst unerklärlich sind. Am reinsten und am bewunderungswürdigsten unter diesen Strömungen ist der christliche Eifer, den die besten Geister der spanischen Nation an den Tag legten. Der Eifer war echt. Kein unparteiischer und wohlunterrichteter Betrachter jener Zeit wird daran zweifeln, daß Königin Isabella und ihre nächsten Ratgeber ihre religiösen Verpflichtungen ernst nahmen und das Seelenheil der Indianer als das höchste Anliegen der spanischen Krone betrachteten; zu diesen Männern gehörten Hernando de Talavera, Erzbischof von Granada, und Kardinal Ximénez de Cisneros, welche die Königin nicht nur als politische Ratgeber, sondern auch als ihre Beichtväter erwählt hatte. Dieser christliche Eifer war in Amerika in jenen ersten Jahren stark vertreten, als die stürmischen Wogen der Eroberung wie nach einem Seebeben in den unbekannten Erdteil einbrachen. Es ist ungewiß, ob jemals irgendeine Nation eine glänzendere Schar frommer, tätiger und furchtloser Männer in den Dienst der fürsorgenden Menschlichkeit gestellt hat als damals Spanien.

Diese Männer – Las Casas, Motolinia, Mendieta, Sahagún, Montesinos und viele andere – haben den Maßstab des Verhaltens geprägt, nach welchem viele spanische Eroberer und Siedler verdammt worden sind – die meisten, wenn auch nicht alle, zu Recht. Die Grundsätze aber, welche jene Männer aufgestellt haben, sind so echt und wertbeständig, daß sie bis zum heutigen Tage noch über alles hinausragen, was die Kolonialgeschichte an Leistungen aufzuweisen hat.

Las Casas, einer der Führer dieser Richtung, »trat kompromißlos für eine rein christliche Haltung ein: Indien gehörte den Indianern, es war ihre gottgegebene Heimat, und was dort an Bodenschätzen, Pflanzen und Tieren zu finden war, gehörte ihnen zu eigen. Das einzige, was den Spaniern ein Recht gab, dort zu sein, war das Evangelium. Für Las Casas wie für alle Europäer jener Zeit war nur das Christentum Wahrheit und alles andere Irrtum. Aber anders als die meisten Europäer, wollte Las Casas die Wahrheit gelebt sehen. Aus seinem Dilemma gab es keinen Ausweg: Entweder führten sich die Christen in Indien als Christen auf, oder sie hatten dort überhaupt nichts zu suchen. In seiner ›Geschichte‹ beschreibt er häufig die Politik, welche die Spanier in Indien hätten treiben sollen: Geduld, Dienstbereitschaft und Verkündung des Evangeliums – und das alles schließlich zum Besten der Spanier selbst. Kühn stellt er fest: ›Die Spanier haben keinen legitimen Grund, dieses

Reich zu betreten, anders als den, Kunde und Wissen von dem einen wahren Gott und Jesus Christus auszubreiten.«

Dank diesem unschätzbaren Faktor folgte der spanischen Eroberung alsbald die Gründung von Bildungsstätten; denn sowohl Kirchen wie Klöster müssen wir vor allem als solche ansehen. Wir sind in einem Jahrhundert aufgewachsen, in welchem die Kirche von dem übrigen Tun der Staatsbürger geschieden und in eine Art von Vorhof verwiesen wurde, für den ein müßiger Sonntag, an sich sinnlos und ohne Beziehung auf alles Wichtige, reserviert worden ist. Darum neigen wir modernen Menschen dazu, Klöster und Pfarrkirchen als geistlichen Luxus anzusehen, der wirtschaftlich eine Belastung darstellt und im übrigen nutzlos und jedenfalls gleichgültig ist. Damals jedoch war das religiöse Leben der Kern alles Lebens überhaupt. Dissidenten gab es nicht. Sünder gab es wohl, aber selbst die schlimmsten unter ihnen ließen die einzige Wahrheit, die es gab, gelten. Klöster und Pfarrkirchen waren daher die Mittelpunkte der Gemeinwesen; von dorther kam das Licht, in dessen Schein die Männer ihren Berufen nachgingen und gegen das sie sich versündigten. Auch galten sie damals noch nicht, wie es heute nur allzu oft geschieht, als bloße Vorboten eines Staates, welcher dem Missionar Kaufleute und Soldaten auf dem Fuße folgen läßt. Die Kolonisation in unserem Sinne, das Erschließen eines »rückständigen« Landes zugunsten des Mutterlandes, hatte noch nicht eingesetzt. Die neuen Länder wurden einfach weitere Königreiche des Königs von Spanien, genau wie Kastilien, León, Aragón und Sizilien – jenes Königs, dem es oblag, die geistlichen und materiellen Interessen seiner neuen Untertanen zu schützen. Der Träger des modernen Nationalismus, die Sprache, wurde überhaupt nicht als hervorstechender Zug der Eroberung angesehen. Meistens erlernten die spanischen Priester und Mönche die Mundarten der Eingeborenen, um den Indianern die Wahrheit des Evangeliums in ihrer eigenen Sprache mitzuteilen.

Die zweite Strömung war politisch. Kaum jemals wurde ein Staat in so jungen Jahren vor eine so gewaltige Aufgabe gestellt wie Spanien, welches das sagenumwobene Indien in demselben Jahre empfing, als es mit der Eroberung von Granada seine politische Einigung vollzog. Spanien war am 2. Januar 1492 gerade mündig geworden — ja, man könnte fast sagen, Spanien sei da erst geboren worden —, als Christoph Columbus ihm am 12. Oktober desselben Jahres ein neues Reich entdeckte. Die politische Aufgabe, die mit dieser Gabe Fortuñas verbunden war, erforderte die Kraft eines Titanen. Sie wurde noch kompliziert durch die übertriebenen Privilegien, welche Columbus sich in seinen Kapitulationen mit der Krone ausbedungen hatte; verliehen sie ihm doch von Rechts wegen die Stellung eines Vizekönigs und Generalgouverneurs und seinen Erben das Nachfolgerecht. Nachdem Columbus kurze Zeit die politische Leitung auf Española gehabt hatte, erwies er sich unfähig als Gouverneur und wurde abgesetzt. Sein Nachfolger, Don Francisco de Bobadilla, regierte die Insel bis 1502. Zur Zeit, da Cortés dort hinkam, war Gouverneur Don Frey Nicolás de Ovando, Großkomtur des Militärordens von Alcántara. Oviedo, der ihn gut kannte, nennt ihn »einen frommen und großen Christen, dazu höchst gütig und mildtätig gegen die Armen, sanft und wohlgesinnt gegen alle; Unverschämten begegnete er so klug und unnachsichtig wie nötig, doch begunstigte er die Schwachen und Demütigen, während er den Stolzen und Hochfahrenden so viel Strenge zeigte, wie den Übertretern königlicher Gesetze zukommt. Er bestrafte die Schuldigen mit der gebotenen Mäßigung und wurde, da er die Insel gerecht regierte, von allen gefürchtet und geliebt. Er schützte die Indianer, die Christen aber, die hier unter seiner Herrschaft lebten, behandelte er wie ein Vater und lehrte sie, rechtschaffen zu leben. Als ein frommer und sehr weiser Herr hielt er Ruhe und Frieden im Lande.« Las Casas, dessen Einstellung zu den indianischen Arbeitskräften sich himmelweit von derjenigen Oviedos unterschied, bestätigt diese Schilderung mit einem einzigen wichtigen Vorbehalt: »Dieser Edelmann war ein höchst besonnener Mann und würdig, über viele Leute zu herrschen, nicht jedoch über Indianer, denen er durch seine Regierungsweise unermeßlich viel Unrecht getan hat.«

Die Gouverneure, die Spanien nach der neuen Welt entsandte, standen vor einer äußerst schwierigen Aufgabe; denn das, was sie regieren sollten, war ständig in Fluß und zudem ganz neu. Man stelle sich einen Bildhauer vor, dem sein Ton zu Wasser wird. Kaum anders war die Lage dieser Kolonialregenten, die einem Gemeinwesen vorstanden, in welchem Überlieferung und Lebensweise an der Grenzscheide zweier Rassen in Konflikt gerieten und sich in der Wildnis kaum eroberter Räume verloren. Das Mutterland schickte eine Karavelle nach der andern, die neue Siedler auf die Inseln brachten, welche von Eingeborenen mit gänzlich anderer Lebensweise bewohnt wurden. Der Boden mußte verteilt, Städte gegründet, Straßen angelegt, Häfen gebaut werden. Arbeitskräfte mußten gestellt, Aufstände unterdrückt werden. Es galt, des Königs Fünften von allen Goldgruben zu sammeln, zu hüten und heimzusenden, Streitigkeiten zu schlichten und sich Nachrichten über die Entwicklung auf den benachbarten Inseln und dem Festland zu verschaffen.

Zum Mittelpunkt der Kolonialverwaltung wurde Santo Domingo oder Española, das heutige Haiti, erwählt. Den Ausschlag dafür hatte zunächst des Columbus Vorliebe für die Insel, später auch ihre ziemlich zentrale Lage gegeben, wiewohl insoweit das erst später erforschte Kuba den Vorzug verdient haben würde. Oviedo verwendet ein ganzes Kapitel auf den Nachweis, daß die Insel viel schöner sei als Sizilien oder England, »zwei der größten und besten Inseln der Christenheit«. Er erwähnt Siedler, die bis zu zweiunddreißigtausend Stück Vieh besaßen. Zwar schreibt er dies 1547, also in Cortés' Sterbejahr, doch gibt die Zahl eine Vorstellung davon, wie rasch der wirtschaftliche Wohlstand in diesem Lande gewachsen war.

Wie aus den Eroberern Siedler wurden, zeigt sich deutlich bei Oviedo, wenn er einen Aufstand der Indianer unter ihrem Kaziken Enriquillo schildert, der den Spaniern lange zu schaffen gemacht hat. Dabei erinnert er an die Zeit, da nur dreihundert Spanier die dicht mit Eingeborenen bevölkerte Insel in Schach hielten: »Ich muß erklären, woher das kam. Als die wenigen Christen die vielen Indianer schlugen und ausrotteten, schliefen sie auf ihren Schilden mit dem Schwert in der Hand und wachten über ihre Feinde. Als Enriquillo dies alles tat, schliefen die Christen in guten, weichen Betten inmitten ihrer Zuckerrohrplantagen.«

Diese Bemerkung beweist, wie die Kolonisation über die Eroberung triumphierte. König und Königin hatten sich bemüht, ihre indischen Besitzungen mit Menschen des besten Schlages zu bevölkern. Sie versuchten, die Qualität nach den Maßstäben ihrer Zeit dadurch zu gewährleisten, daß sie die Siedler aus den Familien nahmen, welche sie am besten kannten, zumal aus ihrem eigenen Hofstaat. Aber kein Rang und keine Klasse garantieren die völlige Einheitlichkeit von Ton und Auftreten, schon gar nicht unter so neuen Verhältnissen, wie sie in Indien herrschten, wo jeder auf sich selbst gestellt war. So wählte sich bei der Ankunft in Santo Domingo jeder den Weg, den ihm seine innere Stimme wies. Manche wurden Landwirte, andere suchten nach Gold, wieder andere warteten wie Habichte auf einem Ast, bis sich bessere Beute zeige.

Es ist kaum zweifelhaft, daß der erste Weg, die Landwirtschaft, trotz des Reichtums, den er einbrachte, bei denen, die vom Hofe kamen, nur wenig angesehen war. Die guten Mönche, die das Leben aus nächster Nähe beobachteten, klagten immer wieder über die Neigung der Spanier, nach neuen Abenteuern Ausschau zu halten, anstatt zu bleiben, wo sie waren, und den Boden zu bestellen. Aber selbst die guten Mönche können bissige Schilderungen von dem Faulenzerleben der wohlhabenden Gutsbesitzer geben, denen es ihrer Meinung nach allzu gut geht. Dennoch waren diese Männer, denen es genügte, zu leben und leben zu lassen, vielleicht das Rückgrat der neuen Gemeinwesen, die sich überall auf den Inseln und dem Festland entwickelten. Gerade ihr Hang zu Wohlleben und Behaglichkeit war die beste Garantie gegen den Fluch des Zeitalters: die Mißhandlung der Eingeborenen durch raffgierige Abenteurer, die nur nach Gold trachteten.

Der Goldmythos spukte in den Köpfen der Europäer seit den Tagen, da Marco Polo sie mit seinen Berichten über den Glanz des Fernen Ostens begeistert hatte. Zur Besessenheit steigerte er sich in Christoph Columbus, der, durchdrungen von den Schriften des Alten Testaments, ihn fast zum Fetisch oder Götzen steigerte, wenn er im Geiste Salomo in der Pracht eines Priesterkönigs durch goldene Säle wandeln sah.

Für die meisten jungen Abenteurer, die von Spanien herüberkamen, war das Gold freilich keineswegs ein religiöses Symbol, sondern das, was es heute noch ist und für die meisten Menschen immer sein wird: Maßstab gesellschaftlicher Macht, die Leiter zum Erfolg in der Welt und ein Instrument, um sich die Herrschaft über vom Glück weniger begünstigte Menschen zu sichern. Der legendäre Ruf, den Columbus seiner Entdeckung mit dem Namen Eldorado absichtlich verliehen hatte – und der seine volle Berechtigung erst erhielt, als Pizarro Peru eroberte –, wirkte auf Spaniens Männer wie ein Magnet und veranlaßte eine wahre Völkerwanderung, an der sich allerdings nicht immer die Besten beteiligten. Trotzdem sollte man längst nicht allem, was darüber geschrieben worden ist, Glauben schenken. Die Mönche, welche den Eingeborenen wohlgesinnt waren, zumal Las Casas, standen unter dem Eindruck der unmenschlichen Behandlung der Indianer durch skrupellose Goldgräber. Was sie berichten, ist gewiß zuverlässig. Aus anderer Quelle wissen wir jedoch, daß Akkerbau und Viehzucht auf Española in den Jahren vor der Entdeckung Perus in voller Blüte standen. Wenngleich also der Goldrausch der ersten Siedler unzweifelhaft die wirtschaftliche Entwicklung der Kolonie gestört und auf die Beziehungen zwischen den beiden Rassen verheerend und demoralisierend gewirkt hat, so war er doch keineswegs der Hauptgrund für die rückläufige Entwicklung, welche Oviedo feststellt, wenn er die Lage von 1525 mit derjenigen von 1547 vergleicht.

Die Hauptstadt Indiens war bereits damals eine schöne Stadt, »so gut gebaut, daß keine Stadt in Spanien sie übertrifft mit Ausnahme der berühmten und hochedlen Stadt Barcelona«. Sie besaß eine Kathedrale »aus schönem, starkem Stein«, herrliche Gärten und breite Straßen, drei Klöster, viele Steinhäuser, »ein sehr gutes Krankenhaus, vortrefflich gebaut und mit reichlichen Einkünften versehen, wo die Armen gepflegt und versorgt werden und Gott wohl gedient wird«, und schließlich ein Studienhaus, die erste Universität in der Neuen Welt.

Oviedo stellt jedoch fest, daß die schöne Stadt inmitten der Orangengärten weniger volkreich war als 1525. Er nennt auch den Grund dafür: »Viele haben ein Vermögen gemacht und sind nach Spanien zurückgekehrt; andere haben sich auf andern Inseln oder dem Festland niedergelassen. Der größte Teil Indiens ist ja von hier aus entdeckt, besiedelt und versorgt worden, so daß diese Insel Haupt, Mutter und Amme aller übrigen Teile des Reiches darstellt.« So war es in der Tat. Während Mönche predigten, tauften und lehrten, Gouverneure regierten, Gutsbesitzer auf dem reichen Boden sich mästeten und Goldsucher das edle Metall aus unglücklichen Indianern herauspreßten, zogen Eroberer, Forscher und Abenteurer weiter hinaus in eine unermeßliche Welt, die jenseits der schon bekannten Gebiete immer noch unermeßlicher wurde. »Gleich einem Schwarm Habichte« stiegen die Eroberer auf Española von ihren müden, knarrenden Karavellen an Land, aber nur zu einem kurzen Verweilen und dann zu neuem Flug nach neuen Ufern. So erklärt sich auch die Antwort, die Cortés bei seiner Ankunft in Santo Domingo Medina gab: »Weder hier noch auf einer andern Insel dieser neuen Welt wünsche oder gedenke ich so lange zu bleiben.«

Man beachte die ausgeprägte persönliche Note. Natürlich spricht hier Cortés, eine außerordentliche Persönlichkeit; aber er ist doch eben erst neunzehn und damit in einem Alter, in dem die meisten Menschen noch die Sprache ihrer Umwelt reden. Spanien war damals durchaus ein demokratisches Land, in welchem jeder sein eigener Herr war. Die politischen Vorstellungen oder vielmehr Glaubenssätze wurzelten wiederum im Boden einer religiösen Kultur. Gott stand über allem, aber Gott war die reinste Güte, und jeder rechtschaffene Mann mochte kraft eigener Erleuchtung in Seinem Lichte wandeln. Dieser Satz wurde bewußt oder unbewußt ins Politische übertragen: Der König steht über allen; aber der König war die Verkörperung des Gesetzes, und da jeder kluge Mann wußte, was das Gesetz war, hatte er ein Recht darauf, bei der Anwendung des Gesetzes mitzureden. Im nächsten Jahrhundert sollte Spaniens und Europas größter Dichter[5] religiöser Dramen unter allgemeinem Beifall schreiben:

In allem, was nicht rechtens ist,
darf er dem König nicht gehorchen.

Das war zwar schon die Reaktion auf eine verhärtete Monarchie, welche die demokratische Kraft ihrer Frühzeit leider vergessen hatte; aber in Cortés' Tagen war die Monarchie die Quelle der Freiheit und der persönlichen Rechte. Sie verlieh allen gleiches Recht, und jeder Spanier hielt sich für berechtigt, durch seinen – bereitwilligst erteilten – Rat, durch Kritik und notfalls, wenn auch nur zeitweilig, durch Ungehorsam mit dem König zusammenzuarbeiten.

Dieses Persönlichkeitsbewußtsein hatte den Vorzug schöpferischer Kraft. Sie zeigte sich auf Española nicht nur an der raschen Erschließung der wirtschaftlichen Möglichkeiten der Insel und an den schnell aufeinanderfolgenden Entdeckungsreisen, sondern auch am gesunden Wachstum demokratischer Einrichtungen in den politischen Gemeinden, die meistens gegründet wurden, kaum daß die ersten Palisaden und Gräben die neue Siedlung am Meer oder Waldrand bezeichnet hatten. Der Cabildo, die Versammlung der Nachbarn oder Bürger, wurde vom Führer der Expedition einberufen, konstituierte sich ausdrücklich und wählte die Gemeinderäte und den Alkalden, der als oberster Beamter sowohl die Verwaltung wie die Gerichtsbarkeit ausübte. So schuf sich der Staat neu nach seinem eigenen Bilde, wobei er sich auf die politische Initiative aller Bürger verließ. Dank einer Übertragung solcher Methoden vom politischen auf den militärischen Bereich können wir eine erstaunliche Entwicklung demokratischer Bräuche selbst bei den Armeen und Flottenverbänden beobachten, die hier und da den Schleier durchdrangen, hinter welchem der Kontinent, noch größtenteils unenthüllt, der abenteuernden Eindringlinge wartete.

Das freie und demokratische Persönlichkeitsbewußtsein dieser Gesellschaft hatte freilich auch eine Schattenseite. Die Eingeborenen standen wehrlos dem Ansturm einer Schar von Männern gegenüber, welche durch eine Art natürlicher Auslese bedenkenlose Männer der Tat waren, die ihren persönlichen Vorteil suchten, was immer es die Eingeborenen kosten mochte. Selbst wenn wir an den leidenschaftlichen Übertreibungen, die Las Casas so unzuverlässig machen, einiges abstreichen – zumal wenn es sich um Zahlen handelt –, so bleibt von seinen Berichten immer noch genug übrig, was das Los der Eingeborenen während der ersten Jahre der Eroberung durch die Spanier unermeßlich trostlos erscheinen läßt. Die Kolonialregierung war noch zu schwach und unentwickelt, das Mutterland zu fern – und zudem ebenfalls noch zu jung –, um dem wilden Ehrgeiz der Goldjäger wirksame Schranken zu setzen. Die Grundsätze und Anschauungen, welche theoretisch das Verhalten der Weißen gegenüber den Farbigen bestimmen sollten, waren noch Gegenstand heftiger Debatten. Das Leben mußte sich einen Weg suchen zwischen frommen Mönchen, die immer noch erklärten, die Spanier hätten nur als Träger der göttlichen Botschaft das Recht, Indien zu betreten, und Goldjägern, die, was immer sie denken mochten, den Indianer einfach als Arbeitstier nahmen, das ihrem Nutzen diente. Man fand eine praktische Lösung: das Repartimiento, also eine Zuteilung von Arbeitskräften an die Siedler, welche dem Christen die Verpflichtung auferlegte, die Seele des Indianers zu erleuchten, ihm gleichzeitig aber das Recht verlieh, seinen Körper auszunutzen.

Las Casas hat die Mißbräuche aufgedeckt, zu denen dieses Verfahren geführt hat; insbesondere wurden mächtigen Beamten in Spanien, die Indien höchstens einmal im Traum erblickt hatten, Indianer zugesprochen. Ferdinands Privatsekretär Conchillos und Bischof Fonseca, sozusagen der Kolonialminister jener Epoche, beteiligten sich an diesem skandalösen Mißbrauch. Die Mönche traten nachdrücklich und furchtlos dagegen auf. Sie sagten ihren Gemeinden von der Kanzel herab ins Gesicht, daß sie nicht das Recht hätten, Indianer zu besitzen, mochten diese auch vom König »bewilligt« worden sein. Sie reisten an den Hof, warteten in den Vorzimmern des Königs, kämpften, flehten, stritten und schrieben. Dank ihrer bewunderns-werten Beharrlichkeit gelang es ihnen allmählich, den ärgsten Mißbrauch zu beseitigen und eine Denkweise zu fördern, die in den großartigen »Gesetzen für Indien« gipfelte. Aber die Zeit fordert von jeder menschlichen Bemühung ihren Zoll. Zwar kam die Bewegung der Mönche der Entwicklung des spanischen Reiches im ganzen zugute, aber die Antillen waren nicht mehr zu retten, ihre eingeborene Bevölkerung wurde ausgerottet.

Cortés sieht zwei Eroberer scheitern

Als Hernán Cortés in seinem Herrschaftsgebiet eintraf, war Ovando Gouverneur nicht nur von Española, sondern auch von einem unbestimmten, weit ausgedehnten Gebiet, das »Indien« genannt wurde. Dazu gehörten die bereits entdeckten Inseln, unter denen Kuba von vielen immer noch für das Festland gehalten wurde, sowie ein mehrere hundert Meilen langer Streifen der Küste, welche viele immer noch als Inseln ansahen. Diese seltsamen Vorstellungen waren die Früchte der zahllosen Irrtümer, welche Columbus dank seiner fruchtbaren Phantasie ausgesät hatte. Das Reich des Königspaares von Kastilien, das Ovando in ihrem Auftrag regierte, veränderte sich täglich, wuchs, wurde erforscht und stieg allmählich aus dem Reich der Träume auf den Boden der Wirklichkeit hernieder – alles dank der gemeinsamen Anstrengungen der Krone und der selbständigen Kapitäne und Seefahrer, die auf eigene Rechnung und Gefahr die Neue Welt um des Ruhmes und Reichtumes willen aufsuchten.

In dem kurzen Zeitraum, der zwischen des Columbus dritter Reise und der Ankunft von Cortés in Santo Domingo lag, hatte die kleine Kolonie sich an etlichen Expeditionen mehr oder minder stark beteiligt, sei es als Zuschauer im ersten Rang, sei es, was häufiger vorkam, als Lieferant von Mannschaften und Proviant oder sogar als

Trösterin und Samariterin nach den nicht ganz seltenen Fehlschlägen. Angelockt durch die Entdeckung einiger Perlmuschelbänke, von denen Columbus berichtet hatte, stach im Mai 1499 Alonso de Hojeda, einer von Bischof Fonsecas Günstlingen, von Cádiz aus in See. An Bord von Hojedas Schiff weilten zwei Männer, die sich in der Geschichte der Entdeckung Amerikas einen Namen gemacht hatten: der große Kosmograph Juan de la Cosa, der die erste Karte der Neuen Welt gezeichnet hat, und Americo Vespucci, der schlaue Florentiner, der sich in richtiger Einschätzung der Publizität den Ruhm sicherte, dem neuen Kontinent seinen Namen zu geben, und zwar weniger dank seinem Kompaß als seiner Feder. Hojeda, der ein tapferer, ja tollkühner Abenteurer war, verlor viel Zeit mit Geplänkel im Innern von Española, wo eine Art Bürgerkrieg die Stellung des Columbus gefährdete. Trotzdem entdeckte er vor seiner Rückkehr nach Spanien noch die Küste des heutigen Britisch-Guayana und des von ihm Klein-Venedig oder Venezuela genannten Landes, die er auch beide kartographisch aufnahm.

Etwa um dieselbe Zeit folgte Pero Alonso Niño, ein Mitglied der bekannten Familie in Palos, von seiner Heimatstadt aus Hojeda, erreichte, da ihm Bürgerkriege weniger behagten, die Nordküste von Südamerika vor jenem und kehrte als reicher Mann zurück. Im November desselben Jahres verließ Vicente Yáñez Pinzón, der Columbus auf dessen erster Reise begleitet hatte und der berühmteste spanische Steuermann seiner Zeit war, den Hafen von Palos und erreichte als erster die neue Welt südlich des Äquators.

Am 20. Januar 1500 entdeckte er Brasilien und erforschte sorgfältig einen zweitausend Meilen langen Küstenstreifen einschließlich der Mündung des Amazonas. Außerdem hatte inzwischen Diego de Lepe – möglicherweise mit Americo Vespucci an Bord – Palos verlassen; auch er sichtete die brasilianische Küste und gelangte über das Kap St. Augustino hinaus. Schließlich ließ Rodrigo de Bastidas seine Anwaltspraxis in Sevilla im Stich, stach mit Juan de la Cosa im Oktober 1500 in See und erforschte die Küste von

Venezuela bis nach Panama, von wo aus er im September 1502 nach Cádiz zurückkehrte.

Dieser kurze Zeitraum hatte also den spanischen Seefahrern genügt, um die dreitausend Meilen lange Küste Südamerikas von Kap St. Augustino bis nach Panama zu entdecken, zu erkunden und kartographisch aufzunehmen. Die Suche nach Indien, die eine der Triebkräfte für des Columbus Abenteuer gewesen war, hatte nichts von ihrer Verlockung verloren. Mochten sich auch die Anzeichen dafür mehren, daß »Indien« nicht Indien war, so nistete sich dafür der Gedanke ein, daß es irgendwo eine Durchfahrt geben müsse, welche es den spanischen Karavellen erlauben würde, den Portugiesen zuvorzukommen, die um Afrika herumfuhren. Bartholomeo Diaz hatte 1486 das Kap der guten Hoffnung entdeckt, während Columbus noch versuchte, die spanische Krone für seine große Entdeckung zu gewinnen. Vasco da Gama war in den Jahren 1497/98 von Lissabon aus um das Kap nach Indien gefahren, während Columbus noch von Cipango und Quinsay träumte. Im Jahre 1500 begegnete Cabral auf seinem Weg nach Indien einem diplomatischen Sturm, der sein Schiff an die Küste Brasiliens trieb. Die Rivalität der beiden Brudervölker wuchs sich immer mehr zu einem Wettrennen nach den Gewürzinseln des Ostens aus. Die Kastilier hofften dieses Rennen durch eine Entdeckung der Meerenge zu gewinnen. Das Leben wurde beiden Völkern gerecht: Portugal gewährte es, als erster die heiß begehrten Inseln zu erreichen, während Kastilien die Entdeckung der Meerenge beschert wurde. Als wollte das Schicksal die beiden Länder auf den Weg der Union verweisen, fügte es die Dinge so, daß diese letzte große Entdeckung von kastilischen Schiffen unter einem portugiesischen Kapitän gemacht wurde: Magalhães.

Das aber war noch ferne. Einstweilen versuchte Columbus, der weit davon entfernt war, die wahre Bedeutung seiner Entdeckung zu erkennen, zum vierten und letzten Mal zum Großkhan durchzubrechen. Die Bewohner von Santo Domingo konnten sehen, wie seine Schiffe vor der von ihm entdeckten Insel lagen, ohne in den Hafen einlaufen zu dürfen, wo sein eigener Bruder Santo Domingo, die älteste Stadt des neuen Kontinents, gegründet hatte; wie er dazu verurteilt war, auf der Suche nach der Durchfahrt gen Westen umherzuirren, bis er schließlich als gebrochener Mann in Jamaika Zuflucht suchen mußte, weil seine Schiffe von Würmern zerfressen waren. Zu ihrer Überraschung und Bewunderung hörten die Bewohner der kleinen Kolonie, daß zwei Leute des Admirals, Diego Méndez und Bartolomé Flisco, auf der Suche nach Vorräten die Überfahrt von Jamaika in einem Kanu erfolgreich bestanden hatten. Überall auf der Insel hatte man mit gemischten Gefühlen beobachtet, wie Ovando die Dinge den Sommer und Herbst des Jahres 1503 hindurch treiben ließ, ohne mit einem Wort oder Handschlag zu helfen und zu trösten. Nur ein kleines Schiff, das ein Feind des Columbus befehligte, hatte er geschickt, damit es die Lage erkunde. Die Öffentlichkeit der Insel, die Columbus keineswegs besonders wohlwollte, griff die Sache auf. Der Nachrichtendienst jener Zeit, die Sonntagspredigten, verurteilten den hartherzigen Gouverneur scharf. Cortés, der gegen Ostern 1504 in Santo Domingo landete, muß einige dieser kritischen Predigten gehört haben. Um dieser Opposition zu begegnen und ihr schließlich nachzugeben, kehrte Ovando in die Hauptstadt zurück, wo er den ehrgeizigen Jüngling traf, der ihm die Hand küßte, sich als Sohn Estremaduras auswies und einige Empfehlungsbriefe überreichte. Ovando nahm ihn liebenswürdig auf, gab ihm aber nicht mehr als schöne Worte. Danach scheint der junge Edelmann eine magere Zeit erlebt zu haben; man berichtet uns, daß er und zwei Freunde zusammen nur einen Mantel besaßen, mit dem sie auf den Markt gehen konnten. Gleichwohl stürzte er sich in den Strom der Welt und suchte sich durch Goldgraben sein Brot zu verdienen. Während er damit beschäftigt war, kam Columbus auf dem Heimweg nach Spanien durch Santo Domingo. Der künftige Eroberer von Mexiko mag einen nachdenklichen Blick auf den bejahrten und betrübten fahrenden Entdecker geworfen haben, dem Ovando zwar zum Schein ehrerbietig, aber doch nur mit dürftiger Achtung vor der Macht und den Privilegien des Vizekönigs begegnete. Am Vorabend seiner Abreise aus jenem »Indien«, das er entdeckt hatte, aber niemals wiedersehen sollte, gab er ein anschauliches und bewegendes Beispiel für die Eitelkeit menschlichen Ruhmes.

Scine ersten Erfolge scheint der künftige Eroberer eher mit der Feder als mit dem Schwert errungen zu haben. Jedenfalls finden wir ihn als Escribano Público oder öffentlichen Notar in der kleinen Stadt Azúa wieder, nicht weit von Santo Domingo. Zwar stellen Gómara und andere Chronisten diese Ernennung als Belohnung für seine Tapferkeit in einem Feldzug gegen die Indianer dar, aber Daten sind nicht so geschmeidig wie Chronisten: der fragliche Feldzug hatte 1503 stattgefunden, während Cortés erst 1504 auf der Insel gelandet ist.

Wir müssen uns also damit begnügen, in der Ernennung eher eine Gunst als eine Belohnung für Dienstleistungen und militärische Tüchtigkeit zu sehen, und müssen uns den künftigen Eroberer in seiner neuen Stellung als Notar von Azúa vorstellen: ein schlanker, aktiver, willensstarker und geistesgegenwärtiger junger Mann von einigen zwanzig Jahren, der sich als Gutsbesitzer in einer »Stadt« niedergelassen hatte, welche, abgesehen von Kirche, Fort und ein oder zwei Häusern, kaum mehr als ein Dorf war. Ovando hatte ihm genug Indianer gegeben, so daß er sich körperliche Arbeit so weit vom Leibe halten konnte, wie damals für die Würde unerläßlich war. Cervantes de Salazar berichtet, daß »er danach sechs Jahre lang der Landwirtschaft ergeben blieb, während er seine Amtspflichten zur Zufriedenheit der ganzen Stadt wahrnahm«. Das mag richtig sein, war er doch ein klarer Kopf, der sich wohl auszudrükken verstand; zudem trugen angeborene Begabung und seine Ausbildung in Salamanca dazu bei, ihm das Spiel mit juristischen Fiktionen, Ausdrücken und Spitzfindigkeiten verständlich und vielleicht sogar verlockend erscheinen zu lassen. Jedenfalls hatte ein öffentlicher Notar in einer aufstrebenden Kolonie vollauf Gelegenheit dazu, wo neben ständigem Besitzwechsel noch der ewige Streit zwischen der langsam sich bildenden Ordnung der Kolonie und der stürmischen Unordnung der Eroberungszeit zu schlichten war. Cortés war für beide Welten geschaffen. Er verstand sich durchaus auf Gesetz und Ordnung, genoß aber zugleich die widerstrebende Kraft der Unordnung, wie sie sich im Krieg und in der Liebe auszudrücken pflegt. So kam es, daß er, dieweil er auf den Krieg wartete, wacker auf dem Feld der Liebe gefochten zu haben scheint. »Ich habe mir sagen lassen«, schreibt Bernal Díaz, »daß er es als junger Mann auf Española etwas munter mit den Frauen getrieben habe und darüber mehrmals mit tapferen und erfahrenen Männern in Händel geraten, aber stets siegreich geblieben sei. Er hatte von einem Messerstich an der Unterlippe eine Narbe, die einem scharfen Auge auffiel, obwohl sein Bart sie verdecken sollte; diese Narbe rührte aus jenen Händeln her.«

Das alles können wir wohl glauben, nachdem der siebzehnjährige Jüngling bereits fast zu Tode gekommen war, als er die Dame seines Herzens über des Nachbars Dach zu erreichen versuchte. Ovando, der als Gouverneur wie ein Diktator über die Insel herrschte, war in diesen Dingen ein harter Richter und verstand sich, wie Las Casas berichtet, »sehr wohl darauf, jedermann in Schranken zu halten«. Gewöhnlich schickte er solche Störenfriede mit dem nächsten Schiff nach Spanien zurück. Es ist daher fast ein Wunder, daß Cortés, in der Liebe einer der kühnsten Wilderer, die jemals in Ovandos wohlbehüteten Gehegen ihr Unwesen trieben, nicht zu denen gehörte, die von den Freuden Españolas ausgeschlossen und nach Hause geschickt wurden. Die Strafe scheint ihn jedoch, wenn nicht von Ovando, dann auf verschlungenen Pfaden durch Kräfte der Natur ereilt zu haben. So berichtet Cervantes de Salazar: »Um jene Zeit wollte er nach Veragua hinüberfahren, das wegen seiner Reichtümer berühmt war; er konnte das jedoch nicht tun, weil ihn ein heftiger Schmerz im Bein befiel. Seine Freunde sagten, es seien Bubonen, da er stets die Frauen liebte, Indianerfrauen aber den, der sie besucht, noch häufiger damit anstecken als Spanierinnen.«

Zum zweiten Mal wurden seine Kriegstaten durch seine Liebeleien vereitelt. Dennoch kann man unmöglich sagen, ob ein bestimmtes Ereignis im Leben eines Menschen glücklich oder unglücklich sei. Während er in Azúa darniederlag und vielleicht jenes Guayacan trank, das die Indianer bereits als wertvolles Mittel gegen die Syphilis erkannt hatten, verpaßte Cortés die verhängnisvolle Expedition der Nicuesa und Hojeda, bei der ein anderer großer Konquistador, Francisco Pizarro, eine maßgebliche Rolle spielen sollte. Welch ein Glück! sagen auf mancherlei Weise alle seine Biographen. Woher wissen sie aber, daß die Dinge, wäre Cortés an Bord gewesen, nicht einen gänzlich anderen Verlauf genommen hätten?

Diese Expedition, an der Cortés teilgenommen haben könnte, erleichtert uns das Verständnis mancher späterer Ereignisse in seiner abenteuerlichen Laufbahn. Diego de Nicuesa war nicht irgend jemand. Las Casas berichtet, er sei Vorschneider bei Don Enrique Enríquez, dem Onkel des Katholischen Königs, gewesen: »Er war ein sehr kluger Mann, höfisch und von gebildeter Rede, ein großer Lautenspieler und vor allem ein großer Reitersmann, der auf einem Roß, das ihm gehörte, Wunder vollbrachte. Kurzum, einer von jenen mit vielerlei Gaben und vollkommenen Talenten gesegneten Männern, wie sie in Kastilien zu finden sind; als einziges sprach gegen ihn, daß er nur mittelgroß war, doch besaß er ansehnliche Kräfte, so daß beim Turnierspiel mit Rohrlanzen die Stöße seiner Lanze gegen den Schild durch Mark und Bein gingen.«

Hojeda war nicht weniger begabt und hatte es wohl verdient, daß Columbus selbst ihn als Kommandanten einer Karavelle auf seiner zweiten Reise auserwählt hatte; war er doch »ein junger Mann, dessen Mut und Gewandtheit im Rufe standen, viele Männer zu übertreffen, mochten sie auch noch so gewandt und mutig sein«.

In einer Hinsicht jedoch unterschieden sich Nicuesa und Hojeda beträchtlich: Während Nicuesa auf Española mit Methoden, welche Las Casas aus christlichem Eifer entschieden verurteilte, ein Vermögen angehäuft hatte, pfiff Hojeda stets auf dem letzten Loch und war ständig damit beschäftigt, neue Eroberungszüge vorzubereiten, um frühere Fehlschläge mit künftigen Erfolgen bezahlen zu können. Beide scheinen Freunde bei Hofe gehabt zu haben, wo beide sich bemühten, zum Gouverneur des neu entdeckten Festlandes von Veragua ernannt zu werden, angelockt »von dem Geruch der Nachricht, daß es dort Reichtümer gebe – eine Nachricht, welche Admiral Columbus, der sie zuerst entdeckte, verbreitet hatte«. Fonseca schickte sie beide hinüber und übertrug jedem die »Regierung« über einen ansehnlichen Teil des Festlandes, einschließlich des größten Teiles der atlantischen Küste dessen, was heute Kolumbien und Panama ist; zudem wurde die Insel Jamaika als ihre Operationsbasis ausersehen. Die beiden Gouverneure hatten Santo Domingo noch nicht verlassen, als sie sich bereits darum stritten, wem das Land Darién mit seinen Besitzungen gebühre, da die Land- und Seekarten jener Zeit alles andere als zuverlässig waren. Zudem hatte Don Diego Colón, Sohn und Erbe des großen Admirals, den die großzügige Vergabe aller dieser Gouverneursposten in Widerspruch zu seinem Erbrecht erbitterte und der daher die Pläne der beiden Anwärter mindestens auf Jamaika vereiteln wollte, dorthin den Herrn Juan de Esquivel aus Sevilla entsandt, »um es zu bevölkern und als sein Statthalter zu wirken«. Woraufhin Hojeda kurz vor der Abreise sich erkühnte zu versichern, »daß er dem Esquivel, falls er auf Jamaika lande, den Kopf abschlagen werde«. Auf solcherlei Weise versuchte man damals den beschränkten Eingeborenen das Evangelium zu verkündigen.

Nachdem Hojeda seine düstere Warnung ausgesprochen hatte, verließ er Española am 10. oder 12. November 1509 mit zwei Schiffen und zwei Brigantinen, auf denen sich dreihundert Männer und zwölf Pferde befanden. Derweilen blieb Nicuesa noch in Santo Domingo, wo ihm die Freunde des Don Diego Colón mit List und Tücke juristische Hindernisse in den Weg legten.

Hojeda nutzte diesen Vorsprung von zehn Tagen aus, um sich so viel Unheil aufzuladen, wie eben möglich war. Kaum war er in Cartagena angelangt, als er entgegen dem Rat des großen Kosmographen Juan de la Cosa, der die Expedition finanziert hatte und ihr Generalkapitän war, die wilden Indianer in jenem Landstrich anzugreifen beschloß, deren Geschicklichkeit im Umgang mit Giftpfeilen berühmt war. Er verlor siebzig Mann, mußte Juan de la Cosa sterbend zurücklassen und verdankte sein eigenes Leben nur seiner Schnelligkeit und seinem Glück; denn seine Leute fanden ihn in einem Dickicht versteckt mit nicht weniger als dreihundert Einschüssen auf seinem Schild. Am unerfreulichsten für den geschlagenen Anführer war aber doch die Nachricht, daß Nicuesas Flotte in Sicht sei.

Hojeda beschloß, sich versteckt zu halten, bis seine Leute herausgefunden hätten, was Nicuesa zu den letzten Nachrichten sagen würde. Nicuesa aber erwies sich als Edelmann, war über Hojedas Mißtrauen verwundert, schob alle früheren Meinungsverschiedenheiten beiseite und stellte seine Streitkräfte dem besiegten Rivalen zur Verfügung, der mit diesen Verstärkungen seine Niederlage grausam rächte, wie das damals nicht anders als heute üblich war. Im Verlauf dieser Strafexpedition »trafen sie auf den Leichnam Juan de la Cosas, der an einen Baum gebunden war und gleich einem Igel von Pfeilen starrte; da er infolge der giftigen Kräuter angeschwollen und verunstaltet und fürchterlich anzuschauen war, packte die Spanier solches Entsetzen, daß keiner von ihnen dort zu übernachten wagte«.

So ist es nicht verwunderlich, daß Hojeda der ersten Stadt, die in seinem Herrschaftsbereich gegründet wurde, den Namen des Heiligen Sebastian gab, des himmlischen Schutzpatrons gegen giftige und andere Pfeile, obwohl St. Sebastian, wie Las Casas betont, nicht um ihren Schutz oder Heilung besorgt war, »weil Gott und seine Heiligen gewöhnlich dem Unrecht und der Bosheit nicht beistehen«. Hojeda baute dort ein Fort, das er als Stützpunkt für Jagdzüge nach Gold und Proviant gegen die Indianer benutzte, die sich ihm jedoch überlegen erwiesen und ihn schließlich praktisch zum Gefangenen in seinem Fort machten, wo er zusehen mußte, wie Hunger und Krankheit seine Truppen Mann für Mann aufrieben. Gleichwohl müssen diese Sünder flehentlich um Hilfe gebeten haben, denn Gott in seinem unerforschlichen Ratschluß sandte ihnen unerwartet Entsatz. Dabei bediente er sich als seines

Werkzeuges eines gewissen Bernadino de Talavera, dem der Boden Españolas zu heiß geworden war, wo ihm die Gefängnisbehörden gern Gastfreundschaft gewährt hätten. So machte er sich mit siebzig Genossen in einem Schiff von hinnen, das mit Brot und Fleisch beladen war, ohne sich darum zu kümmern, daß dieses Schiff einem Kaufmann aus Genua gehörte, dessen Vorstellungen, wie man zu anderer Leute Hab und Gut gelangt, weniger einfach waren.

Als die hungrige Garnison die weißcn Segel am blauen Himmel ausmachte und schließlich erkannte, daß es sich um Wirklichkeit und nicht etwa um Halluzinationen ihrer hinfälligen Leiber handelte; ja, als Talavera sich sogar – gegen Entgelt – bereit fand, Brot und Fleisch den Besitzer wechseln zu lassen, schöpften sie neue Kraft und nahmen den Kampf gegen die Belagerer wieder auf. Die Indianer sahen es darauf ab, den Anführer zu verwunden, dessen Angriffslust sie bisher ebenso verwundert hatte wie die Gewandtheit und das Glück, mit denen er jeder Verletzung entging. Dank einer List gelang es ihnen schließlich, ihn an der Hüfte zu verwunden.

Nicuesa und sein Geschwader folgten indessen ihrem eigenen Stern. Hojeda genas, Talaveras Brot und Fleisch wurden aufgezehrt, und der Hunger kehrte zurück, der getreue Hunger, der dem Menschen wie ein Schatten folgt, wohin er auch gehen mag. Hojedas Leute begannen zu murren, Anschläge zu ersinnen, zu meutern. Er schlug ihnen vor, er wolle in Talaveras Schiff nach Santo Domingo segeln und Hilfe holen; wäre er nicht nach fünfzig Tagen zurückgekommen, so könnten sie mit den ihnen verbleibenden Brigantinen fahren, wohin sie wollten. Als Anführer würde er ihnen Francisco Pizarro dalassen, den nachmaligen Bezwinger von Peru. Der Plan fand Anklang. Talavera und seine Genossen beschlossen, mit Hojeda zurückzukehren.

Sie taugten nicht viel und waren nicht aus dem Holz, aus dem man Helden schnitzt. Aber wer weiß schon, was das Leben ihm beut? Über die unglaubliche Odyssee dieser Männer schreibt Las Casas: »Gewiß sind die Entbehrungen, welche die Spanier hier in Indien auf der Goldsuche auf sich genommen haben, die bittersten und grausamsten gewesen, welche Menschen jemals zu ertragen hatten; was aber Hojeda und seine Begleiter zu erdulden hatten, übertraf alles.« Sie landeten auf Kuba, setzten das Schiff auf Land und beschlossen, ostwärts zu wandern, um näher an Española heranzukommen. Die Insel war noch nicht »bevölkert« worden. In diesem Niemandsland nahmen Talaveras Leute Hojeda gefangen. Kriegerische Eingeborene griffen sie an, woraufhin sie beschlossen, Hojeda wieder freizulassen, »weil er im Kriege mehr wert war als die Hälfte von ihnen«. Auf solche bewegte und gefährliche Weise legten sie mehr als hundertfünfzig Kilometer zurück, bis sie in einen Morast gerieten, den sie dreißig Tage lang durchzogen, bald knietief, bald bis an den Hals in widrigem Schlamm watend. Von den zwanzig Männern starb die Hälfte an Hunger oder Durst oder ertrank im Sumpf. Wann immer sie konnten, stiegen sie auf Mangrovenbäume, um ein paar Stunden zu schlafen. In solchen Augenblicken zog Hojeda aus seinem Knappsack »ein Bildnis Unserer Lieben Frau, sehr heilig und in Flandern wunderbar gemalt«, vor dem die Unglücklichen um Hilfe beteten. Schließlich gelang es ihnen, dank der Hilfe und Fürsorge einiger friedfertiger Indianer, ein Kanu nach Jamaika zu schicken, so daß Hojeda am Ende von einer Karavelle gerettet wurde, deren Kommandant Pánfilo de Narváez war, der in Cortés' Leben noch eine maßgebliche Rolle spielen sollte. Er brachte sie alle nach Jamaika, wo Hojeda auf das großzügigste von eben jenem Juan de Esquivel aufgenommen wurde, dessen Kopf er abzuschlagen gelobt hatte. Talavera wurde gehängt, Hojeda aber kehrte nach Santo Domingo zurück, um dort im Hospital zu sterben, ohne daß er auch nur einen Pfennig für seine Beerdigung besaß.

Nicuesas Prüfungen waren nicht weniger hart als diejenigen Hojedas. Infolge eines mehr oder minder echten Mißverständnisses hatte sein Generalkapitän Olano ihn nach einer Trennung nicht wiedergetroffen. So war ihm nur eine Karavelle geblieben, die ihm auf die damals übliche Art verlorenging: durch das Zusammenwirken des tobenden Meeres, unbekannter Häfen und schlechter Navigation. Von unfreundlichen Indianern ständig bedroht, zog er an der glühendheißen Küste entlang und gelangte schließlich mit der Mehrzahl seiner Leute auf eine kleine unfruchtbare Insel. Dorthin war er im Beiboot seiner Karavelle übergesetzt, weil er sie für das Ufer einer Festlandsbucht hielt. Danach waren vier seiner Seeleute, welche die Leiden satt hatten, bei Nacht im Beiboot von hinnen gerudert; sie hofften, wenigstens Olano zu finden und mit Hilfe zurückzukommen. Sie fanden ihn zwar, doch war seine Lage kaum beneidenswerter als diejenige Nicuesas. Immerhin überredeten sie ihn, ein Schiff zu schicken. Als danach Nicuesa zurückkehrte und sich dem Rest seiner Expedition wieder anschloß, konnte er seine Wut kaum meistern und hätte Olano auf der Stelle aufgeknüpft, wenn nicht die Leute inständig für ihn gebeten hätten. Es sollte jedoch noch schlimmer kommen. Da es ihnen nicht gelang, sich Proviant anders als auf riskanten Raubzügen gegen einen beweglichen und gefährlichen Feind zu verschaffen, gerieten die Spanier schließlich vor Hunger in solche Verzweiflung, daß ihrer dreißig, als sie einen toten Indianer fanden, diesen aßen und daran starben.

Nicuesa beschloß, anderswo sein Heil zu versuchen, und stach mit einer Karavelle in See, die Olanos Leute auf dessen Geheiß aus dem Holz des gescheiterten Schiffes gebaut hatten. Auf diesem notdürftigen Fahrzeug folgte er der Küste ostwärts, bis er angesichts einer Stelle, die ihm zur Niederlassung geeignet erschien, sagte: »Hier laßt uns in Gottes Namen bleiben!« So entstand die Kolonie Nombre de Dios. Unerbittlich trieb er seine von Hunger geschwächten Leute an, ein Fort zu bauen. Dem, der sich beklagte, erwiderte er: »Scher dich auf den Friedhof!« Von den 785 Männern, die er herübergebracht hatte, waren ihm, als er im Dezember 1510 sein Fort baute, hundert geblieben. Die Verhältnisse wurden immer schlimmer, und schließlich waren alle so geschwächt, daß nachts keiner mehr Wache halten konnte.

So stand es um den Gouverneur des goldenen Kastiliens

(Castilla del Oro), als Colmenares kam, um ihm mitzuteilen, daß es in Darien sechzig Männer gebe, welche um die Ehre bäten, seine Untertanen sein zu dürfen. Über den Anblick eines gebratenen Huhnes geriet er so außer sich, daß er es, eingedenk seiner Tage als Vorschneider, in der Luft zerlegte. Seine Laune stieg so schnell, daß er gelobte, er werde seine neuen Untertanen bestrafen, weil sie ohne seine Erlaubnis Gold angehäuft hätten. Als wolle er seinen eigenen Untergang herbeiführen, schickte er seine Karavelle mit dieser Nachricht voraus und blieb selbst mit einer Schaluppe zurück.

Als er vor Darien anlangte, befand sich die Kolonie in bewaffnetem Aufruhr gegen ihn. Er zeigte sich weder energisch noch klug genug, um die Krise zu meistern, sondern wurde trotz Balboas Bemühungen und Ratschlägen gefangengenommen und mit siebzehn seiner Freunde auf einer alten Schaluppe nach Española geschickt. Niemand hat je wieder etwas von ihm gehört.

Während zwei seiner Nachbarn auf Española zwanzigtausend Peseten und über tausend Menschenleben auf sinnlosen Expeditionen vergeudeten, blieb Hernán Cortés in Azúa und heilte die Wunden, die ihm die Liebe geschlagen hatte. Cervantes de Salazar berichtet uns: »Als er eines Nachmittags eingeschlummert war, sah er sich im Traum plötzlich seiner alten Armut entledigt, mit üppigem Tuch bekleidet und von vielen Fremden bedient, die äußerst ehrerbietig und lobend zu ihm sprachen . . . Wiewohl er nun als guter Christ wußte, daß er Träumen keinen Glauben schenken dürfe, war er doch entzückt; denn der Traum fügte sich aufs beste zu seinen Gedanken, die er klugerweise verborgen gehalten hatte aus Furcht, er möchte für wahnsinnig gehalten werden. So sagte er zu seinen Freunden mit einer neuen, bisher an ihm nicht beobachteten Zufriedenheit, er werde entweder bei Trompetenschall speisen oder am Galgen sterben.«

Am 10. Juli 1509 ließ ein Geschwader, bunter und prächtiger als sonst üblich, in der Bucht von Santo Domingo die Anker fallen. Der zweite Admiral von Indien, Don Diego Colón, Sohn und Erbe des Entdeckers, hatte es endlich geschafft. Sein Erbanspruch auf das Amt des Vizekönigs und Generalgouverneurs von Indien war anerkannt worden, und so landete er, »trefflich begleitet und mit einem zahlreichen Gefolge von Herren«, in seinem überseeischen Lehen. Mit ihm kamen zwei seiner Onkel: der Adelantado Don Bartolomé, der die Stadt gegründet hatte, und der pfäffische Don Diego, der als Regent der Stadt an deren beiden Enden einen Galgen errichtet hatte, an denen er unbotmäßige Spanier aufknüpfen ließ. Dazu sein illegitimer Bruder Don Fernando, der alles dies der Nachwelt überliefern sollte. Falls Cortés zugegen war, was sehr wohl möglich ist, so galt seine Aufmerksamkeit vermutlich noch einem andern Teil des vizeköniglichen Hofstaates. Die Vizekönigin, Doña Maria de Toledo, eine Nichte des Herzogs von Alba, brachte nämlich in ihrem Gefolge »einige Damen und Edelfräulein mit, von denen alle oder die meisten, soweit sie jung waren, hier auf der Insel mit Leuten von Rang und Wohlstand verheiratet wurden; es herrschte ja in der Tat großer Mangel an solchen Frauen aus Kastilien. Zwar heirateten einige Christen Indianerinnen aus guter Familie, doch gab es viele andere, die solche wegen ihrer Unfähigkeit und Häßlichkeit unter keinen Umständen ehelichen wollten.« Falls nun Cortés beobachtet haben sollte, wie die Ladung reizender Spanierinnen an Land gesetzt wurde, so muß er jedenfalls auch diejenige gesehen haben, welche seine Frau und zudem die Ursache von mehr als einem dramatischen Abenteuer in seiner weiteren Laufbahn werden sollte.

Als erstes veranlaßte der neue Vizekönig die Eroberung und Besiedelung der Insel Borinquen, welche von den Spaniern San Juan genannt wurde und heute Puerto Rico heißt. Cortés scheint sich für diesen Eroberungszug nicht interessiert zu haben, was, im Gegensatz zu der vorherrschenden Meinung, die Ansicht bestätigt, daß es ihm zunächst genügte, das angenehme Leben eines mit Liebeshändeln und Notariatsgeschäften voll ausgefüllten Gutsbesitzers zu führen. Hätte ihn nämlich nach kriegerischen Tatcn verlangt, so wäre jetzt Gelegenheit dazu gewesen. Zudem stellen wir fest, daß er zur Zeit seiner zweiten Auswanderung, also seiner Reise nach Kuba, wiederum einen zivilen Posten erhielt, obwohl das Unternehmen fraglos kriegerischer Natur war.

Kuba war damals noch kaum erforscht. Kurz vor seiner Abberufung hatte Ovando noch eine Expedition unter einem Kapitän Sebastián de Ocampo ausgeschickt, welche feststellen sollte, ob Kuba eine Insel sei – wie die meisten vermuteten – oder das Festland, wie Columbus seine Seefahrer hatte schwören lassen. Ocampo hatte zwar geklärt, daß es eine Insel sei, im übrigen aber wenig für die spanische Herrschaft getan. Im Jahre 1511 beschloß Don Diego Colón, die Insel erobern und besiedeln zu lassen, und bestimmte zum Führer des Unternehmens einen der größten Herren und Hauptleute auf Española namens Diego Velázquez, »den reichsten und angesehensten unter den älteren Bewohnern dieser Insel«. Velázquez hatte zum Gefolge des Adelantado Don Bartolomé Colón gehört. Las Casas, von jeher ein unerbittlicher Gegner aller Eroberungszüge, mischt die Farben in seiner Beschreibung des Mannes: »Er war reicher als alle andern. Er hatte viel Erfahrung darin, das Blut dieses unglücklichen Volkes zu vergießen oder durch andere vergießen zu lassen. Bei den Spaniern, die ihm untergeben waren, war er sehr beliebt, denn er war ein fröhlicher und freundlicher Mann, der seinen ungestümen jungen Leuten meistens von Festen und Vergnügungen sprach, wiewohl er notfalls genau verstand, seinen Geboten Achtung zu verschaffen. Seine Güter lagen in Xaraguá und in der Nähe der Häfen gegenüber von Kuba. Er war eine gute Erscheinung und daher erst recht beliebt. Er wurde dick, ohne an Ansehnlichkeit einzubüßen. Er war klug, und wenn manche seinen Geist für etwas schwerfällig hielten, so strafte er diese Ansicht Lügen.«

Das also war der Mann, der gegen Ende des Jahres 1511

die Stadt Sabana auf Española mit dreihundert Mann verließ, um Kuba zu erobern. Der Feldzug war weder lang noch schwierig, da die Eingeborenen auf Kuba anscheinend durch die überlegene Kraft und Bewaffnung der Eindringlinge rasch entmutigt wurden. Trotzdem stießen von Jamaika aus noch Freiwillige als Verstärkung zu Velázquez. Ihr Anführer war Pánfilo de Narváez, ein Offizier aus der Umgebung des Gouverneurs Juan de Esquivel von Jamaika, der in Cortés' Leben noch eine große Rolle spielen sollte. Las Casas beschreibt ihn als »eindrucksvolle Erscheinung, groß, ziemlich blond, ja fast rothaarig, anständig und vernünftig, obwohl nicht immer vorsichtig, redegewandt, von gutem Auftreten, tapfer gegen die Indianer und vielleicht auch gegen andere Leute, doch hatte er stets den einen Fehler, daß er allzu sorglos war. Von ihm« – so setzt der Chronist mit Recht hinzu – »wird noch viel die Rede sein.«

Obwohl die Verstärkung, welche Narváez brachte, nicht gerade überwältigend war – dreißig spanische Bogenschützen, die mit der Waffe der Eingeborenen vortrefflich umzugehen verstanden –, machte ihn Velázquez doch zu seinem Oberhauptmann, was soviel wie stellvertretender Befehlshaber war. Kurz darauf erschien auf Wunsch von Velázquez eine neue Figur auf der Bühne: Bartolomé de Las Casas persönlich, der später als Bischof von Chiapa alles voll Kummer und Scham aufzeichnen sollte, nun aber als junger Priester Narváez begleitete und, wo immer er konnte, den Ansturm der Christen gegen die nahezu wehrlosen Indianer zu mildern versuchte. Den größten Teil der Eroberung Kubas übernahm Narváez in Begleitung von Las Casas, da Velázquez für kriegerische Unternehmungen zu fett geworden war, die, obwohl dieser Feldzug nicht zu den mühsamsten und heroischsten Operationen der Spanier in Indien gehörte, anstrengend genug waren.

Wie stand es nun um Cortés? Wenn wir seinem lateinischen Chronisten Glauben schenken, so hatte er an dem Feldzug hervorragenden Anteil, nachdem er auf den dringenden Wunsch des Velázquez nach Kuba gekommen war. Dieser »bat ihn so manchen Tag, ihn zu begleiten, und versprach ihm goldene Berge, wenn Cortés ihm bei jenem

Kriege helfen würde; da er infolge seiner Fettleibigkeit kaum für den Krieg geeignet war, ließ er Cortés an allen Entscheidungen teilhaben und mitreden«. Auch erfahren wir, daß »er im Kriege so tapfer war, daß er schon nach kurzer Zeit der Erfahrenste von allen wurde«.

Nun findet sich aber auch nicht eine Spur von dieser ganzen Vortrefflichkeit in den Aufzeichnungen derer, die den Ereignissen näher waren. Vielmehr besteht insoweit überraschende Übereinstimmung zwischen Las Casas, der dieses ganze Kapitel aus Cortés' Leben miterlebt hat, und Gomara, Cortés' Hauskaplan und Chronist; beide berichten, daß er in dieser Zeit als Zivilist an des Velázquez Unternehmungen beteiligt gewesen sei. Bei Las Casas erscheint Cortés als einer der beiden Sekretäre des Velázquez und bei Gómara als Schatzmeister der Expedition. Diese Darstellungen stimmen mit den Tatsachen viel besser überein als die heroischen Legenden des lateinischen Chronisten. Um diese Zeit müssen wir Cortés mit den Augen des Las Casas sehen: »Er war verschlagen und vorsichtig, doch zeigte er sich noch nicht so weise und tüchtig wie später unter schwierigen Verhältnissen.« In einem Punkte nur dürfen wir dem lateinischen Chronisten glauben: »Nachdem Cortés mit Velázquez nach Kuba gegangen war, verwendete er auf nichts so viel Sorgfalt wie darauf, die Gunst seines Herrn zu gewinnen.«

Das ist ein Hinweis, der um so wertvoller ist, als er von einer Seite kommt, die Cortés wohlgesinnt war, und weil er der allzu verbreiteten Neigung begegnet, die Jugendjahre großer Männer dadurch verzerrt darzustellen, daß man ihr späteres Handeln als Maßstab anlegt. Cortés war ein großer Feldhauptmann, und seine Tapferkeit, wie unbestreitbare Tatsachen beweisen, wahrlich heldenhaft; zugleich aber war er ein geborener Diplomat, ein schlauer Unterhändler, geschickt im Umgang mit Menschen. Diese Eigenschaften haben ihm in den ersten Jahren mehr als jene seinen Aufstieg erleichtert.

Als er Velázquez' Sekretär und königlicher Schatzmeister auf der Insel wurde, war er sechsundzwanzig Jahre alt. Wenngleich er es vor allem darauf anlegte, die Gunst des

Gouverneurs zu gewinnen, so vernachlässigte er darüber die übrige Kolonie nicht; wußte er doch nur zu gut, daß Regenten kommen und gehen, die Regierten aber bleiben, und unter den merkwürdigen, anarchodemokratischen Verhältnissen des eben entstehenden Gemeinwesens dort in »Indien« konnte einem die Gelegenheit ebensogut von unten wie von oben her geboten werden. Auf diese Weise geriet er allmählich sogar in offene Opposition zum Gouverneur. Das war ein gefährliches Spiel, aber Cortés erkannte die Gefahr, bot ihr die Stirn und ging am Ende – wie er es künftig immer machen würde – nicht nur unversehrt, sondern stärker und mächtiger, als er vorher gewesen war, daraus hervor.

Wie es im einzelnen zu seiner Entfremdung von Velázquez kam, ist nicht immer ganz klar, da die verschiedenen Chronisten weder genau berichten, noch über Motive und Ablauf der Ereignisse einig sind. Die Geschichte hat zwei Seiten: die eine ist politisch, die andere natürlich erotisch. Juan Xuárez aus Granada war als Siedler mit Velázquez von Española nach Kuba gekommen und hatte unter anderem seine Schwester Catalina mitgebracht, »die allen Ernstes zu sagen pflegte, sie würde bestimmt eine große Dame werden; entweder wollte sie das geträumt oder von einem Sterndeuter gehört haben«.

Cortés gewann Catalinas Gunst, zauderte jedoch, nachdem seine Erwartungen weit übertroffen worden waren, mit der Einlösung seines Heiratsversprechens. Nun traf es sich aber, daß Velázquez sich für eine andere Schwester des Xuárez interessierte, und daß die vom Gouverneur Umworbene sich der Angelegenheit ihrer vom Schatzmeister umworbenen Schwester annahm und Cortés unter Druck setzte, damit er die ihm auf Vorschuß gewährte Gunst nun durch die Ehe honoriere. Gómara geht sogar so weit zu behaupten, daß der widerspenstige Liebhaber hinter Schloß und Riegel gesetzt worden sei.

Cortés scheint dem Gouverneur aber einen triftigeren Grund für seine Verhaftung gegeben zu haben. Sein lateinischer Chronist und Gómara versuchen, die Schuld an diesen Ereignissen einigen Neidern zuzuschieben, die mit

Fleiß eine Verstimmung zwischen dem Gouverneur und dessen Sekretär genährt hätten. Es ist aber kaum zweifelhaft, daß Cortés' anziehende und beherrschende Persönlichkeit schon jetzt, wie später stets, zum Brennpunkt von Bestrebungen wurde, die mangels eines Führers bisher planlos einhertrieben. Der neugebackene Gouverneur begann allmählich die Früchte der Macht zu ernten: jede seiner Maßnahmen schuf ihm einen undankbaren Freund und zehn bittere Feinde. Verweigerte er dem Soundso Indianer und Landbesitz, so war er ein Tyrann; gab er sie ihm, so war er ein schlauer Fuchs, der nur so wenige Indianer und so schlechtes Land bewilligt hatte, während der Nachbar zweimal so viele Arbeiter und viel bessere Äcker besaß. So schwatzten sie, warfen böse Blicke und drohten mit der Faust. Nachts aber trafen sich die Träger der Verschwörung in Cortés' Haus. Bald hörten die Verschwörer zu ihrer Befriedigung, daß Richter vom Appellationsgericht in Española eingetroffen waren, um die Exekutive zu überwachen. So beschlossen sie, alle ihre Beschwerden gegen Velázquez zu Papier zu bringen und den Richtern zuzuschikken. Wer aber sollte die gefährliche Rolle des Kuriers übernehmen und nicht nur dem Zorn des Gouverneurs, sondern auch der Wut des Meeres begegnen? »Da dieser in einem Kanu die meist stürmische See nach Española überqueren mußte, fanden sie keinen, der angesichts irgendeiner Gefahr zäher und mutiger gewesen wäre als Hernándo Cortés.«

Es ist schwer zu sagen, ob Cortés aus gerechter Empörung über den Amtsmißbrauch des Velázquez oder aus Ärger über seines Gebieters Haltung in seinen Liebeshändeln an der Verschwörung teilnahm. Velázquez scheint sich darüber allerdings nicht den Kopf zerbrochen zu haben, sondern ließ Cortés in dem Augenblick, als dieser, beladen mit Berichten und Beschwerden, sein Kanu besteigen wollte, verhaften. Zunächst wollte er seinen Sekretär hängen lassen. Ein paar Tage lang hing Cortés' Schicksal weniger am Galgenstrick als an dem Faden von Velázquez' Laune. Der dicke Gouverneur jedoch »war ein freundlicher Mann, dessen schlechte Laune niemals lange anhielt« – eine besondere Gunst, durch den die Fettleibigkeit den Geist derer erleichtert, deren Körper sie allzusehr beschwert.

So behielt Cortés sein Leben, doch verlor er die Freiheit. Anstatt der von ihm erträumten gefahrvollen Seefahrt nach Española mit nachfolgenden Manövern in den politischen und juristischen Stromschnellen, die er so zuversichtlich zu befahren pflegte, wurde ihm ein Verlies mit Ketten an Händen und Füßen zuteil. Freilich war es nicht seine Art, lange in solcher Lage zu bleiben. Gómara berichtet darüber: »Er zerbrach die Schlösser der Fesseln, packte Schwert und Schild des Wärters, öffnete das Fenster, ließ sich hinab und nahm in der Kirche Zuflucht.« Der Gouverneur war wütend und schalt den Wächter, »den er beschuldigte, er habe Cortés gegen Geld oder Versprechungen freigelassen«. Er versuchte des Ausbrechers durch Zureden oder Gewalt habhaft zu werden, »Cortés aber durchschaute die Worte und widerstand der Gewalt«. Velázquez war jedoch stärker, hatte er doch auf seiner Seite das, was für einen Mann wie Cortés die größte aller Verlockungen war: die Weite. Wie konnte ein Cortés es lange in einer kleinen Kirche aushalten? Zudem birgt die Weite allerlei Dinge, darunter Frauen, die Cortés niemals gleichgültig waren; und es scheint, als habe man ihm just in jenem Augenblick eben jene Catalina, die zu ehelichen er sich geweigert hatte, vor seine fraglos gelangweilten Augen gehalten. Er kam heraus, um mit ihr zu reden, und wurde von einer Abteilung Soldaten, die sich dort versteckt hatte, ergriffen. Cortés kämpfte erbittert gegen den Anführer, einen gewissen Juan Escudero, der vielleicht in jenem hitzigen Augenblick, da er in seinen Armen den widerstrebenden Leib des künftigen Gebieters von Mexiko hielt, durch einen Riß im Schleier der Zeit einen fernen Schauplatz erblickt haben mag, auf welchem er an einem Galgen hing, den dieser Mann errichtet hatte, den er jetzt eben verhaftete.

Diesmal ließ Velázquez den Gefangenen auf einem Schiff einsperren und beschloß, um diesen unruhigen Geist loszuwerden, ihn nach Española zu schicken. Cortés jedoch, der nur zu gern als Zeuge gegen Velázquez dorthin gefahren wäre, wollte die Insel nicht als dessen Gefangener betreten. Abermals muß seine Flucht das Ergebnis von Glück, Kühnheit und der besonderen Gabe, Gehilfen zu finden, gewesen sein. Nicht ohne heftige Schmerzen zwängte er seinen Fuß aus der Fessel. Nachts tauschte er mit seinem Diener die Kleidung, ging kaltblütig an Deck, bummelte herum und sah einigen Matrosen am Herdfeuer zu, ohne erkannt zu werden. Als er merkte, wie gut es ging, ließ er sich in das Beiboot hinab und ruderte in die Nacht hinaus. Zunächst freilich ruderte er zu einem anderen im Hafen liegenden Schiff und löste dessen Beiboot, damit es abtriebe und nicht zur Hand wäre, wenn seine Flucht entdeckt würde. Danach versuchte er, an Land zu rudern, doch war die Strömung zu stark; also entschloß er sich zu schwimmen. Hier zeigt sich nun abermals seine vielseitige Persönlichkeit: »Er entkleidete sich und band in einem Tuch auf seinem Kopf einige Papiere zusammen, die er als Notar des Stadtrates und als Schatzsekretär besaß und die Diego Velázquez belasteten.« Feder und Schwert – eine Verbindung, die in seinem Leben immer wiederkehrt. Cortés, der stets zum Kampf bereit war, war immer noch mehr bereit, eine Anklage zu verfassen. So stürzte er sich damals mit seinem Aktenbündel auf dem Kopf in das von Haien verseuchte Wasser der Baracoa-Bai und schwamm ins Dunkle. Kaum war er den Gefahren von Hai und Meer entronnen, als ihn schon das Land und die Menschen bedrohten. In der Nacht vernahm er die Stimmen von Soldaten. Er versteckte sich abseits der Straße im Gebüsch und begab sich später querfeldein geradewegs zum Haus des Juan Xuárez.

Das mag auf den ersten Blick eine seltsame Entscheidung sein. Die Antwort finden wir bei Gómara: »Cortés heiratete Catalina Xuárez, weil er es versprochen hatte und in Frieden leben wollte.« So ging er also zu Xuárez, um ihm zu sagen, er sei bereit, Catalina zu heiraten und also seinen Zwist mit dem Gouverneur beizulegen. Als vorsichtiger Mann wartete er jedoch die Entscheidung des Gouverneurs abermals im Schutze einer Kirche ab. Xuárez übernahm die Vermittlung zwischen den zwei Freiern seiner Schwestern, die nun natürlich leichter war. So scheint auch die Aussöhnung schnell und herzlich gewesen zu sein. Dem Aufrührer wurde verziehen. Er nahm an dem Feldzug teil, kämpfte tapfer und wurde von seinem dankbaren Kommandeur mit vielen Indianern belohnt.

Velázquez scheint ihm nichts nachgetragen zu haben, sondern wurde sogar Pate einer Tochter, die Cortés damals geboren wurde. »Ich weiß nicht, ob von seiner Frau oder nicht«, schreibt Las Casas, doch wissen wir, daß Cortés von seiner ersten Frau keine Kinder hatte; hingegen wissen wir auch, daß er »von einer kubanischen Indianerin namens Doña Hulana Pizarro« eine Tochter hatte. Jedenfalls zeigt diese Tatsache, daß Cortés die Gunst des Gouverneurs zurückgewonnen hatte. Auch bewies Velázquez seinem ehemaligen Sekretär sein Vertrauen dadurch, daß er ihn zum Alkalden oder Bürgermeister der Stadt Baracoa machte, die bald darauf Santiago genannt wurde.

Insgesamt war dies eine Zeit, in welcher Cortés an Statur, Erfahrung und Bildung zunahm. Auch die Kolonie entwickelte sich. Mit ihr wuchs der Gouverneur und sah sich allmählich als würdigen und wichtigen Gipfel der Macht über einer Welt, welche dank Meer und Entfernung eine Welt für sich war. Kurzum, Velázquez betrachtete sich als eine Art Statthalter oder Vizekönig mit eigenem Hofstaat, Günstlingen, Generalkapitän (Narváez), Höflingen und sogar einem Hofnarren, der ihn, was Thema und Ton anging, mit äußerstem Freimut ansprach.

So war es ganz natürlich, daß Velázquez den Versuch unternahm, seiner Stellung Dauer zu verleihen. Nicht umsonst kam er aus Kastilien, wo das Sprichwort sagt: »Lieber der Kopf einer Maus als der Schwanz eines Löwen.« So beschloß der brave Gouverneur, über den Kopf des Admirals Don Diego Colón hinweg (dem er doch seine Ernennung verdankte) in Spanien dahin zu wirken, daß sein Amt vom König selbst bestätigt werde. »Er handhabte die Dinge so gewandt und trug seine Sache durch solche Mittelsmänner und dank der Freundschaft des Schatzmeisters von Española, Miguel de Passamonte, der sich bei Hofe großer Gunst erfreute, dem Katholischen König so geschickt vor, daß der Admiral, selbst wenn er es gewollt hätte, den Diego Velázquez nicht mehr als Gouverneur hätte abberufen können.«

Dieser Miguel de Passamonte war Cortés' Vorgesetzter im Schatzamt. Hier haben wir mehr als nur eine Andeutung dafür, daß die dienstlichen Beziehungen zwischen dem mächtigen Schatzmeister von Española und seinem ehrgeizigen und unternehmungslustigen Sekretär dazu beigetragen haben mögen, Velázquez, der Passamonte als Brücke zum Königshof benötigte, gegenüber Cortés milde zu stimmen. Die ganze Angelegenheit schmeckt überhaupt so sehr nach List und Intrige, daß man vermuten möchte, Cortés sei an den Verhandlungen beteiligt gewesen. Auf jeden Fall hat er sie sorgfältig beobachtet, so daß ihm der Erfolg des dicken, jovialen Gouverneurs nicht entgangen sein kann.

Erfolg? Oviedo, der die ganze Geschichte erzählt, fährt hier fort: »Diego Velázquez behandelte dadurch, daß er sich auf geheimen Wegen gegen den Willen des Admirals Don Diego Colón den Gouverneursposten auf Kuba sicherte, diesen nicht besser, als er selbst von Hernándo Cortés behandelt wurde, der ihn überging und sich Neuspanien sicherte.« Der ehrenwerte Chronist schließt seinen Bericht mit den Worten: »Du sollst töten und getötet werden; und getötet werden sollen, die dich getötet haben.«

Cortés sieht abermals zwei Eroberer scheitern

Auf den ersten Blick erscheint diese Geschichte von Treulosigkeit und Ungehorsam recht unerfreulich und widerwärtig, der wir in den Anfängen der spanischen Eroberung wieder und wieder begegnen, bis sie dazuzugehören scheint; aber gerade die stetige Wiederkehr beweist, daß sie – sowenig sie dadurch aufhört, ein besonderer Charakterzug dieses oder jenes Eroberers zu sein - nachgerade Teil des biologischen Prozesses ist, durch den sich das europäische Leben über die indianischen Gebiete ausbreitet. Aus der Mutterzelle Española gingen als Tochterzellen Jamaika, San Juan (Puerto Rico), Castilla del Oro, Andalucia, Florida, Neuspanien (Mexiko), Peru und andere hervor, und zwar eben dank dieser Neigung der Iberer, sich von der Zentralgewalt zu lösen. Das Ganze aber ist ein eindrucksvolles Zeugnis für die Kraft, die damals das monarchische Prinzip in Spanien besaß; denn trotz den korrupten Praktiken mancher königlicher Beamten daheim und trotz dem gleichgültigen, undankbaren und zeitweise unwissenden Verhalten Karls V. wäre es keinem der tapferen und unbändigen Konquistadoren auch nur im Traume eingefallen, sich in den fernen, herrenlosen Ländern, die sie sich aneigneten, zum Selbstherrscher aufzuwerfen.

Die meisten Expeditionen kamen spontan mit breiter Unterstützung zustande und wurden von einem stark egalitären und, wie wir heute sagen würden, demokratischen Geist getragen. Es ist müßig, mit Las Casas anzunehmen, daß alle diese Unternehmungen nur von dem Wunsche beseelt waren, die unglücklichen Eingeborenen zu berauben, zu töten oder zu verschleppen. Die Expeditionen entsprangen unmittelbar der Initiative der Siedler und trugen daher deren Gepräge. Manche wurden von kleinen Leuten unternommen, die lediglich ihre Bergwerke und Güter mit Menschenmaterial versorgen wollten, das durch Mißhandlungen, Pocken und fraglos auch durch die Trauer um die verlorene Freiheit ständig dezimiert wurde. Andere wollten Ruhm und Reichtum dadurch erringen, daß sie bisher unentdeckte Länder entdeckten, welche natürlich wie alle unentdeckten Länder märchenhafte Reichtümer bargen. Es fällt uns schwer, uns den Geisteszustand unserer Vorfahren vorzustellen. Während unser Denken genau abgesteckte Grenzen kennt und von festem Wissen umschlossen ist, stand deren Denken auf einer Seite weit offen in Richtung auf einen unbekannten Erdteil, der niemals lokkender und verheißungsvoller erschien als in jenen ersten Jahren des 16. Jahrhunderts, da seine Existenz schon feststand, während sein Umriß und seine Tiefe, sein Wesen und seine Geheimnisse noch ganz unbekannt waren. Zudem war damals die Zeit, als die Ritterromanzen rasch dem Gipfel ihrer Mode zueilten, als vom Kaiser und König Karl V. bis hinunter zu seinem letzten Soldaten und Küchenjungen jeder Mann und jede Frau in Spanien die Abenteuer eines »Amadis de Gaula« und vielleicht auch eines »Tirant lo Blanch« und »Palmerin de Oliva« las, genoß und vielleicht sogar glaubte – jener drei Ritter, die als erste über die Felder der ausschweifenden Ungereimtheit dahingaloppierten.

Was war das Geheimnis jenes Kontinents, der nach jeder Eroberung noch weiträumiger und nach jeder Entdeckung noch unbekannter erschien? Die Erwartungen der damaligen Menschen wurden nicht, wie heute die unserigen, durch ein einigermaßen genaues Wissen beschränkt, dem sich, wie wir jetzt im voraus wissen, die Natur anpassen wird. Warum sollte die neue Welt der alten gleichen? Nicht nur hatte des Columbus ausschweifende Phantasie (und wohlüberlegte Propaganda) sie veranlaßt, glänzende Reichtümer des Orients zu erwarten – denn jener Westen war ja noch eine Art von überdimensionalem Osten –, sondern ihr Unterbewußtsein war bereit für jede Art von außer-, unter- oder übernatürlicher Offenbarung oder, wie wir vielleicht lieber sagen sollten, für jede Offenbarung, welche Sinn und Ausmaß dessen, was »natürlich« war, ausweiten und verändern würde: Bäume, die sich bewegten, fliegende Menschen, Erscheinungen des Lebens, wie sie in solcher Fabelhaftigkeit oder Schrecklichkeit bis dahin der alten Welt verborgen geblieben waren.

In solchem Ozean der üppigen Vorstellungen wurde Florida entdeckt. »Damals«, berichtet Oviedo, »wurde die Sage von einer Quelle verbreitet, welche alte Leute die Jugend wiedergewinnen lasse. Das war im Jahre 1512. So eindringlich wurde die Sage von den Indianern dort verbreitet und bezeugt, daß Kapitän Johan Ponce mit seinen Leuten und Karavellen sechs Monate lang verschollen war, dieweil er jene Quelle suchte. Es war närrisch von den Indianern, von solcher Quelle zu erzählen, aber noch viel törichter von den Christen, daran zu glauben und ihre Zeit mit Suchen zu verschwenden. Er hörte jedoch von dem Festland, sah es und benannte einen Teil davon, der hundert Meilen weit ins Meer hinausragt und fünfzig Meilen breit ist, mit dem Namen Florida.«

Das Nachspiel der Expedition des Nicuesa beschäftigte noch die Kolonie Veragua, als in eben jenem Jahr 1517 einige Männer, welche das Land mit Balboa zusammen erobert hatten, nach Kuba zurückkehrten, »weil es dort nichts mehr zu erobern gab, da Balboa alles erobert hatte und das Land selbst nur sehr kurz ist«. Der dieses schrieb, war Bernal Diaz del Castillo, der im Entdeckungsjahr 1492 als Sprößling einer Familie, die, wie er selbst stolz schreibt, »immer schon Diener der Krone gewesen«, in Medina del Campo geboren wurde. Er sollte an allen Expeditionen zur Erforschung und Eroberung Mexikos teilnehmen und dann sechzig Jahre später, als er selbst vierundachtzig Jahre zählte, die ganze Geschichte so einfach und ehrlich und mit so viel Ausdruckskraft niederschreiben, daß er bis zum heutigen Tage als Spaniens größter Chronist gilt. Im Jahr 1514 segelte er, »um es jenen Vorfahren gleichzutun«, mit Pedrarias nach Darién; nach seiner Rückkehr nach Kuba 1517 stürzte er sich dann in das neuspanische Abenteuer.

Bernal Diaz berichtet, wie »einhundertzehn Gefährten, von denen manche vom Festland zurückgekehrt waren, während andere von Kuba kamen, wo sie keine Indianer besaßen, sich mit einem Herrn namens Francisco Hernández de Córdoba verabredeten. Dieser, ein reicher Mann und Besitzer eines Pueblo von Indianern auf jener Insel, sollte unser Hauptmann sein, wozu er wohl imstande war, damit wir auf eigene Gefahr neue Länder suchten und entdeckten und für uns in Besitz nähmen. Zu diesem Zweck kauften wir drei Schiffe.« Der Gouverneur Diego Velázquez war ihnen behilflich, ihre Vorräte an Nahrungsmitteln, Munition und Waren einzukaufen, und schließlich lichteten sie am 8. Februar 1517 die Anker, »nachdem wir uns Gott, unserm Herrn und der Jungfrau Maria, unserer lieben Frau und seiner seligen Mutter, anbefohlen hatten«.

Sie segelten westwärts – »unserm Glück entgegen«, wie Bernal Diaz schreibt, »der sinkenden Sonne zu, ohne daß wir von Sandbänken oder Strömungen etwas wußten, noch auch von den Winden, die in diesen Gegenden vorherrschen«. Den Kurs bestimmte der Steuermann Antón de Alaminos, der zwar einer der frühesten Gefährten des Columbus gewesen, nichtsdestoweniger aber mehr streitsüchtig und rechthaberisch als tüchtig war. Nach einem gefährlichen Sturm, der sie zwei Tage und Nächte lang schüttelte, und einer im übrigen ereignislosen Reise von weiteren neunzehn Tagen sahen sie nicht nur Land, sondern etwa zwei Meilen von der Küste entfernt eine Stadt von solcher Größe und Ansehnlichkeit, wie sie noch keinem in der Neuen Welt begegnet war. Die entzückten Spanier nannten sie alsbald Groß-Kairo.

Wieso Kairo? Das ist nicht weiter geheimnisvoll. Die Bewohner jener Stadt waren keine Christen. Leute, die nicht Christen sind, sind Ungläubige. Ungläubige sind Moros, Kairo aber ist eine große Stadt der Moros. Das genügte für jeden braven Soldaten eines Volkes, das acht Jahrhunderte lang gegen die Moros Krieg geführt hatte und häufig die heidnischen Tempel der neuen Welt Moscheen nannte.

Groß-Kairo war eine kleine Stadt, vielleicht auch nur ein großes Dorf nahe dem Kap Catoche auf der Halbinsel Yucatan. Die Eingeborenen umringten die drei spanischen Schiffe mit ihren Kanus. Etwa dreißig von ihnen wurden an Bord empfangen und mit Glasperlen beschenkt. Ihrem Häuptling schien viel daran zu liegen, daß die Spanier in seinen Kanus die »Stadt« besuchten. Die Spanier zögerten, landeten jedoch schließlich in ihren eigenen Booten und zogen, mit fünfzehn Bogen und zehn Musketen bewaffnet, von den Indianern umringt, weiter. Plötzlich begann der Kazike zu schreien, woraufhin Schwärme von Indianern aus dem Wald hervorbrachen, die Spanier angriffen und fünfzehn von ihnen verwundeten. So kam es zu einem Kampf, aus dem sich die Spanier dank der demoralisierenden Wirkung des Schießpulvers retten konnten.

Alaminos war überzeugt, daß Yucatan eine Insel sei. Der Flotte ging es aber weniger um die Geographie als ums nackte Leben, denn infolge schlechter Fässer hatten sie kein Wasser; »da unsere Flotte armen Leuten gehörte, hatten wir für gute Fässer kein Geld gehabt«. Sie versuchten mehrmals, zu landen und nach Wasser zu graben, doch erschien es ihnen stets klüger, sich vor großer Übermacht zurückzuziehen. Schließlich mußten sie sich aber trotz allem zum Kampf stellen. Sie waren gelandet, um ihre Fässer zu füllen, als sie nach einer Nacht der Zweifel und Vorahnungen bei Morgengrauen aus solcher Nähe angegriffen wurden, daß schon zu Anfang achtzig von ihnen verwundet wurden. Größtenteils war es ein Kampf Mann gegen Mann. Hernández de Córdoba wurde zehnmal verwundet und kämpfte trotzdem weiter. Fünfzig Soldaten wurden getötet. Die meisten Männer wurden zwei- oder dreimal verwundet, darunter auch Bernal Diaz. Zwei wurden lebendig fortgeschleppt, um dem Kriegsgott geopfert zu werden. Unter solchen Umständen »beschlossen sie standhaften Herzens, durch die Reihen der Eingeborenen durchzubrechen«, um die Boote zu erreichen. Das gelang ihnen auch, worauf sie, teils in ihren Booten, teils daran hängend, einige auch schwimmend, erschöpft an Bord ihrer Schiffe gelangten. Durst und Verwundungen – viele davon am Halse – quälten die kleine Schar der besiegten Eroberer. Ihr Hauptmann wurde durch beides arg geschwächt. Man hielt es für das beste, heimzukehren, doch die Steuermänner hielten es für sicherer, über Florida zu fahren, wohin Alaminos einstmals mit Ponce de León gezogen war. Zwar erwiesen sich die Indianer in Florida als nicht minder gefährlich und brachten dem ohnehin arg durchlocherten Diaz eine weitere Wunde bei; die Flotte aber konnte Wasservorräte aufnehmen und kehrte danach, freilich nicht ohne die damals unvermeidlichen Gefahren und Prüfungen der seefahrenden Leute, nach Havanna zurück – wenn auch nicht reicher an Besitz, so doch fraglos an Ruhm und erst recht an Hoffnungen und Illusionen.

Hernández de Córdoba starb an seinen Verwundungen in Sancti Spiritus, wohin er sich geradewegs von Puerto de Carenas begeben hatte (wie Havanna damals hieß). Als aber die Schiffe in Santiago eintrafen, die Männer sich beim Gouverneur meldeten und ihre Götzenbilder mitsamt dem freilich nicht besonders guten Gold vorzeigten, »ernteten sie großen Ruhm«.

Diego Velázquez wartete nicht lange, bis er eine neue Expedition ausrüstete, um sein Erstgeburtsrecht als Entdekker und Besiedler neuer Länder anzumelden. Zu den zwei Schiffen, welche das erste Abenteuer in brauchbarem Zustand überlebt hatten, fügte er zwei weitere hinzu und besorgte ferner, wie Bernal Diaz verächtlich sagt, »eine gewisse Menge billiger Tauschwaren, darunter Perlen, sowie Gemüse und allerlei anderes«. Den Hauptteil des Proviants, Kassawabrot und Speck, besorgte jeder Kapitän selbst für sein Schiff; schließlich erwarb auch jeder der zweihundertvierzig Soldaten, die sich, angelockt durch die Nachricht von den »Steinhäusern« und von Gold, freiwillig gemeldet hatten, aus eigener Tasche Proviant, Waffen und Munition.

Die drei Kapitäne sollten bei der Eroberung Mexikos noch eine führende Rolle spielen. Der Bedeutendste von ihnen war Pedro de Alvarado. »Er war damals etwa vierunddreißig, gut gewachsen, hatte einen sehr fröhlichen Gesichtsausdruck und blickte freundlich in die Welt. Weil er so hübsch war, gaben ihm die mexikanischen Indianer den Spitznamen Tonatio, was ›die Sonne‹ bedeutet. Er war sehr gewandt und ein guter Reiter, vor allem aber sehr großzügig und angenehm im Umgang. Er kleidete sich höfisch und liebte üppige, kostbare Stoffe; um den Hals trug er einen Edelstein an einer Kette und an der Hand einen Ring mit einem guten Brillanten.« Der zweite Kapitän war Francisco de Montejo, »etwa mittelgroß und von munterem Aussehen. Er liebte Festlichkeiten, war aber auch ein tüchtiger Geschäftsmann und guter Reiter. Als er herüberkam, mochte er wohl etwa fünfunddreißig gewesen sein. Er war großzügig und gab mehr aus, als sein Einkommen rechtfertigte.« Der dritte, Alonso Dávila, »war gut gewachsen und von heiterem Antlitz, sprach mit Ausdruckskraft, sehr deutlich und vernünftig. Er war sehr kühn und tapfer. Er mochte vierunddreißig sein, als er herüberkam. Im Umgang mit seinen Gefährten war er großzügig, doch war er auch hochfahrend und liebte es, andere zu kommandieren, ließ sich selbst aber nicht kommandieren. Zudem war er etwas neidisch, auch stolz und unruhig.« Jeder dieser drei von Bernal Diaz anschaulich beschriebenen Männer befehligte eines der vier Schiffe. Das vierte unterstand unmittelbar dem Kommando des Generalkapitäns der Expedition, eines Verwandten von Velázquez namens Juan de Grijalva.

Dieser Konquistador, nachdenklich, umgänglich und bei aller Tapferkeit und großem Charme doch ein Mann, der wenig ausrichtete, scheint die Zuneigung des Las Casas gewonnen zu haben. »Er war ein hübscher junger Mann, der sich reich kleidete; was seine inneren Eigenschaften anging, war er von Natur so gehorsam, ja demütig und mit noch anderen Eigenschaften begabt, daß er keinen schlechten Mönch abgegeben hätte. Ich kannte ihn gut, sprach oft mit ihm und wußte, daß er sich um Tugend, Gehorsam und einen anständigen Lebenswandel bemühte.«

Die letzten Vorbereitungen wurden in Santiago de Cuba, der Hauptstadt der Insel, getroffen, von wo aus die Flotte am 25. Januar in See stach, »nicht ohne Tränen bei denen, die zurückblieben, wie auch bei denen, die mit lauter Musik und Salutschüssen der Schiffe ihren Abschied nahmen«. Die Flotte segelte um die Nordküste herum nach Matanzas, das damals Havanna an Bedeutung übertraf; dort nahmen sie noch mehr Brot und Schweinefleisch an Bord. Dann ging es weiter nach San Antón, der Westspitze der Insel, wo alle, »nachdem sie gebeichtet hatten, ihre Haare abschnitten. Es war dies das erste Mal, denn die Spanier waren immer noch stolz auf ihr langes Haar und schnitten es nur ab, weil sie meinten, das lange Haar könne ihnen im Kampf hinderlich sein«.

Am 1. Mai segelten sie weiter. Nach drei Tagen erblickten sie die Insel Cozumel vor der Ostküste von Yucatan. Juan de Grijalva ging mit seinen drei Kapitänen an Land. Als die Boote den Strand berührten, hieß der Generalkapitän die andern warten, kniete auf der neuentdeckten Erde nieder und richtete ein kurzes stilles Gebet an Gott, worauf er mit der ganzen Feierlichkeit des Gesetzes die kastilische Fahne entrollte und Besitz ergriff: »Von der Insel mit allen Anhängseln, allem Land und Wasser und was sonst dazu gehörte oder gehören mochte, namens und auftrags der Königin Doña Juana und ihres Sohnes Don Carlos.«

Indianer sahen sie nicht. Alle waren geflohen. Mochte auch hie und da ein Kanu sich nähern, verhandeln und wieder verschwinden, so scheint doch Grijalva mit den Eingeborenen von Cozumel weder friedliche noch sonstige Beziehungen aufgenommen zu haben – ob er nun nicht wollte oder nicht dazu imstande war. Bald darauf verließ er die Insel, von dem Verlangen getrieben, nun endlich das unbekannte Yucatan zu erforschen.

Dieses kam am 7. Mai, einem Freitag, in Sicht. Sie waren begeistert, als sie Häuser aus Mauerwerk und »eine Stadt oder ein Pueblo erblickten, welche so groß war, daß selbst Sevilla nicht größer und schöner sein konnte, auch konnte man einen sehr hohen Turm darin sehen«. Aber Grijalva ließ sich durch die Aufregung seiner Gefährten nicht von seiner vorsichtigen Taktik abbringen, sondern kehrte nach Cozumel zurück, weil ihm das Wasser ausgegangen war. Zweifellos stand ihm das verhängnisvolle Erlebnis seines Vorgängers Hernández de Córdoba vor Augen, zumal da er bei den Indianern beunruhigende Anzeichen von Feindseligkeit und Kampfbereitschaft feststellte, vor allem immer wieder Feuer an vorspringenden Punkten der Küste aufflammen sah.

Er führte dann seine Flotte entlang der Nord- und Westküste Yucatans, wobei er immer noch keine Klarheit darüber hatte, ob es nun eine Insel sei oder nicht. Die bis zum heutigen Tage als Puerto de Términos bekannte Bucht bezeugt den Irrtum des Steuermanns Alaminos, der dabei blieb, daß Yucatan eine Insel sei und genau an dieser Stelle ende. Die Flotte aber segelte weiter, und Alaminos zum Trotz hörte auch Yucatan nicht auf. Sie entdeckten Tabasco, wo sie den Lärm von Holzfällern hörten und alsbald wußten, daß dort Festungswerke und Palisaden errichtet wurden, von denen aus man ihnen widerstehen würde, falls sie an Land gehen sollten. Grijalva landete trotzdem, scharf beobachtet von einer starken Streitmacht der Indianer, die mit Trommeln und Fahnen in ihren Kanus saßen. Der Anführer der Spanier wollte aber wirklich kein Blutvergießen, und allmählich gelang es ihm, einige eingeborene Krieger dadurch heranzulocken, daß er ihnen grüne Perlen und kleine Spiegel, ja sogar »blaue Diamanten« zeigte. Durch zwei indianische Dolmetscher, die Hernández de

Córdoba gefangengenommen hatte, erklärte er ihnen, daß er und seine Leute »aus fernen Ländern kämen, wo sie Vasallen eines großen Kaisers seien, der sich Don Carlos nenne. Dieser habe viele große Herren und Kaziken als Vasallen, weshalb auch sie, die Indianer, ihn als Oberherrn anerkennen sollten, unter dem es ihnen gut ergehen würde.«

Das war eine seltsame Botschaft, erst recht wohl seltsam in der Form, in der sie die verdutzten Eingeborenen durch die Dolmetscher erreicht haben mag. Immerhin scheinen die Eingeborenen den Sinn der Mitteilung mindestens durch das Verhalten der Fremden begriffen zu haben; denn sie erklärten, daß sie schon einen Herrn hätten und deshalb keinen anderen brauchten. Dazu ließen sie die Fremden wissen, daß sie bereit seien zu kämpfen, wenn man sie nicht in Frieden lasse. So schloß man Frieden und tauschte Geschenke aus. Die Eingeborenen deuteten an, daß sie zwar arm an Gold seien, doch gebe es davon mehr in Culúa, womit sie Mexiko meinten. Daraufhin beschloß Grijalva abzufahren, »weil seine Schiffe durch den Nordwind in Gefahr gerieten, und auch weil er näher dorthin gelangen wollte, wo, wie jene sagten, mehr Gold zu finden sei«.

Inzwischen hatte der tropische Juni seinen Einzug gehalten. Als sie eines Morgens in eine weite Bucht einliefen, die sie erkunden wollten, gewahrten ihre erstaunten Augen den ewigen Schnee auf den Bergen Mexikos. Das war ihnen ein unfehlbares Zeichen dafür, daß sie auf ein ausgedehntes Land gestoßen waren. Alsbald wuchsen ihr Erstaunen und ihre Freude angesichts eines neuen Zeichens, das nicht Weiträumigkeit, sondern Macht und Reichtum verriet. An einer Flußmündung erwartete sie ein Geschwader von Kanus, worin sich Indianer drängten, die an langen Stangen weiße Baumwolltücher als Fahnen schwenkten. Der Kapitän entsandte unter Francisco de Montejo eine starke Abteilung, die höflich und friedlich aufgenommen wurde. Darauf landete auch Grijalva, wurde nicht weniger wohl aufgenommen, bekam vorzügliche Speisen und fast religiös anmutende Feierlichkeiten geboten und dazu so viel Gold, wie man finden konnte. Er verabschiedete sich jedoch wieder, ohne zu bemerken, was wirklich vorging:

Während der ganzen Begrüßung beobachteten ihn Moteczumas Sendboten unablässig, um ihrem Herrn über Stärke und Absichten der Ankömmlinge zu berichten. Fraglos nahmen sie an, daß die bärtigen weißen Männer die Vorhut des Quetzalcoatl seien. Anders kann man sich dieses seltsame Intermezzo schwerlich deuten, bei dem Friedfertigkeit, Liebenswürdigkeit und Freigebigkeit der Eingeborenen in so schroffem Gegensatz standen zu der unerschütterlich trotzigen Ablehnung und dem bewaffneten Widerstand gegen die Weißen, wie sie vorher und nachher üblich waren. Über die Landung Grijalvas berichtet sein Kaplan: »Die Indianer brachten ihm grüne Zweige als Sitz, so daß alle, auch der Kapitän, sich setzten. Sie gaben ihm dann einige Schilfhalme, die nach Storax und Benzoe dufteten, und zum Essen gestoßenen Mais, Kuchen und vortrefflich zubereitete Hühnerpasteten. Auch brachten sie viele Baumwolltücher, die mit bunten Farben schön bemalt waren. . . Als wir aufbrachen, umarmten uns die Indianer weinend, weil wir gingen, und brachten dem Kapitän ein Indianermädchen, das so schön angezogen war, daß ein Brokatkleid nicht üppiger hätte sein können.« Jene bunt bemalten Baumwolltücher waren die Bücher und Urkunden der Mexikaner. Darauf hatten Moteczumas Gesandte vermutlich Vorkommnisse aus dem Leben in Mexiko aufgezeichnet, vielleicht sogar das, was an Prophezeiungen über Quetzalcoatl überliefert wurde; denn sie durften schließlich annehmen, daß jene Weißen, wenn sie seine Leute waren, die Geschichte erkennen würden. Was sie erlebten, war jedoch trostlos. »Der Kapitän sagte, er wolle nur Gold.« Da muß er den Mexikanern, die doch gewohnt waren, ihren Gottheiten pochende Herzen darzubringen, als ein gutmütiger Gott erschienen sein. Also versuchten sie, für die weißen Götter möglichst viel Gold zusammenzuraffen, mochten diese Götter auch nicht imstande gewesen sein, aus ihren Hieroglyphen klug zu werden. Fraglos hätte sich mehr aus der Situation machen lassen, wenn Grijalva sich besser auf Menschenbehandlung verstanden hätte.

Grijalva hatte die Gelegenheit verpaßt. Sein Brot fing an zu faulen, seine Leute waren müde oder verwundet und jedenfalls nicht zahlreich genug, um zu besiedeln, was er mit Sicherheit für das Festland hielt. Zudem hatte er genug Gold, um auf den Gouverneur Eindruck zu machen. Also beschloß er, Velázquez durch Alvarado um Hilfe zu bitten. Insoweit mag er einen Kompromiß mit denen geschlossen haben, die einfach heimkehren wollten; denn trotz Gómaras abfälligem Urteil haben wir Bernal Diaz' eindeutiges Zeugnis zugunsten Grijalvas, der, wie er schreibt, »immer die Haltung eines tapferen Kapitäns zeigte«. Zudem segelte er nach Alvarados Abreise weiter an der Küste entlang, bis Alaminos sich weigerte, ihn noch weiter zu lotsen, und auch Dávila und Montejo sich seinem Wunsch, das Land zu besiedeln, widersetzten. Es steckte einfach kein Schwung mehr in dem Unternehmen. Allerdings hatten die Spanier unlängst Schauriges gesehen: Knaben, keuchend auf der Schwelle des Todes, während ihnen die Brust geöffnet und das Herz als Opfergabe für den Kriegsgott herausgerissen wurde; Knochen, Leichen, Blut – alle die düsteren Beigaben der mexikanischen Gottesverehrung füllten ihre gewiß nicht verzärtelten Seelen mit Schauder und Entsetzen. Trotzdem sollten die Ereignisse bald lehren, daß sie nicht die Männer waren, vor so schrecklichen Bildern und alledem furchtsam zurückzuweichen, was diese Bilder über das Volk aussagen mochten, das zu besiegen sie sich vorgenommen hatten. Was sie diesmal scheitern ließ, war der Umstand, daß ihrem Führer gerade das fehlte, was einen Führer ausmacht.

Das Land sollte sie durch zwei weitere Erscheinungen weiter verlocken. Die Indianer von Coatzacoalco und den umliegenden Orten pflegten sehr ansehnliche, schimmernde Streitäxte aus Gold bei sich zu tragen. Über sechshundert solcher Äxte tauschten die Spanier ein, hingerissen von dem Gedanken, daß sie zwar nicht schön, aber schwer waren; ganz abgesehen davon, daß ein Land, wo man selbst Streitäxte aus Gold machte, märchenhaft reich sein mußte. Noch deutlicher war das zweite Anzeichen: »Spät abends an diesem Tage sahen wir ein großes Wunder. Ein Stern erschien nach Sonnenuntergang über unserm Schiff und zog strahlend von dannen, bis er über jenem großen

Dorf oder Pueblo unterging. Dabei hinterließ er am Himmel eine Spur, die drei Stunden lang sichtbar blieb. Auch sahen wir noch andere deutliche Zeichen, aus denen wir erkannten, daß Gott wollte, wir sollten in Seinem Dienste dieses Land besiedeln.« Aber keines dieser Zeichen half. Mochte es nun, wie Las Casas meint, daran liegen, daß Grijalva Befehl hatte, nicht zu siedeln, mochte er, wie Bernal Diaz schreibt, den Widerstand von Dávila und Montejo nicht brechen können, jedenfalls nutzte er die bisher errungenen Vorteile nicht, sondern kehrte nach Kuba zurück. Er steht in jenem Zwielicht, in welchem alle Männer stehen, die weder siegen noch scheitern können. »Ihm mangelte es am Glück, um der Herr jenes Landes zu werden.«

II.
Cortés plant die Eroberung

Cortés' Aufstieg zur Führung

Während Grijalva auftrat, nach der meisten Menschen Weise mit seinem Schicksal spielte und wieder verschwand, sorgte sich Velázquez um die ferne Flotte mehr, als einem dicken Manne gut war; denn Sorgen fühlen sich heimisch nur in mageren Menschen, welche sie kerzengerade tragen können, ohne sie links oder rechts zu verschütten. Schließlich hielt er es nicht mehr aus, ohne etwas zu tun. Da er nun mit anderer Leute Anstrengungen großzügig umging, beschloß er, eine Karavelle auszuschicken, die das Wie und Wo seines vermißten Generalkapitäns erkunden sollte. Zum Kapitän dieser zweiten Expedition ernannte er Christóbal de Olid, der nachmals bei der Eroberung eine führende Rolle spielen sollte. Bernal Diaz hielt ihn des nachstehenden Porträts für würdig: »Wäre er so klug und bedächtig gewesen, wie er zu Fuß und zu Pferde kühn und mutig war, so wäre er ein vortrefflicher Mann gewesen; aber er eignete sich nicht zum Kommandeur, sondern nur zum Untergebenen. Er war etwa sechsunddreißig und stammte aus der Gegend von Baeza oder Linares. Was sein Äußeres anging, so war er von starkem Körperbau, sehr untersetzt, mit breitem Rücken und guter Taille. Er war mittelblond und von angenehmem Gesichtsausdruck, doch erschien seine Unterlippe wie durch einen Riß gespalten. Er redete mit etwas belegter, furchtgebietender Stimme, war aber im Gespräch gewandt und hatte auch andere gute Eigenschaften, darunter Großzügigkeit; er besaß nichts, was er nicht bereitwilligst anderen gegeben hätte.«

Diesem braven Mann befahl der Gouverneur, den Spuren des Hernández de Córdoba zu folgen, bis er Grijalva fände. Der Wind aber wollte es anders. Als die Karavelle vor der Küste von Yucatan anlangte und nach heftigem Kampf mit dem Sturm die Taue kappen und ihre Anker auf dem Meeresboden zurücklassen mußte, schien es Olid am klügsten, nach Kuba zurückzukehren und Grijalva seinem Schicksal zu überlassen. Zum dritten Mal hatte ein Kapitän sein Glück mit Mexiko versucht und war gescheitert.

Um diese Zeit jedoch traf Pedro de Alvarado in der Bucht von Santiago ein. Zwar brachte er Verwundete, aber er brachte auch Gold, viel Gold, mochte es auch nicht sehr rein sein. Da es nicht einfach in Barren war, die man prüfen kann, sondern in Schmuckstücken, die zum Teil kunstvoll gearbeitet waren, versetzte es die Kolonie in Erstaunen und war Wasser auf die Mühlen des Ruhmes, der die »Insel« Yucatan bereits »die reiche Insel« getauft hatte. Velázquez bekundete seine Zufriedenheit dadurch, daß er öffentliche Turniere, sogar Lanzenturniere veranstaltete, doch vergaß er über den Vergnügungen des Volkes die Geschäfte nicht. Es war unbedingt nötig, jeden Versuch eines bei Hofe einflußreichen Mannes, »ihm die Gunst zu stehlen«, von vornherein zu vereiteln. Diese Vorsicht war keineswegs überflüssig. Der junge König von Spanien, der soeben, aus seinem heimischen Flandern kommend, sein Reich betreten hatte, kein Wort Spanisch sprach und ebenso unerfahren wie wohlwollend war, verteilte großzügig die Pfründe von Staat und Kirche an einen Haufen flämischer Freunde. Als Maßstab seiner wahrhaft unsinnigen Unkenntnis Spaniens hatte er gerade die ehrwürdige (und reiche) Diözese Toledo, die soeben durch den Tod des großen Cisneros verwaist war, einem neunzehnjährigen Jüngling verliehen, einem Neffen seines flämischen Kanzlers. Wenn das bei Toledo möglich war, warum nicht auch bei Yucatan? Tatsächlich gab es einen eifrigen flämischen Herrn, der mit dem Anspruch, Admiral von Flandern zu sein, von König Karl die Insel Yucatan erhalten hatte, die ihm der junge König in einer Laune gab, »als gäbe er ihm eine Weide für sein Vieh«. Alsbald schaffte jener Admiral fünf Schiffsladungen flämischer Bauern nach Sanlúcar, mit denen er Yucatan besiedeln wollte. Sie starben schließlich in Spanien oder kehrten verarmt zurück, weil Don Diego Colón auf seinen Rechten bestand und keinem andern Admiral als seines Vaters Sohn gestatten wollte, seine Leute in Indien anzusiedeln oder zugrunde zu richten.

In Kenntnis aller solcher Tatsachen oder Möglichkeiten entsandte Velázquez seinen Kaplan Benito Martin zu König Karl, der damals in Barcelona Hof hielt. Der junge König war soeben zum deutschen Kaiser gewählt worden. Er mußte seine Untertanen aussaugen und Schulden machen, um sich die sieben Kurfürsten zu kaufen. Was ihm über jene fernen Eroberungen berichtet wurde, muß ihm zunächst gleichgültig erschienen sein; als aber der Priester aus Übersee Stück für Stück das Gold hervorzog, das Alvarado nach Kuba mitgebracht hatte, muß dies sein Herz schneller haben schlagen lassen, weil er dringend Reichtümer brauchte – er, der mächtigste und bedürftigste Mann der Welt. Der Priester nutzte die Gelegenheit und sicherte seinem Herrn den Titel Adelantado und sich selbst die Würde eines Abtes der »reichen Insel«.

Velázquez arbeitete also rastlos weiter daran, sowohl hinsichtlich seines Amtes auf Kuba wie auch seiner Tätigkeit als Entdecker von Yucatan, die Oberhoheit des Admirals Don Diego Colón abzuschütteln. Doch in dem Augenblick, da er diesen Sieg über den Admiral davontrug, spielte ihm ein anderer, gleich ihm Gouverneur in Übersee und kundiger Seefahrer, bei Hofe einen Streich. Der Gouverneur von Jamaika, Francisco de Garay, einer der frühesten Gefährten des Columbus, nahm eine Forschungsexpedition, die er auf den Spuren Grijalvas nach Pánuco geschickt hatte, zum Vorwand, um von dem verwirrten Kaiser und König den Titel eines Adelantado jener Länder zu erbitten und zu erhalten. Er beschrieb jene Länder so ungenau, wie man sie kannte, und Karl V. verlieh ihm den Titel ebenfalls 1519, während seines Aufenthaltes in Barcelona. So wurde die Saat des Streites gelegt, der Cortés' Aufgabe noch schwieriger und schließlich seinen Erfolg noch erstaunlicher machen sollte.

Grijalva aber kehrte sowenig zurück wie Olid, so daß Velázquez sich wieder zu sorgen begann. Jetzt verwirrt sich das Geschehen, was teilweise auf Gedächtnislücken bei Bernal Diaz, teilweise aber fraglos auch darauf zurückzuführen ist, daß Urkunden und Erklärungen die Wahrheit ebensosehr zu verhüllen wie mitzuteilen pflegen. Bernal Diaz sagt: »Nachdem Juan de Grijalva nach Kuba zurückgekehrt war und Velázquez erkannt hatte, daß es ein reiches Land war, befahl er, eine Flotte zu entsenden, die viel größer war als die erste.« Die Instruktionen des Gouverneurs an den Generalkapitän jener Flotte – der kein geringerer als Hernán Cortés selber war – widerlegen ihn. Der Text dieser Instruktionen läßt unstreitig erkennen, daß Velázquez diese Expedition ausrüstete, ehe Grijalva oder Olid heimgekehrt waren, und zwar mindestens angeblich zu dem Zweck, jene aus möglichen Gefahren zu erretten. Absatz 15 der Anweisung beauftragt Cortés, Nachforschungen nach Grijalvas Flotte und Olids Karavelle anzustellen. Allerdings muß man dieses Schriftstück mit größter Vorsicht lesen und es in den richtigen psychologischen Zusammenhang bringen. Mir scheint es ein diplomatisches und verständliches Dokument zu sein, das auf mehr abzielt, als es ausspricht. Das zeigt der Umstand, daß die Flotte, für welche die Instruktionen gelten, zwar angeblich für die Rettung Grijalvas ausgerüstet wurde, aber erst nach seiner Ankunft auslief, nachdem sie durch vier von Grijalvas Schiffen und den größten Teil von dessen Mannschaften verstärkt worden war, darunter unser vortrefflicher Bernal Diaz.

Die ausdrücklich genannten Ziele der Expedition waren also: Grijalva und Olid zu finden, dazu sechs Christen zu retten, von denen man annahm, daß sie, möglicherweise als Nachspiel zur Katastrophe Nicuesas, irgendwo den Eingeborenen in die Hände gefallen waren, ferner das Land zu erforschen und alles nur Mögliche über dessen Bewohner und deren Gewohnheiten, über die Tier- und Pflanzenwelt und die Bodenschätze zu erfahren, zumal über Gold; dann die Beschaffenheit der Menschen zu erkunden, »denn es heißt, es gebe dort Menschen mit großen, breiten Ohren und andere mit Hundeköpfen, auch festzustellen, wo die Amazonen wohnen, welche den Euch begleitenden Indianern zufolge dort in der Nähe leben«; schließlich alles zu ermitteln, was die Religion des Landes betrifft, und natürlich Gold und Silber einzuhandeln. Wie steht es mit der Besiedelung? Das ist eine Sache, über die sich die Anhänger des Velázquez mit denen des Cortés lange gestritten haben. Aber auch hier bleibt die Urkunde, gewißlich absichtlich, dunkel. Sie enthält keinen Absatz, der eindeutig als Gebot oder Verbot der Besiedelung jener Länder, in die Cortés entsandt wurde, gedeutet werden kann. Cortés soll im Beisein seines Notars und vieler Zeugen alles, was er von der Insel entdeckt, feierlich in Besitz nehmen. Er soll, wann immer er Einladungen an Land annimmt, sorgfältig und wachsam vorgehen, soll den Eingeborenen nicht erlauben, sich mit den Spaniern einzulassen, und soll die Eingeborenen veranlassen, den christlichen Glauben anzunehmen und Untertanen der spanischen Krone zu werden. Es ist leicht zu erkennen, daß diese Instruktionen es Cortés freistellten, ob er sich auf Erforschung und Handel beschränken oder sich zur Landung und Besiedelung ermächtigt fühlen wollte, was immer ihm besser gefallen mochte. Zudem gab es eine Generalklausel, die es Cortés gestattete, nahezu jede Entscheidung zu treffen, die ihm »zum Besten des Dienstes an Gott unserm Herrn und Ihren Hoheiten« zu gereichen schien, wobei er sich möglichst an seine Instruktionen halten und den Rat »einiger besonnener und kluger Personen, die Euch begleiten und denen Ihr vertraut«, einholen sollte.

Die Unbestimmtheit, ja Verschlagenheit dieses Schriftstückes läßt vermuten, daß bei seiner Abfassung mehrere Federn und mehrere Absichten beteiligt waren, die nicht alle in Einklang miteinander standen. Da war zunächst Velázquez, der allen Grund hatte zu fürchten, daß Grijalva und Olid ihm einen Streich spielen und ihre Eroberungen für sich behalten wollten. »Der Dieb hält jedermann für einen Dieb«, sagt ein spanisches Sprichwort. Velázquez wußte, wie man dergleichen machte, hatte er doch selbst auf diese Weise die Oberhoheit Don Diego Colóns abgeschüttelt. Als er beschloß, die Flotte auszuschicken, muß sein erster Gedanke die Absicht gewesen sein, jede Übervorteilung durch Grijalva oder Olid zu verhindern. Ferner war da Don Diego selbst. Ihm mangelte es nicht an Freunden in Kuba, Española oder bei Hofe. Daher mußte man die Dinge so darstellen, daß seine Privilegien dem Anschein nach nicht gröblich verletzt wurden. Don Diego war damals in Spanien, und Española wie ganz »Indien« wurde von einem Triumvirat von Hieronymiten regiert, das in San Domingo saß. Diego Velázquez hatte bei diesen Mönchen um Erlaubnis nachgesucht, das Land zu erforschen und dort Handel zu treiben, aber nicht mehr. Das bedeutet natürlich nicht, daß er nicht daran gedacht habe, dort zu siedeln. So berichtet Diaz, daß Instruktionen des Velázquez zwar nicht von Besiedelung gesprochen haben, wohl aber seine Propaganda. Erst recht lehrt das aber ein Brief, den Velázquez am 17. November 1519 an Rodrigo de Figuera, damals stellvertretender Gouverneur von Española und ganz »Indien«, schrieb, um sich über Cortés' Unbotmäßigkeit zu beklagen. Dort heißt es: »Denn ich beabsichtige, alle jene Völkerschaften zur Kenntnis unseres heiligen Glaubens zu bringen und sie mit möglichst geringem Schaden an Leib und Leben der königlichen Krone zu unterstellen.« Hier haben wir es bei Velázquez mit einem klaren Eingeständnis seiner Doppelzüngigkeit oder mindestens seiner geheimen Absichten zu tun. Warum aber verbirgt er in der Urkunde, was er nicht nur beabsichtigte, sondern mindestens auf der Insel auch bekanntgemacht hatte? Die Antwort ist einfach: Der Rechtsanspruch des Velázquez, in Yucatan zu siedeln, war unbegründet, bis er zu Anfang des Sommers 1519 in Barcelona amtlich gewährt wurde; andererseits konnte nur ein klarer Siedlungsplan genug Soldaten und junge Kapitäne anlocken, deren Ehrgeiz nicht einfach durch eine Handelsexpedition zu befriedigen war, sondern die neue Ländereien forderten, mit denen Ruhm und Reichtum zu gewinnen waren.

Schließlich war da noch Cortés. Merkwürdigerweise hat meines Wissens kein einziger unter seinen Biographen oder Kritikern jemals folgende Frage gestellt: Warum war er in all diesen Jahren untätig geblieben, während Hernández de Córdoba und Grijalva sich dort versucht hatten und gescheitert waren, wo er erfolgreich sein sollte? Zu den Merkwürdigkeiten der Geschichtsschreibung gehört, daß so viele Dinge im Leben großer Männer für selbstverständlich gehalten werden. Cortés war dreiunddreißig. Er war stark, wohlhabend, gesund, einflußreich, Alkalde von Santiago, ein bekannter Mann auf der Insel. Seine Kraft, Unternehmungslust und Phantasie, seinen Einfluß und seine Begabung als Führer kann niemand bezweifeln. Wie sollen wir glauben, daß er alle diese Gaben erst plötzlich in sich entstehen fühlte an dem Tage, da Velázquez ihm das Kommando über die Flotte anvertraute? Zurückhaltung ist bei einem Mann wie Cortés nur eine andere Form des Handelns – so positiv und bewußt wie das Handeln selbst. Männer seines Alters, Kapitäne vom Schlage eines Alvarado, Olid, Dávila und Montejo, die nur zwei Jahre später unter ihm dienen sollten, bestiegen die abenteuernden Karavellen und fuhren mit ihnen gen Yucatan. Sollen wir annehmen, daß er bloß aus Untätigkeit oder Vergeßlichkeit zurückblieb, weil er nicht begriff, was sich vor seinen Augen abspielte? In seiner Jugend hatte er Hojeda und Nicuesa begleiten wollen, warum hätte er jetzt nicht versuchen sollen, sich Hernández de Córdoba, Grijalva oder Olid anzuschließen? Die Antwort auf diese Fragen geben die Tatsachen: Keine Gestalt der spanischen Geschichte besaß einen festeren Vorsatz oder weitere Voraussicht als Cortés. Die Eroberung Yucatans muß insgeheim das Ziel seiner Wünsche gewesen sein, seitdem die erste Expedition zurückgekehrt war. Seine stille Weigerung, an den Reisen Grijalvas oder Olids teilzunehmen, ist nur dazu angetan zu zeigen, daß er es vorzog, sich den Ereignissen fernzuhalten, bis seine Stunde geschlagen hatte.

Er mußte wissen, von welchem Schlage die Anführer waren, die nach der »reichen Insel« hinübergeschickt wurden – Hernández de Córdoba, Grijalva, Olid und die andern. Als Menschenkenner suchte er seinesgleichen und zudem lebte er im Kreise der höchsten Beamten eines doch nur kleinen Gemeinwesens, wo jeder jeden kannte. So hatte er fraglos eine genaue Vorstellung von den Fähigkeiten und Gaben aller Männer, die für die Eroberung in Frage kamen. Daher drängt sich dem Betrachter ganz natürlich die Überzeugung auf, daß Cortés sich absichtlich im Hintergrund hielt und seine Kraft, seinen Einfluß und seine Freunde für den Augenblick aufsparte, wenn diese Pioniere ihm dadurch den Boden bereitet hätten, daß sie an einer Aufgabe scheiterten, die zu unternehmen er allein groß genug war.

Zwar vermochte damals noch niemand die gewaltige Schwierigkeit jener Aufgabe zu ermessen; aber die Ereignisse sollten lehren, daß in Cortés so viel verborgene Energie, so viel Willenskraft aufgespeichert ruhte, daß selbst er ein wenig ungeduldig geworden sein mag, als Olid und Grijalva zurückkehrten, jener vom Meere besiegt, dieser, weil er nicht durchzuhalten vermochte. Übrigens muß Grijalvas Rückkehr in mehr als einer Hinsicht Eindruck auf ihn gemacht haben. Einmal gab sie auf der Insel viel Anlaß zu Heiterkeit, weil sich herausstellte, daß die vielgerühmten Streitäxte aus schlichtem Kupfer waren. Nun würde sich ein Cortés solchem Risiko gar nicht erst aussetzen, denn er glaubte sich und seine Gaben zu Höherem bestimmt als bloß zum Tauschhandel um Gold. Das sollte er bald durch Wort und Tat beweisen. Bernal Diaz berichtet, wie zu Beginn seiner Reise, die für ihn eine Phase der Erforschung Mexikos, für die meisten seiner Gefährten aber nur ein weiteres Abenteuer auf der Jagd nach Gold war, seine »Zunge«, ein mit der Gegend vertrauter Spanier, ihn zu überreden versuchte, sich um des Goldes willen mit den Waffen den Weg ins Landesinnere zu bahnen. »Cortés aber antwortete lachend, er sei nicht um solcher Lappalien willen gekommen, sondern um Gott und dem König zu dienen.« Ihm ging es von Anfang an um Eroberung und Besiedelung, und in diesem Entschluß kann er durch den seltsamen Empfang, den Velázquez Grijalva bereitete, nur bestärkt worden sein; denn mochte der Gouverneur auch mit einem Teil der Ergebnisse – schließlich kamen außer den Streitäxten noch zwanzigtausend Goldpesos – und erst recht mit den weiteren Aussichten zufrieden sein, so tadelte er doch Grijalva, weil er zurückkehrte, ohne gesiedelt zu haben, also weil er seine Anweisungen getreulich befolgt hatte! Das ist eine sicher bezeugte Tatsache, die berücksichtigt werden sollte, wenn wir später Cortés' Entscheidungen in ähnlichen Fällen betrachten. Das seltsame Verhalten des Velázquez gegenüber Grijalva just in dem Augenblick, als Cortés seine Expedition ausrüstete, muß in diesem und in seinen Leuten seelische Auswirkungen gehabt haben, die dazu beitrugen, ihre Bindung an den Gouverneur von Kuba zu lockern.

All diese Faktoren dürften auf Velázquez' Instruktionen an Cortés und auf den Wirrwarr von Erklärungen über die finanzielle Seite der Expedition eingewirkt haben. Prescott bemerkt etwas naiv: »Die Instruktionen werden häufig von Schriftstellern, welche sie niemals gesehen haben, als Vereinbarungen zwischen Cortés und Velázquez bezeichnet. Tatsächlich handelt es sich um Instruktionen, welche dieser seinem Untergebenen erteilt hat, der daran keinen Anteil hatte.« Er war ein großer Gelehrter, zu sauber und unbefleckt vom praktischen Leben, um zu wissen, daß die meisten Leute, welche Weisungen erhalten, imstande sind, diese teilweise oder sogar ganz selber abzufassen. Auch wenn Cortés in der Menschenbehandlung viel weniger geschickt und verschlagen gewesen wäre, hätte er schwerlich Lust gehabt, einen so wichtigen Auftrag zu übernehmen, ohne bei Abfassung der Vollmacht, auf die sich seine Befugnisse gründeten, ein Wörtchen mitzureden. Man darf ruhig annehmen, daß alles, was die Instruktionen sagen und verschweigen, was sie ausdrücklich feststellen oder nur verschwommen andeuten, von dem Mann, den sie vor allem angingen, sorgfältig erwogen worden war – zumal da es ein Mann war, der mit der Feder nicht weniger geschickt umzugehen verstand als mit dem Schwert.

Cortés hatte natürlich die besten Beziehungen zu Velázquez' Sekretariat. Ja, eine der hervorstechendsten Eigenschaften dieses einzigartigen Mannes war, daß er mit jedermann auf bestem Fuße stand. Zwar konnte er wie ein Adler auf seine Beute herabstürzen und sie überwältigen, doch zog er es vor, sich wie eine listige Schlange um Freund und

Feind zu ringeln. Das Meisterstück dieser Methode war seine erfolgreiche Bemühung, zum Kommandeur der nach Mexiko entsandten Flotte von eben jenem Velázquez ernannt zu werden, der sein unruhiges und ehrgeiziges Wesen kannte. Zudem hatte Velázquez gerade eben erst einen andern Bewerber abgelehnt, von dem der mißtrauische Gouverneur annahm, er könne das tun, was Cortés später tun sollte.

Dieses Meisterstück höfischer Intrige vollbrachte Cortés dadurch, daß er zwei der wichtigsten Beamten in der Kanzlei des Gouverneurs auf seine Seite brachte: den Sekretär Andrés de Duero, »nur eine Elle groß, aber klug und äußerst schweigsam, auch schrieb er gut«, und den Buchhalter Amador de Lares, »einen äußerst gerissenen Mann, der, wie ich selbst von ihm hörte, zweiundzwanzig Jahre in Italien verbracht hatte«. Es gibt hinreichend Beweise dafür, daß Cortés mit Sekretär und Buchhalter eine Art Geheimabkommen geschlossen hatte. Bernal Diaz umschreibt es sehr deutlich: »Die beiden Vertrauten des Diego Velázquez sollten dafür sorgen, daß Hernándo Cortés zum Generalkapitän der Flotte ernannt würde, und die drei sollten dann Cortés' Beute an Gold, Silber und Juwelen teilen.« Nun dürfte die Sache schwerlich so einfach gewesen sein. Bernal Diaz konnte die Dinge zwar aus der Nähe beobachten und war als Chronist ein kluger Mann, doch konnte er es mit Cortés nicht aufnehmen, der, wie man in Spanien sagt, dünner spann, als Diaz sehen konnte.

Was immer die Bedingungen des Paktes gewesen sein mögen, so war er jedenfalls vorhanden und trug Früchte. Cortés wurde zum Kommandeur der Expedition ausersehen, und Bernal Diaz bestätigt die Schlüsse, die wir bereits gezogen haben, mit folgendem Zusatz: »Der Sekretär Andrés de Duero verfaßte die Instruktionen, wie das Sprichwort sagt, ›in sehr guter Tinte‹ und ganz so, wie Cortés sie haben wollte.«

Schläue und Umsicht allein, auch wenn sie mit dem Balsam menschlicher Liebenswürdigkeit, die Cortés in reichem Maße besaß, angewendet wurden, konnten diesen Erfolg nicht erklären. Etwas anderes mußte hinzukommen, was vielleicht der wichtigste Faktor im menschlichen Leben ist, nämlich die Bereitschaft, im Spiel des Lebens etwas zu riskieren, reichlich zu säen, weil man auf Ernte hofft. Cortés war nicht so reich wie Velázquez, aber er war bestimmt großzügiger und freigebiger als sein habsüchtiger, seßhafter Chef. Velázquez war ein recht wohlmeinender, umgänglicher und freundlicher Gouverneur, doch war er nicht abgeneigt, sich auf Kosten fremder Anstrengungen und Börsen zu bereichern. Träge und geizig, wie er war – oder doch mindestens so langsam beim Ausgeben wie beim Gehen –, überließ er dem eifrigen Cortés die Initiative im Handeln wie im Geldausgeben. Cortés hingegen erkannte rasch, daß eine ansehnliche finanzielle Beteiligung an der Flotte seine Stellung als Generalkapitän nur festigen konnte. Darum war er großzügig im Geldausgeben und Schuldenmachen.

Wie alle tieferblickenden Männer wußte er wohl, wie wichtig die äußere Erscheinung ist. »Er begann«, so berichtet Bernal Diaz, »sich viel mehr als bisher zu pflegen und zu schmücken, trug einen Federhut, eine Goldmedaille an goldener Kette, und einen über und über goldbestickten Samtmantel. Auch ließ er zwei Standarten oder Banner anfertigen, die beiderseits in Gold gestickt das königliche Wappen und das Kreuz sowie die Inschrift trugen: ›Brüder und Gefährten, laßt uns im wahren Glauben dem Zeichen des Kreuzes folgen und unter ihm siegen!‹« Ferner die Aussicht auf Beute: der Zweck der Expedition sollte unverhüllt offenbar werden. Ein Ausrufer versprach Anteile »an Gold, Silber und allen Reichtümern, die es geben mochte«, dazu die Überlassung von Indianern an jeden, der sich »zur Eroberung und Besiedelung« der neuentdeckten Länder einschreiben ließe. Wie schlau das war: durch öffentliche Preisgabe des Geheimnisses machte er Velázquez zum Mittäter. Entweder bestätigte Velázquez, daß Cortés tatsächlich Vollmacht habe, in Mexiko zu siedeln, oder Cortés konnte ihn der Doppelzüngigkeit gegenüber seinen Leuten anklagen. Dadurch, daß er die unklaren und dehnbaren Instruktionen mit dieser kühnen öffentlichen Anwerbung »zur Eroberung und Besiedelung« verband, verschaffte Cortés sich eine scharfe Waffe, die er höchst wirksam führen sollte.

Diese Tatkraft und Tüchtigkeit des frischgebackenen Generalkapitäns, seine unablässige Suche nach Waffen aller Art, sein Einkauf von Proviant und Tauschwaren und seine Auswahl angesehener Gefährten mögen den trägen Gouverneur wohl beunruhigt haben. Velázquez hatte sich angewöhnt, zum Hafen hinunterzugehen, um zu sehen, wie die Ausrüstung der Flotte voranschritt. Dabei hatte er gleich einem kleinen König ein zahlreiches Gefolge und zu seiner Rechten Cortés, »um ihn zu ehren«. Dieser kleine König hatte auch einen kleinen Narren namens Cervantes. Eines Tages begann Cervantes auf dem Wege zum Hafen allerlei Scherze und Andeutungen über Cortés und dessen Absichten zu machen: »Ach Diego, Diego«, sagte er auf seine plumpvertrauliche Art, »welchen Kapitän hast du erwählet, der dich durch Verrat bald quälet, denn er stammt aus Medellín – du gehst und machst Platz für ihn.« Andrés de Duero wurde unruhig und deckte die Methode in des Narren Wahnsinn mit den Worten auf: »Still, du Trunkenbold, wir alle wissen, daß diese Bosheit nicht aus dir herrührt!« Bernal Diaz erläutert nämlich, daß Cortés' Feinde den Narren bestochen hatten, so zu reden; aber wie dem auch sein mochte, die Worte sanken tief in des Velázquez mißtrauisches und unruhiges Herz.

Eine Schar seiner eigenen Verwandten – ebenfalls Velázquez genannt – waren die Anführer der gegen Cortés gerichteten Partei, wobei sie von einem alten Mann namens Juan Millán beraten wurden, »welcher der Astrologe genannt wurde und von dem es sogar hieß, er sei ein wenig verrückt«. Diese Leute bearbeiteten den Gouverneur und nährten die Saat des Mißtrauens, die der Narr auf ihr eigenes Betreiben gesät hatte. Cortés aber wußte das alles durch seine Verbündeten Duero und Amador de Lares, obwohl er, wie Las Casas berichtet, »um die Lage zu durchschauen, kaum mehr zu tun brauchte, als mit seinem scharfen Auge und seiner Weltkenntnis einen Blick auf Diego Velázquez' Antlitz zu werfen«.

Wie verhielt sich Cortés nun? Auf eine Weise, die keineswegs einfach, impulsiv oder unerwartet war, sondern im Gegenteil wohlüberlegt, differenziert, durchdacht und so ganz im Einklang mit seinem stetigen Charakter, daß wir in ihr immer einen typischen Grundzug seines Handelns wiedererkennen werden. Er war umgänglich in der Form, unbeugsam in der Sache. »Cortés wich nicht von der Seite des Gouverneurs, erwies sich stets als sein ergebener Diener und pflegte ihm zu sagen, daß er ihn mit Gottes Hilfe in kürzester Zeit hochberühmt und schwerreich machen werde.« Während er also das Unbehagen des mißtrauischen Gouverneurs zu zerstreuen suchte, trieb er die Vorbereitungen mit voller Kraft voran, nachdem er beschlossen hatte, nicht nur baldmöglichst, sondern plötzlich und unerwartet abzureisen.

Eines Abends befahl er alle seine Leute und Kapitäne an Bord. Zum Schluß zwang er mit der für ihn so bezeichnenden Mischung aus Kühnheit und Voraussicht einen gewissen Hernando Alfonso, der die Fleischvorräte der Stadt verwaltete, ihm seine ganzen Vorräte auszuliefern. Was wiederum, wie so oft in Cortés' Leben, auf ein stilles Einverständnis des Alfonso schließen läßt; denn abgesehen davon, daß dieser die Möglichkeit gehabt haben dürfte, den Gouverneur von diesem ungewöhnlichen Vorhaben zu verständigen, und daß die Auslieferung weder leicht noch schnell oder insgeheim zu bewerkstelligen war, bat Alfonso sogar, er möge für die Geldbuße, die er zu zahlen haben würde, entschädigt werden. Daraufhin gab ihm Cortés die goldene Kette, die er um den Hals trug. Dann befahl er der Flotte auszulaufen. Der Morgen dämmerte. Der dicke Gouverneur stürzte keuchend vor Erregung zum Hafen hinunter. Cortés fuhr ihm in einem Boot entgegen, das er, um jeder Gefahr begegnen zu können, wohlweislich mit Musketen und Bogen ausgerüstet hatte. Bei sich hatte er – man beachte diese vielsagenden Kleinigkeiten – »die Soldaten, denen er am meisten vertraute, und seinen Amtsstab als Alkalde«. So gerüstet, näherte er sich dem Ufer auf einen Pfeilschuß. »Wie denn, Gevatter?!« fragte der Gouverneur, »wollt Ihr mich verlassen, ohne Lebewohl zu sagen?« Cortés erwiderte, wie es seiner Art und der Lage entsprach: »Herr, vergebt mir, aber dergleichen muß eher getan als bedacht werden!«

Velázquez war ratlos und zog es vor, sich in das Unvermeidliche zu fügen. Wir wissen zuviel über ihn, als daß wir annehmen könnten, es habe ihm an Entschlußkraft gefehlt. Seine Haltung zeigt deutlich, daß er sich gegenüber seinem aufsässigen Untergebenen schwach fühlte, vielleicht weil er die Flotte finanziell nicht fest genug in der Hand hatte. Zudem setzen sich Kühnheit und entschlossenes Handeln immer durch, und die Flotte muß an jenem frühen Morgen des 18. November 1518 gefühlt haben, daß sie endlich einen wirklichen Führer gefunden hatte.

Cortés war etwas überstürzt abgefahren, ohne so viel Proviant und Mannschaften mitzunehmen, wie er benötigte; aber er sagte sich, daß es auf der Insel noch andere Häfen als Santiago gebe, und daß er um so mächtiger sein werde, je ferner er der Hauptstadt sei. So segelte er nach Trinidad, einem Hafen an der Südküste von Kuba, wo er in Juan de Grijalvas Haus Wohnung nahm, davor sein Banner aufpflanzte und durch Ausrufer allen, die sich ihm anschließen würden, Ruhm und Wohlstand versprechen ließ. Trinidad brachte ihm einige seiner berühmtesten Kapitäne ein, zumal die vier Alvarados, den jungen Sandoval, der als Führer keinem außer Cortés nachstand, Juan Velázquez de León, einen Verwandten des Gouverneurs, der später noch eine dramatische Rolle spielen sollte. Christóbal de Olid, der sein Stabschef werden und später seine Rebellion mit dem Tode büßen sollte, und schließlich den berühmten Herrn Alonso Hernández de Puertocarrero, dem er seine innersten Gedanken offenbaren und immer mit Auszeichnung und Zuvorkommen begegnen würde.

Cortés war Alkalde von Santiago. Alkalde von Trinidad war Francisco Verdugo, ein Schwager des Diego Velázquez. Während Cortés noch in seiner Stadt weilte, erhielt Verdugo einen Brief vom Gouverneur, worin dieser mitteilte, daß Cortés zurückberufen sei und daß er verhaftet und nach Santiago zurückgeschickt werden solle. Um seine Stellung zu stärken, hatte Velázquez auch noch Diego de

Ordás geschrieben, der seinem Hofstaat angehörte und den er zur Beobachtung von Cortés als Kapitän mitgeschickt hatte. Cortés war jedoch so geschickt, daß er Ordás dazu benutzte, Verdugo zu überreden, daß er sich um die Befehle des Velázquez nicht kümmern solle. Gleichzeitig warb er von den beiden Geheimkurieren, die der Gouverneur geschickt hatte, einen für seine Flotte an, während er den andern mit einem herzlichen Brief an den Gouverneur zurückschickte, worin er von seinem Erstaunen über dessen Vorgehen spricht und ihm versichert, er habe keinen andern Wunsch, als Gott und dem König zu dienen.

So ließen der Stahl seines Willens und das Öl seiner Geschicklichkeit die Räder seines Glückes ungehindert laufen. Nach zehn Tagen unablässiger Tätigkeit lief er nach San Christóbal de la Habana an der Südküste aus (nicht das heutige Havanna). Während er dort war, begann Cortés, wie Bernal Diaz berichtet, »sich wie ein Gebieter aufzuführen«, doch kümmerte er sich gleichzeitig bis in die letzten Einzelheiten um die Ausrüstung seiner Artillerie und sorgte dafür, daß seine sechzehn Pferde auf alle Schiffe verteilt wurden.

Als Diego Velázquez vernahm, daß sein Schwager Verdugo und sein Diener Ordás zum Feinde übergegangen waren, ärgerte er sich und brüllte vor Wut, wie Diaz berichtet. Verbissen an seinem späten Widerstand festhaltend, schickte er seinem Stellvertreter in Habana eine neue Botschaft und zugleich Briefe an seine Freunde in der Flotte, besonders an seinen Verwandten Juan Velázquez de León. Cortés hörte davon durch Fray Bartolomé de Olmedo, einen Mönch, der die geistlichen Angelegenheiten der Expedition besorgte. Es fiel ihm nicht schwer, diese letzte Klippe zu umschiffen. León wurde leicht gewonnen, und von den übrigen Leuten sagt Bernal Diaz kurz und bündig: »Wir alle würden für Cortés unser Leben hingegeben haben.« So schrieb Pedro Barba an den Gouverneur, er wage nicht, Cortés zu verhaften, »weil er sehr stark mit Soldaten ausgerüstet ist«. Cortés selbst aber schrieb »gute Worte und Angebote, die er wohl vorzutragen verstand, und dazu, daß er am nächsten Tage auslaufen werde und sein Diener bleibe«.

Am 10. Februar 1519 nach der Frühmesse liefen die neun Schiffe aus, um an der Landspitze von San Antón die beiden andern Schiffe zu treffen, die an der Nordküste entlang gefahren waren; eines von diesen, das von dem Steuermann Camacho geführt wurde, hatte Pedro de Alvarado mit sechzig Mann an Bord, darunter Bernal Diaz. Camacho, der offenbar noch nicht ahnte, wen er zum Kapitän hatte, segelte ungeachtet seiner Anweisungen weiter und traf mehrere Tage vor der Flotte vor Cozumel ein; diese Frist genügte Alvarado, der mehr Temperament als Urteilskraft besaß, um die Eingeborenen einzuschüchtern und ihnen vierzig Hühner und etliche ziemlich wertlose Gegenstände, sowie zwei Männer und eine Frau abzunehmen. Dann erschien Cortés auf dem Schauplatz. Camacho wurde sofort wegen Ungehorsams in Eisen gelegt – ein deutlicher Wink für Alvarado, welcher der Hauptschuldige, aber vielleicht doch zu mächtig war, als daß Cortés ihn so früh so schwer bestrafen mochte. Cortés ließ ihn jedoch nicht leer ausgehen, sondern tadelte ihn heftig und erklärte, »das sei nicht der rechte Weg, um irgendein Land zu befrieden«. Den Eingeborenen erstattete er alles zurück und ordnete ausdrücklich an, ihnen möge kein Leids geschehen. »Hier auf dieser Insel«, berichtet Bernal Diaz, »begann Cortés nun wirklich zu kommandieren, und unser Herr war ihm gnädig; denn was immer er anfaßte, schlug zum Besten aus, zumal die Befriedung der eingeborenen Bevölkerung jener Länder.«

Was für ein Mann war er nun, und was ging in seinem Kopf vor? Da stand er also auf der Schwelle seines gewaltigen Abenteuers, an der Spitze von elf Schiffen, fünfhundertundacht Soldaten und Offizieren, hundert Matrosen mitsamt Piloten und Kapitänen, sechzehn Pferden, zehn Bronzegeschützen, vier kleinen Kanonen und dreizehn Musketen. Anführer war er weniger von Rechts wegen als von Natur. Er hatte sie bezwungen und sollte beweisen, daß er sie immer wieder bezwingen konnte, wenn das nötig würde. Mit Feder und Schwert war er bei weitem der beste Mann in der ganzen Flotte. Er hatte Geist und Willenskraft, und hinter beiden stand ein klarer Vorsatz. Was für ein Mann war er also, und was ging in diesem entscheidenden Augenblick seines Lebens in ihm vor?

Bernal Diaz berichtet uns dieses: »Er war ziemlich groß, gut gewachsen und muskulös. Seine Gesichtsfarbe war ein wenig grau und nicht sehr fröhlich; mit einem längeren Gesicht wäre er hübscher gewesen. Seine Augen blickten wohl freundlich, im ganzen aber doch ernst. Sein Bart war dunkel, schütter und kurz, sein Haar, das damals lang getragen wurde, glich dem Bart. Seine Brust war gewölbt, sein Rücken wohl geformt. Er war mager, hatte kaum Bauch, aber ein wenig krumme Beine, wiewohl er fest auf ihnen stand. Er war ein guter Reiter und wußte zu Fuß wie zu Pferd mit allen Waffen geschickt umzugehen. Vor allem aber hatte er Herz und Mut, worauf es ja ankommt. In seiner ganzen Erscheinung, in seiner Art zu sprechen und sich zu unterhalten, bei Tisch und in seiner Kleidung erwies er sich als großer Herr. Seine Kleidung richtete sich nach Zeit und Zweck, doch machte er sich nichts aus Seide und Damast, sondern trug sich einfach, aber sehr sauber. Auch trug er keine schweren goldenen Ketten, sondern nur eine dünne, schlichte Goldkette mit einem Anhänger; dieser zeigte auf der einen Seite das Bild Unserer lieben Frau, der Jungfrau Maria mit ihrem teuern Sohn im Arm, und eine lateinische Inschrift, auf der andern Seite das Bild des heiligen Johannes des Täufers, wiederum mit einer Inschrift. Am Finger trug er einen sehr wertvollen Brillantring und an seinem Barett, das man damals aus Samt trug, eine Medaille, deren Form ich vergessen habe, und darauf einen Buchstaben. Später trug er stets ein wollenes Barett ohne Medaille. Er hatte die reichliche Dienerschaft eines großen Herrn, zwei Haushofmeister, Diener und viele Pagen, auch sonst vollzähliges Gesinde und ein prächtiges Tischservice aus Gold und Silber. Er aß gut und trank dazu ein gutes Glas Wein mit Wasser gemischt, etwa einen halben Liter. Er aß auch abends, war jedoch nicht im geringsten geschleckig oder auf raffinierte und teure Speisen erpicht, sofern er es nicht für nötig hielt, dergleichen anzubieten. Zu allen seinen Kapitänen und Gefährten war er liebenswürdig. Er konnte Lateinisch, und ich habe gehört, daß er Bakkalaureus der Rechte sei; wenn er mit Gelehrten oder des Lateinischen kundigen Leuten sprach, antwortete er selbst auf lateinisch. Er dichtete ein wenig und verfaßte Lieder in Versen und Prosa. Was er zu sagen hatte, sagte er stets ruhig und sehr verbindlich. Er betete jeden Morgen aus seinem Stundenbuch und hörte andächtig die Messe. Als Schutzpatrone hatte er die Jungfrau Maria (an deren Schutz und Fürbitte allen Christen gelegen sein muß) und dazu die Heiligen Petrus, Jakobus und Johannes den Täufer. Er gab gern Almosen. Wenn er schwor, so sagte er ›Bei meinem Gewissen!‹ und erregte ein Soldat – einer von uns, seinen Freunden – seinen Zorn, so sagte er zu ihm: ›Du wirst das wohl noch bereuen!‹ Wurde er sehr zornig, so schwollen ihm die Adern an Hals und Stirn. Wann immer er zornig wurde, klagte er dem Himmel sein Leid. Niemals sprach er ein häßliches oder kränkendes Wort zu Offizier oder Soldat. Dabei war er äußerst geduldig, gab es doch Rüpel unter den Soldaten, die ihn unbedacht anredeten. Er aber antwortete niemals stolz oder böse, selbst wo er Grund dazu hatte. Höchstens sagte er: ›Sei still!‹ oder auch ›Geh, geh mit Gott und achte auf deine Worte, denn ein andermal könntest du sie teuer zu bezahlen haben!‹ Er war sehr hartnäckig, zumal in Kriegsdingen. Als es an den Bau der Befestigung ging, war Cortés der erste, der zu graben und Erde zu schleppen begann. Immer sah ich ihn im Gefecht neben uns. Über die Tüchtigkeit und Tapferkeit des Marquis Don Hernándo Cortés möchte ich mehr nicht berichten, gibt es doch davon so vielerlei zu sagen, daß ich so bald nicht fertig würde. Er liebte Karten und Würfel und war beim Spiel sehr liebenswürdig; auch wiederholte er manche Redensarten, wie sie Würfelspieler oft gebrauchen. Übermäßig zugetan war er den Frauen und bewachte seine Indianerinnen eifersüchtig. Bei allen unseren Feldzügen war er höchst vorsichtig, zumal bei Nacht; dann machte er oftmals die Runde ums Lager, rief die Posten an und ging in alle Zelte und Mannschaftsquartiere. Fand er einen von uns unbewaffnet und ohne Sandalen, so schalt er ihn und sagte, das Schaf aus schlechter Zucht finde seine Wolle zu schwer.«

So sah ihn einer seiner Soldaten. In dieser Beschreibung tritt Cortés vor allem als einer der Konquistadoren hervor. Er war einer der abenteuernden Herren, die sich damals mit Leib, Leben und Schicksal auf den unbekannten Erdteil stürzten. Historisch gehört er zum Stamme der Hojeda und Nicuesa, der Pedrarias und Balboa, der Pizarro und Solis – der mächtigen Kentauren aus der Frühzeit der Entdeckung und Eroberung. Von Goldgier und Ehrgeiz getrieben, galoppierten sie über den unbekannten Kontinent dahin, ohne der Eingeborenen Pfeile, die ungastliche, grausame Natur oder ihre christlichen Rivalen zu fürchten. Bis schließlich ein Eingeborener, die Natur oder ein Christenfeind ihrem abenteuerlichen Leben ein vorzeitiges Ende setzte. Gleich ihnen wurde Cortés von uneingestandenem, unausgesprochenem Ehrgeiz getrieben, welcher von dem bloßen Dasein unerforschter und doch bekannter Länder, von der Spannung zwischen der unverbrauchten Vitalität im Innern und der grenzenlosen Weite draußen hervorgerufen wurde. Diese Spannung wirkte auf alle, denn sie lag in der Luft; aber sie befeuerte jeden nur so weit, wie das Zeug dazu in ihm steckte.

Diese natürlichen Neigungen hatten geschichtliche Gestalt angenommen in dem siebenhundertjährigen Krieg gegen die Mauren, der beendet wurde, als Cortés sechs Jahre alt war. In jenen siebenhundert Jahren sah jeder beherzte Spanier seinen einzigen Beruf im Kampf gegen die Ungläubigen. Nur ist zu beachten, daß der Kampf gegen die Mauren weniger ein religiöser Kreuzzug als ein Wirtschaftsunternehmen war. Jeder arme Gutsbesitzer wußte, daß dort hinter den Bergen, zehn, fünfzig, hundert Meilen von seinen kümmerlichen, vertrockneten Ländereien entfernt, die Städte und Landgüter der Mauren lagen, die er mit einem mutigen Überfall gewinnen und wodurch er ein reicher Grundbesitzer werden konnte, den der König alsbald adeln würde. Die Nationaldichtung, der »Cantar de Mio Cid«, schildert diese wirtschaftliche Seite des uralten Kreuzzuges in wenigen Zeilen von großartiger Einfachheit.

Der verbannte, arme Cid erobert Valencia und wird dadurch reich. Er holt seine Frau und zwei Töchter aus Kastilien, damit sie seinen Wohlstand teilen. Dann unternehmen die Mauren einen Gegenangriff, der Cid steigt zu Pferd, ergreift seine Lanze und sagt:

Weib und Töchter werden mich jetzt streiten sehen,
Werden sehen, wie man in der Fremde Heimat schafft.
Werden eigenen Auges sehen, wie man sich sein Brot verdient.

In den Granit des frühen Kastilisch gehauen, schildern diese Worte das Erobern als einen Beruf, der sich in Spanien als die Frucht eines siebenhundertjährigen Grenzerlebens in der Nachbarschaft eines Volkes herausgebildet hatte, das außerhalb der Christenheit lebte. Cortés und alle andern Konquistadoren entstammen dieser Überlieferung. Sie zogen in die neue Welt, um sich eine neue Heimat zu schaffen, um mit ihren Lanzen ihr Brot zu verdienen, und sie zweifelten an der Ethik des Ganzen nicht mehr, als heute ein Aktionär die Ethik seiner Dividenden oder ein Facharbeiter die Ethik seines hohen Lohns in Zweifel zieht. Es war eine festgefügte Lebensweise, ein ungeschriebenes, aber anerkanntes Gesetz, daß ein Herr für seinen Unterhalt, sein Vermögen und seine Nachkommenschaft kämpfte. Arbeit an sich war nicht unehrenhaft, sondern ein guter Handwerker war hoch angesehen. Für einen Herrn war Arbeit nur insoweit entehrend, als sie anzeigte, daß ihm der Mut fehlte, Unterhalt und Vermögen auf gefährlichere Weise zu verdienen. Daher zogen die Konquistadoren, die Nachfahren von zwanzig Generationen von Siegern über die Mauren, mit der absoluten Gewißheit in die neue Welt, daß sie als Herrn das Recht und die Pflicht hätten, sich eine neue Heimat zu schaffen und ihr Brot im fremden Land der neuen Heiden zu erwerben.

Zudem glaubten sie, daß sie dieses Recht und diese Pflicht nicht nur als Herren, sondern auch als Soldaten Christi hätten. Cortés hat ja immer wieder gesagt, was ihn angehe, »so will ich nichts als Gott und dem König dienen«. Was verstand er darunter, Gott zu dienen? Er war ein Mann seines Jahrhunderts, vom Glauben tief durchdrungen, ja aus Glauben geschaffen. Wie können wir, für die der Glaube ein Lotteriegewinn der Seele ist, wie können wir jenes Zeitalter begreifen, da Glaube etwas wie Licht und Luft war, eine Daseinsbedingung, der Atem selbst, mit dem die Menschen sprachen? Cortés atmete den Glauben seiner Zeit. »Er betete jeden Morgen aus seinem Stundenbuch und hörte andächtig die Messe.« Dieser Glaube war schlicht und ruhte auf dem unerschütterlichen Felsen von Einheit und Wahrheit. Er war wahr und darum eins, er war eins und darum wahr. Luther lebte schon, er war aber noch nicht zu hören, wenigstens nicht in der Neuen Welt. Alle Menschen, welcher Hautfarbe oder Nationalität sie sein mochten, waren entweder Christen oder Ungläubige oder solche, die bekehrt und der Christenheit einverleibt werden sollten. Gott zu dienen, hieß eines von diesen beiden einfachen Dingen tun: Die unbekehrten, unwissenden Völker außerhalb des Glaubens in den Pferch zu bringen, oder Krieg gegen die Ungläubigen zu führen, die nicht bekehrt sein wollten, sondern Feinde Gottes und seiner Kirche waren. Das wollte auch Cortés in den unbekannten Ländern tun, die westwärts von seinen Schiffen lagen. Waren die Indianer bereit, auf seinen Mönch zu hören, sich taufen zu lassen und Untertanen des Kaisers der Christenheit zu werden, so sollte Friede sein. Zeigten sie sich widerspenstig, so gäbe es Krieg.

Dieser Gottesdienst war zugleich Dienst an Kaiser und König. War denn nicht der Kaiser Gottes Sachwalter auf Erden? Dieser Gedanke spielt im politischen Denken Spaniens eine zentrale Rolle, so daß er davon bestimmt in Salamanca gehört hatte: dem König schulde man Gehorsam nicht als König, sondern als Sachwalter Gottes. Cortés würde also schon dadurch dem König dienen, daß er ein neues Reich dem Christentum eroberte und geneigt machte.

Zudem waren damals Staat und Religion, Glaube und Kultur eins. Daher waren Gottesdienst und Dienst für den König auch noch in diesem weiteren Sinne eins, daß nämlich Bekehrung nach dem Verständnis jener Zeit weniger ein religiöser Akt des einzelnen als ein politischer Akt einer Gesamtheit war. »Cuius regio eius religio« war ein Grundgesetz jenes Zeitalters schon, als noch niemand von der Reformation träumte, erst recht aber später, nachdem die Reformation diesen Satz, der uns so seltsam erscheint, der ganzen Christenheit so dringlich gemacht hatte. Daraus erklärt sich nicht nur der Umstand, daß Cortés sein Abenteuer mit fünfhundert Soldaten, aber nur mit einem Mönch unternahm, sondern auch die Tatsache, daß er und seine Gefährten von der Heiligkeit ihrer Sache so gänzlich durchdrungen waren; wenn nämlich erst einmal ihre Macht im Lande gesichert und die Bevölkerung »befriedet« sein würden, dann verstände sich die Bekehrung von selbst. Das hatte mit Tyrannei nichts zu tun; die Bekehrung verstände sich von selbst, weil ihr Glaube der richtige war und ihnen so klar als Wahrheit leuchtete, daß niemand diese übersehen konnte.

Wir sollten solche Haltung nicht wunderlich finden oder herablassend belächeln, denken und handeln die heutigen Menschen doch ganz ähnlich hinsichtlich ihrer Religion, der sogenannten abendländischen Kultur. Auch diese gilt als Segnung, welche jeder halbwegs vernünftige Mensch auf den ersten Blick sich zu eigen machen müsse, wiewohl er im Namen von Freiheit und Fortschritt vom Eroberer dazu gezwungen wird. Die Worte ändern sich, die Melodie bleibt gleich. Wir werden unsern und Cortés' Zeitgenossen nicht gerecht, wenn wir ihr Tun als Heuchelei ansehen. Manche sind heute und waren damals Zyniker und gemeine Egoisten. Viele aber sehen heute und sahen damals keinerlei Widerspruch oder Mißverhältnis zwischen ihren Zielen und ihren Methoden. Cortés war bestimmt einer von jenen aufrichtigen Eroberern. Wenn er sagte, er wolle Gott und dem König dienen, so meinte er, was er sagte: er meinte seine Rolle, die darin bestand, armen Heiden das Christentum und einem barbarischen Staat die Kultur zu bringen.

Es war gewiß nicht leicht, eine Religion mit so absoluten Maßstäben auf Erden zu verwirklichen. Der Generalkapitän und seine Soldaten mußten gelegentlich feststellen, daß die Rüstung eines Kämpfers für Christus allzu starr war, um den kleinen Menschen so viel Bewegungsfreiheit zu gestatten, wie das Leben von ihnen verlangte. In solchen Augenblicken sündigte Cortés oder entdeckte in seinem Gewissen zwischen dem absoluten Ideal des Evangeliums und der relativen Wirklichkeit ein »elastisches Scharnier«. So werden wir noch sehen, daß er indianische Frauen, die ihm von eingeborenen Freunden freigebig zum Geschenk gemacht wurden, zwar annahm, jedoch vorher auf ihrer Taufe bestand. Was aber die Eroberung selbst angeht, so wird Cortés immer als der Eroberer auftreten, der von seinem natürlichen Recht überzeugt ist, daß er diese Heiden in Christi Herde aufnehmen sollte; gleichzeitig aber war er sich der Verpflichtung bewußt, niemals zu den Waffen zu greifen, solange er nicht alle andern Mittel, sie botmäßig zu machen, erschöpft hatte. Diese Einstellung beruhte nicht nur auf seinem Wunsche, seine schwachen Streitkräfte zu schonen, sondern hauptsächlich auf einer religiös fundierten Erwägung. Das beweist seine umständliche Gewohnheit, vor jedem Angriff auf einen Gegner durch seinen Notar urkundlich feststellen zu lassen, daß er dreimal vergeblich Friedensangebote gemacht habe.

Das war für ihn keine leere Formalität. Auch scheint er sich des inneren Widerspruchs nicht bewußt gewesen zu sein, welcher mindestens für uns heute zwischen seinem Ziel und den verschlagenen Methoden besteht, deren er sich mit unübertrefflicher Geschicklichkeit bediente, wenn es galt, seine Herrschaft über die Indianer dadurch zu sichern, daß er ihre inneren Zwistigkeiten ausnutzte. Cortés handelte insoweit nicht unlogischer als mancher große Imperialist der neueren Zeit, dessen christlicher Glaube nicht weniger stark war, der aber auch bei der Ausbreitung der Herrschaft seines Landes über unerfahrene Völker nicht weniger verschlagen zu Werke ging.

Zudem war er natürlich ehrgeizig. Es verlangte ihn, sich zu der ihm angeborenen Größe zu entwickeln. Er fühlte die Größe in sich, und diese innere Größe verlangte entsprechende äußere Gewalt. Gold und Ländereien waren ihm nur Gefäße der Macht. Eine goldene Kette war ein geziemendes Rangabzeichen, war aber noch nützlicher, um damit im Notfall Fleisch für die Truppe einzukaufen. Als er sich Geld und Waren lieh, um seine Expedition auszurüsten, schildert ihn Bernal Diaz »verschuldet und arm, wiewohl er tüchtige Indianer als Schutzbefohlene besaß und Gold aus seinen Bergwerken; das alles aber gab er für sich, für Kleider seiner Frau und für Gäste aus, die ihn besuchten, weil er freundlich im Umgang und Gespräch war«. Weil er so scharf hinter dem Golde her war, ist diese Großzügigkeit des Cortés nicht immer gewürdigt worden. Dabei werden zwei Dinge meistens übersehen. Einmal mußte Cortés, solange er sein Ziel verfolgte, den etwas fragwürdigen Ursprung seiner Vollmachten rechtfertigen, was am einfachsten durch Erfolge zu erreichen war; vor dem endgültigen Sieg und dem Angebot einer weiteren Krone an den schon mit Kronen überbürdeten Karl V. war Gold der einzige Maßstab des Erfolges. Gewichtiger noch ist der zweite Faktor: Was die Soldaten während der Expedition an Gold erwarben, gehörte ihnen. Das Fünftel, das dem Kaiser und König geschickt wurde, diente dazu, die immer durstigen Gläubiger des unseligen Herrschers zu befriedigen, der niemals den Boden seiner bodenlosen Verschuldung zu Gesicht bekam. Mit seinem eigenen Fünftel aber mußte Cortés nicht nur seinen Hofstaat bezahlen und seine Stellung stützen, sondern es war zugleich die Kasse des werdenden Staates, der sich innerhalb der siegreichen Armee herauszubilden begann. Cortés war der einzige in der Armee, der staatsmännische Verantwortung fühlte. Jenes Zeitalter unterschied noch nicht genau zwischen den öffentlichen Geldern des Staates und dem persönlichen Vermögen des Fürsten; aber selbst wenn es das getan hätte, so konnte doch die Haushaltung des Cortés, der als Anführer einer kleinen Truppe von Abenteurern durch Velázquez mehr oder minder legal mit der spanischen Krone verbunden war, nur privaten Charakter haben. Hinter dem ganzen Unternehmen stand also sein Privatvermögen, und deshalb war es für ihn lebensnotwendig, daß sich die Eroberung jederzeit selbst finanzierte. Seine darauf gerichteten Bemühungen mußten unweigerlich den Eindruck selbstsüchtiger Raffgier erwecken, da kein Unternehmen, keine Gesellschaft, kein Staat, keine Firma oder Armee außer Cortés selbst für alles das aufzukommen hatte. Er trug die Verantwortung, mit seinen Mitteln mußte er ihr genügen. Er war nicht nur Mensch, Soldat, Hauptmann – er war ein Staat.

Dieser politische Weitblick ist die Gabe, welche Cortés von Anfang an eine Sonderstellung verleiht, und zwar nicht nur gegenüber seinen Gefährten in dem neuspanischen Abenteuer, sondern gegenüber sämtlichen Konquistadoren. In Strategie und Taktik ist Cortés' Verhalten stetig, planmäßig und zielbewußt; immer weiß er, wohin er will und wie er dorthin gelangen wird. Natürlich ist er, wie alle Männer der Tat, eifrig hinter jeder Nachricht her, dafür mit eigenen Mitteilungen äußerst sparsam. Daher werden seine Pläne niemals ganz begriffen, bis sie sich in ihrer ganzen Bedeutung entfalten. Bei seinem Meisterstück, der ersten Eroberung, also dem raschen Vormarsch und Einzug in Mexiko, entwickelte er, wie wir noch sehen werden, einen Stil, der unverkennbar der seine ist. Dabei kehren zwei Handlungsweisen so regelmäßig wieder, daß sie als ständige Verhaltensweise bezeichnet werden können. Da ist zunächst die Verbindung von Sanftheit in der Form mit Härte in der Sache, die wir schon bei seinem Umgang mit Velázquez kennengelernt haben; und da ist ferner eine wohlverstandene Zusammenarbeit mit seiner demokratischen Armee, die ihm bei den kühnsten Taten dadurch zum Erfolg verhilft, daß er seine Truppe sozusagen mit Gedanken befruchtet, die insgeheim seinem erfinderischen Gehirn entsprungen, aber mit Fleiß so unter den Soldaten ausgestreut worden sind, daß sie in deren Mitte geboren zu sein scheinen. Stets wachsam das Wesentliche sowie Kleinigkeiten beachtend, in jedem Augenblick zum Handeln bereit, draufgängerisch, wie groß das Risiko auch sein mag, in alledem verblüffend beharrlich – so gelangt er durch das Tal mühseligen Ringens auf und über den Gipfel des Erfolges. Die Gabe, dort zu sein, wo er am nötigsten gebraucht wird, die Weigerung, sich Hindernissen zu beugen, deren Gewicht er freilich immer einschätzt, sei es am Schreibtisch oder auf dem Schlachtfeld, beides gekrönt von Heiterkeit und bezaubernder Phantasie, die immer Dienst und Vergnügungen miteinander zu verbinden wußte – das sind die wichtigsten Charakterzüge, die aus Hernán Cortés eine der größten und liebenswertesten Führergestalten in der Geschichte machen.

Von seinem Aufenthalt auf Cozumel berichtet uns Diaz zwei Begebenheiten, die beide höchst aufschlußreich sind:

Einige Matrosen hatten einem Soldaten einige Speckseiten gestohlen. Der Soldat beschwerte sich bei Cortés, der die Matrosen kommen ließ. Sie beschworen ihre Unschuld, doch bewies die weitere Untersuchung, daß die Matrosen einen Meineid geschworen hatten. Cortés ließ sie auspeitschen. Einige Offiziere baten vergeblich um Milde. Cortés bestrafte den Meineid, nicht den Diebstahl.

Der zweite Zwischenfall hatte mehr Gewicht. Die Spanier wohnten einem Gottesdienst der Eingeborenen bei und hörten schweigend einer »Predigt« zu, welche ein eingeborener Priester hielt. Dieser war in lange Baumwolltücher gekleidet und trug sein Haar, wie das Ritual vorschreibt, seit Beginn seiner Priesterschaft ungewaschen und ungekämmt, so daß es ein von Menschenblut verhärtetes Gewirr bildete. Cortés ließ sich die Predigt von dem indianischen Dolmetsch Melchior übersetzen und hieß ihn dann, den Eingeborenen zu erklären, »sie müßten, wenn sie unsere Brüder sein wollten, die Götzenbilder, welche sie irregeführt hätten, beseitigen und an deren Stelle ein Bild Unserer Lieben Frau und ein Kreuz anbringen, die er ihnen gab«. Die Eingeborenen weigerten sich aus Furcht vor ihren Göttern und forderten die Spanier auf, sie sollten es nur selber tun, sie würden dann bald merken, daß die Götter sie auf See vernichten würden. Daraufhin ließ Cortés die Götzenbilder zerschlagen und die Stufen hinabwerfen. Den Tempel ließ er säubern und die dicke Schicht Menschenblut entfernen, welche die Wände verunzierte; danach ließ er diese kälken. Auch ließ er für das Marienbild einen Altar bauen, den er mit Blumen und Zweigen schmücken ließ. »Die Indianer schauten sehr aufmerksam zu.«

Viele Archäologen werden darin ein höchst unwissenschaftliches Vorgehen erblicken, und manch ein skeptischer Rationalist wird unter Hinweis auf die Inquisition behaupten, daß Cortés' Religion nicht besser als diejenige der Eingeborenen gewesen sei, weshalb die Zerstörung der Götzenbilder für die Menschheit bedeutungslos sei. Ein nüchterner Betrachter wird jedoch bei längerem Nachdenken zu anderen Ergebnissen kommen. Niemand kann den Absatz, worin Bernal Diaz den Vorfall berichtet, lesen, ohne zu empfinden, wie hier die Zärtlichkeit des neuen Glaubens, der neuen Legende die Leere füllt, welche durch die Zerstörung des Alten entstanden war: Mutter und Kind, Sinnbilder von Sanftmut und Schwäche, Verheißung und Selbstverleugnung treten an die Stelle der schrecklichen, blutdürstigen Götter. Was Cortés zu dieser symbolischen Tat veranlaßte, war fraglos sein etwas naiver und einfältiger Glaube – der einzige naive und einfältige Zug seines höchst komplizierten Charakters –, daneben aber auch ein sicherer Instinkt für die Bedeutung, welche handgreifliche Taten und Gegenstände für die Herrschaft über Menschen haben können. Die Zerstörung der Götzenbilder sollte eine der legendären Episoden seines Lebens werden, nachdem ihn seine unerhörten Leistungen in eine mit mancherlei blütenreichen Legenden umwobene Heldengestalt verwandelt hatten – und das mit Recht; denn eine Legende ist ein Ereignis, dessen Wahrhaftigkeit im Bereich des Symbolischen liegt. Mehr als einmal noch sollte Cortés diese überaus symbolische und schöpferische Tat wiederholen, die allein vermocht hätte, die Eingeborenen Neuspaniens aus ihren üblen kannibalistischen Riten auf die Höhe der Kultur emporzuführen. Wie bereit die Eingeborenen für solchen Wandel waren, berichtet mittelbar Bernal Diaz, wenn er schreibt, die Flotte habe, nachdem sie Abschied genommen hatte, unerwartet umkehren müssen, weil eines der Schiffe beschädigt wurde. Da fanden sie »das Bild Unserer Lieben Frau sowie das Kreuz sehr sauber und davor Weihrauch brennend. Des waren wir sehr froh«.

Vom spanischen Ritter zum mexikanischen Gott

Am 12. März 1519 erreichte die Flotte Tabasco und lief in die Mündung des Flusses ein, den Grijalva entdeckt und dem er seinen Namen gegeben hatte. Die Eingeborenen dort waren zum Kampf bereit. Benachbarte Stämme hatten ihnen ihre freundliche Haltung gegenüber Grijalvas Expedition verübelt und sie verächtlich Feiglinge gescholten. Cortés ließ Aguilar mit dem Führer sprechen und ihnen erklären, daß er Frieden wünsche; je mehr aber Aguilar redete, um so kriegerischer gebärdeten sich die Tabascoaner. Er mußte seine Leute kampfbereit machen. Als alles fertig war und die mit Bewaffneten angefüllten Boote sich zur Landung anschickten, »gebot Cortés zunächst Einhalt und befahl, weder mit Pfeilen noch mit Musketen oder Artillerie zu schießen. Da er Wert darauf legte, daß all sein Tun gerechtfertigt sei, ließ er die Eingeborenen wieder vor den königlichen Notar Diego de Godoy rufen und forderte durch Aguilars Mund, sie sollten uns landen, Wasser einnehmen und mit ihnen über Dinge sprechen lassen, die Gott und Seine Majestät betrafen; würden sie jedoch gegen uns Krieg führen und wir ihnen in Notwehr Verluste an Menschenleben oder andern Gütern zufügen müssen, so sei das ihre Schuld und Verantwortung.« Solche »Vorladungen« wurden von Cortés nicht improvisiert, sondern waren Teil einer planmäßigen Politik, die der Indische Regierungsrat beschlossen hatte, um der Eroberung durch die Spanier eine rechtliche Grundlage zu geben.

Die Indianer wurden in ihrer kriegerischen Haltung jedoch durch die Vorladung des Cortés eher bestärkt als gemäßigt und schossen eine Salve Pfeile auf die Spanier ab. Diese landeten jedoch trotzdem, wobei Cortés im Schlamm seine Schuhe verlor. Nach einem lebhaften Gefecht, in welchem, wie Bernal Diaz mehrmals mit offenkundiger Genugtuung feststellt, die Eingeborenen sehr tapfer kämpften »und uns niemals den Rücken zukehrten, bis wir einen großen Hof erreichten, wo große Wohnhäuser und drei Tempel standen«, erschien es Cortés geboten, innezuhalten und seine Gegner entkommen zu lassen. Er zog seinen Degen und schlug ihn dreimal in den Stamm eines Wollbaumes, um anzuzeigen, daß er das Land im Namen Seiner Majestät in Besitz nehme. Dann schaute er sich um und rief, er sei bereit, sein Tun gegen jede Herausforderung mit Schwert und Schild zu verteidigen. Seine Soldaten erklärten sich bereit, ihm darin beizustehen, und der Notar setzte die Urkunde auf. Was aber denen, die zur Partei des Velázquez gehörten, nicht gefiel.

Am nächsten Tage verlor er seine eingeborene »Zunge« Melchior, der ins Land der Nackedeis entfloh und seine christlichen Kleider – vermutlich alles, was er vom Christentum angenommen hatte – an einem Baum hängen ließ. Die Eingeborenen trotzten immer noch. Zwei von Cortés ausgesandte Spähtrupps wurden in schwere Kämpfe verwickelt. Überall auf der weiten Ebene sah es bedenklich nach Krieg aus. Cortés befahl, die Pferde an Land zu bringen, die einen Tag lang unruhig und scheu waren, weil sie so lange Zeit an Bord zugebracht hatten. Er selbst übernahm das Kommando über die Kavallerie – insgesamt dreizehn Berittene – und vertraute die Infanterie Diego de Ordás an; das war ein geschickter Schachzug, den er noch oft wiederholen sollte, da Ordás unter den Parteigängern des Velázquez in seiner Expedition der wichtigste war. Die Artillerie kommandierte ein gewisser Mesa. So überquerten die fünfhundert Spanier in Schlachtordnung die Ebene und gelangten nach dem Orte Ciutla, wo der Feind seine Hauptstreitmacht versammelt hatte und ihnen nun entgegenrückte: eine ansehnliche Schar bemalter und federgeschmückter Krieger, die ihre lärmenden Trommeln schlugen und kleine Muscheltrompeten bliesen. Sie waren gut bewaffnet mit Pfeil und Bogen sowie mit riesigen Schwertern aus Hartholz, deren Schneiden aus Obsidian scharf wie Rasiermesser waren. Sie waren so zahlreich, daß sie die ganze Ebene bedeckten. Als ihr erster Angriff siebzig Spanier verwundet hatte, sagte Bernal Diaz zu Hauptmann

Ordás: »Ich glaube, wir können Brust an Brust mit ihnen kämpfen, denn sie fühlen die Schärfe unserer Schwerter und halten sich deshalb fern.« Ordás aber fand das höchst unvernünftig, weil auf jeden Spanier dreihundert Indianer kamen. Nur die Pferde konnten sie retten, die plötzlich, wenn auch infolge eines Umweges, den sie um einen Sumpf hatten machen müssen, mit schrecklicher Verspätung auf dem Schauplatz erschienen. Die Indianer glaubten eine neue, vierbeinige Menschenrasse zu erblicken und flohen, allerdings nicht ohne drei Reiter und fünf Pferde zu verwunden.

Nachdem er seiner Streitmacht Respekt verschafft hatte, beschloß Cortés alsbald zu handeln. Er schickte einige gefangene Indianer hinüber und ließ abermals erklären, daß er als Freund und mit friedlichen Absichten komme. Die Indianer schickten zunächst etwa fünfzehn minderwertige Sklaven in Kriegsbemalung, die Hühner, gebratenen Fisch und Mais als Geschenke brachten. Cortés schickte sie jedoch verärgert zurück und gab zu verstehen, daß er Botschafter von größerem Gewicht erwarte. Gegen Mittag erschienen dann als Botschafter einige Kaziken mit neuen, üppigen Geschenken, von denen noch zu sprechen sein wird. Cortés nahm die Geschenke gnädig an, bat die Boten aber um zwei noch handgreiflichere Beweise ihrer Friedfertigkeit und Freundschaft. Einmal sollten sie ihre Frauen und Kinder in ihre Häuser zurückkehren lassen, aus denen die kampfeslustigen Männer sie entfernt hatten, »denn daran würde er den wahren Frieden erkennen«. Zum andern sollten sie vor einem Altar der Jungfrau mit dem Kind ihre blutrünstigen Riten und Götzendienste aufgeben. Wie schon in dem nahegelegenen Ciutla wurde auch hier ein Altar mit einem Kreuz errichtet, wo Fray Bartolomé de Olmedo die Messe in Anwesenheit von zwei Kaziken las, deren Gedanken über die Jungfrauengeburt uns nicht überliefert worden sind. Fünf Tage brauchten die Verwundeten, um sich zu erholen. Cortés benutzte diese Zeit, um »die Kaziken mit schönen Worten an sich zu ziehen« und ihnen Macht und Majestät seines Kaisers und Königs zu erklären. Das tat er mit so viel Erfolg, daß sich die Tabascoaner zu

Vasallen erklärten – vielleicht weil sie das Gefühl hatten, dieser weiße Gebieter habe den Vorzug, ferner zu sein als der Kaiser von Mexiko. »Das waren die ersten Untertanen in Neuspanien, die Seiner Majestät Gehorsam gelobten«, berichtet Bernal Diaz. Der nächste Tag war Palmsonntag. Cortés ließ die Indianer mit ihren Frauen zu einem feierlichen Gottesdienst kommen, bei dem die wilden Indianer, die gewohnt waren, Religion und blutigen Tod miteinander zu identifizieren, Zeugen wurden, wie die gefürchteten bärtigen Weißen, die sie auf dem Schlachtfeld bezwungen hatten, vor dem Bild einer Frau mit einem Kinde niederknieten, das Kreuz küßten und nachher eine Prozession bildeten, in welcher sie alle anstatt des todbringenden Schwertes friedliche Zweiglein in Händen trugen, die sie von den Bäumen geholt hatten.

Am folgenden Montag morgen segelten die Spanier ab.

Die Kaziken von Tabasco hatten Cortés »ein Goldgeschenk gebracht, nämlich vier Diademe, ein paar Eidechsen, zwei verschiedene Arten von kleinen Hunden, Ohrringe, fünf Enten, zwei indianische Gesichter und zwei Sonnen aus Gold und andere Dinge von geringerem Wert. Das ganze Geschenk war aber nichts im Vergleich zu zwanzig Frauen, darunter eine ganz überragende Frau, die in der Taufe Doña Marina genannt wurde.«

Damit betritt also Doña Marina die Szene, eine der führenden Gestalten der Eroberung. Man beachte das Doña, das damals kein häufiger Titel war. Keiner von Cortés' Leuten, nicht einmal er selbst durfte sich Don nennen. Es war das Zeichen hohen Adels. Die Tatsache, daß der Titel dieser Indianerin von Anfang an gewährt wurde, verdient daher entsprechend gewürdigt zu werden. Doña Marina war Mexikanerin und »von Kindheit an eine große Dame und Cacica über Dörfer und Untertanen«. Ihr Stiefvater hatte sie den Tabascoanern übergeben, doch erfuhren die Spanier von ihnen, daß sie eine große Dame sei. Die Spanier fanden es ganz natürlich, ihre eigenen Einrichtungen in denen der Mexikaner zu sehen. Eine Dame mochte Indianerin sein, doch blieb sie gleichwohl Dame. In Spanien wurde eine Dame Doña genannt. Als die Cacica getauft wurde, nannte man sie darum Doña Marina. Diese scheinbar unwichtige Kleinigkeit beweist, in wie weitem Maße die Spanier unbewußt dazu neigten, die Rassen gleichzustellen und einander anzunähern. Die zwanzig Mädchen waren ein Geschenk. Cortés ließ sie zuerst im Katechismus unterweisen und taufen, danach gab er sie seinen Offizieren. »Diese Doña Marina gab er, weil sie hübsch, keck und unternehmungslustig war, dem Alonso Hernández Puertocarrero«, den Cortés besonders verwöhnte.

Doña Marina beherrschte die Sprachen von Tabasco und Mexiko, während Aguilar nur tabascoanisch sprach. Daher bedeutete diese intelligente, kluge, tatkräftige und späterhin ihm treu ergebene Frau für Cortés geradezu ein Geschenk des Himmels in dem Augenblick, da er seinen Aufstieg in das von Moteczuma beherrschte Hochland vorzubereiten begann.

Am Nachmittag des Gründonnerstags traf die Flotte in San Juan de Ulúa ein. Die Kunde von der Anwesenheit fremder Schiffe war bereits im Jahre Dreizehn-Kaninchen bis nach Mexiko gedrungen. Als aber der Kaiser im ersten Drittel des Jahres Ein-Schilfrohr erfuhr, daß sie vor der Nordküste erschienen seien, berührte ihn das gleichwohl tief. Seine schlimmsten Befürchtungen bewahrheiteten sich. Widerstrebende Empfindungen scheinen ihn beseelt zu haben: die Gewißheit, daß der Fremde Quetzalcoatl sei, dann wieder Zweifel daran. Ergebenheit in sein Schicksal, daß er dem Gott verfallen sei, dann wieder die Weigerung, ihn kommen zu lassen. Furcht vor seiner Ankunft, Seligkeit ob seiner Wiederkehr. Dabei scheinen Zaudern und Schwäche weniger ein angeborener Mangel an Charakterstärke als die Folge der Verwirrung gewesen zu sein, welche das furchtbare Ereignis in seinem Innern angerichtet hatte. Er ließ große Mengen von mexikanischen Speisen zubereiten und den Fremden schicken, wobei er den Boten sagte: »Wenn ihr seht, daß sie das alles essen, so ist es bestimmt der, den wir alle erwarten: Quetzalcoatl. Wenn sie aber nicht von allem essen, dann wissen wir, daß es nicht Quetzalcoatl ist. Sollte ihn aber nach Menschenfleisch verlangen und er euch essen, um so besser! Ich will nach euerm Haus, euern Frauen und Kindern sehen, seid getrost!«

So machten sich die Boten, beladen mit Geschenken für Quetzalcoatl, der ja ein Gott sein könnte, auf den Weg an die Küste. Aus der Erzählung des Bernal Diaz, der nicht nur die Tatsachen, sondern auch die Eindrücke jener Zeit am genauesten wiedergibt, möchte scheinen, daß die Frage, wer denn nun Cortés und seine Leute wirklich waren, mindestens einigen Mexikanern und zumal Moteczuma niemals ausreichend beantwortet worden ist. Als die Christen in San Juan de Ulúa eintrafen, schickten die Indianer einige ihrer Leute an Bord, um festzustellen, wer sie seien. Cortés, der von seiner Göttlichkeit keine blasse Ahnung hatte, antwortete bescheiden, sie seien gekommen, jene zu besuchen und mit ihnen Handel zu treiben, und würden ihnen kein Leids tun. Am nächsten Tage, Karfreitag, landete er seine Pferde und brachte seine Artillerie auf einer Sanddüne in Stellung. Tags darauf trafen die Boten ein. Mit ihnen kam der Sklave Cuitlalpitoc, der nötigenfalls geschlachtet werden sollte. Bernal Diaz verwandelte den Namen auf seine unnachahmliche Weise in Pitalpitoque.

Das Ganze gleicht einer Komödie der Irrungen, wie sie sich in der Geschichte der Entdeckung Amerikas so oft und verwickelt abgespielt haben. Der Gouverneur des Küstenbezirks, Teuhtile, und »Pitalpitoque« überreichten Cortés die von Moteczuma zubereiteten Speisen, um festzustellen, ob er Quetzalcoatl sei. Schon das spanische Sprichwort sagt jedoch: »Das Pferd denkt so, der Mann aber, der es sattelt, denkt anders.« Cortés dankte den Mexikanern und umarmte sie. Ehe er jedoch der Mahlzeit zusprach, ließ er einen Altar errichten und Pater Olmedo im Beisein von Teuhtile und Pitalpitoque die Messe lesen. Hätten die beiden das Meßopfer auch nur mißverstehen, geschweige denn begreifen können, so hätten sie vielleicht Vergleiche angestellt zwischen einer Religion, in welcher Gott den Menschen ißt, mit einer andern, in welcher der Mensch Gott ißt.

Nach der Messe setzten sich die führenden Mexikaner mit Cortés zu Tisch. Der Spanier erzählte den Mexikanern von seinem Kaiser und König, wie jene ferne Majestät nach Freundschaft mit Moteczuma verlange (von dem er noch nie etwas gehört hatte), und wie er selbst sich Moteczuma zum Freund und Handelspartner wünsche. Schließlich fragte er geradeheraus, wo ihn Moteczuma zu empfangen geruhen wolle. Mittlerweile dürfte die Verwirrung bei Teuhtile und Pitalpitoque ihren Gipfel erreicht haben, zumal da sie diese Erzählung von fremden und fernen Dingen, die ihnen in ihrer Weltabgeschiedenheit an sich schon verwickelt erscheinen mußte, durch einen doppelten Wortschwall zwiefachen Dolmetschens erreichte. Cortés' flüssiges Spanisch fiel auf Aguilars Ohren. Aguilars Tabascoanisch fiel auf Doña Marinas Ohren. Doña Marinas Mexikanisch aber (der Himmel nur weiß, was sie aus Kaiser und Christenheit gemacht hat) fiel auf Teuhtiles Ohren und vermittelte eine Geschichte, die fraglos nur noch entfernt mit dem verwandt war, was Cortés gesagt hatte. Wie und was er nun auch verstanden haben mag, so scheint Teuhtile jedenfalls zu dem Schluß gelangt zu sein, daß der bärtige weiße Mann nicht Quetzalcoatl sei; als er nämlich Cortés' Wunsch nach einem Besuch bei Moteczuma vernahm, antwortete er etwas hochmütig: »Du bist kaum angekommen, und schon willst du ihn sprechen!« Gleichwohl beschenkte er Cortés weiterhin mit den von Moteczuma ausgesuchten Weihgaben; wenn wir Sahagún glauben wollen, so legten sie Cortés sogar einige der Gewänder an. Dieser erkannte jedoch die religiöse Bedeutung dieser Zeremonie nicht, was Teuhtiles Ansicht, er sei nicht Quetzalcoatl, nur bestärken konnte. Als einfacher Edelmann schickte er Moteczuma durch dessen Boten als Geschenk einen geschnitzten Armstuhl, eine Purpurmütze mit einer Goldmünze, auf der Sankt Georg zu sehen war, und einige kleinere Gaben. Das alles wurde von einem Maler-Schreiber in Teuhtiles Gefolge sorgfältig aufgezeichnet. Die Mexikaner hatten eine Sprachschrift, die aus Abbildungen der in Rede stehenden Dinge sowie aus Sinnbildern für gewisse abstrakte Vorstellungen, etwa für Zahlen, bestand. So bedeutete ein Geldbeutel 8000, eine Feder 400. Den Spaniern fiel auf, daß der Kunstschreiber mit hellen Farben auf

Kaiser Karl V.

Hernando Cortés

Cortés' Rüstung zu Pferde

Der spanische Geistliche Las Casas verlangt Schonung der Indianer.

Baumwolltücher malte. Cortés erkannte rasch, wie wertvoll solche Aufzeichnungen ihm sein könnten: Er mußte auf Moteczuma, für den sie fraglos bestimmt waren, möglichst tiefen Eindruck dadurch machen, daß er Stärke und Macht der Spanier so beredt wie möglich zum Ausdruck brachte. Darum ließ er seine Kanonen abfeuern, daß es von den umliegenden Bergen widerhallte, während seine Reiter unter Alvarado am Strand einhergaloppierten. Das alles entging weder dem Künstler noch Teuhtile, wiewohl wir aus dem, was uns von den Bildern erhalten geblieben ist, schließen müssen, daß das Pferd über die Kräfte des mexikanischen Künstlers ging. Er schildert es als eine ungestalte Kreuzung aus Kuh, Esel und Hund, während die Schnurrbärte der Spanier oftmals von der Oberlippe bis auf die Mitte der Backe wandern.

Teuhtile scheint übrigens nicht schüchtern gewesen zu sein. Dafür spricht der Bericht des Bernal Diaz, dem solche Einzelheiten nur selten entgingen. Als er sah, daß ein Soldat einen vergoldeten, »wenn auch verrosteten Helm trug, bat er, diesen betrachten zu dürfen, er gleiche nämlich einem Helm, der ihnen von ihren edlen Vorfahren überkommen sei und den Vitzliputzli getragen habe«. Cortés schenkte ihn ihm mit der nur aus Neugier geäußerten Bitte, er möge ihn mit Goldkörnern gefüllt wieder zurückschicken. Beide Seiten zogen, wie ein spanisches Sprichwort sagt, die glühenden Kohlen zu ihrem Fisch. Während Cortés im Hinblick auf seine Kosten und den äußeren Erfolg etwas Gold zu erlangen suchte, erwog Teuhtile trotz seiner ersten negativen Ergebnisse immer noch, ob dies nicht eben der Helm des Quetzalcoatl sei.

Das jedenfalls scheint Moteczuma geglaubt zu haben, als er den Helm zu Gesicht bekam. Bernal Diaz berichtet: »Sobald er den Helm sah und dazu den, welchen Vitzliputzli getragen, war er gewiß, daß wir diejenigen seien, von denen seine Vorfahren gesagt hatten, sie würden kommen und das Land beherrschen«. Weniger gut unterrichtet scheint der brave Mann jedoch gewesen zu sein, wenn er hinzusetzt: »Der große Moteczuma war erschüttert und empfand doch zugleich große Befriedigung.« Sahagún nämlich, der mit den Ansichten und Überlieferungen Mexikos viel engere Berührung hatte, gibt eine Darstellung, welche der Situation, Moteczumas Charakter und späteren Ereignissen viel mehr entspricht. »Während die Boten kamen und gingen, konnte Moteczuma weder essen noch schlafen noch irgend etwas bedenken, sondern war tief betrübt und seufzte unablässig. Er war tief bekümmert, hatte an keiner Unterhaltung Freude und sagte: ›Was soll aus uns werden?‹ Sein Herz erlitt große Anfechtung und Pein, und er sprach: ›O Herr, wohin soll ich gehen? Wie soll ich entrinnen?‹ Als die Boten ankamen, war es Nacht. Der Kaiser lag zu Bett, doch wollte er ihre Nachrichten nicht im Schlafzimmer vernehmen, sondern schickte die Boten in einen Empfangssaal. Dann ließ er mehrere Gefangene ganz und gar mit Kalk beschmieren, um sie opfern zu lassen. Die Boten und Moteczuma begaben sich in den Empfangssaal, wo die Gefangenen im Beisein der Boten getötet wurden. Diese salbte man mit dem Blut. Solches geschah, weil sie große Dinge erlebt, die Götter erblickt und mit ihnen gesprochen hatten.«

Dann berichteten die Boten. Sie zeigten ihm das Bild und erklärten es: Lärm und Wucht der Kanonenkugeln, Größe, Schnelligkeit und Kraft der Pferde, Tapferkeit und Stärke der weißen Männer, ihre weißen Gesichter, blauen Augen und rotes Haar, ihre langen Bärte, und daß einige mit schwarzem Lockenhaar dabei waren; denn einige Spanier hatten Negersklaven bei sich. »Als Moteczuma diesen Bericht vernahm, erschrak er und begann Kummer, Sorge und Furcht zu empfinden.«

Der unglückliche Kaiser suchte Hilfe bei den einzigen Mächten, die er stark genug glaubte, um diesen göttlichen Wesen zu widerstehen. Natur und Mensch seien, meinte er, den Ankömmlingen nicht gewachsen, man müsse sich auf übernatürliche Kräfte verlassen. Er ließ Wahrsager, Auguren und Schwarzkünstler kommen, um zu hören, ob sie eine Hexerei oder einen Zauber gegen die Spanier ausrichten könnten, auf daß sie erkrankten, stürben oder heimführen. Das deckt sich nun wieder mit dem Bericht des Bernal Diaz über das magische Manöver, das Moteczuma in seiner Verzweiflung gegen Cortés und dessen Leute erprobt haben soll. Als wichtigstes Mitglied der zweiten, magischen Gesandtschaft hatte man einen Mann ausgesucht, der Cortés ähnlich sah, dessen Gesichtszüge Moteczuma dank dem geschickten Pinsel des Kunstschreibers bekannt waren. Diese Persönlichkeit, deren unbekannten Namen Bernal Diaz mit Quintalbor übersetzt, sah Cortés so ähnlich, daß die Spanier ihn mit dessen Namen nannten. Die Mexikaner verstanden sich vortrefflich auf solchen Zauber durch Verkörperung oder Ähnlichkeit. So versuchten auch ihre Priester stets dem Gott ähnlich zu sehen, dem sie dienten. Quintalbor küßte den Erdboden, woraufhin die Mexikaner ihn und alle in der Nähe befindlichen Soldaten aus irdenen Räuchergefäßen, die sie mitgebracht hatten, beweihräucherten. Der Sinn dieser Beschwörung blieb den Spaniern jedoch verborgen, die ja nicht wußten, was in den Indianern vorging, und daher in der Räucherei nichts Ungewöhnliches sahen, sondern das Ende der Zeremonie ebenso geduldig abwarteten, wie die Mexikaner das Ende ihrer Messe abgewartet hatten.

Offenbar erschien es den Zauberern angebracht, ihre Zuflucht zu andern ebenso (oder noch stärker) magischen, wenn auch weniger geheimnisvollen Mitteln zu nehmen. Also ließ Quintalbor dicke Tücher auf den Boden breiten, auf denen er seine Geschenke auspackte. Ihr Glanz bewies allzu deutlich die Furcht, welche Moteczumas Seele gefangenhielt: Zuerst eine goldene Scheibe, groß wie ein Wagenrad, auf der die Sonne eingeschnitten war – ein mexikanischer Kalender. Ein ebenso dickes und großes Rad aus Silber, fraglos eine Darstellung des mexikanischen Mondkalenders. Wie diese beiden Planeten dort in der Tropensonne glitzerten, blendeten sie die Spanier allein schon durch ihren Wert und überraschten sie, weil sie so kunstvoll gefertigt waren. Umgeben wurden sie von andern Geschenken aus Gold, Silber, Leder, Edelsteinen und Baumwolle – alles Zeugen einer Kultur, die ebenso reich wie kunstvoll und luxuriös war.

Diese Offenbarung wirkte auf Cortés als mächtiger Antrieb. Moteczumas Boten hatten jedoch strikte Weisung, ihm eines zu verstehen zu geben: Es könne keine Rede davon sein, daß er nach Mexiko hinaufkomme. Offenbar hatte Moteczuma gehofft, diese Geschenke würden die Fremden zufriedenstellen, falls seine Zauberer sie nicht unschädlich machen könnten. Cortés aber wurde nun erst recht gewahr, wie wertvoll das Land war, in das er hier geraten war. Da er zudem fraglos erkannte, daß Moteczuma von Furcht besessen war, entgegnete er den Boten, er würde den Kaiser gerne besuchen, wo immer er sein möge, und entließ sie mit kleinen Gaben »aus der Armut, die wir mitgebracht hatten«, wie Bernal Diaz sich ausdrückt.

Cortés gründet Veracruz und trennt sich von Velázquez

Jetzt war für Cortés der Augenblick gekommen, sich ernstlich auf seinen Besuch bei dem mächtigen Kaiser vorzubereiten. Nachträglich mögen wir wohl geneigt sein, uns vorzustellen, daß Cortés in jenem Augenblick bereits der Mann gewesen sei, zu dem ihn seine Erfolge bald darauf machten. Tatsächlich war er damals lediglich ein abenteuerlustiger Hauptmann, der vor einigen Wochen Kuba verlassen und sich, wenngleich noch nicht ausdrücklich, so doch schon durch sein Tun von Velázquez getrennt hatte. Jetzt befand er sich an der dürren, sandigen Küste eines fremden Landes und stand mit elf Schiffen, etwa fünfhundert Männern, dreizehn Pferden und ein paar Kanonen einer geheimnisvollen Kultur gegenüber. Am Fuße einer fast viertausend Meter hohen Mauer forderte er einen Herrscher heraus, der ihn mit einer goldenen Sonne und einem silbernen Mond blenden konnte, die später ganz Europa bewundern sollte. Was war seine Etappe? Er hatte keine Etappe. Er stand im fremden Land und konnte sich, was Hilfe oder Nachschub aus Kuba anging, keinen Illusionen hingeben. Aus Kuba konnte er nur rachsüchtige Feindschaft erwarten. Bald sollte sich zeigen, daß er mutig und dabei keineswegs sehr vorsichtig sein konnte, wenn die Lage mehr Kühnheit als Besonnenheit erforderte; aber es lohnte sich nicht, ein vermeidbares Risiko einzugehen. Kühn war er, aber nicht tollkühn. In jenem Augenblick scheinen seinem ordnungsliebenden Geist zwei Einfälle gekommen zu sein: Er würde sich auf eigene Faust aufmachen, um diesen Moteczuma und sein Reich kennenzulernen; aber irgendwo an der Küste würde er eine Truppe zurücklassen, um sich den Seeweg offenzuhalten. Natürlich stand hinter beiden Plänen insgeheim die Absicht, sich bei der ersten besten Gelegenheit von Velázquez zu lösen.

Das sandige Ufer, wo sie vorläufig ihr Lager aufgeschlagen hatten, eignete sich nicht recht für eine dauerhafte Niederlassung. Es war unfruchtbar und wimmelte von Moskitos. Darum schickte er Montejo auf Erkundung die Küste entlang und gab ihm als Berater den streitsüchtigen Steuermann Alaminos mit. Während Montejo auf diese Weise beschäftigt war, kehrte Teuhtile aus Mexiko zurück. Er brachte weitere Geschenke für den Kaiser der Christen, darunter vor allem wertvolle Chalchivitls: grüne, undurchsichtige Steine, welche bei den Mexikanern nicht so sehr wegen ihres Handelswertes, sondern als Abzeichen hohen Ranges sehr geschätzt waren. Die Geschenke sollten die bittere Pille versüßen: Moteczuma weigerte sich entschieden, Cortés zu empfangen. Cortés war jedoch nicht der Mann, eine Absage hinzunehmen. Als er die kostbaren Chalchivitls sah, wandte er sich an seine Leute und sagte ruhig, wie es seine Art war: »Er muß allerdings ein großer und reicher Herr sein. Wenn es Gott gefällt, werden wir ihn eines Tages besuchen.«

Um jene Zeit begann Pitalpitoque immer weniger Vorräte zu liefern, so daß das Lager mit dem Hunger Bekanntschaft machte. Die umwohnenden Indianer brachten nicht mehr Mais und Hühner ins Lager, so daß die Soldaten wieder auf die Fische angewiesen waren, welche die spanischen Seeleute fingen und gegen Gold eintauschten, das die Soldaten gegen die üblichen Kleinigkeiten, Glas, Perlen und Glöckchen, von den Eingeborenen erwarben. Nun galt der Handel mit Gold von jeher als das Monopol des Führers der Expedition, damit es dessen Auftraggeber und dem König zugute käme. Während jedoch Grijalva seinen Soldaten den Handel mit Gold streng verboten hatte, »freute Cortés sich darüber und drückte ein Auge zu, wiewohl ihm die Freunde Velázquez' und Mitglieder seines Gefolges davon erzählten«. Die Anhänger des Velázquez unter Führung von Juan Velázquez de León wurden unruhig. Sie erklärten, Velázquez habe Cortés nicht ausgeschickt, damit alles Gold den Soldaten durch die Finger rinne; darum solle Cortés durch den Ausrufer mitteilen lassen, daß der Handel mit Gold inskünftig verboten sei. Das gab Cortés eine Gelegenheit: Er stimmte zu und erklärte sich bereit, jeden, den die Anhänger des Velázquez vorschlagen würden, zum Schatzmeister zu ernennen. Jene schlugen ein Mitglied ihrer Gruppe, Gonzalo Meiía, für den Posten vor. Nachdem Cortés sie damit unverkennbar als Anführer einer gegen das Interesse des einfachen Soldaten gerichteten Bewegung festgenagelt hatte, wendete er ihnen »ein mißvergnügtes Gesicht« zu und warf ihnen ihre Haltung vor. »Unsere Gefährten«, sagte er, fraglos in deren Beisein, »machen viel durch und haben nichts zu essen. Darum sollten wir sie in Ruhe lassen, zumal da ihre Tauschgeschäfte nur ein kümmerlicher Bruchteil dessen sind, was wir mit Gottes Hilfe noch erlangen werden. Nachdem wir ihnen, Eurem Wunsche folgend, den Tauschhandel verboten haben, müssen wir zusehen, wie wir etwas zu essen bekommen.«

Cortés hatte wie üblich auf lange Sicht operiert. Jeder gewöhnliche Hauptmann würde, der Gewohnheit und der Gier nachgebend, alsbald jederlei Tauschgeschäfte gegen Gold verboten haben. Er jedoch sah diesen Handel und ließ ihn sich entwickeln, weil er vermutete, daß daraus eine Situation entstehen würde, die er zu seinem Vorteil ausnutzen könnte. Die Anhänger des Velázquez waren dem Kommandeur in die Falle gegangen. Jetzt standen sie als selbstsüchtige Feinde der einfachen Soldaten da, deren Interessen und Bedürfnisse der großmütige Cortés unterstützte. Die Verhältnisse reiften zugunsten des klugen Kommandeurs, waren aber noch nicht reif zur Ernte. Die Auswahl eines geeigneten Ortes für seinen Stützpunkt bot Cortés eine weitere Gelegenheit, die er alsbald ergriff.

Nach einer dramatischen und zeitweise gefährlichen Reise von zwölf Tagen kehrte Montejo mit einem ziemlich mageren Bericht zurück. Er war der Küste bis nach Pánuco gefolgt, wo er umzukehren beschloß, weil er sich der stürmischen See nicht mehr gewachsen fühlte. Etwa 36 Seemeilen von San Juan de Ulúa, wo Cortés damals war, hatte Montejo Quiauitztlan, eine kleine mexikanische Stadt mit einer Festung, und nahe dabei einen guten Hafen entdeckt, der gegen nördliche Winde ziemlich geschützt und von einem an Flüssen, Wäldern und Steinbrüchen reichen Landstrich umgeben war. Die Leute im Lager wurden der Untätigkeit, der Moskitos und des schlechten Essens müde. Die Velázquez-Partei drängte auf Rückkehr nach Kuba. Plötzlich gab Cortés bekannt, er habe sich entschlossen, die spanische Niederlassung nach dem von Montejo entdeckten Ort zu verlegen. Montejo gehörte zur Velázquez-Partei. Gerade weil er zur Opposition gehörte, hatte Cortés, der stets jede Einzelheit bedachte, ihn mit der Erkundungsfahrt betraut. Er hatte ihn sich ferngehalten, während er die Eroberung seiner eigenen Armee vorbereitete, und hatte gleichzeitig die Gegenpartei in die mißliche Lage manövriert, daß sie die Übersiedlung an einen Ort ablehnen mußte, den einer ihrer Freunde ausgewählt hatte.

Gleichwohl gab die Velázquez-Partei ihren Widerstand unmißverständlich zu erkennen: Es gebe nichts zu essen. Fünfunddreißig Soldaten seien bereits an Verwundungen, Krankheit oder Hunger gestorben. Das Land sei groß und habe volkreiche Städte, die Mexikaner würden Krieg führen. Darum sei es besser, die errungenen Gewinne zu sichern und mit der goldenen Sonne, dem silbernen Mond und dem Helm voll Goldkörner nach Kuba zurückzukehren. Darauf entgegnete Cortés, es sei nicht klug, zurückzugehen, ehe man vorwärts gegangen sei. Es sei üblich, im Kriege zu sterben. Auch sei es nötig, das Land gründlich kennenzulernen. Solange die Indianer Vorräte hätten, müßten die Spanier sehr schwächlich sein, ehe sie hungern würden.

Das beruhigte die Opposition vorläufig, so daß Cortés weiter an die Verwirklichung seiner Pläne ging, die er mit den Brüdern Alvarado, Christóbal de Olid, Alonso Dávila, Juan de Escalante, Francisco de Lugo und anderen, vor allem aber mit seinem Vertrauten Puertocarrero entwickelt hatte.

Seine Werber gingen von Mann zu Mann, bis die Sache schließlich der Velázquez-Partei zu Ohren kam; denn Montejo war auf dem Posten. Die Opposition verlor keine Zeit, sondern deckte die Pläne auf und beschuldigte Cortés, daß er sich das neue Land heimlich selbst zu sichern versuche. Sie forderten ihn abermals auf, nach Kuba zurückzukehren, da er für eine Niederlassung weder Männer noch Vorräte genug habe. Cortés war zu klug, als daß er sich ihnen widersetzt und dadurch seine Kräfte im offenen Kampf erschöpft hätte. Wie üblich gelang es ihm, die übrigen Männer mit sich zu reißen, indem er einen Rückzug vortäuschte. »Ohne irgendein Mißfallen zu zeigen, sagte er, er sei es zufrieden und wolle nicht gegen die Anweisungen verstoßen, die ihm Diego Velázquez gegeben hatte. Also ließ er durch den Ausrufer mitteilen, daß am nächsten Tage alles an Bord gehen solle, jeder auf das Schiff, mit dem er gekommen sei.« Dieser Befehl brachte sofort diejenigen in Harnisch, die siedeln wollten. Sie überredeten Cortés dazu, dem zuzustimmen, was er immer beabsichtigt hatte, und zwangen ihn, auszuführen, was er von Anfang an gewollt. Nun aber hatte sich der schlaue Anführer in eine Lage manövriert, in welcher er für das, was er immer schon hatte erreichen wollen, einen hohen Preis verlangen konnte. Er gab nach, aber nur unter der Bedingung, daß er zum Generalkapitän und Oberrichter ernannt und berechtigt sein würde, von dem Gold nach Abzug des Fünften für den König ein Fünftel selber einzubehalten.

Es war geglückt – aber noch nicht ganz. Alles war geregelt, bis auf die Form. Form aber gehört, was immer kleine Geister glauben mögen, zum Wesen der Dinge. Hier kam dem Schwert des Cortés wieder einmal seine Feder zu Hilfe. Sein Vorgehen trägt unverkennbar den Stempel seiner Persönlichkeit. Nachdem die Soldaten erkannt hatten, daß das Wohl Seiner Majestät es verlange, forderten sie Cortés auf, dem Handel mit Gold ein Ende zu setzen, eine Stadt mit eigener Gerichtsbarkeit zu gründen sowie Alkalden und Ratsmitglieder zu ernennen. Cortés erbat sich einen

Tag Bedenkzeit, um noch deutlicher zu machen, daß er unter dem Druck der Verhältnisse und der Volksmeinung tue, was zu tun er sorgfältig geplant hatte. Einen Tag später beugte er sich der öffentlichen Meinung, wie das jeder gute Demokrat bei seiner Wahl zu tun pflegt. Dabei betonte er, wiederum wie jeder gute Demokrat, daß er seine persönlichen Interessen zum Opfer bringe, war er doch ermächtigt, durch den Handel mit Gold einen Ausgleich für seine Auslagen zu erlangen. So fügte er sich widerwillig seinen eigenen Plänen und gründete »Die Reiche Stadt vom wahren Kreuz«, ein schöner Name, der sowohl das goldene Geschäft wie den Segen des Evangeliums erkennen ließ. Zu Alkalden ernannte er seinen Freund Puertocarrero und Velázquez' Freund Montejo, den er so zum Komplicen machte, wenngleich es ihm, wie die Ereignisse noch zeigen sollten, nicht gelang, ihn ganz für sich zu gewinnen. Das alles bedeutete, daß aus der Expedition eine spanische Stadtgemeinde geworden war, die von ihrem Cabildo oder Kapitel demokratisch regiert wurde, dessen Mitglieder Cortés ordnungsgemäß auf den König vereidigte.

Jetzt aber war Cortés nicht mehr Hauptmann einer von Velázquez mit bestimmten Anweisungen ausgeschickten Expedition im Niemandsland, jetzt war er Bürger eines (mehr oder minder) formgerecht gegründeten spanischen Gemeinwesens. Am nächsten Tage versammelte sich das Kapitel in feierlicher Sitzung, lud Cortés vor und forderte ihn auf, Vollmacht und Weisungen vorzulegen, die er von Diego Velázquez erhalten habe. Das tat Cortés sofort; denn er hatte die größte Achtung vor allen demokratischen Einrichtungen, die er mit seinen Freunden besetzt hatte. Das Kapitel prüfte die Papiere nach bestem Vermögen und stellte ohne besonderes Erstaunen fest, daß sie nicht mehr als gültig angesehen werden könnten. Demgemäß stellten sie fest, daß Cortés nicht länger Hauptmann oder Oberrichter sei. Dadurch geriet das junge Gemeinwesen in eine ernste Schwierigkeit, da jedermann weiß, daß Gerichtsbarkeit und Kommandogewalt zwei unentbehrliche Funktionen jedes Staates sind, für die man stets eine Persönlichkeit von überragenden Gaben benötigt. Glücklicherweise kam dem Kapitel der glänzende Einfall, die beiden Posten, die soeben durch Erlöschen seiner Vollmachten verwaist waren, mit Cortés zu besetzen. Nachdem es gelungen war, ihn zur Übernahme dieser neuen Verantwortung zu bewegen, ließ das Kapitel ihn mit der ganzen Feierlichkeit, die bei so unüblichen Anlässen üblich ist, vereidigen.

So wurde Diego Velázquez, der Gouverneur von Kuba, auf elegante Weise ausgebootet. Was, so mochte das Kapitel fragen, war ihm Kuba oder was war er selbst den Kubanern? Sie waren eine spanische Gemeinde, die Reiche Stadt vom wahren Kreuz – reich an Hoffnungen und voll frommer Wünsche; denn sonst hätten sie einen weniger langen Namen gewählt gleich jenem »häßlichen Namen«, den Montejo dem von ihm entdeckten Hafen gegeben hatte, den aber selbst der sonst nicht besonders zimperliche Bernal Diaz nicht wiederzugeben wagt. Sie waren freie Spanier, denen die freiheitliche Überlieferung ihres demokratischen Landes das Recht gab, wo immer sie es wünschten, eine Stadt zu gründen – selbst in einem Lager, wo tatsächlich keine Stadt vorhanden war. Die Ereignisse hatten Cortés' Fahrplan ins Rutschen gebracht, weshalb er, als ihm schnelles Handeln geboten schien, seine kleine Republik begründete, ehe er noch die Stadt erbaut hatte. Das geschah erst später, nachdem er seine, wie wir heute sagen würden, verfassungsmäßige Stellung gesichert hatte. Dann erst verlegte er sein Lager in die Nähe von Quiauitztlan und erbaute wirklich die Stadt vom wahren Kreuz oder Veracruz.

Die Partei des Velázquez gab sich jedoch, obwohl sie Montejo verloren hatte, noch nicht geschlagen. Sie war vielmehr äußerst erbost, und Bernal Diaz berichtet, daß Cortés' Freunde die größte Mühe hatten, jene davor zu bewahren, daß sie Amok liefen und bewaffneten Aufruhr anstifteten. Sie scheinen nicht erkannt zu haben, wie sehr sich die Autorität des Cortés gewandelt hatte, seitdem das Kapitel gebildet worden war. Cortés war nun nicht mehr genötigt, mit seinen Feinden Kompromisse zu schließen. Er war jetzt von der Allgemeinheit ordnungsmäßig gewählt. So schlug er hart zu. Juan Velázquez de León, Diego de Ordás, Escobar und Juan Escudero wurden als Rädelsführer in Eisen gelegt und auf die Schiffe gebracht. Mit den übrigen Angehörigen der Opposition verfuhr er auf gewohnte Weise. Er ließ ausrufen, daß jeder nach Kuba zurückkehren könne, dem der Sinn danach stehe. Dann schickte er die meisten von ihnen zur Verproviantierung aus und unterstellte diese Expedition Pedro de Alvarado. Natürlich gab es keine Anwärter für Kuba. Cortés wußte nur zu gut, daß die Abtrünnigen, falls der Hauptteil der Expedition in Mexiko bliebe, schon deshalb nicht heimkehren würden, weil sie fürchteten, eine traurige Figur abzugeben, dieweil ihre Kameraden Reichtum und Lorbeer errangen.

Gleichwohl verlor Cortés keine Zeit, sondern bemühte sich, die Wunden zu heilen, die er seinen Feinden geschlagen hatte. »Gaben sprengen Felsen« sagt ein spanisches Sprichwort, das Bernal Diaz an dieser Stelle zitiert. Mittels Gaben und dessen, was ein anderes spanisches Sprichwort »Schnabelsyrup« nennt, also mittels seiner einzigartigen Überredungskunst, hinter der natürlich die ganze Anziehungskraft seiner Persönlichkeit stand, zog Cortés alle seine Gegner auf seine Seite. Manche von ihnen, zumal Juan Velázquez de León, zählten später zu seinen treuesten Freunden. Trotzdem ist dieser gewinnende Charme nicht die bewunderungswürdigste Eigenschaft des Eroberers. Am meisten Bewunderung verdient bei dieser Gelegenheit Cortés' Gabe, sich aus den persönlichen Streitigkeiten herauszuhalten, die mit dieser Spaltung seiner Leute verbunden waren. Es ist die Gabe, zwischen dem Menschen Cortés und dem Hauptmann Cortés zu unterscheiden, die Stetigkeit, mit der er sein Vorhaben im Auge behält und alle persönlichen Gefühle beiseite schiebt, wenn es darum geht, wie er heute Anführer und Gegner behandeln soll, welche morgen schon Freunde und brauchbare Soldaten sein können. Diese gelassene Beherrschung seiner Gefühle, die vollständige Unterordnung seines Ichs unter das Vorhaben, ist eine der hervorragendsten Eigenschaften des Cortés. Sie macht aus ihm einen der größten Männer der Tat, welche die Geschichte kennt.

Eines Tages sahen Bernal Diaz und ein anderer Soldat, die zusammen in der Nähe des Lagers auf einem Sandstreifen Posten standen, fünf Indianer auf sich zukommen, die sich in ihrer äußeren Erscheinung von den Mexikanern unterschieden. Unterlippe und Ohren wiesen große Löcher auf, in denen sie blaue Ziersteine trugen. Ihr Auftreten war höflich und freundlich, und sie baten mit Handbewegungen und Gesten darum, das Lager besuchen zu dürfen. Als sie dort unter Führung von Bernal Diaz eintrafen, stellte sich heraus, daß weder Aguilar noch Doña Marina ihre Sprache verstanden. Doña Marina fragte sie, ob sie Nahuatl, die Sprache Culúas oder Mexikos verstünden, woraufhin zwei der Fremden, die Nahuatl sprachen, erklärten, daß sie Totonaken seien, die ihr Häuptling, der Kazike von Cempoal, geschickt habe. Die Totonaken berichteten dann Cortés, wie Moteczuma tyrannisch über sie herrsche und hohe Steuern von ihnen erhebe. Der Kazike von Cempoal schien Wert auf einen Besuch von Cortés zu legen.

Dieser Besuch war für Cortés eine Offenbarung. Daß er just in dem Augenblick kam, als er einen großen Teil seiner Armee zu überreden versuchte, sich an die Eroberung eines noch unbekannten Landes zu wagen, muß ihm als ein Wink des Himmels erschienen sein. Bedeutete es doch, daß diese Indianer, die zu unterwerfen er entschlossen war, in sich gespalten waren, und daß Moteczuma Feinde hatte, auf die sich die hier gestrandeten Fremden stützen konnten, falls es zu einem Kampf käme.

Cempoal lag auf dem Wege nach Quiauitztlan. Dieser Umstand muß Cortés dazu veranlaßt haben, sich zu Lande nach seinem neuen Aufenthaltsort zu begeben, während er seine Vorräte auf dem Seewege hinschickte. Unter der glühenden Julisonne zogen sie durch den heißen Sand, auf der einen Seite das blaue Meer, auf der andern die Berge, »sehr schön anzusehen, darunter einer, welcher die andern durch seine große Höhe überragt und so weiß ist, daß wir es für Schnee halten. Das sagen auch die Eingeborenen, doch sind wir dessen nicht ganz sicher, weil wir zwar sehr nahe gewesen sind, es aber doch nicht genau gesehen haben, und weil dieses Land so heiß ist.« So zogen sie im Angesicht der großartigen Natur und der grimmigen Werke von Menschenhand weiter; sie kamen durch leere Dörfer, wo die Tempel noch feucht waren vom Blut geopferter Menschen. »Dort schliefen wir und hatten kein Nachtessen«, bemerkt Bernal Diaz ohne weiteren Kommentar. Allmählich wurde das Land grüner. Es gab Wiesen und Rehwild, das selbst für Alvarados Stute zu schnell war. Die Luft war erfüllt von den tausenderlei Düften und Farben eines tropischen Landes, das üppig bewässert wird. In der nächsten Nacht schliefen sie abermals in einem Dorf, das von den Spuren unlängst vollzogener Opfer verunstaltet war. Nachdem sie dem Kaziken rechtzeitig Nachricht gesandt hatten, brach der Heereszug am nächsten Morgen nach Cempoal auf. Wiewohl er einen Freund besuchen wollte, überließ Cortés nichts dem Zufall, sondern ordnete seine Truppen so, daß er auf alles vorbereitet war; jedermann war auf Posten, und die Späher hielten scharf Ausschau. Als sie noch etwa fünf Kilometer von der Stadt entfernt waren, sahen sie einen wandelnden Garten auf sich zukommen: zwanzig angesehene Bürger von Cempoal kamen mit Rosensträußen zur Begrüßung, die sie Cortés und seinen Rittern überreichten. Die Spanier waren hocherfreut, ein so heiteres und friedliches Land vorzufinden, das einem einzigen Obstgarten glich, wo hübsche Häuser in gut angelegten Straßen und bunten Gärten standen. Sie lobten Gott, daß er sie ein solches Land habe entdecken lassen, und waren so entzückt von Cempoal, daß sie es Sevilla nannten. Höheres Lob kannten sie nicht.

Der Kazike hatte die Rosen als Entschuldigung geschickt, weil er, wie er erklären ließ, zu dick sei, um selbst seinen Gästen entgegenzugehen. Er hatte das gutartige, menschenfreundliche Temperament, das jeder richtige Dickwanst haben sollte. So wies er Cortés und seinen Leuten bequeme Quartiere und vorzügliches Essen zu. Als ein Mann, der wohl weiß, wie wichtig das Essen für den Menschen ist, wartete er geduldig, bis die Spanier ihr Mahl beendet hatten, und machte dann erst Cortés seinen Besuch. Man empfing ihn mit der üblichen Höflichkeit, umarmte ihn und erläuterte ihm wie üblich den heiligen Glauben und die gewaltige Macht des spanischen Kaisers und Königs. Der Kazike lauschte alledem aber nur mit halbem Ohr und niedergeschlagenen Augen, hatte er doch seine eigenen Sorgen, die sich hin und wieder in Gestalt von Seufzern aus seinem umfänglichen Brustkasten und schließlich in einem Sturzbach von Klagen und Anklagen gegen Moteczuma Luft machten: dieser habe ihn jüngst völlig geknechtet, seine Schatzkammer geleert und ihn unter schwerem Steuerdruck zermalmt. Cortés hörte sich alles mit gespannter Aufmerksamkeit an und versprach seinem neuen Freund, sich seiner Sache anzunehmen, sobald er sich in Quiauitztlan niedergelassen habe.

Am nächsten Morgen stellte der Kazike dem Heer rund vierhundert Tlamemes zur Verfügung, also Lastträger, deren jeder etwa zehn Kilo dreißig Kilometer weit trug. Das war den Spaniern eine willkommene Entdeckung. Die Mexikaner hatten das Rad noch nicht erfunden und besaßen auch keine Haustiere, die sie beladen konnten. Alles wurde auf dem Rücken von Menschen transportiert, und Bernal Diaz berichtet, daß die Soldaten ihre Tornister selbst tragen mußten, weil sich nur fünf oder sechs von ihnen Indianer aus Kuba mitgebracht hatten.

Auf diese Weise von ihrem Gepäck befreit – was in dem heißen Land wirklich Befreiung bedeutete –, stiegen die Spanier am nächsten Tage die steile Anhöhe nach Quiauitztlan empor, das eine kleine, inmitten wilder Felsen errichtete Stadt war, eine natürliche Festung, »die, wenn es Widerstand gegeben hätte, schwer zu nehmen gewesen wäre«. Es gab aber keinen Widerstand. Aus Furcht vor Kanonen und Pferden hatten die Indianer die Stadt geräumt. Nur etwa fünfzehn von ihnen waren dort geblieben, erwarteten die Eindringlinge in einem der Tempel und empfingen sie unter viel Weihrauch und anderen magischen Verrichtungen. Cortés hatte kaum Zeit gehabt, ihnen seine beiden Lieblingsthemen – Religion und Kaiserreich – zu erläutern, als der dicke Kazike, von Indianern in einer Sänfte getragen, auftauchte. Im Beisein und unter dem Beifall der Männer aus Quiauitztlan verbreitete er sich nun über sein Lieblingsthema, die Tyrannei und

Zwingherrschaft Moteczumas, und sprach schluchzend von ihren Söhnen und Töchtern, die als Opfer weggeschleppt worden seien; die Ernte sei verloren, Frauen und Mädchen von Moteczumas Steuereintreibern geschändet worden. Die Spanier wurden gerührt, gewiß auch ihr Anführer. Diesen aber trieb das alles vor allem zum Handeln, zumal als er hörte, daß Moteczumas Leute auf solche Weise ein weites Gebiet in Schrecken versetzten, das ganze Land der Totonaken mit mehr als dreißig kleinen Städten. Das verhieß einem aufmerksamen General viele tausend Soldaten. Daher mußte er unter allen Umständen ein festes Bündnis mit den Leuten von Cempoal schließen. Zeit war der entscheidende Faktor. Die juristische Fiktion Veracruz, eine zwar im Geiste gegründete, eines Leibes aber noch ermangelnde Stadt, war eine leere Form, der nur Erfolge Leben einhauchen konnten. Es kam für Cortés darauf an, Ergebnisse vorzuzeigen, ehe der gekränkte Velázquez seine heikle Stellung dadurch gefährden würde, daß er die mächtigen Freunde, die der Gouverneur von Kuba bei Hofe hatte, gegen ihn mobilmachte.

Das größte Hindernis war die Furcht vor Moteczumas Macht, welche den Mut der Männer von Cempoal lähmte. Cortés scheint die Lage nüchtern erfaßt und begriffen zu haben, daß es nötig war, die Cempoaler zum offenen Aufruhr gegen Moteczuma zu bringen. Er scheint aber noch weiter gesehen zu haben. Schließlich war er ja noch nicht ausreichend über die Macht des gefürchteten Kaisers unterrichtet. Er wußte nur, daß jener stark genug war, den Cempoalern mit seinen Waffen Furcht einzujagen und die Spanier mit seinen Schätzen zu blenden. Es war daher ebenso notwendig, die Cempoaler zum offenen Aufruhr zu bewegen, wie mit Moteczuma auf gutem Fuße zu bleiben; denn er mußte möglichst einer Kraftprobe mit dem mächtigen Herrscher ausweichen, sich gleichzeitig aber, falls sie unausweichlich werden sollte, darauf vorbereiten.

Das waren gewiß die Gedanken, die er in seinem geschäftigen Kopf bewegte, während seine Offiziere und Soldaten mit wachsender Empörung dem Klagelied lauschten, das der dicke Kazike vor ihnen angestimmt hatte. Das

Schauspiel fand plötzlich dadurch ein Ende, daß einige Indianer eintrafen, die den Kaziken von Cempoal und Quiauitztlan eine Neuigkeit mitteilten. Es mußte eine ernste Nachricht sein, denn die Kaziken erblaßten und zitterten vor Furcht. Fünf von Moteczumas Steuereintreibern waren soeben eingetroffen.

So spielte also schließlich das Schicksal Cortés in die Hand – wie es dem Starken immer in die Hand spielt.

Die unwiderrufliche Entscheidung

Als die Männer von Cempoal und Quiauitztlan von der Ankunft der mächtigen Calpixques oder Beauftragten Moteczumas hörten, stürzten sie hinaus und ließen Cortés allein – allein mit seinen Gedanken. Was für Bundesgenossen waren das nun? Wie weit würde er ihnen trauen können? Wieviel seines eigenen Geistes würde er ihnen einhauchen müssen, bis er sich darauf verlassen könnte, daß sie Moteczuma widerständen, dessen Vertretern sie sich so unterwürfig erzeigten? Da rannten sie hin, eben noch weinend, seufzend und anklagend, jetzt hingegen lächelnd, dienernd und willkommen heißend. Während er hoffte, sie würden sich zum Kriege rüsten, rüsteten sie dort Quartiere und bestellten ihren unwillkommenen Gästen ein üppiges Mahl.

Dieweil sie noch solche Betrachtung anstellten, sahen die vernachlässigten Spanier die fünf Calpixques unmittelbar an sich vorüberziehen: stolz und selbstsicher, ohne die Anwesenheit der Fremden zu beachten, in reich bestickte Umhänge gekleidet, das glänzende Haar oben auf dem Kopf zusammengebunden, in der Rechten einen gekrümmten Stab »nach Art der Alguacils der Krone von Aragon«, einen Rosenstrauch in der Linken, gegen das schwüle Wetter durch Federfächer geschützt, welche ihre Diener neben ihnen schwangen, und gefolgt von einer unterwürfigen Schar örtlicher Würdenträger. Würdig und gemessen zogen die Mexikaner in ihre Quartiere, wo sie das von den eingeschüchterten Totonaken bereitete Mahl zu sich nahmen. Danach ließen sie den dicken Kaziken kommen, in dessen Augen noch die vor Cortés vergossenen Tränen schimmerten, und wiesen ihn streng zurecht, weil er den bärtigen Weißen Gastfreundschaft erwiesen habe. Zur Strafe forderten sie zwanzig Männer und Frauen als Opfer für Uitzilopochtli.

Da saß nun der arme Dicke zwischen Moteczuma als Scylla und Cortés als Charybdis. Kaum hatte er die gefürchteten Calpixques verlassen, als man ihm meldete, der weiße Häuptling wünsche ihn zu sehen. Von ihm erfuhr er, daß er unter keinen Umständen den tyrannischen Forderungen von Moteczumas Leuten nachgeben dürfe, da er nunmehr unter des Königs von Spanien Schutz stehe. Der bestürzte Kazike vernahm zu seinem Kummer, er werde jetzt so sehr beschützt, daß er es wagen könne, die Calpixques einzusperren. Cortés mußte diesen Vorschlag wiederholen, denn zunächst entsetzten sich die Totonaken darüber ebenso wie vorher über die Vorhaltungen der Calpixques. Schließlich aber ermutigte sie Cortés' Ruhe, so daß sie das Unwagbare wagten und die fünf Calpixques in eine Art »Block« schlossen: sie banden sie um Hals, Arme und Beine an Pfählen fest.

Das wirkte fast wie Zauberei. Die Spanier, die als Quelle dieser neuen Kraft bekannt waren, galten von nun an als Götter – Teotl oder, wie Bernal Diaz schreibt, Teules. Diese Rangerhöhung dauerte übrigens nur drei Jahre, denn die Mönche lehrten die Indianer, daß es nur einen Gott gebe. Vorläufig aber genossen die Spanier den Vorzug ihrer göttlichen Natur, die sich auf die ungeheuerliche Tatsache gründete, daß sie gewagt hatten, der Macht Moteczumas zu widerstehen.

Das jedenfalls glaubten die Totonaken. In Wirklichkeit waren die Dinge viel komplizierter. Für die Totonaken freilich lag alles ganz einfach: Das Richtige war, die Gefangenen alsbald zu opfern. Dieses Verfahren hatte in ihren Augen zwei Vorteile: Die Calpixques könnten nicht entfliehen und Moteczuma von ihren Leiden und dem aufrührerischen Verhalten der Totonaken berichten, während die Götter sich für so ausgesuchte Opfer zweifellos erkenntlich zeigen würden. Diese elegante Lösung lehnte Cortés jedoch ab, da er in weltlicher und geistlicher Hinsicht seine eigenen Ansichten hegte. Er ließ vielmehr die Gefangenen durch seine eigenen Leute bewachen. Damit rettete er den Calpixques zu deren größtem Erstaunen das Leben. Ihr Erstaunen sollte aber noch viel größer werden, als um Mitternacht zwei von ihnen befreit und insgeheim zu Cortés gebracht wurden.

Er gab sich völlig unwissend. »Wer seid ihr?« fragte er sie. »Warum seid ihr gefangen? Welches ist eure Heimat?« Mit ernstem, bekümmertem Gesicht hörte er sich ihre Geschichte an und versicherte sie seines Mitgefühls. Er bat sie, keine Zeit zu verlieren, sondern unverzüglich nach Mexiko zu ziehen, Moteczuma von den Ereignissen zu unterrichten und dem Kaiser zu versichern, daß er sein Freund sei, seine Interessen wahrnehmen und zumal auf die Sicherheit der andern Calpixques achten werde. Die beiden Männer waren hocherfreut, fürchteten sich aber davor, ohne Schutz durch das Gebiet der Totonaken zu reisen. Daraufhin ließ Cortés sie zu Schiff zwanzig Meilen südostwärts bringen und auf gut mexikanischem Boden an Land setzen.

Als die Totonaken am nächsten Morgen zwei ihrer Gefangenen vermißten, waren sie entschlossen, die andern drei zu opfern. Cortés jedoch setzte nicht nur durch, daß sie nichts dergleichen täten, sondern zeigte sich über die Flucht der beiden andern sehr verärgert und ließ sich die drei Calpixques aushändigen. Er befahl, sie in Ketten zu legen und auf eines seiner Schiffe zu bringen, wo sie, wie er sagte, in besserem Gewahrsam sein würden. Kaum aber waren sie den neugierigen Augen der Totonaken entschwunden, als sich die Calpixques, von einem Erstaunen ins andere fallend, an Bord freigelassen sahen und höflich mitgeteilt bekamen, der Generalkapitän würde sie baldmöglichst nach Mexiko zurückschicken.

Den Totonaken wurden inzwischen zwei Dinge klar: Sie hatten es mit Moteczuma verdorben, der nicht der Mann war, ihren Aufruhr untätig hinzunehmen. Zudem würden sie ohne Hilfe von Cortés dem Vergeltungsschlag Moteczumas nicht widerstehen können. Darum teilten sie den »Zungen« mit, sie seien bereit, dem König der Teules Treupflicht zu geloben. Als Cortés das erfuhr, ließ er seinen Notar kommen, der alsbald alles schwarz auf weiß niederlegte.

Die Totonaken waren hocherfreut, weil sie Moteczumas Joch abgeschüttelt hatten. Cortés aber war froh, einen starken Bundesgenossen gewonnen zu haben, ohne daß er es dadurch unbedingt mit seinem fernen Gegner verdorben hatte.

Inzwischen mag Cortés Genaueres über Moteczumas Gegner erfahren haben. Er pflegte alle Nachrichten und Mitteilungen sorgfältig zu sammeln und muß zu jenem Zeitpunkt wenigstens soviel über Moteczumas Feinde gewußt haben, daß er dem Unternehmen zuversichtlich entgegensah. Ihm war jetzt klar, daß die Umgegend von Quiauitztlan in politischer Hinsicht als Etappe geeignet war. Daraus erklärt sich der Umstand, daß alle Chronisten die eigentliche Gründung von Veracruz unmittelbar nach Abschluß eines Bündnisses nicht nur mit dem Kaziken von Cempoal, sondern mit allen Totonaken verzeichnen.

Bei Bernal Diaz lesen wir etwas, was ein helles Licht auf Cortés wirft und seinen Erfolg als Führer zu erklären geeignet ist. »Cortés begann als erster, auf seinem Rücken Steine und Erde zu schleppen und die Baugrube auszuheben.« Bernal Diaz schrieb sein Buch als Protest eines einfachen Soldaten gegen die Neigung Gómaras, Cortés alles Verdienst an dem Unternehmen zuzuschreiben. Außerdem gab es Leute genug, denn das Heer zählte immer noch fast fünfhundert Mann und hatte beliebig viele Indianer zur Verfügung. Cortés hatte es jedoch eilig und wollte gründliche Arbeit. Dadurch, daß er sich selbst ins Zeug legte, gab er für die andern das Tempo an. »Alle Offiziere und Soldaten machten sich alsbald ans Werk«, schreibt Bernal Diaz.

Trotzdem kam er in vollem Maße seinen Verpflichtungen als Anführer nach. Der Entschluß, die Stadt dort zu bauen, und die Grundzüge der Anlage stammen von ihm. Kirche und Marktplatz, die wir noch heute von Feuerland bis nach San Francisco und Savannah als Grundzüge spanischen Städtebaus erkennen, wurden als erste auf dem jungfräulichen Boden der Ebene, zwei Kilometer unterhalb Quiauitztlan, erbaut. Danach das Kapitelhaus, denn es geziemte sich, daß das Kapitel jener Reichen Stadt vom wahren Kreuz, das bisher nur im Geiste gelebt hatte, endlich würdig untergebracht würde. Alsdann ein Gefängnis, denn nächst dem Gesetz mußten die, welche es brachen, behaust werden. Ferner »das Zeughaus, der Speicher, das Schlachthaus und andere Bauten, die dem guten Regiment und als Schmuck einer Stadt dienlich sind«.

Während die Spanier und ihre indianischen Freunde mit dem Bau von Veracruz beschäftigt waren, wurde eine neue Gesandtschaft von Moteczuma angekündigt. Der mexikanische Kaiser war genau unterrichtet, was in seinem Reiche vorging. Er hörte bald von der trotzigen Haltung der Totonaken und erkannte sehr wohl, daß sie durch Cortés' Unterstützung bedingt war. Darüber scheint er heftig erzürnt gewesen zu sein und eine Strafexpedition gegen die Aufrührer ausgerüstet zu haben, ohne auf deren auswärtige Verbündete Rücksicht zu nehmen. Als jedoch die mexikanische Armee nahezu kampfbereit war, trafen die beiden von Cortés freigelassenen Calpixques mit ihrer seltsamen Geschichte in Mexiko ein. Wir brauchen nicht zu glauben, daß Moteczuma auf den verschlagenen Cortés hereingefallen sei. An Verschlagenheit nimmt es ein Mexikaner mit jedem Europäer auf, und Moteczuma war nicht dumm. Was immer er von der Sache gehalten haben mag, so wählte er eine Taktik, die derjenigen seines Gegners bemerkenswert ähnlich war. Er schickte ihm zwei seiner Neffen mit Gold und Gewändern als Gaben, »die etwa zweitausend Pesos wert waren«. Seine Botschaft war so zweischneidig, wie diejenige des Cortés gewesen war: Dank für die Freilassung seiner Beauftragten, Beschwerden über die Unterstützung der aufrührerischen Totonaken und die Drohung, eine Armee gegen die Rebellen zu senden, worauf er nur aus Rücksicht auf Cortés verzichte, weil dieser noch deren Gast sei.

Das war nun eine Sprache, auf die sich Cortés meisterlich verstand. Er versicherte den Botschaftern, daß er wie immer schon Moteczumas Freund sei; daß sich die drei

Calpixques – natürlich dank seiner Hilfe – in Sicherheit befänden und alsbald freigelassen würden, was auch sofort geschah; daß ihm aber das Verhalten von Pitalpitoque, Moteczumas Beauftragtem, mißfalle, der aus San Juan de Ulúa verschwunden sei und sie ohne Vorräte habe sitzenlassen. Dadurch sei Cortés gezwungen worden, die Gastfreundschaft der Totonaken zu suchen. Moteczuma müsse ihnen verzeihen, was sie getan hätten. Was aber die Zukunft angehe, so hätten die Totonaken freiwillig die Oberhoheit des Königs von Spanien anerkannt, weshalb die Angelegenheit am besten dann verhandelt werden könne, wenn Cortés das Vergnügen und die Ehre haben werde, Moteczuma zu begegnen. Nach solchen Worten schenkte er den Neffen des Kaisers Glasperlen und ließ vor ihren erstaunten Blikken seine Pferde auf und ab galoppieren. Das Ganze war ein Meisterstück an Diplomatie und »Aufmachung«. Als ihm die Ankunft der Botschafter gemeldet worden war, ließ Cortés einen Stuhl bringen, auf welchen er sich setzte. Um ihn herum standen barhäuptig alle seine Offiziere und dazu zwei Pagen und ein Fähnrich. Er ließ die Boten warten, bis sie Weisung bekamen, vor ihm zu erscheinen. Das war nicht Eitelkeit. Der Mann, der da in fürstlicher Majestät auf dem Stuhle saß und die mexikanische Gesandtschaft warten ließ, hatte noch am selben Morgen auf seinem Rükken Steine geschleppt. Es war vielmehr ein Stück jener Kunstfertigkeit, die Cortés bei allem, was er tat, erkennen ließ. Der Lohn ließ nicht lange auf sich warten. Die Totonaken, die eine heftige Vergeltung der Mexikaner erwartet hatten, standen ehrfürchtig vor der Tatsache, daß Cortés nicht eine Armee, sondern eine mit Gold beladene Gesandtschaft empfing, die er vorher noch warten ließ.

Diese Spanier waren allerdings Teules, Götter!

Cortés merkte sehr wohl, in welche Geistesverfassung seine Siege die Totonaken versetzt hatten, und nutzte diese bald zu seinem Vorteil und Vergnügen aus. Der dicke Kazike kam zu ihm und bat ihn um Hilfe gegen die mexikanischen Garnisonen in Cingapacinga, einem etwa dreißig Kilometer entfernten Lande, welche die Cempoaler überfielen und ihnen ihre Lebensmittel und Frauen raubten. Cortés ließ den Kaziken wissen, er werde die Sache selbst in die Hand nehmen, und erbat sich Tlamemes für seine Artillerie. Er wollte am nächsten Tage aufbrechen, war jedoch, wiewohl ein Gott, nicht allmächtig; denn Götter sind allmächtig nur gegenüber den Menschen, während im Verkehr untereinander die Allmacht des einen Gottes diejenige des andern aufhebt. Die Spanier aber waren alle Götter. Als nun das Heer vor dem Abmarsch stand, erklärten sieben Götter von Velázquez' Bekenntnis laut und unverschämt, sie seien entschlossen, keinerlei Feldzug zu unternehmen, sondern wollten nach Kuba zurückkehren, zu welchem Zweck Cortés ihnen, wie er versprochen hatte, ein Schiff zur Verfügung stellen solle. »Das habe ich allerdings versprochen«, erwiderte Cortés ruhig, »doch seid ihr nicht gut beraten, die Fahne eures Hauptmanns im Stich zu lassen.« Darauf ließ er ein Schiff bereitmachen und mit Proviant ausrüsten. Dann wartete er ab. Er brauchte nicht lange zu warten; denn die Alkalden und Räte der Reichen Stadt vom wahren Kreuz hatten zugeschaut, kamen zu Cortés und verlangten von ihm, er möge jedermann unter Androhung der Todesstrafe die Fahnenflucht verbieten. Diese Forderung traf Cortés kaum unvorbereitet, hatte er selbst doch dahin gewirkt. Wie schon früher, aber nicht zum letzten Mal, gelang es Cortés, seine eigene Entscheidung durch das Gebot der Allgemeinheit sanktionieren zu lassen.

Nachdem auf dem spanischen Olymp der Friede wenigstens vorläufig wiederhergestellt worden war, brach das Heer nach Cingapacinga auf und gelangte zuerst nach Cempoal, wo sich ihm zweitausend indianische Soldaten anschlossen. Am nächsten Tage erreichten sie um die Stunde des Abendläutens Cingapacinga, nachdem sie durch befestigte Felsen steil bergan gestiegen waren. Kaziken und Priester kamen ihnen entgegen und erklärten Cortés »tränenden Auges«, die mexikanischen Garnisonen seien nach der Gefangennahme der Calpixques abgezogen, der wahre Grund aber für ihren Überfall sei ein alter Groll der Cempoaler gegen sie; dann baten sie Cortés, er möge nicht zulassen, daß die Cempoaler ihr Gebiet beträten und plünderten. Sofort befahl Cortés, die Cempoaler am weiteren Vorrücken zu hindern. Die Spanier waren jedoch nicht schnell genug, sondern kamen erst, als die Cempoaler sich bereits auf den Höfen ihrer Feinde gütlich taten. Cortés war wütend – nicht nur wegen des Plünderns, sondern weil er fühlte, daß er als Werkzeug benutzt worden war; nichts aber haßt einer mehr, der selber stets andere als Werkzeuge benutzt. Er zwang die Cempoaler, ihre Beute – Sklaven und Hühner – wieder herzugeben und verwies sie »mit sehr zornigem Antlitz« samt und sonders des Lagers.

Dieses Vorgehen vermehrte sein Ansehen beträchtlich und trug ihm die ausdrücklich erklärte Untertänigkeit der Bevölkerung von Cingapacinga ein. Er führte jedoch alsbald zwischen ihr und den Männern aus Cempoal eine Aussöhnung herbei, da es offensichtlich sein Ziel war, seine Freunde zu einen und seine Feinde zu entzweien. Zudem ließ er, mit einer einzigen Ausnahme, seine Leidenschaften und Gefühle niemals länger dauern, als ihm nützlich erschien.

Obwohl die Cempoaler in ihrer Hoffnung auf Beute enttäuscht worden waren, hatten sie eine hohe Meinung von den Spaniern und boten ihnen Nahrung, Quartiere und acht ihrer Töchter als Geschenk an; eine von diesen war eine Nichte des dicken Kaziken, welche der dankbare Häuptling Cortés selbst anzunehmen bat. Die Mädchen trugen Hemden aus reicher Handarbeit sowie goldene Halsbänder und Ohrringe und waren von Dienerinnen begleitet. Cortés empfing sie leutselig, erklärte jedoch dem dicken Kaziken und dessen Freunden, daß er die Mädchen erst annehmen könne, wenn die Cempoaler auf ihre Götzenbilder, die Menschenopfer und ihre kannibalistischen und sodomitischen Gewohnheiten verzichteten. Dies war die Ausnahme, der einzige Punkt, über den Cortés niemals mit sich reden ließ. Er hatte ein Meisterstück vollbracht: auf friedliche Weise und mit diplomatischen Mitteln hatte er der Krone von Kastilien gewaltige Ländereien erobert. Das alles war er nun dem Schiedsspruch des Kriegsgottes anheimzustellen bereit, weil die Männer von Cempoal sich weigerten, ihren Götzen abzuschwören. Aufgebracht über die schaurigen Szenen, die sie gesehen hatten, waren die Spanier zu allem bereit. Cortés seinerseits appellierte an ihre Todesbereitschaft, da er entschlossen war, die Götzenbilder zu zertrümmern. Der dicke Kazike sah, worum es ging, und rief seine Truppen herbei; aber die Entschlossenheit der Spanier, die wohlberechneten Argumente der Doña Marina, welche die Cempoaler an den auf Rache sinnenden Moteczuma erinnerte, und vielleicht auch die gutmütige Art des dicken Kaziken bewirkten, daß die Indianer voll Entsetzen geschehen ließen, was sie nicht verhindern konnten. Sobald der Kazike und die Priester ihr Haupt verhüllt hatten, rannten fünfzig spanische Soldaten die steilen Tempelstufen empor und rissen die abscheulichen Standbilder um, die in Trümmern eben jene Stufen hinunterfielen, über welche ihnen zu Ehren so viele blutige Leiber hinabgestürzt worden waren.

Der Tempel wurde gesäubert, gekälkt, mit Rosen und Büschen geschmückt und in die Obhut eines alten Kriegers und acht indianischer Priester gegeben, die ihre dicken, blutverkrusteten Mähnen abschneiden mußten. Auf dem Altar wurde ein Bild der Jungfrau mit dem Kind und auf einem Sockel ein Kreuz aufgestellt. Die Indianer lernten, wie man Wachslichte macht, und bekamen Weisung, immer einige davon vor dem Bild der Madonna brennen zu lassen. Pater Olmedo las die Messe. Die Mädchen kamen aus den Häusern ihrer Eltern, wo sie als Heidinnen gewartet hatten, und wurden getauft. Die Schönste von ihnen, Doña Francisca, gab Cortés seinem Freunde Puertocarrero. Die Nichte des dicken Kaziken erhielt den Namen Doña Catalina; »sie war sehr häßlich und wurde Cortés übergeben, der gute Miene dazu machte«. Die andern gab Cortés seinen wichtigsten Hauptleuten, und da die Mädchen jetzt Christen waren, fühlten sich die Spanier berechtigt, mit ihnen in Todsünde zu leben.

Als Cortés nach der Reichen Stadt vom wahren Kreuz zurückkehrte, stellte er fest, daß eine Karavelle, die er in Santiago de Kuba gekauft und dort im Trockendock zurückgelassen hatte, im Hafen eingetroffen war. Sie stand unter dem Kommando von Francisco de Salcedo, welcher allgemein »der Glänzende« hieß, weil er größten Wert auf sein elegantes Äußeres legte. Dieser brachte Lebensmittel, zehn Soldaten und einen Offizier mit, einen gewissen Luis Marin, »der höchst wertvoll war«, wie Bernal Diaz schreibt; außerdem einen Hengst und eine Stute, die noch wertvoller waren, und schließlich eine Neuigkeit: Diego Velázquez war zum Adelantado von Kuba ernannt und ermächtigt worden, in Yucatan Handel zu treiben und Niederlassungen zu gründen.

Diese Nachricht gab der Velázquez-Partei, deren Gegnerschaft, wie sich herausstellen sollte, unter der Decke immer noch brodelte, neuen Auftrieb. Es wurde daher nötig, schnelle und kühne Entschlüsse zu fassen. Cortés faßte sie – insgesamt drei, und alle waren so kühn, wie es seinem tapferen Herzen und scharfen Verstand entsprach. Wie üblich richtete er es jedoch so ein, daß sie von der Truppe vorgebracht wurden. Diese Entschlüsse waren: Erstens, mit List oder mit Gewalt oder mit beidem nach Mexiko zu ziehen. Zweitens, ein Schiff mit allen Schätzen, die er und seine Leute als Geschenke von Moteczuma und andern Hauptlingen oder durch Tauschgeschäfte erworben hatten, unmittelbar nach Spanien zu schicken. Drittens, seine Schiffe »zu verbrennen«*.

Die beiden ersten Entschlüsse überliefert Bernal Diaz in schlichten Worten, welche den wirklichen Urheber mit entwaffnender Offenheit erkennen lassen: »Die meisten von uns Soldaten sagten zu Cortés, wir seien nun über drei Monate hier im Lande, und es möge wohl eine gute Sache sein, sich einmal anzusehen, was für ein Ding der große Moteczuma sei. Dort wollten wir unser Glück versuchen, aber ehe wir aufbrächen, sollten wir Boten schicken, wel-

* Die doppelte Bedeutung dieses englischen Ausdrucks läßt sich hier nicht wiedergeben. »Die Schiffe verbrennen« bedeutet im Englischen dasselbe wie »die Brücken abbrechen« im Deutschen, doch würde diese sinngemäße Übersetzung hier die Pointe verschleiern, die im Zusammentreffen des Faktischen und des Symbolischen liegt. (Anm. d. Übers.)

che Seiner Majestät die Füße küssen, ihm Rechenschaft ablegen und von allem berichten sollten, was seit unserer Abreise aus Kuba geschehen ist. Auch wurde davon gesprochen, daß wir Seiner Majestät alles Gold schicken wollten, das wir durch Tausch oder als Geschenk von Moteczuma bekommen hatten. Cortés erwiderte, das sei ein vortrefflicher Entschluß, den er schon mit einigen seiner Herren besprochen habe.«

Cortés war jedoch nicht damit zufrieden, von seinen Soldaten eben das zu hören, was er hören wollte, sondern veranstaltete in genauer Beachtung der demokratischen Formen eine richtige Abstimmung, als deren Leiter und Auszähler er zwei Führer der Velázquez-Partei, also der Opposition, bestellte. Es ist eben alles schon einmal dagewesen. Diese beiden, Diego de Ordás und Francisco de Montejo, gingen von einem Soldaten zum andern und forderten sie auf – natürlich nur, wenn sie wollten – zu unterschreiben, daß sie, wie die übrigen Soldaten und Offiziere schon durch ihre Unterschrift bestätigt hatten, bereit seien, auf ihren Anteil am Golde zugunsten des Geschenks für den König zu verzichten. Das Ergebnis war natürlich Einstimmigkeit. Daraufhin ernannte das Kapitel als Procuradores oder Vertreter des Gemeinwesens Alonso Hernández Puertocarrero und Francisco de Montejo. Das war abermals ein seltsamer Zufall; denn während Puertocarrero Cortés' intimer Freund und Vertrauter war, hatte Montejo, einer der führenden Anhänger des Velázquez, soeben von Cortés etwa zweitausend Goldpesos empfangen.

Die beiden Beauftragten erhielten ein Schriftstück, das alle Männer im Heer – jedenfalls alle, die nicht Parteigänger des Velázquez waren – unterzeichnet hatten. Es war gerichtet an den König und die Königin; denn Johanna von Kastilien war zwar regierungsunfähig, aber immer noch Königin von Spanien. In dem Brief zählt das Kapitel von Veracruz die Geschichte aller von Cortés unternommenen Versuche auf, in Mexiko Fuß zu fassen. Ferner berichtet es über die bisherigen Erlebnisse der Expedition des Cortés, verzeichnet die Gründung von Veracruz sowie die Ernennung von Cortés als Generalkapitän und Oberrichter »bis

Eure Majestäten entscheiden, was für Dero Dienste das Beste sei«, beschreibt Land und Leute, deren Gebräuche und die Notwendigkeit, sie zum heiligen Glauben zu bekehren, betont den Umstand, daß Velázquez die Kosten der Flotte nur zu einem Drittel aufgebracht habe und auch das nur »in Gestalt von Wein, Kleidung und geringwertigen Dingen, die er uns hier viel teurer verkaufte, als er sie bezahlt hatte«, und bittet die Majestäten, jenem keine Befugnisse einzuräumen, sondern die Ernennung des Cortés zu bestätigen, bis das ganze Land erobert und befriedet sei.

Dieser Brief war natürlich unter Cortés' Einfluß geschrieben, der lediglich auf seiner geistigen Überlegenheit beruhte; denn bisher war ihm nicht eingefallen, die nahezu unbeschränkte Macht auszunutzen, die er in seiner doppelten Eigenschaft als Generalkapitän und Oberrichter besaß. Obwohl der Brief aber für ihn geschrieben wurde, stammt er doch nicht von ihm, wie eine Prüfung des Stils deutlich zeigt. Der Brief war unentbehrlich – nicht so sehr als Tätigkeitsbericht für den König und Kaiser, denn darüber schrieb Cortés selbst ausführlich, sondern als ein »unabhängiges« Zeugnis des Heeres zu seinen Gunsten.

Als gewichtigere Argumente zu seinen Gunsten schickte Cortés alle Schätze, welche die Expedition angesammelt hatte, an der Spitze die berühmte Sonne aus Gold und den Mond aus Silber. Nicht ohne Schwierigkeiten erhielt er von dem dicken Kaziken vier junge Männer und zwei Mädchen, die in Holzkäfigen gemästet wurden, um dann symbolisch geopfert und von den Gläubigen verzehrt zu werden. Auch sie wurden nach Spanien geschickt. Schließlich fanden sich unter den Geschenken für den König auch einige auf Baumwolle gemalte Bildberichte aus der Geschichte des Landes.

Cortés gab seinen Boten sein bestes Schiff, seinen Ersten Steuermann und dreitausend spanische Goldstücke für Auslagen sowie weitere dreitausend für seinen Vater, die fraglos für Machenschaften bei Hofe ausgegeben werden sollten. Er befahl ihnen, durch den Bahama-Kanal direkt nach Spanien zu fahren und vor allem nicht kubanischen Boden zu betreten.

Sie verließen San Juan de Ulúa am 26. Juli 1519. Sie betraten dennoch kubanischen Boden. Ihr Ungehorsam sollte Ströme von Blut kosten.

Durch die Abreise von Puertocarrero verlor Doña Marina den, der de facto ihr Gemahl gewesen war. Sie wurde nun Cortés' Gefährtin und schenkte diesem einen Sohn. Der Umstand scheint keinerlei Aufsehen erregt zu haben, und Bernal Diaz verzeichnet ihn ohne jede Anmerkung. Sie war hübsch und klug »und hatte viel Wesen«, wie Bernal Diaz es unnachahmlich kraftvoll ausdrückt. Im Leben des Heeres spielte sie allmählich eine so hervorragende Rolle, daß die Indianer ihr den Namen Malintzin verliehen, der sich aus Marina (die Mexikaner kennen kein r und ahmen es, wie die Chinesen, durch l nach) und der Nachsilbe tzin zusammensetzt, die Rang oder edle Abkunft bedeutet. Einzigartig war, daß sie ihren Namen ihrem Gebieter weitergab; denn die Indianer gewöhnten sich an, Cortés selbst nach seiner begabten Dolmetscherin und Geliebten Malintzin zu nennen, woraus die Spanier wieder Malinche machten. Trotzdem hatte Cortés zunächst ihre Vorzüge nicht erkannt, sondern sie kurzerhand seinem Freunde Puertocarrero zugeteilt. Dann aber, als dieser nach Spanien abreiste, nahm er sie zu sich und machte sie zur Mutter eines Sohnes, den er nach seinem Vater benannte. Abermals vier Jahre später verheiratete er sie 1523 an einen seiner Offiziere, einen Edelmann namens Juan Xaramillo.

Aus diesen merkwürdigen, aber unbestreitbaren Tatsachen muß man einige Schlüsse ziehen. Zunächst würden wir uns sehr irren, wenn wir daraus schließen wollten, daß die spanischen Hauptleute in den indianischen Mädchen, die ihnen meistens von deren Eltern geschenkt wurden, nichts anderes gesehen hätten als eine Gelegenheit, ihren Geschlechtstrieb zu befriedigen. Es gab in Spanien eine Einrichtung, welche sich bemühte, die Heiligkeit der Einehe mit der polygamen Neigung der Rasse in Einklang zu bringen: die Barragana. Die Barragana war eine Art von anerkannter und zugestandener Konkubine. Es ist daher nicht mehr als billig, wenn wir annehmen, daß die spanischen Offiziere, die eine oder mehrere von den jungen Cacicas zu sich nahmen, diese als Barraganas betrachteten, also als Ehefrauen, denen nur das Sakrament mangelte. Wir haben schon gesehen, wie sie ihnen das spanische Doña verliehen, das äußerliche Symbol adliger Abkunft, das von den einfachen Leuten Achtung und Ergebenheit verlangte. Es waren also Damen, nicht Sklavinnen. Als Cortés, wie wir noch sehen werden, die Freundschaft von Tlaxcala errang, schenkte ihm der Oberkazike Xicotencatl seine Tochter, welche Cortés dem Alvarado gab. Aus ihr wurde Doña Luisa, »und der größte Teil von Tlaxcala erkannte sie als seine Herrin an und behandelte sie entsprechend. Von ihr bekam Don Pedro de Alvarado, der unverheiratet war, einen Sohn, der Don Pedro getauft wurde, und eine Tochter namens Doña Leonor; diese ist heute die Frau des Don Francisco de la Cueva, eines rechten Edelmannes und Vetters des Herzogs von Albuquerque«. Was Cortés angeht, so wurde sein Sohn Don Martín Cortés, den ihm Doña Marina gebar, später Ritter des Sankt-Jakob-Ordens. Die Einstellung der spanischen Offiziere zu den Indianerinnen von Rang war also nicht simpel. Wir können nicht einmal mit Sicherheit behaupten, daß der Grund, aus welchem sie nicht heirateten, ein distanzierendes Gefühl der Überlegenheit gewesen sei; denn das hätte sich dann auch gegen ihren halbblütigen Nachwuchs richten müssen. Daß sie so sorgfältig darauf bedacht waren, ledig zu bleiben, scheint vielmehr auf Ehrgeiz beruht zu haben; sie alle hofften, daß Reichtum und Ruhm es ihnen ermöglichen würden, eine eheliche Verbindung mit einem der spanischen Herzogshäuser einzugehen – was ja Alvarado und Cortés wirklich getan haben. Abgesehen von der Verehelichung, räumten die Spanier ihren indianischen Geliebten aber jede nur denkbare Ehrenstellung ein und gewährten ihnen insoweit völlige gesellschaftliche und rassische Gleichberechtigung.

Vor diesem Hintergrund müssen wir Cortés' Einstellung zu Doña Marina zu verstehen versuchen. Was er für sie fühlte, ist nicht zweifelhaft: Er schätzte ihre Gaben sehr hoch, war aber keineswegs in sie vernarrt. Ja, wir können nicht übersehen, daß Cortés sie just zu der Zeit zur Gefährtin seines Bettes machte, als ihm ihre Ergebenheit unentbehrlich war; daß er aber ganz einverstanden war, sie als die Geliebte anderer Männer zu sehen, ehe er erkannte, wie nützlich sie als politisches Werkzeug sein konnte, und nachdem sie aufgehört hatte, als Werkzeug unentbehrlich zu sein.

Dieser Schluß stimmt mit zwei andern Eigenschaften von Cortés überein: mit der wirklichen Art seines Liebeslebens einerseits und andererseits mit seinem Verhältnis zu Leidenschaften überhaupt. Sein Liebesleben begann früh und war sehr bewegt; aber sein fast unbeschränkter Hang zur Polygamie und eine gewisse Neigung, eine Frau mit andern Männern zu teilen – jedenfalls nach einiger Zeit, wie das eben bei Doña Marina der Fall war –, sprechen für ein Liebesleben, das fast ausschließlich animalisch bestimmt war. Cortés war eine blendende, gesunde, kräftige Kreatur. Jede Art von Tätigkeit machte ihm Freude, Müdigkeit kannte er kaum. In der Liebe wie im Krieg waren seine Unternehmungen nur eine besondere Form der Lebensäußerung. Auf welche Frau er im einzelnen seine Kraft verschwendete, bedeutete ihm nichts – natürlich innerhalb gewisser Grenzen, die Qualität und Geschmack bestimmten. Seine Polygamie war unverhohlen opportunistisch bestimmt.

Zudem hielt er seine Begierde in eiserner Zucht. Zweimal haben wir erlebt, wie er die schönsten Früchte aus dem mexikanischen Garten seinem Freunde Puertocarrero weitergab und »mit guter Miene« jene Nichte des dicken Kaziken, Doña Catalina, empfing, die Bernal Diaz ohne Rücksicht sehr häßlich nennt. Bei solchen Gelegenheiten erweist sich Cortés als ein Mann der Tat, der seine Begierden vollständig meistert und alles Persönliche dem großen Vorhaben unterordnet, mit dem er gerade beschäftigt ist. Dieser Charakterzug kehrt immer wieder. Er war kein Puritaner, kein Asket. Er liebte und haßte, genoß seine Freuden und machte seinem Zorn Luft – aber alle diese Regungen seiner Seele glichen nur einer Schar Hunde, die unter seinen immer gelassenen Blicken spielten. Sobald die Arbeit rief, trat wieder Ordnung ein. Kaum jemals ließ sich Cortés durch eine Leidenschaft im Guten wie im Bösen daran hindern, einen seiner kühlen Entschlüsse auszuführen. Und mindestens einmal, nämlich bei seinem Verhältnis mit Doña Marina, nutzte er seine Leidenschaft, um sich ein Wesen zu verpflichten, dessen Dienste für den Erfolg seines Vorhabens überaus wichtig waren.

Vier Tage nach der Abreise der Vertreter des Kapitels kam gegen Mitternacht ein gewisser Bernardino de Coria zu Cortés und gestand ihm unter Zittern und Zagen, daß er sich von einer Verschwörung lossagen wolle. Eine Gruppe von Anhängern des Velázquez wolle ein Schiff stehlen und nach Kuba zurückkehren, um dem Gouverneur zu berichten, was Cortés treibe und daß seine Boten mit einem Schiff voll Schätzen abgereist seien. Cortés war entsetzt, als er hörte, daß die Verschwörer noch in derselben Nacht abfahren wollten. Von Coria ließ er sich eine Liste der Schuldigen geben, befahl alsbald, von dem gestohlenen Schiff Kompaß und Takelage zu entfernen, und verhaftete die Verschwörer. Diesmal kam die Strafe schnell und hart. Escudero und Cermeño, augenscheinlich Rädelsführer, wurden gehängt; Escudero war jener Alguacil, der einstmals den jungen Cortés überwältigt und eingesperrt hatte. Einem Steuermann namens Umbria wurden die Füße abgehackt, und zwei Matrosen wurden ausgepeitscht.

Nach dem Maßstab militärischer Zucht nicht nur jener Zeit, sondern aller Zeiten bis vor etwa hundert Jahren verhängte Cortés milde Strafen. Alle Chronisten berichten, daß er gegenüber vielen Schuldigen ein Auge zugedrückt habe, »weil ihn die Umstände nötigten, die Besseren zu begnadigen«. Das ist ein deutliches Beispiel dafür, daß Cortés, immer nach Lage der Dinge und Gewohnheit der Zeit, imstande war, seine Strenge auf das äußerste zu zügeln.

Gleichwohl scheint ihm diese Ausübung seiner Kommandogewalt, so maßvoll sie auch war, nicht leicht gefallen zu sein. Sobald er die Todesurteile »mit vielem Seufzen und Mitgefühl« unterzeichnet hatte, galoppierte er nach Cempoal und befahl, daß ihm zweihundert Mann dorthin folgen sollten. Ob er das tat, um in der Stunde der Begnadigung unerreichbar zu sein, oder ob andere Gründe dafür sprachen, ist nicht klar. Da er jedoch auch Alvarado, den er mit zweihundert Mann zum Furagieren ausgeschickt hatte, Cempoal als Treffpunkt befohlen hatte, wollte er offenbar in Veracruz nur eine möglichst kleine Garnison zurücklassen, höchstens etwa achtzig Mann. Das war wiederum sorgfältig geplant. Denn jetzt schien ihm der Zeitpunkt gekommen zu sein, um seine Schiffe auf Strand zu setzen, und diese Operation würde leichter sein, wenn die meisten Männer abwesend wären.

Jetzt nämlich kommt der entscheidende Augenblick im Leben dieses heldenhaften Mannes. Er hatte den Plan gefaßt, Moteczumas Reich zu erobern. Wenige Tage vorher hatte er an Karl V. geschrieben: »Ich werde ihn gefangennehmen oder töten oder zum Untertanen der königlichen Krone Euer Majestät machen.« Hierzu war er entschlossen. Aber seine Truppen? Obwohl sie hart bestraft worden waren, verlangten die Anhänger des Velázquez immer noch nach ihren Frauen und Höfen auf Kuba. Auch gab es unter seinen Soldaten manche, die es für närrisch hielten, daß fünfhundert Mann versuchen sollten, ein Reich zu erobern, das so wohlhabend war und eine so hohe Kultur besaß. Die Vorstellung, sie könnten eines Tages für Moteczumas Tafel gemästet werden, wie andere Gefangene vor ihren Augen für einfachere Tafeln gemästet worden waren, mag bei den nachdenklicheren Männern sehr wohl die Einwände gegen eine so übereilte Eroberung vermehrt haben.

Solcher Art waren die Gedanken, die Cortés zur Zeit der Verschwörung des Escudero bewegten. Ein weniger kühner Hauptmann würde den Aufruhr als Gefahrenzeichen genommen und die Heimkehr der Flotte vorbereitet haben. Für Cortés war er nur der letzte Anstoß, der ihn bestimmte, seinen kühnen Entschluß zu verwirklichen. So schrieb er später an den König: »Nun gab es außer den Freunden und Gefolgsleuten des Velázquez, die das Land verlassen wollten, noch andere, welche sahen, wie groß das Land und wie voll von Leuten, und zwar von solchen Leuten, es war, und daher deren Meinung teilten. Ich überlegte mir, daß sie, ließe ich die Schiffe zurück, sich auflehnen und abreisen und mich allein lassen würden. Darum erreichte ich unter dem Vorwand, die Schiffe seien nicht mehr seetüchtig, daß sie auf Strand gesetzt wurden. Dadurch verloren die Männer die Hoffnung, sie könnten das Land verlassen, und ich machte mich in größerer Sicherheit auf den Weg.«

»Ich erreichte«, schreibt Cortés. Es war eine Leistung, die seinen Stempel trug. List und Mut waren dabei unlösbar miteinander verbunden. Es begann mit gewundenen Manövern unter der Decke und endete als kühne Herausforderung und Sieg des Geistes. Das vollständige Bild erhalten wir nur, wenn wir alles zusammentragen, was einerseits Cortés und seine Chronisten, andererseits Bernal Diaz berichten. Cortés begann damit, daß er einige Freunde anregte, sie möchten ihm vorschlagen, es sei am besten, die Schiffe aufzugeben, weil dann rund hundert Seeleute sich im Kampf nützlich machen könnten, anstatt untätig im Hafen zu sitzen. Das wurde nur beiläufig im Freundeskreis in Cempoal erörtert. Einige widersprachen, andere wiesen darauf hin, daß man dadurch ein für allemal der Gefahr weiterer Verschwörungen mit dem Ziel, nach Kuba zurückzukehren, vorbeugen würde. Nachdem Cortés auf diese Weise im Freundeskreis den Boden vorbereitet hatte, rief er die Steuermänner zu sich, zog sie ins Vertrauen, versprach ihnen das Blaue vom Himmel herunter, gab ihnen Gold und brachte sie schließlich halb durch Schwindelei, halb mit Gewalt dahin, daß sie die Verantwortung übernahmen: sie bohrten Löcher in die Schiffe und kamen dann, um zu melden, die Schiffe seien nicht mehr seetüchtig, sondern würden von Ringelwürmern zerfressen. Cortés zog ein langes Gesicht, schaute die Männer an, in deren Beisein er die traurige Kunde erfahren hatte, und wartete darauf, daß einige von ihnen glaubten, sie hätten die richtige Lösung gefunden: nämlich die Schiffe auf Strand zu setzen. Sobald der gesunde Sinn des Volkes sich für den richtigen Weg entschieden hatte, befolgte Cortés, auch diesmal seinem demokratischen Gefühl nachgebend, den Vorschlag. Er schickte Juan de Escalante nach Veracruz, um dafür zu sorgen, daß alles, was nützlich sein könnte, an

Land gebracht und die leeren Schiffe dann auf Strand gesetzt würden.

Hier aber machten er oder Escalante einen Fehler. Entweder aus technischen Gründen, die wir nicht kennen, oder aus jener Abneigung gegen bloßes Zerstören, die in den meisten Menschen verborgen ist, wurden zunächst nur fünf von insgesamt zehn Schiffen auf Strand gesetzt. Das nahm das Heer als ein unvermeidliches Unglück hin. Als jedoch ein paar Tage später nochmals vier Schiffe auf Strand gesetzt wurden, gab es unter den Mannschaften lebhafte Unruhe. Was sie, wäre es an einem einzigen Tage geschehen, als großes Unglück wohl hingenommen hätten, erregte Verdacht, als es stückweise geschah. Sie ahnten die geheime Absicht ihres verschlagenen Anführers und wurden rebellisch. Ja, wenn wir Las Casas glauben wollen, sannen sie auf Mord.

Cortés war zu weitblickend, als daß er diese Gefahr nicht erkannt hätte. So rief er an jenem Morgen nach der Messe seine Leute zusammen und sprach zu ihnen mit jener wirkungsvollen, schlichten und gleichwohl eleganten Beredsamkeit, die immer wieder die Bewunderung des Bernal Diaz findet. Die Ursache der Unruhe – das Gefühl seiner Leute, daß ihnen durch die Zerstörung der Schiffe der Rückzug abgeschnitten sei, weshalb sie nun siegen oder sterben müßten – suchte er keineswegs zu umgehen, sondern er wählte sie zum Thema. Er sagte ihnen, daß sie nun nicht nur wie stets für Gott und König kämpfen müßten, sondern dazu noch um ihr nacktes Leben. Außerdem verglich er ihre Aufgabe mit vielen Heldentaten der Römer, von denen er ihnen erzählte. Den Hasenherzen bot er das eine Schiff an, das noch übrig war – und seine Verachtung.

Sie lehnten beides ab. Da setzte er auch noch das letzte Schiff auf Strand.

III.
Die erste Eroberung

Sieg über Tlaxcala

Die Geschichte kennt nichts, was sich damit vergleichen ließe, nicht einmal die Überschreitung des Rubikon; denn Cäsar vollzog zwar dadurch symbolisch die Trennung von der römischen Republik, marschierte jedoch gleichzeitig mit starken Kräften der Hauptstadt zu. Mochte er sich also politisch abwenden, so kehrte er doch tatsächlich in die Stadt zurück, deren angesehener Bürger er war und wo er viele Freunde hatte – in eine Stadt, deren Herr zu werden er wohl hoffen durfte. Cortés hingegen riß sich, als er seine Schiffe zerstörte, nicht nur absichtlich vom spanischen Staat los, wie er durch Velázquez vertreten wurde, sondern zugleich auch von dem einzigen Stützpunkt, von welchem er nötigenfalls Hilfe und Nachschub erwarten konnte. Sein Antlitz aber wendete er einem Reiche zu, das gewiß barbarisch war, ihm selbst aber, soweit er unterrichtet war, wohl tausend Mann für jeden seiner eigenen Soldaten entgegenstellen konnte, und das in einem unberührten Lande, von dem er keine Karten und nur dürftige Nachrichten besaß. Sein Entschluß verdient wirklich heroisch genannt zu werden. Der kleine Kreis von Offizieren und Soldaten, der darum wußte und dazu beitrug, den Entschluß der Truppe aufzuzwingen, kann einen Teil unserer Bewunderung beanspruchen. Die Entscheidung aber lag ganz allein bei ihm, bei Cortés; sie entsprang seinem Herzen in der furchtbaren Einsamkeit dessen, der führt – auf dem einsamsten Gipfel, den eines Menschen Seele erklimmen kann.

Jetzt also mußten sie entschlossen landeinwärts ziehen.

Bis zu jenem Schicksalstage waren sie alle unbewußt durch angespannte Aufmerksamkeit mit Kuba verbunden, durch jenen Kanal also, den unser Erinnerungsvermögen weit hinten in unserer Seele offen hält, und der uns, tagsüber im Dunkel unseres Innenlebens verborgen und nachts im Mondlicht unserer Träume schimmernd, mit dem jüngst Vergangenen verbindet. Selbst die Entschlossensten unter seinen Leuten bewegten sich leichtfüßig in einem Lande, wo sie sich nur als Gäste des Glücks und der Stunde fühlten; dort um die Ecke wartete in ihren Gedanken Kuba, warteten ihre Güter, ihre zahmen Indianer und Kühe, ihre bequemen Häuser und auf manche auch Frauen und Kinder – warteten mit dem behäbigen Leben eines wohlhabenden Siedlers als ein Gemeinwesen, darin die Spanier die Herren waren.

Das alles setzte Cortés mit seinen zehn Schiffen auf Strand. Kuba war gewiß noch vorhanden, lag dort im blauen Meer mit seinen Gütern, Kühen und gezähmten Indianern; aber der Weg nach Kuba führte nicht mehr durch sonnenüberglänzte blaue Wogen, deren sanftes Schaukeln den Reisenden Gefahr und Anstrengung vergessen ließ. Der Weg führte jetzt durch Moteczumas Hof, den es mit List, mit Gewalt oder mit beidem zu erobern galt; der Weg führte durch ein Meer kriegerischer Indianer, welche ihre Gefangenen verspeisten und sich deren Häute als Trophäen umhingen. Durch einen meisterlichen Handstreich ihres Generals waren die fünfhundert Männer von diesem sprudelnden Quell all ihrer Hoffnungen und Erinnerungen abgeschnitten worden, die sie innerlich mit ihrer Heimatinsel verbunden hatten. Mit einem Schlage war alles, was hinter ihnen lag, welk und leblos geworden. Inskünftig lag für sie alles Leben vorn, jenen abweisenden Gipfeln entgegen, die riesenhaft am Horizont emporragten, als wollten sie ihnen jeden Zugang zu dem verwehren, dem jetzt nicht mehr nur ihr Ehrgeiz galt, sondern das ihr einzig mögliches Ziel war: Mexiko, das geheimnisvoll und mächtig jenseits der streitenden Stämme lag.

Cortés hatte kein besonders feines Organ für das, was hinter ihm lag. Er gehörte zu den Männern, die von Geburt an vorwärts drängen, deren ganze Kraft in den Sinnen und Organen beschlossen liegt, die Raum und Zeit durchmessen: Augen, die sehen, Hände, die schaffen, ein Herz, das antreibt, ein Hirn, das steuert. Für ihn war die lebendige Verbindung mit Kuba schon an dem Tage abgerissen, als er beschloß, daß er erreichen wolle, was Hernández de Córdoba und Grijalva nicht ausgerichtet hatten, und daß er sich zu diesem Zweck von Velázquez lösen wolle. Der Impuls, der ihn antrieb, war kräftig genug, um ihn über die Schranke des Gebirges, über blutige Schlachtfelder und alle Fallgruben, die ihm der listenreiche Moteczuma bereitete, immer weiter voranzutragen, bis er den heidnischen Kaiser tot oder lebendig in Händen hielte und sein barbarisches Reich in die christliche Botmäßigkeit Karls V. und in das Licht des Glaubens, der ihm heilig war, geführt hätte. Der Entschluß, seine Schiffe zu zerstören, der uns heroisch anmutet, war für ihn wahrscheinlich nur eine ganz gewöhnliche und naheliegende Vorsichtsmaßnahme; denn damals steckte er schon viel zu tief in seinem Unternehmen, als daß er noch das Ausmaß der Taten erkannt hätte, zu denen ihn sein gewaltiges Vorhaben veranlaßte.

Trotzdem wollte es die Ironie des Schicksals, daß Cortés, der einzige Mann im ganzen Heer, für den die jüngste Vergangenheit tot war, zugleich als einziger nicht die Welt vergessen durfte, die hinter ihm lag, während er sich anschickte, die Höhen zu ersteigen, die nach Culúa hinaufführten. Dort auf Kuba saß Diego Velázquez, fraß seinen Kummer in sich hinein und rüstete sich gewiß, irgend etwas gegen ihn zu unternehmen. Von seinen zwei Abgesandten war einer ihm treu ergeben, aber der andere, Montejo, nur mit goldenen Ketten an ihn gebunden. Cortés aber wußte nur zu gut, daß Gold lösen kann, was Gold gebunden hat – zumal bei einem Mann, der über seine Verhältnisse lebt. Cortés konnte nicht sicher sein, daß sich die Welt, die hinter ihm lag, nicht rächen würde, solange er nicht erfuhr, was das Ergebnis seiner Botschaft an den Kaiser und König sei. Zudem war Diego Velázquez nur einer der Handlanger des Schicksals, die hinter Cortés' Rücken auf der Lauer lagen. Niemand wußte besser als er, wieviele

Männer auf den indischen Inseln und daheim in den spanischen Häfen jederzeit bereit waren, alles aufs Spiel zu setzen, um jedes beliebige Reich zu erlangen, das sich einem unbeschäftigten Eroberer anbieten mochte. Er lebte am Rande der Welt. Der spanische Staat war nicht imstande, die Entdeckung und Eroberung der neuen Welt zu organisieren, sowenig in unseren Tagen die mächtigen Nationen des Westens imstande gewesen sind, nach der Entdeckung der Luftfahrt die Eroberung der Luft zu organisieren. Jene historische Aufgabe fiel einzelnen Abenteurern zu, die sich mit Eifer und in malerischer Unordnung darauf stürzten. Die Büros in Sevilla und die umherziehende Staatskanzlei der spanischen Krone waren völlig außerstande – manche Beamte waren auch nicht gewillt –, diesen stürmischen und weit entfernten Ereignissen mehr als eine gelegentliche, oberflächliche und unzulängliche Aufmerksamkeit zu schenken. Gouverneure, Adelantados und Generäle wurden zu mehr oder minder genauen Zeitpunkten für nebelhaft bekannte Länder vage ernannt; während aber die wortreich und feierlich abgefaßten Urkunden in langsamen Karavellen den Ozean überquerten, drangen andere Generäle mit Waffengewalt und dank ihrer Unternehmungslust in die Reservate ein, welche sich die Intriganten bei Hof zugeschanzt hatten. Die Generäle bekämpften die Indianer mit Schießpulver und Bleikugeln, einander jedoch mit Papier und Tinte; alle aber wußten, daß zu jener Zeit in Indien allein der Erfolg selbst den sicheren Weg zum Erfolge verbürgte.

So lagen die Dinge, mit denen sich Cortés fraglos beschäftigte, als er, nachdem seine Schiffe zerstört waren, in Cempoal seinen Abmarsch nach Mexiko vorbereitete. Veracruz hatte er verlassen. Sein Instinkt sagte ihm, daß es das beste sei, seine Leute vom Meer fernzuhalten, das viele von ihnen niemals wiedersehen sollten, und daß ihre Entschlossenheit, landeinwärts zu ziehen, in Cempoal besser gedeihen würde als in dem erinnerungsschwangeren Hafen, wo die Wracks der Schiffe noch wie Leichname ihrer abgeschiedenen Hoffnungen am Strande lagen. In Veracruz hatte er einen seiner Vertrauten, Juan de Escalante, mit einer Garnison von fünfzig bis hundert Spaniern zurückgelassen, größtenteils Seeleute und mehr oder minder invalide Soldaten, und hatte die befreundeten Kaziken ermahnt, sich mit ihm gut zu stellen und ihm beim Bau von Kirche, Fort und Häusern behilflich zu sein. Im Beisein aller Kaziken nahm er Escalante bei der Hand und sagte: »Dies ist mein Bruder. Was er euch auch sagen mag, müßt ihr tun!«

Am 16. August 1519 brach Cortés an der Spitze einer Armee, die vierhundert Spanier, dreizehn Pferde, sechs oder sieben kleine Geschütze und tausend eingeborene Träger für den Transport von Proviant, Munition und Geschützen umfaßte, von Cempoal nach Mexiko auf. Weiteres Gepäck für die Soldaten war nicht nötig, weil, wie Bernal Diaz berichtet, »wir mit unsern Waffen, unsern Speeren und Musketen, Bogen und Schilden und allem andern schlafen gingen«. Einige Honoratioren aus Cempoal begleiteten Cortés den ganzen Weg, dazu auch einige Beamte Moteczumas aus der dortigen Gegend, die Cortés absichtlich über schwierige Pässe und durch unwegsames Land mit wechselndem Klima führten, »auf daß unsere Leute infolge der schlechten Straßen und heftigen Wetterstürze krank würden und stürben und jedenfalls Mexiko nicht erreichten«. Cortés mag das geahnt haben. Jedenfalls scheint er an den ersten Tagen seine Streitmacht geteilt zu haben; denn Cervantes de Salazar berichtet, Cortés und Alvarado hätten sich bei der Ankunft in Xalapa getroffen, nachdem sie getrennt marschiert seien, »um nicht die Dörfer zu beunruhigen, durch die sie ziehen mußten«.

Drei Tage lang zogen sie durch ein Gebiet, das zu Cempoal oder andern mit Moteczuma verfeindeten Gemeinwesen gehörte. Die Straße wand sich in großen Schleifen, erklomm zuerst die steile Höhe in nordwestlicher Richtung auf Xalapa zu und bog dann ostwärts nach Tlaxcala um. Die morastige, heiße Ebene, wo, wie Torquemada schreibt, »die Pferde bis an den Bauch einsinken«, hatten sie hinter sich gelassen und stiegen nun trockenere Hänge hinauf, die freundlich und sonnig waren. Beim Aufstieg verzeichnet Bernal Diaz noch »viele Reben des einheimischen Weins«, doch dauerte es nicht mehr lange, bis sie jenseits eines Passes eine einsame, unwirtliche Ebene erreichten, wo sie von eisigen Winden gepeitscht wurden und mit leeren Mägen ein Unwetter mit Regen und Hagel ertragen mußten. Einige der kubanischen Indianer starben an der Kälte, während die Spanier, »obwohl sie den Frost durch ihre Rüstung, außer der nichts sie wärmte«, verspürten, das Wetter mit der üblichen Anpassungsfähigkeit der Iberer ertrugen. Sie marschierten in mehr als zweitausend Meter Höhe; Natur und Menschen hatten ihnen schon Hindernisse bereitet, die auch den Mutigsten das Fürchten lehren konnten. Aber hypnotisiert von ihrem tapferen General, wenn auch »sehr auf unserer Hut und in vorzüglicher Ordnung«, zogen sie dem geheimnisvollen Land ihrer Träume entgegen. Nachdem sie einen weiteren Paß überschritten hatten, erblickten sie eine Ebene, die sorgfältig bebaut zu werden schien. Die Luft war milde. Die Bewohner machten auf Cortés einen ärmlichen Eindruck. Nachdem sie aber zwei Meilen auf der Suche nach einer Ortschaft zurückgelegt hatten, stellten sie zu ihrer freudigen Überraschung fest, daß diese Cempoal übertraf; »denn die Häuser waren alle aus Mauerwerk vortrefflich gebaut, mit vielen großen Sälen und schön ausgeschmückten Räumen«. Cortés nennt diesen Ort Caltanmi, Bernal Diaz aber Cocotlan; einige portugiesische Soldaten fühlten sich an ihre Heimat Castilblanco erinnert, und die Truppe scheint sich an diesen Namen gewöhnt zu haben. Heute ist er als Tlantlanquitepec identifiziert worden, was wieder einmal besagt, daß Namen Schall und Rauch sind.

Der Kazike Olintetl nahm sie sehr gut auf. So jedenfalls berichtet Cortés, während andere Quellen seine Haltung mindestens schwankend erscheinen lassen. Cortés hatte durch zwei Cempoaler seine Ankunft melden lassen. Moteczuma hatte Olintetl ebenfalls eine Botschaft geschickt und ihn angewiesen, wenigstens äußerlich freundlich und gastfrei zu sein. Olintetl entsprach dem auf seine Weise: kurz vor dem Eintreffen der Spanier opferte er fünfzig Männer, damit jene noch frisches Blut anträfen; andererseits gab er ihnen »wenig und das nur unwillig zu essen«. Offenbar befolgte Moteczuma eine ähnliche Taktik wie Cortés: in der Form freundlich, aber in der Sache feindselig; nur wenn man annimmt, daß Moteczuma diese Taktik befolgte, wird Olintetls Verhalten verständlich. Er war dick, augenscheinlich noch dicker als der Kazike von Cempoal; denn wenn ihn junge Leute trugen, wackelte sein Leib, so daß die spanischen Soldaten ihm den Spitznamen »Der Wackler« gaben. Zudem war er verschlagen und scheint sich besonders bemüht zu haben, auf Cortés mit Moteczumas Macht Eindruck zu machen. »Bist du sein Vasall?« fragte Cortés. Olintetl schwieg so lange, daß Cortés ungeduldig wurde. Als er die Frage wiederholen wollte, stellte der seiner Wirkung nunmehr sichere Kazike die Gegenfrage: »Wer auf Erden ist denn nicht Moteczumas Vasall?« Das löste nun Cortés' übliche Ansprache über den großen christlichen Kaiser aus, der als Vasallen Könige und Fürsten habe, die mächtiger seien als Moteczuma sein könne. Olintetl aber sprach hartnäckig davon, wie mächtig und uneinnehmbar Mexiko sei, wie es auf dem Wasser errichtet und nur über leicht zu verteidigende Dämme zugänglich sei. Der fette Kazike trug möglichst dick auf: »Moteczuma sei ein so großer Herr, daß er alles beherrsche, was er nur besitzen wolle, und er, Olintetl, wisse nicht, ob es Moteczuma überhaupt recht sei, daß wir hier seien und ohne seine Erlaubnis Essen und Quartiere bekämen.« Cortés sprach abermals vom spanischen König, der ihm befohlen habe, Moteczuma zu sagen, daß Menschenopfer, Kannibalismus und Sodomiterei ein Ende haben müßten; langsam zu höheren Regionen aufsteigend, »erklärte er vieles andere, was mit unserem Glauben zusammenhängt«.

Olintetl und die andern Kaziken schwiegen, da sie sich fraglos in der Theologie nicht heimisch fühlten. Schließlich führten die Spanier wiederum ihre schnellen Pferde, den Lärm ihrer Geschütze und sogar einen Bluthund vor, angesichts dessen die Indianer fragten, ob es ein Tiger oder ein Löwe sei. Auf solche Weise wurde ihr Ruf als »Teules« allmählich gefestigt.

Nach diesem Erlebnis zog das Heer, immer in guter Ordnung und auf alles vorbereitet, zwei Meilen weiter ins Tal hinein, um an einem andern befestigten Ort namens Ixtacamaxtitlan Quartier zu beziehen. Weil sie dort von den Bewohnern gut aufgenommen wurden, beschloß Cortés zu bleiben, bis einige Boten, die er nach Tlaxcala entsandte, mit einer Antwort zurückgekehrt wären. Seine Freunde aus Cempoal hatten ihm nahegelegt, er möge die Tlaxcateken, die gute Krieger und Todfeinde Moteczumas seien, zu Bundesgenossen gewinnen. Da Cortés sich daran gewöhnt hatte, den Cempoalern zu vertrauen, wählte er vier von ihnen als Gesandte aus. Als Geschenk nahmen sie einen roten, mit Bändern geschmückten Hut aus Flandern mit und als Beglaubigung einen Brief, welcher eben deshalb, weil die Tlaxcateken ihn nicht lesen konnten, beweisen sollte, daß er von Leuten komme, die dergleichen schreiben konnten und daher die nunmehr bereits berüchtigten Teules waren.

Als die vier Gesandten in Tlaxcala eintrafen, wurden sie, da sie die für ihresgleichen landesübliche Kleidung trugen, alsbald als solche erkannt und, wie es Leuten ihres Amtes zukam, von Würdenträgern der Republik empfangen und in das Gemeindehaus geführt. Nachdem sie gegessen und geruht hatten, begaben sie sich schweigend und in feierlicher Haltung zum Regierungsgebäude, als wiederholten sie im stillen die Botschaft, die ihnen aufgetragen war; in der Linken, die nun von Schild und Brotbeutel entlastet war, trugen sie einen Rosenstrauß. So traten sie gemessenen Schrittes und mit niedergeschlagenen Augen – denn es war unverschämt, großen Persönlichkeiten ins Antlitz zu schauen – vor den Rat der Vier, welcher Stadt und Stamm regierte. Tlaxcala war eine Republik, die aus vier verbündeten Gruppen bestand, deren jede im Rat durch einen Sprecher oder Tlatoani vertreten wurde. Es war gleichsam das Sparta gegenüber dem mexikanischen Athen. Mexiko blockierte Tlaxcala und beraubte es dadurch notwendiger Dinge wie Baumwolle, Kakao und Salz. Gleichwohl widersetzte sich Tlaxcala dem Herrschaftsanspruch der Mexikaner und lag fast ständig im Krieg mit ihnen – hauptsächlich um den Opferstein im Tempel des Kriegsgottes regelmäßig mit Gefangenen zu versorgen.

Die vier Tlatoanis warteten auf niedrigen Schemeln. Die Gesandten betraten den Saal, verneigten sich tief und näherten sich halbwegs ihren Gastgebern; dann knieten sie nieder, setzten sich auf ihre eng zusammengehaltenen Beine und Füße und zogen ihre Umhänge dicht um sich, so daß sie ganz davon bedeckt waren. Es trat Schweigen ein. Schließlich gebot Maxixcatzin, einer der Tlatoanis, den Gesandten durch einen Wink, zu sprechen. Leise, wie es die Höflichkeit gebot, begann einer der Cempoaler mit glänzender Beredsamkeit, aber ohne eine Miene zu verziehen oder die Augen aufzuschlagen, ihre Botschaft vorzutragen. Er sprach von den neuen, bärtigen, rothaarigen, weißhäutigen und blauäugigen Männern, die in großen Acatl (Booten) von Osten gekommen und so mächtig seien, daß sie den Totonaken geholfen hätten, das Joch der Mexikaner abzuschütteln. Er setzte hinzu, daß die Fremden hauptsächlich auf ihren, der Cempoaler Rat, bereit seien, mit Tlaxcala ein Bündnis zu schließen und ihr Gebiet auf dem Wege nach Mexiko zu durchziehen. Die vier Tlatoanis hatten ihre Köpfe so tief geneigt, daß sie mit dem Mund die Knie berührten, und schweigend zugehört. Wieder trat Stille ein, und wenn auch nur aus Höflichkeit; denn armselig müßte die Botschaft sein, die ohne Nachdenken beantwortet werden könnte. Dann sprach Maxixcatzin ein paar Willkommensworte und entließ die Gesandten, bis der Rat ihre Botschaft erwogen haben würde.

Der Rat der Vier besprach die Angelegenheit alsbald. Maxixcatzin, der als erster sprach, trat dafür ein, daß man den Fremdlingen freien Durchzug bewillige; denn wenn sie Teules seien, würden sie gleichwohl zum Durchmarsch imstande sein, seien sie das aber nicht, so seien sie doch jedenfalls Feinde des Moteczuma und sollten als solche empfangen werden. Xicotencatl jedoch, dem Alter und Erfahrung großes Gewicht verliehen, wies darauf hin, daß diese neuen Leute, falls man den umlaufenden Gerüchten glauben solle, nicht Menschen, sondern dem Schaum der Meereswogen entsprungene Ungeheuer seien, die auf riesigen, schnellen Hirschen einhergaloppierten, Erde aßen, Gold suchten, auf Baumwolltüchern schliefen und allerlei Lüsten frönten. Fraglos habe das Meer, weil es ihnen nicht widerstehen konnte, sie an Land gespült, weshalb es ein schwerer Fehler sein würde, ihnen Zugang zur Republik zu gewähren. Dieses Dilemma löste ein dritter Tlatoani, der auf den wohlklingenden Namen Temilutecutl hörte, während andere Schriftsteller ihn Tlehuexolotzin nennen. Er schlug vor, man solle Botschafter an die Fremdlinge schikken und sie nach Tlaxcala einladen, wo sie wohl aufgenommen werden sollten; inzwischen möge der junge Xicotencatl, der Sohn des Alten, versuchen, was er mit den Otomi, einem kriegerischen Stamm, der unter Tlaxcalas Fahnen focht, gegen jene ausrichten könne. Würde der junge Xicotencatl sie schlagen, so sei es gut; würde er geschlagen, so werde man ihn fallenlassen und den barbarischen Otomi die Schuld geben. Dieser Rat, der beweist, welch hohe Stufe der Zivilisation die Tlaxcateken erklommen hatten, wurde einmütig gebilligt.

Cortés wartete und wartete, aber seine Gesandten kehrten nicht zurück. Das konnte natürlich nicht anders sein, aber Cortés wurde ungeduldig. Nachdem er die Lage mit den Männern aus Cempoal besprochen hatte, die ihm abermals versichert hatten, was für ein vorzüglicher Bundesgenosse Tlaxcala sein würde, befahl er den Aufbruch. Am 31. August nahm das Heer den Vormarsch wieder auf. Es brauchte nur dem Flußbett zu folgen, da es sich bereits in dem Tal befand, welches als einziges Tor aus der spartanischen Republik nach Osten führte. Mit sechs Reitern ritt Cortés eine volle halbe Meile dem Heer voraus, weil er, wie er selbst berichtet, gern als erster alles, was eintreten mochte, erfuhr, um seine Leute auf jede mögliche Gefahr vorzubereiten. So sah er auch als erster die Mauer, welche Tlaxcala quer durch das Tal gezogen hatte, um seinen einzigen Zugang zu versperren. Es war eine ansehnliche Mauer aus vorzüglichem Steinwerk und »schwierig mit eisernen Picken einzureißen«. Sie war reichlich zweieinhalb Meter hoch und sechs Meter breit mit einer anderthalb Fuß breiten Brustwehr, von der herab man kämpfen konnte; ein nur zehn Schritt breiter Gang führte hindurch. Das Heer machte halt, um die Mauer zu betrachten. »Sie gab uns viel zu denken«, berichtet Bernal Diaz, und Cortés entging es nicht, welche Wirkung diese Befestigung auf seine Truppen hatte. In steinerner Beredsamkeit sprach sie zu ihnen: »Hier ist Kraft und Fleiß. Durchschreitet diese Mauer, Fremdlinge, wenn ihr es wagt! Vorher aber bedenkt, ob ihr vermögt, den Rückweg anzutreten.« Daher sagte Cortés am Fuße der Mauer, die ihm als Masse und Mythos so sehr im Wege stand, zu seinen Leuten: »Meine Herren, wir wollen unserer Fahne folgen, dem Zeichen des heiligen Kreuzes, denn unter ihr werden wir siegen.« Und alle erwiderten wie aus einem Munde: »Ja, gewiß, denn Gott ist die wahre Kraft.«

So zogen sie weiter. Cortés ließ den Fähnrich Corral das Banner entfalten. Dabei sprach er die ganze Zeit hindurch mit seinen Leuten: wie die Reiter angreifen und in scharfem Galopp umkehren sollten, immer drei und drei, um sich mit ihren eingelegten Lanzen gegenseitig helfen zu können; und wie sie, wenn sie die Reihen des Feindes durchbrächen, die Lanzen in der Höhe der feindlichen Köpfe halten sollten, ohne besonders zuzustoßen. »Bedenkt, meine Herren Gefährten, daß wir nur wenige sind. Wir müssen bereit und auf dem Posten sein, als sähen wir eben jetzt unsere Gegner zum Kampfe nahen; ja, wir müssen uns vorstellen, daß wir bereits im Gefecht mit ihnen seien.« So redet ein Hauptmann zu Soldaten, die seine Freunde und Gefährten sind, ein immer wachsamer Führer, der wohl wußte, daß seine Leute um so mehr leisten würden, je mehr er sie auf dem Sprunge hielt. Darum setzte er absichtlich hinzu: »Wenn wir nämlich erst kämpfen, so weiß ich wohl, daß ihr keinen Rat mehr braucht; denn was ich auch sagen mag, so werdet ihr es doch besser wissen und noch tapferer sein.«

Wieder ritt er seinem Heer voran. Hatte er den richtigen Weg gewählt? Während seine Männer die abweisende Mauer betrachteten, war er ein paar Meilen weit daran entlang geritten, um Länge und Zweck zu erkunden. Yztacmichtitlan, der Kazike des Tales, hatte ihm vorgeschlagen, nach Süden abzubiegen und den Weg über Cholula zu wählen. Mamexi und seine Freunde aus Cempoal hatten ihn jedoch vor den Leuten von Cholula gewarnt: sie seien Verräter und ständen mit Moteczuma im Bunde. Er hatte allein entscheiden müssen, nur von seinem Instinkt und seinem Mut beraten, inmitten eines Landes, das ihm fremd und unbekannt war, inmitten von Menschen, deren geheime Gedanken und Anschläge er nicht ergründen konnte. Er wählte die Straße nach Tlaxcala, weil er, wie er dem Kaiser schrieb, von den Leuten aus Cempoal eine bessere Meinung hatte als von den andern. Vielleicht auch deshalb, weil er, hätte er am Fuße der Mauer seinen Plan geändert, den Eindruck der Mutlosigkeit gemacht hätte, was eine verhängnisvolle Wirkung hervorgerufen haben könnte.

Wie er nun so vorausritt und bei jedem Schritt Boden sah, auf dem vor ihm noch keines Europäers Auge geruht hatte, mag er sich trotzdem gefragt haben, was jener unerschlossene Raum der Zukunft für ihn barg, der nun im gleichmäßigen Trott seines Fuchses auf ihn zukam. Unter solchen Gedanken erschloß sich seinen immer wachsamen Augen ein seltsamer Anblick. Sie waren in einen dichten Kiefernwald gelangt und trafen plötzlich auf Fäden, welche kreuz und quer den Weg versperrten und geheimnisvolle Zettel trugen. Das Ganze glich einem dünnen Drahtverhau. Sie kümmerten sich nicht darum. Fäden und Zettel hatten die Zauberer von Tlaxcala ausgelegt, um die Spanier mit dem einzigen Mittel, das ihnen gewachsen wäre, aufzuhalten.

Als Teules, die sie waren, überwanden die Spanier die Gefahr um so leichter, als sie sich ihrer nicht bewußt waren. Sie ritten weiter. Als Cortés und vier Reiter bald darauf eine Anhöhe emporritten, sahen sie, wie die beiden andern Männer ihrer Vorhut, die vorausgeritten waren, zurückpreschten, um zu melden: Etwa fünfzehn indianische Krieger mit Schwert und Schild und einer Fülle bunter Federn auf Kopf und Schulter, die sie offenbar erwartet hatten, seien weggerannt, sobald sie ihrer ansichtig geworden seien. Als die Vorhut die Anhöhe erreichte, preschte Lares, der ein glänzender Reiter war, vor und erblickte die Indianer. Er tötete zwei von ihnen, was die Flucht der andern hinreichend erklärt. Cortés galoppierte voraus und winkte ihnen zurückzukehren, aber die Indianer rannten weiter, gefolgt von Cortés und seinen Reitern. Plötzlich machten die Tlaxcateken kehrt und griffen so mutig und geschickt an, daß sie zwei Pferde töteten und drei weitere mitsamt zwei Reitern verwundeten; Männer bedeuteten jedoch in Cortés' Heer weniger als Pferde. Der Kampf wurde, obwohl die Pferde den Spaniern das Übergewicht gaben, gefährlich; denn während inzwischen auf Cortés' Seite acht Berittene und die beiden abgesessenen Reiter kämpften, erschienen zahlreiche Verstärkungen der Tlaxcateken auf dem Schlachtfeld, die von Cortés auf vier bis fünftausend, von Bernal Diaz auf dreitausend Mann geschätzt werden. Eine Weile dürfte der kleine Reitertrupp der Spanier den heiligen Jakobus herbeigefleht haben, der aber diesmal nicht erschien. Hingegen eilte auf eine Nachricht, die Cortés durch einen Berittenen übermittelt hatte, das Heer herbei, woraufhin die Tlaxcateken sich in guter Ordnung und ohne jede Panik zurückzogen. Sie hatten siebzehn Mann verloren, bei den Spaniern waren vier verwundet worden, deren Wunden »mit dem Fett eines dicken Indianers, den wir erschlagen hatten, behandelt wurden; da wir kein Öl hatten, schnitten wir ihn auf«. Nachdem sie einige Hunde, die sie in den Häusern des Dorfes fanden, verspeist hatten, stellten sie Posten aus, ließen die Pferde gesattelt und begaben sich zur wohlverdienten Ruhe.

Bald nach dem Gefecht trafen die Kaziken der umliegenden Orte in Begleitung von zwei der vier Gesandten, die er nach Tlaxcala geschickt hatte, bei Cortés ein. Sie erklärten, daß jene bedauerten, was geschehen war – was vermutlich buchstäblich wahr war – und daß alles auf das eigenmächtige Vorgehen einiger unbotmäßiger Stämme zurückzuführen sei – was vermutlich weniger der Wahrheit entsprach; sie versicherten Cortés ihres Wohlwollens und erklärten sich bereit, für die getöteten Pferde zu bezahlen. Cortés tat, als glaube er ihnen alles, erwiderte höflich und verzichtete auf Schadensersatz mit der Begründung, daß er demnächst viele Pferde erhalten werde. Er dürfte kaum eine sorglose Nacht verbracht haben. Am nächsten Morgen kamen die beiden andern Gesandten in Tränen an. Unter

Verletzung aller internationalen Bräuche hatten die Tlaxcateken sie gefesselt, um sie zu töten, doch sei ihnen bei Nacht die Flucht gelungen. Während Cortés noch ihrer traurigen Geschichte lauschte, erschien das Gros der tlaxcatekischen Armee als ein Meer von Farben und Tönen. Federn und Fahnen flatterten in der Luft, die vom schrillen Klang der Hörner zerrissen wurde und vom dumpfen Hall der Teponaztles, der hölzernen Trommeln, dröhnte. Etwa sechstausend Mann zogen auf das Schlachtfeld. Die Spanier zählten rund vierhundert und hatten außerdem fünfzehnhundert Cempoaler und dreihundert Mann aus Ixtacamaxtitlan bei sich, auf deren Zuverlässigkeit sie aber schwerlich rechnen konnten.

Cortés wollte zunächst das Recht auf seine Seite bringen. Er schickte die drei am Vortage gefangenen Tlaxcateken hinüber und ließ erklären, daß die Spanier Frieden und Freundschaft wünschten; die Indianer aber, die das alles vielleicht nur als Mangel an Mut auslegten, schickten als einzige Antwort eine Salve von Pfeilen zurück. »Auf sie mit St. Jakob!« rief Cortés. Ein Angriff genügte, um die Indianer zurückzuwerfen, doch wichen sie in guter Ordnung; ja, in viel besserer Ordnung als die vorrückenden Spanier. Es gelang den listigen Tlaxcateken nämlich, ihre Gegner in eine enge Schlucht zu locken, wo weder Kavallerie noch Artillerie viel ausrichten konnten. Als schließlich die Spanier, die um jeden Fuß Bodens kämpfen mußten, jenseits der Schlucht die weite Ebene erblickten, nahmen ihre Augen eine gewaltige Armee wahr, die Cortés auf hunderttausend und Bernal Diaz auf vierzigtausend Mann schätzt. Die spanische Truppe mußte eng zusammengepreßt kämpfen. Das Schwert der Eingeborenen, eine schwere Waffe mit einer meterlangen, zehn Zentimeter breiten Klinge, deren beide Schneiden mit haarscharfen Klingen aus Obsidian besetzt waren, war so fürchterlich, daß Pedro de Moróns Pferd mit einem einzigen Hieb geköpft wurde, während er selbst nur durch den standhaften Schutz seiner tapferen Kameraden vor dem Opferstein bewahrt blieb. Schließlich zogen sich die Tlaxcateken zurück, »und wir waren nicht traurig darüber«, schreibt Bernal Diaz, »und verfolgten sie auch nicht, weil wir so müde waren, daß wir uns kaum auf den Beinen halten konnten«.

Am Abend des 1. September lagerte das Heer nahe dem Dorf Tecoacinco um einen Tempel, den sie später Siegesturm nannten. Weil viele Männer und Pferde verwundet waren und ihre Bogen und Pfeile überholt werden mußten, verbrachten sie dort noch einen geschäftigen, aber friedlichen Tag. Am nächsten Morgen ging es wieder los. Diesmal ergriff Cortés die Initiative, und zwar bezeichnenderweise wieder auf zweierlei Weise. Einerseits schickte er den Tlaxcateken Botschafter, die abermals erklärten, daß die Spanier ihre Freundschaft suchten und nicht etwa, wie sie fürchteten, mit den Mexikanern gegen sie verbündet waren. Andererseits verließ er – »damit ich es war, der den Kampf begann«, erklärt er später dem Kaiser – bei Morgengrauen mit den Reitern, hundert Mann vom Fußvolk und dreihundert Indianern aus Ixtacamaxtitlan das Lager und überfiel das Tal, aus dem er mit vierhundert Gefangenen, Männern und Frauen, zurückkehrte. Nach seiner Rückkehr unterrichtete ihn Pedro de Alvarado, dem er das Kommando übertragen hatte, über den Ausgang der Friedensbemühungen. Die Antwort der Tlaxcateken hieß: »Kommt alle nach Tlaxcala, wo wir Frieden schließen werden, indem wir euer Herz und Blut den Göttern opfern und selbst von euern Leibern einen Festschmaus halten werden.« »Obwohl wir von den früheren Kämpfen müde waren, versprachen wir uns hiervon doch nichts«, schreibt Bernal Diaz. Cortés sammelte weiter Nachrichten. Von seinen Botschaftern und von den Gefangenen erfuhr er – »teils durch schöne Worte, teils durch Foltern« – daß der junge Xicotencatl bereit war, ihn mit dem ganzen Heer des Bundes anzugreifen: fünfzigtausend gut bewaffnete Männer, die wohlgeordnet unter ihren Fahnen kämpfen würden. Bernal Diaz schreibt dazu: »Da wir Menschen sind und den Tod fürchteten, beichteten viele von uns, ja alle dem Vater der Barmherzigkeit und dem Priester Juan Diaz, welche die ganze Nacht hindurch unsere Sünden anhörten.«

Leichten Gewissens, aber schweren Herzens sah das Heer den Tag über einer Ebene dämmern, die von Feinden wimmelte. Cortés hatte seine ganze Streitmacht aufgestellt, selbst die Verwundeten, soweit sie gehen konnten; auch die verwundeten Pferde mußten Dienst tun. Die Truppe erhielt strikten Befehl, zusammenzubleiben. So zog das Heer nach echt cortésianischer Weise dem Feind entgegen. Die Tlaxcateken waren wiederum ein Meer von Farben und Tönen: das Kupfer ihres Kriegsschmucks und die Obsidianschneiden ihrer Schwerter blitzten mörderisch in der strahlenden Sonne. Die Schlacht war »gefährlich und ihr Ausgang zweifelhaft«. Die Sonne wurde von einem Schauer von Pfeilen verdunkelt, ehe die Männer aufeinander trafen. Die dicht gedrängten Reihen der Tlaxcateken wurden von Kanonenkugeln und dem Ansturm der dreizehn Reiter niedergemäht, schlossen aber jede Lücke, kaum daß sie entstanden war. Einmal war die christliche Streitmacht beinahe zersprengt, was ihren Tod bedeutet hätte. Cortés' Rufen nützte nichts, so riesig war die Wolke der Indianer, die sich über sie senkte. »Wunderbarerweise aber erzwangen wir durch unsere Fechtkunst, daß wir unsere Reihen wieder ordnen konnten.« Dieser tapfere Widerstand der Spanier förderte fraglos die inneren Schwierigkeiten ihrer Gegner zutage, die bisher unter deren scheinbarer Einigkeit verborgen gewesen waren. Der junge Xicotencatl zerstritt sich mit einem andern Jüngling, dem Sohn des Chichimecatecuhtli, und verlor dadurch eine ganze Feldschar, der bald die Schar aus Guaxocingo in gleicher Untätigkeit folgte. Darüber scheinen Xicotencatl und seine Leute den Mut verloren zu haben. Die spanische Kavallerie ritt eine neue Attacke und würde die Indianer verfolgt haben, wäre sie selbst nicht der Erschöpfung so nahe gewesen. Die Spanier hatten gesiegt.

Sieg über das eigene Heer

Dies war der Wendepunkt des Eroberungszuges oder doch jedenfalls einer der wichtigsten Wendepunkte auf der ansteigenden Straße zum Sieg, der es an haarsträubenden Kehren nicht mangelte. Trotz der gutgemeinten Ratschläge der Cempoaler hatten sich die Tlaxcateken Cortés' schönen Reden verschlossen, so daß der spanische General gezwungen wurde, ihre Bundesgenossenschaft auf dem Schlachtfeld zu gewinnen. Wäre er dabei gescheitert, so wäre er selbst vernichtet und auf den Altären des Uitzilopochtli geopfert oder bestenfalls gezwungen worden, durch das Gebiet des feindseligen Cholula zu ziehen, während das trotzende Tlaxcala seine Flanke bedroht hätte. Jetzt erst konnte er ermessen, wie stark die Eingeborenen im Kriege waren, wie furchtlos, wie geschickt im Gebrauch der Waffen. Hingegen konnte er noch nicht erkennen, daß sein Erfolg zum guten Teil auf der Tradition beruhte, welche dem, der lebendige Gefangene als Opfer einbrachte, mehr Ruhm zollte als dem, der den Feind tötete. Cortés sah in seinem Sieg die schützende Hand jenes Herrn, dessen Anliegen zu fördern seine fromme Überzeugung war, mochte er sich auch seiner eigenen Sündhaftigkeit wohl bewußt sein.

Er war jedoch als Heerführer zu erfahren, um zu glauben, daß die Früchte seines Sieges von selber reifen würden. Trotz der fürchterlichen Anstrengung des Tages war er schon vor Morgengrauen wieder auf den Beinen. Mit seinen Reitern und hundert Mann vom Fußvolk überfiel er zehn Dörfer und kleine Städte, deren einige bis zu dreitausend Häuser zählten. Gleichzeitig befolgte er wieder seine zweigleisige Methode und schickte einige seiner wichtigsten Gefangenen nach Tlaxcala, wo er abermals erklären ließ, er wolle lediglich in Frieden ihr Land durchziehen. Diesmal waren die vier Tlatoanis weniger abgeneigt; sie standen vor einem Rätsel und wußten nicht recht, wer oder was diese Fremdlinge nun wirklich seien. Die Spanier sagten zwar, sie seien Menschen – womit sie bewiesen, daß sie wohl stolz, aber nicht eitel waren. Trotzdem ließen ihre Tapferkeit und die beunruhigende Ähnlichkeit mit den Männern, von denen die Prophezeiungen sprachen, die Tlaxcateken zögern, zumal da die Cempoaler im eigenen Interesse nachdrücklich betont hatten, daß die Spanier Teules seien, welche Indianerherzen äßen und sich überhaupt wie Götter aufführten. Der Rat der Vier rief daher die Magier und Wahrsager zusammen und übergab ihnen das

Rätsel zur Lösung. Das führte, im Gegensatz zu ähnlichen Fragen, auf die Moteczuma viel Zeit und Kosten verschwendet hatte, zu einigen positiven Ergebnissen. Die Magier und Wahrsager waren der Meinung, daß die Spanier Menschen seien und sich, soweit vorhanden, lediglich von Hühnern, Hunden und Kaktusfeigen ernährten; daß sie aber als Abkömmlinge der Sonne bei Tage unbesieglich seien, in der Dunkelheit jedoch ihren Mut verlören und geschlagen werden könnten. Dieser Ratschlag widersprach der militärischen Überlieferung von Tlaxcala, die sich seit unvordenklichen Zeiten nächtlichen Kämpfen widersetzte; aber die tlaxcatekischen Militärs mußten darin eine glänzende Möglichkeit sehen, den Nachteil aufzuwiegen, der für sie mit dem Kampf gegen Pferde und Artillerie verbunden war. So lieferte die Kirche der Armee geistiges Rüstzeug, wie sie das in barbarischen und primitiven Ländern so oft getan hat.

Das alles führte dazu, daß Gruppen von harmlos aussehenden Indianern das Lager besuchten und Hühner und Gemüse zum Kauf anboten. Als eines Morgens etwa fünfzig von ihnen im Lager umhergingen, hier schauten und dort die Nase hinsteckten, kam Teuch, der Anführer der Cempoaler, der Cortés immer treu geblieben war, zu ihm. Er warnte ihn, daß diese Indianer Spitzel seien, und machte ihn besonders darauf aufmerksam, daß sie leise Zwiesprache mit den Männern aus Ixtacamaxtitlan hielten. Rasch, nachdrücklich und – wie stets in Gefahr – rücksichtslos verschaffte Cortés sich von einigen der spitzelnden Gäste die Bestätigung von Teuchs Verdacht. Er erinnerte sie an seine Ermahnung, ihm nichts vorzulügen, und schickte sie alle ohne Hände, mit blutenden Armstümpfen zu Xicotencatl zurück. Einige Schriftsteller versuchen diese Tat zu beschönigen. Wer anders als ein hoffnungsloser Romantiker würde aber in Cortés einen Parsifal sehen oder behaupten wollen, daß die Eroberung des blutdürstigsten Reiches der Welt – blutdürstig im wörtlichsten Sinne – ohne Blutvergießen möglich gewesen wäre? Welcher verantwortungsbewußte Truppenführer, der alle Umstände – die eigene Gefahr und die blutige Härte des Feindes – berücksichtigt, möchte im übrigen diesen grausamen Entschluß eines Anführers verurteilen, der bis zu jenem Tage immer und immer wieder bewiesen hatte, wie geduldig und wie bemüht er war, die Gewaltanwendung in möglichst engen Schranken zu halten? Den Blick abzuwenden wäre Heuchelei. Entsetzen vorzuspiegeln wäre erst recht Heuchelei; denn die Geschichte, selbst die jüngste Geschichte, berichtet von unzähligen Dingen, die viel weniger zu rechtfertigen sind.

In derselben Nacht befolgte Xicotencatl den Ratschlag der Wahrsager und näherte sich leise dem Lager. Cortés war auf der Hut. Er ließ Glöckchen am Zaumzeug der Pferde anbringen, damit die Reiter sich im Dunkeln zurechtfinden könnten. Er wollte die Indianer nicht zu nahe herankommen lassen, wohl wissend, daß in der unheimlichen Atmosphäre der Dunkelheit die schöpferische Initiative einen Sieg erfinden kann, ehe der Soldat noch Zeit findet, ihn zu erkämpfen. Er brach mit seinen Reitern aus dem Lager hervor und schlug die Indianer in die Flucht, wobei diese in den Maisfeldern ihre Brotbeutel wegwarfen, um schneller laufen zu können. Wie immer nach einem Siege, schickte Cortés alsbald eine neue Friedensbotschaft an die hartnäckigen Tlaxcateken.

Mehrere Tage lang blieb er in der Nähe des Lagers und schlug kleinere Vorstöße zurück. Allerdings war das keine Taktik nach seinem Herzen. Er litt an einer Art von Malaria, schlief wenig und hatte daher genug Zeit zum Nachdenken. Von dem Teocalli auf einem Hügel, wo er sich meistens aufhielt, überblickte er die Ebene, auf der das Geheimnis seiner Bestimmung verborgen lag. Der Rauch von Feuern in Dörfern und Lagern fiel seinem geübten Auge auf und ermöglichte ihm, die Wichtigkeit der einzelnen Siedlungen abzuschätzen. Lange blickte er nach einem wohl fünfundzwanzig Kilometer entfernten Flecken, der aussah, als sei es eine große Stadt. Er beschloß, sich davon zu überzeugen. Die Nacht war dunkel. Er verließ das Lager mit hundert Soldaten, allen Reitern und einem Teil der indianischen Verbündeten. Ein scharfer Wind blies von den schneebedeckten Bergen herab und ließ sie in seinem eisigen Hauch erbeben. Ein Pferd stürzte; Cortés ließ es ins Lager zurückbringen. Die Truppe zog weiter in die Nacht. Noch ein Pferd stürzte; Cortés erfuhr davon durch Stimmen, die ein wenig unsicher klangen. Er gab den gleichen Befehl. Seine Stimme klang ruhig, einigen Soldaten sank das Herz in die Hose. Ein drittes Pferd stürzte. »Herr, beachtet wohl, daß dies ein böses Vorzeichen ist«, rief eine Stimme, »laßt uns wenigstens bis Tagesanbruch warten, damit wir sehen, wohin wir gehen!« Aber in der schwarzen Nacht erklang abermals die ruhige, gleichmäßige Stimme aus fest gegründetem Herzen: »Was glaubt ihr an Vorzeichen? Ich werde auf diesen Überfall nicht verzichten! Ich glaube, daß daraus heute nacht viel Gutes kommen wird, und daß der Teufel uns Steine in den Weg rollt, um solches zu verhindern.«

Dann stürzte Cortés' eigenes Pferd und dazu noch ein weiteres. Er schickte die fünf gestürzten Pferde ins Lager zurück, ließ die übrigen Reiter absitzen und die ganze Truppe schweigend durch die Finsternis marschieren, jenem Rauch entgegen, den er von seinem Teocalli erblickt hatte. Sie verirrten sich, wurden von zwei Eingeborenen auf den richtigen Weg zurückgebracht und fielen noch vor Tagesanbruch über zwei Pueblos her, »wo ich viele Leute tötete«, wie er selbst dem Kaiser berichtet. Es ist klar, daß ihm das Töten jener Eingeborenen keinerlei Skrupel bereitete. Sein Standpunkt war fest und unerschüttert. Er kam als christlicher Eroberer, war jederzeit bereit, friedlich seinen Einzug zu halten und mittels Überredung und Bekehrung Kreuz und Banner aufzupflanzen. Er hatte den Tlaxcateken wieder und wieder den Frieden angeboten. Sie hatten den Krieg gewählt. So hatte er Krieg geführt. Alles andere ist frömmelnde Schönmalerei, die nicht nach seinem Geschmack war.

Aber so bereit er stets war, nötigenfalls das Gewicht seiner Waffen in die Waagschale zu werfen, bereiter noch war er, zur Politik zurückzukehren. Bei Tagesanbruch erreichten sie Zimpanzingo, eine Stadt von zwanzigtausend Häusern. Die Spanier fielen überraschend ein, die unglücklichen Einwohner stürzten nackend aus den Häusern. Da sie keinen Widerstand leisteten, nahm Cortés ihr Friedensangebot an, und alsbald hielt die Schar der Christen an einer Quelle vor der Stadt Frühstücksrast. Sobald die Sonnenstrahlen sie trafen, stieg Cortés auf eine Anhöhe, »um Land zu entdecken«, und sah die große Stadt Tlaxcala, die blendend weiß zwischen dem Blau des Himmels und der roten Erde glänzte. Seinen Soldaten, die er eben erst gehindert hatte, die wehrlosen Eingeborenen zu verfolgen, sagte er gelassen: »Schaut, was hätte es gefrommt, hier ein paar Indianer umzubringen, wenn es dort solche Massen gibt?« Er kehrte zu seinem Frühstück zurück. »Und also«, schrieb er später dem Kaiser, »ließ ich sie in Frieden.«

Nachdem er seine Feinde besiegt und befriedet hatte, mußte Cortés nun seine Freunde besiegen und befrieden. Seine Abwesenheit vom Lager hatte dort offenbar die Befürchtung aufkommen lassen, daß er einen entscheidenden Rückschlag erlitten habe. Solche Befürchtung mag mindestens teilweise die Frucht von Wunschvorstellungen gewesen sein. So mächtig war der Antrieb, der von ihm ausging, daß er bei denen, die ihm eher widerwillig folgten, heftige Reaktionen ausgelöst haben muß: Wann würde ein Indianerpfeil oder ein Obsidianschwert sie von diesem herrschsüchtigen Anführer befreien, der sie entgegen ihrer trägen Veranlagung zu übermenschlichen Taten anstachelte?

Als er mit reicher Beute an Hühnern und Indianerinnen – die jedoch eher arbeiten als belustigen sollten – ins Lager zurückkehrte, fand er dort eine Situation vor, die Bernal Diaz höchst anschaulich in allen Einzelheiten beschreibt. Es gab »Gerede in kleinen Zirkeln« über die ernsten Gefahren, denen die Spanier in jenem fremden, mächtigen Lande ausgesetzt seien. An der Spitze standen diejenigen, welche auf Kuba Häuser und Indianer zurückgelassen hatten, zumal »sieben von diesen, die ich jedoch um ihrer Ehre willen hier nicht nennen will«. Cortés wurde von seinen Freunden ins Bild gesetzt. Als er eines Nachts im Lager die Runde machte, um die Posten zu kontrollieren, hörte er, wie in einem Zelt sein Name fiel. Er blieb im Finstern stehen und lauschte: »Wenn der General verrückt ist, so laßt uns vernünftig sein; laßt uns den Mund aufmachen und ihm sagen, daß er achtgeben müsse, sonst würden wir ihn im Stich lassen.« – »Wer solches zu sagen wagt, wagt es auch zu tun«, erklärte Cortés seinen Begleitern. Am nächsten Tage kamen die Murrenden entweder auf seinen Wunsch oder von sich aus in sein Zelt, wo einer von ihnen ziemlich selbstsicher, ja sogar keck das Wort nahm. Er erinnerte Cortés daran, daß fünfundfünfzig Mann bereits ihr Leben eingebüßt hätten, während die übrigen, von denen viele verwundet, krank, abgemagert und unterernährt seien, ständig auf dem Sprunge ständen und die Gewißheit hätten, eines Tages den Götzen geopfert zu werden. Darum rate er, nach Veracruz zurückzukehren, ein Schiff zu bauen und mit diesem von Kuba Hilfe zu holen. Er beschwerte sich über die Zerstörung der Schiffe, wies darauf hin, daß die Männer schlimmer daran seien als die Lasttiere, weil sie niemals ausspannen könnten, und setzte hinzu, keine Geschichte der Römer oder Alexanders des Großen wisse zu berichten, daß ein Anführer jemals den Mut gehabt habe, seine Schiffe zu zerstören und, rings von Kriegern umgeben, landeinwärts zu marschieren.

Cortés bemerkte zwar, daß der Ton dieses Vortrages wie auch das Auftreten der übrigen die nötige Achtung vermissen ließen, antwortete jedoch trotzdem ruhig. Das war, wie wir wissen, immer seine Art – nicht aus Mangel an Mut oder Temperament, o nein, sondern weil er kaum jemals die sorgfältig geübte Selbstbeherrschung verlor, die eine seiner hervorragendsten Eigenschaften war. Zudem konnte er die hier vorgetragenen Befürchtungen durchaus verstehen. Ja, er wäre nicht nur tollkühn, sondern toll gewesen, wenn er nicht das bestürzende Mißverhältnis zwischen seinen Mitteln und seinem Vorhaben wahrgenommen hätte. In seinem Brief an den Kaiser verzeichnet er seine eigenen Befürchtungen neben denen seiner Gefährten in einem Satz, der seiner Aufrichtigkeit und seiner Achtung vor seinen Leuten alle Ehre macht: »Ich versichere Euer Majestät, daß es unter uns nicht einen einzigen gab, der nicht große Furcht empfunden hätte, als er sah, daß wir uns so weit im Innern des Landes und inmitten so vieler und solcher Menschen befanden, und so gar keine Hoffnung auf Hilfe irgendwoher hatten.«

Diese Empfindungen müssen den Ton seiner Antwort gemildert haben, die er der unbeherrschten Gruppe derer gab, die bei ihm gegen seine Pläne Einspruch erhoben. Zunächst machte er ihnen Komplimente: Niemals habe es Spanier gegeben, die tapferer gekämpft hätten; wenn er bedenke, welche Feinde sie angetroffen und geschlagen hätten, überkomme ihn jetzt noch Furcht. Allerdings würde auch niemand sagen können, er selbst habe angesichts der Gefahr gezaudert; aber wie Gott ihnen bisher geholfen habe, so werde Er auch künftig helfen, wenn sie predigten und Siedlungen schüfen. Auch glaube er, daß der Krieg gegen Tlaxcala vorüber sei, weil Xicotencatl dreimal geschlagen worden sei. Über die Zerstörung der Schiffe ging er schnell hinweg, erinnerte die Beschwerdeführer jedoch daran, daß es im Lager auch Herren gebe, die anderer Meinung seien, weshalb es das beste sei, Gottes Willen zu tun. Was die Römer und Alexander angehe, so hätten die gewiß niemals so große Taten wie wir verrichtet, aber eben darum würden inskünftig mit Gottes Willen die Geschichtsbücher, die über uns geschrieben würden, mehr zu berichten haben als über unsere Vorfahren. Deshalb, so schloß er, sei es sinnlos umzukehren. Die Steine sogar würden gegen uns aufstehen, und aus Teules und Göttern würden wir in den Augen der andern zu Feiglingen werden. Im Hinblick darauf, daß fünfundfünfzig Männer ihr Leben verloren hatten und die übrigen eine kleine Schar von Kranken und Verwundeten seien, antwortete er kurz und bündig: »Möge Gott uns die Kraft von vielen geben, denn es ist nur zu gut bekannt, daß der Krieg Menschen und Pferde verschlingt.« Kurzum, der General erinnerte sie daran, daß sie Soldaten und Herren seien, riet ihnen, alle Gedanken an Kuba fahren zu lassen, und schloß mit den Worten: »Nächst Gott muß uns die Hilfe von unseren starken Armen kommen!«

Es gab trotzdem noch immer einige Soldaten, die dabei blieben, wie gefährlich es sei, nach einer so starken Stadt wie Mexiko zu ziehen, und wie erschöpft die spanische

Truppe sei. Diesmal zeigte Cortés weniger Geduld. Es klang kurz angebunden, als er erwiderte, es sei besser, als braver Mann zu sterben, denn ohne Ehre zu leben. Das rief seine alten Freunde auf den Plan, die sich offen auf seine Seite stellten und ihm rieten, dem »Gerede in kleinen Zirkeln« keine Beachtung zu schenken.

Es ist ein glücklicher Umstand, daß diese Szene gerade von Bernal Diaz so anschaulich geschildert wird, der vor allem aus Verdruß darüber schrieb, daß Gómara und die andern höfischen Schriftsteller die Taten ihres Helden auf Kosten der Untergebenen allzu sehr herausstrichen; denn seine Feder schildert Cortés als die treibende Kraft des Unternehmens. Die Männer, die zum vorsichtigen Rückzug rieten, hatten starke Argumente; ja, ihre Argumente wären unwiderleglich gewesen, wenn das Heer noch hätte wählen können. Das einzige vernünftige Argument, das Cortés vorbringen konnte, war die Überlegung, daß nun, nachdem man so weit gegangen war, Kühnheit weniger gefährlich sei als Vorsicht – wiewohl auch die Kühnheit verzweifelt gefährlich war. Cortés unterließ es gewiß nicht, seinen Leuten dieses Argument vorzuhalten und es mit zwingenden Gründen zu untermauern, doch werden derartige Krisen nicht vom Verstand, sondern vom Herzen überwunden; »auf den Mut und auf das Herz kommt es vor allem an«, schreibt Bernal Diaz bei einer Aufzählung von Cortés' Gaben. Er mußte das riesenhafte Ausmaß seiner Aufgabe vollständiger und klarer erkennen als irgendein anderer Mann in seinem Heer. Er war scharfsinnig, sah und hörte alles und war vorsichtig. Er war damals, wie wiederum Bernal Diaz berichtet, überzeugt, daß er den Widerstand der Tlaxcateken gebrochen habe; aber seine Leute waren übermüdet, die demoralisierende Wirkung, welche Pferde und Geschütze auf die Eingeborenen übten, ließ nach oder war ganz verschwunden, und jedes neue Erlebnis, jede neue Nachricht bestärkte ihn in seiner Überzeugung, daß die mexikanische Nation sich durchaus von den wilden oder halbwilden Indianern auf den Inseln und an der Küste Veraguas unterscheide und ein wohlgeordnetes Staatswesen sei, das – abgesehen vom Kannibalismus – mindestens in kriegerischer Hinsicht den Vergleich mit europäischen Nationen aushalte. Wenn er nun trotz des ungeheuren Einsatzes, den er wagte, in seinem starken Herzen die Kraft fand, die alle Einwände zum Schweigen brachte, und seine Männer nach Mexiko führte, so liegt die Vermutung nahe, daß ein so ausgeglichener Mann, der zwar heldenhaft tapfer, aber doch nicht tollkühn war, seine Kraft aus geistigen Quellen bezog, die den Gefahren, denen er entgegenging, ebenbürtig waren. Jede andere Schlußfolgerung ließe Cortés verantwortungslos erscheinen, was er keineswegs war. Trotz seiner impulsiven Art, seinem Humor, seinen lustigen Streichen, seiner geistesgegenwärtigen Erfindungsgabe in allen Wechselfällen eines bewegten Lebens ist Cortés einer der stetigsten, berechnendsten und sorgsamsten Männer der Tat, von denen die Geschichte weiß. Wenn er sich also trotz allen wohlerwogenen Widrigkeiten dazu entschloß, weiterzuziehen – welches waren dann die Kräfte, die ihm das Gefühl verliehen, er sei der gewaltigen Tat gewachsen, die zu vollbringen er sich vorgenommen hatte?

Wir kennen diese Kräfte, weil er selbst sie beschreibt, als er dem Kaiser diese Szene berichtete. Da war zuerst ein schrankenloser Glaube an die spanische Tapferkeit. Diese Überzeugung, die in Spanien bis zur Schlacht bei Rocroi[6] bestehenbleiben sollte, war natürlich ein rein subjektives Gefühl, das sich vernünftig nicht begründen ließ. Man könnte meinen, es sei überhaupt erst aus dem märchenhaften Eroberungsdrang des Cortés und seiner kleinen Schar erwachsen; aber hier begegnen wir ihm schon als treibende Kraft, ehe die Eroberer ihre dramatischen Erfolge errangen, die sie weltberühmt gemacht haben.

Nächst diesem Vertrauen auf seine Leute, diesem Glauben an den Sieg, ohne den kein Sieg möglich ist, fühlte Cortés den Auftrag, riesige Gebiete und Völkerschaften für das christliche Reich zu erobern, als dessen Söldner er sich betrachtete. Für ihn war die Ausbreitung des Glaubens und der spanischen Farben ein und dieselbe Sache – eine so offenkundige Sache, daß weder Zweifel noch Diskussion möglich waren.

Schließlich verließ sich Cortés auf Gottes Hilfe. Dafür zeugt eine Szene, die uns Tapia überliefert. Cortés hatte diejenigen Eingeborenen, denen er trauen konnte, um Rat und Aufklärung gebeten. Zu ihnen zählte der Cempoaler Teuch, »ein weiser Mann, der, wie er sagte, inmitten von Kriegen aufgewachsen war. Dieser Indianer sagte zum Marquis (Cortés): ›Herr, verschwendet Eure Kraft nicht darauf, weiter voran zu ziehen. Ich war als junger Mann in Mexiko, ich bin als Krieger ein alter Hase, und ich weiß, daß Ihr und Eure Gefährten Menschen seid und keine Götter, weshalb Ihr wie andere Menschen unter Hunger und Durst und Müdigkeit zu leiden habt. Ich muß Euch sagen, daß jenseits dieser Provinz so viele Menschen leben, daß zuerst hunderttausend gegen Euch kämpfen mögen, denen, falls jene getötet oder besiegt werden, noch einmal so viele folgen werden. So werden sie zu Hunderttausenden sterben und nachrücken können, Ihr aber und Eure Leute, mögt Ihr auch unbesiegbar sein, werdet nach so langem Kampf einfach an Erschöpfung sterben; denn ich weiß ja, daß Ihr Menschen seid. Mehr habe ich nicht zu sagen, doch erwägt wohl, was ich zu Euch geredet habe. Entschließt Ihr Euch aber, in den Tod zu gehen, so werde ich mitkommen.‹ Der Marquis war sehr dankbar und sagte ihm, daß er trotz allem weiterziehen werde; denn er wisse, daß Gott, der Himmel und Erde geschaffen habe, ihnen helfen werde, worauf er, Teuch, sich verlassen könne.«

Das also waren die lebendigen Kräfte, aus denen sein Mut sich nährte. Sie waren nicht neu, sondern hatten von Anfang an seinem dumpferen Ehrgeiz einen strahlenden Schwung verliehen, ohne den er seine Soldaten und Offiziere, die ihn wie ungeduldige Wespen umschwärmten, nicht hätte im Zaume halten können. Aber wenn sie ihn auch seit jeher beseelt hatten, so hatten sie doch, daran besteht kaum ein Zweifel, an Kraft und Eindringlichkeit gewonnen, während er inmitten von Gefahren, an denen er zerbrochen wäre, hätte sein Mut allein in seiner Vitalität gewurzelt, von Prüfung zu Prüfung und von Sieg zu Sieg fortschritt.

Die Ereignisse konnten mit dem Reisig ihrer Tatsachen das Feuer dieses Glaubens nur schüren, das in dem General brannte und seine Truppen erleuchtete, so daß selbst auf die Murrenden und Andersdenkenden noch ein Abglanz fiel. In Gefechten und Schlachten, bei Tag und bei Nacht hielten die bärtigen weißen Männer stand. Der Schwung der kleinen, aber mächtigen Schar von Fremdlingen begann auf die Führer der Mexikaner und Tlaxcateken Eindruck zu machen, wiewohl beide Volksstämme tapfer und von kriegerischem Geist beseelt waren. Moteczuma zauderte immer noch, welchen Kurs er nun am besten einschlagen solle. Solange Cortés gegen die Tlaxcateken kämpfte, konnte ihm selbst nichts geschehen. Was aber sollte aus Mexiko werden, wenn der weiße Häuptling Tlaxcala besiegen oder sich mit ihm verständigen würde? Er suchte Rat bei seinen Verwandten: Cacama, Herrscher von Tetzcuco, und Cuitlahuac, Herr über Iztapalapa. Cuitlahuac riet ihm, Cortés eine freundliche Botschaft mit vielen wertvollen Geschenken, aber auch mit dem Ersuchen zu schicken, er möge nicht nach Mexiko weiterziehen. Cacama hingegen meinte, man solle die Spanier in Mexiko gut aufnehmen und ihre Botschaft ausrichten lassen; sollten sie die Schranken dessen, was sie Moteczumas Majestät an Achtung schuldeten, überschreiten, so wären die Mexikaner wohl imstande, sich wacker zu schlagen. Moteczuma folgte dem Rat des Cuitlahuac, weniger weil dieser sein Bruder war, als weil seines Bruders Rat seiner Taktik, die Dinge hinzuziehen, entsprach. So betrat eines Tages, als die Spanier noch in heftige Kämpfe mit den Tlaxcateken verwickelt waren, eine bunte Prozession ihr Lager, an der Spitze sechs stolze Mexikaner, gefolgt von etwa zweihundert Bediensteten. Sie boten Moteczumas Freundschaft an. Die Beteuerungen ihrer Friedfertigkeit und Wohlgesinntheit veranlaßten, als sie aus dem Aztekischen ins Kastilische übersetzt worden waren, Cortés zu der Annahme, daß der Uei Tlatoani von Mexiko den Wunsch habe, Vasall des Königs von Spanien zu werden. Dieses Mißverständnis über einen Ozean hinweg gründete sich immerhin auf das solide Versprechen, jährlich einen Tribut in Gestalt von Gold, Silber, Perlen und Edelsteinen, Sklaven, Baumwolle und sonstigen Besitztümern Moteczumas zu entrichten, sofern Cortés seine Absicht, Mexiko zu besuchen, nicht verwirkliche.

Es fällt schwer, sich eine Botschaft auszumalen, die mehr dazu angetan war, Cortés auf sein Hauptziel hinzutreiben. Während er selbst unerschütterlich an seine Leute und an seinen Gott glaubte, verspürte er bei seinem Gegenspieler nur einen schwankenden Glauben, der jenen vor der Begegnung zurückscheuen ließ. Wie immer es um die materiellen Kräfte stehen mochte, die in diesem historischen Zweikampf aufeinanderstießen, die seelischen Kräfte waren offensichtlich ungleich verteilt. Moteczuma war weder dumm noch feige. Er war auf eine Art und Weise zum Führer seines Volkes gewählt worden, die eher als die Methoden unserer Demokratien und Autokratien die Gewähr dafür bietet, daß weder Feiglinge noch Dummköpfe auf den Gipfel der Macht gelangen. Dennoch vermochte Moteczuma in dieser Stunde der Gefahr weder seinen Mut noch seine Klugheit ins Spiel zu bringen; denn Klugheit und Mut sind nur Diener des Glaubens. Der unselige Fürst aber hatte den Glauben verloren.

Cortés empfing die mexikanischen Abgesandten leutselig und dankte ihnen für die Geschenke, die sie ihm überbrachten. Dann ließ er sie – ein Einfall seines oft bewährten diplomatischen Scharfsinns – im Lager verweilen, bis er den Krieg mit Tlaxcala beendet hätte. Dabei würden die Mexikaner Gelegenheit haben, sich davon zu überzeugen, wie die Spanier mit indianischen Kriegern fertig wurden. Übrigens hatte Cortés strenge Weisung gegeben, daß seine Leute die mexikanischen Botschafter als Vertreter eines großen und befreundeten Fürsten achtungsvoll behandelten. Während die Mexikaner im spanischen Lager waren, griff der stürmische Xicotencatl mit drei Formationen an. Obwohl Cortés an einem Fieberanfall litt, »ließ er sich ein Pferd geben, ritt hinaus und focht lange Zeit hindurch tapfer zugleich als Hauptmann und als Soldat«. Der Angriff schlug fehl, der Sieg aber hatte diesmal den zwiefachen Vorteil, daß er auf Moteczumas Abgesandte Eindruck machte, die ihn vom Turm des Teocalli aus miterlebten, um welches Cortés sein Lager errichtet hatte, und daß er eben deshalb den Tlaxcateken Stoff zu bitteren Gedanken gab: Was war für sie das beste? Sollten sie den Krieg fortsetzen auf die Gefahr hin, daß sie dadurch ein Bündnis zwischen ihrem alten Feinde Moteczuma und ihrem neuen Feinde Cortés zustande brächten? Oder sollten sie eben dieses Bündnis dadurch verhindern, daß sie die mehrmaligen Freundschaftsangebote annahmen, die Cortés trotz seiner Unbesiegbarkeit ihnen immer wieder vor Augen hielt? Ihre Priester und Magier hatten unrecht behalten: die weißen Fremdlinge waren bei Nacht sowenig zu schlagen wie bei Tage. So stellten sich den Tlaxcateken die Dinge dar; denn sie konnten nicht ahnen, welch schreckliche Furcht damals so manches spanische Herz angesichts »so vieler und solcher Menschen« erfüllte.

Die Spanier wußten indessen kaum viel mehr über die Absichten ihrer Feinde. Bernal Diaz berichtet: »Wir waren im Lager und wußten nicht, daß sie ein Friedensangebot machen würden, wiewohl uns sehr danach verlangte. Die einen brachten ihre Waffen in Ordnung, andere stellten Pfeile her, und jeder kümmerte sich um das, was ihm in Hinblick auf den Krieg aufgegeben worden war.« Da erschienen die Reiter, welche die Straße bewachten, und meldeten, daß viele Indianer beiderlei Geschlechts sich dem Lager näherten und hin und wieder haltmachten. »Cortés und wir alle waren hocherfreut über die Nachricht, glaubten wir doch, sie kämen um Frieden, wie es dann auch war. Cortés befahl, es sollte kein Lärm gemacht noch Gefühle gezeigt werden, sondern wir sollten uns in unsere Hütten zurückziehen.«

Das war die erste wirkliche Friedensbotschaft, welche die Tlaxcateken schickten. Der Hauptunterhändler war Tolimpanecatl Tlacatecuhtli. Cortés empfing ihn und seine Begleiter in Anwesenheit der mexikanischen Gesandten. Er hatte erreicht, daß sich beide indianische Staaten um seine Gunst bemühten. Ehe der Tlaxcateke noch seine Botschaft ausrichten konnte, brach Atempanecatl, der Anführer der mexikanischen Botschafter, los: »Warum kommt ihr hierher? Was habt ihr zu melden? Wer ist für die Aufstände und Streitereien verantwortlich, die in Huitzilhuacan, Tepatlaxco, Tezmolocan, Teotlatlzinco, Tepetzinco, Ocotepec, Tlamacazquicac, Atlmoyahuacan, Zacayaloacan und in dem ganzen Gebiet bis hinunter nach Cholula vorgekommen sind? Laßt uns sehen, worüber ihr mit Cortés verhandeln wollt! Ich will alles ansehen und anhören.«

Tolimpanecatl hatte unbewegt zugehört. Als sein Feind endlich schwieg, wendete er sich an Doña Marina und sagte: »Ich möchte meinem mexikanischen Stammesgenossen hier im Beisein unseres Vaters, des General Cortés, antworten.« Was konnte sich Cortés Besseres wünschen als diese Streitigkeiten innerhalb des Volkes, das er besiegen mußte, wollte er nicht sterben? Ob sie es nun in seinen Augen hatte blitzen sehen, oder ob sie ihren Gebieter allmählich nicht einmal mehr anzuschauen brauchte, um seine Gedanken zu erraten, jedenfalls sagte Doña Marina nur: »Macht nur weiter mit euern Fragen und Antworten.« Darauf wendete sich der Tlaxcateke an den Mexikaner und fragte: »Hast du noch mehr zu sagen?« Als dieser schroff entgegnete: »Ich habe genug gesagt«, überschüttete ihn der Tlaxcateke mit einem Schwall ganz ähnlicher Anklagen. Cortés schaute zu.

Nachdem er seinen Stammesgenossen – jedenfalls mit Worten – erledigt hatte, wendete sich der Tlaxcateke an Cortés und erklärte, seine Landsleute hätten gegen die Spanier gekämpft, weil sie gemeint hätten, diese hätten sich mit Moteczuma verbündet. Als erste Krieger hätten die unruhigen Otomi angegriffen. Jetzt sehe Tlaxcala seinen Fehler ein und sei bereit, ihn gutzumachen. Sie boten Versöhnung und regelmäßige Proviantlieferungen an. Als ihr Anführer gesprochen hatte, senkten die Tlaxcateken die Köpfe und berührten mit ihren Händen den Erdboden. Um seine Freude besser verbergen zu können, tat Cortés, als sei er immer noch aufgebracht über ihren Starrsinn. Er erinnerte sie an seine früheren Bemühungen, ihre Freundschaft zu gewinnen, und forderte als Beweis für die Ernsthaftigkeit ihrer friedlichen Absichten eine größere und bedeutendere

Gesandtschaft. Mit diesem Bescheid kehrte Tolimpanecatl Tlacatecuhtli nach Tlaxcala zurück, während ein Teil seiner Diener und reichliche Vorräte für die neuen Freunde im Lager blieben.

Mit seiner Forderung nach einer eindrucksvolleren Gesandtschaft ging es Cortés sowohl um die Form wie um die Sache. In den Augen von Tlaxcala und Mexiko stieg dadurch der Wert der Freundschaft und das Ansehen seines Vorhabens; zugleich gewann er Zeit, um von seinen neuen Freunden mehr und bessere Garantien zu erhalten. Die Tlaxcateken zögerten nicht, ihn zufriedenzustellen. Da sie richtig vermuteten, was er im Sinne hatte, wählten sie als ihren nächsten Botschafter den jungen Xicotencatl aus, der nächst den vier Tlatoanis die wichtigste Persönlichkeit der Republik war und so das Prestige befriedigte; zudem war er Generalkapitän ihrer Streitkräfte und bis dahin Wortführer der Kriegspolitik in Tlaxcala, womit auch die Sicherheit der Spanier garantiert wurde. »Dieser Xicotencatl«, schreibt Bernal Diaz, »war groß, breitschultrig und gut gebaut; sein Gesicht war lang, etwas hohlwangig und kräftig. Er mochte wohl fünfunddreißig Jahre zählen und hatte ein ernstes Auftreten.« Umgeben von einem glänzenden Gefolge aus fünfzig führenden Tlaxcateken, erläuterte er Cortés, wie sie von Moteczuma belagert würden. Weil sie von Salz und Baumwolle abgeschnitten seien, sei Tlaxcala ein armes Land, doch gäben sie, was sie hätten, bereitwillig her. Der junge General bat seinen Rivalen, nach Tlaxcala zu kommen und sich dort niederzulassen.«

Cortés empfing seinen Gegner auf die ritterlichste Weise, nahm jedoch seine Einladung nach Tlaxcala noch nicht sogleich an. Dem Kaiser erklärt er später, daß er jenem noch nicht zu trauen wagte. Zudem war es offensichtlich vorteilhaft, den Preis der Freundschaft noch höher zu schrauben. So wartete er, bis, wie er schreibt, »alle Herren von Tlaxcala kamen, um mich in ihre Stadt zu bitten«. Die mexikanischen Botschafter versäumten nicht, in ihm Mißtrauen zu wecken. So berichtet Bernal Diaz: »Kaum hatte Xicotencatl sich verabschiedet, als Moteczumas Botschafter Cortés halb lachend fragten, ob er an diese im Namen von ganz Tlaxcala gemachten Angebote glaube. Das sei alles Schwindel und verdiene keinen Glauben, da alles nur verräterisches und trügerisches Gerede sei.« Obwohl Cortés mit gespielter Kälte entgegnete, ihn kümmere nicht, ob die Tlaxcateken es ernst meinten oder lögen, weil er sie, falls sie ihn verrieten, um so härter bestrafen würde, machte er sich der Mexikaner Vorschlag zu eigen, im Lager die Rückkehr ihrer beiden an Moteczuma entsandten Gefährten abzuwarten.

Die Woche, die er nach Xicotencatls Besuch im Lager verbrachte, muß für Cortés eine ziemlich ruhige Zeit gewesen sein, die ihm Gelegenheit gab, voraus und zurück zu schauen und den Schauplatz seiner Taten mit einem alles umfassenden Blicke zu umspannen, mit denen der Geist aus der Vergangenheit Kraft und für die Zukunft Wegweisung zu gewinnen sucht. Er stand zwischen zwei Ungewißheiten. Fern hinter dem Meere saß Diego Velázquez und noch weit hinter ihm und weitaus mächtiger als er lauerte die furchtgebietende Majestät des Kaisers. Was war aus seinen Boten Puertocarrero und Montejo geworden, denen er die schwierige Aufgabe anvertraut hatte, einem feindseligen Hof seine geschickt verkleidete Auflehnung gegen Velázquez zu erklären? Ungewißheit. In größerer Nähe und vor ihm noch ein Kaiser, der den Indianern ebenso furchtgebietend erschien wie ihm selbst Karl V. Eine Stadt und ein Staat, die jedermann, ob Freund oder Feind, in den glühendsten Farben schilderte, wodurch eine Stärke offenbar wurde, die selbst ihm gewaltig erschien und mit seiner kleinen Schar gar nicht zu vergleichen war. Was würde das Ergebnis dieses letzten, endgültigen Schrittes sein, den er gegen den Rat vieler seiner Soldaten und seiner getreuen indianischen Bundesgenossen zu tun im Begriffe stand? Abermals Ungewißheit.

Versuchte er, ermüdet von der Betrachtung dieser beiden Gefahren, die seine beiden Horizonte versperrten, in den lichteren Seiten seiner Landschaft auszuruhen, so nahm er sich selbst wahr: Aus dem abenteuernden Entdecker, der mit kleinen Häuptlingen an der Küste mühsam darüber verhandelte, ob er seine Fässer mit Wasser füllen dürfe, um einer neuen Küste zuzusegeln, war ein General geworden, den alle Eingeborenen fürchteten, aber viele auch liebten, der Kommandeur einer Streitmacht von vierhundert Spaniern, deren erwählter Führer er war, und von mehreren tausend Eingeborenen, die in ihm einen unbesiegbaren Mann oder gar einen Gott sahen. Sein Lager glich der Hauptstadt eines Machthabers, wo die Botschafter rivalisierender Staaten einander seine Gunst streitig zu machen versuchten. Hin und wieder beschenkte ihn der Gefürchtetste jener eingeborenen Potentaten mit Gold und Kleidern, wodurch er selbst seine Spanier fester in die Hand bekam, die von ihm nicht nur Ruhm erwarteten, sondern auch Reichtümer.

Bedachte er solches, so durfte er zu seinen großen Leistungen die Tatsache rechnen, daß seine lange Nachschubverbindung zwischen dem Lager und Veracruz an der Küste unbedingt sicher war. Das war ein Triumph politischer Klugheit, diplomatischer Geschicklichkeit und vielleicht auch seines persönlichen Charmes. Zwar hatten seine Auflehnung gegen Velázquez und die Zerstörung seiner Schiffe Cortés' Unternehmen aus einer militärischen Expedition in ein heroisches Glücksspiel ohne jeden Stützpunkt überhaupt verwandelt. Trotzdem blieb es nötig, seine Verbindung mit Veracruz sicherzustellen; denn dieses war doch in vieler Hinsicht ein Nachschublager für sein Heer – ganz abgesehen von seinem Prestige und andern Gründen, die noch im Schoße der Zukunft verborgen lagen.

Die Tlaxcateken sahen mit Unbehagen, daß Cortés immer noch in seinem unbequemen Lager verweilte und seinen Einzug in Tlaxcala aufschob, wo sie ihn begierig erwarteten. Die Häuptlinge aus der Umgegend kamen mit Hühnern und Kaktusfeigen ins Lager, wollten aber von ihren spanischen Freunden keine Bezahlung annehmen, sondern baten sie immer wieder, aufzubrechen und sich in Tlaxcala niederzulassen. Cortés wartete jedoch, wie er versprochen hatte, auf die Rückkehr der beiden Männer, welche die Mexikaner zu Moteczuma geschickt hatten. Sie kehrten mit noch reicheren Gaben zurück: Juwelen im Werte von dreitausend Goldpesos, zweihundert Baumwollgewänder und dazu Federwerk. Unter diesem Zuckerguß verbarg sich als Pille die Mahnung, Cortés möge den Tlaxcateken nicht trauen, die ihn all seiner Habe berauben würden; sie seien nämlich so arm, daß sie sich nicht einmal ein Baumwolltuch leisten könnten. Das war nur zu wahr, und Moteczuma wußte das nur zu gut, war er doch selbst die Ursache ihrer Armut. Cortés ließ sich von der Warnung nicht rühren, wohl aber durch die reichen Geschenke. In diesem Augenblick wurde ihm gemeldet, daß die vier Tlatoanis von Tlaxcala angekommen seien.

Das war ein Meisterstück von Cortés' diplomatischer Strategie. Er hatte die einen auf die andern warten lassen und dadurch bei Mexikanern und bei Tlaxcateken so viel gegenseitiges Mißtrauen erzeugt, daß er jetzt die Mexikaner zwingen konnte, zu warten, während er nicht etwa nur eine Gesandtschaft, sondern die Regierung von Tlaxcala selbst empfing, die zu ihm kam, um ihn in ihre Hauptstadt einzuladen.

Sie kamen teils zu Fuß, teils in Hängematten getragen. An der Spitze der Prozession der alte Xicotencatl, Maxixcatzin, Tlehuexolotzin und Citlalpopocatzin, dahinter ein zahlreiches Gefolge. Vor Cortés angekommen, verneigten sie sich dreimal, während ihm zu Ehren Kopalharz verbrannt wurde. Sie berührten mit den Händen den Erdboden, dann nahm der alte Xicotencatl das Wort: »Malintzin, Malintzin«, sagte er, »viele Male haben wir Euch in Botschaften gebeten, Ihr möchtet uns verzeihen, daß wir gegen Euch Krieg geführt haben. Wir haben bereits erklärt, daß wir es taten, weil wir Euch auf der Seite des übelgesinnten Moteczuma wähnten. Hätten wir damals gewußt, was wir heute wissen, so würden wir die Straßen für Euch gefegt haben und wären gekommen, Euch am Meeresgestade abzuholen. Nun aber bitten wir Euch, zu uns zu kommen. Wir werden Euch mit allem, Menschen und Dingen, dienen. Darum glaubt nicht dem Lug und Trug der Mexikaner, denn wir vernehmen, daß sie der Grund sind, weshalb Ihr nicht in unsere Stadt gekommen seid.«

Cortés dankte seinen Besuchern und erklärte ihnen mit viel Takt, daß er gern nach Tlaxcala gekommen wäre, wenn er seine Kanonen hätte transportieren können. »Kaum hörten die Tlaxcateken das, da wurden sie so froh, daß wir es ihren Gesichtern ansahen«, schreibt Bernal Diaz und setzt hinzu, daß Cortés in weniger als einer halben Stunde fünfhundert Tlamemes zur Verfügung gestellt wurden.

Am frühen Morgen des nächsten Tages brachen Cortés und sein Heer aus dem Lager nach Tlaxcala auf. Cortés nahm die mexikanischen Botschafter mit. Unter dem Schutz des spanischen Generals begaben sich die Abgesandten Moteczumas in die Hauptstadt ihrer Feinde. Sie müssen sich wie Gefangene vorgekommen sein.

Das Gemetzel von Cholula

Am 23. September 1519 hielt Cortés seinen triumphalen Einzug in die Stadt Tlaxcala. Sobald sie sahen, daß sich der Heerwurm auf die Stadt zu bewegte, waren die fünf Häuptlinge eiligst aufgebrochen, um alles für die Ankunft ihrer Gäste vorzubereiten. Die spanische Truppe beobachtete strenge Ordnung und bewegte sich unter ihren Freunden, als ob es Feinde wären; das war unabdingbare Regel ihres Kapitäns, die er ein für allemal festgelegt hatte. Kurz darauf, als sie bereits am Horizont die Stadt in einer Breite hingestreckt sahen, die alle mit Bewunderung, ja mit Bangen erfüllte, tauchten die Häuptlinge wieder vor ihnen auf, um sie zu begrüßen. Jeder der vier zeigte die Farben seines Bundesbezirkes, sauber gemalt und verziert, auf seinem Umhang aus rauhem Henequen. Hinter dieser bunten Gruppe kamen die Priester in langen weißen Roben und Überwürfen, »die wie die Mäntel von Domherren aussehen wollten«, und trugen kleine Pfannen mit brennendem Kopalharz; ihr Haar war lang, ungepflegt und blutbeschmiert, und ihre Ohren bluteten noch von ihrer jüngsten Selbstopferung zum Dank für den neu gewonnenen Frieden. Zum Zeichen ihrer Demut gingen sie mit gesenkten Köpfen einher, und ihre Fingernägel waren sehr lang.

Die Spanier mußten sich ihren Weg durch eine fröhlich bewegte Volksmenge bahnen, die sich auf Straßen und Terrassen drängte, um den seltsamen Anblick bis zur Neige auszukosten: vor allem die Pferde, dann die Männer, die Kanonen und die Handfeuerwaffen, die metallenen Schwerter, Stahlpanzer und Helme. Alle Reiter bekamen Rosensträuße geschenkt, und so zogen die fröhlichen Krieger ihren Führern nach durch die gleich einem aufgeregten Bienenkorb summenden Straßen nach dem großen Cu oder Tempel, wo ihre Quartiere vorbereitet worden waren.

»Die erwähnte Stadt ist so groß«, schrieb Cortés an den Kaiser, »und so bewundernswert, daß, wiewohl ich vieles, was zu sagen wäre, auslasse, das wenige, was ich sage, wohl fast unglaublich klingen wird. Ist sie doch viel größer und stärker und zählt ebenso viele gute Bauwerke, aber viel mehr Menschen als Granada zur Zeit seiner Eroberung; auch ist sie viel besser mit den Früchten des Landes versorgt, also Brot und Geflügel, Wild und Flußfische, mancherlei Gemüse und guten Sachen, die sie essen.« Weiter preist Cortés die Fülle der Waren, die auf dem Markt feilgeboten wurden, und bemerkt, daß sie auch Barbierläden hatten. Er lobt die Landwirtschaft in den umliegenden Tälern, betont die Ordnung ihres Lebens und schließt mit den Worten: »Es sind sehr vernünftige und ordentliche Leute, mit denen sich die besten Völkerschaften Afrikas nicht messen können.« Großen Eindruck machte ihm ihre vorzügliche Polizei. Als er sich nämlich bei Maxixcatzin darüber beschwerte, daß einer der Einwohner aus dem spanischen Lager Gold gestohlen habe, wurde der Schuldige rasch entdeckt und ihm zur Bestrafung übergeben. Bezeichnenderweise überließ er die Sache den Ortsbehörden. Die Tlaxcateken bedankten sich dafür, ließen den Dieb mit einem Ausrufer, der sein Vergehen bekanntmachte, durch die Straßen führen und dann auf dem Marktplatz hinrichten.

Immer auf genaue Nachrichten erpicht, ließ er untersuchen, wieviele Einwohner Tlaxcala wohl habe. Demzufolge bestand die Republik (einschließlich Guaxocingo) aus 150 000 Familienoberhäuptern. Er befand sich also in der

Hauptstadt eines wichtigen Staates, der von einem verwegenen Menschenschlag bewohnt wurde, dessen Achtung und Freundschaft er auf dem Schlachtfeld gewonnen hatte. Seinen Leuten schrieb er eine Bannmeile vor. »Und er befahl«, schreibt Tapia, »daß wir diese nicht überschreiten oder verlassen dürften, und so hielten wir es auch; denn wir wären nicht einmal einen Steinwurf weit an einen Bach gegangen, ohne ihn um Erlaubnis zu fragen.« Nicht umsonst meint Bernal Diaz: »Niemals hat es auf der Welt einen General gegeben, dem so ehrerbietig und pünktlich gehorcht wurde.« Er hatte seinen Leuten eingeschärft, niemand dürfe von den Eingeborenen mehr nehmen, als diese ihm gäben, oder ihnen auch nur die geringste Unzuträglichkeit bereiten. Das war allerdings angesichts der großzügigen Gastfreundschaft, die ihm und den Seinen zuteil wurde, das Mindeste, was er tun konnte. Ein Spanier brauchte nur von seinem Rock ein Stück Tuch abzureißen und dieses einem Eingeborenen zu geben, der dem Spanier gegen diesen Gutschein jeden Wunsch aus dem Gemeinschaftshaus der Tlaxcateken erfüllen konnte. Proviant wurde ihnen sowieso täglich in Hülle und Fülle geliefert, »und während der zwanzig Tage unseres Aufenthaltes hatten wir immer mehr, als wir brauchten«.

Dieses freundschaftliche Einvernehmen vermochte Cortés jedoch keineswegs zu bewegen, daß er die Disziplin oder die Wachsamkeit lockerte, die er von seinen Leuten und von sich selbst verlangte. Die Lagerordnung war so streng, als ob sie sich inmitten von Feinden aufhielten; bei Tag und Nacht wurden Posten und Wachen eingeteilt und Kundschafter ausgeschickt. Den Häuptlingen der Tlaxcateken entging diese Vorsicht der Spanier nicht und kränkte sie tief. Sie suchten Cortés auf und beklagten sich wegen seiner mißtrauischen Haltung, die sie den giftigen Ratschlägen ihrer mexikanischen Feinde zuschrieben. Sie erboten sich, den Spaniern mit Leib und Leben zu dienen, und erklärten sich bereit, Cortés jeden, den er wolle, als Geisel auszuliefern, um dadurch sein volles Vertrauen zu gewinnen. »Cortés und wir alle waren verblüfft darüber, wie höflich und liebevoll sie das sagten«, schreibt Bernal

Diaz. Cortés fand eine taktvolle Erklärung, welche den Stachel beseitigte, ohne ihn zu hindern, auf jede Möglichkeit vorbereitet zu sein. Er sagte, es sei ein uralter Brauch der spanischen Soldaten, im Frieden stets genauso zu kampieren wie im Kriege. Diese Antwort steigerte sogar noch das Ansehen, dessen sich die Spanier bei den tapferen und kriegstüchtigen Tlaxcateken erfreuten. Dem klugen Kapitän genügte sein Erfolg jedoch nicht, sondern er merkte offenbar, daß die Striktheit seiner militärischen Vorkehrungen ständig einen Ausgleich erfordere; darum benutzte er seinen Aufenthalt in Tlaxcala, um sich das Wohlwollen der führenden Männer des Staates zu erwerben, die er jeden einzeln zu sich einlud, um vertraute Zwiesprache mit ihnen zu halten. Bei diesen Besuchen, die bei den Häuptlingen der Tlaxcateken bald als vielbegehrte Auszeichnung galten, erfuhr Cortés viel Nützliches über Tlaxcala und Mexiko. Außerdem gewann er durch Geschenke und durch den Charme seines liebenswürdigen und höflichen Auftretens die Zuneigung seiner neuen Bundesgenossen.

Friede und Freundschaft begannen Früchte zu tragen. Die Tlaxcateken stellten erleichtert fest, daß diese Männer, denen der furchtbare Ruf, Götter zu sein, vorausgeeilt war – die Götter der Eingeborenen waren ja in der Tat schrecklich –, in Wirklichkeit umgängliche und freundliche Wesen waren, die sich ordentlich benahmen, sofern man sie nicht angriff. Tapia berichtet, daß viele Indianer mit den Spaniern zusammengelebt und an ihren Sitten Gefallen gefunden hätten.

Die Wehrlosesten unter den Indianern mögen sich wohl als erste zu den Spaniern hingezogen gefühlt haben. Bernal Diaz berichtet, daß Cortés überall als erstes die Gefängnisse öffnen und die Gefangenen, die als Opfer gemästet wurden, befreien ließ, wobei er die Tlaxcateken wegen ihrer Grausamkeit schalt und sich versprechen ließ, daß sie keine Menschen mehr töten und essen würden. Er setzte jedoch hinzu, daß seiner Ansicht nach das alles wenig geholfen habe, da dieselben Greuel wieder begannen, sobald die Spanier den Rücken kehrten.

Immerhin mußten sich die kleinen Leute durch solches

Vorgehen zu den Fremden hingezogen fühlen. Wahrscheinlich haben auch die indianischen Frauen freundliche Beziehungen zu den Soldaten aufgenommen, wiewohl das den maßgeblichen Spaniern sehr gegen den Strich ging, solange die Indianerinnen nicht getauft waren. Die Tlaxcateken scheinen nichts halb getan zu haben: Im Kriege kämpften sie wie die Löwen, aber jetzt im Frieden gab es nichts, was sie ihren neuen Freunden nicht geschenkt haben würden. Eines Morgens besuchten die Tlatoanis Cortés und brachten ihm mehr als dreihundert Frauen, die als Opfer bestimmt waren, sowie fünf Jungfrauen, »die für Indianerinnen gut aussahen«; jedes der fünf Mädchen hatte ein anderes Mädchen als Dienstmagd, und alle waren Töchter von angesehenen Männern. Xicotencatl nahm eine bei der Hand und sagte: »Dies hier ist meine Tochter, Malintzin. Sie ist Jungfrau. Nimm sie für dich, die andern sind für deine Offiziere.« Cortés dankte seinen tlaxcatekischen Freunden liebenswürdig und sagte, er nehme die Mädchen an, »doch laßt sie vorläufig noch in ihren Elternhäusern bleiben«. Die verblüfften Führer der Tlaxcateken fragten, was denn der Grund für diese seltsame Antwort sei. Damit wurde Cortés auf sein Lieblingsthema verwiesen: Erst wolle er tun, was Gott gebiete; die Tlaxcateken sollten ihren Götzen abschwören, von den Menschenopfern ablassen und an den einen und alleinigen Gott glauben.

Wir können uns kaum die Wogen wechselseitiger Verständnislosigkeit und Mißverständnisse vorstellen, welche die plötzliche Begegnung der beiden Kulturen in Indianern und Europäern hervorrief. Selbst wenn man annimmt, daß Aguilar und Doña Marina dank ihrer Begabung imstande waren, Glauben und Dogma der Christen halbwegs brauchbar in die Sprache, ja in die Mundart der Tlaxcateken zu übersetzen – wie sollten diese Indianer das Dogma von der Jungfrauengeburt mit ihrem Denken in Einklang bringen, sofern sie ihm nicht, wie bei ihren eigenen Göttern, eine unmittelbare und positive Bedeutung verliehen? Solche und ähnliche Gedanken müssen sehr dunkel ihren Geist beschäftigt haben, während die Dolmetscher ihnen weitere Erklärungen gaben: Wenn sie ihre Götzen und Opfer aufgäben, würden ihnen hier auf Erden Gesundheit und Wohlergehen, dort drüben aber ewige Seligkeit zuteil werden; sollten sie aber beharren, »so würden sie zur Hölle fahren und dort auf ewig im Feuer brennen«. Diese Drohung, die damals für jeden Christen schrecklich war, verfehlte ihre Wirkung auf die Tlaxcateken, die nicht einen Deut weniger fromm, tapfer und treu als die Spanier waren. Nachdem sie erklärt hatten, ein solcher Wechsel, wie man ihnen zumute, erfordere einiges Nachdenken, gaben sie unmißverständlich zu verstehen, daß sie lieber sterben als ihre Götter verlassen würden.

Könnten wir nun berichten, daß Cortés als kluger und aufgeklärter Mann es vorgezogen habe, sich zu bescheiden und seine Zeit abzuwarten, so würde das ein klares und logisches Bild ergeben. Aber das Leben schert sich nicht um Klarheit und Logik, sondern bietet uns seine eigene Logik dar, die wir verstehen und deuten sollen. Die Szene endete zwar mit einem klugen Kompromiß, aber das war nicht Cortés' Verdienst, der vielmehr in wenigen Sekunden durch religiöse Maßlosigkeit zunichte gemacht hätte, was er monatelang durch politischen Scharfblick aufgebaut hatte, wenn ihn nicht Männer beraten hätten, die insoweit klüger waren als er. Lassen wir Bernal Diaz berichten: »Sobald wir sahen, wie aufrichtig und furchtlos sie ihre Antwort gaben, sagte der Barmherzige Bruder, der ein tüchtiger Mann und zudem ein Theologe war: ›Herr, bedrängt sie nicht länger in dieser Angelegenheit, denn es ist nicht billig, daß wir sie gewaltsam zu Christen machen sollten. Auch möchte ich nicht, daß wir wie in Cempoal ihre Götzen umstürzen, solange sie nicht unsern heiligen Glauben kennengelernt haben. Was frommt es, ihre Bilder aus einem Cu oder Tempel zu entfernen, wenn sie sie doch in ein anderes bringen können? Laß sie allmählich unsere Ermahnungen, die gut und heilig sind, empfinden, damit sie später unsern Rat als richtig erkennen.‹ Worauf drei Herren seines Heeres zu Cortés sagten: ›Der Mönch hat recht gesprochen; Euer Gnaden haben ihre Pflicht getan und mögen die Kaziken in dieser Sache in Frieden lassen.‹«

So sehen die Tatsachen aus, und sie entsprechen früheren wie späteren Ereignissen zu gut, als daß man sie in Zweifel ziehen könnte. Auf den ersten Blick scheinen sie im Widerspruch zu den Grundzügen von Cortés' Charakter zu stehen, zumal zu seinem Scharfsinn, seiner Klugheit, seiner diplomatischen Wendigkeit und seinem tiefen Einblick in jede Situation. Aber es wäre gewiß recht oberflächlich, wollte man die Eigenschaften eines Mannes als gleichförmige Schichten ansehen, die den ganzen Bereich seines Lebens lückenlos bedecken. Wir müssen vielmehr unsere Gaben, Neigungen und Mängel immer in dem Zusammenhang sehen, den das Leben ihnen jeweils aufzwingt. Solche »Fehler« des menschlichen Charakters sind, wenn es sich um Männer von großer Lauterkeit handelt, nahezu unvermeidlich und finden sich zumal bei dem Charakterzug, der vor andern ihre Lauterkeit ausmacht; denn natürlich tritt der Fehler dort auf, wo die Spannung am größten ist. »Verrückt bin ich nur nordnordwestlich«, hat Shakespeare das genannt, und besser läßt es sich natürlich nicht sagen. Ein Mann, der immer und überall tapfer ist, wird gewiß auf seltsame Weise und in bestimmter Windrichtung furchtsam sein. Ein Mann, der immer und überall weise ist, wird eine nordnordwestliche Narrheit besitzen, durch welche alle Lüfte und Stürme der Natur in seine sonst so ruhige Seele blasen.

Cortés war nordnordwestlich verrückt. Klug wie er war, schlau, vorsichtig, vorausschauend, geduldig im Handeln, sanft im Reden, wurde er doch stets zu jähem Handeln und zu schroffem Abbruch von Verhandlungen getrieben, sobald dem Glauben, der ihn erleuchtete und seinen Mut nährte, der triumphale Vormarsch verwehrt wurde. Sein Glaube war zugleich die wichtigste Quelle seiner Kraft und die hauptsächliche Ursache seiner Schwäche. Es bestätigt nur die Aufrichtigkeit und Tiefe seines religiösen Gefühls, daß dieses allein den stählernen Panzer seiner Selbstbeherrschung sprengen und seinen sonst so klaren Blick für die nächste wie für die fernste Wirklichkeit trüben und ablenken konnte.

Diesmal jedoch folgte er dem Ratschlag des Mönches und seiner Offiziere, wiewohl die Indianer den »eindringlichen Befehl« erhielten, einen ihrer Tempel zu räumen, der danach gekälkt und mit einem Altar ausgestattet wurde, der das Kreuz und ein Bild Unserer Lieben Frau trug. Im Beisein der Kaziken wurde die Messe gelesen und wurden die jungen Damen getauft. Cortés lehnte es jedoch wiederum ab, eine der jungen und hübschen Gaben für sich selbst zu nehmen. Rangmäßig am wichtigsten war Xicotencatls Tochter, die der stolze, tapfere Tlaxcateke seinem siegreichen Gegner angeboten hatte; Cortés gab sie Alvarado. Sie hieß nun Doña Luisa, und ihre Söhne und Töchter wurden spanische Granden. Eine Tochter oder Nichte von Maxixcatzin wurde Doña Elvira getauft, »und war sehr schön«; Cortés übergab sie Juan Velázquez de León. Zwei weitere erhielten Alonso Dávila und Christóbal de Olid, die letzte schließlich ein junger Hauptmann, der bei der Eroberung eine Rolle spielen sollte, die nur hinter derjenigen seines Generals zurückblieb: Gonzalo de Sandoval.

Eine Heirat im christlichen Sinne war natürlich in den Augen der Tlaxcateken gänzlich überflüssig, und die Zuvorkommenheit der spanischen Offiziere gegenüber ihren indianischen Konkubinen, die sie als ihresgleichen behandelten und nicht nur von ihren indianischen, sondern auch von ihren spanischen Dienern bedienen ließen, trug dazu bei, eine Freundschaft zu festigen, welche die auf dem Schlachtfeld geborene gegenseitige Wertschätzung bereits auf eine tragfähige menschliche Grundlage gestellt hatte. Cortés nutzte diese Lage aus, um seiner Truppe eine Atempause von etwa zwanzig Tagen zu gönnen – knapp bemessen für ein Heer, das solche Prüfungen durchgemacht hatte – und um möglichst viel über seinen Hauptgegner zu erfahren. Seine Freunde sagten ihm, daß Moteczuma ohne weiteres hundertfünfzigtausend Krieger ins Gefecht führen könne, was sie aus eigener Erfahrung wüßten. Mit dieser Streitmacht »bemächtigten er und seine Mexikaner sich fremder Länder und erweiterten ihr eigenes Reich fast täglich, wobei sie nach dem Sieg große Greuel verübten, damit andere Völkerschaften sich aus Furcht vor ähnlicher Grausamkeit ergäben und dem mexikanischen Reich anschlössen. Sie wären so bösartig, daß sie niemals ihr Wort hielten, ein Geheimnis bewahrten oder sich der ihnen erwiesenen Wohltaten erinnerten, so schwer diese auch wiegen mochten.« – »Das waren Dinge, die eines andern Mannes Bart wohl hätten erzittern lassen.« Cortés aber fragte seine tlaxcatekischen Freunde nur, woher es denn komme, daß Mexiko trotz seiner großen Macht Tlaxcala im Laufe des hundertjährigen Krieges niemals vernichtet habe. Dieselbe Frage stellte Tapia, einer von Cortés' Soldaten, später Moteczuma selbst, der darauf diese Antwort gab: »Wir hätten das leicht tun können; aber dann hätten wir keine Gelegenheit mehr gehabt, unsere jungen Männer anders als in weiter Ferne zu trainieren; zudem wollten wir immer Leute haben, die wir unsern Götzen opfern konnten.« Das ist, wie man zugeben muß, eine Antwort, die eine hoch entwickelte Vorstellung vom Kriege sowie von dem hohen Wert, ja von der unentbehrlichen Notwendigkeit eines guten Feindes verrät. Was die Tlaxcateken Cortés antworteten, war nicht ganz so klar und nannte als einen unter mehreren Gründen den Umstand, daß Moteczumas Truppen, die aus unterworfenen Völkerschaften bestanden, an Kampfeslust zu wünschen übrigließen. Im übrigen schilderten die Tlaxcateken die Macht Mexikos in den hochsten Tönen: wie reich und majestätisch Moteczuma, wie prächtig, stark befestigt und wohl ausgerüstet seine Hauptstadt sei, die auf einer Lagune stehe und nur auf drei, von vielen Brücken unterbrochenen Straßendämmen zu erreichen sei, so daß es genüge, eine einzige Brücke aufzuziehen, um die Stadt zu isolieren. Die Stadt bestehe aus zahllosen Häusern mit Terrassen, die so gebaut seien, daß sie den Kämpfenden Schutz gewährten. Das Trinkwasser komme aus Chapultepec, über drei Kilometer von der Hauptstadt entfernt, in einer dafür gebauten Wasserleitung. Bewaffnet seien die Mexikaner mit Pfeilen, die jede (baumwollene) Rüstung durchbohrten, »Feuerstein«-Speeren (sie waren in Wirklichkeit aus Obsidian und, wie Cortés nur zu gut wußte, wirklich furchtgebietend) und Schwertern, die beidhändig geschwungen werden mußten. Die Tlaxcateken zeigten ihren Gästen Bildberichte von früheren Kämpfen mit den Mexikanern, auf denen ihre Kampfesart deutlich zu erkennen war.

Cortés nebst einigen seiner Offiziere und Soldaten – Bernal Diaz scheint auch dabeigewesen zu sein – folgte diesen Erzählungen aufmerksam, bis die Rede auf Waffen und Taktik kam; da seine eingeborenen Freunde ihm darüber nichts Neues berichten konnten, wechselte er plötzlich das Thema und fragte sie, wie sie, die Tlaxcateken, eigentlich dazu gekommen seien, sich hier niederzulassen. Das führte zu der Geschichte, daß das Land früher von Riesen bewohnt gewesen sei, welche die Tlaxcateken besiegt hätten. Als Beweis führten sie einen Hüftknochen von gewaltigen Ausmaßen vor – der allerdings nicht von einem Menschen stammte. Cortés meinte, es sei am besten, den Knochen Seiner Majestät nach Spanien zu schicken. Auf ihre Vergangenheit gebracht, berichteten die Tlaxcateken nun auch die Prophezeiung über Quetzalcoatl – »ein Götze«, wie Bernal Diaz schreibt, »dem sie sehr ergeben waren, hatte ihnen gesagt, von Sonnenaufgang würden Männer aus fernen Landen kommen, um sie zu unterwerfen und zu beherrschen. Falls wir solche Männer wären, würden sie dessen froh sein, weil wir so tapfer und freundlich seien. Als sie mit uns über den Frieden verhandelten, hätten sie sich erinnert, was ihre Götzen ihnen verheißen, und deshalb hätten sie uns ihre Töchter gegeben, um Sippengenossen gegen die Mexikaner zu gewinnen.« Diese Offenbarung verblüffte die Spanier, die sich zu fragen begannen, ob sie zutreffen könne. Cortés jedoch war klug genug, sich möglichst an die Tatsachen zu halten, und erwiderte daher nur: »Die Spanier kommen zweifellos von dorther, wo die Sonne aufgeht. Deshalb hat uns der König gesandt, um die Tlaxcateken zu unseren Brüdern zu machen; denn er hat euch etwas zu sagen. Gott möge es fügen, daß wir mit unsern Händen und unserer Fürbitte euch retten mögen.« Worauf alle anwesenden Soldaten »Amen!« sagten.

Cortés war ein Mann, welcher meinte, was er sagte. Er war daher genötigt, aus diesem Versprechen, das er seinen tlaxcatekischen Freunden gegeben hatte, seine Folgerungen zu ziehen. Mehr denn je war es nötig, daß er seine bequemen Quartiere in Tlaxcala verließ und seine Truppe mitsamt den Verbündeten nach Mexiko führte. Er merkte rasch, wie vorteilhaft es war, daß er eine alles überragende Hauptstadt vor sich hatte: er brauchte nun nur diese Hauptstadt fest in die Hand zu bekommen, um seinen Freunden, Feinden und Rivalen seinen Sieg unmißverständlich zu beweisen. Auf nach Mexiko! lautete daher die Parole.

Zunächst schickte er einen Spähtrupp in Gestalt einer Gesandtschaft zu Moteczuma. Seine Sendboten waren Pedro de Alvarado und Bernaldino Vázquez de Tapia. Die beiden Offiziere brachen mit nur einem Diener nach Mexiko auf. Offenbar fühlte sich Cortés jetzt seiner Stärke so sicher, daß er es wagen konnte, zwei seiner Hauptleute ohne Bedeckung wegzuschicken. Die beiden Sendboten kehrten zurück, ohne Mexiko erreicht zu haben. Tapia erkrankte an Fieber, und Alvarado beschloß umzukehren: entweder weil ihm Beamte Moteczumas in Iztapalapa sagten, er solle nicht weiterreisen, weil der Kaiser Kopfschmerzen habe, oder weil Cortés ihn auf Grund von Vorstellungen seiner Soldaten zurückrief, die dagegen waren, daß sich ihre Hauptleute einem solchen Risiko aussetzten.

Cortés' Entschluß, nach Mexiko zu ziehen, sprach sich rasch im Lager herum, wo die Nachricht unter den reichen Soldaten der »kubanischen« Partei einigen Widerstand weckte. Dieser wurde jedoch schnell »von uns armen Soldaten gebrochen«, schreibt Bernal Diaz, »die wir schon viele Male unsere Seele Gott unserm Schöpfer geweiht hatten, unsern Leib aber Verwundung und allen Prüfungen aussetzten, bis wir eines Tages im Dienste des Herrn und Seiner Majestät sterben würden«. Widerstand gab es auch bei Xicotencatl und Maxixcatzin, die um die Spanier inmitten jener Mexikaner bangten, welche in ihren Augen geborene Verräter waren. Hierauf reagierte Cortés auf eleganteste Weise. Die Gefahr schob er beiseite, doch meinte er in den Ratschlägen seiner tlaxcatekischen Freunde einen Unterton des Mißtrauens zu vernehmen, dem er alsbald zu begegnen gedachte. So machte er den beiden Führern reiche Geschenke aus den Beständen, die er von Moteczuma erhalten hatte, vor allem Baumwollkleider, die in dem blockierten Tlaxcala begehrtester Luxus waren. Er ging sogar so weit, vorzuschlagen, es könne ratsam sein, wenn sie mit den Mexikanern Frieden schlössen, um dann unbehindert Handel treiben und Salz und Baumwolle einführen zu können.

Xicotencatl und Maxixcatzin wiesen diesen Gedanken von sich, weil er angesichts der Treulosigkeit der Mexikaner außerhalb des Bereiches des Möglichen liege. Zudem waren sie entsetzt zu hören, daß Cortés entschlossen sei, nicht nur nach Mexiko zu ziehen, sondern auch noch den Weg über Cholula zu nehmen; dies war ein mit Moteczuma verbündeter Stadtstaat, der sie, wie sie Cortés oft erzählt hatten, mehrmals treulos angegriffen hatte. Der Weg über Cholula war ihm von den mexikanischen Botschaftern angeraten worden, die während seines ganzen Aufenthaltes in Tlaxcala in seiner Umgebung geblieben waren. Die Tlaxcateken rieten ihm statt dessen zur Straße über Guaxocingo, einem mit ihnen verbündeten Gemeinwesen. Cortés entschied sich für den Weg über Cholula, weil dieses eine große, gut versorgte Stadt war, wo er verweilen konnte, während er überlegte, wie er in Mexiko eindringen könne, ohne Krieg zu führen. Er teilte den mexikanischen Botschaftern sogar den Tag des Aufbruchs mit. Das kam den Tlaxcateken zu Ohren, die zu Cortés eilten, um ihm klarzumachen, welcher Gefahr er sich aussetze: Moteczuma habe fünfzigtausend Mann nach Cholula entsandt, die zwei Meilen vor der Stadt auf die Spanier warteten; die reguläre Straße sei gesperrt und eine andere angelegt worden, auf der Fallgruben für die Pferde vorbereitet wurden. Die Stadt selbst sei zum Kriege gerüstet, einige Straßen durch Mauern versperrt, die Terrassen der Häuser mit Wurfsteinen wohl versorgt. Als letzten Beweis für den bösen Willen der Chololteken verwiesen die Tlaxcateken darauf, daß jene der einzige Volksstamm dieser Gegend seien, der ihm keine Abordnung zur Begrüßung entgegengeschickt habe.

Das traf Cortés allerdings tief, weshalb er sofort vorschlug, die Tlaxcateken sollten die Führer von Cholula durch Boten vor ihn laden. Daraufhin schickten die Cho-

TO
TR: DI MOTEZVMA LE
VATO DALL'ORIGINA
CNVTO DAL MESSICO
MO SER: G.D. DI TOSCA NA

Montezuma

Altmexikanische Götterfigur. Ein Geschenk Montezumas an Cortés.

Das Treffen von Cortés und Montezuma in Mexiko, 1519

Altmexikanischer Prunkschild.

Die Eroberung der mexikanischen Hauptstadt Xolloco durch die Truppen von Hernando Cortés (indianische Darstellung um 1550).

lolteken eine Art von Gesandtschaft, die jedoch von den Tlaxcateken sofort als Verhöhnung von Cortés bezeichnet wurde, da es einfache Leute seien, die er gar nicht empfangen dürfe. Trotzdem sprach Cortés mit ihnen und sagte, eine Botschaft an einen so großen Fürsten wie den König von Spanien solle nicht Leuten ihres Schlages anvertraut werden. Er forderte nochmals die Führer von Cholula auf, binnen drei Tagen zu erscheinen und ihren Gehorsam gegenüber Seiner Majestät zu erklären; sollten sie das verweigern, so würde er sie angreifen und vernichten. Das alles ließ er ihnen außerdem schriftlich geben, ordnungsgemäß unterzeichnet von ihm selbst und seinem Notar. Am nächsten Tage waren die Führer von Cholula zur Stelle. Sie erklärten ihre Säumnis mit Unsicherheit, da Tlaxcala feindliches Gebiet sei, baten Cortés, nichts von dem zu glauben, was die Tlaxcateken ihm vielleicht erzählt hätten, und erklärten sich zu Vasallen des Königs von Spanien, was immer sie sich unter dieser Nation und ihrem Herrscher vorstellen mochten. Cortés ließ wiederum alles von seinem Notar aufschreiben.

Danach entschied er sich endgültig für den Weg über Cholula, »um keine Schwäche an den Tag zu legen«, wie er dem König schrieb.

Am 13. Oktober 1519 brach das Heer in striktester Marschordnung nach Cholula auf. Begleitet wurden die Spanier von ihren Cempoaler Verbündeten, die etwa fünfhundert Mann zählten, und von der gesamten tlaxcatekischen Armee, welche Cortés auf hunderttausend Mann schätzt, was allerdings kaum glaubhaft ist. Er hatte, wie er dem Kaiser berichtet, sein möglichstes getan, um ihnen abzuraten, und hatte es damit begründet, daß er sie nicht benötige. Die Tlaxcateken mögen jedoch ihre besonderen Gründe dafür gehabt haben, das Gebiet ihrer Feinde in so vortrefflicher Gesellschaft zu betreten. Das paßte Cortés aber gar nicht; als sie zwei Meilen vor Cholula standen, »kehrten sie auf mein ständiges Drängen um, doch blieben etwa fünf- bis sechstausend von ihnen bei mir«. Er beschloß, die Nacht dort an einem Bache zu verbringen, weil er die Ruhe der Stadt nicht stören wollte und sich der Tlaxcateken nicht ganz sicher gewesen zu sein scheint. Die Chololteken schickten ihm Proviant für die Abendmahlzeit und erschienen am nächsten Morgen zu seinem Empfang mit Musik, die eher religiös als militärisch klang, »und sie sangen, wie sie in ihren Moscheen zu singen pflegen«. Anführer und Priester kamen friedfertig heran, die Priester mit Räucherpfannen, in denen sie Kopalharz verbrannten – ob zu Ehren der Fremden oder um sie als böse Geister auszutreiben, war nicht klar. Die Anführer erklärten, sie fänden es unbillig, daß ihren Feinden, den Tlaxcateken, gestattet werden solle, bewaffnet in die Stadt einzuziehen. Cortés hatte unterwegs mancherlei Anzeichen dafür wahrgenommen, daß die Warnungen der Tlaxcateken nur zu berechtigt gewesen waren: Die reguläre Straße war wirklich gesperrt, und auf dem Wege, dem sie folgen mußten, gab es einige Fallgruben. Trotzdem leuchtete ihm der Standpunkt der Chololteken ein, weshalb er beschloß, eine Art von öffentlichem Disput zu veranstalten. Er ließ das Heer anhalten und um sich versammeln. Hoch zu Pferde forderte er dann die Chololteken auf, ihre Auffassung vorzutragen, woraufhin diese ihre amtliche Erklärung wiederholten: sie seien Tlaxcala nicht etwa aus Mangel an Achtung für Cortés ferngeblieben, sondern weil es eine feindliche Stadt sei; auch baten sie Cortés abermals, die Tlaxcateken aus ihrer Stadt herauszuhalten. Daraufhin gab Cortés seinem Stellvertreter Pedro de Alvarado und seinem Generalquartiermeister Cristóbal de Olid Befehl, daß die Tlaxcateken außerhalb der Stadt Lager beziehen und daß außer den Soldaten aus Cempoal und den tlaxcatekischen Tlamemes, welche die Artillerie trugen, keine Indianer die Stadt betreten sollten.

Dieser Entschluß beruhigte die Chololteken. Als Cortés sah, daß sie zugänglicher wurden, richtete er seine übliche Botschaft an sie. Die Chololteken weigerten sich, ihre Götzen fahren zu lassen, waren es jedoch zufrieden, »dem König, von dem du redest« zu huldigen. Cortés war diesmal bereit, die Zerstörung der Götzenbilder der Zukunft zu überlassen, und die Armee nahm ihren Marsch zur Stadt wieder auf. Er tat gut daran, da Cholula für die Gläubigen von ganz Anáhuac und zumal für den Quetzalcoatl-Kult eine Art von Mekka war. Es gab in der Stadt dreihundertsechzig Teocallis – heute gibt es dort ebenso viele Kirchen – und außerdem eine uralte Pyramide, auf der das große, Quetzalcoatl geweihte Teocalli stand. Gegen ungläubige Angreifer wurde Cholula auf übernatürliche Weise durch Blitz und Donner verteidigt, die Quetzalcoatl in der Stunde der Gefahr auslöste. Obwohl jedoch das spanische Heer vom Standpunkt der Chololteken aus fraglos ungläubig war – nichts ist ja so relativ wie die Ungläubigkeit –, kam es nicht als Angreifer, sondern als Gast und wurde daher nicht von Blitz und Donner, sondern von dem Lärm einer lächelnden Menge empfangen, die neugierig die seltsamen Männer und die noch seltsameren Tiere anschauen wollte. Während sie durch dieses menschliche Flußbett nach den ihnen bestimmten Quartieren zogen, bemerkten die Reiter von ihrem erhöhten Ausblick aus, daß einige Straßen durch Mauern versperrt waren, während sie an andern Stellen Löcher im Pflaster und verdächtig aussehende Barrikaden wahrnahmen. Cortés bemerkte außerdem, daß neue Boten von Moteczuma in der Stadt eingetroffen waren, die jedoch offensichtlich nicht zu ihm entsandt worden waren, da sie nicht vor ihm erschienen, wohl aber häufig mit den mexikanischen Botschaftern sprachen, die seit dem Aufbruch aus Tlaxcala zu seinem Gefolge gehört und ihm geraten hatten, über Cholula zu marschieren. Auch entging ihm nicht, daß die neuen Boten, als sie Cholula verließen, von dem Anführer dieser Botschafter begleitet wurden.

Das alles war sehr beunruhigend, zumal da nach der Abreise der mexikanischen Sendboten das Angebot von Proviant und Dienstleistungen seitens der Chololteken spärlicher wurde. Eines Tages erwähnte Diego de Ordás alle diese bösen Vorzeichen und schloß unter Hinweis auf Mexikaner und Chololteken: »Das Aussehen dieser Leute gefällt mir nicht im geringsten, und ich glaube, daß ich mich da nicht täusche.« Cortés schlug mit der Faust auf den Tisch, tat, als ob er ärgerlich sei, und rief: »Gerechter Himmel, Diego de Ordás, was habt Ihr für Angst! Was könnten uns diese oder andere Leute wohl tun, und wenn es noch so viele wären?« Trotzdem empfand er Unruhe. Er versuchte, etwas von den Anführern der Chololteken zu erfahren, doch weigerten sie sich zu kommen, obwohl er mit ihnen durch zwei Priester verhandelte, die er durch Geschenke gewonnen hatte. Drei Cempoaler suchten ihn auf und teilten ihm mit, daß sie in den Straßen um das Lager Gruben mit spitzen Pfählen darin gefunden hätten, daß die Terrassen mit Steinen angefüllt und verbarrikadiert seien, und daß sich in einer benachbarten Straße eine Barrikade aus dicken Holzbalken befinde. Während sie noch berichteten, stürzten acht Tlaxcateken von der draußen vor der Stadt kampierenden Armee herein und sagten zu Cortés: »Malintzin, in der Stadt herrscht böse Stimmung. Gestern abend haben sie sieben Menschen, darunter fünf Kinder, dem Kriegsgott geopfert, und jetzt schicken sie ihre Kleider, Frauen und Kinder weg.« Cortés entließ sie mit dem Befehl an ihre Hauptleute, sie möchten sich jederzeit auf Abruf bereithalten.

An jenem Abend traf Cortés rund um das Lager besondere Vorkehrungen. Die Truppen wurden bis auf den letzten Mann bewaffnet und kampfbereit gemacht und alle Pferde gesattelt und gezäumt. Er rechnete mit einem gleichzeitigen Angriff der Mexikaner und Chololteken. Dann hielt er mit seinen Offizieren und einigen seiner vertrauten Soldaten, darunter Bernal Diaz, zwanglos Kriegsrat. Einige seiner Gefährten waren der Meinung, es sei besser, den Weg über Cholula aufzugeben und über Guaxocingo nach Mexiko zu ziehen; andere hielten es für sicherer, jedenfalls nach Tlaxcala zurückzukehren. Schließlich aber setzte sich der kühnere Plan durch, die Chololteken in ihrer eigenen Stadt anzugreifen, weil sie endgültig verloren sein würden, wenn sie solchen Verrat ein einziges Mal hinnehmen würden.

Während sie noch berieten, besuchten eine alte Dame und ein Jüngling, deren Äußeres Reichtum und Einfluß verriet, im Schutze der Nacht Doña Marina. Es war die Frau eines der chololtekischen Offiziere mit ihrem Sohn, die Doña Marina vor der drohenden Todesgefahr warnen wollte. Die gute alte Dame war auf den Gedanken gekommen, die junge, hübsche und offenbar wohlhabende Frau mit einem ihrer Söhne zu verheiraten. Darum verriet sie ihr, daß auf Befehl von Moteczuma am nächsten Morgen alle Spanier entweder getötet oder als Opfer für Uitzilopochtli nach Mexiko gebracht werden sollten. »Mutter«, erwiderte Doña Marina, »ich bin Euch sehr dankbar und würde gern alsbald mitkommen, wenn ich nur jemanden hätte, dem ich meine Gewänder und Juwelen als Träger anvertrauen könnte. Könntet Ihr mit Eurem Sohn hier warten? Jetzt beobachten uns die Teules, die unsern Fluchtversuch bemerken würden.« Die alte Dame blieb natürlich und schwatzte weiter. Der Plan war drei Tage alt. Moteczuma hatte ihrem Gemahl eine goldene Trommel als Belohnung für seine Mitwirkung geschickt; andere Offiziere hatten gleichfalls wertvolle Geschenke erhalten. »Wartet hier einen Augenblick«, sagte Doña Marina, »ich werde nach und nach meine Sachen holen.« Da ihr Herz aber Cortés gehörte, ging sie von hinnen und unterrichtete Aguilar.

Cortés verlor keine Zeit. In aller Stille griff er sich einen der chololtekischen Anführer, der besonders beschäftigt zu sein schien, setzte ihm einen Dolch auf die Brust und fragte, was im Gange sei. Er bekam ein ziemlich vollständiges Geständnis zu hören. Die Dame, ihr Sohn und der Anführer wurden scharf bewacht. Inzwischen dämmerte der Morgen, und die Soldaten bemerkten das unruhige Hin und Her zwischen den Anführern, den Priestern und einer Gruppe bewaffneter Chololteken, die unter dem Vorwand ins Lager gekommen waren, daß Cortés selbst zweitausend von ihnen als Begleitung auf dem Marsch nach Mexiko angefordert habe. Die Spanier waren jedoch auf dem Posten. Soldaten mit Schwert und Schild standen an den Lagertoren, um zu verhindern, daß einer der Chololteken das Lager lebendig verließe. Cortés hatte möglichst viele ihrer Anführer zusammengerufen und ließ sie in einem Raum einsperren. Er war jetzt hoch zu Roß mitten unter seinen Leuten. Nach einem Blick auf die Krieger der Chololteken, die sich mit bösem Grinsen im Hof des Lagers drängten, sagte er zu seinen Soldaten: »Wie diese Verräter danach gieren, uns in den Fallgruben zu sehen, damit sie sich an unserm Fleisch gütlich tun können! Der Herr wird es besser hinausführen.« Dann wendete er sich, immer noch zu Pferde, an die Chololteken im Lager. Er sagte ihnen, daß er alles wisse. Er habe nur ihr Freund sein wollen, sie aber hätten getrachtet, ihn und seine Gefährten zu vernichten, und gelobt, daß sie zwanzig von ihnen den Götzen opfern würden, wie sie es schon mit sieben ihres eigenen Volkes getan hätten, wofür ihnen die Götzen den Sieg versprochen hätten. »Da er aber ein falscher und schlechter Götze ist, hat er keine Macht über uns, sondern alle diese Verräterei und Übeltaten werden jetzt auf euch zurückfallen.« Doña Marina übersetzte seine Rede, unter deren starkem Eindruck die Chololteken alle Schuld auf Moteczuma schoben. Cortés ließ diese Entschuldigung jedoch nicht gelten, sondern gab zur Antwort: »Solcher Verrat, so wollen es des Königs Gesetze, kann nicht unbestraft bleiben. Ihr müßt sterben!« Dann ließ er eine Muskete abfeuern. Das war das verabredete Zeichen: »In zwei Stunden starben mehr als dreitausend Mann«, schreibt er später an den Kaiser.

Die Spanier mußten hart kämpfen, denn die Chololteken waren nicht feige. Der Kampf dauerte fünf Stunden, deren letzte drei für die Chololteken noch schwerer wurden, weil ihre alten Feinde, die Tlaxcateken, auf dem Schlachtfeld erschienen, deren Zerstörungslust Cortés energisch einzudämmen versuchte. Er ließ durch Christóbal de Olid alle Hauptleute der Tlaxcateken zu sich rufen und befahl ihnen, ihre Männer sofort aus der Stadt abzuziehen. Außerdem zwang er sie, ihre Gefangenen herauszugeben – deren Bestimmung nur allzu deutlich war – »aber sie wurden«, schreibt Bernal Diaz, »diesmal reich an Gold und Gewändern, an Baumwolle, Salz und Sklaven«.

Inzwischen besuchten Cortés einige »Anführer der Opposition« – Häuptlinge der Chololteken, die mit der jüngsten Politik ihres Stadtstaates nicht einverstanden waren – und baten um Gnade. Sie erklärten, daß Cholula von alters her mit Tlaxcala und Guaxocingo gegen den mexikanischen Dreibund (Tenochtitlán oder das eigentliche Mexiko, Tetzcuco und Tlacopan) verbündet gewesen sei, daß ihre Stadt aber in jüngster Zeit auf Bestreben der andern Partei ihre Beziehungen umgestellt habe. Cortés ergriff sofort diese Gelegenheit, um nicht nur in Cholula selbst, sondern auch zwischen diesem und Tlaxcala Frieden zu stiften. Die neuen, von ihm ernannten Stadtältesten holten die Bevölkerung zurück, die schon nach wenigen Tagen ihr gewohntes Leben wieder aufnahm. Auch gelang es ihm, zwischen den beiden Städten die guten Beziehungen wiederherzustellen, die erst gestört worden waren, als Moteczuma unlängst Zwietracht zwischen ihnen gesät hatte.

Daß er so rasch zugriff, um die Wunden zu heilen, die sein Kommen im Lande geschlagen hatte, muß man berücksichtigen, wenn man die schwarzen Tage von Cholula erörtert. Es wäre vielleicht denkbar, daß die Tlaxcateken zu einem Mißverständnis beigetragen haben, doch stammte die erste Warnung nicht von ihnen, sondern von den Cempoalern, denen der Streit zwischen Cholula und Tlaxcala gänzlich gleichgültig war. Vielleicht hätte auch ein anderer Mann unter genau gleichen Verhältnissen eine bessere Lösung gefunden. Es ist jedoch kaum vorstellbar, wie Cortés anders hätte handeln können, *sofern man die Eroberung als solche gelten läßt*. Gewiß sagt Sahagún, dessen Kenntnis der mexikanischen Verhältnisse immer Achtung verdient, eindeutig, daß »die Chololteken Waffen weder für einen Angriff noch für die Verteidigung hatten«, und deutet an, daß sie die Spanier zwar kühl und reserviert behandelt, aber keinerlei Verrat beabsichtigt hätten. Er betrat den Schauplatz jedoch erst viel später, und was er über eine Sache, in der die Indianer selbst verschiedener Meinung waren, erfuhr, mußte von der Quelle beeinflußt werden, aus der er schöpfte. Bernal Diaz, der seine Gefährten gegen die Anklagen des Las Casas verteidigt, weist darauf hin, daß die Franziskaner nach ihrer Ankunft in Neuspanien die Tatsachen untersucht und nach Gesprächen mit den beteiligten Priestern der Chololteken festgestellt hätten, daß sich die Ereignisse so abgespielt haben, wie er sie berichtet hat. Insbesondere beruft er sich, was sehr zu beachten ist, auf den heiligmäßigen und als indianerfreundlich bekannten Motolinia.

Daß Cortés durchaus imstande war, unbewaffnete Einwohner zu überfallen, beweist der Umstand, daß er es, wie er selbst beschreibt, in jenem nächtlichen Raubzug im Gebiet von Tlaxcala getan hat. Gerade darum aber verdienen er und seine Gefährten Tapia und Bernal Diaz Glauben, wenn ihre Berichte, die unabhängig und ohne gegenseitiges Wissen verfaßt worden sind, in den Hauptpunkten übereinstimmen: Eine Verschwörung hat stattgefunden, und die Chololteken waren bewaffnet. Hier haben wir einen der Fälle, wo Las Casas in seinem leidenschaftlichen Verlangen, alle Konquistadoren anzuschwärzen, auf frischer Tat ertappt wird. Er leugnet die Verschwörung und beschuldigt Cortés eines rohen und grausamen Vorgehens – aber alles nur vom Hörensagen. Ein amerikanischer Sachkenner unserer Zeit bemerkt dazu: »Das ›Gemetzel‹ von Cholula war für jedermann, der wie Cortés Krieg führte, eine militärische Notwendigkeit.«[7]

Außerdem entspricht es ganz der juristischen Denkweise und seiner beinahe pedantischen Korrektheit, daß er sich zwar die Freiheit zugestand, selbst ein unbewaffnetes Dorf zu überfallen, weil der Staat, zu dem es gehörte, ihm den Zutritt verweigerte; daß er sich jedoch verpflichtet fühlte, die Gastfreundschaft von Cholula zu respektieren und deshalb sogar seine tlaxcatekischen Bundesgenossen fernzuhalten, bis er von dem Verrat der Chololteken restlos überzeugt war; und daß er dann, als er diese Gewißheit besaß, den »Verrätern« mitteilte, ein solches Verbrechen könne im Hinblick auf die Gesetze des Königs nicht straflos bleiben. Die Ereignisse haben jedoch ihre besondere Logik. Obwohl das Gemetzel von Cholula ihm selbst gerechtfertigt erschien, schlug es tiefe Wurzeln in der Erinnerung seiner Truppe und führte später zu einer ähnlichen Tat, die fraglos von diesem Vorbild veranlaßt wurde: ein übereilter Ausbruch vorbeugender Gewalt seitens Alvarados, der zu einer der beiden größten Tragödien der ganzen Eroberung führte.

Soweit Moteczuma daran beteiligt war, behandelte Cortés die Affäre von Cholula mit einer für ihn bezeichnenden, subtilen Geschicklichkeit. Daß der Kaiser von Mexiko für die ganze Angelegenheit verantwortlich war, konnte ihm nicht im geringsten zweifelhaft sein; aber er war nicht in der Lage, als Feind in Mexiko einzuziehen, oder jedenfalls zog er vor, das als Freund zu tun. Er konnte daher öffentlich und von Amts wegen nicht die Ansicht vertreten, daß der Kaiser ihn verraten habe. Als nun die Kaziken von Cholula kamen und ihn um Gnade baten, rief er Moteczumas Botschafter herbei und ließ die Chololteken vor ihnen wiederholen, welchen Anschlag Moteczuma geplant habe. Er beachtete das jedoch nicht weiter, sondern antwortete den Chololteken, »zwar verdiene die ganze Stadt, vernichtet zu werden, doch vergebe er ihnen aus Achtung vor Moteczuma, dessen Vasallen sie seien«. Sobald jedoch der Friede in der Stadt wiederhergestellt worden war, rief Cortés die mexikanischen Botschafter abermals zu sich, machte ihnen wegen ihres Gebieters Treulosigkeit bittere Vorwürfe und kündigte an, daß er es sich anders überlegt habe: anstatt Mexiko als Freund zu betreten, werde er auf dem Kriegsfuße dort einziehen und möglichst viel Schaden anrichten.

Die Botschafter erbaten und erhielten sofort Urlaub für einen der ihren, damit er nach Mexiko reisen, berichten und wiederkehren könne. Cholula liegt etwa hundertfünfzig Kilometer von Mexiko entfernt. Moteczuma hoffte immer noch hartnäckig, er könne sich Cortés vom Leibe halten, und begründete seinen Wunsch durch den Mund seiner Botschafter damit, daß das Land nahezu unzugänglich sei (was für einen Spanier ein unbekannter Begriff ist) und zudem arm und unfruchtbar (was angesichts der prächtigen Geschenke, die Moteczuma an Cortés geschickt hatte, nicht ernst zu nehmen war).

Der Sieg über Cholula verschaffte Cortés in ganz Anáhuac noch größeres Ansehen. Die Kaziken von Tepeaca schickten ihm als Geschenk dreißig Sklaven und Gold – was die Zauderer unter den Spaniern dazu bestimmte, Cortés nun doch nach Mexiko zu folgen; auch Guaxocingo schickte eine wertvolle Gabe. Die Zerstörung des großen Quetzalcoatl-Tempels in Cholula hatte den Glauben der Eingeborenen an ihre Götter ins Wanken gebracht. Moteczumas Boten kehrten mit noch mehr Geschenken und mit lahmen Entschuldigungen wegen der Vorgänge in Cholula zurück; dazu überbrachten sie abermals den Wunsch, daß Cortés nicht nach Mexiko kommen möge.

Cortés' Antwort bezeugt zugleich seinen festen Charakter und seinen verbindlichen Ton: »Ich erwiderte, daß die Reise in sein Land nicht unterbleiben könne, da ich Euer Majestät über ihn und die Reise berichten müsse . . . weshalb er, da ich gewiß kommen und ihn aufsuchen würde, gute Miene dazu machen und keine Anschläge aussinnen solle; denn das würde ihm großen Schaden einbringen, und mir würde alles, was ihm zustieße, sehr leid tun.« Diese zweite Botschaft wirkte sich auf den unglücklichen Kaiser verheerend aus, so daß er Rat bei seiner Religion suchte. Er ließ viele Menschen opfern und schloß sich selbst tagelang in dem großen Teocalli ein, fastete, betete und brachte seine Ohren, Arme und Beine zum Bluten, um daraus eine Eingebung zu gewinnen. Sie scheint ihm zuteil geworden zu sein, und zwar in recht massiver Form, wiewohl wir Zweifel hegen dürfen, von wem sie ihm zuteil ward: »Der Teufel, dem er sich anzuvertrauen pflegte, sprach zu ihm und hieß ihn, sich nicht zu fürchten, da die Christen nur wenige seien, er aber Herr über viele tapfere Männer sei und daher mit den Christen machen könne, was er wolle. Er solle die Menschenopfer nicht einstellen, damit er sich nicht einem Unheil aussetze, sondern solle sich die Götzen Uitzilopochtli und Tezcatlipoca geneigt halten.«

Diese Ermutigung, die ihm sein Inneres oder der Teufel eingegeben haben, mag auf ganz andere Erlebnisse zurückgehen, als Torquemada hier berichtet. Moteczuma hatte als Gouverneur an der Nordküste einen Edelmann namens Quauhpopoca. Dieser war Herr auf Coyohuacán und residierte nicht weit von Veracruz in einer Stadt, welche die Mexikaner Nauhtla und die Spanier Almeria nannten. Quauhpopocas Truppen gerieten in ein Gefecht mit einigen spanischen Soldaten, wobei es Quauhpopoca vor allem darauf angekommen zu sein schien, Moteczuma ein lebendes Exemplar der Spanier zu liefern. Einen Toten und einen Lebenden fing er, der jedoch schwer verwundet war. Er schickte beide dem Kaiser, doch starb der Verwundete unterwegs, woraufhin die Träger – damals vollzog sich ja jeder Transport auf dem Rücken von Menschen – die Köpfe abschlugen und die Körper am Wege liegen ließen. Einer der beiden, Arguello, »hatte einen sehr großen Kopf mit lockigem, schwarzem Bart; er sah stämmig aus und war ein sehr kräftiger junger Mann«. Als die beiden Köpfe vor dem Kaiser niedergelegt wurden, betrachtete er sie lange schweigend, bleich und niedergeschlagen. Schließlich sagte er: »Es sind keine Unsterblichen, aber, nach ihren Gesichtern zu urteilen, tapfere Leute.« Der schauerliche Anblick bestätigte seine Auffassung, daß die bärtigen weißen Männer diejenigen seien, welche der alten Prophezeiung zufolge aus dem Osten kommen und das Land beherrschen würden.

Diese Offenbarung veranlaßte ihn, mindestens seine Taktik zu ändern. Er schickte sechs Boten zu Cortés und lud ihn ein, nach Mexiko zu kommen, wo er wohl aufgenommen werden sollte. Cortés »gab ihm eine gute und sehr liebenswürdige Antwort«, schickte drei der Boten damit zurück und behielt die andern drei als Führer für die Reise bei sich. Nicht eben zuverlässige Führer, sollte man meinen. Ja, sie hätten ihn in den Tod geführt, wenn Cortés nicht den Plan seines nicht minder verschlagenen Gegners erraten hätte. Weil die mexikanischen Botschafter darauf bestanden, daß er eine bestimmte Straße wähle, wurde sein Verdacht geweckt. In diesem Augenblick geschah es, daß »Gott, der sich immer sehr bemüht hat, Euer Majestät Angelegenheiten seit Euer Majestät Kindheit zu führen, uns, die wir in Euer Majestät königlichem Dienst marschierten, eine andere Straße zeigte, die zwar etwas steil, aber nicht so gefährlich wie die andere war, welche jene uns zu führen beabsichtigten.«

Seit unvordenklichen Zeiten pflegt der Herr, wenn er den Menschen etwas mitteilen will, sich einer Rauchsäule zu bedienen. Auf ebendiese Weise auch gab Er Cortés ein Zeichen, als dieser, in Seinen und Seines wichtigsten Gehilfen auf Erden, Karls V. Diensten, in Gefahr geriet. Während sie noch in Tlaxcala waren, hatten die Spanier eine Rauchwolke gesehen, welche »groß wie ein Haus« vom Gipfel des gewaltigen Berges aufstieg, den die Eingeborenen Popocatepetl nannten. Die Rauchsäule stieg gerade zum Himmel empor, da der starke Wind, der über die Gipfel blies, ihr nichts anhaben konnte. Neugierig, wie die Menschen damals waren, fragten sie die Eingeborenen danach. Diese nun fanden es ganz natürlich, daß ein Berg mit dem Namen »Der rauchende Berg« (denn das bedeutet Popocatepetl) seinem Namen Ehre machte. Zudem steckten sie voll religiöser Angst, denn Popocatepetl und dessen Frau Iztaccihuatl (»Die weiße Frau«), der nicht minder majestätische Berg in seiner Nähe, standen ihrer Meinung nach in Beziehungen zu den Geistern der Abgeschiedenen. Viele brachten die Tätigkeit dcs Popocatepetl gewiß mit der Ankunft der Teules in Verbindung. Die Spanier hingegen wußten natürlich, daß das Rauchen des Berges anzeigte, daß Gott etwas plane, was gewiß zu Seinem Ruhm und Seiner weißen Diener Ruhm ausschlagen werde.

Aber die Wege des Herrn sind wunderbar, und Er beschloß, Cortés solle Seinen Ratschluß auf dem Umweg über die wissenschaftliche Neugier kennenlernen. Es fügte sich so, daß Diego de Ordás, der den Indianern zeigen wollte, daß ein Spanier vor nichts zurückscheue, Cortés um die Erlaubnis bat, den Gipfel des rauchenden Berges zu erklimmen. Cortés gab ihm neun Männer, »wie man sie für dergleichen Aufgaben braucht«, und ein paar Indianer als Führer und Träger mit und ließ sie ziehen. Die Aufgabe war nicht leicht, denn der Popocatepetl ist fast 5400 Meter hoch. Zuerst mußten sie sich durch dichten Wald einen Weg bahnen und später über die üblichen Zacken und abschüssigen Pfade klettern, mit denen die Riesen der Erde ihre stolze Einsamkeit verteidigen. Die beteiligten Indianer hatten vorher gesagt, daß die Spanier nur halb hinauf gehen könnten, weil der Krater Flammen, Steine und Asche auswerfe; sie selbst würden jedenfalls nicht weiter als bis zu den Heiligtümern gehen, die am Hang zu Ehren der dortigen Götter errichtet worden waren. Dort blieben sie in der Tat, von einem unüberwindlichen Tabu festgehalten. Die Spanier aber stiegen höher und höher, schritten bald über Schnee, dann auf Eis und kämpften mit allen heute so wohlbekannten Schwierigkeiten der Bergsteiger. Als sie aber, nicht mehr weit vom Krater, annehmen durften, daß ihre Mühen endlich von Erfolg gekrönt würden, rumpelte es heftig im Popocatepetl, und heiße, schweflige Rauchwolken entzogen den Gipfel den abenteuernden Fremden.

Ordás und seine Gefährten beschlossen umzukehren. Sie nahmen Schnee und Eiszapfen mit, um zu zeigen, wie hoch sie gelangt waren, und außerdem genug Geschichten, um die nüchterne Neugier ihres verehrten Anführers und die weniger kritische Neugier der Soldaten und Indianer zu befriedigen. Cortés schreibt dem Kaiser, sie hätten den Gipfel nicht zu erreichen vermocht – ein Umstand, der ihn sowohl als General wie als wißbegierigen Kopf unbefriedigt ließ und ihn zwei Jahre später veranlaßte, eine zweite und erfolgreichere Expedition auszurüsten.

Ordás brachte ihm außerdem aber vortreffliche Nachricht, nämlich eben jene Botschaft, die Gott mittels dieses dünkelhaften und lärmenden Vulkans ihm zukommen lassen wollte. Beim Aufstieg waren sie auf eine gute Straße gestoßen. Ordás fragte, wohin sie führe. »Nach Culúa« (Mexiko), antworteten die Indianer und fügten hinzu, daß diese Straße besser sei als die von den Mexikanern angeratene. Kurz darauf konnten Ordás und seine Begleiter den märchenhaften Anblick der Lagunen genießen, auf deren kristallener Bläue das aztekische Venedig schwebte, während an ihren Rändern kleinere Städte das Netzwerk von Häusern, Brücken und Dämmen wiederholten. Der Anblick überwältigte die Spanier.

Jetzt war endlich alles bereit für den Marsch nach Mexiko. Die Tlaxcateken hörten nur ungern, daß Cortés entschlossen sei; sie fürchteten, die Spanier würden Moteczumas Land nicht lebend entrinnen, doch um so ehrenhafter war ihr Angebot: zehntausend Mann mit tapferen Anführern und Proviant. Cortés entgegnete, er sei dankbar, doch halte er es nicht für recht, daß er mit so vielen Kriegern in Mexiko einziehe. Darum nahm er nur tausend Mann mit, die seine Artillerie tragen und unterwegs behilflich sein sollten. Diese Antwort war nicht nur ritterlich, sondern zugleich wohlüberlegt. Die Ereignisse in Cholula hatten Cortés gelehrt, wie schwierig es war, indianische Krieger in feindlichem Gebiet in Zucht zu halten. Mindestens dem Anschein nach betrat er Mexikos Boden als Freund, denn seine Warnungen an die Botschafter waren nur ein diplomatisches Manöver. Er wollte daher keinen Verdacht erwecken, selbst wenn er damit ein gewisses Risiko einging.

Die Tlaxcateken schickten ihm alsbald die erbetenen tausend Mann, doch verlor er an demselben Tag seine getreuen Cempoaler. Diese erklärten ihm, daß sie glaubten, sie würden, falls sie nach Mexiko mitzögen, alle sterben und Cortés ebenfalls. Sie scheinen von dem Gefühl überwältigt worden zu sein, daß sie diesen Aufstand gegen Mexikos Macht ins Werk gesetzt hätten. Cortés versicherte ihnen, daß sie in seiner Begleitung vollkommen sicher seien, und versprach ihnen Reichtümer – aber die Männer aus Cempoal wollten nicht reich sein, sondern wollten leben. »Gott weiß«, sagte Cortés, »daß wir niemals den Wunsch haben würden, diese Indianer, die uns so gute Dienste geleistet haben, gewaltsam bei uns zu halten.« So schickte er sie mit Geschenken beladen nach Haus und vergaß auch seinen alten Freund, den dicken Kaziken, nicht. Er selbst aber brach am 1. November 1519 an der Spitze von vierhundertfünfzig Spaniern und zweitausend Eingeborenen nach Mexiko auf.

Sie marschierten wie immer in striktester Ordnung und, wie Bernal Diaz sich ausdrückt, »mit dem Bart auf der Schulter«. Die erste Nacht kampierten sie in Calpan im Gebiet von Guaxocingo unter den Bundesgenossen der Tlaxcateken. Hier wurden sie herzlich aufgenommen, erhielten aber nur bescheidene Gaben, da das Land arm war. Um so reicheren Rat gab man ihnen. Die Eingeborenen sagten ihnen, es gebe zwei Straßen nach Mexiko; die eine sei auf Befehl von Moteczuma gesperrt und mit Baumstämmen verbarrikadiert worden. Die andere sei gangbar und für sie vorbereitet, führe jedoch zu einigen zerstörten Pässen, wo die Mexikaner sie erwarteten, um sie zu vernichten. Cortés merkte sich das.

Am nächsten Tage zogen sie zwischen Popocatepetl und Iztaccihuatl hindurch und fanden das bestätigt, was ihre Freunde in Calpan ihnen berichtet hatten: die eine Straße war frei, die andere gesperrt. Cortés fragte die mexikanischen Botschafter, warum das so sei. Sie erläuterten, daß die offene Straße durch Chalco führe, während die andere gesperrt worden sei, weil sie weiter sei und durch keine Stadt führe, die groß genug sei, das Heer aufzunehmen. Cortés verriet keinerlei Mißtrauen – wählte aber die gesperrte Straße. Sie war gewiß nicht einfach. Hatte die Natur sie schon schwierig geschaffen, so hatten Menschen die Schwierigkeiten noch dadurch vermehrt, daß sie aus riesigen Bäumen Barrikaden errichtet hatten. Außerdem war sie schneebedeckt. Hier oben in der kalten, reinen Höhe warfen die Spanier den ersten Blick auf das Mekka ihrer abenteuerlichen Pilgerfahrt. Plötzlich sprang ihnen im strahlenden Sonnenschein die Ebene mit ihren beiden Seen und dreißig Städten in die Augen und rief die Visionen verzauberter Städte wieder wach, von denen sie in den Ritterromanzen gelesen oder gehört hatten. Verglichen mit dem, was in spanischer Zeit aus ihm wurde, war Mexiko damals nur ein großes Dorf; aber seinen Lehmhäusern hatte der Gips ein makelloses Weiß verliehen, so daß sie in der reinen Luft der Hochebene wie Silber schimmerten. Darüber erhoben sich die Teocallis in der stillen Majestät ihrer kubischen Umrisse. Das Ganze war ein Bild von Macht und Größe und unvergleichlich mit allem, was die Entdeckungen bisher offenbart hatten. Zum ersten Mal erfüllte sich des Columbus Traum. Die Eifrigen und Hungrigen gaben ihren hochfliegenden Hoffnungen auf echt spanische Weise Ausdruck: »Dies ist das gelobte Land!« Wozu andere auf nicht weniger spanische Weise bemerkten: »Je mehr Moros, um so mehr Beute.« Dagegen murrte die »Opposition«, die, von dem gewaltigen Anblick erschreckt, ihr Herz in die Hosen rutschen fühlte. »Es heißt Gott versuchen«, sagten sie, »wenn wir uns auf diese Gefahr einlassen – so wenige inmitten einer solchen Menge.« Cortés bemerkte wohl, wie es um seine Leute stand. Versprechen hier und ein Appell an die spanische Tapferkeit dort beschwichtigten bald die Furcht der weniger Mutigen. Das Heer zog weiter, nunmehr in der Gewißheit, daß, mochte der Einsatz auch das Leben sein, der Preis märchenhaft war.

An jenem Abend konnten die Spanier viel bequemere Quartiere beziehen, als sie erwartet hatten. Der Ort hieß Quauhtechcatl, sie nannten ihn El Patio; es war ein Gasthaus für reisende Kaufleute. Hier empfing Cortés eine seltsame Gesandtschaft. Sie traf auf dem großen Marktplatz ein, nachdem Gerücht über Gerücht davon gesprochen hatte, Moteczuma höchstselbst komme, um Cortés zu begrüßen und ihm dadurch, daß er die Hauptstadt verließ, sein Wohlwollen zu bezeugen. Der majestätische Pomp der Besucher, der Reichtum der Gaben, die sie mitbrachten, und die Unterwürfigkeit, die das Gefolge dem Anführer erwies – alles war darauf berechnet, dem sensationellen Gerücht einen Anstrich von Wirklichkeit zu verleihen. Das Lager fieberte. Cortés jedoch weigerte sich, die allgemeine Aufregung mitzumachen. Er fühlte zweifellos, daß ein solcher Besuch sich weder mit Moteczumas Würde noch mit der bisher von Mexikos Kaiser bewährten Zurückhaltung vertragen würde. So ließ er in aller Stille feststellen, daß der Besucher ein Höfling des Kaisers namens Tzioacpopoca war. Gleichwohl beschäftigte das Gerücht seine Neugier, und er nahm mit Recht an, daß die Mexikaner selbst es ausgestreut hätten. Er empfing seinen hohen Besucher mit der ihm eigenen Liebenswürdigkeit und fragte ihn, als er sein bedeutendes Gehabe wahrnahm, ob er Moteczuma sei; der Mexikaner sagte, so sei es. Daraufhin wandte sich Cortés an seine tlaxcatekischen Freunde und fragte: »Ist dies Moteczuma?« Sie entgegneten: »Nein. Es ist Tzioacpopoca, einer seiner Leute.« Alsbald entließ Cortés den Botschafter mit zornig gerunzelter Stirn.

Der merkwürdige Zwischenfall wird durchweg als ein Experiment erklärt, mit dessen Hilfe Moteczuma habe ausfindig machen wollen, was Cortés ihm gegenüber im Schilde führe. Zwar hatten ihm seine Boten immer wieder berichtet, daß Cortés den aufrichtigen Wunsch hege, zu einer freundschaftlichen Einigung mit dem Kaiser zu kommen, und daß die Spanier, weit entfernt davon, den Kaiser festnehmen oder gar töten zu wollen, voller Angst nach Mexiko kamen, daß sie durch ihn den Tod finden möchten (was wirklich zutraf). Trotzdem hören wir, daß der Kaiser aus Furcht vor den weißen Fremdlingen beschloß, diesen Besuch bei den Spaniern vorzutäuschen, damit diese im Glauben, Moteczuma sei ihnen in ihrem Lager ausgeliefert, sich verrieten. Das mag richtig sein. Immerhin schmeckt dieser Auftritt ein wenig nach jenen magischen Methoden, denen der Priesterkaiser so sehr ergeben war. Dieser Tzioacpopoca, der wegen seiner Ähnlichkeit mit Moteczuma sorgfältig ausgesucht worden war, erinnert uns an jenen ›Quintalbor‹, der wegen seiner Ähnlichkeit mit Cortés zu diesem geschickt wurde. Die Auftritte sind zwar nicht gleich, aber erscheinen doch verwandt und mögen beide sehr wohl von einer Magie diktiert worden sein, deren Bedeutung uns verschlossen ist.

Die merkwürdige Gesandtschaft muß Cortés ein Rätsel aufgegeben haben. Er lebte fast immer auf einer andern Ebene als sein Gegner, den er daher ständig mißverstand. Auf die Vorspiegelung Tzioacpopocas hatte er unter Gesichtspunkten wie Prestige, Ritterlichkeit und dergleichen reagiert, die Moteczuma vermutlich alle ganz fremd waren; dafür lebte der Kaiser in einer Welt von magischen Mächten, die wiederum Cortés gänzlich fremd war. Bei einem Mann, der so vorsichtig war wie Cortés, mußte das alles das Mißtrauen gegenüber des Kaisers Absichten vermehren. Außerdem warnten ihn seine tlaxcatekischen Freunde unaufhörlich vor der Treulosigkeit der Mexikaner. Tapia berichtet, Cortés sei durch die vielen Menschen, die er im Walde traf, beunruhigt worden; offensichtlich mißtraute er deren Absichten. Er rief einige ihrer Häuptlinge zu sich und sagte ihnen: »Ihr müßt wissen, daß die Männer, die mich begleiten, des Nachts nicht schlafen. Soweit sie überhaupt schlafen, geschieht das kurz bei Tage.

Nachts aber sind sie bewaffnet und töten jeden auf der Stelle, den sie umhergehen oder sich nähern sehen. Ich kann das nicht verhindern. Darum laßt das eure Leute wissen, damit niemand sich uns nach Sonnenuntergang nähere. Er würde sterben, und die Toten würden mir leid tun.« In diesem Sinne gab er den Posten und Wächtern Weisung, und am nächsten Morgen fand man auf dem Felde etliche Spitzel tot.

Während er in Calpan war, empfing er noch eine neue Gesandtschaft des unseligen Moteczuma, die ihn wie gewöhnlich mit Goldgeschenken versöhnlich stimmen sollte und die Bitte wiederholte, er möge umkehren, weil Mexiko arm an Proviant und auf Wasser erbaut sei. Moteczuma erbot sich, jährlich eine bestimmte Summe zu zahlen und diese an der Küste abzuliefern. Cortés berichtet dem König seine Antwort mit erstaunlicher Offenheit: »Ich nahm sie gut auf und schenkte ihnen ein paar Sachen aus unserem Spanien, die sie hoch schätzten. Auf ihre Botschaft antwortete ich, daß ich, stände es in meiner Macht, umkehren würde, um Moteczuma einen Gefallen zu tun, daß ich jedoch auf Befehl Euer Majestät in dieses Land gekommen sei und daß Euer Majestät mir vor allem befohlen habe, über Moteczuma und seine große Stadt zu berichten, von denen beiden Euer Majestät schon vor langer Zeit gehört habe. Ich bäte ihn, mein Kommen wohl aufzunehmen, denn nicht Schaden, sondern Vorteil würde ihm und seinem Lande daraus erwachsen. Würde er nach unserer Begegnung meine Gesellschaft nicht wünschen, so würde ich umkehren. Am besten würden aber er und ich gemeinsam erörtern, auf welche Weise er Euer Hoheit dienen könne, und nicht etwa durch dritte Personen, so achtbar sie auch sein möchten.« Das alles an Karl V., der überhaupt nur aus Cortés' Briefen wußte, daß Moteczuma existierte, mehr aber auch nicht!

Diese Gesandtschaft gab den Spaniern viel Stoff zum Nachdenken. Aus ihr sprach ein hartnäckiger Widerstand gegen ihren Vormarsch, der jederzeit Unheil über die kleine Streitmacht heraufbeschwören mochte. Am 3. November 1519 begannen sie mit dem Abstieg nach Amecameca.

»Da wir Menschen waren und den Tod fürchteten«, schreibt Bernal Diaz, »hörten wir niemals auf, an ihn zu denken. Wir marschierten in kleinen Etappen und befahlen unsere Seele Gott und Seiner Heiligen Mutter, Unserer Lieben Frau.«

In Amecameca wurden sie gut aufgenommen und untergebracht. Dem weißen Häuptling ging jetzt ein solcher Ruf voraus, daß mehrere Ortschaften, die von Moteczuma erpreßt wurden, ihm Deputationen schickten, die seine Hilfe und sein Mitgefühl gewinnen sollten. Sie brachten bescheidene Gaben, damit sie als Freunde empfangen würden. So wurde Cortés allmählich klar, daß die Macht von Moteczumas Reich auf Tyrannei und Unterdrückung gegründet war. Da er nicht nur Soldat, sondern zugleich Staatsmann war, fühlte er sich dadurch für die Kraftprobe, die er auf sich zukommen sah, fraglos gestärkt. Er »tröstete sie mit liebevollen Worten, die er wohl zu setzen wußte«, und versprach ihnen seine Hilfe zu einem passenderen Zeitpunkt. Dann bat er sie, ein paar Leute auszuschicken, die feststellen sollten, ob die Straße, die für sie gesäubert und gefegt worden war, tatsächlich verbarrikadiert worden sei und ob dort Mexikaner im Hinterhalt lägen. Die Indianer aber erwiderten: »Malintzin, das ist nicht mehr nötig. Die Straße ist jetzt ganz sicher. Wir wissen, daß ihr Vitzliputzli ihnen geraten hat, euch passieren zu lassen. Sobald ihr aber in Mexiko seid, werden sie euch dort alle töten.« Die Indianer baten ihn, bei ihnen in Amecameca zu bleiben, aber Cortés antwortete: »Weder die Mexikaner noch irgendeine andere Nation haben die Macht, uns zu töten. Nur der Gott, an den wir glauben, kann uns das Leben nehmen.« Ferner bat er darum, daß zwanzig von ihnen in seinem Gefolge in Mexiko einziehen sollten.

Das geschah nicht etwa aus einer Laune heraus, sondern war seine ständige Politik. Aus jedem Ort, den er passierte, vermehrte er sein Gefolge um einige angesehene Einwohner; sogar einige Cempoaler scheint er behalten zu haben; jedenfalls finden sich auch nach dem Zeitpunkt, zu dem ihn die Truppe aus Cempoal verlassen hatte, in allen Aufzeichnungen, auch in seinen eigenen, Hinweise auf Mitglieder seines Gefolges aus Cempoal. Sein Ziel war fraglos, bei Moteczuma den Eindruck zu erwecken, daß die gesamte eingeborene Bevölkerung auf seiner Seite stehe. Diese Tatsache mußte zweifellos auch einigen Sendboten auffallen, die Moteczuma nach Amecameca geschickt hatte, um sich zu überzeugen, daß die Spanier gut versorgt seien, und vermutlich auch, um ihrem Herrn über alles zu berichten.

Am 6. November verließ das Heer Amecameca in Richtung auf den Chalco-See. Moteczuma hatte abermals den Staatsrat einberufen, um noch in elfter Stunde Vorschläge zu vernehmen, was geschehen solle. Die Ansichten blieben jedoch unverändert. Cuitlahuac, der Bruder Moteczumas, vertrat die Auffassung derer, welche die Spanier nicht nach Mexiko hineinlassen wollten, während Cacama, der jugendliche Herrscher von Tetzcuco, der Meinung war, man solle sie als Botschafter und damit als unantastbare Männer empfangen; würden sie diesen Rahmen sprengen, so würde die Macht Mexikos sie vernichten. Man einigte sich schließlich auf einen Kompromiß: Cacama wurde abgesandt, um Cortés zur Umkehr zu bewegen; mißglückte das, so sollte er ihn empfangen.

Cortés war inzwischen in Ayotzinco eingetroffen, das am Chalco-See lag. Die Aussicht auf Mexiko wurde durch die Landzunge von Iztapalapa verdeckt, die den Mexiko-See fast ganz vom Chalco-See trennte. Es war ein kleines Pueblo, das zur Hälfte auf Pfählen ins Wasser hineingebaut war. Am ersten Abend nahm Cortés beunruhigende Anzeichen von Verrat wahr. »Doch stellte sich heraus, daß sie sich selbst nicht in Gefahr bringen, sondern uns bei Nacht überfallen wollten, wenn wir nicht aufpaßten.« In seinem Bericht an den Kaiser schreibt Cortés weiter: »Da ich aber so wachsam war, trafen sie mich vor ihren Gedanken stehend an.«

Als das Heer am nächsten Morgen gerade nach Mexiko aufbrechen wollte, kam einer der Späher mit der Nachricht, daß eine große Schar reich gekleideter Mexikaner sich friedlich nähere. Cortés ließ die Truppe Gewehr bei Fuß stehen. Alsbald erschienen vor ihm vier angesehene Mexikaner und baten ihn voll tiefer Ergebenheit, er möge die Ankunft eines Neffen von Moteczuma abwarten, des Königs Cacamatzin von Tetzcuco. »Und er ließ nicht auf sich warten.« Nun erlebten die Spanier eine Schaustellung von Glanz und Größe, die sie für überstandene Entbehrungen und Gefahren entschädigt haben muß. Der junge Fürst von etwa fünfundzwanzig Jahren näherte sich ihnen in einem Tragstuhl, der auf den Schultern von acht Mexikanern ruhte, die nach ihrer Kleidung, ihrem Aussehen und Auftreten selbst reich und mächtig sein mußten. Der Tragstuhl war ein herrliches Ding, worin Silber, Gold, Edelsteine und grüne Federn kunstvoll zu Bäumen und ganzen Wäldern verarbeitet worden waren. Als sie sich dem Hause näherten, wo Cortés wartete, halfen die acht Träger dem Fürsten beim Aussteigen aus dem Tragstuhl und fegten den Weg, den er betreten mußte. Dann führten sie ihn mit Zeichen großer Achtung und Ergebenheit zu dem Spanier. »Malintzin«, sagte der Fürst, »ich und diese Männer hier sind gekommen, dir zu dienen und dich in unsere Stadt zu geleiten, denn so hat uns Moteczuma zu tun befohlen, der bald in der Lage sein wird, dir seine Bereitschaft zu zeigen, daß er deinem Gebieter dienen will. Gleichwohl bitte ich dich immer noch, wenn es möglich ist, umzukehren; denn sonst wirst du viel Mangel und Not leiden, Moteczuma aber wird beschämt sein, weil er nicht so für dich sorgen kann, wie er wohl möchte.« Diese Botschaft wurde Cortés von des Fürsten Gefolge so nachdrücklich wiederholt, daß, wie er an den Kaiser schreibt, »sie fast nur noch hinzuzusetzen brauchten, sie würden die Straße gegen mich verteidigen, falls ich darauf bestände, hinzugehen«. Natürlich war Cortés, der es schon an der Küste abgelehnt hatte, auf solche Botschaften zu hören, nicht der Mann, der von seiner Beute ließ, da sie nun vor ihm friedlich in der Morgensonne über dem See schwebte. Aber so fest sein Entschluß stand, war er doch im Umgang wie immer höflich und liebenswürdig und entließ den Fürsten mit einigen Geschenken und mit der Zusicherung, daß die Spanier, wenn sie kämen, ihnen kein Leid zufügen würden.

Sobald der Fürst ihn verlassen hatte, begann Cortés mit seinen Leuten den neuen Marsch gen Iztapalapa. Die Straße folgte zuerst dem Ufer des Chalco-Sees. Sie passierten und besuchten Mizquic, das wie ein winziges Venedig in den See hineingebaut war, und marschierten weiter, bis die Straße quer über das Wasser hinweg nach der Landenge führte, auf welcher Iztapalapa Mexiko gegenüberlag. Cortés berichtet, die Straße sei eine Reiterlanze breit gewesen; sie war aus Steinen und Zement vorzüglich angelegt. Die Menge der Zuschauer war manchmal so dicht, daß sie hinderlich und, wie Cortés meinte, auch zu einer Gefahr wurde. Jetzt drängte sie sich in Kanus auf dem Wasser und kam von beiden Seiten möglichst nahe heran, sobald die Pferde vorüber waren. Die Eingeborenen waren stumm vor Staunen, die Spanier aber nicht minder. Bernal Diaz berichtet: »Wie wir so viele Städte und Ortschaften auf dem Wasser erblickten, auf dem Lande aber weitere große Ansiedlungen und dazu den Straßendamm, der so gerade und eben nach Mexiko führte, waren wir voll Bewunderung und sagten, das alles gleiche den Zaubereien, von denen uns das Buch Amadis berichtet: die großen Türme und Tempel und Bauten, die alle aus Mauerwerk auf dem Wasser errichtet waren. So gab es einige unter uns, die sogar fragten, ob alles das, was wir sahen, nicht nur ein Traum sei.« Das ist echt spanisch, dieser Zweifel, ob das Leben ein Traum sei oder Träume das Leben. Und wer weiß es denn?

So träumte sich das kleine Heer in ein Juwel von Stadt, die, silbern auf türkisfarbenem Grund, zwischen dem Ufer und dem Isthmus erglänzte: Cuitlahuac, »klein, aber die schönste Stadt, die wir bisher gesehen«. Die Spanier wurden gut aufgenommen, und die Kaziken baten Cortés, die Nacht dort zu verbringen; Moteczumas Vertreter aber, die Cortés begleiteten, rieten ihm, nach Iztapalapa weiter zu marschieren, dem Sitz von Moteczumas Bruder, der ebenfalls Cuitlahuac hieß und stets dagegen gestimmt hatte, daß Cortés Mexiko betreten dürfe.[8]

Der erste Straßendamm hatte sie auf das Festland am andern Ufer des Chalco-Sees gebracht, also auf die Landenge, welche den Salzsee vom Süßwassersee schied. Die Straße, die erst am Südufer des Isthmus verlief, überquerte diesen dann in nördlicher Richtung und führte nach Iztapalapa hinein, eine Stadt von zwölf- bis fünfzehntausend Häusern, die halb auf dem Festland und halb ins Wasser hineingebaut waren. Staunen und Bewunderung der Spanier wuchsen ständig. Wie schön war diese Stadt! Cuitlahuac, der zusammen mit dem Herrscher von Coyoacan Cortés entgegenkam, besaß einige Häuser, die Cortés »so gut wie die besten in Spanien« nennt, während Bernal Diaz das verarbeitete Holz (»Zeder und andere wohlduftende Hölzer«), geräumige Innenhöfe und Säle mit baumwollbespannten Wänden rühmt. Nicht minder märchenhaft war der Garten mit Obstbäumen, Rosen und andern Blumen, darin ein schön aus Naturstein und Ziegeln gemauertes Wasserbekken, das mit Stuck überdacht und ganz mit Bildern ausgemalt war, »die viel Lob verdienten«, während auf dem Bekken eine muntere Fülle von Wasservögeln aller Arten sich tummelte. »Ich stand dort, schaute und dachte mir, es könne wohl nirgends sonst in der Welt ein Land wie dieses hier zu entdecken geben.« Man beachte das »entdecken«. Es erinnert an die Fülle der Wunder, die für die Menschen jener Zeit noch unerschlossen in der Welt verborgen lagen.

Cuitlahuac und seine Begleiter hießen Cortés herzlich willkommen. Sie brachten ihm »drei- oder viertausend Castilianos in Gold sowie einige Frauen und Kleider« dar. Aber so gut Iztapalapa war, Mexiko war noch besser, und so begann das Heer am nächsten Morgen die letzte Etappe seines historischen Marsches. Es war der 8. November 1519. Die Straße führte geradewegs über das Wasser, denn Tenochtitlan, die eigentliche Stadt Mexiko, lag mitten im See und war daher nur über künstliche Dämme zu erreichen. Der, auf dem das Heer seines Weges zog, war »so breit wie zwei Lanzen und vortrefflich gebaut; acht Berittene können dort nebeneinander reiten«. Aber trotz ihrer Breite war die Straße überfüllt von der Menge derer, die Zeugen eines der berühmtesten Schauspiele der menschlichen Geschichte sein wollten. Tempel, Türme und Terrassen waren schwarz von Menschen. Der See verschwand unter einer Masse von Kanus. »Und wie wir solche wunderbaren Dinge sahen«, schreibt Bernal Diaz, »wußten wir nicht, was wir dazu sagen sollten, und ob das, was wir sahen, wahr sei. Denn einerseits waren dort auf dem Lande große Städte, auf der Lagune aber noch viele andere. Dazu sahen wir die Fülle der Kanus und den Damm von vielen Brücken unterteilt, vor uns aber die große Stadt Mexiko. Wir jedoch waren kaum vierhundert Männer und trugen in unsern Herzen das Gerede und die Warnungen der Leute aus Guaxocingo, Tlaxcala und Tlalmanalco und vieler anderer, die uns gewarnt hatten, nach Mexiko zu ziehen, weil jene uns töten würden. Der neugierige Leser möge erwägen, ob es nicht bei dem, was ich hier beschreibe, viel zu bedenken gab, und ob die Welt jemals Männer sah, die so viel gewagt haben.«

Begegnung zweier Welten

In gespannter Erregung zogen die Spanier ihres Weges, ihre Seelen hangend zwischen Staunen und Furcht, ihr Geist schützend umhüllt von Glaube und Hoffnung, ihre Leiber eingetaucht in den Atem fremder Menschenmassen, deren Tausende von Augen sie wie scharfe Pfeile empfanden. Dieser 8. November war für die Mexikaner der zweite Tag im Monat Quecholli in ihrem bürgerlichen oder astrologischen Kalender, der achte des Zeichens Ehecatl im religiösen oder astronomischen Kalender. Der Monat Quecholli war der Monat des Flamingos, dort als Teotlquechol oder Göttervogel bekannt, der um jene Jahreszeit von Florida nach Anáhuac zu kommen pflegte. Es war der Monat der Liebenden, in dessen Verlauf viele Jungfrauen zu Ehren der Liebe geopfert wurden und buhlende Frauen frei hervortraten, sich zum Opfer anboten oder mit den Soldaten in die Schlacht zogen; dort stürzten sie sich mitten in den Kampf und suchten den Tod, wobei sie sich selbst verfluchten und gegen ehrbare Frauen Beleidigungen ausstießen. Quecholli war auch der Monat der weibischen Männer.

Das spanische Heer erreichte Mexiko am zweiten Tage dieses Monats, an dessen fünf ersten Tagen keine religiösen Feiern stattfanden »und alles, was mit dem Gottesdienst zu tun hatte, still war«. Vier Tage später würde jedermann eifrig Rohrpfeile schneiden, um sie Uitzilopochtli darzubringen. Zugleich war es in der komplizierten Zeitrechnung der Mexikaner der achte Tag im Zeichen Ehecatl, astrologisch ein besonders ungünstiger Tag, »weil er dem Machtspruch Quetzalcoatls unterstand, des Herrn über Winde und Wirbelwinde«. Daß der weiße Quetzalcoatl an einem Tage eintraf, der von Mächten regiert wurde, deren Verkörperung er in den Augen vieler Mexikaner und teilweise wohl auch des Kaisers war, muß einer der übernatürlichen Umstände gewesen sein, welche die seltsamen Begebenheiten jenes historischen Tages gestaltet haben. So waren Monat, Tag und Sternzeichen beschaffen, die hinter den Tausenden von Augenpaaren lebendig waren, die an jenem sonnigen Morgen in Mexiko das Schauspiel von Quetzalcoatls Ankunft in sich einsogen.

Quetzalcoatl selbst ritt mittlerweilen an der Spitze seiner vierhundert Männer und begleitet von zwölf Gefährten über den breiten Straßendamm, der von Iztapalapa über den See nach Tenochtitlan führte, und träumte sich in seinen selbst im Traum unerhörten Sieg hinein. Eine halbe Meile vor der Stadt trafen die Straßen von Coyoacan und von Iztapalapa zusammen. Ein Fort mit zwei Türmen versperrte den Zugang. Hier stießen sie auf eine glänzende Schar von etwa tausend angesehenen Bürgern, die gekommen waren, Cortés zu begrüßen. Von der kupferfarbenen Haut ihrer sehnigen Leiber stachen das leuchtende Rot, Blau, Grün und Gelb ihrer Lendentücher und kostbaren Überwürfe ab. Federbüsche erhoben sich über ihren Köpfen, Goldschmuck und Chachivitls glänzten um Hälse, Armgelenke und selbst an Nasen, Ohren und Lippen. Der Aufenthalt des Heeres dauerte fast eine Stunde, bis jeder einzelne von diesen Honoratioren Cortés mit der gleichen Geste Freundschaft und Ehrerbietung bekundet hatte: die Hand, nachdem sie den Boden berührt hatte, zu küssen.

Als diese Zeremonie beendet war, zogen die Spanier durch das einzige Tor der Befestigung. Es liegt nahe, sich vorzustellen, wie die Gedanken ihres Anführers zu jenem nur wenige Wochen zurückliegenden Tage zurückwanderten, an welchem er sich entschlossen hatte, das Tor in der großen Mauer von Tlaxcala zu durchschreiten, hinter welchem ihn ein ähnliches Geheimnis erwartet hatte, wie es ihm jetzt bevorstand. Die Würfel waren jedoch gefallen, und dieses war – so durfte er annehmen – sein letztes Spiel mit dem Schicksal. Näher an der Stadt überquerten sie eine lange Brücke – zehn Schritt lang, berichtet er dem Kaiser mit der Genauigkeit eines Mannes, dessen Auge kein wichtiges Detail entgeht; so stellt er auch fest, daß die Brücke nicht nur nötig ist, damit das Wasser von einem See in den andern fließen kann, da der Salzsee regelmäßige Gezeiten kennt, »sondern auch von unschätzbarem Wert für die Verteidigung der Stadt, da die langen, breiten Brükkenbalken jederzeit entfernt werden können. Und von diesen Brücken finden sich viele in der ganzen Stadt.«

Jenseits dieser Brücke wurde die Straße zu »einem breiten, geraden und schönen Boulevard, der etwa einen Kilometer lang war und auf beiden Seiten von sehr schönen und großen Bauwerken flankiert wurde, sowohl Wohnhäusern wie Moscheen«. Zwei Reihen »mexikanischer Herren« kamen ihnen entgegen. Sie hielten sich an den Rändern der Straße, hatten die Blicke gesenkt und gingen, wiewohl in reiche und bunte Gewänder gekleidet, alle barfuß. Sie schritten dem Kaiser voraus, dessen von Edelknaben getragene Sänfte in der Ferne zu sehen war, wie sie unter einem Panier aus grünem Federtuch in feierlichem Schritt näher kam. Rhythmus, Pomp und das Gepränge von Gold und Edelsteinen mußten bei den Spaniern Erinnerungen an die Prozessionen in ihrem Vaterland wachrufen. Moteczuma war wie immer sehr reich gekleidet und trug an den Füßen Cotaras mit goldenen Sohlen. Als die Sänfte in der Nähe des Ortes, wo Cortés wartete, angekommen war, stieg Moteczuma auf kostbare Baumwolltücher, die für ihn ausgebreitet worden waren, und ging auf seinen Gast zu. Vor ihm schritten einige Höflinge, die sorgsam den Boden fegten, darauf wieder andere Höflinge, welche Baumwolltücher ausbreiteten, um seine Füße vor jeder Berührung mit dem Boden zu bewahren. Danach drei Herolde mit hoch erhobenen Goldstäben, einem Wahrzeichen seiner Macht. Schließlich kam ernst und feierlich der Kaiser zwischen seinen beiden Verwandten geschritten: König Cacama von

Tetzcuco zu seiner Rechten und Cuitlahuac, Herr von Iztapalapa, zu seiner Linken. Ihm folgten die Herren von Tlacopan und Coyoacan. Alle vier waren reich gekleidet, aber barfuß.

Cortés stieg vom Pferd und schritt lächelnd auf den großen Kaiser zu. Dann endlich blickten sie einander in die Augen. Sie waren die Vorreiter zweier Kulturen, die einander fremd waren und hier zum ersten Mal nach Jahrhunderten einer getrennt verlaufenen Geschichte sich gegenüber traten. Hinter jedem der beiden Männer erstreckte sich eine Welt menschlichen Geistes, die von der andern durch viel mehr als nur durch die Zufälligkeit der Sprache geschieden war. Jede dieser Welten lebte, dachte, hoffte und webte sich in Zeit und Raum aus den Fäden von Leben und Tod der Einzelwesen Muster, die von den Mustern der anderen so verschieden waren, als sei jede von ihnen auf einem anderen Planeten des gewaltigen Himmels geboren worden, der sich über beiden wölbte. Nichts war ihnen gemeinsam als das Fleisch; denn mochten sie auch an Gestalt und Farbe so verschieden sein, daß jeder den Anblick des andern verwundert wahrnahm, so kamen die kreatürlichen Leiber der beiden Rassen gleichwohl von demselben Stamme und suchten einander in der Umarmung fruchtbringender Liebe, wie alle Leiber derselben Art zu tun pflegen. Sobald aber beider Blicke aufgehört hatten, die festen Körpermauern ihres Gegenübers abzuschreiten, sobald sie durch die Äthertore seiner Augen die inneren Räume seines Wesens zu betreten suchten, war alles neu, fremd, unergründlich und unerklärlich. Im weiten Ozean der Augen des weißen Mannes versanken alle Gedanken des Mexikaners gleich wurmzerfressenen Kanus. In den einsamen Bergseen der Augen des Aztekenkaisers wurden die kreuzgeschmückten Karavellen des Spaniers gelähmt und gingen unter, als habe sie ein böser Zauber angerührt.

Verzauberung, Beschwörung, Orakelkunst und Hexerei schimmerten in den schwarzen Blitzen aus Moteczumas Augen. Sein Volk befand sich noch auf jener Stufe der Evolution, auf der das Gefühl für Gut und Böse im Menschen noch nicht vorhanden ist, weshalb des einzelnen Launen von der Gemeinschaft nur durch das gebändigt werden, was Weissagung, Opfer oder Tabu gebieten. Hoch über ihrem täglichen Leben ahnten die Mexikaner ein anderes Leben, welches die Götter regierten: Geister, die kaum zu unterscheiden waren von Führern einer vergangenen Zeit – der eigenen oder fremden Stämme, von denen sie jene entlehnt hatten. Diese Götter verlangten, so glaubte man seit alters her, gewisse Opfer, als deren Gegengabe man gewisse Wohltaten von ihnen erwartete. Menschenherzen, die dem Uitzilopochtli geopfert wurden, verschafften den Sieg auf dem Schlachtfeld (wiewohl es in Wirklichkeit gerade umgekehrt war); Kinder, die dem Regengott Tlaloc geopfert wurden, brachten Regen zur rechten Zeit, und je lauter die Kinder auf dem Weg zum Opferstein schrien, um so gewisser war der Regen. In einer Welt ohne Gut und Böse hatte die Vorstellung vom Jüngsten Gericht keinen Raum. Die Menschen kamen in die Hölle, »einen Ort ohne Licht oder Fenster«, ins Paradies, einen immergrünen Ort ewigen Sommers, oder in den Himmel, die Wohnung der Sonne, wo die Toten sich in bunte Vögel verwandeln. Das alles aber nicht nach Verdienst und Würdigkeit, sondern nach der Ursache ihres Todes: Wer an gewöhnlichen Krankheiten oder Altersschwäche starb, kam in die Hölle. Wer vom Blitz erschlagen wurde oder ertrank oder ansteckenden Krankheiten wie dem Aussatz zum Opfer fiel, kam ins Paradies. In den Himmel aber kam, wer im Kampfe fiel oder vom Feind den Göttern geopfert wurde. Wer unter einem bösen Stern geboren wurde, hatte Unglück; Glück hatte, wer unter günstigen Vorzeichen zur Welt kam. Der Luftraum war erfüllt von Geistern, die Zeit durchflochten von Vorahnungen. Nachts erschienen Gespenster ohne Füße oder Kopf, denen selbst der tapferste Krieger kaum standzuhalten vermochte. In der Abenddämmerung kam das Zwergenweib namens Cuitlapanton und verkündete dem, der es sah, den nahen Tod. Geister in Gestalt von Totenköpfen hefteten sich einem ans Bein und stießen klappernd gegen die Pflastersteine, wenn man weiterging, weiterlief, in der eitlen Hoffnung, den zitternden Leib von diesen gräßlichen Dingern zu lösen. Böse Vorzeichen raubten den

Schlaf, und ihrer gab es viele: den Schrei eines Tieres, eines alten Weibes Weinen, Eulenruf in der Nacht.

Die Tonalpouhque oder Zauberer sowie die Priester waren ganz natürlich die Anführer einer solchen Gesellschaft. Sie waren nicht in der Lage, eine folgerichtige menschliche Rechtsordnung zu begreifen – mochte sie nun auf Offenbarung oder Vernunft beruhen –, weshalb man auch nicht von ihnen erwarten konnte, daß sie ihr Volk bewußt einen Weg des Fortschritts führten, den solches Recht abgesteckt und erleuchtet hätte. Dennoch gab es zwei Aspekte der Wirklichkeit, welche die Mexikaner früher oder später aus dem prämoralischen Zeitalter in die Ära des Sittengesetzes geführt haben würden, wie sie es vorher bei den Weißen getan hatten, die Mexiko jetzt eroberten. Der eine war die wunderbare Ordnung der Sterne, der andere die allen menschlichen Gesellschaften immanente Ordnung, welche die Menschen allmählich zwingt, sich der Vernunft zu beugen.

Die Kenntnis der Astronomie, die sich aus einer eingehenden Prüfung des mexikanischen Kalenders ergibt, ist erstaunlich. Ein angesehener Fachmann hat errechnet, daß die Abweichung am Ende des heiligen mexikanischen Zyklus von zweihundertsechzig Jahren 0,01136 Tage, also wenig mehr als ein Hundertstel eines Tages ausmacht. Ob sie das nun der Wissenschaft oder andern Völkern verdankten oder ob ihre Priester es berechnet hatten – in jedem Fall gestattet uns eine so genaue Beherrschung der Wirklichkeit nachträglich die Prophezeiung, daß die Mexikaner über die prämoralische Kultur, in welcher Cortés sie antraf, hinausgelangt sein würden. Diese Behauptung wird durch ihre Institutionen bestätigt. Gewiß waren diese fast ausschließlich von einer kriegerischen Lebensauffassung gestaltet worden; aber ob wir nun ihre Bräuche billigen oder nicht, so hatten die Mexikaner jedenfalls begriffen, daß jede Aristokratie auf Dienst an der Gemeinschaft beruhen muß, und ihre Erziehung der Jugend wie auch ihre soziale Wertskala gründeten sich auf eine gesunde Anschauung von der Bedeutung des Charakters.

Dennoch stand diese kriegerische, ja sogar blutdürstige

und furchtlose Rasse, der Blut und Tod alltägliche Gefährten waren, hilflos vor einer Handvoll weißer Fremdlinge und verzichtete auf ihre geschichtliche Fortentwicklung. Wie oft hat man uns erzählt, Cortés verdanke diesen Sieg der Überlegenheit seiner Waffen, seinem Schießpulver und seinen Pferden. Wir wissen heute, daß diese Erklärung nicht ausreicht. Wir wissen, daß Moróns Pferd durch einen einzigen Hieb des zweihändigen Obsidianschwertes eines mexikanischen Kriegers enthauptet worden war, und gewiß hätten die Mexikaner sich auf die Dauer von dem Lärm nicht einschüchtern lassen. Der Grund dafür, daß die Mexikaner kapitulierten, war, daß ihr Glaube vor einem stärkeren Glauben zurückwich. Der Mann, der dort mit einer höfischen Verbeugung und einem Lächeln in den Augen vor Moteczuma stand, war die lebendige Verkörperung des christlichen Glaubens. Auch er gehörte einer Nation an, welche in ferner Vorzeit Menschenopfer gekannt hatte, wie Torquemada in christlicher Demut absichtlich hervorhebt.

Aber zwischen jener furchtbaren Vergangenheit und der glänzenden Gegenwart, in der er lebte – die er in diesem Augenblick selber schuf –, war in Palästina der Menschensohn gestorben, in dessen Licht er festen Fußes einherschritt. Jenes Opfer hatte die Sünden der Welt abgewaschen und alle andern Opfer abgeschafft. Es hatte dem Menschen eine weltumfassende Seele gegeben und die Erde ihm zur Wohnung gemacht. Es hatte die Schranken zwischen den Rassen zerbrochen und allen Menschen dadurch, daß sie sich zum Glauben bekehrten, das Tor zur Gleichheit aufgestoßen. Dieser Glaube hatte Cortés über Rom erreicht, die heilige, universale und alle Nationen überragende Stadt, zweimal Hauptstadt der Welt: jetzt als Sitz des Heiligen Vaters, in alten Tagen jedoch als Sitz des römischen Kaisers, dessen geistiger Nachfahr Karl V. war, sein erhabener Gebieter. Die Sprache Roms war jahrhundertelang das Herzblut nicht nur des christlichen Glaubens gewesen, der alle Menschen im Verstande eint. In Salamanca hatte ihm diese uralte Tradition der Vernunft den Stempel aufgedrückt, die durch die Jahrhunderte der Gelehrsamkeit überliefert und von den Kirchenvätern, von den großen Mönchen und Bischöfen Europas in die rechte Lehre verwandelt worden war: Isidor von Sevilla, Roger Bacon und Thomas von Aquino. Cortés war ein typischer Europäer: ein Mann des Glaubens in allem, was »über dem Dach« liegt, wie die Spanier sagen, ein Mann der Vernunft in den Dingen dieser Welt. Im Handeln kühl, sachlich, unparteiisch und unbeteiligt, im Denken neugierig und stets darauf aus, alles, was es über Menschen, Tiere, Pflanzen, Meer und Flüsse, Berge und Straßen zu lernen gab, in sich aufzunehmen. In der Leidenschaft beherrscht, zuchtvoll, großzügig und immer das höhere Ziel im Auge behaltend. Hinter ihm sein Heer war der Vortrupp von Europas großartigem Verlangen, den Menschen und den Erdball zu erforschen. Sie waren die tatkräftigen Vorläufer des großen Abenteuers der Renaissance; ja, sie waren die rechten Apostel jener Renaissance in partibus infidelium!

In ihren tapferen und bereiten Herzen waren alle die Kräfte lebendig, die damals Europa formten. Ihr Ehrgeiz und ihr Hunger nach Gold und Neuland waren die erste offene Bekundung jenes Kolonialkapitalismus, der drei oder vier Jahrhunderte der europäischen Geschichte beherrschen und als mächtigste Triebkraft für die Ausbreitung der abendländischen Kultur wirken sollte. Ihr schlichter Glaube, der bei vielen noch manche Spuren des Aberglaubens aus ihrem eigenen prämoralischen und anthropomorphen Zeitalter einschloß, sollte nützliche Dienste leisten als Brücke zwischen der Opferreligion der Eingeborenen und jenem rein geistigen Christentum, dessen schönstes Licht bald in ihrem Landsmann San Juan de la Cruz erstrahlen sollte. Ihr voranstürmender unbändiger Unternehmungsgeist war der in die Tat umgesetzte Geist der europäischen Renaissance, der Drang, hinzugehen und zu schauen, zu entdecken, zu siedeln und zu bevölkern – kurzum, das Leben des neugeborenen Europa in alle Winkel der Erde zu tragen.

So standen an jenem schicksalhaften Dienstag, dem 8. November 1519 – dem dritten Quecholli oder achten Ehecatl des Jahres Ein-Schilfrohr der achten Garbe – die beiden Männer einander gegenüber und sahen sich in die Augen. Des Mexikaners Augen waren abgeschlossene Seen, die unter der Sonne eines andern Wissens bald vertrocknen sollten; in Cortés' Augen aber lebte das grenzenlose Meer.

Der Spanier trat vor und breitete die Arme aus. Es war die Geste, welche die Spannung des Augenblicks seinem Körper diktierte – in jenem Augenblick nur die Verkörperung eines Weltgeistes, der angesichts eines andern Weltgeistes in Übereinstimmung mit seinem innersten Gefühl handelte. In einer Geste der Verbrüderung und der Übernahme öffnete die christliche Welt dem Unbekannten die Arme. Die beiden Fürsten aber streckten die Hände aus und hemmten die christliche Geste. Der Kaiser war zu heilig, als daß man ihn berühren durfte; die mexikanische Welt war zu starr und kraftvoll, als daß sie so leicht übernommen werden konnte. Dennoch war diese starre, reservierte Welt bereit, den geheimnisvollen Fremdlingen höflich, ja sogar ehrerbietig zu begegnen. Die beiden Fürsten und nach ihnen der Kaiser selbst berührten den Boden und küßten ihre Hand. »O unser Gebieter«, sagte der Kaiser, »seid willkommen. Ihr seid in Euer Land gelangt, zu Euerm Volk und Euerm Hause Mexiko. Ihr seid gekommen, auf Euerm Thron und Euerm Stuhl zu sitzen. Das alles habe ich etliche Tage in Euerm Namen zu eigen besessen, und andere Gebieter, die jetzt tot sind, hatten es vor mir. Wir alle haben auf unsern Schultern Euern Staat und Eure Vasallen getragen. Die Toten können nicht mehr sehen noch wissen, was jetzt geschieht. Ich wünschte zu Gott, für den wir leben, daß einer von ihnen am Leben wäre, so daß diese Dinge, die in meinem Beisein geschehen, unter ihm geschehen würden. Sie sind dahin. Unser Gebieter, ich schlafe nicht, noch träume ich. Mit meinen Augen sehe ich Euer Antlitz und Eure Person. Seit Tagen habe ich darauf gewartet. Seit Tagen blickt mein Herz in die Richtung, aus der Ihr gekommen seid. Ihr kommt aus Wolken und Nebel, aus Ländern, die allen verborgen sind. Das ist fürwahr, was uns die Könige der Vorzeit berichtet haben: daß Ihr in dieses Land zurückkehren und es beherrschen, daß Ihr auf Euerm

Thron und Stuhl sitzen würdet. Willkommen denn! Auf Eurer langen Reise müßt Ihr viele Entbehrungen erduldet haben. Ruhet jetzt aus! Hier ist Euer Haus, hier sind Eure Paläste. Nehmt sie hin und ruht darin mit Euern Offizieren und Gefährten aus.«

Cortés sagte zu Doña Marina: »Sage Moteczuma, er solle getrost sein und sich nicht fürchten, denn ich liebe ihn, und desgleichen tun alle, die mich begleiten. Niemand wird ihm ein Leid antun. Wir sind sehr glücklich, daß wir ihn nun sehen und kennenlernen, weil wir uns das lange gewünscht haben und dieser Wunsch nun erfüllt wird. Wir sind nach Mexiko, in sein Haus gekommen. Wir werden ihn in Ruhe sehen und sprechen.« Cortés trug eine Halskette aus »Margueriten«, Glasperlen mit bunten Mustern, die auf Goldfäden aufgezogen und mit Moschus parfümiert waren; diese nahm er ab und legte sie dem Kaiser um den Hals. Dann schritten alle Würdenträger, die mit Moteczuma gekommen waren, an Cortés vorüber und küßten den Erdboden. Als das geschehen war, ging Moteczuma mit seinem Neffen Cacama stadtwärts, während Cuitlahuac auf seine Weisung zurückblieb, um Cortés zu geleiten. So gingen sie eine Weile: vorn der Kaiser mit seinem Neffen, ein Stückchen dahinter Cortés Hand in Hand mit Cuitlahuac, »der keinem, mochte er Kastilier oder Indianer sein, erlaubte, sich ihm zu nähern, und das war die höchste Ehrung, die Moteczuma Cortés erweisen konnte«. Später traf ein Bote ein, der dem Kaiser ein Päckchen überreichte. Moteczuma kehrte um und warf Cortés »zwei Halsketten um, die aus roten Muscheln bestanden, welche sie hoch schätzten; von jeder Kette hingen acht goldene Garnelen herab, die mehrere Zoll maßen und vollendet schön waren«. Diese Halsketten waren die Insignien Quetzalcoatls. Offenbar hatte Moteczuma seine Vorahnung hinsichtlich der Identität von Quetzalcoatl und Cortés bei dessen Anblick bestätigt gefunden, und das Geschenk unterstrich nur noch die Ansprache, mit der er Cortés-Quetzalcoatl empfangen hatte.

So trugen beide Männer still und dennoch dramatisch Schritt für Schritt dazu bei, das Ansehen und die moralische Macht des weißen Heerführers bei der Menge der Zuschauer zu heben. Die Begegnung, die Höflichkeit, der Austausch der Halsketten, besonders aber die symbolische Tatsache, daß Moteczuma, der Cortés in einer prächtigen Sänfte entgegengetragen worden war, jetzt den Rückweg mit ihm zu Fuß antrat, das alles muß einen tiefen Eindruck auf sein Volk gemacht haben, welches weniger nachzudenken als das Leben mit den Sinnen aufzunehmen gewohnt war. Niemand erkühnte sich hinzuschauen, während der Kaiser vorüberging (ein bewundernswerter Brauch, um den alle Herrscher Moteczuma beneiden sollten); sobald er aber vorüber war, stürzten Tausende auf die Straßen und Terrassen, um die Fremdlinge zu bestaunen. »Götter müssen es sein«, sagten die Jungen, »denn sie kommen von Sonnenaufgang.« Die Alten schüttelten pessimistisch die Köpfe und seufzten: »Das müssen demnach Männer sein, welche kommen und über uns und unser Land herrschen sollen, denn sind es auch nur wenige, so sind sie doch stark und haben viele besiegt.« Die Bewunderung der Menge mußte ihren Gipfel erreichen, als sie sahen, wie Moteczuma die Fremden zu dem ehrwürdigsten, geräumigsten und luxuriösesten Bauwerk der Stadt führte, das ihnen zum Wohnsitz bestimmt worden war: der Palast oder die »Häuser« seines Vaters, des Kaisers Axayacatl, der zu jener Zeit als Tempel, als Priesterinnenkonvent und als kaiserliches Schatzhaus diente. Dieser Bau oder diese Gruppe von Bauten war so geräumig, daß für alle Spanier mitsamt ihren zweitausend indianischen Hilfstruppen und dem Schwarm von Frauen, die sie als Dienerinnen mitbrachten, gut gesorgt war. Manche Räume waren groß genug, um hundertfünfzig Spanier aufzunehmen. Alles war makellos sauber, poliert, mit Teppichen ausgelegt und mit bunten Baumwoll- oder Federtüchern bespannt. Die Spanier bekamen Mattenbetten nach mexikanischer Art, da, wie Bernal Diaz es gewunden ausdrückt, »sie einem keine Betten geben, so großmächtig man auch sein mag, weil sie solche nicht benutzen«. In allen Räumen brannten Kohlenbecken, was im November in dem hochgelegenen Mexiko nicht unangenehm war. Den Umstand, daß darauf Weihrauch verbrannt wurde, dürfen wir als Beweis für die Empfindlichkeit mexikanischer Nasen ansehen, die einen Haufen weitgereister spanischer Soldateska gerochen hatten. Allüberall waren Schwärme von Dienern, »ein deutlicher Beweis für die Größe jenes Fürsten«.

Moteczuma nahm Cortés bei der Hand und führte ihn in die mittlere Halle, gegenüber dem weiten Hof, durch welchen sie den Palast betreten hatten. Dort ließ er seinen Gast auf einem prächtigen, aus Gold und Edelsteinen gefügten Stuhl niedersitzen, welcher, wie Cortés berichtet, für den Kaiser selbst gemacht worden war, und sagte: »Ihr seid in Euerm Haus. Eßt, ruht und unterhaltet Euch. Ich werde bald wiederkehren.« Cortés verneigte sich tief, und der Kaiser verließ den Palast mit seinem ganzen Gefolge.

Cortés war jedoch nicht der Mann, um zu essen, zu ruhen und sich zu unterhalten, solange er den Dienst nicht geregelt hatte. Alsbald machte er sich auf, um das Gebäude, das ihm und seinen Truppen zugewiesen worden war, zu erkunden. Er muß zufrieden gewesen sein, denn der Palast mit seinen Nebengebäuden und der alles einschließenden Mauer eignete sich gut zur Verteidigung, sofern er mit Proviant ausreichend versehen war. Er verteilte die einzelnen Säle und Gebäude auf seine Kompanien und brachte seine Artillerie in Stellung. Nachdem er dann noch strikten Befehl erteilt hatte, daß jeder Mann vorsichtig und stets kampfbereit zu sein habe, erlaubte er seinen Leuten, das »üppige Mahl« zu genießen, das ihre mexikanischen Gastgeber ihnen vorsetzten. »Und so vollzog sich«, schreibt Bernal Diaz, »glücklich unser kühner Einzug in die großmächtige Stadt Tenustitlan. Laßt uns unserm Herrn Jesus Christus für alles danken.«

Die Spanier genossen noch die wohlverdiente Ruhe nach ihrem »üppigen« Mahl, als allgemeine Unruhe entstand und abermals das Kommen des Kaisers angekündigt wurde. Cortés begab sich mit seinen Offizieren zur Begrüßung hinaus. Moteczuma kam in prächtigem Aufzug mit glänzendem Gefolge. Goldene, kunstvoll gearbeitete Sitze wurden gebracht, auf denen Cortés und der Kaiser sich niederließen. Dann hielt Moteczuma »eine sehr gute Rede«. Er sprach von seiner Freude darüber, daß er so tapfere Leute wie Cortés und dessen Gefährten in seinem Hause und Königreich zu Gast habe, und erzählte seinem Besucher, wie er schon von den beiden früheren Expeditionen gehört habe, die beide seine lebhafte Neugier erweckt hätten. Die Bildberichte, die er über die von Cortés unterwegs gewonnenen Schlachten erhalten habe, hätten seine Vermutung bestätigt, daß die weißen Männer jene Fremdlinge seien, deren Rückkehr aus dem Lande, wo die Sonne aufgeht, ihnen so oft prophezeit worden war. Cortés versicherte dem Kaiser, daß er und seine Freunde in der Tat dorther kämen, wo die Sonne aufgeht – was er ohne zu lügen tun konnte – und setzte hinzu, er sei von Kaiser Karl V. geschickt worden, um ihn zu besuchen und zu bitten, daß er ein Christ werden möge, »und andere gute Dinge, davon er bald hören werde«. Der mexikanische Kaiser ließ dann Geschenke bringen: wertvolle Juwelen für Cortés, goldene Gaben für die Offiziere und zahlreiche Packen Baumwolle für alle andern. Auch gab er die Geschenke nicht ohne jene Freude, die den großzügigen Geber kennzeichnet. »In allem«, sagt Bernal Diaz, »erwies er sich als großer Herr.«

Dann fragte Moteczuma Cortés, ob alle anwesenden Spanier Brüder und Untertanen desselben Kaisers seien. Dieser antwortete, sie seien alle Brüder in Freundschaft und Liebe und zudem wichtige Persönlichkeiten und Diener des Königs. Das war keine müßige Frage. Sie zeigte, daß Moteczuma schon zu diesem frühen Zeitpunkt einige Zweifel an der Geschlossenheit der Streitmacht aufstiegen, die ihn zu überwältigen gekommen war. Dieser Zweifel sollte ihm immer wieder aufsteigen. Im Augenblick nahm er jedoch Cortés' etwas förmliche und unverbindliche Antwort hin. Nachdem er seinen Leuten befohlen hatte, die Spanier gut zu versorgen und zu bedienen, verließ er den Palast, bis an dessen Tor ihn alle Spanier geleiteten.

Am nächsten Tage, dem 9. November, erwiderte Cortés den Besuch des Kaisers, nachdem er diesen vorher von seiner Absicht unterrichtet hatte. Sorgfältig wählte er seine

Begleiter aus: Vier Offiziere – Pedro de Alvarado, Juan Velázquez de León, Diego de Ordás und den jugendlichen Hauptmann Gonzalo de Sandoval –, aber außerdem fünf Soldaten, denn seine Armee war eine demokratische Einrichtung, und dies war der krönende Augenblick der Eroberung. Moteczuma kam ihnen zum Empfang halbwegs durch den weiten Saal entgegen. Er lebte in einem Palast, welcher moderner als der Cortés zugewiesene war. Von den vier Straßen, die ihn umgrenzten, führten zwanzig Tore hinein. Drei große Höfe gaben ihm Licht und Luft, von einem schön verzierten Brunnen aus wurde die gesamte Wasserversorgung geregelt. Es gab viele große Säle, hundert Zimmer von je acht bis neun Meter im Quadrat und hundert Bäder. Das Holzwerk war sehr kunstvoll, aber zum Erstaunen der Spanier ganz ohne Nägel verarbeitet. Die Wände bestanden aus gewöhnlichem Stein oder Marmor, aus Jaspis, Porphyr, weißem Gestein und Alabaster, die Decken aus Zeder, Zypresse, Palme, Kiefer oder andern Hölzern, immer kunstvoll geschnitzt und mit Tieren oder andern Gestalten verziert. Die Zimmer waren gestrichen und mit Teppichen ausgelegt, die Wände mit kostbaren Tüchern aus Baumwolle, Kaninchenhaar oder Federn bespannt. Die Spanier staunten über solche Pracht, doch fiel ihnen vor allem der Kontrast zwischen dieser schönen, luxuriösen Ausstattung und den unbequemen Betten auf: einfache Baumwolltücher und Matten auf nackten Brettern.

Der Kaiser wurde von einigen seiner Neffen begleitet, die als einzige zu den inneren Gemächern Zutritt hatten. Er nahm Cortés bei der Hand und ließ ihn zu seiner Rechten niedersitzen, dann forderte er auch die andern Spanier zum Sitzen auf. Diesmal hielt es Cortés für nötig, sich über sein Lieblingsthema zu verbreiten: »Daß wir Christen wären und einen einzigen Gott namens Jesus Christus anbeteten, der Leiden und Tod erduldet hat, um uns zu erlösen, am dritten Tage auferstanden und nun im Himmel ist. Er habe Himmel und Erde, das Meer und den Sand gemacht und alles geschaffen, was es auf der Welt gibt. Er gebe uns Wasser und lasse es tauen, und nichts geschehe auf der Welt ohne

Seinen heiligen Willen. Was sie aber für Götter hielten, seien nicht solche, sondern Teufel. Sie seien böse, und wenn ihr Aussehen schon schlimm sei, so seien ihre Taten noch schlimmer. Wie wenig ihre Götter wert seien, könnten sie daraus ersehen, daß jene nirgends mehr zu erscheinen wagten, wo wir unser Kreuz aufgerichtet hatten.«

Das sind die schlichten, ungeschickten, aber lebendig schildernden Worte eines Soldaten. Wie deutlich aber können wir durch sie hindurch die ernste, unablässige Bemühung des christlichen Heerführers erkennen! Bernal Diaz berichtet, Cortés habe an diesem Punkt den Kaiser um dessen besondere Aufmerksamkeit gebeten. Er erklärte ihm »die Schöpfung der Welt, und daß wir alle Brüder seien, Kinder des einen Vaters Adam und der einen Mutter Eva. Daß daher als solch ein Bruder unser großer Kaiser, bekümmert über den Verlust so vieler Seelen – denn viele seien es, die von ihren Götzen in die Hölle geführt würden, wo sie lebendigen Leibes brennen – uns geschickt habe, dies zu bessern, wovon er gehört habe (diese Lüge mitten in solcher Predigt!). Er setzte hinzu, daß unser Herr und König mit der Zeit Männer senden würde, welche unter uns heiligmäßig leben, bessere Männer als wir sind (soviel Demut am Tage seines Triumphes!), und sie würden ihm alles genau erklären.«

An dieser Stelle wandte sich Cortés an seine Gefährten und sagte: »Mit diesen Bemerkungen haben wir unsere Pflicht getan, sind es doch erst die ersten Versuche.« Damit zeigte er, wie ernstlich ihm daran gelegen war, die Sache des Glaubens stets als seine vornehmste Aufgabe zu betrachten. Moteczuma erwiderte: »Malintzin, ich kenne das, was Ihr über die drei Götter und das Kreuz zu sagen habt, von meinen Dienern und andern Leuten, denen Ihr es erklärt habt. Wir jedoch verehren unsere Götter und halten sie für gut, was Eure fraglos auch sind. Daher braucht Ihr Euch nicht zu bemühen, auf diese Sache zurückzukommen.« Das war wohl endgültig. Weder der Kaiser von Mexiko noch der spanische Heerführer war in der Lage einzusehen, daß sie von zwei verschiedenen Stufen der menschlichen Entwicklung aus miteinander sprachen, sozusagen in zwei verschiedenen Stockwerken des Fechtklubs fochten. Für Cortés war Gott das sich selbst offenbarende Licht, das alles übrige offenbar macht, der eine und alleinige Schöpfer, das A und O aller Dinge, umgeben von den köstlichen Mysterien der Dreieinigkeit, der Menschwerdung und der Jungfrauengeburt, wie die Sonne sich gern mit Wolken umgibt, um nicht weniger, sondern stärker und schöner zu scheinen. Für Moteczuma hingegen waren die Götter Geister aus Vergangenheit und Natur, wie sie es auf ähnliche Weise für Griechen und Römer gewesen waren, Menschen von ätherischer Existenz, unsichtbar, aber allgegenwärtig, wiewohl nur über solchen Menschen hangend, deren Träume sie waren. Die allsehnende Religion der Christen, die jedermann offenstand, war der in sich verschlossenen Religion der Azteken so unbegreiflich, wie es das grenzenlose Meer den beiden himmelsnahen, aber landumschlossenen Seen Mexikos gewesen wäre.

Cortés war so vernünftig, die Sache einstweilen auf sich beruhen zu lassen. Der Kaiser fuhr fort, auf seine würdige Weise zu sprechen, mit nur wenigen, noblen Gesten, dabei jedoch mit freundlichem, ja beinahe fröhlichem Antlitz. Das dürfte der Augenblick gewesen sein, in dem Bernal Diaz ihn für uns festgehalten hat: »Von guter Figur, wohl gebaut, mager mit wenig Fleisch. Die Hautfarbe nicht sehr dunkel, jedoch genau die Farbe und Schattierung eines Indianers. Das Haar trug er nicht sehr lang, nur eben genug, um die Ohren zu bedecken; es war dunkel, aber nicht dicht. Der Bart am rechten Platz und dünn, das Gesicht länglich und heiter, angenehme Augen, deren Ausdruck manchmal Zuneigung, nötigenfalls auch Ernst verriet.« Der Kaiser redete weiter, und Doña Marina übersetzte alles. Er kam noch einmal auf die beiden früheren Kapitäne zu sprechen, Grijalva und Hernández de Córdoba. Auch sie hätten gesagt, sie seien Diener jenes großen Königs. Der Kaiser wollte wissen, ob das alles ein und dasselbe Volk sei. Cortés versicherte Moteczuma abermals, sie seien alle Brüder und Diener desselben großen Königs; die beiden ersten Kapitäne hätten ihm den Weg gebahnt – was im Ergebnis richtig war, freilich nicht ihren Absichten entsprochen hatte. Hier hatte Moteczuma die Güte zu erläutern, warum er sich dem Vordringen der Spanier widersetzt hatte: »Es sei ganz gegen seinen Willen geschehen, aber seine Vasallen seien erschreckt worden, weil man ihnen gesagt hatte, wir schleuderten Blitz und Donnerkeil, töteten mit unsern Pferden viele Indianer und seien wilde Götter und was derlei kindische Vorstellungen mehr seien; nun aber sehe er, daß wir aus Fleisch und Blut seien, Vernunft besäßen und, wie er wisse, tapfer seien.« Sein Bemühen, sich insoweit ins Recht zu setzen, war nur natürlich, doch stimmte seine Erklärung nicht zu den magischen Versuchen, mit denen er Cortés am Vormarsch zu hindern versucht hatte. Der Kaiser lachte: »Malintzin, ich weiß, daß Eure guten Freunde, die Tlaxcateken, Euch erzählt haben, ich sei eine Art von Gott oder Teotl und in meinem Hause seien Wände und Teppiche aus Gold, Silber und Edelsteinen gemacht. Ich bin gewiß, Ihr seid zu erfahren, um dergleichen je geglaubt zu haben. Meine Häuser sind, wie Ihr seht, aus Steinen, Gips und Holz.« Dann hob er die Arme und entblößte dadurch seinen schlanken, kupferfarbenen Leib: »Mein Körper, seht nur, ist wie der Eurige und jeder andere aus Fleisch und Blut. Ich muß sterben und bin mit Händen zu greifen.« Er packte seine Arme und seinen Leib mit seinen Händen: »Schaut, wie sie Euch belogen haben. Gewiß habe ich einige Schätze – Gold, das mir meine Vorfahren hinterlassen haben –, aber nicht solche Phantastereien und Lügen, wie sie Euch erzählt haben und die Ihr so wenig glauben dürft, wie ich Euern Blitz und Donner glaube.« Auch Cortés lachte und sagte: »Feinde werden immer über Leute lügen, die sie nicht mögen. Ich aber erwarte nicht, daß ich noch jemals einem großartigeren Herrn begegnen werde. Nicht umsonst seid Ihr unserm Kaiser so wohl bekannt.«

Dann wurden Gold und Baumwollgewänder gebracht und als Gaben verteilt. Da Mittag vorüber war, sagte Cortés: »Der Gebieter Moteczuma hat sich angewöhnt, uns mit Beweisen seiner Gunst zu überschütten. Es ist Zeit, daß wir ihn in Frieden essen lassen.« Der Kaiser entgegnete, daß Cortés' Besuch fürwahr eine Gunst sei; dann gingen die Spanier. »Wir gingen«, schreibt Bernal Diaz, »und sprachen davon, wie edel sein Geblüt und sein Auftreten seien, und daß wir ihm ehrerbietig begegnen und, wann immer wir ihn träfen, unsere Kappe lüften sollten.«

Auf Cortés' strikten Befehl waren die Spanier in den vier Wänden ihres Quartiers geblieben. Das bedeutete keineswegs Härte, da innerhalb dieser Wände weitläufige Gärten zu ihrem Vergnügen lagen. Zweifellos wollte er mit der ihm eigenen Vorsicht Zwischenfälle jeglicher Art vermeiden und mittlerweile das Klima der Stadt erkunden und sich in der neuen Welt, die er entdeckt und leicht – allzu leicht! – erobert hatte, zurechtfinden. Nachdem er sich diese Beschränkung vier Tage lang auferlegt hatte, schien es ihm jedoch nötig, ein Lebenszeichen zu geben. So schickte er seine »Zungen« zu Moteczuma: Doña Marina, Aguilar und den Pagen Ortega (die Soldaten nannten ihn zärtlich Orteguilla), der fleißig das Nauatl lernte. Die drei »Zungen« sollten dem Kaiser mitteilen, er habe die Absicht, das große Teocalli der Hauptstadt zu besuchen. Der Kaiser kann darüber schwerlich erfreut gewesen sein. Wir wissen, wie fromm ergeben er seinen Göttern war und wie hart er jeden Verstoß gegen die Religion bestrafte. Er machte jedoch gute Miene zum bösen Spiel und veranlaßte, daß die Spanier eingelassen und bei ihrem Besuch von einigen Höflingen und Priestern begleitet würden, während er selbst, vielleicht weil er irgendeine Beleidigung oder Kränkung Uitzilopochtlis befürchtete, sich in der Staatssänfte unter Vorantritt der drei Herolde mit den goldenen Stäben in den Tempel tragen ließ.

Mit nicht geringerem Pomp und zudem unter allen erdenklichen militärischen Vorkehrungen verließ der spanische Kapitän hoch zu Pferd sein Hauptquartier; ihm folgten in Marschordnung seine ganze Kavallerie und der größte Teil des Fußvolks. Sie wendeten sich nordwärts nach Tepeyac (dem heutigen Guadelupe) und folgten einem der großen Straßenzüge, bis sie, nicht weit vom Nordrand der Stadt, auf Geheiß ihrer Führer ein wenig nach Westen abbogen. Plötzlich erblickten ihre erstaunten Augen den

Tianquiztli oder Marktplatz, der einem summenden Bienenkorb mit schwärmenden Menschenbienen glich. So viel Leben bei so viel Ordnung war mehr, als sie erwartet hatten. Jedes Handwerk und jede Ware hatte ihre besondere Gasse oder Straße, nicht anders als in Bernal Diaz' Heimatstadt Medina del Campo, wo Spaniens größte Märkte zu Hause waren. Gold- und Silberwaren, Federtuch und Baumwolltuch, und »Sklaven wurden dort auf dem Markt verkauft, wie die Portugiesen ihre Schwarzen aus Guinea bringen, und zwar brachte man sie an Halsbändern, die an lange Pfähle gebunden waren, damit sie nicht weglaufen konnten, andere aber gingen ungebunden. Ferner Kakao, Seile, Süßwurzeln zum Essen, Felle von Tigern, Löwen, Ottern, Schakalen, Hirschen und andern Tieren, Hamstern und Wildkatzen, gegerbt und ungegerbt, Bohnen, Safran und andere Gemüse, Hühner, Truthühner, Kaninchen, Hasen, Rehwild, Gänse, kleine Hunde, Früchte, gekochte Speisen jeder Art, Töpferwaren von großen Tonnen bis zu kleinen Krügen, Honig und Honigwaben sowie andere Süßigkeiten, darunter Nußkuchen, ferner Holz, Bretter, Keile, Balken, Blöcke und Bänke, Feuerholz – was soll ich noch sagen«, schreibt voll Bewunderung Bernal Diaz. »Aber bei aller Hochachtung, sie verkauften Kanuladungen menschlicher Exkremente, um Salz zu machen oder Leder zu gerben, weil es ohne das, wie sie sagen, nicht gut sei.« Weiter Papier, kleine Röhren mit Storaxharz oder Tabak, andere mit gelben Salben gefüllt, Koschenille, Kräuter aller Arten, Salz, Fische, Obsidianmesser, Äxte aus Messing, Kupfer und Zinn (Eisen war in Anáhuac unbekannt). Diese ganze Welt war in Bewegung, lebte aber – nicht viel anders als die Plaza Mayor in den Städten daheim in Spanien – innerhalb eines von Arkaden umgrenzten Platzes in vollkommener Ordnung, bewacht von Polizisten und regiert von drei ständig tätigen Marktrichtern.

Die Spanier verließen den Tianquiztli und zogen weiter auf den benachbarten Platz vor dem Teocalli. Als sie schon fast die Grenze zwischen beiden erreicht hatten, sahen sie noch Goldhändler, die das Gold, wie es aus den Gruben kam, auf den Markt brachten; sie zeigten Proben in Gänsekielen, nach denen die Käufer den Wert des Metalls beurteilen konnten. Nun standen sie auf dem riesigen Tempelhof, »größer, meine ich, als der große Platz in Salamanca«, der mit großen, sehr glatten Steinen gepflastert war, welche entweder weiß oder sonst gekälkt und poliert und jedenfalls so sauber waren, daß kein Strohhalm oder Staubkörnchen zu entdecken war. Dieses große Teocalli des Tlatelolco (des Nordbezirks) war mindestens so groß wie der Tempel von Tenochtitlan, der sich inmitten der Stadt in der Nähe des spanischen Hauptquartiers erhob. Er war nach demselben Muster in Form einer abgestumpften Pyramide gebaut, deren Grundfläche etwa 105 und deren Dach rund 30 Quadratmeter maß. Zwei Kapellen von verschiedener Größe krönten diese Pyramide, zu denen 124 steile Stufen emporführten. Die eine Kapelle war dem Kriegsgott Uitzilopochtli, die andere dem König der Götter Tetzcatlipoca geweiht.

Als die Spanier von den Kapellen aus, in denen Moteczuma mit seinen Priestern Gottesdienst hielt, gesehen wurden, eilten sechs Priester und zwei Höflinge die endlosen Stufen hinab. Der aufmerksame Kaiser schickte sie, damit sie seinem Gast an den Armen die hundertvierundzwanzig Stufen hinaufhelfen sollten, wie das bei ihm selbst geschah. Cortés lehnte die ehrenvolle Hilfe ab. Unter Vorantritt der Mexikaner und gefolgt von seinen eigenen Leuten, stieg er rasch die Stufen hinauf; eine anstrengende Übung, da die Treppe äußerst steil war. Auf den Opfersteinen sahen die Spanier noch eben vergossenes Blut. Der Kaiser kam aus einer der Kapellen und sagte sehr höflich: »Malintzin, Ihr seid gewiß sehr müde, nachdem Ihr den ganzen Weg zu unsern Tempeln heraufgestiegen seid.« Worauf Cortés in wohlberechneter Prahlerei ruhig erwiderte: »Weder ich noch meine Freunde hier werden jemals von irgendeiner Anstrengung ermüdet.«

Der Kaiser nahm ihn bei der Hand und zeigte ihm die Stadt zu ihren Füßen. Es war ein großartiger Anblick: Wie eine lebende Landkarte lag das gelbweiße Schachbrett über den blauen und schlammigen Kanälen. Die Brücken. Die drei Straßendämme: im Norden der Damm nach Tepeyac, im Süden der Damm nach Iztapalapa, über den sie in die Stadt gelangt waren, im Westen der Damm nach Tacuba, der ihr tragischer, blutiger Fluchtweg werden und manche in Sicherheit bringen, die meisten aber in den Tod führen sollte. Das Kommen und Gehen der Kanus. Die Tausende von Häusern mit ihren zinnenbewehrten Terrassen. Die Tempel und Festungswerke, so leicht zu verteidigen, so furchtgebietend als Stützpunkte für Angriffe. Die wimmelnde, fremdartige Menge, so groß, »daß das Lärmen und Summen ihrer Stimmen und Worte über mehr als eine Meile hinweg zu hören war«. Die Seen, so lieblich im Frieden und so gefährlich im Kriege.

Der General betrachtete alles nachdenklich. Wir kennen ihn inzwischen zu gut, als daß uns seine Gedanken zweifelhaft sein könnten: Er erkannte die unglaubliche Gefährlichkeit seiner Lage, die Falle, in welche sein Glaube an sein Schicksal und an Gottes Schutz ihn und seine Leute geführt hatte. Das alles bewegte ihn. Was er aber sagte, war dieses: »Was haltet Ihr, meine Herren, von dieser großen Gnade, die Gott uns erwiesen hat? Nachdem Er uns über so viele Gefahren hat siegen lassen, hat Er uns hierher geführt, von wo aus wir so viele große Städte erblicken können. Fürwahr, mein Herz sagt mir, daß von hier aus noch viele Königreiche und Länder erobert werden sollen; denn dieses ist die Hauptstadt, wo der Teufel seinen Hauptsitz hat. Ist erst einmal diese Stadt unterworfen, so wird das übrige leicht zu erobern sein.«

IV.
Cortés verschenkt seinen Sieg

Moteczuma wird gefangengenommen

Cortés wendete sich an Pater Olmedo und sagte: »Mich deucht, Vater, es wäre angebracht, daß wir jetzt einmal mit Moteczuma über den Bau einer Kirche hier oben sprechen.« Seine Gedanken folgten einer klaren, stetigen Linie: Erobern, um zu bekehren, bekehren, um zu erobern. Der kluge Mönch lehnte den Vorschlag als verfrüht ab. Da Cortés insoweit auf Widerstand stieß, äußerte sich sein Tatendrang in einer unerwarteten Bitte. Er fragte Moteczuma, ob er einen Blick auf die Götter werfen dürfe. Nach kurzer Beratung mit seinen Priestern gab der Kaiser seine Einwilligung, und die Spanier erhielten Zutritt zur Kapelle des Uitzilopochtli. Ihre Eindrücke hat Bernal Diaz sehr lebendig geschildert: »Auf jedem Altar standen zwei riesenhafte und sehr dicke Standbilder. Das erste zur Rechten war, wie sie sagten, dasjenige von Vitzliputzli*, ihrem Kriegsgott, mit sehr breitem Gesicht und ebensolcher Stirn, fürchterlich verzerrten Augen und so viel angekleistertem Gold, Perlen und Perlsplitter, daß Kopf und Körper ganz damit bedeckt waren; um den Leib wanden sich große Schlangen aus Gold und Edelsteinen, und in den Händen trug er einen Bogen und Pfeile. Dicht neben ihm stand ein kleinerer Götze, den sie seinen Pagen nannten. Dieser hielt ihm den Speer und einen kostbaren Schild aus Gold und Juwelen. Um den Hals aber trug Vitzliputzli Gesichter und Herzen von Indianern, teils aus Gold, teils aus Silber und mit blauen

* Vitzliputzli im deutschen Sprachgebrauch = Utizilopochtli.

Steinen besetzt. In vielen Kohlenbecken brannte ihr Weihrauch, nämlich Kopalharz, und außerdem die Herzen von drei Indianern, die an diesem Tag geopfert worden waren. Wände und Fußboden der Kapelle waren schwarz von verkrustetem Blut und stanken widerwärtig.«

Als nächstes zeigte man den Spaniern Tetzcatlipoca, und Bernal Diaz schildert diesen Besuch nicht weniger anschaulich: »Das andere große Götzenbild, das so groß wie Vitzliputzli war, hatte ein Bärengesicht und leuchtende Augen, die aus ihren Tetzcat genannten Spiegeln bestanden. Sein Körper war wie bei Vitzliputzli mit kostbaren Steinen übersät. Sie sagten, die beiden seien Brüder, und dieser Tetzcatepuca sei der Höllengott und herrsche über die Seelen der Mexikaner. Nahe bei sich hatte er ein paar Gestalten, die wie kleine Teufel mit schlangenförmigen Schwänzen aussahen. An den Wänden aber soviel Blut, und der Fußboden war so mit Blut getränkt, daß der Gestank in Kastiliens Schlachthäusern nicht schlimmer sein konnte.«

Im obersten Teil des Tempels befand sich ein drittes, reich geschnitztes und vergoldetes Götterbild. Dies war der Gott von Saat und Ernte. Sein Bild – halb Mensch, halb Eidechse – war aus allen Sämereien des Landes und natürlich aus Menschenblut geknetet. Außerdem stand dort eine große Trommel, welche, »wenn man darauf spielte, einen so widerlichen Ton von sich gab, daß dieses wahre Hölleninstrument zwei Meilen weit zu hören war«. Der Anblick frischer Spuren von Menschenopfern, die Schlächterei und der Gestank weckten in den Soldaten den Wunsch, diesen heillosen Ort zu verlassen. »Herr«, sagte Cortés halb lachend, »ich kann nicht begreifen, wie ein so großer Fürst und weiser Mann, wie Ihr es seid, noch nicht auf den Gedanken gekommen ist, daß diese Bilder nicht Götter sind, sondern böse Dinger, die Teufel heißen. Damit Ihr sie nun als solche erkennen möget und damit alle Eure Priester es deutlich wahrnehmen, gewährt mir die Gunst, daß ich hier oben auf dem Turm ein Kreuz errichte. Einen Teil dieser Kapelle, wo jetzt Vitzliputzli und Tetzcatepuca stehen, wollen wir für Unsere Liebe Frau reservieren. Dann werdet Ihr sehen, welch eine Furcht über diese Götzen kommt.« Moteczumas Priester verbargen ihren Zorn nicht. Einigermaßen beunruhigt sagte er: »Malintzin, hätte ich gewußt, daß Ihr solche Beleidigung aussprechen würdet, so hätte ich Euch nicht erlaubt, meine Götter zu betrachten.« Cortés erwiderte mit freundlicher Miene: »Es ist an der Zeit, daß wir alle gehen.« Moteczuma erklärte jedoch, daß er bleiben und Buße tun müsse für den Besuch, den er gestattet habe, und für die Beleidigung, welche die Götter erduldet hätten. »Wenn es so ist«, sagte Cortés, »dann verzeiht mir, Herr!« Darauf führte er seine Männer die einhundertvierundzwanzig Stufen hinab.

Dieser Auftritt muß Cortés viel Stoff zum Nachdenken gegeben haben, hatte er ihm doch seine ebenso glänzende wie gefährliche Lage klar vor Augen geführt. Der Kaiser herrschte über ein mächtiges und reiches Land. Die Spanier bewunderten den üppigen Zuschnitt seiner Hofhaltung: den von vielen vornehmen Damen bevölkerten Harem; die Vorzimmer, in denen sich die Großen des Landes drängten; das unterwürfige Verhalten aller Besucher; die zahllosen Gerichte, die ihm auf Kohlenbecken serviert wurden, damit er nach Lust und Laune daraus wähle; die vier schönen Mädchen, die ihn bei Tisch bedienten; die fünfzig Krüge schäumenden Kakaos, die ihm gebracht wurden und die er, nach einer Kostprobe, seinen buckligen Spaßmachern überließ; die Tausende von Mahlzeiten, die täglich seinen Frauen, Freunden und Dienern serviert wurden; sein Zeughaus, das mit den kostbarsten und kunstvollsten Waffen angefüllt war; seine Volieren mit den mannigfaltigsten, bezauberndsten Scharen von Vögeln und Wasservögeln, deren jeder nach seinem Verlangen mit Fischen, Fleisch oder Körnern gefüttert wurde; seine Raubtiere, die auf ähnliche Weise untergebracht waren und von denen manche diejenigen Teile von geopferten Menschen vorgeworfen bekamen, welche für Prinzen und Priester nicht gut genug waren; seine Gold- und Silberschmiede und Juweliere, seine Federarbeiter, Maler und Holzschnitzer, Weber und Schneider, Tänzer und Schauspieler aller Art, Schreiner und Maurer; dann seine Gärten und Obsthaine, von einem Heer sachkundiger Gärtner gepflegt, mit ihren bezaubernden Ecken und Winkeln, darin sich das Glück für flüchtige Augenblicke fangen ließ – das alles offenbarte sich allmählich den Blicken der Kargheit gewohnten Spanier und hinterließ bei ihnen den Eindruck nicht nur von Reichtum, sondern auch von Macht. So schreibt Bernal Diaz: »So viel gab es in diesen Gärten wie auch überall sonst zu schauen, daß wir des Anblicks seiner großen Macht nie überdrüssig wurden.«

Cortés' immer wache Gedanken mußten natürlich bei der Person dessen verweilen, der augenblicklich diese Macht verkörperte. Moteczuma zweifelte nicht mehr daran, daß die Spanier sterbliche Menschen seien; er blieb jedoch davon überzeugt, daß sie die Männer seien, deren Kommen in dem Zyklus der Prophezeiung um Quetzalcoatl verkündet worden war. Dieser Name beschwor zudem eine jener Gestalten herauf, die stets in dem Niemandsland zwischen Geschichte, Legende und himmlischen Regionen beheimatet sind. Für Priester und Volk war er ein Gott, ein Sagenheld für die Weisen, ein Mann vielleicht für die Gelehrten, die imstande waren, die alten Bildberichte zu deuten. Die Spanier hatte man zunächst in dieses Niemandsland verwiesen, aus welchem sie dann hauptsächlich dank ihrem menschlichen, allzu menschlichen Verhalten in die alltägliche Geschichte eingetreten waren. Cortés fühlte daher, daß er, zumal seit seinem letzten Gespräch mit dem Kaiser, zwar nicht mehr den Gott spielen, aber trotzdem noch aus der Prophezeiung Nutzen ziehen könne, die aus Karl V. den wirklichen Herrn von Anáhuac machte, der endlich seine Herrschaft antrat.

Sein schlichter, starker Glaube ermöglichte ihm, dieser Prophezeiung einen vernünftigen und allgemeingültigen Sinn zu geben: er mußte darin die wohlerwogene Absicht Gottes sehen, der seinem Diener in diesem heidnischen Land den Weg ebnen wollte. Diese Überlegung mußte seinen Glaubenseifer anstacheln, diese erhabenste unter seinen Leidenschaften, die allein von Zeit zu Zeit vermochte, ihn vom Wege seines ruhigen Urteils abzubringen. Nun fügte es sich so, daß auch bei Moteczuma der Glaube die höchste Leidenschaft war. Hier entdecken wir eine merkwürdige Parallele der Natur von Sieger und Besiegtem, da auch bei Moteczuma der Glaubenseifer seine im übrigen logische und harmonische Haltung aus dem Gleichgewicht bringt. Es ist in der Tat seltsam, daß er, der wenige Tage später auf so dramatische Weise vor Cortés als dem von Quetzalcoatl verheißenen Mann kapitulieren sollte, eigensinnig den Göttern treu blieb, die zu verlassen der von Quetzalcoatl Verheißene ihm riet. Dieser von seinem Glauben diktierte Widerspruch war bei Moteczuma noch unlogischer als bei Cortés. Der spanische Heerführer, den sein Glaube von Sieg zu Sieg trug, mochte wohl in Augenblicken der Ungeduld oder der Ekstase die Segel seiner Seele in den Wind dieses Glaubens setzen; Moteczuma aber hatte immer wieder die Bitterkeit des Anblicks kosten müssen, wie seine Götter besiegt und deren Tempel zerstört wurden – von eben jenem Mann aus dem Lande der aufgehenden Sonne, den einer seiner Götter ihm verheißen hatte.

Das aber sind Erwägungen aus unserer Zeit. An jenem Novembermorgen des Jahres 1519 konnte Cortés nicht einen Augenblick von einer Parallele zwischen ihrer beider Glauben auch nur träumen. Was ihm von jenem barbarisch prächtigen Auftritt oben auf dem Teocalli im Gedächtnis blieb, war das Gefühl körperlichen Ekels, das seine Entschlossenheit, dem Kult der mexikanischen Teufel ein Ende zu bereiten und statt dessen die Anbetung der christlichen Dreieinigkeit und die Verehrung der Jungfrau mit dem Kind einzuführen, nur festigen konnte. Dieser geistliche Ehrgeiz verkörperte sich in dem materiellen Ehrgeiz, die Herrschaft über dieses Land zu erringen, die es diesem mächtigen Kaiser ermöglichte, in solcher Pracht zu leben. Seine Kühnheit war jetzt gerechtfertigt. Er war der erste Konquistador, der etwas erobert hatte, dessen Eroberung sich lohnte.

Noch aber hatte er es nicht erobert. Die Hartnäckigkeit, mit der Moteczuma sich seinen religiösen Vorschlägen widersetzte, war beunruhigend, bedeutete sie doch, daß des Kaisers Versicherung, Mexiko sei in Wahrheit des Cortés

Königreich, Land und »Thron«, entweder unaufrichtig oder doch mit gefährlichen Einschränkungen versehen war. Cortés mußte sich der vielen Warnungen vor der Treulosigkeit der Mexikaner erinnern, die er in Tlaxcala und Cempoal zu hören bekommen hatte. Er mußte sich daran erinnern, wie sein Erlebnis in Cholula ihn veranlaßt hatte, dem Rat seiner Freunde aus Tlaxcala und Cempoal blindlings zu vertrauen. Von seinen Soldaten hörte er, es gebe beunruhigende Anzeichen, nicht unähnlich denen, die in Cholula der Verschwörung vorangegangen waren. Es hieß, daß Moteczumas Beamte, welche die Vorräte der Spanier verwalteten, dreist würden und die Rationen kürzten. Zwei Tlaxcateken sagten zum Dolmetscher Aguilar, daß ihnen die Haltung der Mexikaner nicht gerade beruhigend erscheine. Cortés kannte seine Spanier zu gut, als daß er ihres Wohlverhaltens in einer so verführerischen Stadt allzu sicher gewesen wäre, und hatte Grund genug, die üblen Folgen eines Zwischenfalles zu fürchten. Zudem war er der Überzeugung, daß ein Land unterworfen sei, sobald man dessen Herrscher in der Hand habe; denn er war – darin nicht nur Spanier, sondern Europäer – von den monarchischen Ideen seines Zeitalters und Kontinents durchdrungen. Was war ein Land schließlich anderes als ein corpus politicum, dessen Kopf der Herrscher war? Diese Überlegungen führten ihn zu einem kühnen Entschluß: Er würde Moteczuma zu seinem Gefangenen machen.

Halten wir einen Augenblick inne, um diesen Schritt zu betrachten. Wir stellen fest, daß er ganz unverkennbar Cortés' Stempel trägt: In Gefahr das größte Risiko einzugehen, um damit ihm und zugleich allen kleineren Risiken zu entgehen; als Schwächerer aber des Gegners Haupt aufs Korn zu nehmen. Es war der Stil, in welchem er seine Schiffe »verbrannt« hatte. Es wird später der Stil seines Sieges über Narváez sein. Aber nicht nur in der Sache, auch in der Form bleibt er sich treu. Nachdem er sich zu diesem kühnen Kurs entschlossen hat, bringt er es fertig, sich diesen von einigen seiner Männer vorschlagen zu lassen. Die Spanier hatten innerhalb ihres Hauptquartiers eine Kirche gebaut. Dorthin baten am Tage nach dem Besuch des Teocalli vier Offiziere – Juan Velázquez de León, de Ordás, Gonzalo de Sandoval und Pedro de Alvarado – mit zwölf Soldaten aus dem inneren Freundeskreis den Generalkapitän, um ihm von ihren Befürchtungen über die Lage zu sprechen. Aus dem ehrlichen Bericht von Bernal Diaz, der einer der beteiligten Soldaten war, läßt sich leicht erkennen, daß der ganze Auftritt von Cortés sorgfältig vorbereitet worden war; denn er vernahm von seinen Soldaten Erwägungen, die ihn selbst beschäftigten, und sie kamen dann zu demselben Ergebnis, zu dem er auch gelangt war. »Glaubt nicht, Ihr Herren«, erwiderte Cortés, »daß ich schlafe. Aber woher nehmen wir die Kraft zu so viel Kühnheit?« Woraufhin die Offiziere, die seine Vertrauten waren, seinen eigenen Plan entwickelten: »Ihn mit guten Worten aus seinem Wohnsitz in unser Quartier zu bringen und ihm zu sagen, er müsse gefangen bleiben und werde, falls er sich aufrege oder schreie, mit seiner Person dafür büßen.«

Cortés hatte alles bedacht, sogar den Vorwand, der es ihm ermöglichen sollte, dem Kaiser eine so unerhörte Angelegenheit zu unterbreiten. Mehr als ein Historiker hat über diesen Vorwand feierliche Moralpredigten gehalten. Der eine sagt: »Um sein eigenes Gewissen zu täuschen« – »Die schamloseste Tat versucht sich hinter einem Anschein von Anständigkeit zu verstecken«, sagt ein anderer. Cortés aber bedurfte einer *moralischen* Rechtfertigung nicht. Er suchte nur nach einem diplomatischen Sprungbrett, nach einer psychologischen Grundlage für sein Verlangen. Die Tinte, die insoweit zu seiner Anklage oder Verteidigung verschrieben worden ist, ist umsonst geflossen. Er selbst hat schließlich in seinem Brief an Kaiser Karl die klarste und ehrlichste Darstellung von allen gegeben: »Ich dachte, es sei im Interesse des Königs und unserer Sicherheit ratsam, daß jener Fürst in meiner Gewalt und nicht völlig frei sei, damit er nicht die von ihm bekundete Absicht und Bereitwilligkeit, Euer Hoheit zu dienen, ändere. Da nun wir Spanier etwas aufdringlich und im Zorn unbeherrscht sind, könnte er uns ein Leids tun, so viel sogar, daß von uns keine Spur übrigbliebe; denn so groß ist seine Macht. Außerdem würden, wenn ich ihn in der Hand hätte, alle ihm untertänigen Länder schneller bereit sein, Euer Majestät anzuerkennen und zu huldigen.« Man beachte, daß er eine Verschlechterung der Stimmung bei den Mexikanern nicht einmal erwähnt, wie es neben andern Chronisten auch Bernal Diaz tut, dessen Bericht spätere Geschichtsschreiber wahrscheinlich übertrieben haben, um Cortés zu »rechtfertigen«. Sein Bericht ist knapp, klar und freimütig. Es ist ein rein *politischer* Bericht.

Es gibt keinen Grund, weshalb ein Mann in seiner Lage damals auch nur im geringsten hätte zweifeln sollen, ob er das Recht habe, den Kaiser in Haft zu nehmen, wenn ihm das zweckmäßig oder klug erschien. Was den Vorwand anging, so hatte er ihn in Händen: der Brief, den er in Cholula von Juan de Escalante erhalten hatte, deutete an, daß Moteczuma den Quauhpopoca zu dessen Verrat angestiftet habe. Die Nacht verbrachte Cortés damit, »alle Formen und Arten des Vorgehens zu bedenken, damit er ohne Aufsehen und Unruhe verhaftet werden könne«; dabei fiel ihm jener Zwischenfall ein. Damit öffnete sich ihm ein Weg für eine jener kühnen diplomatischen Operationen, die er vollendet beherrschte. Es sollte die kühnste seines Lebens sein. Seine treuen Soldaten aber, so berichtet Bernal Diaz, verbrachten »die ganze Nacht im Gebet zu Gott, auf daß alles in Seinem heiligen Dienste zum Besten ausschlagen möchte«.

Am frühen Morgen brachten ihm insgeheim zwei Tlaxcateken eine Nachricht aus Veracruz, die ihm den letzten Anstoß zum Handeln gegeben und ihn sogar veranlaßt haben muß, an einen klaren Wink der Vorsehung zu glauben: Juan de Escalante war im Kampf mit Moteczumas Verbündeten gefallen, und das ganze Küstenland hatte sich gegen die Spanier erhoben. Cortés steckte den Brief in die Tasche und machte sich auf den Weg zum Kaiser, dem er sein Kommen vorher angekündigt hatte.

In seiner Begleitung befanden sich fünf Offiziere und etliche Soldaten, darunter Bernal Diaz und Tapia, die später beide darüber berichten sollten. Alle waren bewaffnet, und außerdem hatte er Befehl hinterlassen, daß der Rest des Heeres auf alles vorbereitet sein solle. Cortés betrat Moteczumas Gemächer mit etwa dreißig Spaniern, nachdem er am Eingang und im Haupthof einige zurückgelassen und an wichtigen Straßenkreuzungen besondere Verbände postiert hatte. Moteczuma rechnete mit Schwierigkeiten, da er, wenn auch nicht vollständig, über die Ereignisse bei Veracruz unterrichtet worden war. Daher empfing er Cortes nicht so selbstsicher wie sonst. Er war freundlich und heiter, bot Cortés einige Juwelen und eine seiner Töchter, den Offizieren seiner Begleitung andere Edelfräulein an. Dann kam Cortés zur Sache. Dabei befolgte er wie üblich seine vorsichtige, diplomatische Methode. Von dem zweiten Kampf sprach er nicht, da eine Niederlage niemals eine gute Empfehlung ist, sondern beschränkte sich ganz auf die Ereignisse bei Nauhtla oder Almeria. Er betonte, Quauhpopoca habe sich damit entschuldigt, daß er auf Befehl Moteczumas gehandelt habe. Nun glaube er zwar dergleichen nicht, doch sei es nötig, die Schuldigen nach Mexiko zu bringen, damit man der Sache auf den Grund gehen könne. Moteczuma willigte sofort ein und schickte auf der Stelle Boten ab, denen er ein kleines Steinsiegel mitgab, das er am Arme trug, damit sie Quauhpopoca und dessen Mitschuldige nach Mexiko brächten. Als die Boten gegangen waren, dankte Cortés dem Kaiser und setzte ihm dann auseinander, Moteczuma müsse in seinen Palast übersiedeln, bis die Sache so weit aufgeklärt sei, daß er dem König einen ausführlichen Bericht über den Tod jener Spanier erstatten könne. Moteczuma war sehr bestürzt und sagte in tiefem Ernst: »Meine Person ist nicht dazu geschaffen, ins Gefängnis zu gehen; und selbst wenn ich es wollte, mein Volk würde es nicht dulden.« Darauf erklärte Cortés, der Kaiser würde nicht ein Gefangener sein, sondern sich völliger Freiheit erfreuen und in der Ausübung seiner Herrschaft nicht im geringsten behindert werden. Er möge sich alle ihm zusagenden Gemächer in dem Hause, wo Cortés wohne, auswählen und könne gewiß sein, daß alle Spanier ihm gehorsam dienen würden. Vier Stunden lang gingen Gründe und Gegengründe hin und her; aber Cortés war ebenso geduldig wie unnachgiebig. Velázquez de León jedoch war hartnäckig, aber nicht geduldig, sondern rief mit seiner rauhen, vollen Stimme: »Was tun Euer Gnaden da mit soviel Reden? Er möge kommen, oder wir werden ihn aufspießen!« Der Kaiser fragte Doña Marina, was der Hauptmann da rufe. Die schlaue »Zunge« aber erwiderte: »Ich rate Euch, geräuschlos mitzukommen. Dann werden sie Euch ehren als was Ihr seid; bleibt Ihr aber, so werdet Ihr hier jetzt sterben.« Darauf sagte der Kaiser: »Malintzin, ich habe einen Sohn und zwei Töchter.« Er meinte legitime Kinder. »Nehmt sie als Geiseln, aber erspart mir diese Kränkung.« Cortés blieb unerbittlich, und schließlich gab der Kaiser nach.

Er schickte seine Boten voraus, um ihm Gemächer in dem Hause einzurichten, das ja schließlich seines Vaters Palast gewesen war. Wenig später hoben ihn mehrere Herren, die barfuß waren und ihre Umhänge unter dem Arm trugen, in eine »nicht sehr gut geschmückte« Sänfte und trugen ihn in sein neues, ihm aufgezwungenes Quartier. Schweigend schritten sie einher und weinten.[9]

Es gab einige Bewegung in der Stadt – »es begann sich zu regen«, sagt Cortés – aber Moteczuma beschwichtigte. Cortés gab strikten Befehl, daß der Kaiser mit der größten Achtung zu behandeln sei; »und hierin gab er selbst das beste Beispiel, denn wann immer er ihn besuchte, verneigte er sich einmal und viele Male bis tief auf den Boden, was jenem große Erleichterung zu bereiten schien«. Sein Hofstaat war im neuen Quartier genauso königlich wie vorher: seine Frauen, seine Bäder und seine umfangreichen Mahlzeiten, sein Gefolge von Höflingen, deren zwanzig ständig Dienst taten, seine Audienzen und das ganze üppige Leben eines orientalischen Potentaten, an das er gewöhnt war – alles wurde sorgfältig respektiert, so daß »er sich daran gewöhnte, ein Gefangener zu sein, ohne deshalb Kummer an den Tag zu legen«. Trotzdem braucht man kaum zu betonen, daß er an dem Tage, da er seines Gastes erzwungene Gastfreundschaft in Anspruch nahm, seine innere Autorität verloren hatte; von jenem Tag an hieß trotz der tragischen Zwischenspiele, die noch der Spanier harrten, der wirkliche Kaiser von Anáhuac Hernán Cortés.

Die Verwirrung, welche Quetzalcoatls Prophezeiung in Moteczumas Geist angerichtet hatte, war unter den Faktoren, die diese Situation herbeigeführt hatten, einer der wichtigsten. Trotzdem konnte Cortés nicht erwarten, daß jene Prophezeiung so reiche Früchte tragen würde, als er sich entschloß, den Kaiser zu verhaften. Die Tat bleibt in Idee und Ausführung eine der kühnsten Taten der Geschichte. Bemerkenswert an diesem Meisterstück der Militärpolitik sind nicht zuletzt der Takt und die Ergebenheit, mit denen Cortés dem Anschein nach – mit einer einzigen, wohlberechneten Ausnahme – dem Herrscher begegnete, den er in Wirklichkeit schon enthauptet hatte. Einer der spanischen Soldaten, die Cortés zur Bewachung des Kaisers bestimmt hatte, vermißte zwei seiner indianischen Dienerinnen; er forderte sie vom Kaiser, der ihm eine Nachforschung zusagte. Zwei Tage später fragte der Soldat wieder nach seinen Weibern, doch wies ihn Moteczuma kurz ab. Der Spanier gab eine dreiste Antwort. Moteczuma schwieg und vergaß den Zwischenfall, der gleichwohl Cortés zu Ohren kam. Er verurteilte den Soldaten zum Tode durch den Strang. Der großmütige Kaiser rettete dem Soldaten das Leben, konnte ihn aber nicht vor der Peitsche retten.

Moteczuma hatte sich daran gewöhnt, als König in Ketten zu leben, als am zwanzigsten Tage nach seiner Verhaftung Quauhpopoca eintraf. Er kam mit großem Gefolge, ließ sich auf den Schultern seiner Diener in einer Sänfte tragen und hatte seinen Sohn und fünfzehn weitere Würdenträger bei sich. Als er vor dem Tor des Palastes anlangte, stieg er aus, vertauschte seine Gewänder gegen ärmere Kleidung, zog die Sandalen aus und wurde barfuß und mit niedergeschlagenen Augen vor Moteczuma geführt. Unterwürfigkeit und Respekt vor der Macht hatten, wie das oft geschieht, die Macht selbst, die sie hervorgerufen hatte, überdauert. Wir wissen nichts Genaues über die Unterredung, die dramatisch gewesen sein muß. Torquemada läßt Moteczuma das Gefecht eröffnen und Quauhpopoca anklagen, daß er die Spanier getötet und die Schuld daran auf den Kaiser geschoben habe, was eine Handlungsweise sei, für die er wie ein Verräter bestraft werden müsse; darauf habe sich Quauhpopoca zu rechtfertigen versucht, doch habe der Kaiser nicht zuhören wollen. Obwohl diese Darstellung nicht einfach von der Hand gewiesen werden kann, klingt sie doch nicht wahrscheinlich; sie verrät eine spanische Vorstellung von der Denk- und Arbeitsweise eines aztekischen Gehirns, die sich von der unserigen wesentlich unterschied. Es ist wohl wahrscheinlicher, daß Moteczuma zu Quauhpopoca gesagt hat: »Ich danke dir, daß du jene Spanier gefangen und zumal daß du mir ihre Köpfe geschickt hast, die für meine Unterrichtung von unschätzbarem Wert gewesen sind. Ich möchte dich dafür belohnen. Da nun der Weiße Bärtige wütend über uns ist und wahrscheinlich seinen Zorngott mit einem Menschenopfer besänftigen will, habe ich beschlossen, daß du die Ehre haben sollst, um meinetwillen zu sterben.« Daraufhin dürfte Quauhpopoca, von Dankbarkeit überwältigt, den Saal verlassen haben, in der Bereitschaft, für einen so großmütigen Herrscher zehn Tode zu sterben.

Diese »Version« der Begegnung zwischen Moteczuma und Quauhpopoca stammt zwar ausschließlich von mir, hat aber mindestens soviel Wahrscheinlichkeit für sich wie diejenige von Torquemada; auf jeden Fall dürfte sie der aztekischen Art mehr entsprechen. Wenn die Spanier die Denkweise der Indianer zu deuten versuchten, machte sich ein Mangel geltend, den ich die Kehrseite ihres größten Vorzuges nennen möchte. Dieser war in meinen Augen ihre unbedingte Überzeugung von der grundlegenden Einheit der Menschheit, die ihrem unerschütterlichen Glauben an die Heilige Schrift und damit an Adam und Eva entsprang. Da alle Menschen Nachfahren Adams und Evas waren, waren sie alle Brüder – keineswegs in einem sentimentalen oder gar barmherzigen Sinn, sondern lediglich in dem Sinne einer schlichten Gleichheit. Daraus folgt dann, daß ihr Verstand stets gleich funktioniert und reagiert, weshalb, wenn das nicht der Fall ist, *bei dem andern* irgend etwas nicht stimmen muß. Darum starb Quauhpopoca.

Moteczuma ließ ihn und seinen Sohn sowie die fünfzehn Würdenträger, die gleichfalls für die Ermordung der beiden Spanier verantwortlich gemacht wurden, an Cortés ausliefern. Sie wurden alle vor Gericht gestellt und, nachdem sie ihre Schuld gestanden hatten, zum Tode verurteilt. Als sie gefragt wurden, ob Moteczuma ihnen befohlen habe, anzugreifen und die beiden Spanier zu töten, antworteten alle mit Nein; aber, sagt Cortés, »als das Urteil vollstreckt werden sollte, sagten alle wie aus einem Munde, daß Moteczuma in der Tat den Befehl dazu gegeben habe und daß sie es auf diesen Befehl hin getan hätten«. Obwohl Cortés selbst dieses berichtet, klingt es doch nicht wahr. Es deckt sich nicht mit dem stolzen Auftreten und der unbestreitbaren Tapferkeit Quauhpopocas. Wir brauchen jedoch nicht anzunehmen, daß Cortés absichtlich versucht habe, sein schonungsloses Vorgehen hinter einem gefälschten Geständnis zu verstecken. Was die Angeklagten – mehr oder minder klar in ihrer eigenen Sprache – sagten, erreichte Cortés auf dem Umweg über zwei andere Zungen (und Gehirne). Zudem war die Frage nach Moteczumas Verantwortlichkeit gerade bei den Ereignissen, wie sie hier geschildert worden sind, nicht eindeutig zu beantworten. Vieles spricht dafür, daß alle Bezirksgouverneure grundsätzlich Weisung hatten, möglichst einige Spanier lebend zu fangen, und zwar aus drei Gründen: Einmal pflegten die Mexikaner überhaupt Gefangene zu machen, um Opfer zu haben; zum andern sollten sie der magischen Verteidigung dienen, und schließlich bedeuteten sie Aufklärung im heutigen Sinne des Wortes. Nehmen wir dazu die unbewußte Neigung von Cortés, Moteczuma schuldig zu finden, um ihn desto eher festhalten zu können, so war nur zu erwarten, daß die mehr oder minder verwickelten Antworten der Angeklagten so weit vereinfacht wurden, daß man zu der erwünschten Schlußfolgerung gelangte.

Außerdem dürfen wir nicht den Fehler begehen, Cortés in *öffentlichen* Angelegenheiten eine Ethik zuzuschreiben, die damals praktisch unbekannt war. Hernán Cortés war nicht ein Mann unserer Zeit oder, wie wir vielleicht besser sagen sollten, nicht ein Intellektueller unserer Zeit. Es ist bestimmt falsch, sein Handeln nach den Maßstäben eines empfindsamen Vertreters der kontemplativen Gattung Mensch zu beurteilen. Er war vor allem ein militärischer Führer, der mit einem Meisterwerk schöpferischen Tuns beschäftigt war; daher muß er mit dem Maßstab schöpferischer, militärpolitischer Staatskunst gemessen werden. Er hat sich damals bestimmt nicht gefragt: »Wie soll ich mich hier verhalten, damit ich vor den Augen meiner Biographen und deren Lesern bestehen kann?« – sondern er hat gefragt: »Wie soll ich diesen Zwischenfall ausnutzen, um dieses Reich fester in die Hand zu bekommen, wenn ich lediglich vierhundert Mann und ein paar unklare Prophezeiungen auf meiner Seite habe?«

Von diesem – seinem, nicht unserem – Standpunkt aus müssen wir die Lage zu betrachten versuchen. Cortés mußte folgende Punkte erwägen: Erstens: Das Küstenland revoltierte. Zweitens: Die Hauptstadt war unruhig und fragte sich, ob Moteczuma klug getan habe, sich Cortés einfach zu fügen. Drittens: Im Teocalli und in Tlatelolco waren die riesigen Waffenlager, die er gesehen hatte. Viertens: Er selbst befand sich in einer Stadt, die rundum von Wasser eingeschlossen war. Was diesen letzten Punkt anging, so beschloß er, mit der Takelage und anderm Segelzeug, das er in Veracruz sorgfältig geborgen hatte, zwei Brigantinen zu bauen, hatte er doch unter seinen Soldaten einen gewissen Martin López, der nicht nur, wie der sachverständige Bernal Diaz ihm bescheinigt, »ein guter Soldat für den Krieg«, sondern auch ein nicht minder tüchtiger Schiffsbauer war. Holz und Zimmerleute sollte Moteczuma stellen.[10] Das aber war Planung auf lange Sicht. Die Verhältnisse an der Küste ließen sich nur durch schnelles, drastisches und eindrucksvolles Handeln retten, und das bedeutete, daß Quauhpopoca mitsamt seinen fünfzehn Mittätern sterben mußte. Nichts anderes konnte einem Volke Eindruck machen, dem Blut und Tod so vertraut waren wie den Mexikanern. Wie aber sollten sie sterben? Ihnen den Kopf abzuhauen, bedeutete den Mexikanern nichts, denen das Schauspiel, wie den Opfern die pochenden Herzen aus der Brust gerissen wurden, so vertraut war, wie uns der Anblick des Priesters ist, der sonntags die Messe liest. Cortés' Phantasie lieferte die Antwort: Auf dem Platz vor Moteczumas Palast sollten sie auf dem Scheiterhaufen sterben, damit das Bild der ganzen Stadt vor Augen stünde und Eindruck machte. Wenn man aber einen Scheiterhaufen brauchte, der groß genug war, um sechzehn oder siebzehn Opfer zu verzehren, warum sollte man ihn dann nicht aus den Bogen und Pfeilen, den Speeren und Schwertern mit Obsidianklingen errichten, die er im Teocalli gesehen hatte? Jetzt war der Plan fertig. Cortés »ließ alle Waffen, die aufzutreiben waren, aus den Zeughäusern holen, im ganzen mehr als fünfhundert Wagenladungen, und ließ sie verbrennen, mit ihnen aber Quauhpopoca; und er sagte, er verbrenne jene, um diesen zu verbrennen«. Solches berichtet Tapia, einer seiner Soldaten, in einem wohlüberlegten Satz, welcher die Frage offenläßt, ob die eigentliche Ursache des Feuers der schuldige Häuptling oder der gefürchtete Waffenvorrat sei.

Die Stadt nahm das Schauspiel völlig schweigend hin. Wie vom Donner gerührt stand sie vor der Tatsache, daß ein Fremder in ihrer Mitte auf solche Weise seine Souveränität bekundete. Als weitere Vorsichtsmaßnahme ließ Cortés während der Hinrichtung Moteczumas Füße in Eisen schließen, »worüber er nicht geringen Schrecken empfand« – die krönende Kühnheit dieses erstaunlichen Mannes. Sobald jedoch alles vorüber war, stattete er mit fünf seiner Offiziere seinem gedemütigten Opfer einen feierlichen Besuch ab. Er traf den Kaiser in tiefster Niedergeschlagenheit inmitten seiner Verwandten und Diener an. Einige knieten weinend vor ihm und zwängten dünne Baumwolltücher zwischen die Eisen und seine Knöchel, um seine Haut zu schützen. Cortés, der den Gefesselten mit allen Zeichen der Entrüstung verlassen hatte, kam gnädig zurück. Und nun kam ihm aus dem Herzen, das jetzt fraglos aus der strengen Zucht des Verstandes entlassen war, die heilende Geste: Der Sieger kniete nieder und befreite selbst die königlichen Füße aus den entehrenden Fesseln.

Der Spanier zeigte sich von seiner gewinnendsten Seite.

Der Adler hatte der Schlange Platz gemacht. Er sagte zu Moteczuma, daß er in ihm nicht nur seinen Bruder sehe, sondern den Herrn und König über viele Länder und Völker, deren er ihm noch mehr erobern werde; ja, er bot ihm sogar an, daß er in seinen eigenen Palast zurückkehren möge. Moteczuma lauschte mit Tränen in den Augen. Er wußte mittlerweilen, daß Cortés »lächeln und immer lächeln und doch ein Schurke sein« konnte. Dieses Angebot sollte nur dazu dienen, des Kaisers »Gesicht« vor der Öffentlichkeit zu wahren; insgeheim nämlich hatte Cortés Aguilar befohlen, dem Kaiser zu »verraten«, daß er, falls Cortés die Rückkehr in seinen Palast vorschlüge, das Angebot ablehnen müsse, weil die übrigen Offiziere und Soldaten die Ausführung verhindern würden. Daher antwortete der unglückliche Herrscher »mit großer Höflichkeit, er danke ihm, wiewohl er genau wußte, daß diese Worte des Cortés eben nur Worte waren«, aber vorläufig sei es besser, daß er als Gefangener dort bleibe, weil er Unruhen in der Stadt befürchte. Darauf umarmte Cortés ihn (diesmal wagte niemand, das Sakrileg zu verhindern) und rief: »Nicht umsonst, Fürst Moteczuma, liebe ich Euch wie mein eigenes Leben!«

Es blieb die Lage an der Küste. Quauhpopocas Hinrichtung wirkte gewiß abschreckend auf jeden, der etwa weitere Angriffe auf die in Veracruz zurückgelassenen Spanier planen sollte, die ja nur eine Handvoll waren. Aber mit Escalante hatte Cortés einen treu ergebenen Freund und tapferen Kommandanten verloren. Hier erlebte Cortés nun eine jener Anwandlungen von Vertrauensseligkeit, die von jetzt an gelegentlich, wenn auch nur für kurze Zeit, sein Urteil trüben sollten. Als Nachfolger für Escalante in Veracruz bestimmte er Alonso de Grado, »weil«, wie Bernal Diaz schreibt, »er klug war, ein gutes Auftreten hatte, zu reden verstand und zudem musikalisch und sehr schreibgewandt war«. Keine dieser Gaben außer vielleicht der ersten wurde für den Posten benötigt, doch fügt Bernal Diaz etwas hinzu, was die Wahl noch seltsamer erscheinen läßt: »Alonso de Grado war einer von denen, die immer zu den Widersachern unseres Cortés zählten und gegen unseren

Marsch nach Mexiko waren, vielmehr die Rückkehr nach Veracruz befürworteten, und, als sich in Tlaxcala kleine Gruppen bildeten, war er überall die treibende Kraft«. So sicher fühlt sich Cortés jetzt seines Erfolges, daß er einen seiner Gegner nach Veracruz entsendet. Zwar haben wir schon früher erlebt, daß er Angehörigen der Opposition wichtige Aufträge erteilte, aber diesmal war er, wie die Ereignisse lehren sollten, in seinem Selbstvertrauen zu weit gegangen.

Die Gabe, Fehler zu machen, ist dem Menschen in so reichem Maße und in solcher Vielfalt verliehen und ist zudem so unbezwingbar, daß der neue Gouverneur von Veracruz zwar nicht, wie Escalante getan hatte, Indianerdörfer plünderte, dafür jedoch viele andere Gelegenheiten entdeckte, bei denen er Mängel zur Schau stellen konnte. Wahrscheinlich hat er Cortés mit einem Gefühl der Verbitterung verlassen; denn als er aus den Reihen der Mannschaften zum Nachfolger Escalantes als Gouverneur von Veracruz ernannt wurde, hatte er sich erkühnt, Cortés zu bitten, auch Escalantes Nachfolge als Alguacil Mayor oder Polizeichef antreten zu dürfen. Das ist ein höchst wichtiges Amt, welches Cortés wohlweislich Sandoval übertragen hatte, der ihm unter seinen Hauptleuten am nächsten stand. Cortés hatte Alonso de Grado mit guten Worten und Versprechungen entlassen, doch erwies sich der verärgerte Gouverneur als völliger Versager. Die Spanier entfremdete er sich dadurch, daß er in fürstlichem Stil lebte, und die Indianer dadurch, daß er sich aus den umliegenden Ortschaften ständig Gold und junge Frauen holen ließ – im ganzen mehr als dreißig –, obwohl die Bewohner mit den Spaniern auf freundschaftlichem Fuße lebten. Er hatte nur Essen und Glücksspiel im Kopf und war töricht genug, »seinen Freunden und solchen, die nicht seine Freunde waren«, zu sagen, daß er, falls Diego Velázquez käme oder einen Offizier entsenden sollte, diesem das Land ausliefern würde.

Als Cortés dies vernahm, ärgerte er sich, wie Bernal Diaz berichtet, über sich selbst. Diesmal dachte er gründlicher nach und entsandte dann als Gouverneur seinen vertrauten Freund Gonzalo de Sandoval, einen der jüngsten Männer in seinem Heer. »Er war sehr tapfer. Als er herüberkam, zählte er wohl vierundzwanzig Jahre. An Körpergestalt war er nicht sehr groß, aber von guten Proportionen und starken Gliedern, mit breiter Brust und ebensolchem Rücken. Er hatte etwas krumme Beine, war aber ein guter Reiter. Sein Gesicht war eher derb, Haar und Bart, die damals lang getragen wurden, kastanienbraun und lockig. Seine Stimme war nicht sehr klar, aber furchtgebietend, obwohl er etwas lispelte. Er war kein Mann, der mit den Wissenschaften vertraut ist, sondern schlicht und einfach. Sein Verlangen stand nur danach, Ruhm zu ernten und ein guter Offizier zu sein. In unseren Kriegen in Neuspanien merkte er sich stets die Soldaten, die ihm wie Männer zu handeln schienen; sie förderte und unterstützte er. Er war nicht einer von denen, die reich gekleidet umhergingen, sondern trug sich sehr einfach. Dieser Gonzalo de Sandoval war derjenige Offizier, von dem der Markgraf Cortés zu Seiner Majestät sagte, alle tapferen Soldaten in seiner Truppe, die zu den besten der Welt gezählt werden dürften, überrage noch dieser Sandoval, der schon in vielen Heeren als Oberst gedient habe und ein Mann in Worten wie in Taten sei. Er stammte aus Medellín und war ein Hidalgo. Sein Vater war Alkalde einer Festung gewesen.«

Moteczumas Verzicht

Allmählich richtete sich Cortés als wirklicher Herrscher von Anáhuac ein. Moteczuma war sein Gefangener. Zuerst versuchten dessen Untertanen, ihn auf mancherlei Weise zu befreien, und an mindestens einem, dem verzweifeltsten dieser Versuche, war der Kaiser selbst beteiligt. »Hätte man nicht so besonders sorgfältig aufgepaßt«, schreibt Torquemada, »so würden Moteczumas Verwandte ihn Cortés weggenommen haben, denn viele von ihnen schlugen Löcher in die Mauern und versuchten es auf andere Weise. Eines Tages versuchte er, sich von einer fünfzehn Meter hohen Terrasse zu stürzen, damit seine Freunde ihn auffingen; einer der kastilischen Wächter war aber gerade so nahe, daß er es verhindern konnte.«

Diese Stimmung scheint dann einer gewissen Resignation gewichen zu sein, welche, wie spätere Ereignisse lehren sollten, in einem Glauben wurzelte, der ebenso schlicht und selbstverständlich war wie der Glaube des Cortés. Dieser tat alles, was in seiner Macht stand, um die Lage dadurch erträglich zu machen, daß er seine Leute nachdrücklich dazu anhielt, dem Herrscher auf jede Weise ihre Ergebenheit zu bezeugen. Der Uei Tlatoani selbst scheint einen Ausgleich für seine Demütigung darin gesucht zu haben, daß er seinen Kerkermeistern üppige Geschenke machte und seine königlichen Privilegien betont hervorkehrte. Alle spanischen Chronisten berichten eine Fülle von malerischen Einzelheiten über die Großzügigkeit des gestürzten Herrschers, doch übertrifft keiner unsern unnachahmlichen Bernal Diaz, dessen Palette vom Hofzeremoniell bis zur Hausmannskost reicht. Cortés und einige Offiziere besuchten den Kaiser jeden Morgen nach dem Frühgebet; die Messe konnte damals nicht mehr gelesen werden, weil es an Wein fehlte. »Da nämlich Cortés und andere Hauptleute wie auch der Mönch während des Feldzuges in Tlaxcala krank gewesen waren, hatten sie mit dem Meßwein schnell aufgeräumt.« Sie verbrachten den Morgen im Gespräch, häufig in religiosen Streitgesprächen, die sich mit den Vorzügen ihrer beider Götter beschäftigten. Manchmal spielten sie auch, zumal Cortés und Moteczuma spielten miteinander Totoloque, wobei es galt, kleine goldene Scheiben oder Kugeln nach ebenfalls goldenen Kegeln zu werfen. Das Anschreiben für Cortés besorgte Alvarado, für Moteczuma einer von dessen Neffen. Alvarado schrieb stets einen Punkt mehr für Cortés an, als dieser wirklich gewonnen hatte, so daß Moteczuma eines Tages zum größten Vergnügen der anwesenden Soldaten ausrief, Tonatiuh – so nannten die Mexikaner den rothaarigen Spanier – sei ein Schwindler und Lügner. Sein Vergehen war jedoch tatsächlich eine Höflichkeit, da die Einsätze – Juwelen und Gold – vom Gewinner verteilt wurden. Gewann Cortés, so bekamen sie die mexikanischen Höflinge; gewann Moteczuma, so gingen die Einsätze an die spanischen Offiziere und Soldaten. Obwohl nun diese Gewinne, die Moteczuma beim Totoloque erzielte, recht häufig ausgeteilt wurden, »ließ er doch«, wie Bernal Diaz schreibt, »keinen Tag vergehen, ohne uns mit Gold und Gewändern zu beschenken«.

Die Kosten der kaiserlichen Hofhaltung machten auf Cortés tiefen Eindruck. Dem Aufwand dieses üppigen Haushalts schienen keine Grenzen gesetzt zu sein. Zu den laufenden Ausgaben kamen nun noch die Aufwendungen für die Truppe des Cortés, in der jeder spanische Soldat zwei oder drei Naborias oder Sklaven für seine persönliche Bedienung hatte – alles auf Kosten Moteczumas. Cortés versuchte die Belastung seines königlichen Gefangenen dadurch zu mindern, daß er befahl, kein Spanier solle mehr als eine indianische Köchin beschäftigen. Das aber empfand Moteczuma als Kränkung seiner Größe und befahl alsbald, die Naborias sollten bessere Quartiere und doppelte Rationen erhalten. Diesen Entschluß kann man schwerlich anders denn als Ausdruck seiner Niedergeschlagenheit erklären. Cortés bedankte sich und sah darin fraglos einen weiteren Beweis für den Reichtum eines Landes, das solche Verschwendung ertragen konnte.

Allmählich vertrugen sie sich vortrefflich, und der Kaiser konnte sich, obwohl er von spanischen Truppen streng bewacht wurde, an ziemlich langem Zügel bewegen. Als er zum ersten Mal das Bedürfnis verspürte, mit »seinem Vitzliputzli« Verbindung aufzunehmen, willigte Cortés ein, warnte den Kaiser jedoch, er werde genug Offiziere und Mannschaften mitschicken, um ihn aufzuspießen, sofern er zu entkommen oder Unruhe zu stiften versuchen sollte. Auch bat er ihn, von Menschenopfern abzusehen. Der Kaiser verließ den Palast in prunkvollem Zuge: voran gingen seine drei Herolde mit ihren goldenen Stäben, hinterher vier spanische Hauptleute und hundertfünfzig spanische Soldaten sowie der Mönch, der die Menschenopfer verhindern sollte. Als aber die Spanier den Tempel des »Vitzliputzli« erreichten, stellten sie fest, daß in Erwartung des königlichen Besuches schon während der Nacht vier Menschen geopfert worden waren.

Die Fertigstellung der Brigantinen verschaffte Moteczuma eine weitere willkommene Ablenkung vom Nachsinnen über sein Schicksal, das nun keine Zukunft mehr hatte. Entzückt sah er die schnellen Segler über seine sonst so stille Lagune fliegen und äußerte alsbald den Wunsch, darin nach dem Felsen Tepepolco gebracht zu werden, wo er ein einsames Jagdhaus besaß. Cortés ging bereitwillig darauf ein. Moteczuma nahm ein zahlreiches Gefolge mit und wurde außerdem von zweihundert Soldaten unter dem Kommando von Velázquez de León, Alvarado, Olid und Dávila begleitet, die alle vier, wie Bernal Diaz sich ausdrückt, »Männer mit Blut im Auge« waren. Solche Jagdausflüge betrachteten die Spanier natürlich als Bestandteil des Königseins, genau wie die Freigebigkeit, die ihnen am Kaiser schon aufgefallen war.

So bildete sich allmählich ein Zustand heraus, in welchem der Kaiser und seine Kerkermeister gemeinsam friedlich das Leben genossen. Aber der wachsende Einfluß der Spanier auf Moteczuma hatte die Autorität des Uei Tlatoani bei seinen Mitfürsten erschüttert. Besonders Cacama, der Fürst von Tetzcuco, leistete Widerstand.[11] Der junge Fürst hatte jedoch mit seinen Gefolgsleuten wenig Glück und scheint seinen ersten Fehler schon dadurch begangen zu haben, daß er sich von zweien seiner Brüder beraten ließ, die beide zu ehrgeizig waren, als daß sie treu sein konnten. Immerhin bekam er feste Zusagen von den Häuptlingen von Coyohuacán und Matlatzinco, beide Verwandte von Moteczuma, und ebenso von Tocoquihuatzin, dem Herrn von Tlacopan, sowie von Moteczumas Bruder Cuitlahuac, der über Iztapalapa herrschte. Die Verschwörung, die durch innere Meinungsverschiedenheiten geschwächt wurde, kam sowohl Moteczuma wie Cortés zu Ohren; der Kaiser zog jedoch den Spanier ins Vertrauen und teilte ihm mehr Einzelheiten mit, als dieser wußte. Cortés schlug vor, man möge ihm genug mexikanische Truppen geben, daß er nach Tetzcuco ziehen und den Rebellen verhaften könne, aber dem widersetzte sich Moteczuma. Darauf versuchte Cortés zweimal, mit Cacama zu verhandeln, dem er dringend nahelegte, er möge seine Tätigkeit »gegen die

Interessen unseres Herrn und Königs« einstellen, womit er natürlich Karl V. meinte. Cacama erwiderte darauf nur hitzig, »er kenne keinen solchen König und wünsche, daß er Cortés niemals begegnet wäre«.

Der junge Mann hielt einen Kriegsrat ab, in welchem er erklärte, er könne die Spanier innerhalb von vier Tagen vernichten; denn, sagte er, weder sie selbst noch ihre Pferde seien unsterblich, hätten sie doch alle den Kopf des toten Teul und den Kadaver des toten Pferdes gesehen. Er würde alle Spanier vernichten, und dann würden sie ihre Leiber verspeisen. Was seinen Onkel angehe, so sei er ein Huhn, oder aber die Spanier hätten mit ihrer Zauberei und mit dem großen Weib, das sie auf ihre Altäre stellen, sein Herz erkalten lassen. Kurzum: Krieg!

Dann wurde auf Vorschlag von Cortés (berichtet Bernal Diaz) oder auf Moteczumas Veranlassung (sagt Cortés) beschlossen, den Rebellen durch Verrat zu fangen, da Moteczuma, wie Cortés an den Kaiser schreibt, »in Cacamazins Land viele angesehene Männer in seinem Solde hatte«. Diese falschen Freunde rieten dem jungen Fürsten, an einer Beratung in einem seiner Häuser, die im See lagen, teilzunehmen, unter denen Moteczumas Leute einige Kanus für ihre Beute bereitgestellt hatten. Der vorwitzige junge Mann wurde verhaftet und nach Mexiko gebracht, wo er, wie Cortés schreibt, »in eine Sänfte gehoben, wie sein Rang und die Tradition es verlangten, und zu mir gebracht wurde. Ich ließ ihn fesseln und stark bewachen.« Im Einvernehmen mit Moteczuma wurde Cacama abgesetzt und sein Bruder Cuicuitzcatl (die Schwalbe) zum König ernannt. Schwalbe wurde getauft und erhielt den Namen Don Carlos; »er war sehr gehorsam und tat alles, was ich ihm namens Euer Majestät auftrug«. Bald erreichte Cortés beim Kaiser auch die Verhaftung von Cacamas wichtigsten Verbündeten: Tocoquihuatzin, Cuitlahuac und der Häuptling von Coyohuacán. Cortés hatte von seinen Schmieden in Veracruz vor seinem Aufbruch aus den Eisenteilen der Schiffe eine lange Kette anfertigen lassen. Das wirft ein merkwürdiges Licht auf seine vorausschauende Art; denn jetzt endlich trat der Zweck jener Kette zutage: es war eine

Kette für Könige, an die Cacama, Cuitlahuac und die andern gefesselt wurden.

»Seht, welch ein großer Fürst er war, daß ihm selbst in der Gefangenschaft so peinlich gehorcht wurde«, schreibt Bernal Diaz von Moteczuma. Wie aber sollen wir uns die Tatsache erklären, daß er, der des Gehorsams draußen so gewiß war, sich in seine klägliche Fügsamkeit fand und sogar seinen Neffen Cacama und seinen Bruder Cuitlahuac opferte?

Die Antwort lautet unstreitig: ein religiöses Vorurteil. Moteczuma war ja nicht nur Oberbefehlshaber seiner Truppen, sondern auch Oberpriester seiner Religion. Nun wissen wir von Bernal Diaz, einem Augen- und Ohrenzeugen, den Grund dafür, daß er selbst dann noch Gefangener blieb, als Cortés ihm mehr oder minder ehrlich die Freiheit anbot: es war die Überzeugung, daß ihm diese seine Lage von den Göttern bestimmt worden sei. Dazu scheint er, wenn wir uns weiter an den Bericht von Bernal Diaz halten, im Wege der Autosuggestion gelangt zu sein, was im Falle eines Mannes, der Hoherpriester war, besonders leicht möglich zu sein scheint. Moteczuma begann damit, daß er Uitzilopochtli als willkommenen Vorwand benutzte, um seine eigene Ohnmacht zu verbergen, als Cortés von ihm verlangte, er solle sich ihm gefangen geben. Kaum hatte er nach einer vier Stunden währenden Diskussion einer Entwicklung zugestimmt, die er selbst entschieden mißbilligte, als er zu seinen Verwandten und Höflingen sagte, »es gefalle ihm, aus freien Stücken einige Tage bei uns zu verbringen; sie sollten sich nicht aufregen oder bekümmern, da alles, was geschehe, Vitzliputzli willkommen sei. Das aber habe er von einigen Priestern erfahren, die es wüßten, weil sie mit ihrem Götzen darüber gesprochen hätten.«

Was als verständlicher Vorwand begann, endete als eine Art von Inspiration. Ob nun einige von den Priestern dabei mitwirkten oder ob er andererseits einfach seinen eigenen Entschluß, auf Widerstand zu verzichten, in diese Form kleidete, jedenfalls stellte Moteczuma mindestens vorläufig seine Gefangennahme als gottgewollte Tatsache hin. Das führte schließlich dazu, daß er sich nicht nur mit dem Gefängnis selbst, sondern mit allen Folgen einschließlich der Preisgabe seines Bruders und Neffen abfand. Es führte noch weiter: zur feierlichen Anerkennung seiner Unterwerfung unter den König von Spanien.

Diese ausdrückliche Unterwerfung in feierlicher Versammlung und vor einem königlich spanischen Notar war eine seltsame Zeremonie, die ganz und gar Cortés' Gepräge trug. Seine Zeit in Salamanca, seine literarische Begabung, sein Hang zu juristischem Denken, sein unbedingter Glaube an ein weltweites Gemeinwesen vernünftiger Menschen, in welchem sich alles nach anerkannten Gesetzen abspielt – das alles steht hinter diesem Rat, den er Moteczuma erteilte und den uns Bernal Diaz mit entwaffnender Ehrlichkeit aufzeichnet: »Cortés sagte zu Moteczuma, er habe ihn zweimal wissen lassen, er wünsche Seiner Majestät Tribut zu zahlen. Deshalb sei es wohl angebracht, daß er und alle seine Vasallen nunmehr Seiner Majestät huldigten, denn es sei ein allgemeiner Brauch, daß erst gehuldigt und danach Tribut gezahlt werde.« Wie Cortés kein indianisches Mädchen in seine Privatgemächer aufnahm, ehe es getauft war, so wollte er auch Reichtum und Macht des Reiches, das er erobert hatte, nicht entgegennehmen, ehe nicht das sichtbare Oberhaupt dieses Reiches vor dem Notar des christlichen Kaisers, dessen Krone die Einheit aller Menschen symbolisch darstellte, durch seine Unterschrift selbst auf seine Unabhängigkeit verzichtet hätte.

So steht es um den psychologischen Hintergrund, vor dem wir jenen historischen Tag betrachten müssen, damit wir seine Bedeutung richtig einschätzen können. An jenem Tage erwirbt die christliche Welt ein neues Herrschaftsgebiet. Das Mittelalter oder, um es anders zu sagen, das im Jordan getaufte Imperium Romanum öffnet ein Fenster nach einem andern Teil der Menschheit hin. Geschichtlich gesehen, beginnt hier die Renaissance: der Christ wächst über sich hinaus zum Menschen. Diese Erfahrung wurde, wie so oft, schmerzlich verdüstert; denn die Menschheit kann auf dem steilen Teocalli der Geschichte nicht einmal eine einzige Stufe emporklimmen, ohne die jüngst verlassene Stufe mit Blut und Tränen zu überschwemmen. Kaum eine andere Seite in dem gewaltigen Buch der Weltgeschichte ist so bewegend wie die Schilderung dieser Szene durch zwei Augenzeugen: Bernal Diaz und Cortés selbst.

Als Moteczuma vernahm, daß Cortés wünsche, seine und »seiner Vasallen« Huldigung urkundlich aufzunehmen, berief er alle Großen von Anáhuac zu einer Beratung, an welcher außer Orteguilla kein Spanier teilnahm. Er trug ihnen die gleichen Argumente vor, mit denen er seine Untätigkeit vor sich selbst und seinen Landsleuten zu rechtfertigen versucht hatte: Es handelte sich um die Männer, die von Osten kommen sollten und die, soweit er seine Götter verstehe, mit den Spaniern identisch seien. »Die Priester hätten Vitzliputzli um Rat gefragt, doch wolle dieser nicht mehr wie früher antworten, obwohl ihm deshalb geopfert würde. ›Deshalb‹, so schloß Moteczuma, ›laßt uns dem weißen Kaiser huldigen und Tribut zahlen, bis wir von Vitzliputzli eine bessere Antwort erhalten!‹« Abgesehen von einigen Fürsten, die sich geweigert hatten, der Vorladung des Uei Tlatoani Folge zu leisten, stimmten ihm alle, wenn auch keineswegs begeistert, zu. Die feierliche Zeremonie wurde auf den nächsten Tag festgesetzt, einen noch immer nicht genau bestimmten Dezembertag des Jahres 1519. Sie fand in einem der großen Säle von Axayacatls Palast statt, in dem Cortés und Moteczuma damals beide wohnten. Moteczuma war umgeben von einer glänzenden Schar der Großen seines Reiches, Cortés von seinen Offizieren und vielen Soldaten; sein Privatsekretär Pero Hernández fungierte als Notar.

Moteczuma richtete an seine Landsleute eine Ansprache, die wir aus Cortés' Bericht an den Kaiser kennen, die aber, weil sie uns über ein anderes und ganz andersartiges Gehirn erreicht, unweigerlich umgestaltet worden ist. »Brüder und Freunde«, sagte Moteczuma, »ihr wißt, daß ihr und eure Vorfahren lange Zeit hindurch Untertanen und Vasallen meiner Vorfahren und von mir selbst gewesen seid, daß ihr von ihnen und mir stets gut und ehrenvoll behandelt worden seid, wie auch ihr stets getan habt, wozu gute und treue Vasallen ihren natürlichen Herren verpflichtet sind. Ich glaube auch, daß ihr von euern Vorfahren her wißt, daß wir nicht die Ureinwohner dieses Landes sind, sondern daß jene aus einem fernen Lande kamen, von einem Fürsten hergeführt, dessen Vasallen sie waren. Jener Fürst kam sehr viel später wieder hierher und sah, daß unsere Vorfahren sich angesiedelt, im Lande festen Fuß gefaßt und die Frauen dortselbst geheiratet hatten. Sie hatten sich durch Kinder vielfältig vermehrt und weigerten sich daher, mit ihm zurückzukehren. So ging er wieder, hinterließ jedoch, er werde zurückkehren oder einen schicken, der mächtig genug sei, jene in seinen Dienst zu zwingen oder zu locken.« Dieses Zwingen und Locken, Schwert und Feder, Adler und Schlange, ist offensichtlich ein Spritzer von Cortés' Palette, mit dem er unbewußt die Worte Moteczumas färbt. »Ihr wißt sehr wohl, daß wir ihn stets erwartet haben. Nach allem, was uns der Generalkapitän über jenen König und Herrn erzählt, der ihn hierhergeschickt hat, und über jenen Teil der Welt, von wannen er kommt, bin ich gewiß und müßt ihr auch gewiß sein, daß es der Fürst ist, den wir erwarten, zumal da er sagt, sie hätten von uns Kunde gehabt. Da nun unsere Vorfahren sich nicht so verhalten haben, wie sie es ihrem Herrn schuldig waren, so laßt uns nun also tun und den Göttern dafür danken, daß zu unserer Zeit kommt, was so lange erwartet wurde. Ich bitte euch inständig, ihr möget, wie ihr bisher mich als euern Herrn betrachtet und mir darum gehorcht habt, nunmehr den erwähnten großen König als euern Herrn ansehen und ihm gehorchen; denn er ist euer natürlicher Herr und an seiner Stelle dieser Generalkapitän. Allen Tribut und alle Dienste, die ihr mir geleistet habt, leistet nunmehr ihm, denn ich selbst werde auf jede Weise, die man mir aufträgt, Tribut leisten und gehorchen müssen. Zudem werdet ihr, wenn ihr alles tut, wozu ihr verpflichtet seid, mir eine große Freude bereiten.« Diese bewegende Ansprache hielt Moteczuma »unter so viel Tränen und Seufzern, wie ein Mann nur aufbringen konnte«, schreibt Cortés. Tränen rannen auch über die männlich hageren Gesichter aller anwesenden Mexikaner. »Und ich versichere Euer Majestät, daß nicht ein einziger Spanier, der diesen Vortrag hörte, sich des tiefsten Mitgefühls erwehren konnte.« Bernal Diaz aber schreibt: »Wir empfanden für ihn aus tiefstem Herzen so viel Zuneigung, daß unsere Augen feucht wurden, als wir ihn weinen sahen. Es gab Soldaten, die ebenso viel weinten wie Moteczuma, so sehr liebten wir ihn.« Wozu Oviedo, der für die Rechte der Indianer, sobald es um die Ausbreitung des Christentums geht, nicht allzu empfindlich ist, anmerkt: »Die Huldigung für einen Fürsten erfolgt gewöhnlich unter Lachen und Singen und vielfältiger Musik als Zeichen der Freude, nicht jedoch in Trauer, Tränen und Seufzen und auch nicht, wenn der Huldigende im Gefängnis sitzt; denn Marcus Varro sagt richtig: ›Was unter Druck gegeben wird, ist nicht Dienstleistung, sondern einfach Diebstahl.‹«

Das ist eine freimütige Kritik an Cortés' Vorgehen und gibt uns einen wertvollen Hinweis darauf, welche Vielfalt der Meinungen von Anfang an an den Fundamenten des spanischen Weltreiches mitgearbeitet hat. Noch weiter entfernt vom Konquistador stand Las Casas mit seiner kompromißlosen christlichen Ansicht, das Evangelium dürfe immer nur mit Liebe und niemals mit Waffengewalt gepredigt werden: »Als ich mit ihm sprach, fragte ich ihn, mit welchem Recht und aus welchen Gewissensgründen er den großen König Moteczuma verhaftet und sein Königreich an sich gerissen habe. Schließlich gab er zu, daß ich recht habe, und sagte: ›Qui non intrat per ostium fur est et latro.‹[12] Da sagte ich offen: ›Laßt Eure Ohren hören, was Euer Mund spricht!‹ Dann löste sich alles in Gelächter auf, wiewohl ich innerlich weinte, weil ich seine Gefühllosigkeit sah und ihn für einen Unseligen hielt.« Drei Spanier aus der Zeit der Eroberung, drei Stimmen, drei Standpunkte: Der Eroberer, der Mönch, der Historiker und Siedler. Jeder versucht, die Ereignisse zu ermessen, die sie für das Leben hielten, die aber in Wirklichkeit nur in ihnen und durch sie lebten. Cortés und Las Casas, in ihrer Ausschließlichkeit einander unbegreiflich, scheinen sich darauf geeinigt zu haben, daß »wer nicht durch die Tür eintritt, ein Dieb und Räuber ist«, weil von diesen beiden Cortés der Welt mehr zugetan war und im Gespräch liebenswürdig nachzugeben verstand. Alles aber löste sich in ein Gelächter auf, in den fröhlichen Wind, der die unnachgiebigen Schwerter entführt und den leeren Händen erlaubt, sich zu umfassen. Oviedo hingegen gräbt nicht tief genug, denn Moteczuma war nicht Cortés' Kriegsgefangener, ja, war überhaupt nicht Cortés' Gefangener, sondern der Gefangene seines eigenen Ich. Sein Glaube hatte ihn ganz und gar den Spaniern ausgeliefert, und der Glaube seiner Landsleute veranlaßte sie alle, auf Moteczumas Vorschlag der Übergabe zuzustimmen. Hätten sie gewollt oder vielmehr: hätte ihr Glaube ihnen das Wollen gestattet, so hätten sie die Spanier in Stücke hacken können; aber sie waren gebannt – nicht von Cortés' Pferden und Kanonen, sondern von ihren eigenen Göttern, von »Vitzliputzli« und dessen »Befehlen«.

Auf der Gegenseite gab ein ähnlicher Glaube – ähnlich in seiner Ungebrochenheit, nicht im Dogma – den Spaniern ebenso die Gewißheit, daß es ihr Recht sei, von Moteczuma die Huldigung zu verlangen, wie die Mexikaner gewiß waren, sie seien dazu verpflichtet. Aber auf beiden Seiten standen Männer, beide wußten, welche Tragödie es für einen Mann bedeutet, seine Macht einem Fremden auszuliefern. Beide fühlten das Überwältigende der Stunde, weil sie merkten, daß beide die Werkzeuge stärkerer Mächte waren. Als Moteczuma unter Tränen seinen Thron dahingab, weinte er, weil er sich vor den Göttern ohnmächtig fühlte. Wenn die spanischen Soldaten aus Liebe zu ihm weinten, so flossen ihre Tränen über dem Elend des Menschen, mit dem eine höhere, verborgene Macht ihr Spiel treibt.

Auf keine andere Weise können wir das Mitgefühl mit dem Unterlegenen erklären, das damals nicht nur diejenigen Soldaten, die tatsächlich weinten, sondern auch alle andern Soldaten und Offiziere wie auch Cortés selbst empfanden. Er hatte immer noch trockene Augen. Der Kummer hatte ihn noch nicht bis an den Tränenquell geführt; aber niemand kann in seinem Brief an den Kaiser die Schilderung dieser Szene lesen, ohne den Hauch echten Mitgefühls in seinem männlichen Herzen zu spüren – Mitgefühl für wen? Für den Mann, dem er Kummer bereitete. Da Heuchelei ausscheidet – denn niemals war ein Mann weniger ein Heuchler als Cortés –, so folgt daraus, daß er sich das Gefühl für die höhere Einheit der Menschen bewahrt hatte, hoch über dem Schlachtfeld, auf dem er als Vorkämpfer stritt.

Dann aber der Jammer des Ganzen, die schiere Verschwendung menschlichen Lebens, und nicht nur jenes Lebens, das im Blute rinnt und mit dem getöteten Fleisch verwest. Nein, jenes Lebens im Geiste, das hier zwei Kulturen gegeneinander führte, die in verschiedenen Böden aufgegangen, herangewachsen und zur Blüte gelangt waren, unter verschiedenen Himmeln und doch aus derselben Saat und unter dem einen Himmel; die aber auf keine andere Weise Seite an Seite leben und sich hin und her befruchten konnten als durch diese tragische, menschliche, ach allzu menschliche Unterdrückung des Geistes. Jener Augenblick in Mexiko, da Cortés' Männer um Moteczuma Tränen vergossen, gehört zu den bewegendsten Szenen in der Geschichte der Entdeckung des Menschen durch den Menschen. Es war ein Augenblick tiefen Einsseins, das nicht, wie der Christ dogmatisch behauptet, im Glauben an einen gemeinsamen Ursprung gründete, sondern in der Gemeinsamkeit von Kummer und Scham über das gemeinsame Versagen vor der Herausforderung des Lebens. An jenem Tage weinte der Mensch über den Menschen, und die Geschichte weinte über sich selbst. Die Tragödie jenes düsteren und dennoch erhabenen Tages findet mit andern Beispielen des unvergänglichen Schmerzes der Menschheit ihr Echo in dieser vielleicht schönsten Zeile des Camoëns: *O Zeit, o Zeit! Du selbst weinst über dich!*

Cortés verschenkt seinen Sieg

Die Anerkennung der Oberhoheit Karls V. durch das mexikanische Staatsoberhaupt beruhigte Cortés hinsichtlich der Legitimität seiner absoluten Macht im Lande. Selbst wenn man die religiösen Vorurteile berücksichtigt, die Moteczuma und den meisten seiner Anhänger Hindernisse in den Weg legten, erscheint es immer noch unglaublich, daß Cortés tatsächlich Mexiko mit reichlich vierhundert Mann, dreizehn Pferden, einer Handvoll kleiner Kanonen und – fast ohne zu kämpfen erobert hatte; denn sein Feldzug gegen Tlaxcala war zwar höchst gefährlich, aber nur sehr kurz gewesen. Die Eroberung war und bleibt noch heute das größte Meisterstück sparsamer Verwendung von militärischer Macht, das die Weltgeschichte kennt. Zweifellos gab es immer noch Gefahren, aber man konnte darauf bauen, daß die Geschicklichkeit und Kühnheit, welche die viel größeren Gefahren der letzten Zeit überwunden hatten, auch künftige Schwierigkeiten meistern würden. Im Augenblick war Cortés unbestritten Herr von ganz Anáhuac.

Er begann, sich umzuschauen und seinen Gewinn abzuschätzen. Dabei scheint er seine Tätigkeit vor allem auf drei Dinge konzentriert zu haben: Gold, wirtschaftliche und strategische Erkundung und schließlich Religionsfragen.

Gold war das wichtigste. Für einen gewöhnlichen Eroberer liegt fraglos der Hauptwert der Eroberung in der wirtschaftlichen Ausbeutung des besetzten Landes; sie aber ist eine Frucht, die lange gehegt werden muß, ehe sie reift. Ein Eroberer, dessen Abenteuer etwas regelwidrig begonnen hat, will rasch Ergebnisse erzielen; seine Eroberung muß sich unverzüglich rechtfertigen. Cortés mußte viele Forderungen befriedigen. Da waren seine Soldaten, die samt und sonders in der Erwartung von Reichtümern entdeckt und erobert hatten. Da war sein eigener Bedarf, weil er als ehrgeiziger Mann jetzt für die Kosten eines großen Haushalts aufzukommen hatte. Da waren die Forderungen seiner Offiziere und anderer, denen er in dieser oder jener Krise, die seine Expedition seit der Abfahrt aus Kuba zu überstehen hatte, goldene Berge versprochen hatte. Schließlich der Tribut eines treuen Untertanen an Madrid: das offizielle Fünftel für des Königs Schatzamt und, der Himmel weiß wieviel, freundliche Gaben für des Königs Diener.

Als Cortés eines Nachts bei sich den Plan erwog, Moteczuma gefangenzunehmen, und, wie ein Löwe im Käfig, in seinem Wohngemach auf und ab schritt, erschienen zu ungewohnter Stunde Juan Velázquez de León und Francisco de Lugo, zwei seiner besten Offiziere, bei ihm. Sie teilten ihm mit, Alonso Yañez, der dem Heer als Zimmermann und Maurer diente, habe bei der Suche nach einer Wand, vor der er den Marienaltar errichten könne, eine Stelle entdeckt, die so aussah, als sei dort unlängst eine Tür zugemauert, mit Putz bedeckt und gekälkt worden. Da war ihm der Verdacht gekommen, ob dort hinter der kürzlich erst verschlossenen Tür wohl die berühmte Schatzkammer des Kaiser Axayacatl verborgen sei, in dessen Haus sie lebten. Cortés beschloß, die Tür insgeheim öffnen zu lassen, »und als wir mit den Offizieren hineingingen und so viel Gold in Schmuckstücken, Barren und Platten, so viele Chalchivitls und andere Schätze sahen, standen wir wie vom Donner gerührt«. Die Spanier nannten diesen geheimen Schatz den »Juwelenladen«. Außerdem fanden sie zahllose Vorräte an Baumwollgewändern in riesigen Kästen, die bis unter die Decke reichten, so daß später, als sie dank Moteczumas Großzügigkeit geleert worden waren, in jedem der Kästen zwei spanische Soldaten wohnen konnten. Cortés erlaubte allen seinen Leuten, die verborgene Pracht anzuschauen; dann ließ er sie wieder zumauern.

Das bedeutete natürlich nicht, daß er etwa alle Hoffnung fahren ließ, sich jenes Märchentraumes zu bemächtigen. Er selbst war kein Märchenheld! Es bedeutete lediglich, daß Cortés vor allem peinlich genau die Formen wahrte. Hätte er sich alsbald des Schatzes bemächtigt – eine Versuchung, der viele seiner Leute, etwa Velázquez de León oder Alvarado, aber gewiß nicht Bernal Diaz, kaum hätten widerstehen können – so wäre ihm das plump und eines Herrn unwürdig erschienen. Er wartete lieber, bis seine Stunde schlug.

Als er dann eines Tages friedlich ins Gespräch mit Moteczuma vertieft war, sagte er ihm, »die Kastilier seien sehr unruhig. Da sie nicht stillsitzen könnten, hätten sie bei einer Besichtigung des Hauses Gold und ein paar andere

Sachen an sich genommen, die sie in einigen Sälen gefunden hätten. Macht daraus, was ihr wollt.« Moteczuma, der natürlich sehr gut begriff, daß er auf diese taktvolle Weise von der Entdeckung des Schatzes unterrichtet werden sollte, erwiderte: »Das gehört den Göttern. Laßt die Federn und alles, was nicht aus Gold oder Silber gemacht ist, liegen; den Rest könnt Ihr für Euch und die andern behalten, und wenn Ihr mehr wollt, werde ich es Euch geben.«

Obwohl sich Tapia, der ein Augenzeuge der Ereignisse war, und Torquemada, der seinen Bericht ausdrücklich auf die verlorengegangene Erzählung eines weiteren Augenzeugen, des Alonso de Ojeda, gründete, dafür verbürgen, muß diese Geschichte von dem spontanen Geschenk des Schatzes durch Moteczuma meiner Ansicht nach als ein Versuch, die Eroberer weißzuwaschen, zurückgewiesen werden. Merkwürdigerweise ist sie durchweg auch von solchen Autoren, die jederzeit bereit sind, Cortés zu kritisieren und zu verdammen, widerspruchslos hingenommen worden. Es gibt mehrere Gründe, weshalb sie verworfen werden sollte. Zunächst entspricht es überhaupt nicht dem, was wir sonst über die tiefe Frömmigkeit des Uei Tlatoani wissen, daß er den Schatz verschenkte, der den Göttern gehörte. Zweitens würde der Gedanke, die Federn dazulassen, aber das Gold mitzunehmen – also die herrlichen Kunstwerke um des Metallwertes willen zu zerstören –, vielen spanischen Soldaten einfallen, nicht aber dem Aztekenkaiser mit seinem verwöhnten und hoch entwickelten Kunstverständnis; daher klingen die Worte, die Tapia und Ojeda ihm in den Mund legen, wie ein Versuch, ihn dafür verantwortlich zu machen, daß sich die Soldateska in der Schatzkammer wie Vandalen aufgeführt hat. Drittens gibt Bernal Diaz, ebensogut wie Ojeda und Tapia ein Augenzeuge, eine ganz andere Darstellung von diesem Akt der Freigebigkeit des »großen Moteczuma«, wie er ihn nennt. Demzufolge war Axayacatls Schatz Moteczumas persönlicher Tribut an Karl V. Nachdem er alles Gold, das vom Lande als Tribut für den Kaiser herbeigebracht worden war, Cortés übergeben hatte, entschuldigte sich Moteczuma, weil die Gabe aus Zeitmangel so klein ausgefallen sei, und fügte hinzu: »Was ich für den Kaiser reserviert habe, ist der Schatz, den ich von meinem Vater ererbt habe. Er befindet sich in Eurer Gewalt, in Euerm Haus; denn ich weiß sehr wohl, daß Ihr bald nach Eurer Ankunft das Haus geöffnet, alles angesehen und es dann wieder verschlossen habt, wie es zuvor gewesen.« Diese im Beisein von Bernal Diaz gesprochenen Worte zeigen, daß die von Tapia und Torquemada wiedergegebene Geschichte nicht richtig sein kann, weil ihnen zufolge Cortés Moteczuma davon unterrichtet hat, die Entdeckung des »Juwelenladens« sei durch einige »unruhige« Soldaten erfolgt.

Meiner Ansicht nach muß man zwei Ereignisse zueinander in Beziehung bringen, die bisher jedes für sich berichtet worden sind: die Entdeckung des »Juwelenladens« und die Gefangennahme Moteczumas. Alle Darstellungen der Entdeckung, mögen sie diese nun Cortés selbst zuschreiben oder auf den Zimmermann Yañez zurückführen, stimmen seltsamerweise in einem Punkte überein: Überall erfolgt die Entdeckung der Schatzkammer unmittelbar vor der Entscheidung, Moteczuma gefangenzunehmen, und zwar mit so mathematischer Genauigkeit, daß sie auf die unbewußte Überzeugung des Schreibers schließen läßt, man habe es dabei mit Ursache und Wirkung zu tun.

Abgesehen von einer eindeutigen Erklärung des Cortés selbst könnten wir uns keinen besseren Beweis dafür wünschen, daß die Entdeckung des Schatzes des Axayacatl einer der ausschlaggebenden Faktoren für die Verhaftung Moteczumas gewesen ist. Hat man es jedoch mit Cortés zu tun, so ist besondere Vorsicht geboten, weil sein Planen und Handeln vielschichtig und fein gesponnen zu sein pflegen. Darum scheint es mir, daß noch ein anderer Punkt, der sich außer bei Bernal Diaz in allen Darstellungen findet, gebührend berücksichtigt werden muß. Überall wird erzählt, daß Cortés schon vor der Entdeckung des Schatzes aus Sorge um die Sicherheit seiner Truppe die Verhaftung Moteczumas erwogen habe, so daß die Entdeckung selbst zwischen Entwurf und Ausführung des Planes eingeschaltet wird. Nun entspricht das Cortés' Charakter und Handlungsweise nur zu gut und ermöglicht uns daher, den wirklichen Ablauf der Ereignisse und deren Motive zu rekonstruieren: sobald Cortés in Mexiko angekommen war, begann er mit der ihm eigenen Vorsicht und Sorgfalt die Lage zu überprüfen, und entschloß sich, Moteczuma zu verhaften, doch wollte er dabei seine Leute hinter sich haben. Ihnen hatte des Kaisers Macht Eindruck gemacht, weshalb sie ängstlich erwogen, was ihnen geschehen würde, falls die Stadt in Bewegung geriete; zudem waren sie vielleicht durch die wirklich spontanen Geschenke des Kaisers milde gestimmt. Als Cortés die Entdeckung der Schatzkammer gemeldet wurde und er an sich selbst die Wirkung dieser Anhäufung von Gold und Juwelen feststellen konnte, wurde ihm klar, wie wertvoll der bloße Anblick des »Juwelenladens« zur Förderung seines geheimen Vorhabens sein könnte. Mit der ihm eigenen Schläue ließ er ihn alle Soldaten sehen und seine teuflische Anziehungskraft auf sie ausüben, dann aber die Mauer wieder verschließen, ohne ein Wort zu sagen. Inzwischen hatte er einigen ihm vertrauten Offizieren Argumente zugunsten einer – natürlich nur militärisch begründeten! – Verhaftung Moteczumas »eingeimpft«, und so durchdringt die unterirdische Beziehung, die der listige Generalkapitän zwischen beiden Ereignissen hergestellt hatte, sämtliche Chroniken, ohne von einer einzigen eingestanden zu werden.

In ihm durchdringen sich stets der Vorsichtige und der Spieler. Hier zeigt sich der Spieler nicht nur bei der unerhörten Verhaftung eben des Herrschers, dessen Gast er war – schließlich trat er ja dem Scheine nach als Botschafter Karls V. auf, der den Auftrag hatte, freundschaftliche Beziehungen herzustellen –, sondern auch daran, daß er die Begehrlichkeit seiner Offiziere und Soldaten durch die Schaustellung der Kostbarkeiten erweckt, von denen er selbst dem Kaiser folgendes berichtet: »Abgesehen von ihrem bloßen Wert waren ihre Neuartigkeit und Ungewöhnlichkeit so märchenhaft, daß sie unbezahlbar waren. Auch kann man nicht annehmen, daß irgendein Fürst dieser Erde, von dem wir Kenntnis haben, dergleichen oder ähnlich kostbare Dinge besitze.« Als sich mit der Zeit der mexikanische Kaiser mehr und mehr mit seinem Schicksal abfand, wurden die spanischen Soldaten immer ungeduldiger und brachen schließlich in den »Juwelenladen« ein.

Hie und da finden sich Andeutungen, wie demoralisierend die uneingeschränkte Macht auf die spanischen Eroberer gewirkt hat. Was sollte man unter den gegebenen Umständen auch anderes erwarten? Alle überstandenen Entbehrungen, alle durchlebten Ängste und alle bisher unterdrückten Begierden öffneten jetzt ihre hungrigen Mäuler und reckten ihre habsüchtigen Hände nach der unglaublichen Beute aus, von der sie meinten, sie gehöre ihnen, weil sie dafür gekämpft und gelitten hatten. Für uns, die wir in unseren bequemen Heimen, diesen Treibhäusern für die zartesten Blüten der Moral, gelassen davon lesen, ist der Anblick dieser wüsten Gesellen, wie sie mit fiebrigen Händen den goldenen Federschmuck Moteczumas zerbrechen, das Gold einsacken und die Federn wegwerfen, wie sie holterdiepolter kostbarste Meisterwerke indianischer Kunstfertigkeit in den Schmelztiegel werfen, um daraus reelle, massive Barren zu gießen – für uns ist das eine der traurigsten Szenen der Weltgeschichte. Jene dachten aber nicht an unsere Museen, sondern an ihre Frauen und Kinder daheim.

Trauriger noch als die Tatsache, daß es den Soldaten nicht gelang, ihren Erfolg ohne Makel zu überstehen, ist das Versagen einiger Anführer in Cortés' Umgebung, zumal Alvarados, des rothaarigen, fröhlichen Hauptmanns, den die Mexikaner Tonatiuh (Sonne) nannten und von dem die Spanier sagen, er habe stets gelacht. Er scheint von einer Raubgier besessen gewesen zu sein, die man gewöhnlich bei diesem fröhlichen Typ nicht vermutet. Torquemada berichtet, eines Nachts seien hundert Eingeborene in spanischen Diensten (vermutlich Tlaxcateken, doch sagt er das nicht) in einen von Moteczumas Vorratsräumen eingebrochen und hätten beträchtliche Mengen von Kakao mitgenommen, eine kostbare Ware, welche die Mexikaner nicht nur als Nahrungs- sondern auch als Zahlungsmittel benutzten. Alvarado bekam Wind davon, erschien mit fünfzig seiner eigenen Indianer und nahm sich, soviel er kriegen konnte. Er sollte es noch schlimmer treiben. Als

Cortés ihn entsandte, um das Gold zu holen, das Cacama als König von Tetzcuco »angeboten« hatte, ließ er Cacama foltern und heißen Teer auf seine Haut tröpfeln. Diese Dinge, die im Hinblick auf spätere Ereignisse wichtig sind, werfen die Frage auf, wie Cortés zu seinen Offizieren und zumal zu Alvarado gestanden hat, den er stillschweigend als seinen Stellvertreter behandelte. Abgesehen von seiner Tapferkeit, die ihn in dieser Gesellschaft kaum besonders hervorheben konnte, scheint Alvarado sich solchen Vertrauens durch nichts würdig erwiesen zu haben. Die Kakao-Affäre hatte damit geendet, daß Cortés seine Empörung hinunterschlucken mußte, als er feststellte, daß Alvarado hineinverwickelt war, wiewohl er ihm unter vier Augen seine Meinung sagte. Angefangen von dem ersten Ungehorsam Alvarados bei der Ausreise von Kuba, gibt es viele Einzelheiten, die vermuten lassen, daß Cortés sich gegenüber seinem wichtigsten Hauptmann, der zudem drei Brüder bei der Truppe hatte, nicht stark genug gefühlt hat.

Die relative Schwäche des Cortés gegenüber seinem Heer macht sich in allen Fährnissen der Eroberung immer wieder deutlich geltend. Besonders gilt das für die Verteilung des Goldes, die Cortés von der Begehrlichkeit der Soldaten aufgezwungen wurde. Der Wert des Schatzes von Moteczuma und des aus den Provinzen kommenden Goldes ist insgesamt auf 6300000 Golddollars oder 26460000 Goldmark berechnet worden; demnach wären auf den einzelnen Soldaten über sechzigtausend Goldmark entfallen, doch ist die Aufteilung nicht so einfach. Die treue Ergebenheit des Heeres gegenüber der Krone geht daraus hervor, daß der königliche Fünfte bereitwillig beiseite gelegt wurde. Danach forderte Cortés das Fünftel, das ihm in Veracruz versprochen worden war. Ferner, so berichtet Bernal Diaz grollend, legte Cortés Beträge für die Auslagen zurück, die er für die Expedition gemacht hatte, ebenso für die Auslagen des Diego Velázquez und für die Prokuratoren, die er nach Kastilien entsandt hatte. Ferner für die Leute, die in Veracruz geblieben waren, sowie einen doppelten Anteil für die Reiter. Schließlich fanden die Mannschaften ihren Anteil so klein, daß viele riefen, sie würden ihn nicht annehmen.

Soweit Bernal Diaz, der wie üblich die Auffassung der Mannschaften wiedergibt und in diesem Falle sehr bitter gegen Cortés eingestellt ist. Trotzdem kann Cortés nicht so schlecht gewesen sein, wie der mißvergnügte Soldat schreibt. Wir stellen vielmehr fest, daß er die Beute nach unterschiedlichen Gesichtspunkten verteilt hat, unter denen wir folgende herausschälen können: Einmal der Wunsch, von den künstlerisch wertvollen Schätzen möglichst viel dadurch zu retten, daß er sie sozusagen auf einen besonderen Haufen für den Kaiser tat, der nicht mit dem königlichen Fünftel verrechnet werden, aber auf diese Weise der Gefahr des Einschmelzens entzogen werden sollte; den Wert dieser Museumsstücke schätzte Cortés auf hunderttausend Dukaten. Zweitens sein eigener Bedarf, der groß war, zumal da er glaubte, er müsse sein etwas fehlerhaftes politisches Gebäude hie und da diskret mit goldenen Strebepfeilern stützen, und zwar sowohl in Mexiko wie in Spanien. Drittens seine Abmachungen mit den Offizieren, von denen wir nur wissen, daß sie bestanden, zumal mit Männern wie Velázquez de León. Viertens das Gefühl, daß eine zu frühzeitige Verteilung des Goldes seine Leute demoralisieren würde, von denen viele schon zugegriffen hatten, ehe irgendeine Verteilung stattfand.

Da jedoch die Mannschaften nicht aufhörten, über die Verteilung des Goldes zu murren, kam er zu der Einsicht, daß er nicht mehr ausweichen dürfe. Er sagte seinen Soldaten, daß alles, was er besitze, ihnen gehöre. Dann verzichtete er auf sein Fünftel und behielt nur seinen Anteil als Generalkapitän. Gleichzeitig betonte er jedoch, daß diese ganze Beute nur »ein kleiner Hauch« sei, da ein so weites, wohlhabendes Land vor ihnen liege. Er versprach, er werde dafür sorgen, daß jeder Soldat bekomme, was er etwa brauche. Bernal Diaz gibt trotz seiner Unzufriedenheit zu, daß er das ganze Heer auf seine Seite bekam. Nun ist es nicht leicht, ein Heer von erprobten Soldaten, die wegen der Verteilung von Beutegold unzufrieden sind, nur mit »honigsüßer Rede« zu gewinnen. Es ist kaum zweifelhaft, daß die

Soldaten in den Worten ihres Führers das Gewicht empfanden, das Vernunft und Gerechtigkeit besitzen.

Das Gold diente ihm auch als Köder, wenn er Gruppen von spanischen Soldaten und Offizieren hierhin und dorthin schickte, »um die Geheimnisse des Landes innerhalb von Moteczumas Reich und außerhalb von dessen Grenzen zu erforschen«. Er bat Moteczuma, ihm die Gruben zu zeigen, aus denen er und seine Untertanen Gold und Silber gewannen. Der Kaiser ernannte alsbald acht Indianer, nämlich vier Silberschmiede und Grubenfachleute und vier Kenner des Landes, zu Begleitern der Spanier.

Die Goldsuche setzte Cortés an erste Stelle, doch forderte er seine Leute auf, ihm einen »wahren und langen Bericht über die Dinge im Lande« mitzubringen. Von Moteczuma hatte er erfahren, daß in Zozolla oder Zulula, im heutigen Staate Oaxaca, Gold gewonnen würde. Dorthin entsandte er den Steuermann Umbria, dem er zur Strafe für den Aufruhr, den er seinerzeit angezettelt hatte, die Füße hatte abhacken lassen. Dieser Umstand ist Bernal Diaz nicht entgangen, der darum hinzusetzt: »Wir konnten sehen, daß Umbria und seine Begleiter mit viel Gold und wohlhabend zurückkehrten, und deshalb hatte Cortés ihn ausgeschickt, da er ihn nach der damaligen Abrechnung zum Freunde gewinnen wollte.« Nördlich von Zulula, aber ebenfalls südöstlich von der Hauptstadt, lag in den von Chinanteken und Zapoteken bewohnten Gebieten ein weiterer Bezirk, in welchem Gold gefördert wurde. Moteczuma hatte Cortés gewarnt, daß diese Stämme ihm nicht gehorchten. Trotzdem entsandte Cortés eine Expedition dorthin, die jedoch auf die kriegerischen Bergbewohner schwerlich großen Eindruck gemacht haben kann. Zwar war der Kommandeur ein junger Hauptmann, den Cortés als Verwandten behandelte und dessen Name Pizarro furchtgebietend klingt; aber Bernal Diaz bemerkt dazu trocken: »Damals war Peru noch nicht berühmt und von irgendwelchen Pizarros nicht die Rede.« Diesem jungen Eroberer hatte Cortés nur vier Soldaten mitgegeben, darunter »den alten Heredia mit einem lahmen Bein und einem blinden Auge« und den Spaßmacher Cervantes. Diese Auswahl zeigt, wie groß Cortés' Selbstvertrauen inzwischen geworden war. Der Häuptling nahm Pizarros Expedition mit gemischten Gefühlen auf. Er war bereit, die bärtigen Weißen zu empfangen, nicht jedoch deren mexikanische Gefährten; nach einem Blick auf seine bunt zusammengewürfelte, aber dürftige Begleitung riskierte Pizarro es. Er wurde gut aufgenommen, mit Gold beschenkt und bekam viele Versprechungen freundschaftlicher Zusammenarbeit und nicht weniger Klagen über die Mexikaner zu hören. Mit einem einzigen Soldaten kehrte Pizarro zu Cortés zurück und berichtete ihm alles. Dieser freute sich über das Geschenk und besonders über die Aussicht, nötigenfalls noch einen mächtigen Bundesgenossen gegen Moteczuma finden zu können. Dann fragte er nach den drei andern Soldaten. Pizarro erklärte, das Land sei so reich, daß er sie angewiesen habe, dort zu bleiben und große Güter anzulegen, auf denen Kakao, Mais und Baumwolle angebaut und Geflügel gezüchtet werden sollten; außerdem sollten sie in den Flüssen nach Gold suchen. Cortés hörte sich das schweigend an. Der Gedanke als solcher war glänzend; nur war es natürlich noch zu früh und zudem gefährlich, da er seine Soldaten zum Kämpfen brauchte. Daher machte er seinem Verwandten unter vier Augen Vorwürfe, weil er über seine Anweisungen hinausgegangen sei, und sagte ihm, was bezeichnend ist, »es zieme sich nicht für Männer von guter Herkunft, Geflügel zu züchten und Kakao anzubauen«. Die drei Soldaten ließ er durch einen andern zurückholen.

Trotzdem griff er den Gedanken auf und bat, wie er selbst dem Kaiser berichtet, Moteczuma, er möge für den König von Spanien in der Provinz Malinaltepec, die Pizarro gleichfalls erkundet hatte, ein Gut anlegen lassen. Der Uei Tlatoani ließ sich die Sache so angelegen sein, daß in weniger als zwei Monaten sechs Hanegas (etwa 36 Hektar) mit Mais und zehn Hanegas mit Bohnen eingesät waren, außerdem ein Stück mit Kakao angebaut, ganz zu schweigen von mehreren Gebäuden, einem Teich mit fünfhundert Enten für die Federgewinnung, fünfzehnhundert Hühnern und anderen Werten. Alles zusammen schätzten die Spanier auf zwanzigtausend Goldpesos.

Cortés war besonders daran gelegen, an der Küste einen guten Ankerplatz zu finden. Er fragte Moteczuma danach, der jedoch zunächst seine Unwissenheit eingestehen mußte; denn dieses merkwürdige Reich, das über die Sterne alles wußte oder doch mindestens einen vorzüglichen Kalender besaß, wollte über das Meer nichts wissen. Später versprach der Kaiser, er werde die Küste auf ein Tuch malen lassen. Dieses Bild war zwar keineswegs eine Landkarte, ermöglichte es Cortés jedoch, den Fluß Coatzacoalco als erkundungswürdig festzustellen. Dorthin entsandte er Diego de Ordás mit zehn Soldaten und Seeleuten, welche die Küste Chalchiuhcuecans von San Juan (dem heutigen Veracruz) bis nach Coatzacoalco erforschten. Dort versperrte der Häuptling Tochintecuhtli Moteczumas Leuten den Weg, empfing jedoch Ordás und dessen Spanier und gewährte ihnen jede Unterstützung. Ordás berichtete so günstig, daß Cortés hundertfünfzig Mann unter Velázquez de León entsandte, die dort ein Fort bauen und eine Stadt gründen sollten.

Dieser Winter 1519/20 war also für Cortés eine Periode staatsmännischer Tätigkeit. Während er sich den täglichen Aufgaben widmet, die ihm seine heikle Lage inmitten eines fremden Volkes stellt, verliert er niemals die Kraft, stetig und auf lange Sicht zu planen. Diese Voraussicht, die es ihm angelegen sein läßt, dauernde Einrichtungen zu schaffen, ist die Gabe, die ihn über alle seine Gefährten hinaushebt. Inmitten drängender Aufgaben und drohender Gefahren bleibt er immer Staatsmann.

Alles schien sich gut anzulassen. Gewiß gab es auch weiterhin Schwierigkeiten und Fährnisse, doch brauchte ein Mann mit seinen Gaben die Zukunft nicht zu fürchten. Er war Herr von Anáhuac. Er besaß Reichtümer, konnte sich eine Flotte bauen, auf Santo Domingo oder sogar auf Kuba neue Leute anwerben und den spanischen Hof einfach durch Macht und Glanz seiner Eroberung überzeugen. Er lebte wie ein Pascha, hatte eine Hofhaltung mit spanischen und indianischen Dienern, ja sogar eine Art von Harem, der größtenteils aus natürlichen Töchtern Moteczumas bestand, die ihr Vater ihm geschenkt hatte. »Hier, Malintzin«, pflegte Moteczuma zu sagen, »ich liebe Euch so sehr, daß ich Euch eine meiner Töchter geben möchte. Sie ist schön; heiratet sie und nehmt sie Euch zum Weibe.« Cortés lüftete angesichts solcher Gunst sein Barett und sagte, Moteczuma zeichne ihn damit besonders aus, doch sei er verheiratet und habe ein Weib; bei uns könne man nur ein Eheweib haben, doch werde er sie so stellen, wie es der Tochter eines so großen Fürsten zukomme. Zuerst jedoch müsse sie Christin werden. Moteczuma war es zufrieden.«

Merkwürdigerweise schließt Bernal Diaz hieran die Bemerkung, daß Moteczuma weiterhin Menschenopfer darbrachte, obwohl Cortés ihn immer aufs neue bat, davon abzulassen. Das kehrt bei Bernal Diaz immer wieder: Von dem Geschenk eingeborener Mädchen gelangt er – über die Notwendigkeit, sie zu taufen, ehe die Spanier sich ihnen nähern durften – zu den Menschenopfern und zu der Notwendigkeit der Bekehrung. Daraus scheint das Verlangen nach inniger Verbindung zwischen Siegern und Besiegten zu sprechen, die nur durch die Verschiedenheit des Glaubens und vor allem durch die abstoßendste Seite des indianischen Götzendienstes verhindert wurde.

Cortés unternahm mehrmals den Versuch, Moteczuma zu bekehren, doch können diese Versuche kaum ausreichend gewesen sein. Geistig und seelisch stand er dem Aztekenkaiser viel zu fern, und außerdem besaß er nicht die gedankliche und sprachliche Brücke, über die er in die Geheimnisse von Moteczumas geistiger Welt hätte eindringen können. Bemerkenswert ist jedoch, daß zwar Cortés selbst die Nichtigkeit der mexikanischen Götzen erkannte, daß aber viele seiner Soldaten, darunter Bernal Diaz, wie auch nicht wenige Chronisten, zum Beispiel Torquemada, Cervantes de Salazar und Gómara, glaubten, daß die Götzen wirklich existierten und die Gabe hätten, mit Moteczuma und seinen Priestern zu reden.

Wir können die allgemeine Auffassung mit den Gedanken, die sich Cortés hierüber machte, dadurch vergleichen, daß wir Cortés' eigenen Bericht über seine berühmt gewordene Zerstörung der Götter im großen Teocalli neben die Darstellung des Andrés de Tapia stellen. Cortés schreibt mit der ihm eigenen Knappheit und (falls diese Zusammenstellung nicht seltsam klingt) nüchternen Eleganz. Sowohl von den Göttern der Eingeborenen wie auch von dem einen allmächtigen Gott der christlichen Religion spricht er klar, intelligent, ja man könnte sagen: rationalistisch – ganz und gar modern: »Die Statuen und Leiber der Götzen, an welche diese Leute glauben, sind viel größer als der Körper eines stattlichen Mannes. Sie bestehen aus einem Teig aus allen Samen und Gemüsen, die sie essen, die miteinander vermischt und dann mit menschlichem Herzblut geknetet werden. Für jede Sache haben sie einen besonderen Götzen, wie auch die Heiden der Antike ihre Götter verehrten... Die wichtigsten dieser Götzen habe ich selbst von ihren Sitzen gestoßen und dann die Stufen hinunterwerfen lassen. Danach ließ ich die Kapellen, in denen sie standen, reinigen; denn sie starrten von dem Blut der dort geopferten Menschen. Im Innern ließ ich die Bilder Unserer Lieben Frau und der Heiligen aufstellen, worüber Moteczuma und die andern Eingeborenen nicht wenig bekümmert waren. Sie baten mich, es zu unterlassen, weil das Volk, wenn es davon hörte, sich gegen mich erheben würde, glaubten sie doch, daß diese Götzen ihnen all ihr Hab und Gut bescherten und daß sie, wenn das Volk ihre Mißhandlung zulasse, zürnen und ihm nichts mehr geben, sondern es der Früchte des Feldes berauben würden, so daß das Volk Hungers sterben müsse. Ich gab ihnen durch die Dolmetscher zu verstehen, wie sehr sie sich irrten, wenn sie ihre Hoffnung auf diese, mit ihren eigenen Händen aus unreinen Dingen gebildeten Götzen setzten. Sie sollten wissen, daß es nur einen Gott und Herrn aller Dinge gebe, der Himmel und Erde und alles übrige geschaffen hat, ohne Anfang ist und unsterblich.«

Das ist die Sprache eines klaren Verstandes, der weit nicht nur über seinen Soldaten, die nicht in Salamanca waren, sondern auch über vielen Mönchen steht, die auf der

Universität gewesen waren und Cortés an Gelehrsamkeit wohl übertreffen mochten. Er hat die Religion der Mexikaner mit den Augen eines Renaissancemenschen erkannt, wiewohl er fest an die Dogmen der Kirche glaubte, die damals für alle Europäer die eine, katholische Kirche war. In ihm steckte aber noch eine andere Eigenschaft, der er in seinen kühlen Berichten an den Kaiser keinen Raum gibt. Unter seinem klaren Kopf schlug ein heißes, gläubiges Herz, aus dem sich sein gewaltsames Vorgehen gegen die indianischen Götter erklärt, von dem er so kühl erzählt. Und diesen bebenden, fragenden Cortés schildert uns Tapia in seiner Erzählung, mag auch das Bild durch die Persönlichkeit des Erzählers ein wenig verzerrt worden sein. Er berichtet, Cortés habe, als er das Teocalli besuchte, nur wenige Leute in Mexiko gehabt, weil sie rings im Lande den Goldtribut einsammelten. »Als er den Hof betrat, sagte er zu mir: ›Geht hinauf und seht nach, was dort ist!‹ Ich ging hinauf und sah einen hanfenen Vorhang mit vielen Falten und metallenen Glocken. Als ich einzutreten versuchte, machten die Glocken einen Lärm, daß ich meinte, das Haus würde einstürzen. Der Markgraf stieg mit acht oder zehn Spaniern hinauf, um sich die Zeit zu vertreiben. Da der Vorhang den Saal sehr dunkel machte, versuchten wir, ihn mit unseren Degen beiseite zu schieben. Im Innern standen rings an den Wänden steinerne Götzenbilder, deren Münder und Leiber zwei oder drei Finger dick mit Blut beschmiert waren. Er enthüllte die Götzenbilder aus Edelsteinen und sah an ihnen alles, was zu sehen war, wurde betrübt, seufzte und sprach, so daß wir alle es hören konnten: ›O Gott, warum erlaubest Du, daß der Teufel in diesem Lande so geehret werde!‹« Das entsprach gewiß seiner Stimmung, doch können es angesichts dessen, was er selbst dem Kaiser über die Götzen schreibt, schwerlich seine Worte gewesen sein. Weiter berichtet der Chronist, daß Cortés, immer noch in gleicher Betrübnis, ausgerufen habe: »Laß uns Dir dienen, Herr, in diesem Lande!« Inzwischen waren, gewarnt durch die Glocken, viele Priester und andere auf dem Schauplatz erschienen. Zu ihnen sprach Cortés: »›Gott, Schöpfer Himmels und der Erde, hat euch und uns und alles übrige gemacht und auch geschaffen, wovon wir leben. Wenn wir gut sind, wird er uns in den Himmel lassen, sonst aber fahren wir zur Hölle, was ich ausführlicher erklären werde, wenn wir uns erst besser verständigen können. Ich wünsche, daß hier, wo ihr diese Götzen habt, das Bild Gottes und seiner gebenedeiten Mutter stehe. Holt Wasser und reinigt die Wände, und dies alles werden wir beseitigen!‹ Sie lachten, als ob das unmöglich sei, und sagten: ›Nicht nur diese Stadt, sondern das ganze Land verehren diese hier als ihre Götter, und dies alles ist hier dank der Macht Vitzliputzlis, dessen Geschöpfe wir sind. Jedermann achtet Eltern und Kinder gering im Vergleich zu diesem Gott und würde daher lieber sterben. Und bedenket wohl, daß alle, die Euch hier hinaufgehen sahen, zu den Waffen geeilt sind und für ihre Götter sterben wollen.‹ Der Markgraf hieß einen Spanier hinzugehen und zu sorgen, daß Moteczumas Person sicher bewacht werde und daß dreißig bis vierzig Mann zu seiner Unterstützung kämen. Dann antwortete er den Priestern: ›Ich werde nur zu gern für meinen Gott gegen eure Götter kämpfen, die ein Nichts sind.‹ Ehe noch die Spanier, die er gerufen hatte, eintrafen, geriet er über einige Worte, die er vernahm, in Zorn, packte eine Eisenstange, die dort stand, und begann die Götzen aus Edelstein zu zertrümmern. Und ich verpfände mein Wort als Edelmann und schwöre zu Gott, daß gewißlich wahr ist, was ich noch heute vor mir sehe: wie der Markgraf ganz übernatürlich hoch sprang und die Stange mitten vor sich schwang, bis er den Götzen zwischen die Augen traf und dadurch dessen Goldmaske abbrach, wozu er die Worte sprach: ›Für Gott müssen wir etwas riskieren!‹«

Diese erstaunliche Schilderung bestätigt ganz und gar unser Bild von Cortés' Charakter. Er war damals praktisch unangefochten Herr über ein Reich, das er durch eine Meisterleistung an vorausschauender Klugheit, Vorsicht, Geduld und Verschlagenheit erobert hatte. Eines Morgens aber besuchte er »zum Zeitvertreib« das große Teocalli. Er sieht die Götzen und die schrecklichen Spuren ihrer unmenschlichen Verehrung. Er wird traurig, wendet sich fragend an Gott und erklärt sich bereit, in Seinem Dienst das Land von diesem Greuel zu befreien. Er versucht die Priester zu überzeugen und vernimmt, daß sie bereit seien, für ihre Götter zu sterben. Der vorsichtige Anführer in ihm trifft rasch ein paar *taktische* Sicherheitsvorkehrungen. Ändert er jedoch seine Strategie? Erwägt er auch nur einen Augenblick lang, daß er in einer Minute alles zerstören könne, was ein ganzer Winter voll Entbehrungen, Mut und kluger Beharrlichkeit an glänzenden Erfolgen eingebracht hat? Denkt er an das Gold, das jetzt sicher angehäuft liegt, an seine Macht, die sicher gegründet ist? Nicht eine Sekunde lang. Er packt eine Eisenstange, ehe noch die spanische Verstärkung eingetroffen ist, und springt die Götzen an, um sie im Angesicht der entsetzten Priester zu zertrümmern.

Tapia und gewiß auch die andern Gefährten sahen ihn über sich hinauswachsen und hoch emporsteigen, bis er so groß war wie die riesigen Götzen, die er herausforderte und zerstörte. Er wuchs in der Tat über sich selbst hinaus. »Ich meine, daß Gott höher sei als die Natur«, hatte er einmal an den Kaiser geschrieben. Also stieg er, den Gott immer emporzog, »übernatürlich« hoch. Sein Weg hatte in den Sümpfen von Veracruz begonnen, hatte ihn höher und immer noch höher auf die Cordilleren hinaufgeführt und mußte jetzt auf diesem höchsten aller Gipfel enden: auf der Spitze jenes Turmes oben auf dem Teocalli, wo Cortés Uitzilopochtli zwischen die Augen traf. Jener Morgen war der höchste Augenblick, der Wendepunkt der Eroberung. Hier triumphierte des Menschen Sehnsucht, die über den zufriedenen Genuß des Alltäglichen nach immer Höherem verlangt, hier triumphierten ehrgeiziges Streben über den Erfolg und der Glaube über die Vernunft. Wäre er weniger vernünftig gewesen, so müßten wir seine Tat als Tat eines Heißsporns verwerfen, die unterhalb jenes Maßes liegt, das der Mensch erreichen muß, um ganz Mensch zu sein. Aber nein! Cortés war vorsichtig, war die verkörperte Vernunft. Seine Tat lag nicht unterhalb, sondern oberhalb der Vernunft. Und darum ist sie zur Legende geworden, wie das bei allen Taten geschieht, durch die der Mensch über die Menschen hinauswächst.

Nicht lange nach dem Tage, an welchem Cortés mit eigener Hand die Götzenbilder zertrümmert hatte und die beiden Altäre mit dem Bild der Jungfrau und dem Bild des hl. Christophorus (»denn andere Bilder hatten wir nicht zur Hand«, schreibt Tapia) errichtet worden waren, kamen einige Indianer zum Teocalli, zeigten den Spaniern einige Handvoll kümmerlicher, tauber Maiskörner und riefen: »Da ihr uns unsere Götter, zu denen wir um Wasser beteten, weggenommen habt, seht zu, daß euer Gott uns Wasser gibt, denn die Ernte ist in Gefahr!« Cortés versicherte ihnen, es werde bald regnen – was nach langen Dürreperioden nicht selten vorkam –, und bat alle Spanier, sie möchten Gott um Regen anflehen. Am nächsten Tage zog das spanische Heer in einer Prozession zum Teocalli, wo bei strahlender Sonne eine Messe gelesen wurde; auf dem Rückweg regnete es so heftig, daß die Spanier durch den überfluteten Hof des Teocalli waten mußten, was die Indianer sehr verwunderte.

Das war augenscheinlich mehr, als »Vitzliputzli« sich gefallen lassen wollte. Daß ein ausländischer Heerführer seine Goldmaske mit einer Stange aus minderwertigem Metall zertrümmerte, war schlimm genug; daß aber eine einfache Frau mit einem Kind, ohne auch nur einen Tropfen Blut zu verlangen, seinen Einfluß auf das Wetter erreichen und sogar übertreffen konnte, war ein Ereignis, das ein Gott, der auf sich hielt, nicht dulden durfte. So erschien Orteguilla eines Morgens mit sehr langem Gesicht und einer Botschaft von Moteczuma bei Cortés. Der Kaiser wünschte, seinem spanischen Gast etwas Wichtiges mitzuteilen. Orteguilla setzte hinzu, Moteczuma habe die ganze Nacht und einen Teil des Tages mit einigen der wichtigsten Priester und Generäle verbracht, mit denen er Dinge besprochen hätte, die der junge Dolmetscher nicht hatte verstehen können. »Diese neue Wendung gefällt mir nicht«, sagte Cortés, »Gott gebe, daß sie zum Guten ausschlage!« Er rief Cristóbal de Olid und vier weitere Offiziere und ging mit ihnen und seinen beiden

Dolmetschern zum Kaiser, um zu hören, was dieser zu sagen habe.

»Malintzin«, sagte Moteczuma, »ich bin sehr betrübt über die Antwort, die wir von unsern Göttern bekommen haben. Sie besagt, daß wir gegen euch Krieg führen, euch töten und bis ans Meer und darüber hinaus zurückdrängen sollen. Mir scheint, ihr solltet, ehe der Krieg beginnt, lieber die Stadt verlassen, ohne daß irgend jemand zurückbleibt. Tut das, wie es euch am besten erscheint, da ihr sonst alle des Todes seid.«

Wir kennen genau die Gründe, die zu diesem Wandel der Lage geführt haben. Gómara nennt deren drei, von denen wir zwei außer acht lassen können: den Druck der Volksmeinung gegen Moteczumas Nachgiebigkeit und die Wankelmütigkeit des Kaisers. Zwar mögen beide zu der neuen Lage beigetragen haben, doch haben offensichtlich beide sie nicht geschaffen. Der dritte ist der wirkliche Grund, und er wird als einziger von Bernal Diaz erwähnt: »Anscheinend hatten, nachdem wir in ihrem großen Tempel einen Altar mit dem Bild Unserer Lieben Frau und dazu ein Kreuz errichtet, Messe gelesen und das Evangelium verkündet hatten, Vitzliputzli und Tetzcatepuca mit den Priestern gesprochen und ihnen erklart, sie wünschten die Provinz zu verlassen, wo sie von den spanischen Teules so mißhandelt worden waren, und wollten nicht mehr bleiben, wo jene Bilder und das Kreuz geduldet wurden, es sei denn, daß die Mexikaner uns töten würden. Das sei ihre Antwort, und mehr brauchten die Priester nicht zu erwarten.«

Der Zorn der Götter war offenkundig und bestätigt, was wir über Moteczumas Haltung gegenüber den spanischen Eindringlingen früher gesagt haben. Selbst in den härtesten Prüfungen und Auftritten hatte der mexikanische Kaiser Cortés die Treue bewahrt: Quauhpopocas Tod und die Absetzung Cacamatzins hatten ihn nicht erschüttert, weil er – mehr oder minder auf sein eigenes Zureden – glaubte, ihm sei von den Göttern bestimmt, er solle sich Cortés und dessen fernem, sagenhaftem Gebieter ergeben. An dem Tage, als Cortés durch seinen heroischen Angriff auf die Götter dieses Gedankengespinst in Moteczuma zerstörte, war sein Schicksal besiegelt. Die Erbitterung der ganzen Nation gegen die selbstherrlichen Fremden konnte sich jetzt in einer neuen Verordnung der Götter niederschlagen: Vitzliputzli verfügte ihre Ausrottung.

Cortés war über den dramatischen Wandel der Dinge nicht wenig beunruhigt. Als er in Moteczumas Worten den entschlossenen Ton verspürte, reagierte er auf bezeichnende Weise. Er zeigte sich völlig unbesorgt und nahm die veränderte Haltung des Kaisers hin, als sei sie die natürlichste Sache von der Welt. Unauffällig schickte er dem spanischen Hauptquartier Nachricht, man möge auf alles vorbereitet sein – »denn es gehe um ihr Leben« – für den Fall, daß die Wendung zum Bösen sofort eintreten sollte. Moteczuma aber erwiderte er, daß er neue Schiffe bauen müsse, da die andern in Veracruz zerstört worden seien. Er möge darum seine Priester und Generäle zügeln, bis die Schiffe fertig seien; denn falls sie den Krieg gegen die Spanier begännen, müßten sie alle sterben. Mit solcher Art wohlberechneter Prahlerei und vorgetäuschter Selbstsicherheit versuchte er, da ihm handgreiflichere Mittel fehlten, auf die Mexikaner Eindruck zu machen. Über die Gefahr, in der er schwebte, kann er sich freilich kaum Illusionen gemacht haben. Mit der großartigen Selbstbeherrschung, die ihm als Mann der Tat vor andern Tugenden zu eigen war, erklärte er dem Kaiser, daß er zwar bereit sei, abzuziehen, aber selbstverständlich den Kaiser mit sich nehmen werde, damit ihn der christliche Kaiser zu Gesicht bekomme. Damit versetzte er den unglücklichen Mexikaner in tiefste Traurigkeit.

Die Spanier waren nicht viel munterer gestimmt, als sie den Uei Tlatoani verließen. Cortés hatte bei ihm erreicht, daß die Priester und Kommandeure Befehl bekamen, die Stadt ruhig zu halten. Moteczuma hatte noch gnädig hinzugesetzt, er wolle versuchen, Vitzliputzli durch Opfer zu besänftigen – wiewohl nicht durch Menschenopfer, wie Bernal Diaz wenig überzeugend hinzusetzt. Gleichwohl empfanden alle Angst, und es gab ein jähes Erwachen aus der Zeit, da sie unagefochten über Mexiko und ganz Anáhuac geherrscht hatten. Mochte auch Orteguilla als einziger noch jung genug sein, sich durch Tränen Erleichterung zu verschaffen, so waren doch alle Soldaten tief beunruhigt. Cortés schickte seinen Schiffbauer Martín López nach Veracruz, damit er drei Schiffe baue.[13]

Was hatte denn nun ihre Lage so gründlich verändert? Nichts Greifbares. Nichts, was mit den militärischen oder wirtschaftlichen Verhältnissen zusammenhing. Alles, was sich geändert hatte, war dieses: Cortés hatte Vitzliputzlis Gesicht zertrümmert. Die Männer, die ihm ihre Töchter und ihr Gold, ihren Boden und ihren Staat geschenkt hatten, erklärten ihm den Krieg, sobald ihre Götter bedroht wurden. So ist der Mensch. Wirkliche Bedeutung hat für ihn immer nur das Ungreifbare. Und Cortés durfte sich nicht einmal darüber wundern, hatte er selbst doch seine materiell so glänzende Lage mit einem einzigen kühnen Streich zunichte gemacht, den ihm das Streben nach Unbegreifbarem eingegeben hatte.

Immerhin war er sich seiner Verantwortung in der neu entstandenen Lage durchaus bewußt. Das dürfen wir nicht nur deshalb annehmen, weil er eine besondere Gabe für die Abschätzung von Situationen besaß, sondern weil wir das diskrete Schweigen kennen, das er in seinem Brief an den Kaiser über die ganze Episode breitet; damit beweist er, daß er diese nicht für eine von den Geschichten hält, die man weitererzählt. Wie Don Quixote noch nicht hundert Jahre später weise bemerkt: »Wenn Vorgänge die Wahrheit der Geschichte weder verändern noch zerstören, so braucht man sie gewiß nicht niederzuschreiben, sobald sie den Helden der Geschichte an seinem Ansehen schädigen können.«

Cortés war viel zu sehr ein Mann der Tat, um sich Grübeleien hinzugeben. Wahrscheinlich hat er das Ereignis insoweit erwogen, als dadurch neue Anstrengungen und Wachsamkeit nötig wurden – aber auch nicht weiter. Durch eine merkwürdige Duplizität der Fälle machten sich aber jetzt die beiden schwachen Punkte seiner Situation, an denen mehr sein Charakter als äußere Umstände schuld waren, fast gleichzeitig bemerkbar und riefen seine bewundernswerte Gabe, sich neu zu sammeln, auf den Plan. Sein Glaubenseifer hatte seinen Aufenthalt in der Hauptstadt bereits gefährdet. Nun trug sein vorschriftswidriges Verhalten gegen Velázquez, diese unheilvolle Saat, die er zu Anfang seines Weges ausgestreut hatte, plötzlich bittere Früchte, die er mit Blut und Tränen essen mußte.

Etwa vierzehn Tage nachdem er Martin López und dessen Zimmerleute ausgesandt hatte, um Holz für die Schiffe zu fällen, besuchte Cortés wie üblich Moteczuma, »um Palast mit ihm zu halten«, wie Bernal Diaz so merkwürdig schreibt. Er traf den Uei Tlatoani ungewöhnlich munter und in bester Stimmung an. Sie tauschten Höflichkeiten aus, denn sie hatten nie aufgehört, das Zeremoniell des mexikanischen Hofes peinlich genau zu beobachten. Dann wartete Moteczuma. Er schien eine wichtige Mitteilung von Cortés zu erwarten, da es des Spaniers zweiter Besuch an diesem Tage war. Aber der Spanier sagte nichts, und so gab der Mexikaner, nachdem er die Dinge eine Zeitlang bei sich erwogen hatte, seinen Leuten einen Befehl. Man brachte ihm eine Rolle Baumwolltuch, die er Cortés zeigte. Es war einer der Bildberichte, die in der mexikanischen Welt Briefe und Meldungen ersetzten, und zeigte achtzehn Schiffe, von denen fünf zerbrochen am Strande lagen. »Malintzin«, sagte der Uei Tlatoani, »diesen Augenblick sind hier Boten eingetroffen, die mir berichten, daß in dem Hafen, wo Ihr landetet, achtzehn oder noch mehr Schiffe mit vielen Männern und Pferden eingetroffen sind. Alles ist hier auf dem Tuch aufgemalt. Da Ihr mich heute zum zweiten Mal besuchtet, dachte ich, Ihr wolltet mir darüber berichten. Jetzt braucht Ihr nicht mehr jene Schiffe zu bauen. Weil Ihr nicht davon sprachet, war ich ärgerlich, daß Ihr es mir verbergen wolltet, und doch freute mich das Kommen Eurer Brüder, da Ihr nun nach Kastilien heimkehren könnt.«

Cortés prüfte die Bilder genau und zeigte sich sehr befriedigt: »Laßt uns Gott danken, der uns schickt, wes wir bedürfen, wenn es gerade an der Zeit ist!« Seine Leute, die zunächst von der bewundernswerten Selbstbeherrschung ihres Generalkapitäns getäuscht wurden, konnten ihre Freude nicht verbergen; die Reiter galoppierten umher, und die Kanoniere schossen Freudensalven. Das ganze Heer gab sich der Freude hin, erlöst zu sein. Sobald Cortés aber Moteczuma verlassen hatte, wurde er schweigsam und nachdenklich, und diese Stimmung, die seinen Offizieren und Soldaten seiner nächsten Umgebung nicht lange verborgen blieb, teilte sich nach dem ersten Jubel bald dem ganzen Heer mit.

Er war aber nicht der Mann, über Stimmungen Zeit zu verlieren. Er fragte nach Andrés de Tapia, dem er vertraute, und hörte, daß dieser soeben aus Cholula und Tlaxcala zurückgekehrt sei, wohin Cortés ihn geschickt hatte, um Streitigkeiten zwischen einigen Kaziken zu schlichten – so groß war bereits das Ansehen des keimenden spanischen Staatswesens in Mexiko. Ohne ihm Ruhe zu gönnen, schickte Cortés diesen zuverlässigen Mann nach Veracruz und befahl ihm, nicht auf der üblichen Straße, aber so schnell wie möglich zu reisen. Tapia marschierte bei Tage und ließ sich nachts auf dem Rücken eines Indianers tragen; auf diese Weise erreichte er Veracruz in dreieinhalb Tagen. Dort stellte er fest, daß Sandoval Cortés bereits einen Bericht und außerdem drei gefangene Spanier von der neu eingetroffenen Flotte übersandt hatte.

Die Flotte stand unter dem Kommando »eines Hidalgos namens Pánfilo de Narváez, eines großen, untersetzten Mannes, der ziemlich laut sprach, als wäre er in einem Keller. Er war in Valladolid geboren und auf Kuba mit einer Dame verheiratet, der Witwe Maria de Valençuela, und besaß dort schöne Pueblos mit Indianern und war sehr reich.« Dieser Offizier kam im Auftrage von Diego de Velázquez, der zwar nicht mehr dick war, weil ihm die Sorge über Cortés' Erfolg alles Fett geraubt hatte, aber aus glücklicheren Tagen die Gewohnheit behalten hatte, lieber andere Leute arbeiten zu lassen, als selbst etwas zu tun. Der unglückliche Gouverneur von Kuba hatte durch Montejos Ungehorsam Kunde von den ersten Erfolgen seines rebellischen Rivalen erhalten. Das Schiff, das Puertocarrero und Montejo nach Spanien trug, hatte strikten Befehl, keinen kubanischen Hafen anzulaufen. Montejo konnte aber dem Verlangen, sein Gut in El Marien in der Nähe von San Christóbal de la Habana zu besuchen, anscheinend nicht widerstehen. Am 23. August 1519 lief das Schiff heimlich in diesen abgelegenen Hafen ein. Sie nahmen Schweine, Kassawabrot und Wasser an Bord und zeigten dem Proviantverwalter etwas von dem Gold, das sie an Bord hatten. Das machte auf jenen so tiefen Eindruck, daß er später beschwor, die Karavelle habe Gold als Ballast geführt. Als Velázquez das »nach sieben Monaten ängstlichen Wartens auf Nachricht« erfuhr, kannte seine Wut keine Grenzen. Er versuchte, das Schiff aufzubringen, und beauftragte zwei schnelle Karavellen, mit Kanonen wohl bestückt, mit der Verfolgung. Alaminos jedoch kannte jene unerforschten Gewässer gut, verließ die befahrenen Routen, segelte durch die Lucayas und den Bahama-Kanal und erreichte schließlich im Oktober 1519 Sanlúcar.

Dort fielen sie Bürokraten in die Hände, die untereinander zerstritten und verschiedenen Herren ergeben waren. Die Casa de Contratación, ein Mittelding zwischen einem Kolonial- und einem Handelsministerium, war hauptsächlich mit Bischof Fonsecas Kreaturen besetzt, die alle wie ihr Herr und Meister anticolonisch gesinnt waren, das heißt Feinde des Columbus und daher auch seines Erben, des neuen »Admirals« Elon Diego. Daraus ergab sich logisch, daß sie für Velázquez waren, denn Velázquez stand, allerdings aus persönlichen Gründen, auf dem denkbar schlechtesten Fuße mit Don Diego Colón, dessen Erbanspruch als Generalgouverneur und Vizekönig von ganz »Indien« seinem eigenen Ehrgeiz im Wege stand. Velázquez hatte diese natürliche Voreingenommenheit zu seinen Gunsten durch wohldosierte Zuteilungen von Indianern an hohe und weniger hohe Beamte in der Casa de Contratación wie auch im Consejo de Indias gefördert, und Bischof Fonseca war ihm so zugetan, daß er ihn angeblich mit einer seiner Nichten zu verheiraten plante. Da der Mensch schließlich doch ein vernunftbegabtes Wesen und daher in seinem Tun der tyrannischen Logik unterworfen ist, folgte zwingend, daß Fonseca und seine Kreaturen in der Casa de

Contratación, wie sie als Gegner Colóns für Velázquez eintraten, so als Freunde des Velázquez gegen Cortés eingestellt waren. Als nun die beiden Prokuratoren der Reichen Stadt Veracruz in Sevilla eintrafen, stellten sie fest, daß sie das Placet ihrer Feinde erlangen mußten, ehe sie ihre Sache dem König vortragen durften.

Benito Martin, der Agent des Velázquez, war damals in Sevilla und unterbreitete dem König ein Gesuch, daß das Schiff (als Eigentum des Velázquez) ins Trockendock gebracht, neu bemannt, beladen und nach Kuba zurückgeschickt werde. Die Beamten, die päpstlicher als der Papst waren, nahmen gleich alles: Schiff, Geschenke für den König, sogar die dreitausend Goldstücke für Cortés' Vater und dazu noch dreitausend Dukaten für die Auslagen der Prokuratoren. Benito Martin schrieb alsbald an Bischof Fonseca, der in La Coruña damit beschäftigt war, die Flotte auszurüsten, auf der Karl nach seiner Wahl zum Kaiser nach Flandern zurückkehren wollte, nachdem er zwei Jahre lang seine spanischen Königreiche besucht hatte. Fonseca wiederum verlor keine Zeit, dem König zu schreiben. Er war ein kriegerischer Verwaltungsbischof, dessen Ratschläge mehr nach Schießpulver und Teer als nach Weihrauch rochen. Las Casas zufolge teilte er dem König mit, »er solle die beiden Prokuratoren hängen lassen, und Cortés sei ein Verräter und dergleichen«. Es ging aber nicht alles nach Fonsecas Wunsch, denn zu jener Zeit war Las Casas bei Hofe darum bemüht, das Recht der Indianer, in Frieden leben zu dürfen, zu verteidigen. Er war zwar ein Feind des Cortés wie aller andern Konquistadoren, ja, er scheint gegen Cortés eine besonders heftige Leidenschaft empfunden zu haben, aber zugleich klagte er unerbittlich Fonseca an, weil dieser auf seine Weise die Bewohner der neuen Welt schamlos ausbeutete. Seine dramatische Ansprache an den König und Staatsrat über die Leiden der Indianer hielt er, als König und Hofstaat sich während der Epidemie, welche die Hauptstadt im Dezember 1519 heimsuchte, in Molin del Rey am Rande von Barcelona aufhielten. Dort auch unterzeichnete der König am 5. Dezember den Erlaß, daß das Geschenk des Cortés von seinem Schatzkämmerer registriert werden solle. Damals war er, wie meistens, mit ganz andern Dingen beschäftigt, die ihm dringlicher waren und viel näherlagen als die ausgefallenen Märchen, von denen Cortés' Brief und Geschenke Zeugnis gaben. Aber trotz Fonsecas Bemühungen verfehlten die gewaltigen Leistungen des Eroberers nicht, großen Eindruck auf den Hof zu machen.

So verließen Puertocarrero, Montejo und Alaminos reich an Ruhm, aber ohne einen Heller Sevilla und begaben sich nach Medellín, um Cortés' Vater zu besuchen, und machten sich dann »alle in großer Armut« auf den Weg nach Barcelona, um den König zu sprechen. Unterwegs hörten sie, daß der König bereits nach La Coruña unterwegs sei. Schließlich wurden Martin Cortés und die Sendboten seines großen Sohnes im März 1520 in Tordesillas von dem jungen Herrscher empfangen, wo Karl sich von seiner Mutter, der Königin Johanna, verabschieden wollte. Zwar konnten sie noch nicht die prächtigen Juwelen und die Goldladung überreichen, aber als lebende Beweise für Cortés' Sieg führten sie dem König zwei Kaziken und zwei Indianerinnen in bunten Gewändern vor. Karl konnte mittlerweile das Kastilische sprechen, das, wiewohl es ihm bei der Landung in seinen spanischen Besitzungen vor zwei Jahren gänzlich fremd gewesen war, die eigentliche Sprache seines Herzens werden sollte. Trotzdem kann er den ins einzelne gehenden Bitten, welche die Boten ihm vortrugen, nur unaufmerksam gelauscht haben, da ihn seine europäischen Probleme ablenkten, während Anschläge und Gegenanschläge spanischer Intrigen, die gegensätzlichen Auffassungen über indianische Angelegenheiten ihn verwirren mußten. Später, in den ersten Apriltagen, empfing er die Boten abermals in Valladolid. Inzwischen waren die Geschenke und der königliche Fünfte eingetroffen. Die feine Verarbeitung der Juwelen, Gewänder und Vorhänge, »die üppiger aussahen, als wenn sie aus Seide gefertigt worden wären«, der Federn, Edelsteine, Silber- und Goldwaren machten dem Hof noch tieferen Eindruck als der Geldeswert, so beträchtlich dieser auch war.

Der König hatte es jedoch eilig und machte sich nach einem Blick auf die ganze Pracht wieder auf den Weg nach La Coruña, wo die Prokuratoren nach viel Aufschub und nach juristischem Frage- und Antwortspiel nicht mehr erreichen konnten, als daß ihnen aus dem im Schiff mitgebrachten Gold ihre Auslagen erstattet wurden. Fonsecas hinhaltende Taktik hatte den Sieg davongetragen. Über den Hauptpunkt, den das Kapitel der »Reichen Stadt« aufgeworfen hatte, wurde gar nichts entschieden: Wer besaß die verfassungsmäßige Regierungsgewalt über Mexiko, oder, mit andern Worten, war Cortés oder war Velázquez in Neuspanien der bevollmächtigte Vertreter des gesalbten Königs von Altspanien? Karl, der Gesalbte, verließ La Coruña am 16. Mai 1520, ohne diese Frage beantwortet zu haben.

Während Cortés' Abgesandte in Spanien von Pontius zu Pilatus liefen, machte Velázquez seinem ganzen Zorn dadurch Luft, daß er eine Flotte ausrüstete, die ihn rächen sollte. Ihn hielt eine Pockenepidemie in Atem, welche die Bevölkerung seiner Insel dezimierte. Ohne sich jedoch von diesem furchtgebietenden Hindernis stören zu lassen, setzte er Himmel und Hölle in Bewegung, um seinen Racheplänen den Erfolg zu sichern. Er tat das im Zeichen von Gerechtigkeit, Pflichtgefühl und was dergleichen herrliche Namen die Menschen sonst noch für ihre Leidenschaften und Interessen erfunden haben. Das Audienzgericht von Santo Domingo, das die Dinge kühler betrachtete, versuchte den wütenden Gouverneur zu beschwichtigen und bestellte einen Juristen, den Lizentiat Lucas Vázquez de Ayllón, der den Abgang der Flotte verhindern sollte, auf daß nicht die Spanier den Indianern das traurige Schauspiel eines Bürgerkrieges unter Christen böten. Er ging nach Kuba, verhandelte mit Narváez und Velázquez, die er in Guaniguanico an der äußersten Westspitze der Insel traf, und erklärte schließlich sein Einverständnis damit, daß die Flotte auslief, sofern Narváez klare Weisung erhielte, ein friedliches Abkommen mit Cortés anzustreben.

Anfang März verließ die Flotte Guaniguanico, jedoch blieb Ayllón an Bord, weil er hinsichtlich der neuerdings erklärten friedlichen Absichten des Velázquez einige Zweifel hegte. Die Fahrt nach Yucatan hinüber und an der Küste von Culúa entlang war stürmisch, und sie verloren dabei sechs Schiffe und fünfzig Mann. Schließlich traf ein Teil der Flotte mit Ayllóns Schiff in San Juan de Ulúa ein, wo Cortés ein Jahr vorher gelandet war. Ein Spanier kam an Bord und gab Ayllón einen Überblick über die Lage, der nach Ayllóns eigener Angabe darauf hinauslief, daß Cortés einen sehr großen Teil des Landes beherrscht und die Indianer alles tun, was ihnen Cortés befiehlt«. Ayllón wies den Spanier an, er möge den Eingeborenen erklären, »sie alle seien von Euer Majestät geschickt worden und seien alle die gleichen Leute, die Vorhandenen sowohl wie die jetzt Eintreffenden«.

Am nächsten Tage traf Narváez mit dem Rest der Flotte in San Juan de Ulúa ein, das ihm für die Gründung einer Stadt vortrefflich geeignet zu sein schien, womit er Cortés die Ehre erwies, ihn nachzuahmen. In dieser Städtegründer-Manie spanischer Heerführer lag Methode; denn eine Stadt benötigt ein Kapitel, einen Bürgermeister und Ratsherren, und diese Behörden können nötigenfalls andere Behörden absetzen. Nachdem also Narváez dem Ayllón erklärt hatte, aus welchen vortrefflichen Gründen er dort eine Stadt gründen wolle, und nachdem er die Einwände des ehrlichen Advokaten beiseite geschoben hatte, gründete Narváez tatsächlich eine Stadt, das heißt, er ernannte Behörden. Alsbald kamen diesen Behörden Zweifel hinsichtlich der Vollmacht Ayllóns, und der Lizentiat mitsamt seinen Sekretären und Tintenfässern wurde gezwungen, sich wieder einzuschiffen, und mit günstigem Wind ans Audienzgericht zu Santo Domingo zurückgeschickt.

Drei von Cortés' Soldaten waren in der Nähe mit der Suche nach Bergwerken beschäftigt, darunter der Spaßmacher Cervantes, dessen Späße an jeder Ecke dieser Geschichte aufzutauchen scheinen. Diese verloren keine Zeit, gingen an Bord und waren froh, die Herrschaft eines strengen Gebieters abschütteln zu können. Während sie sich in Ferienstimmung an Deck aalten, sagten sie: »Nun seht einmal, ob es nicht besser ist, hier guten Wein zu trinken, als der Gefangene des mächtigen Cortés zu sein, der uns Tag und Nacht so versklavt hat, daß wir nicht den Mund aufzumachen wagten, sondern täglich den Tod auf uns zukommen sahen.« Cervantes aber sagte auf seine gewohnte spaßhafte Weise zum General: »Ach Narváez, Narváez, was seid Ihr für ein Glückspilz, daß Ihr just in dem Augenblick kommt, da Cortés mehr als siebenhunderttausend Goldpesos zusammengescharrt hat und die Soldaten gegen ihn sind, weil er ihnen das meiste von ihrem Teil weggenommen hat!« Diese drei Soldaten hatten von der Sprache genug aufgefangen, um Narváez als »Zungen« zu dienen. Auf diese Weise erfuhr Moteczuma von dem zweiten Spanier, daß der erste Spanier und dessen Gefährten Bösewichter und Diebe und ohne des Königs Erlaubnis aus Kastilien davongelaufen seien; er, Narváez, werde bald kommen und die Mexikaner von des Cortés Tyrannei befreien. Moteczuma wäre kein Mensch gewesen, wenn ihn diese Nachricht nicht erfreut hätte. Er befahl, die Neuankömmlinge mit allem, was sie brauchten, zu versorgen, und schickte Narváez Gold und Gewänder als Geschenk. Er scheint ihm sogar angeboten zu haben, ihm Cortés tot oder lebendig auszuliefern, wobei er sich eines Würdenträgers bediente, der als »Cortés« bekannt war (vielleicht jenes Quintalbor, dessen Ähnlichkeit mit Cortés dem Moteczuma schon ein Jahr früher aufgefallen war). Diese Episode bezeugt abermals die magischen Neigungen des Uei Tlatoani.

Inzwischen hatte Narváez von den drei Soldaten erfahren, daß wenige Meilen entfernt eine spanische Ortschaft liege, die Veracruz heiße und von Sandoval mit etwa siebzig Spaniern gehalten werde, die größtenteils älter und weniger kampftüchtig seien. Wäre Narváez Cortés gewesen, so wäre er sofort aufgebrochen, um Veracruz zu erobern. Er jedoch schickte den Priester Juan Ruiz de Guevara mit einem Notar, dazu einen Verwandten des Velázquez und noch drei Leute, die als Zeugen dienen sollten. Diese Abordnung begab sich nach Veracruz, wo Sandoval, der den ältesten und kampfuntüchtigsten Teil seiner Bevölkerung weggeschickt hatte, einen heftigeren Angriff erwartete. Die Straßen lagen auf Sandovals Befehl verlassen da. Die sechs Männer gingen in die Kirche und beteten; dann suchten sie Sandoval auf. Nachdem sie über ihre beiderseitigen Befugnisse die übliche Diskussion – erst in peinlich korrekter Form, später immer hitziger – geführt hatten, hörte Sandoval, der zu ganzen Maßnahmen neigte, wie Guevara zu seinem Notar sagte: »Was tut Ihr hier mit all diesen Verrätern? Zeigt ihnen doch Eure Papiere!« Da brach er los: »Ihr lügt! Ihr gemeiner Pfaff!« Dann ließ er sie allesamt festnehmen und zu Cortés schicken.

Der Pfaffe, der Notar und der Edelmann wurden plötzlich von einigen Eingeborenen in Netzhängematten »gefischt«. Ehe sie sich von ihrem Schreck erholt hatten, waren sie schon auf den starken Schultern geduldiger Tlamemes auf dem Weg nach Mexiko. »Sie zogen dahin, erstaunt über den Anblick so vieler Städte und Dörfer, und fragten sich verwundert, ob sie verzaubert seien oder träumten.«

Narváez wird geschlagen

Cortés hatte inzwischen zwei Wochen voller Zweifel und Sorgen verbracht. Mehrmals hatte er Boten ausgesandt, um Nachforschungen nach den Neukömmlingen anzustellen und Velázquez de León zu warnen, der Coatzacoalco auf der Suche nach einem guten Hafen erkundete. Narváez hatte diesem, der ja mit dem Gouverneur verwandt war, geschrieben, doch entschied sich der Offizier für Cortés – was sehr wohl entscheidend für dessen Leben gewesen sein mag; denn es fügte sich so, daß Velázquez de León mit fast der Hälfte von Cortés' Heer im Augenblick dieser Entscheidung an der Küste stand und Narváez näher war als Cortés. Man darf darin aber kaum einen bloßen Glücksfall sehen, sondern Velázquez de León entschied sich in voller Kenntnis aller Umstände einschließlich der enormen Überlegenheit des Narváez an Männern, Pferden und Artillerie dafür, Cortés treu zu bleiben.

Cortés' Boten kehrten nicht zurück, so daß er auf das angewiesen war, was er an Neuigkeiten von Moteczuma erfahren konnte. Er hörte, daß seine Leute von Narváez festgehalten würden und daß die neue Armee aus achtzig Pferden, achthundert Mann und zehn bis zwölf Kanonen bestehe. Er ließ sich davon weder zu raschem Handeln drängen noch zum Nachgeben zwingen. Wie gewöhnlich entschloß er sich zu verhandeln, aber mit starker, befehlsgewohnter Stimme. Er entsandte Pater Olmedo mit Briefen von sich selbst wie auch von den Alkalden und Ratsherren von Veracruz, deren Toga plötzlich unter dem Staube hervorkam, mit dem die Waffen sie bedeckt hatten. Diese Briefe fragten die Neuankömmlinge, wer sie seien, boten ihnen nötigenfalls Hilfe an, verboten ihnen die Landung unter Waffen und drohten sogar Strafe für den Fall an, daß den ordnungsmäßig erwählten Behorden Seiner Majestät, in dessen wie auch in Gottes Dienst alles geschah, kein Gehorsam geleistet würde.

Ein paar Tage nach Olmedos Abreise traf Guevara mit seinen beiden Begleitern, die Sandoval gefangengenommen hatte, unter Bewachung von zwanzig Mann in Mexiko ein. Diese brachten über hundert Briefe mit, in denen Narváez die Spanier in Veracruz aufgefordert hatte, sie sollten sich gegen Cortés erheben. Fast gleichzeitig überbrachte ein spanischer Kurier von Velázquez de León dessen Entscheidung, seinem bisherigen und einzigen Kommandeur treu zu bleiben. Trotz dieser Verstarkung seiner Position handelte Cortés wie immer taktvoll und diplomatisch. Ehe sie noch Mexiko erreichten, schickte er den Gefangenen drei Pferde entgegen, damit sie die Stadt als freie Männer betreten könnten, und sprach ihnen schriftlich sein Bedauern über Sandovals willkürliches Vorgehen aus (das ihm fraglos sehr zugesagt hatte). Er kam ihnen selbst entgegen. Das alles und dazu die große Stadt, Wohlstand und Pracht von Cortés' Hofhaltung, seine Liebenswürdigkeit und seine großzügigen Goldgeschenke veranlaßten die drei Gesandten des Narváez, die mit einem Fluch auf den Lippen gekommen waren, bewundernd dazubleiben und schließlich mit Segenswünschen für den Eroberer von Mexiko zurückzukehren.

Narváez nahm den ersten Brief des Cortés verächtlich auf und »hätte keine Kastanie für uns gegeben«, wie Bernal Diaz sich ausdrückt. Bald aber sahen die Dinge in seinem

Lager anders aus. Guevara und seine beiden Gefährten kehrten munter und wohlhabend aus Mexiko zurück und berichteten märchenhafte Dinge über Cortés und dessen Eroberung, so daß manch einem beim Anblick ihrer Goldkörner und Ketten der Mund wässerig wurde und die Augen übergingen. Guevara sprach verlockend davon, wie man das Land aufteilen könne, da es Raum für alle biete. Olmedo hingegen zeigte Narváez einen zweiten Brief von Cortés, worin dieser des Narváez kriegerische Haltung in freundlichen, diplomatischen Wendungen bedauerte. Während Narváez den Brief las und bedachte, ging der Pater umher und warb in aller Stille Freunde für die Seite, die das Gold besaß. Man weiß ja:

Der beste Hauptmann auf der Welt
ist, der bezahlt das meiste Geld.

So tat Cortés' Gewohnheit, seinen Beutel immer offenzuhalten, wiederum Wunder, um so mehr, als Narváez, dem diese Gabe der Götter versagt geblieben war, eifersüchtig über jedes Geschenk des Moteczuma wachte und seinen Soldaten auch nicht ein einziges Gewand zukommen ließ.

Aus weiteren Briefen erfuhr Cortés, daß Narváez sich nach Cempoal begeben hatte, wo er, wenn wir Bernal Diaz glauben wollen, dem dicken Kaziken sämtliche Gewänder und Goldsachen wegnahm, die Cortés seinem Freund aus Tlaxcala geschickt hatte, und sogar die Mädchen in Besitz nahm, welche die Kaziken von Cempoal den spanischen Offizieren geschenkt hatten, die aber »in ihren Elternhäusern geblieben waren, weil sie Töchter von Fürsten und zu fein waren, mit uns in den Krieg zu ziehen«. Cortés zeichnet jedoch ein anderes Bild und berichtet dem Kaiser, daß die Küstenindianer »in Aufruhr und auf Narváez' Seite stehen, zumal in Cempoal und Umgegend«. Sandoval hatte sich lieber in eine stärkere Stellung weiter oben im Gebirge zurückgezogen. Cortés gefielen diese Nachrichten nicht, und nur widerstrebend – denn er wußte wohl, welches Risiko er lief, wenn er Mexiko verließ – entschloß er sich dazu, geradewegs der im Augenblick größten Gefahr entgegenzuziehen.

Er ging zu Moteczuma, um sich zu verabschieden. Die Tatsache, daß der Kaiser Narváez unterstützte, hatte er niemals zur Kenntnis genommen. Moteczuma scheint diesen Augenblick mit vollem Recht genossen zu haben. »Malintzin«, sagte er, »ich sehe Euch und Eure Offiziere besorgt einhergehen, und Ihr besucht mich seltener als sonst. Der Page Orteguilla berichtet mir, daß Ihr gegen Eure Brüder marschieren wollt, die auf jenen Schiffen gekommen sind, und daß Tonatiuh als mein Wächter hier bleiben soll. Sagt mir alles, damit ich Euch auf jede nur mögliche Weise helfen kann, was ich gern tun werde. Ich möchte nicht, daß Euch etwas zustoße, da Ihr doch nur wenige Teules habt, wahrend die andern wohl fünfmal so stark sind. Man sagt mir, es seien Christen wie Ihr und die Untertanen Eures Kaisers, sie hätten Bilder und errichteten Kreuze, ließen die Messe lesen und erklärten öffentlich, daß Ihr Eurem König weggelaufen wäret, weshalb sie Euch fangen und töten wollten. Ich verstehe das nicht, darum seht zu, was Ihr tun könnt.«

Cortés dürfte seine ganze Selbstbeherrschung benötigt haben, um auf diese hübsche, unter den gegebenen Verhältnissen aber grausame Spötterei »mit vergnügtem Gesicht« zu antworten. Er begann mit Worten, hinter denen vielleicht eine kaum weniger grausame Ironie lauerte, daß er nämlich »ihm vorher nur deshalb nichts gesagt habe, weil er ihn so sehr liebe, daß er ihn nicht mit der Nachricht von seiner Abreise betrüben wollte«. Weiter erklärte er, daß seine Leute und die Leute des Narváez in der Tat beide Christen seien, womit er dieses Thema jedoch verließ, da er nichts mehr dazu zu sagen wußte. Er bestritt einfach, daß er aus Spanien weggelaufen sei, und wiederholte, daß er ausdrücklich vom Kaiser und König zum Besuch des Uei Tlatoani von Mexiko entsandt worden sei. Die Truppen des Narváez fürchte er nicht, weil Jesus Christus und die Mutter Maria seine Waffen segnen würden, denn Narváez und die Seinen seien böse Leute.

Nachdem er Moteczumas Zweifel, so gut er konnte, zerstreut und ihm versichert hatte, er werde bald als Sieger zurückkehren, erklärte Cortés, er werde Alvarado mit achtzig Spaniern zurücklassen. Er warnte Moteczuma in tödlichem Ernst, er möge in seiner Abwesenheit keinerlei Unruhen oder Aufruhr dulden. Ferner »legte er ihm nahe, er möge dafür sorgen, daß vor dem Bild Unserer Lieben Frau immer Blumen und bei Tag und Nacht brennende Wachskerzen ständen«. Nachdem sie sich zweimal umarmt hatten, schieden der Kaiser von Mexiko und der spanische Generalkapitän scheinbar als gute Freunde, wobei sie Versprechungen und Geschenke austauschten und Cortés dem Kaiser und dessen Sohn einige Schmuckstücke und Gewänder zurückgab.

Ehe er Mexiko verließ, war Cortés sorgfältig auf die Sicherheit der kleinen Streitmacht bedacht, die er in der Hauptstadt zurückließ. Mit Lebensmitteln war er gut versorgt, weil er angesichts der schlechten Ernte in Mexiko große Maisvorräte aus Tlaxcala eingeführt hatte. Er verstärkte die Verteidigungswerke von Axayacatls Palast, bis daraus eine richtige Festung mit fünfhundert Mann Besatzung wurde, darunter achtzig Spaniern mit vierzehn Musketieren und fünf Reitern. Sie befanden sich in einer äußerst gefährlichen Lage. Würde Cortés bei seinem riskanten Unternehmen gegen einen weit überlegenen Gegner scheitern, so konnte die Garnison in Mexiko kaum darauf rechnen, gerettet zu werden. Es war daher nur natürlich, daß Cortés Alvarado das Kommando übertrug, denn nach dem Ehrenkodex jener Zeit konnte er seinen dienstältesten Offizier nicht übergehen, wenn es galt, den Kommandeur für die am meisten gefährdete Stellung auszuwählen. Trotzdem sollten die Ereignisse lehren, daß Alvarado seiner neuen Verantwortung in keiner Weise gewachsen war. Das traurigste Kapitel der ganzen Eroberung war die Folge dieser unglücklichen Ernennung.

Cortés verließ Mexiko bald nach dem 4. Mai 1520. In umgekehrter Richtung begann er nun die Reise, die er vor sechs Monaten gemacht hatte, aber unter merkwürdig ähnlichen Verhältnissen. In jenem schicksalhaften November war er in Veracruz aufgebrochen, wo er eine kleine Streitmacht von etwa siebzig Mann zurückließ, damit sie den unbekannten Gefahren entgegenträte, die des Velázquez Zorn zusammenbrauen mochte, während ihn und seine Gefährten hoch oben im mexikanischen Bergland Moteczumas geheimnisvolle Macht als Inspiration und Herausforderung magnetisch anzog. Kühn, ja fast tollkühn hatte er seine Männer die Stufen des riesigen Teocalli hinaufgeführt, als welches ihm das Land Mexiko erschien, bis sie sich schließlich weit über ihre kühnsten Erwartungen und wildesten Träume hinaus das Reich Anáhuac botmäßig gemacht hatten. Jetzt ließ er abermals eine etwa ebenso kleine Streitmacht unter Alvarado zurück, während er selbst sein Heer auf dem Rückweg die Stufen des mächtigen Teocalli hinabführte, um der endlich Wirklichkeit gewordenen Gefahr aus Kuba zu begegnen und danach, falls das Glück ihm treu bliebe, den dramatischen, schicksalhaften Aufstieg noch einmal von ganz unten zu beginnen. Der beherzte General durfte wahrlich meinen, daß ihn das Schicksal härter herausforderte als je zuvor einen andern Mann, doch nahm er die Herausforderung ohne Murren an.

Von Mexiko begab sich Cortés geradewegs nach Cholula. Er hatte insgesamt siebzig Mann bei sich, noch nicht ein Zehntel von Narváez' Heer. Auf dem Wege nach Cholula schickte er Boten an die Tlaxcateken mit der Bitte um fünftausend Krieger, aber seine früheren Freunde gaben zur Antwort, gegen Indianer hätten sie ihm gern fünftausend und mehr Männer geschickt; da der Kampf aber gegen andere Teules und gegen Kanonen geführt werden solle, begnügten sie sich damit, ihm zwanzig Traglasten Hühner zu schicken. Als Ausgleich stießen zwei starke Verbände zu Cortés: Velázquez de León kehrte mit hundertfünfzig Spaniern aus Coatzacoalco zurück, während Rodrigo de Rangel mit hundertzehn Mann aus Chinantla kam. Beide trafen ihn in Cholula. Ein paar Männer, deren Haltung schwankend erschien, schickte er nach Mexiko zurück; dann machte er sich unverzüglich wieder auf den Weg. Sechzig Meilen vor Cholula traf er Pater Olmedo, der ihm die neuesten Nachrichten aus dem Lager des Narváez brachte: die Gründung der Stadt, die Festnahme und erzwungene Heimkehr Ayllóns, die engen Beziehungen, die Narváez zu

Moteczuma hergestellt hatte, und Narváez' fester Entschluß, sich des Landes zu bemächtigen.

Das kleine Heer erreichte Ahuilitzapan (woraus die Spanier Orizaba machten), wo sie vom Regen zwei Tage festgehalten wurden. Hier verfaßte Cortés einen neuen Brief an Narváez, worin er ihm jede beliebige Provinz als Siedlungsraum für sich und seine Leute anbot. Weiter forderte er ihn auf, seine Papiere vorzulegen oder, falls er keine besitze, nach Kuba zurückzukehren, ohne das Land in Unruhe zu versetzen. Schließlich drohte er ihm mit der Macht des Gesetzes, falls er sich der Oberhoheit des einzigen Generalkapitäns und Oberrichters von Neuspanien widersetze, der als solcher von dem genannten Oberrichter und Generalkapitän anerkannt werde. Gezeichnet: Cortés, und darunter mehrere Offiziere und Soldaten. »Und meine Unterschrift auch«, setzt Bernal Diaz stolz hinzu. Diesen Brief brachte Pater Olmedo nach Cempoal, wobei ihn ein Soldat namens Usagre begleitete, dessen Bruder Waffenmeister bei Narváez war. Olmedo und Usagre waren beide reichlich mit Gold versehen.

In Cempoal begann der Mönch sein Gold bedachtsam hier und da auszustreuen. Er arbeitete so geschickt, daß Narváez Verdacht schöpfte und sich entschloß, ihn festzunehmen. Inzwischen hatte aber Pater Olmedo schon Andrés de Duero für sich gewonnen, welcher Narváez' Sekretär war, obwohl er doch ursprünglich Velázquez geraten hatte, Cortés das Kommando über die Flotte anzuvertrauen. Duero beschwatzte Narváez unschwer, Olmedo zum Essen einzuladen, anstatt ihn einzusperren. Olmedo gab sich dabei als des Narváez bester Freund, versicherte ihm, es würde ein kleines sein, des Cortés habhaft zu werden, weil viele seiner Leute ihn los sein wollten, und setzte hinzu, der scharfe Brief, den er hier überbringen müsse, sei nur eine neue List von Cortés' Leuten, um diesen ganz zugrunde zu richten. Als der Brief vorgelesen wurde, gerieten Narváez und sein Anhang in Wut. Duero gab vor, er stehe vor einem Rätsel. Ein gewisser Bermúdez – Alguacil Mayor oder Polizeihauptmann im Lager des Narváez – spielte die Komödie mit und versicherte Narváez, daß Pater Olmedo ihm insgeheim erzählt habe, Cortés würde ihn bestimmt um eine Unterredung bitten, sofern man ihm Unterhändler zuschicke. Schon aus der Entfernung begann sich die Schlange um ihre riesige Beute zu ringeln.

Indessen war auch der Adler keineswegs müßig. Er hatte über seine Waffen nachgedacht und entsandte einen seiner Leute, Tovilla, der in Italien gekämpft hatte und ein vortrefflicher Speerschütze war, zu den Chinanteken. Dort sollte er dreihundert von den ungewöhnlich langen Speeren anfertigen lassen, wie sie dieser Stamm im Kampf zu gebrauchen pflegte, doch sollten die Spitzen nicht wie sonst aus Obsidian, sondern nach einem mitgegebenen Muster aus Kupfer gefertigt werden. Dann setzte Cortés den Vormarsch gegen seinen seßhaften Gegner fort, bis er Cuautochco (heute Huatusco in der Provinz Veracruz) erreichte, wo er abermals eine Gesandtschaft des Narváez mit dessen elegantem und einfachem Vorschlag empfing: Narváez solle das Land bekommen und Cortés mit seinen Leuten so viele Schiffe und Vorräte, wie sie benötigten, um Mexiko endgültig zu verlassen. Solche Vorschläge konnte man Cortés nicht machen, aber deren Überbringer – Guevara und Andrés de Duero – waren Männer, die mit sich reden und sich gewinnen ließen. Man kam daher überein, daß sich Narváez und Cortés, jeder von zehn Männern begleitet, treffen sollten, sobald freies Geleit zugesichert sei, was Cortés an Ort und Stelle schriftlich versprach. Als er aber nach der nächsten Etappe ihres Marsches in Tampecanita den Geleitbrief des Narváez erhielt, erreichte ihn zugleich eine Warnung von Olmedo und Duero: die Unterredung sei eine Falle, um ihn zu ermorden.

Alsbald setzte Cortés sich auf sein hohes juristisches Pferd und schickte Narváez die dienstliche Aufforderung, er möge aufhören, im Lande irgendwelche Hoheitsrechte auszuüben; Narváez' Anhängern aber befahl er, diesem den Gehorsam zu verweigern. Als sein Sekretär Francisco Alvarez Chico und sein Notar Pero Hernández mit diesen Befehlen in Cempoal erschienen, gewährte Narváez ihnen alsbald die Möglichkeit, bis auf weiteres im Gefängnis über die Amtsgewalt und deren wahren Ursprung nachzudenken.

In Tampecanita traf Cortés auch Sandoval mit denjenigen seiner Soldaten, die zum Kämpfen weder zu alt noch zu kränklich waren, und auf dem Wege nach Mictlancuauhtla (was Bernal Diaz in Mitalaguita vermenschlicht) erreichte ihn Tovilla mit den dreihundert »äußerst guten« langen Lanzen aus Chinantla. Cortés begann sofort, sie auszuprobieren; ihm schien ihr größter Vorzug darin zu liegen, daß sie seinem Fußvolk gestatteten, sich die Reiter vom Leibe zu halten und auf diese Weise die kavalleristische Überlegenheit seines Gegners auszugleichen. Während Cortés einen goldenen Boten nach dem andern zu Verhandlungen nach Cempoal schickte, bereitete er sein Heer auf den Kampf vor. Er zählte seine Leute und kam auf zweihundertsechsundsechzig Mann ohne den Mönch, darunter fünf Reiter; außerdem hatte er zwei kleine Kanonen und sehr wenige Musketen und Armbrüste. Er entschloß sich, Narváez anzugreifen, und erklärte dem König seinen Entschluß mit diesen Worten: »Als ich nun sah, daß ich so viel Schaden und Schlimmes nicht verhindern konnte, daß aber die Indianer täglich mehr zum Aufruhr neigten, befahl ich mich Gott, schob alle Furcht vor dem Schaden, der daraus folgen mochte, beiseite, bedachte, daß unser Tod im Dienst des Königs und für die Verteidigung und den Schutz seines Landes vor dem Usurpator mir und meiner Truppe zu hohem Ruhm gereichen würde, und befahl meinem Polizeihauptmann Gonzalo de Sandoval, dem ich achtzig Mann mitgab, den genannten Narváez festzunehmen. Ich aber folgte mit weiteren hundertsiebzig Mann – denn insgesamt waren wir zweihundertfünfzig, ohne Feuerwaffen und Pferde, einfaches Fußvolk – meinem Polizeihauptmann, um ihn zu unterstützen.«

So weit der Adler. Die Schlange war derweilen damit beschäftigt, Andrés de Duero zu erobern, der unter dem Vorwand von Verhandlungen zu Cortés zurückgekehrt war, ihn jedoch eigentlich an ihren Pakt erinnern und seinen Anteil an der Beute fordern wollte. Cortés versprach ihm eine glänzende Beteiligung und belud zwei kubanische Indianer, die Duero als Diener bei sich hatte, mit Gold, wofür er sich erneut Hilfe gegen Narváez versprechen ließ, und zwar nicht nur in Dueros Namen, sondern auch im Namen von Bermúdez, dem Polizeihauptmann von Narváez. Duero stieg zu Pferd und kam zu Cortés, um Abschied zu nehmen: »Was befehlen Euer Gnaden? Ich reise nun ab.« Cortés antwortete: »Geht mit Gott und seht zu, daß alles so kommt, wie wir es hier besprochen haben. Sonst werde ich, so wahr ich hier stehe, in weniger als drei Tagen in Euerm Lager sein, und Euch soll mein Speer als ersten treffen.« Duero lachte: »Ich werde nicht verfehlen, in allem Euer Gnaden zu Diensten zu sein.«

Cortés muß allmählich gemerkt haben, daß Narváez ein kümmerlicher Gegner war. Er selbst war ganz von Mexiko heranmarschiert, während der neu angekommene General mit seinen frischen, noch nicht ermüdeten Truppen weiterhin die Freuden Cempoals genoß, und zwar aus keinem anderen Grund als seiner üblichen Trägheit und Sorglosigkeit. Durch seine Leute, die in Narváez' Lager aus und ein gingen, war Cortés über die dortige Lage genau unterrichtet, außerdem auch durch Leute des Narváez, die zu ihm kamen und manchmal bei ihm blieben, so etwa ein gewisser Villalobos, der mit sieben andern Soldaten aus Protest gegen Ayllóns Festnahme zu Cortés überlief. Angesichts dieser Lage rief er eines Tages Velázquez de Leon zu sich. »Wie Cortés manchmal honigsüß und mit Lachen in der Stimme redete, so sagte er auch jetzt halb lachend zu ihm: ›Ich ließ Euch rufen, weil ich von Andrés de Duero hörte, Narváez und seine Anhänger seien der Meinung, es würde mit mir aus sein, wenn Ihr dorthin kämet; sie glauben nämlich, Ihr würdet zu ihm übergehen. Da habe ich mir gedacht, daß Ihr mir zuliebe alsbald auf Eurer Scheckenmähre mit all Eurem Gold, Eurem Protzer (eine dicke Goldkette, der die Soldaten diesen anschaulichen Namen gegeben hatten) und andern Kleinigkeiten, die ich Euch geben werde, hinüberreitet. Den Protzer tragt Ihr um die eine Schulter, um die andere eine noch schwerere Kette, und dann seht zu, was Narváez von Euch will. Sobald Ihr zurückkommt, werde ich Diego de Ordás hinüberschicken, den sie gleichfalls bei sich sehen möchten.‹«

Diese Szene, die Bernal Diaz anschaulich schildert, ist

ein echter Cortés: eine Blüte, die frei, ungezwungen, heiter und ein wenig aufschneiderisch aus der Wurzel kühl berechnender Vorsicht emporwächst. Es war für ihn entscheidend wichtig, die Treue dieser beiden Offiziere zu erproben, die einstmals Anführer der Velázquez-Partei gewesen waren, und zwar mußte das vor, nicht während der Schlacht geschehen. Falls sie ihn verlassen wollten, sollten sie es lieber jeder für sich tun, nicht aber als Kommandeure wichtiger Einheiten in seinem nicht eben zahlreichen Heer. Die richtige, allerdings kühne Lösung war daher, ihnen bis an die Gefahrengrenze und darüber hinaus zu trauen und ihnen jede mögliche Gelegenheit zur Fahnenflucht zu geben, weil er damit an ihre Ehre appellierte. Darum bestand Cortés darauf, daß Velázquez sein ganzes Gold mitnehme, darum gab er ihm noch von seinem Gold dazu. Die wohlüberlegte Großzügigkeit tat sofort ihre Wirkung: Velázquez war bereit hinüberzugehen, weigerte sich aber, sein Gold mitzunehmen. Cortés gab ihm einen seiner Diener als Begleiter mit – für alle Fälle.

In der Morgendämmerung erschien Velázquez de León auf seiner Stute vor dem Hause des dicken Kaziken. Die Cempoaler erkannten die breite, freundliche Gestalt und unterrichteten die Spanier. Narváez erschien hocherfreut und führte des Diego Velázquez Verwandten in sein Quartier, wobei er ihm Vorwürfe machte, daß er nicht gleich dorthin gekommen sei. Darauf erwiderte Velázquez de León, er werde bald heimkehren und sei nur gekommen, ihm seine Reverenz zu erweisen und zwischen ihm und Cortés Frieden zu stiften. »Frieden mit einem Verräter?« fragte Narváez aufgebracht, aber Velázquez gab zurück: »Kein Verräter, sondern ein treuer Diener Seiner Majestät.« Daraufhin änderte Narváez seine Taktik und versuchte ihn dadurch zu gewinnen, daß er ihm den zweithöchsten Posten in seinem Heer anbot. Velázquez erklärte jedoch, er sei fest entschlossen, Cortés treu zu bleiben.

Mittlerweile hatten sich viele Offiziere des Narváez eingefunden, um Velázquez de León zu begrüßen. Auf Drängen einiger besonders eifriger Gegner von Cortés entschloß sich Narváez, seinen Gast zu verhaften; aber Duero, Bermúdez und die beiden Geistlichen, deren »Finger mit Cortés' Gold beschmiert waren«, beriefen sich nachdrücklich darauf, daß Cortés alle Sendboten des Narváez vortrefflich aufnehme (sie mußten es ja wissen!), während Narváez alle Boten des Cortés einsperre. Sie schlugen darum vor, Narváez solle Velázquez de León lieber zu Tisch bitten.

Narváez ließ den Vorschlag gelten. Das Essen fand am nächsten Tage statt, oder sollte vielmehr stattfinden. Nun gehörte aber zu den Tischgästen ein Neffe und Namensvetter des Gouverneurs von Kuba, der als junger Offizier unter Narváez diente. Dieser jüngere Diego Velázquez erklärte alsbald, Cortés und alle seine Anhänger seien Verräter, worauf Velázquez de León hitzig erwiderte, solche Reden dulde er in seiner Gegenwart nicht. Diego Velázquez gab zurück, daß jeder, der einen Verräter decke, selbst ein Verräter und gewiß kein rechter Velázquez sei. Das ließ Velázquez de León aufspringen und erklären, er sei ein besserer Velázquez als der junge Diego und dessen Onkel, was er alsbald mit dem Degen beweisen werde, falls ihrer beider Gastgeber das gestatten würde. Schließlich beschloß man, Velázquez zusammen mit dem Pater zu Cortés zurückzuschicken. Dessen Kriegslist endete also mit einem vollen Erfolg.

Cortés war inzwischen bei Morgengrauen von Mitalaguita nach Veracruz und Cempoal aufgebrochen. Es war heiß und schwül, und das Heer hielt Rast am Kanufluß, wo später das zweite Veracruz gebaut wurde. Dort stieß Velázquez de León zu ihnen und berichtete dem Generalkapitän über die militärische Lage, während Pater Olmedo die Soldaten mit lustigen Geschichten aus dem feindlichen Lager unterhielt. Narváez hatte sein Heer fast zwei Kilometer weit aus Cempoal herausgeführt. Es regnete den ganzen Tag über in Strömen; seine Offiziere, die sich langweilten und es etwas demütigend fanden, daß sie auf einen Feind warten sollten, den sie verachteten, überredeten ihn, nach Cempoal zurückzukehren. So brachte er seine dreiundzwanzig Kanonen vor dem Teocalli in Stellung und erwartete den Feind in seinem Hauptquartier. »Was tut Ihr nur?« fragte der dicke Kazike, dem der Kontrast zwischen dieser trägen Truppe und Cortés' Streitmacht aufgefallen war, die immer auf Draht war. »Was tut Ihr hier so sorglos? Meint Ihr, Malintzin und seine Teules seien wie Ihr? Ich muß Euch sagen, wenn Ihr nicht aufpaßt, wird er plötzlich hier sein und Euch töten.« Er wurde ausgelacht, doch traf Narváez immerhin einige Vorkehrungen und ließ außerdem durch seine Ausrufer jedem, der Cortés oder Sandoval töten würde, zweitausend Pesos versprechen. Nachdem er dann die Stufen des Teocalli, die zu seinem eigenen Quartier führten, stark besetzt und als Parole »Santa Maria« ausgegeben hatte, legte sich der sorglose, leichtsinnige Narváez schlafen.

An diesem Nachmittag, den Narváez ungenutzt verstreichen ließ, hielt Cortés, den die von Velázquez de León mitgebrachten Nachrichten etwas beunruhigt hatten, eine Ansprache an seine Soldaten: »Ich bin nur einer und kann nicht mehr tun, als einer tut. Mir sind Kompromisse vorgeschlagen worden, die für mich gut waren – aber nur für mich; weil sie für euch nicht gut waren, habe ich sie abgelehnt. Ihr seht also, wie die Lage ist. Da diese Sache jedermann angeht, möchte jeder von euch sagen, ob er für Kampf oder Friedensverhandlungen ist. Ich werde keinen hindern, so zu handeln, wie er möchte. Hört nun! Unsere Boten hier berichten mir, man sage im Lager unserer Gegner, daß ihr mich unter falschen Vorspiegelungen dorthin bringen würdet, um mich ihnen auszuliefern.« In dieser Hinsicht beruhigten sie ihn vollständig und bestanden dann darauf, daß er als erster seine Meinung äußere. Nun brach er los, als hätte man ihn gereizt: »Ihr sollt sie hören. Ein kastilisches Sprichwort sagt: ›Laß den Esel mit dem Treiber sterben!‹ Das meine ich auch.« Da jubelten die Soldaten ihm zu und hoben ihn auf die Schultern, bis er bat, sie möchten ihn freigeben.

Diese Soldaten, die ihm da zujubelten, waren vom Regen durchnäßt, ausgehungert und müde vom Marschieren. Sie wollten einen Hirsch braten, den die Reiter erlegt hatten, doch verbot Cortés ihnen, Feuer zu machen. Es wehte ein kühler Wind, zu tun gab es nichts. Mitten in der Nacht rief Cortés seine Leute zusammen und sagte: »Ihr Herren, ein altes Soldatenwort sagt: ›Frühmorgens stürz dich auf den Feind!‹ Falls sie uns schon gehört haben, erwarten sie uns, falls nicht, sollten wir, da wir doch nicht schlafen können, die Zeit lieber zum Kämpfen nutzen und nach dem Siege ausruhen, als diese Kälte noch länger ertragen.« Er verteilte seine Leute sorgfältig. Pizarro sollte mit sechzig Mann die Artillerie erobern. Sandoval bekam Befehl, Narváez tot oder lebendig gefangenzunehmen. Sein letztes Wort an seine Leute war: »Lieber als braver Mann sterben als in Unehre leben!« Bernal Diaz stellte nach vielen Jahren Betrachtungen darüber an, wie klug es von dem Generalkapitän gewesen war, daß er verschwiegen hatte, wie viele von Narváez' Leuten er im stillen schon für sich gewonnen hatte, denn nun würden seine Leute als gute Soldaten kämpfen, die sich allein von ihrer Tapferkeit den Sieg erhoffen können.

In der Nacht zogen sie weiter und stießen etwa anderthalb Kilometer vor Cempoal auf zwei Späher des Narváez, deren einen sie fingen, während der andere entfloh und das Lager alarmierte. Sie eilten weiter durch die Finsternis. Ihre Parole war »Heiliger Geist«, so daß in dieser merkwürdigen Schlacht der Heilige Geist sich mit der Mutter Maria maß. Narváez, jäh erwachend, rief nach seinen Offizieren. Inzwischen hatte Pizarro, nachdem er von seinen sechzig Leuten drei, die von der ersten Salve der feindlichen Artillerie niedergemäht wurden, verloren hatte, die ganze Batterie im Nahkampf erobert. Bernal Diaz, der zu den sechzig gehörte, hatte Sandoval versprochen, er würde ihm folgen, falls er nach der ersten Operation noch am Leben wäre. Sandoval rannte mit seinen siebzig Mann die Stufen des Teocalli empor. Nach heftigem Kampf gelang es ihm, die Spitze noch rechtzeitig zu erklimmen, um Narváez' Ausruf zu hören: »Heilige Maria, hilf! Sie haben mich getötet. Sie haben mir ein Auge ausgerissen!« Als Cortés' Leute dies vernahmen, schrien sie: »Sieg! Sieg für den Heiligen Geist! Narváez ist tot!« Martin Lopez, ein großer Kerl, setzte das Strohdach des Teocalli in Brand. Das Siegesgeschrei lief die Treppen hinab in die noch von der Nacht bedeckten Straßen der Stadt Cempoal, wo im Dunkel Glühwürmchen schimmerten und dem entmutigten Heer des Narváez neue Furcht einjagten; glaubten sie doch, es seien glimmende Zündschnüre zahlloser Musketen. Die achtzig Reiter des verwundeten Generals galoppierten planlos über die Felder davon.

V.
Die zweite Eroberung

Das Gemetzel von Mexiko

Dieses Siegesgeschrei, dieses Galoppieren in Regen und Finsternis, auf das nur hin und wieder der neugierige Mond verstohlen einen Blick warf, waren erste Vorläufer des Sieges. Mehrere andere Tempelpyramiden mußten erobert werden, auf denen sich Narváez' Hauptleute tapfer schlugen. Mit zwanzig Mann, die er sich als Reserve unmittelbar unterstellt hatte, tauchte Cortés bald hier, bald dort aus dem nassen Dunkel auf. Er sah einen Mann mit brennendem Strohwisch in der Hand, einen jungen Herrn aus seinem Heer, der acht Fässer mit Schießpulver gefunden hatte, die er im Glauben, die feindliche Armee sei mit den Kanonen von hinnen, in Brand stecken wollte. Der junge Mann hatte eben ein Faß erbrochen und wollte es anzünden, als Cortés erschien. »Was geht hier vor?« fragte er. Tapia erklärte es ihm. »Ach, Bruder«, sagte Cortés zu seinem tapferen, aber unbedachten Gefährten, »tut das nicht, denn Ihr und viele hier herum würden sterben.« Mit seinen eigenen Händen und Füßen erstickte er die Flammen, die schon an dem Pulver leckten, das aus dem Faß gefallen war. Dann verschwand er wieder in der Nacht. Hier gab er Befehle, dort diktierte er seinem Sekretär und Notar Rechtsanordnungen, die der Ausrufer ins Dunkel schrie: Alle »Rebellen« sollten sich vor des Königs Hoheit und »in seinem königlichen Namen« vor seinem Oberrichter Hernán Cortés beugen.

Es war heiß und drückend, und er trug seinen Panzer. Schwitzend und müde fragte er Sandoval: »Wie steht es mit

Narváez?« Sein treuer Alguacil Mayor erwiderte: »Hier ist er, wohl verwahrt!« Ein Mann kam und bat um Erlaubnis, daß Meister Johann, Narváez' Wundarzt, das verletzte Auge seines Herrn behandeln dürfe. Er willigte sofort ein, trat leise herzu und blieb unauffällig im Kreis der Zuschauer stehen, während Meister Johann die Operation vornahm. Irgend jemand flüsterte Narváez ins Ohr, sein glücklicher Rivale sei zugegen. »Herr Kapitän Cortés«, sagte der Verwundete, »Ihr solltet es für eine große Sache halten, daß Ihr mich also besiegt und meine Person in Händen habt.« »Das danke ich Gott und meinen tapferen Herren und Gefährten«, erwiderte Cortés, »doch glaube ich, daß Euch zu schlagen und festzunehmen eine der geringsten Taten ist, die ich in Neuspanien vollbracht habe.« Dann regte sich sein juristischer Vogel unter dem Helm: »Haltet Ihr es für rechtens, daß Ihr gewagt habt, einen ›Olidor‹ von Seiner Majestät Gerichten gefangenzunehmen?« Ohne eine Antwort abzuwarten, verschwand er in der Nacht.

Man meldete ihm, der dicke Kazike liege verwundet in Narváez' Quartier. Er befahl, ihn gut zu behandeln und vom Feldscher besuchen zu lassen. Sehr beschäftigte ihn Narváez' Kavallerie, der wertvollste Teil des neuen Heeres. Viele waren davongaloppiert; etwa vierzig waren ausgeschickt worden, um Cortés' Streitmacht zu erwarten, die sie offenbar verpaßt hatten. Cortés beauftragte seine Hauptleute Olid und Ordás, sie sollten die Reiter holen und für sich gewinnen, was ihnen auch gelang – vielleicht mit Hilfe des allmächtigen Goldes. Als sie ins Lager zurückkehrten, empfing sie viel Lärm und großes Durcheinander. Der Paukenmeister, der etwas verrückt war, was wohl jeder werden muß, der jahrelang nach Herzenslust eine Trommel schlagen darf, entlockte seinen Eselshäuten gewaltiges Gedröhn, um Cortés' Sieg zu feiern, obwohl er zu Narváez gehörte. (Ist aber eine Niederlage nicht ebenso gut ein Grund zum Lärmen wie ein Sieg?) Gleichzeitig schrie ein schwarzer Spaßmacher aus des Narváez Gefolge unablässig aus vollem Halse: »Dergleichen Taten haben Römer nie gesehen!« Weder Schelte noch Befehle, nicht einmal schlichte spanische Flüche konnten des Negers

Lobpreis und des Paukenspielers wiederkehrenden rhythmischen Lärm zum Schweigen bringen, ehe Cortés auf der Bildfläche erschien und den Trommelkünstler einsperren ließ.

Jetzt war die Sonne aufgegangen und trat die Herrschaft über das Geschehen jenes 29. Mai 1520 an. Die Kavallerie, die inzwischen gewonnen worden war, ritt ins Lager ein. Die letzten Hauptleute ergaben sich. Juan Velázquez war tief befriedigt, daß er seine Großmut an der Person des jungen Diego Velázquez beweisen konnte, den er während der Nacht besiegt und gefangengenommen hatte, nun aber eigenhändig versorgte. Cortés saß, von seinen Hauptleuten und Mannschaften umgeben, in einem Sessel. Er trug über dem Panzer einen orangefarbigen Überwurf und nahm die Huldigung seiner neuen Freunde entgegen, die an ihm zum Handkuß vorüberzogen.

Er war ein kluger Sieger. Obwohl er überzeugt war, daß ihn ein siegreicher Narváez gehängt hätte, ergriff er gegen diesen keine besonderen Maßnahmen. Er ließ ihn nur streng bewachen, war aber peinlich darauf bedacht, die persönliche Habe und die Bequemlichkeit seines gestürzten Rivalen zu achten. Dieses Verhalten verrät nicht nur Großmut gegenüber dem unterlegenen Gegner, sondern beweist auch, daß Cortés sicher war, eine gerechte Sache zu vertreten; denn Narváez, dem das Leben und später auch Bewegungsfreiheit geschenkt wurden, blieb als unabhängiger und nicht eben freundlicher Augenzeuge der Ereignisse in Mexiko. Was immer Cortés' Motive zu jener Zeit gewesen sein mögen, so bleibt als Tatsache bestehen, daß er es nicht für nötig hielt, seinen Kampf gegen Narváez bis zum bittern Ende eines Todesurteils zu führen, was ihm leicht möglich gewesen wäre.

Am nächsten Tage besichtigte er seine Truppen. Als Narváez' Soldaten merkten, daß sie von knapp zweihundertfünfzig kümmerlich gekleideten und schlechter bewaffneten Veteranen besiegt worden waren, »rissen sie sich aus Zorn und Scham die Bärte aus«. Der dicke Kazike schwamm in Bewunderung und ließ ein Bild von der Schlacht malen, das Moteczuma geschickt werden sollte.

Die häßliche Doña Catalina aber, seine Tochter, die er Cortés gegeben und die dieser »mit guter Miene« angenommen hatte, hörte zu ihrem Entzücken, der spanische Teul werde in ihr Haus ziehen und während seines kurzen, allzu kurzen Aufenthalts Bett und Tisch mit ihr teilen.

Kein Licht leuchtet heller als das Licht des Sieges. Jetzt hatten Cortés' Soldaten das Gefühl, wohlhabend, mächtig und geachtet zu sein. Ihre gehobene Stimmung stieg noch angesichts eines ebenso malerischen wie kriegerischen Schauspiels: Fünfzehnhundert chinantekische Krieger waren dem Ruf des Cortés gefolgt und erschienen jetzt unter Führung des Spaniers Barrientos. Sie kamen zwar erst nach der Schlacht, aber ihr straffes Auftreten machte dem alten Heer viel Spaß und gab dem neuen Stoff zum Nachdenken. In guter Ordnung, immer zwei Lanzenträger neben einem Bogenschützen, mit Holztrommeln und Muschelhörnern, mit kleinen runden Schildern, Federschmuck auf den Köpfen und Bannern, marschierten sie durch die vom Kampf gezeichneten Alleen von Cempoal und riefen: »Lang lebe der König und in seinem Namen Cortés!« Dieser sprach »liebevoll« zu ihren Hauptleuten und schickte sie, mit Glasperlen beschenkt, wieder nach Hause.

Es war aber nicht seine Art, untätig Gedanken an vergangene Siege zu hängen, sondern er machte sich nun alsbald an die vordringlichsten Aufgaben, die ihm der Sieg stellte. Er ließ alle Segel, Ruder und Kompasse von den achtzehn Schiffen des Narváez holen, ließ sich von allen Kapitänen und Steuermännern Treue schwören und gab ihnen in Pedro Caballero einen neuen Admiral, dem er vertraute und dessen Anhänglichkeit er gehörig mit Gold gepflegt hatte. Velázquez de León sandte er mit zweihundert Mann auf Erkundung des Pánuco-Gebietes und Diego de Ordás mit wiederum zweihundert Mann nach der Kolonie Coatzacoalco, die er ausbauen sollte. Jeder der beiden Hauptleute bekam zwei Schiffe; Velázquez de León sollte die Küste erforschen, während Ordás aus Jamaika Pferde und andere Haustiere holen sollte. Kaum war er als General wieder im Sattel, da begann der Staatsmann in ihm bereits mit der gründlichen Erforschung und wirtschaftlichen Entwicklung des eroberten Landes. In Veracruz selbst ließ er eine Garnison von zweihundert Mann unter Rodrigo de Rangel zurück, damit sie die übrigen Schiffe bewachte und Ausschau hielte, ob etwa Velázquez ihn aufs neue bedrohe.

Um alle diese Unternehmungen durchzuführen, benötigte Cortés mehr Offiziere, als er in seinem alten Heer besaß. Zwar hatte er gesiegt, aber als Führer einer zusammengewürfelten Armee, in deren Mitte er doch nur eine gefährdete Minderheit bildete, war seine Lage prekär. Deshalb suchte er die neuen Offiziere durch freundliche Worte und durch Taten zu gewinnen, die hauptsächlich in der Berufung in Vertrauensstellungen und in Goldgeschenken bestanden. Die Veteranen, die sich an den Beständen von Narváez' Armee schadlos gehalten hatten, mußten ihre Beute wieder hergeben und den früheren Besitzern zurückerstatten. Nicht ohne leichte Bitterkeit verzeichnet Bernal Diaz, er habe ein Pferd, das er geritten, mit Sattel und Zaumzeug und dazu zwei Degen, drei Dolche und ein Stilett herausrücken müssen. Das alte Heer betrachtete diese kluge Anordnung seines Generals fast als Verrat, und einer der Offiziere, der stolze und ungebärdige Dávila, gab Cortés in Ausdrücken, die manchmal die gebotene Achtung vermissen ließen, zu verstehen, was er und seine Freunde davon hielten. Schließlich aber wurde er von seinem geschickten Kommandeur beruhigt und überzeugt, so daß es Hernán Cortés gelang, das Heer, das er schon einmal durch Eisen und Kühnheit bezwungen hatte, eine zweites Mal geduldig und friedlich durch Gold und gute Worte zu überwinden, wie es sein unerschütterlicher Wille geplant hatte.

Jetzt endlich konnte Cortés sich als Herr von Mexiko fühlen. Er verfügte über ein Heer von etwa zwölfhundert Spaniern, neunzig Pferden, fünfundzwanzig bis dreißig Geschützen, über unerschöpfliche Vorräte, achtzehn Schiffe, eine Kriegskasse von knapp einer Million Goldpesos – und den Glanz ungebrochenen Erfolges. Jetzt konnte er gemächlich nach Mexiko zurückkehren und das Königreich ordnen, das er der reichen Krone Karls V. hinzugefügt hatte. Aber das Schicksal hatte ihm noch nicht seinen ganzen Zoll an Prüfungen abverlangt. In dieser Stunde höchsten Triumphes schlug es härter zu als je zuvor. Der Eroberer wurde dazu verdammt, seine ganze Eroberung zu verlieren und wieder bei Null anzufangen – auf einer Straße, die härter, länger und blutiger war als alles, was er bisher erlebt hatte.

Er hatte einen Boten an Moteczuma geschickt, der diesem Nachricht von seinem Sieg über Narváez brachte. Bald nach dessen Abreise erschienen zwei Tlaxcateken und überbrachten Cortés eine mündliche Botschaft von Alvarado: die Stadt habe sich gegen ihn erhoben, er sei belagert und schwebe mit der ganzen Garnison in Gefahr, vernichtet zu werden. Ein späterer Brief, den andere Tlaxcateken brachten, und der spanische Bote, der aus Mexiko zurückkehrte, bestätigten diesen Bericht.

Die Götter waren wieder zu den Menschen herniedergestiegen und hatten sie in Blut ertränkt. Während Cortés dem Narváez entgegenzog, rüsteten sich die Mexikaner eifrig auf ihr Fest Toxcatl, das höchste aller religiösen Feste zu Ehren ihres obersten Gottes Titlacn oder Tetzcatlipuca. Der Höhepunkt des Festes war die Opferung eines Jünglings, der besonders ausgesucht wurde und nicht den geringsten körperlichen Makel aufweisen durfte. Dieser Jüngling wurde schon ein Jahr zuvor geweiht. Das letzte Jahr seines Lebens verbrachte das Opfer inmitten köstlicher Genüsse und erhielt Unterricht im Musizieren, Singen und Tanzen. Er trug sein Haar lang bis an die Hüften und ging mit Blumen überladen einher, gefolgt von acht reichgekleideten Pagen. Alle, denen er begegnete, grüßte er huldvoll; sie aber, die in ihm das lebendige Abbild Tetzcatlipucas sahen, verehrten ihn wie einen Gott. Zwanzig Tage vor dem Fest wurde ihm das Haar nach Weise der Hauptleute kurzgeschnitten. Vier besonders dafür ausgebildete schöne Mädchen wurden ihm zugeteilt, damit sie ihn während der letzten zwanzig Tage seines Lebens die Freuden der Liebe kosten ließen. Am Festtag selbst verließen ihn die Frauen. Er wurde zum Teocalli gebracht und stieg dort die Stufen hinauf, die zu der Adlerschüssel führten, welche bald sein pochendes Herz aufnehmen sollte. Beim Hinaufsteigen zerbrach er auf jeder Stufe eine der Flöten, auf denen er während seines göttlichen Jahres gespielt hatte. Auf der letzten Stufe tat er über der letzten Flöte seinen letzten Atemzug. Fünf Priester packten seinen makellosen Leib und hielten ihn über den Opferstein, auf daß der Oberpriester ihm die Brust aufschlitze. Sobald sein pochendes Herz vor Tetzcatlipucas wilder Maske seinen letzten Schlag getan hatte, wurde der nun leere Leib die Treppe hinuntergetragen, der Kopf wurde abgeschlagen und auf einen hohen Pfahl gespießt, Tzonpantli genannt. Dem Festakt folgten Tänze, an denen der höchste Adel Mexikos teilnahm.

Auch Uitzilopochtli wurde nicht vergessen, sondern war Gegenstand zahlreicher verwickelter Zeremonien, zu denen eine Prozession gehörte, in der viele Offiziere und Krieger ein Bild des Gottes trugen. Die Jungfrauen schminkten ihr Gesicht mit farbigen Pasten und bedeckten Arme und Beine mit roten Federn und mit Schmuck aus Schilf und Papier; sie tanzten mit den Priestern, deren Köpfe mit weißen Hühnerfedern geschmückt waren, während ihre Lippen und Wangen von Honig glänzten. Natürlich konnte Uitzilopochtli nicht einfach mit Tänzen abgespeist werden, wenn Tetzcatlipuca einen besonders ausgewählten Jüngling bekam. Ein anderer Jüngling, der Yxteucalli genannt wurde und die Verkörperung Tetzcatlipucas während des Festes begleitet hatte, wurde auf ähnliche Weise dem Kriegsgott geopfert; sein Kopf wurde neben dem seines Gefährten aufgespießt.

Moteczuma hatte zunächst Cortés und später Alvarado um Erlaubnis gebeten, dieses Fest feiern zu dürfen, und die Spanier hatten sie erteilt, jedoch die übliche Einschränkung wegen Menschenopfern gemacht. Dieses Veto wurde natürlich von den Mexikanern außer acht gelassen, und die beiden Jünglinge wurden ordnungsgemäß auf die Ehrung der Götter vorbereitet, deren Hilfe ihre nunmehr zu Opfern einer Invasion gewordenen Gläubigen nötiger hatten denn je. Es ergab sich, daß die Festvorbereitungen, die notgedrungen eine gewisse »Mobilmachung« bedingten, da Offiziere und Krieger an den wichtigsten Zeremonien maßgeblich beteiligt waren, in die Zeit fielen, da nach Moteczumas Auffassung Cortés' Ansehen seinen Tiefpunkt erreicht hatte. So kam es, daß die Dinge, wenn wir sie einmal mit Alvarados Augen zu betrachten versuchen, alles andere als beruhigend aussahen. Er wußte, daß Moteczuma geplant hatte, ihn und seine Leute zu vernichten, sobald er gehört haben würde, daß Narváez siegreich sei. Er war Zeuge von Vorbereitungen, die vielleicht religiöser Art sein mochten, aber überall rein militärisch aussahen. Er wußte sich zahlenmäßig hoffnungslos unterlegen. Schließlich stellten die Mexikaner ihre Lebensmittellieferungen ein und mißhandelten die indianischen Diener (Naborias) der Spanier, wenn diese Lebensmittel zu beschaffen versuchten. Solche Verhältnisse waren nicht dazu angetan, die nüchterne Betrachtungsweise eines Mannes zu stärken. Zu alledem stellte Alvarado fest, daß im Hof des Teocalli einige Pfähle errichtet worden waren, offenbar die Tzonpantli für die Köpfe derer, die den Göttern geopfert werden sollten. Er ließ fragen, wozu sie dienen sollten. Wahrscheinlich war es ein mexikanischer Priester, dem der Anblick der Fremden verhaßt war, der dem neugierigen Dolmetscher antwortete: »Um eure albernen Köpfe darauf zu spießen, wenn wir euch erst alle umgebracht haben!« Menschen antworten nun einmal nicht immer so, als ob sie unter Eid vor Gericht aussagten, und außerdem ärgerte die Priester das aufreizende Verbot von Menschenopfern. Alvarado, dem die Antwort gemeldet wurde, nahm sie um so eher für bare Münze, als sie auf einen Boden fiel, den die Furcht aufgepflügt hatte. Er verhaftete einen der Prinzen aus Moteczumas Familie, den die Spanier, die ihre eigenen Titel gern auf die Mexikaner anwendeten, Infante nannten. Das löste den Aufruhr aus, der offensichtlich schon brodelte und den ja Moteczuma selbst schon Cortés gegenüber erwähnt hatte. Alvarado eilte zum Teocalli. Dort tanzte eine Menschenmenge rituelle Tänze, während die beiden Jünglinge mit kurzgeschnittenen Haaren auf ihre Opferung warteten. Alvarado nahm sie fest und brachte sie in sein Hauptquartier, wo sie gefragt wurden, was im Gange sei; die beiden Jünglinge verweigerten die Antwort. Alvarado ließ sie foltern und versicherte ihnen, es würde ihnen kein Leids geschehen, wenn sie offen redeten. Sie wurden freigelassen und erklärten beide, daß sie ihren Göttern geopfert werden sollten, womit sie sehr einverstanden seien; sobald aber die zwanzig Tage des Festes vorüber seien, würden die Mexikaner über die Christen herfallen. Daraufhin wies Francisco Alvarez, der Prokurator der Christen, Alvarado an, dem Angriff zuvorzukommen. Als am nächsten Tage, dem 16. Mai 1520, Juan Alvarez, ein Unteroffizier in Alvarados Truppe, damit beschäftigt war, Verpflegung für seine Kameraden zu beschaffen, sah er plötzlich einen Haufen von Indianern, von denen viele verwundet waren, aus dem Teocalli hervorstürzen, dicht gefolgt von den Christen, die ihren befestigten Quartieren zueilten, und von Alvarado selbst: »Bring dich schleunigst in Sicherheit und laß das Essen zum Teufel gehen!« »Was ist hier los, Herr?« fragte Alvarez und bekam zur Antwort: »Bei Gott, wir sind über die Schurken hergefallen! Da sie es uns antun wollten, haben wir als erste losgeschlagen.« Alvarez hörte seinen Kommandeur schätzen, daß zwei- bis dreitausend Indianer getötet worden seien, wozu jener bemerkte: »Zwischen Schurken gewinnt, wer beginnt.« Diese Bemerkungen verdienen beachtet zu werden: einmal, weil der spanische Kommandeur zur Übertreibung neigt; Alvarado spricht von zwei- bis dreitausend, obwohl sicher verbürgt ist, daß insgesamt nicht mehr als sechshundert bis tausend Menschen im Tempel waren, von denen viele unversehrt oder verwundet entkommen sind. Zum andern, weil Alvarados Worte »zwischen Schurken« ein Eingeständnis seiner Erniedrigung ist; er wußte, daß sein Verhalten nicht seinen Maßstäben entsprach.[14]

Die Christen wurden sofort belagert, und der erste Angriff auf ihre Festung dauerte bis zum Sonnenuntergang desselben Tages und war so heftig, daß sie meinten, keiner von ihnen würde mit dem Leben davonkommen. Moteczuma hielt von einer Terrasse eine Ansprache an die Menge und versuchte, sie zu beruhigen. Dann riet er Alvarado, den Infante freizugeben, dessen Verhaftung die Unruhe ausgelöst hatte. Alvarado befolgte diesen Rat; aber der Infante beruhigte das Volk nicht etwa, sondern kam am nächsten Tage, Donnerstag, den 17. Mai, mit einem mächtigen Aufgebot zurück, das rings die Straßen, Terrassen und Kanus füllte. Der Kampf dauerte drei oder vier Stunden. Die Spanier erreichten, daß Moteczuma abermals auf der Terrasse erschien, aber die Menge forderte als Friedensbedingung die Freiheit ihres Uei Tlatoani. Darauf zog Alvarado, heftig wie immer, seinen Dolch, setzte ihn Moteczuma auf die Brust und verlangte von ihm, er möge das Volk beruhigen, sonst würden er und alle andern Indianer sterben. Von diesem Augenblick an begann die regelrechte Belagerung.

Moteczuma, der über die Vorgänge an der Küste stets gut unterrichtet war, hörte mit Überraschung und möglicherweise mit Bestürzung, daß Cortés Narváez geschlagen hatte. Er faßte zwei Entschlüsse: Er minderte den Druck, den seine Krieger auf Alvarado ausübten; denn trotz seiner Gefangenschaft scheint die Leitung der mexikanischen Truppen weitgehend bei ihm gelegen zu haben. Sodann schickte er Boten an Cortés, die über Alvarado Klage führen sollten. Cortés empfing diese Boten etwas ungnädig und gab zur Antwort, er werde nach Mexiko zurückkehren und Ordnung schaffen. War das Politik, Ärger, Selbstvertrauen oder Anmaßung? Die Zeit würde es lehren. Von jenem Zeitpunkt an scheinen jedoch die Beziehungen zwischen Cortés und Moteczuma bei jenem von Verachtung und bei diesem von Verbitterung beeinflußt worden zu sein, was für den Spanier tragische und für den Mexikaner tödliche Folgen haben sollte.

Sobald Cortés die betrüblichen Nachrichten aus Mexiko erhielt, traf er rasch mehrere Entscheidungen. Alvarado ließ er durch einen Boten wissen, daß er Narváez besiegt habe und in Eilmärschen nach Mexiko ziehen werde. Velázquez de León und Ordás rief er zurück. An die Soldaten des Narváez hielt er eine Ansprache und forderte sie auf, frühere Gegensätze zu vergessen und nun als wirklich geeinte Armee gegen den gemeinsamen Feind zu marschieren. Den Marsch nach Mexiko erschwerten Hunger und Durst, zumal während sie die lange Wüstenstrecke vor Tlaxcala durchquerten. Immerhin gelang es, dank der unermüdlichen Anstrengung der beiden für die Verpflegung verantwortlichen Männer, Ojeda und Márquez, und der freundschaftlichen Mitwirkung der Tlaxcateken, eine Katastrophe zu vermeiden, so daß das Heer schließlich das Ufer der Lagune erreichte. Je näher Cortés kam, um so weniger streng wurde die Belagerung; als er Tetzcuco erreichte, war die Stadt fast menschenleer. Alvarado schickte ihm zwei seiner Leute, die einen ersten Bericht über die verhängnisvollen Ereignisse erstatteten und hinzusetzten, daß es seit dreizehn Tagen nicht mehr zu Kämpfen gekommen sei. Cortés schrieb den Spaniern in Cempoal einen munteren Brief und glaubte tatsächlich, daß seine Ankunft genügt habe, um die Schwierigkeiten zu beheben.

Er ließ sich nun mehr Zeit. Als die Reiter der Vorhut in die Stadt Tepeyac einritten, fiel einer von ihnen ins Wasser, weil sein Pferd zwischen zwei Planken der Brücke getreten war und sich das Bein gebrochen hatte. »Der Astrologe Botello, der ein tüchtiger Mann zu sein schien, Lateinisch konnte und in Rom gewesen war und von dem sie sagten, er sei ein Wahrsager, während andere behaupteten, er habe Umgang mit dem Teufel«, hielt das für ein schlechtes Vorzeichen, weil sie nicht auf gutem Fuße einzögen. Am nächsten Tage ließen sich keine Indianer auftreiben, um bei dem Gepäck zu helfen; alles, was Ojeda und Márquez fanden, war ein Naboria, der tot am Balken eines verlassenen Hauses hing. Ein Sück weiter lag, offensichtlich für sie bestimmt, ein Haufen Brot und Hühner mitten auf einem Platz, aber kein menschliches Wesen war zu sehen. Jeder einzelne spanische Soldat wurde unruhig, was Cortés nicht entging. Er setzte eine heitere Miene auf und sagte: »Meine Herren und Freunde, unsere Mühen haben ein Ende. Wenn sich keine Indianer sehen lassen, so nur deshalb, weil sie sich wegen des Angriffes auf unsere Kameraden fürchten und schämen. Wir werden sie züchtigen und mit uns versöhnen, und euch allen soll es wohl ergehen!« Diese Worte sind nicht nur eine fröhliche Maske. Viele Anzeichen sprechen dafür, daß der Sieger über Narváez diesmal allzu zuversichtlich war.

Am Mittsommertage hielt er abermals Einzug in die Hauptstadt, nachdem er die Lagune im Norden umrundet hatte, um über Tepeyac einmarschieren zu können. Vor den Haustüren saßen einige Indianer und sahen den vorbeiziehenden Spaniern still und regungslos, mit einem rätselhaften Lächeln auf den schmalen Lippen, zu. Cortés bemerkte, daß einige Brücken hochgezogen waren; da er aber immer noch übermäßig zuversichtlich war, meinte er, wie er dem Kaiser schreibt, »daß sie es taten, weil sie sich ihres Tuns wegen fürchteten, und daß meine Ankunft sie beruhigen würde«. Er begab sich geradewegs zu Alvarados Quartier, dessen Tore geschlossen waren. Die meisten Verteidiger waren auf die Mauern gestiegen, um das starke Heer zu sehen, das zurückkehrte, um sie zu entsetzen. Nach einem kurzen Wortwechsel, in welchem Alvarado fragte, ob Cortés ebenso frei und stark zurückkehre, wie er gegangen war (er scheint gefürchtet zu haben, Cortés kehre in Narváez' Diensten zurück), wurden die Tore geöffnet. Alvarado übergab seinem Kommandeur mit einer tiefen Verbeugung die Schlüssel der Festung.

Das nachfolgende Gespräch zwischen Cortés und seinem Untergebenen dürfte nicht allzu freundlich verlaufen sein. Cortés war von der Darstellung der Ereignisse, die Alvarado ihm gab, keineswegs befriedigt. Trotzdem war diese Darstellung recht einleuchtend und mußte als genaue Schilderung der Lage hingenommen werden, mochten die Maßnahmen, sie zu meistern, auch wirr und unzulänglich sein. Eine Verschwörung, über die Spanier herzufallen, hatte offenbar bestanden. Cortés wandte ein: »Ich höre, sie haben Euch um Erlaubnis für ihr Tanzfest gebeten«, worauf Alvarado erwiderte: »Das stimmt; aber ich wollte über sie herfallen, wenn sie sich dessen nicht versahen, damit sie nicht später gegen mich Krieg führen könnten.« Worauf Cortés zornig zurückgab: »Ihr habt einen Fehler begangen und Euch höchst töricht verhalten!« Dabei ließ er es bewenden.

Alvarado verdiente die Zurechtweisung und gilt mit

Recht als der Hauptschuldige an den Ereignissen des 16. Mai 1520 und allem, was daraus folgte. Es scheint sicher, daß beispielsweise Sandoval als verantwortlicher Kommandeur den Dingen einen andern Verlauf gegeben haben würde. Außerdem kann man aus allen Darstellungen schließen, daß es gewiß absurd wäre, anzunehmen (was manche tun), Alvarado habe den Angriff auf den Tempel deshalb geplant, weil er den von den Tänzern getragenen Schmuck erbeuten wollte, daß aber, nachdem der Angriff begonnen hatte, die Soldaten viele Tote und Verwundete geplündert haben, was Cortés gründlich mißfiel. Kurzum, Cortés zeigte sich gegenüber Alvarado so streng, weil er mit Recht über ein Unternehmen verärgert war, das militärisch unklug angelegt und auf eine für das spanische Heer ehrenrührige Weise ausgeführt worden war.

Das alles muß zugestanden werden, doch sind wir damit den widerstrebenden Regungen in Cortés' Innerem noch längst nicht erschöpfend nachgegangen. Er war ärgerlich über Alvarado und durfte das auch sein; zugleich ärgerte er sich aber noch aus weniger sachlichen Gründen über ihn. Es war nur zu menschlich, wenn Cortés in Alvarado ein Werkzeug jenes Schicksals sah, das ihm so oft Steine in den Weg gerollt hatte und ihm nun die begehrte Trophäe aus der Hand zu winden drohte. Er hatte Narváez bezwungen und muß im Unterbewußtsein gefühlt haben, daß er nun das Recht habe, als Triumphator zurückzukehren. »Unterwegs«, so schreibt Bernal Diaz, »hatte Cortés voll Eigenlob den Offizieren des Narváez erzählt, wieviel Macht und Ansehen er genieße und wie die Leute überall ihn begrüßen, ihm zujubeln und ihm Gold schenken; daß er in Mexiko unangefochten Herr der Lage sei und selbst Motec zuma und dessen Offizieren gebiete, die ihm stets Goldgeschenke machen. Als er nun sah, daß sich alles gerade umgekehrt verhielt, wurde er sehr zornig und hochfahrend.«[15]

Hier haben wir den persönlichen Ärger, dem er zusammen mit dem sachlich berechtigten Ärger gegenüber Alvarado Luft machte. Außerdem ärgerte er sich noch über sich selbst. Er mußte fühlen, wie Alvarados Handlungsweise an die wunde Stelle rührte, welche das Gemetzel von Cholula in seiner Erinnerung zurückgelassen hatte. Das war ein Tag, den er fraglos zu vergessen wünschte. Jetzt hatte er vermutlich das Gefühl, daß er auf geheimnisvolle Weise der eigentliche Urheber von Alvarados Fehler sei. Das verwundete nicht nur seinen Stolz, sondern bedeutete zudem eine bittere Erfahrung im Hinblick auf die Ereignisse von Cholula als solche. Bis zu jenem Tage mochte er wohl versucht haben, sie in dem seltsam vorteilhaften Lichte zu sehen, in das wir unser eigenes Tun mit unsern Blicken tauchen; jetzt aber erschienen ihm die Ereignisse von Cholula in dem harten, durchbohrenden Licht, in welchem er Alvarados ähnliches Tun gesehen hatte. Außerdem bedachte er gewiß, daß er für die Vertrauensstellung, in der er Alvarado zurückgelassen hatte, den falschen Mann ausgewählt hatte. Vor allem aber muß ihm der Gedanke gekommen sein, daß es unklug gewesen sei, überhaupt neunzig Mann in Mexiko zurückzulassen. Gewiß hatte er in Mexiko seinen Goldschatz und die für ihn noch kostbarere Person Moteczumas. Wollte er aber bei seinem Feldzug gegen Narvaez auf neunzig Mann verzichten, so hätte er sie diese beiden Schätze in einer andern Stadt bewachen lassen sollen, die mehr Sicherheit bot als die Hauptstadt – selbst wenn er dann Moteczuma zum Verlassen der Stadt hätte zwingen müssen, was er ihm ja tatsächlich angedroht hatte.

Schließlich ist nicht zweifelhaft, daß Cortés an diesem Punkt seiner Laufbahn ein Anflug von Eitelkeit im Wege stand, die ihn als persönliches Verdienst ansehen ließ, was er in schwereren Tagen stets Gottes schützender Hand zugeschrieben hatte. Sein erstaunlicher Sieg über Narváez scheint ihn berauscht zu haben. Er sah darin zugleich einen Beweis für seine Unbesiegbarkeit und einen Zuwachs an äußerer Macht, der ihn instandsetzen würde, noch größere Taten zu tun, als er bisher mit viel dürftigeren Truppen vollbracht hatte. Die meisten Chronisten stimmen bei ihren Berichten über die Ereignisse dieses Abschnittes auffallend darin überein, daß der Sieg Cortés beflügelt habe, weshalb wir Cervantes de Salazar durchaus glauben dürfen, wenn er Cortés' eigene Meinung darüber wiedergibt: »Er sagte oftmals – ich selbst habe ihn das am Hofe Seiner

Majestät sagen hören –, daß er mit wenigen Soldaten so große Siege errungen habe, weil er allein auf Gott vertraute. Als er sich aber von so vielen Soldaten umgeben sah, verließ er sich auf sie und verlor nicht nur diese, sondern auch Ehre und Ruhm, die er vorher errungen hatte.«

Wir können nur vermuten, daß Cortés' Gedanken damals solchen oder ähnlichen Erwägungen galten. Zuverlässig wissen wir jedoch, daß er damals eine Zeit von Mißgelauntheit, Reizbarkeit und übersteigertem Selbstvertrauen durchmachte, die besonders in seiner Haltung gegenüber Moteczuma Ausdruck fanden. Der Uei Tlatoani ist Cortés gegenüber gewiß nicht immer aufrichtig gewesen. Die meisten Geschichtsschreiber haben sein Vorgehen allzu sehr nach unsern Moralgesetzen beurteilt. Moteczuma handelte nicht nach Begriffen wie recht oder unrecht, gut oder böse, sondern nach Erwägungen unmittelbarer Zweckmäßigkeit, die ihm von magischen Zeichen oder von der Auslegung der Opfer diktiert wurden. Neben den rein sprachlichen und grammatischen Unterschieden zwischen dem Spanischen und dem Nauatl muß diese Verschiedenheit der geistig-sittlichen Bewertung der Worte ein nahezu unüberwindliches Hindernis gewesen sein. Cortés wiederum bewertete Moteczumas Worte und Taten vom Standpunkt eines spanischen Generals, der mit einem ausländischen Herrscher zu tun hat, das heißt mit einem Herrscher, wie ihn Europa im 16. Jahrhundert verstand, also einem Obersten von Rittern. Solches Mißverstehen mußte tief und dauernd sein.

Während Cortés auf dem Wege nach Mexiko in Tetzcuco verweilte, hatte er eine Botschaft von Moteczuma erhalten, die den Zorn besänftigen sollte, den Cortés nach des Kaisers Meinung über die Vorgänge empfinden mußte. (Das bestätigt übrigens die hier vertretene Auffassung, daß die Verschwörung, welche Alvarado und dessen Truppe beseitigen sollte, tatsächlich bestanden hatte, und daß Moteczuma sich wegen seiner eigenen Rolle dabei unsicher fühlte.) Der Uei Tlatoani versicherte Cortés, daß dieser unmittelbar nach Betreten der Hauptstadt deren Herr sein werde, wie er es vor seiner Abreise gewesen sei. Cortés antwortete mit der ihm eigenen Verstellungsgabe, er grolle dem Kaiser nicht und beabsichtige genau das zu tun, was Moteczuma vorschlage. Er wußte bereits, daß die spanische Garnison bis zu dem Augenblick, als die Nachricht von seinem Siege Moteczuma erreichte, täglich in Lebensgefahr geschwebt hatte, und daß erst dann eine Entspannung eingetreten war. Damit wurden Moteczumas Macht und zugleich seine Verantwortung hinreichend bewiesen. Cortés mag kaum daran gedacht oder, falls er es tat, nicht gefürchtet haben, daß Moteczuma ihn absichtlich nach Mexiko in eine Falle lockte, in der er ihn und alle seine Leute vernichten wollte.

Gleichwohl lassen sich die Tatsachen vernünftigerweise nicht anders deuten, und nur diese Deutung läßt Moteczumas Handlungsweise von dem Tage ab, da er Cortés aufforderte, er möge Mexiko endgültig verlassen, folgerichtig erscheinen. Was war seither geschehen, um seinen Sinn zu ändern? Gar nichts! Der Sieg über Narváez konnte an einem Entschluß nichts ändern, den Moteczuma aus religiösen und magischen Gründen gefaßt hatte, und die Verstärkungen, die Cortés mitbrachte, reichten, wie die Ereignisse lehren sollten, nicht aus, um die Mexikaner von dem Versuch abzuhalten, den Wunsch ihrer Götter zu erfüllen. Die sentimentale Betrachtung der dramatischen Gestalt Moteczumas durch unsere europäische Brille, die eine groteske Verzerrung bewirkt, sollte keinen Forscher hindern, diese Tatsache anzuerkennen. Moteczuma war nicht ein edler, unglücklicher und schwacher »König«, der den Spaniern nach besten Kräften half. Er war auch kein schwarzer Schurke und mexikanischer Verräter, der hinter lächelnder Maske gegen die Spanier Intrigen spann. Er war vielmehr der Hohepriester einer magischen Religion, der die Ereignisse so zu meistern versuchte, wie es ihm und seinen im Dienst der Götter stehenden Kollegen angebracht erschien. Er war bereit, sofern das möglich war, sich von der spanischen Pest mit drastischen Mitteln zu befreien, und es wäre ihm gänzlich unmöglich gewesen, etwas Unrechtes an seinem Verhalten zu finden, da er den Begriff Unrecht nicht kannte.

Moteczuma konnte nicht in dem Sinne unrecht haben, wie Alvarado unrecht gehabt hatte. Hätte er aber von dem Gegensatz zwischen Recht und Unrecht auch nur eine leise Ahnung gehabt, so würde er eine »moralische« Rechtfertigung seiner Pläne gewiß gerade darin gefunden haben, daß Alvarado mehrere hundert Angehörige seiner Aristokratie niedergemetzelt hatte. In Wirklichkeit glaubte er vermutlich, Alvarado habe unter einer magischen Eingebung gehandelt, die ihn unweigerlich so habe handeln lassen.

So sieht der Hintergrund aus, vor dem wir in diesem entscheidenden Augenblick der Eroberung Cortés' Haltung gegenüber Moteczuma betrachten müssen.

Flucht aus Mexiko

In fast allen Chroniken der Eroberung findet sich merkwürdigerweise die Ansicht, daß der Angriff der Mexikaner auf Cortés eine Folge der hochfahrenden Art gewesen sei, in der er es nach seiner Rückkehr von der Küste abgelehnt habe, Moteczuma zu besuchen. »Moteczuma erwartete, daß Cortés ihn besuchen würde, wie er es früher getan hatte. Cortés aber, der so mächtig zurückkehrte und zu meinen schien, das ganze mexikanische Reich sei nicht genug für ihn, und der zudem über das, was geschehen war, zürnte, beachtete den Kaiser nicht und weigerte sich, ihn zu besuchen; das war vor allem die Ursache dafür, daß sein Heer zugrunde ging.« So berichtet uns Cervantes de Salazar und fügt hinzu, Cortés habe Pater Olmedo zu Moteczuma geschickt, dem der Kaiser gesagt habe: »Falls der Generalkapitän nicht zürnt, will ich ihm ein Reiterstandbild von ihm schenken, das ganz und gar aus Gold ist.«

Diese Legende blüht auf einem Stengel von Tatsachen: die Verärgerung gegen alles und jeden, einschließlich Moteczuma, die ebenso wie die Überschätzung seiner Macht Cortés eine Zeitlang blendete, wurde als Wurzel alles Übels von denen betont und hervorgehoben, die nur zu gern ihr Gold gerettet und auf die Eroberung verzichtet hätten und deshalb Groll gegen Cortés hegten. Denn man sollte sich – entgegen dem, was die Legende andeutet – nicht einbilden, daß es Moteczuma eingefallen wäre, seinen Krieg gegen Alvarado mit Goldgeschenken gutzumachen und sich dabei zu beruhigen. Was er im Sinne hatte, war dieses: den Spaniern mehr Gold anzubieten, falls sie bereit wären, sofort nicht nur die Stadt Mexiko, sondern überhaupt das ganze Land zu räumen. Das war, wie schon früher betont, die einzige Haltung, die mit Moteczumas Handlungsweise seit dem Tage, an welchem Cortés das große Teocalli angriff, in Einklang steht. Sie wird vollauf durch die Berichte von Augenzeugen bestätigt und deckt sich auch mit den Darstellungen, die Bernal Diaz und Cortés selbst geben. Bernal Diaz berichtet, Moteczuma habe zwei angesehene Männer mit der Bitte zu Cortés geschickt, dieser möge ihren Herrn besuchen, worauf Cortés schlechtgelaunt geantwortet habe: »Lassen wir den Hund, der nicht einmal Markt halten und uns Lebensmittel liefern will!« Cortés war sich über Moteczumas bösen Willen natürlich vollauf im klaren. Er erkannte, daß der Uei Tlatoani noch soviel Ansehen bei seinen Landsleuten genoß, daß sein Wort den Ausschlag gab; darum sah er in Moteczumas Weigerung, die Abhaltung von gewöhnlichen Märkten zu gestatten, einen klaren Beweis für des Uei Tlatoani Feindseligkeit. Ob er sich von seinem Ärger darüber zu der unversöhnlichen, trotzigen Haltung, die er nun einnahm, hätte hinreißen lassen dürfen, ist freilich eine andere Frage. Bernal Diaz berichtet, daß auf diesen Auftritt hin vier Offiziere Cortés Vorhaltungen gemacht haben, doch habe keiner von ihnen das Zeug dazu gehabt, ihrem Kommandeur zur Mäßigung zu raten. »Ihre Worte klangen nach Tadel und erzürnten daher Cortés sehr, so daß er fragte: ›Welche Rücksicht sollte ich auf einen Hund nehmen, der insgeheim mit Narváez Intrigen gesponnen hat und jetzt, wie ihr seht, uns nichts zu essen geben will?‹« Daraufhin schickte er Moteczuma ein Ultimatum, er möge sofort einen Markt abhalten, weil er sonst zuschlagen werde.

Trotzdem gibt es noch eine Reihe von Faktoren, die beachtet werden müssen, wenn man die Lage genau beurteilen will. Zunächst fehlte es an Zeit. Cortés kam an Johanni

(24. Juni) in Mexiko an, und die Mexikaner griffen am 25. Juni an; ihm blieb also keine Zeit, die Lage zu erwägen. Außerdem konnte Cortés mit Recht versuchen, mit seinen achthundert Spaniern und achtzig Pferden einen Herrscher einzuschüchtern, den er mit vierhundert Infanteristen und acht Pferden bezwungen hatte. Schließlich befreite Cortés Cuitlahuac. Als Moteczuma Cortés' Ultimatum entgegennahm, erwiderte er, daß er und seine Verwandten Gefangene seien. Er schlug vor, Cortés möge einen von diesen freilassen, der dann die von ihm gewünschten Anordnungen treffen könne. Cortés erklärte sich bereit, Cuitlahuac zu entlassen. Er war nicht mit dem Verfassungsrecht des mexikanischen Reiches vertraut. Cuitlahuac, der Moteczumas Bruder war, rief den Tlatocan oder Staatsrat zusammen, welcher alsbald Moteczuma absetzte und Cuitlahuac an dessen Stelle zum Kaiser ernannte. Cortés wurde also von Moteczuma in eine äußerst gefährliche Lage manövriert; denn jetzt stand die magische Macht des Hohenpriesters dem Feinde draußen zu Gebote, während das spanische Heer in der Person des entthronten Herrschers nur noch das leere Gefäß der Macht gefangenhielt.

Wir müssen daher auch eine weitere Feststellung des Bernal Diaz genügend berücksichtigen, der zwar zunächst die launische Haltung des Cortés gegenüber Moteczuma betont, dann aber fortfährt: »Die mexikanischen Edelleute begriffen die Beleidigung, die in Cortés' Bemerkung über ihren Gebieter lag, und überbrachten sie Moteczuma, wie sie sie verstanden hatten. Ob ihn die Worte nun erzürnten oder ob der Krieg gegen uns schon vorher ausgemachte Sache gewesen war, jedenfalls war kaum eine Viertelstunde vergangen, als ein schwer verwundeter Soldat herbeigestürzt kam. Dieser hatte einige Indianerinnen holen sollen, die Cortés gehörten, darunter eine Tochter Moteczumas, die Cortés augenscheinlich in der Obhut des Fürsten von Tacuba zurückgelassen hatte. Der Soldat berichtete, die ganze Stadt und die Straßen, durch die er gekommen, seien voll von Kriegern mit Waffen aller Art; diese hätten ihm die Indianerinnen abgenommen. Wenn er sie nicht hergegeben hätte, so würden sie ihn gepackt und in ein

Kanu geworfen haben, um ihn zum Opferaltar zu bringen.« Der Krieg hatte allen Ernstes begonnen.

Cortés schickte Diego de Ordás mit vierhundert Soldaten und einigen Reitern aus, um festzustellen, was vorgehe. Diese Truppe war aber noch nicht weit in die Stadt vorgedrungen, als sie, umgeben von Feinden, die mehrere Spanier töteten und Ordás selbst dreimal verwundeten, sich schleunigst zurückziehen mußte. Als Ordás und seine Leute die spanische Festung wieder erreichten, fanden sie diese umlagert von einer lärmenden, aufgebrachten Menge von Kriegern, durch die sie sich mit dem Schwert einen Weg bahnen mußten, was auf beiden Seiten nicht ohne große Verluste abging. Was die belagerten Spanier auszustehen hatten, beschreibt Cortés in einem Brief an den Kaiser: »So viele Steine warfen sie mit ihren Schleudern herein, daß es manchmal Steine zu regnen schien, und die Pfeile waren so zahlreich und bedeckten die Mauern und Höfe so dicht, daß wir kaum gehen konnten.« Die Mexikaner setzten das Gebäude in Brand. Um den Flammen Einhalt zu gebieten, rissen die Spanier ein Stück Mauer ein; dadurch entstand jedoch eine gefährliche Lücke in der Befestigung, die Cortés mit Musketen und Artillerie schließen mußte. Der Kampf währte den ganzen Tag über, und die Nacht benutzten die Spanier, um sich für den nächsten Morgen zu rüsten und ihre Verwundeten zu pflegen, deren sie mehr als achtzig hatten.

Zu den Verwundeten zählte auch Cortés, dessen linke Hand durch einen Stein erheblich verletzt worden war. Obwohl er rastlos unzählige Einzelheiten anzuordnen hatte, muß er die Nacht unter qualvollem Grübeln verbracht haben; er entschloß sich, am nächsten Morgen anzugreifen, »damit sie«, schreibt Bernal Diaz, »unsere Stärke und Tapferkeit besser als am Vortage kennenlernten«. Die Mexikaner waren so zahlreich, daß die spanische Artillerie nicht zu zielen brauchte; trotzdem wurden die Lücken, welche die gewaltigen Steinkugeln rissen, stets sofort wieder gefüllt. Gegen ein solches Meer von Kriegern, die Furcht einfach nicht kannten, ließ sich nichts ausrichten, da die Mexikaner unbegrenzte Verluste in Kauf nehmen konnten. »Drei oder vier Soldaten, die in Italien gewesen waren, schworen mehr als einmal bei Gott, daß sie so wütende Kämpfe weder zwischen Christen noch gegen des Königs von Frankreich Artillerie noch gegen den Großtürken erlebt hätten.«

Nach einem weiteren Kampftag konnte Cortés eine Truppe mustern, die wiederum mehr als zehn Tote und fünfzig bis sechzig Verwundete beklagen mußte, nachdem der erste Tag achtzig Verwundete und vier bis zehn Tote gekostet hatte. Seine Lage wurde mit jedem Tage schwieriger. Er beschloß, drei Kampfwagen zu bauen, und damit dem Feind in den Straßen entgegenzutreten und zumal diejenigen zu bekämpfen, die seine Leute von den Terrassen aus angriffen. Auf diese Arbeit verwendete er die Nacht und den ganzen folgenden Tag, ohne sich um die Beleidigungen zu kümmern, welche die aufgebrachten Mexikaner ihnen zuriefen, weil sie sich nicht zum Kampfe stellten. Jeder dieser Wagen faßte zwanzig Männer, die von ihrem erhöhten Standort aus ihre Musketen und Armbrüste durch Schießscharten an den Seiten abfeuerten. Im Schutz der Wagen gingen andere, mit Werkzeug ausgerüstete Soldaten vor, um Häuser und Barrikaden zu zerstören.

Während die Arbeit im Haupthof der Festung voranging, richteten die Mexikaner wütende Angriffe gegen die Außenmauern. Obwohl viele von ihnen getötet wurden, waren noch viel mehr bereit, ihnen zu folgen. Die Spanier, von denen manche schon ein wenig Nauatl verstanden, hörten, daß ihre wilden Feinde sich genießerisch ausmalten, wie die Weißen dem »Vitzliputzli« geopfert werden sollten und wie des grausamen Gottes Anbeter sich dann an den Leibern gütlich tun wollten. Inmitten dieser wüsten Schlacht erschien Moteczuma auf einer Mauerkrone. Schweigen trat ein, und der entthronte Herrscher forderte seine Landsleute auf, den Krieg einzustellen. Cortés sagt oder deutet mindestens an, daß Moteczuma sich freiwillig dazu bereit erklärt habe. Das verdient kaum Glauben; denn Cortés war daran interessiert, dem Exkaiser diese Rolle mitzuteilen, weil seine Leute dazu neigten, ihm seine übermäßige Strenge gegen Moteczuma vorzuwerfen. Bernal Diaz dürfte mit seiner Darstellung der Wahrheit näherkommen. Die Spanier waren hart bedrängt; es ist daher nur natürlich, daß der Gedanke, Moteczumas Einfluß (den sie noch für unvermindert groß hielten) nutzbar zu machen, von ihnen kam. Obwohl die Worte, die Bernal Diaz Moteczuma in den Mund legt, europäischen Vorstellungen entsprechen, klingen sie wahr: »Ich glaube nicht, daß ich, was die Beendigung des Krieges angeht, überhaupt etwas ausrichten kann; sie haben nämlich einen andern Fürsten auf den Schild erhoben und sind entschlossen, daß ihr diesen Ort nicht lebend verlassen sollt.« Nach einigen Verhandlungen – nicht mit Cortés selbst, den zu empfangen Moteczuma ablehnte, sondern mit Olid und Pater Olmedo – erklärte sich der Exkaiser bereit, zu seinen Landsleuten zu sprechen. Seine Worte können nicht sehr überzeugend geklungen haben und kamen jedenfalls nicht mehr von einem Mann im Besitz der Macht. Unter den ungeduldigen Zuhörern am Fuß der Mauer stand auch der junge Cuauhtemoc. Er war achtzehn Jahre alt und ein Prinz von Geblüt, der Sohn von Moteczumas Vorgänger Ahuizotl und der Prinzessin Tlillacapantzin, die von Acamapitl, dem ersten König von Mexiko, abstammte. Dieser junge Mann konnte Moteczumas mit halbem Herzen vorgetragene Ermahnungen nicht ertragen: »Wovon schwatzt dieses Weib eines Spaniers da? Er ist ein schnöder Kerl und sollte bestraft werden!« Damit schoß er einen Pfeil auf ihn ab. Eine Salve von Steinen folgte dem Pfeil. Blutüberströmt fiel Moteczuma hintenüber; drei Steine hatten ihn verwundet, am Kopf, am Arm und an einem Bein.

Drei Tage siechte er dahin. Mehr noch als der Blutverlust hatte ihn wohl der Verlust seines Willens geschwächt. Als er starb, »weinte Cortés um ihn und mit ihm alle unsere Offiziere und Soldaten. Und manche von uns«, setzt Bernal Diaz hinzu, »die ihn gekannt und mit ihm Umgang gehabt hatten, weinten um ihn, als wäre er unser Vater gewesen. Wenn man bedenkt, wie freundlich er gewesen, sollte uns das nicht wundernehmen.«

Am Donnerstag, dem 28. Juni 1520, unternahmen die drei hölzernen Kampfwagen einen Vorstoß und richteten unter den Mexikanern große Verwirrung an. Cortés hatte sich offenbar dazu entschlossen, Mexiko zu verlassen, und hatte sogar schon den Weg dafür ausgewählt: den Tlacopan-Damm, der westwärts nach Tacuba führte, weil er kürzer, allerdings auch schmaler war als die andern. Daher richtete er seine Anstrengung darauf, im Schutz der neuen, von ihm konstruierten Waffe eine Anzahl von Brücken und Terrassen entlang diesem Straßenzug in seine Hand zu bekommen. Obwohl aber die Spanier mit Unterstützung von dreitausend Tlaxcateken den ganzen Vormittag hindurch kämpften, waren sie außerstande, gegen die brodelnde Masse ihrer unerbittlichen Feinde nennenswerte Fortschritte zu erzielen, so daß sie gegen Mittag »traurig zur Festung zurückkehrten«. Dieser Fehlschlag der Spanier machte den Mexikanern so viel Mut, daß sie in einem kühnen Handstreich das große Teocalli nahmen und Uitzilopochtli und Tetzcatepuca auf die Altäre zurückbrachten, von denen Cortés sie vertrieben hatte. Das große Teocalli erhob sich gegenüber der spanischen Festung und war daher eine militärische Stellung ersten Ranges. Die Mexikaner brachten reichlich Proviant und Wasservorräte hinauf und stationierten dort eine Garnison von fünfhundert ausgesuchten Kriegern; Cortés spricht von »angesehenen Leuten«, doch bedeutete das, wie wir wissen, in Mexiko sehr tapfere Leute, da Tapferkeit auf dem Schlachtfeld die Auswahl der Führer bestimmte. Cortés fühlte, daß es aus moralischen und militärischen Erwägungen unabweislich sei, das große Teocalli zu erstürmen. Er beauftragte damit seinen Haushofmeister Escobar, dem er hundert Mann mitgab. Sie versuchten dreimal, sich den Weg zur Spitze zu bahnen, wurden aber von dichten Stein- und Pfeilsalven zurückgeschlagen. Als Cortés das vernahm, ließ er sich seinen Schild am linken Arm festbinden – seine linke Hand war immer noch unbeweglich –, stellte sich selbst an die Spitze seiner Leute und führte sie die mehr als hundert Stufen hinauf. »Hier zeigte sich Cortés durchaus als der Mann, der er immer war«, schreibt Bernal Diaz. Drei Stunden lang kämpfte er, errang dann aber einen vollen Sieg, vernichtete mit seinen Leuten zusammen die Garnison und setzte die Türme in Brand. »Euer Majestät mögen versichert sein, daß dieser Turm schwierig zu nehmen war«, schreibt Cortés an den Kaiser. »Hätte Gott ihnen nicht die Flügel gebrochen, so würden ihrer zwanzig genügt haben, um tausend von uns den Zutritt zu verwehren; doch kämpften sie tapfer bis zum Tode.«

Nicht ohne Genugtuung setzt er hinzu, daß »sie von ihrem Stolz einbüßten, als wir ihnen diese Festung nahmen«. Nach dem Sieg versuchte er, seiner üblichen Taktik gemäß, seinen Erfolg dadurch zu untermauern, daß er von einer Terrasse seines Hauptquartiers eine Ansprache an die Führer der Mexikaner hielt. Diese waren jedoch, wiewohl er Eindruck auf sie gemacht hatte, nicht niedergedrückt, sondern gaben ihm zu verstehen, daß sie entschlossen seien, die Spanier um jeden Preis loszuwerden. Sie sagten ihm, daß selbst, wenn sie im Verhältnis von fünfundzwanzigtausend zu eins sterben müßten, die Spanier immer noch zuerst am Ende sein würden. Außerdem wußten die Mexikaner, daß es den Spaniern an Nahrung und Wasser gebrach. Es blieb ihnen nichts anderes übrig als zu kämpfen. Darum unternahm Cortés noch in selbiger Nacht mit einigen Gefährten einen Ausfall, bei dem sie in einer Straße dreihundert Häuser niederbrannten und noch mehr auf dem Rückweg. Gleichzeitig wurden in jener Nacht seine stark mitgenommenen Kampfwagen repariert, und bei Tagesanbruch schon war Cortés, der unermüdlich gewesen zu sein scheint, erneut unterwegs, um sich kämpfend die Herrschaft über den Tacuba-Damm zu sichern, der ihnen allein noch Rettung versprach. Der Damm hatte acht Brükken oder vielmehr acht Lücken, über die einmal Brücken geführt hatten. Nach schweren Kämpfen eroberte er vier davon, füllte die Lücken mit dem Schutt der zerstörten Häuser und Barrikaden und brannte von seinem Hauptquartier bis zu der letzten eroberten Brücke sämtliche Häuser am Straßenrand nieder. Am nächsten Morgen hatte sich eine unübersehbare Menge wieder der Straße bemächtigt, doch kämpften die Spanier so vortrefflich, daß sie nicht nur alle verlorengegangenen Brücken zurückeroberten, sondern einige Reiter sogar Tacuba auf dem Festland erreichten, während Cortés zurückblieb, um die Arbeit an den Brücken zu überwachen. Er war ganz mit dieser Arbeit beschäftigt, als Alvarado und Sandoval mit acht oder zehn Reitern in fröhlicher Stimmung mit Blumen in den Händen aus Tacuba zurückkehrten und aus Freude über ihren Sieg zwischen Festland und Stadt hin und her galoppierten. Cortés wurde deutlich: »Rosen und Blütensträuße sind kein Helmschmuck für Krieger; darum solltet ihr lieber still sein, als den Feind mit eurer Leichtfertigkeit zu reizen!« Kaum hatte er ausgeredet, als ein Bote mit der Nachricht kam, daß die Indianer um Frieden bäten. Cortés ließ alle seine Leute und Kanonen zum Schutz der Brükken zurück und begab sich mit zwei Reitern zu den Verhandlungen. Man bot ihm vollständigen Frieden, sofern zwei Hohepriester, die er gefangenhielt, freigelassen würden. Er stimmte bereitwillig zu. Als er sah, wie die Mexikaner Vorkehrungen trafen, die auf alsbaldigen Frieden hinzudeuten schienen, begab er sich in die Festung, um zu essen. Bald aber rief man ihn wieder zum Kampf. Das Friedensangebot war nur ein Trick gewesen, um die Freilassung der Teotecutli zu erreichen, deren priesterliche Dienste bei der Kaiserkrönung des Cuitlahuac benötigt wurden.

So zog er abermals aus, die vier verlorengegangenen Brücken zurückzuerobern. Mit seinen Reitern kämpfte er um alle, nicht nur um die ersten vier, bis sie das Festland erreichten; auf dem Rückweg mußte er aber feststellen, daß seine Infanterie die Brücken nicht hatte halten können. Alle acht Lücken waren von den geduldigen, hartnäkkigen Indianern aufs neue aufgegraben worden, während auf beiden Seiten des Dammes unzählige Kanus mit Kriegern sie erwarteten. Die Reiter erkämpften sich den Rückweg, wobei Cortés die letzte Brücke ganz allein verteidigen mußte, während sich seine Reiter aus dem Wasser, in das sie gestürzt waren, herauszuwinden suchten. Dann sprang er über die Lücke, »wiewohl nur mit Schwierigkeit, denn sie war fast sechs Fuß breit; aber weder die Pferde noch wir selbst waren verwundet, da wir schwer gepanzert waren, doch fühlten wir unsere Knochen.«

In jener Nacht hinterließ er an allen Brücken eine starke Besatzung. Angesichts der unablässigen Kämpfe um den lebenswichtigen Damm kam ihm der Gedanke, eine bewegliche Brücke zu bauen, die von vierzig Mann getragen würde. Der Astrologe Botello ging umher und erinnerte seine Gefährten daran, daß er vor vier Tagen gesagt habe, alle müßten umkommen, wenn sie nicht noch in selbiger Nacht abzögen. »Alle Leute in meiner Truppe baten mich immer wieder, wir sollten abziehen; da viele, ja die meisten so schwer verwundet waren, daß sie nicht kämpfen konnten, beschloß ich, noch diesen Abend aufzubrechen.« So schreibt er an den Kaiser mit dem Ton eines Mannes, der selbst in verzweifelter Lage nicht wegzulaufen liebt. Auch war die militärische Seite der Flucht damals nicht seine einzige Sorge, sondern er dachte offenbar auch an seine Kriegskasse und an den kostbaren Schatz, den er für den Kaiser bestimmt hatte und auf den er als Mittel zur Eroberung des spanischen Hofes so große Hoffnungen setzte. Diese Besorgnis verführte ihn zu einem seiner folgenschwersten Fehler. Er ließ den Schatz in einen der Säle des Palastes bringen und händigte des Königs Fünften den königlichen Beamten Alonso Dávila und Gonzalo Mexía aus, denen er als Träger, wie Bernal Diaz schreibt, »sieben verwundete, lahmende Pferde, eine Stute und mehr als achtzig tlaxcatekische Freunde« gab. Von dem übrigen durfte sich jeder nach Belieben nehmen. Man kann sich ausmalen, wie es in jener Nacht zuging, die für viele von ihnen die letzte Nacht ihres Lebens sein sollte: die bleichen Gesichter, tief ausgehöhlt vom Mangel an Nahrung und Schlaf, größtenteils in Binden eingehüllt, jäh errötend in Erwartung alsbaldigen Reichtums. Fiebrige Augen, Juwelen und Goldbarren verschlingend. Gierige Hände, nach märchenhaften Reichtümern langend. Berstende Taschen. Hemden, Helme und Panzer gefüllt. Während die Klugen, wie Bernal Diaz, sich mit wenig zufrieden gaben – »vier Chalchivitl verbarg ich rasch zwischen Brust und Panzer, die mir später sehr dienlich waren, um meine

Wunden zu heilen und ihren Wert aufzuessen« –, galt für die meisten:

Und das teuflische Metall
Ward nicht bloß der armen Seele
Sondern auch dem Leib verderblich.[16]

Seine Vorhut hatte Cortés Sandoval und Ordás anvertraut. Er selbst wollte mit Olid, Dávila und hundert jungen Soldaten das Zentrum bilden, um einzugreifen, wo immer Not am Mann sein mochte. Die Nachhut kommandierten Alvarado und Velázquez de León, während zwei von Narváez' Offizieren mit dreißig Mann die Gefangenen – einen Sohn und zwei Töchter von Moteczuma, Cacamatzin und seinen Bruder »Die Schwalbe«, der damals von Cortés' Gnaden König von Tetzcuco war – sowie Doña Marina, Doña Luisa und das Gold hüten sollten.

Die Nacht des 30. Juni war schwarz und von dünnem Nebel verschleiert. Es fiel genug Regen, um den Pferden die Straße rutschig zu machen. Kurz vor Mitternacht schlichen sich Sandoval und seine Leute als Geleitschutz der vierzig Tlamemes mit der Brücke zum Damm hinaus. Die erste Lücke wurde überquert, ohne daß sie auf Widerstand stießen. Dann aber schlugen die mexikanischen Posten Alarm. Ehe noch die unglücklichen Spanier die zweite Lükke erreichten, füllten sich Straßen und Lagunen mit brüllenden Kriegern. Sandoval und Cortés brachen den Widerstand und schwammen über alle Lücken hinweg, bis sie das Festland erreichten. Kaum hatte er den Damm verlassen, als er einige seiner Reiter rufen hörte: »Herr General, wartet! Sie sagen, wir liefen davon und ließen sie auf den Brücken sterben.«

»Wir sind durch ein Wunder entkommen«, gab Cortés zur Antwort, doch machte er kehrt und stürzte auf den Damm zurück. Spanier, Indianer, Pferde, Kanonen, Gefangene und Gold waren in den See gefallen und schlossen mit ihren Leibern und ihrer Masse die Lücken. Cortés sammelte die kümmerlichen Reste seines Heeres und trieb sie voran, bis er schließlich, die Nachhut deckend, mit drei oder vier Reitern und etwa zwanzig Mann vom Fußvolk jeden Zoll Bodens verteidigte. Alvarado, der seine berühmte, herrliche Stute verloren hatte und verwundet war, kämpfte zu Fuß mit dem Speer in der Hand als einziger Offizier der Nachhut. Velázquez de León mit seinem goldenen Protzer lag als reglose Planke einer menschlichen Brücke zwischen zwei Teilstücken des tödlichen Dammes.

Sicherheit bot auch Tacuba nicht. Cortés fand sein Heer mitten auf dem Marktplatz, wo es wie eine müde Herde zusammengedrängt stand und auf seinen Führer wartete. Er führte sie auf einen Hügel, wo ein Teocalli vorläufig als Festung dienen mochte. Unterwegs wurden sie erbarmungslos vom Feinde beunruhigt, doch »von den vierundzwanzig Pferden, die uns blieben, konnte nicht eines mehr laufen, noch konnte ein Reiter den Arm erheben oder ein Infanterist sich regen... Und zu essen gab es nicht einmal im Traum«.

Am nächsten Tage zählte er seine Verluste. Es fehlten etwa sechshundert Spanier, von denen einige in Axayacatls Palast geblieben waren, weil sie, wie manche berichten, nicht gehen wollten, ehe sie sich mit Gold beladen hatten, oder, was wahrscheinlicher ist, weil sie erkannt hatten, daß sie sich nicht durchschlagen könnten, und darum in die Festung zurückkehrten. Sie wurden schließlich alle Vitzliputzli geopfert. »Ich vergaß aber zu schreiben«, fügt Bernal Diaz seinem traurigen Bericht hinzu, »wie glücklich wir waren, als wir sahen, daß Doña Marina und Doña Luisa, Xicotengas Tochter, am Leben waren, und dazu auch Maria de Estrada, die einzige Frau aus Kastilien, die wir in Mexiko hatten.«

Einen Tag nach dem andern schlängelte sich das Heer auf der Straße nach Tlaxcala dahin. Soweit die Verwundeten gehen oder auch nur hinken konnten, marschierten sie in der Mitte; die andern wurden auf Pferden transportiert, die nicht mehr kampftüchtig waren. Auf solche Weise zogen sie, am Tage meistens in Kämpfe verwickelt, entlang der Lagune von Zumpango und Xaltocan nach Citlaltepec, das sie von seinen Bewohnern verlassen, aber glücklicher-

Christoph Columbus

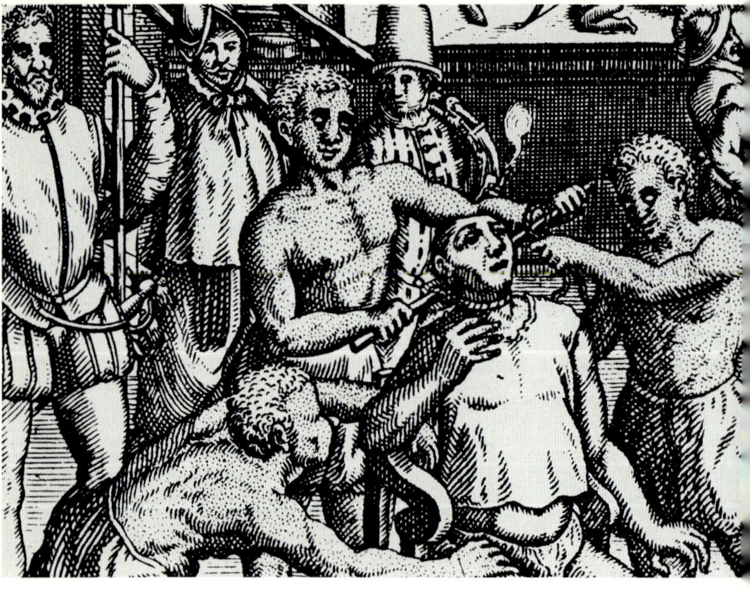

Oben: Cortés werden eingeborene Frauen zugeführt.

Unten: Die Greueltaten der spanischen Eroberer in Mexiko.

Wandfüllung einer ›Spanischen Wand‹ mit Szenen des Koloniallebens in Mexiko

weise mit Proviant wohlversehen antrafen. Dort rasteten sie am vierten und fünften Juli und zogen dann nach Xoloc weiter, wo sie am sechsten Juli gegen eine starke Abteilung von Mexikanern kämpfen mußten. Cortés wurde dort zweimal am Kopf verwundet, doch fühlte er diese Wunden weniger als den Verlust eines Pferdes; »denn«, so schreibt er an den Kaiser, »nächst Gott verdankten wir unsere Sicherheit nur unsern Pferden«. Immerhin aßen sie das getötete Pferd gern, da sie ausgehungert waren, »und ließen weder die Haut noch sonst etwas übrig«. Cortés fühlte, daß der Feind ihn immer stärker bedrohte, und befahl daher, daß die Verwundeten ohne Pferde auskommen müßten; denn er war gewiß, daß er bald alle Kräfte brauchen werde. Und so war es auch. Am nächsten Tage, dem 7. Juli, sah er, wie die Ebene von Apam nicht weit von Otumba von mexikanischen Truppen übersät war. Cortés sprach zu seinen Leuten, gab wie immer kühl und nüchtern seine taktischen Anweisungen und rief schließlich als Ermutigung die Hilfe Gottes, der Mutter Maria und des Heiligen Jacobus an. So heftig war der Kampf, »daß wir sie kaum von uns unterscheiden konnten«. Cortés rettete die Lage dadurch, daß er, wie so oft, seinem Instinkt folgend auf das Haupt zielte. Er entdeckte einen prächtigen Kriegshauptmann, der inmitten einer Abteilung von Offizieren eine aus Goldgewebe gefertigte, schimmernde Standarte trug. Es war Ciuacoatl oder Weib-Schlange, der Oberbefehlshaber, der die große Standarte oder Tlahuizmatlaxopilli schwenkte. Bernal Diaz berichtet, Cortés habe Ciuacoatl angegriffen und dadurch genötigt, das Banner zu senken. Einer seiner Offiziere, Juan de Salamanca, schleuderte seinen Speer gegen Weib-Schlange, riß ihm den Federschmuck vom Kopf und überreichte ihn mit ritterlicher Verbeugung Cortés. Das alles erfahren wir von Bernal Diaz, während Cortés selbst sich damit begnügt, dem Kaiser zu berichten: »So kämpften wir einen guten Teil des Tages, bis es Gott gefiel, daß einer aus deren Heer starb, der ein sehr wichtiger Mann gewesen sein muß, da nach seinem Tode der ganze Krieg ein Ende fand.«

Nachdem sie also die sogenannte Schlacht von Otumba

gewonnen hatten, warfen sie sehnsüchtige Blicke auf die Berge von Tlaxcala, die vom Schlachtfeld aus zu sehen waren. Allerdings mischte sich in ihre Hoffnung auf ersehnte Ruhe die Befürchtung, daß die Freundschaft der Tlaxcateken angesichts ihres Elends versagen könnte. »Er bat uns«, schreibt Bemal Diaz, »die Tlaxcateken nicht zu ärgern, noch ihnen irgend etwas wegzunehmen. Diese Warnung galt vor allem den Leuten des Narváez, die nicht wie wir daran gewöhnt waren, unter Offizieren Krieg zu führen, und er setzte hinzu, er hoffe zu Gott, daß wir sie freundlich und treu vorfinden würden.« Am folgenden Tage erreichten sie Hueyotlipan, das zu Tlaxcala gehörte. Sie wurden gut aufgenommen und verpflegt, doch mußten sie ihren Proviant mit Gold bezahlen. Hier empfing Cortés zu seiner Erleichterung den Besuch von Maxixcatzin und dem alten Xicotencatl, die ihn ihrer Standhaftigkeit versicherten. Auf ihre Einladung hin zog Cortés weiter und erreichte Tlaxcala am 12. Juli. Er wurde vortrefflich aufgenommen und in Maxixcatzins Haus untergebracht, während Xicotencatl seinen Schwiegersohn Alvarado mit seiner Tochter Doña Luisa aufnahm. Hier konnte das zusammengeschlagene Heer in Sicherheit ausruhen und seine Wunden pflegen.

Aufstieg nach dem Sturz

Der Aufenthalt in Tlaxcala gab Cortés die dringend benötigte Pause, in der er sich erholen und nachdenken konnte. Er mußte sich um seine Verwundungen kümmern, vor allem um seine Kopfwunden, die durch Überanstrengung und Vernachlässigung viel schlimmer geworden waren. Tlaxcala hatte an Medikamenten und Kurmitteln keinen Überfluß, so daß viele seiner Leute starben oder zu unheilbaren Krüppeln wurden. Er selbst konnte seither zwei Finger seiner linken Hand nicht mehr gebrauchen. Ein heftiger Zornesausbruch scheint damals seine Gesundheit weiter untergraben zu haben. Er hatte in Tlaxcala einen Hauptmann Juan Páez oder Pérez mit achtzig Mann zurückgelassen, die für Mexiko nicht kampftüchtig gewesen waren. Bei seiner Rückkehr erfuhr er, daß Maxixcatzin dem Páez hunderttausend Tlaxcateken angeboten habe, falls er es wage, Cortés zu Hilfe zu kommen. Páez hatte sich mit der Antwort begnügt, solch ein General und ein solches Heer bedürften keiner Hilfe – womit er freilich nur dem Beispiel des Cortés folgte, der ebenso selbstsicher und bei der Verwendung tlaxcatekischer Hilfstruppen auf mexikanischem Boden ebenso vorsichtig war. Gleichwohl vermochte Cortés seinen Zorn nicht zu zügeln, sondern überschüttete den unglücklichen Offizier mit Beschimpfungen, schalt ihn einen Haupthasen eher als einen Hauptmann und drohte ihm den Galgen an, falls er noch ein Wort sage. Dieser Wutanfall machte ihn krank, so daß er seiner Kopfwunden wegen operiert werden mußte. Bedenkt man den Stand der Chirurgie zu jener Zeit, so darf man darin die tödlichste aller Gefahren sehen, die dieser tapfere Mann jemals zu bestehen hatte.

Da ihn die Tlaxcateken gut behandelten, konnte er die Lage in relativer Geborgenheit gelassen überprüfen. Er hatte viele Offiziere und Mannschaften verloren, und zahlenmäßig war er etwa so stark wie zu Beginn seiner Eroberung; materiell aber war er schlechter daran, weil er weder Artillerie noch Schießpulver besaß. Bei den Soldaten, die mit Narváez herübergekommen waren, hatte er an Prestige stark verloren, doch scheint er diejenigen, welche Bernal Diaz nicht ohne Stolz »Cortés' Leute« nennt, fest in der Hand behalten zu haben. Die Autorität, die er bei den Mexikanern genossen hatte, war ganz dahin, während die Tlaxcateken, die ihm zwar treu geblieben waren, jetzt ihrer Freundschaft den Charakter einer fast an Mitleid grenzenden Zuneigung gaben, die den »Gott« von ehedem erbittert haben muß. Immerhin scheinen ihn alle diese Verluste von seinem trotzigen Selbstbewußtsein auf jenes Gottvertrauen zurückgeworfen zu haben, das während des ersten Teiles der Eroberung seine Stärke gewesen war.

Der Umstand, daß sein Heer wieder auf die ursprüngliche Zahl zusammengeschmolzen war, muß ihm als Wink des Himmels erschienen sein, der ihm bedeuten sollte, daß Gottes Gunst ebenso leicht entzogen wie gewährt werden kann. Solche Warnung hätte einen weniger tapferen und gläubigen Mann vielleicht entmutigen können. Ihn jedoch scheint sie zu neuen Taten angespornt zu haben, als habe der Herr, auf den er vertraute, ihm dadurch eine Gnade erweisen wollen, daß er ihm die militärische Macht nahm, die ihn zeitweilig zu Selbstbewußtsein und Stolz verführt hatte.

Bald schon hatte er Gelegenheit, seine wiedergewonnene seelische Kraft einzusetzen. Trotz der aufrichtigen Freundschaft der beiden alten Kaziken stand in Tlaxcala nicht alles zum besten. Der einstmals stolze Teul war geschlagen zurückgekehrt. Seine Leute konnten nicht mehr allenthalben durchs Land reisen, ohne Angriffe der Eingeborenen fürchten zu müssen, und so waren viele auf den Straßen ermordet worden, die Cortés' Name bis dahin gesichert hatte. Eine Expedition, die mit Besitztümern des Cortés im Werte von rund fünfzig Millionen Pesos von Tlaxcala nach Mexiko geschickt worden war, hatten die Mexikaner vernichtet und geplündert. Der alte Zauber war dahin. Xicotencatl der Jüngere hielt den Augenblick für gekommen, die Spanier loszuwerden und ein Bündnis mit Cuitlahuac zu suchen. Vom Standpunkt der indianischen Nationen scheint dies die klügste Politik gewesen zu sein, die man damals machen konnte. Der junge Xicotencatl erweist sich damit als mutiger und vorausschauender Führer vom Schlage Cacamatzins. Die älteren Männer, darunter sein Vater, waren jedoch anderen Sinnes. Die Sache drängte zur Entscheidung, als eine Gesandtschaft aus Mexiko eintraf, die ein Bündnis vorschlug, um beider Gebiet von den Weißen zu befreien. Der Rat empfing die Botschafter mit dem üblichen Zeremoniell im Beisein des jüngeren Xicotencatl. Wie es der Brauch verlangte, zogen sich die Botschafter, nachdem sie ihr Anliegen vorgetragen hatten, zurück, während der Rat darüber beriet. Der junge Xicotencatl setzte sich feurig für den mexikanischen Vorschlag ein, doch sprach Maxixcatzin nicht weniger nachdrücklich dagegen; die Diskussion erhitzte sich so sehr, daß der junge General schließlich von den Stufen der Plattform, auf welcher sich der Rat versammelt hatte, hinuntergeworfen wurde, wobei seine Kleider in Fetzen gingen. Hätte sein Vater nicht eingegriffen, so wäre es seinem Leibe kaum besser ergangen.

Diese Episode zeigt deutlich, daß Cortés dank seiner politischen Begabung die Männer von Tlaxcala ganz und gar für sich eingenommen hatte. Wie immer wir über diese oder jene Maßnahme von Cortés denken mögen, so hatten seine Politik und sein Auftreten jedenfalls die Eingeborenen, mit denen er unmittelbar zu tun hatte, nicht nur überwunden, sondern gänzlich gewonnen. Zwei elementare Kräfte bestimmten sein Verhalten: Macht und Gerechtigkeit. Beide treten sehr deutlich in einigen Sätzen hervor, mit denen Bernal Diaz die Früchte umreißt, die Cortés dank seiner Klugheit und Tapferkeit in jenen Ruhewochen ernten konnte: »Von jenem Tage an wurde Cortés berühmt unter allen Völkerschaften Neuspaniens, weil er einerseits in seinem Tun sehr gerecht und andererseits sehr tapfer und von allen gefürchtet war. So groß waren Ansehen, ›Wesen‹ und Befehlsgewalt, die Cortés errungen hatte, daß die Indianer von weither kamen und ihre Streitigkeiten vor ihn brachten, zumal wenn es um Herrschaft und Kazikenamt ging; denn damals gab es so viel Pocken und so viele Kaziken starben, daß die Indianer zu Cortés kamen, damit er entscheide, wer der neue Kazike sein und wie Land, Untertanen und Besitztümer verteilt werden sollten, als wäre er der absolute Herrscher über das ganze Land.«

Aber der Mann, der sich in einer Nacht voll Kummer und Schande aus Mexiko herausgeschlichen hatte, war nicht ohne hartes Ringen zu dieser hervorragenden Stellung aufgestiegen. Das erste Hindernis, das er überwinden mußte, kam aus den Reihen seines eigenen Heeres. Nach zwanzig Ruhetagen war es ihm nötig erschienen, eine militärische Operation zu unternehmen, um dadurch die Moral der Truppe zu festigen. Als Ziel wählte er die Stadt Tepeaca, wo einige seiner Leute auf dem Weg nach Mexiko getötet worden waren und wo sich zudem beträchtliche mexikanische Streitkräfte aufhielten. Dieser Entschluß spaltete das Heer in zwei Lager. Die wohlhabenden Soldaten und Offiziere, die mit Narváez herübergekommen waren, widersetzten sich heftig und wünschten sich nach ihrem bequemen und sicheren Kuba zurück. Sie trugen eine Fülle von Gründen vor, die diesen tief in ihrer Seele ruhenden Wunsch rechtfertigen sollten; Cortés aber widerlegte alles – erst »liebevoll«, dann eigensinnig – und ließ sich nicht erweichen, als sie ihm einen formulierten Antrag vorlegten, er möge den Krieg aufgeben und nach Veracruz zurückkehren, den der königliche Notar in wortreiche Juristensprache gekleidet hatte. Nach altem Rezept inszenierte er unter seinen alten Soldaten eine kräftige Opposition und erreichte, obwohl er nur wenige Leute und Pferde und kein Schießpulver hatte, daß alle den Vorschlag eines neuen Feldzuges akzeptierten; er versprach jedoch, daß bei sich bietender Gelegenheit alle, die es wünschten, nach Kuba zurückkehren dürften.

Warum widersetzte er sich der Rückkehr nach Veracruz so hartnäckig? »Ich aber bedachte«, schreibt er an Karl V., »daß die Indianer, falls wir in ihrem Beisein geringen Mut zeigten, uns nur um so eher verlassen und sich gegen uns wenden würden. Weiter bedachte ich, daß das Glück immer nur dem Kühnen hilft und daß wir Christen seien. So vertraute ich Gottes großer Güte und Gnade und entschloß mich, um keinen Preis über die Pässe zum Meer hinunterzuziehen. Vielmehr ließ ich alle Gedanken an die Prüfungen und Gefahren, die uns bedrohen könnten, beiseite und sagte ihnen, daß ich dieses Land niemals unverrichteter Dinge verlassen würde; denn solches würde ich nicht nur als schändlich für mich und gefährlich für uns alle, sondern vor allem als großen Verrat an Euer Majestät ansehen.«

Den Feldzug gegen Tepeaca, der im Sommer 1520 stattfand, unternahm er mit Hilfe von zweitausend Tlaxcateken, die in schönster Marschordnung und prächtigem Aufzug erschienen: alle weiß gekleidet, Helme und Schilde aus üppigen Federn, marschierten sie zum Klang von Trommeln und Trompeten in Reihen zu zwanzig unter den Bannern ihrer Republik, deren größte die Fahne Xicotencatls, ein aus Federwerk gearbeiteter weißer Reiher, und die Fahne Chichimecatecuhtlis, ein Adler aus Gold und Silber in einem Kranz grüner Federn, waren. Als dieses strahlende Heer, in der Sonne glitzernd, in Cortés' Lager eintraf, empfing er es freudig und höflich und umarmte die Hauptleute.

Der Feldzug endete mit der Kapitulation Tepeacas und der Vertreibung seiner mexikanischen Besatzung. In strategischer Hinsicht war das eine unentbehrliche Voraussetzung für die späteren Operationen gegen Mexiko, das zu unterwerfen Cortés fest entschlossen war. Noch wichtiger war der Sieg über Tepeaca in historischer Sicht, weil er den Vorwand für die Einführung der Sklaverei abgab.

Dieses Ereignis in Cortés' Leben ist nicht immer in seinem geschichtlichen Zusammenhang gewürdigt worden. Wir müssen davon ausgehen, daß damals Kriegsgefangene, die keine Christen waren, automatisch als Sklaven galten. Daher müssen wir, anstatt Cortés zu verdammen, weil er im Feldzug gegen Tepeaca Sklaven zu machen begann, ihm Lob zollen, weil er den Einfall gehabt hatte, bis dahin keine Sklaven zu machen. Was bewog ihn nun, sein Verhalten zu ändern? Dem Kaiser nennt er drei Gründe: »Abgesehen davon, daß sie die erwähnten Spanier getötet und sich gegen Euer Majestät aufgelehnt hatten, essen sie Menschenfleisch; ferner um den Mexikanern etwas Furcht einzujagen, und schließlich, weil ihrer so viele sind, daß sie sich niemals bessern würden, wenn ihnen nicht eine große, grausame Strafe zudiktiert würde.« Keiner dieser Gründe klingt sehr überzeugend. Das erste Verbrechen wurde durch den Feldzug als solchen hinreichend bestraft. Das zweite konnte man den Indianern von Tepeaca schwerlich vorwerfen, wenn Cortés' Verbündete, die Tlaxcateken, vor seinen Augen ihre Kriegsgefangenen verspeisten; wir haben genug Beweise dafür, daß Cortés demgegenüber ein Auge zudrückte, solange er auf die militärische Hilfe Tlaxcalas angewiesen war. Die dritte Begründung klingt plausibler und mag zu seinem Entschluß beigetragen haben. Der wirkliche Grund dafür, daß er *gerade in diesem Augenblick* auf die Sklaverei verfiel, scheint mir jedoch der Umstand gewesen zu sein, daß seine Kriegskasse auf dem Boden der Lagune von Mexiko ruhte und daß er Geld für sich selbst und Hoffnung auf baldigen Gewinn für seine murrenden Soldaten brauchte.

Sein wichtigster Gedanke war nämlich immer noch die Wiedereroberung Mexikos. Er war entschlossen, dazubleiben, und fühlte sich dazu berufen, ein neues Reich für Spaniens Krone zu gründen und zu bevölkern. Unter solchen strategischen und politischen Erwägungen beschloß er, auf dem Gebiet von Tepeaca eine Stadt zu gründen, und zwar an einer Stelle, von der aus man die beiden Straßen von der Küste – über Xicochimalco und über Ahuilitzapan – und die beiden Straßen ins Innere Mexikos beherrschte, deren eine zwischen den beiden Vulkanen hindurch und deren andere durch Rio Frio führte. Die Gründung erfolgte Anfang September und erhielt den Namen Segura de la Frontera.

Das Glück kam dem Kühnen in der Tat zu Hilfe. Ein Schiff nach dem andern schwamm ihm sozusagen in die Quere, weil es ihm nachzueifern oder denen, die dabei gescheitert waren, Rettung zu bringen versuchte. Seine erste Sorge in Tlaxcala war gewesen, ausfindig zu machen, ob sein Stützpunkt in Veracruz noch gesichert sei. Er hatte Gonzalo de Sandoval damit beauftragt und diesem einige Indianer mitgegeben, die ihn abseits der belebten Straßen dorthin führen sollten. Als dieser vertraute Bote zurückkehrte, erfuhr Cortés zu seiner Erleichterung, daß Veracruz sich in Sicherheit befand und mit den umwohnenden Indianern auf gutem Fuße lebte. Seine Aufmerksamkeit wurde nun aber auf näher gelegene Gebiete gelenkt, da die benachbarten indianischen Stadtstaaten seine Oberhoheit derjenigen Mexikos vorzuziehen schienen. Seine Expeditionen nach Cuauhquechollan (Guacachula), Ocuituco (Ocupatuyo) und Itzocan (Izzuacan) entsprangen also mindestens so sehr der Initiative und dem Wunsch ihrer Bewohner, die Mexikaner loszuwerden, wie Cortés' eigenen Absichten. Aus Cuauhquechollan kamen Boten, die Cortés um Schutz gegen die Mexikaner baten und erklärten, sie seien bereit, über die mexikanischen Hauptleute, die ihre Städte besetzt hielten, herzufallen, falls Cortés ihnen Truppen schicken würde, die sie gegen dreißigtausend Mexikaner unterstützten, welche auf den Höhen vor der Stadt lagerten. Cortés entsandte Ordás mit Soldaten, die größtenteils aus Narváez' Heer stammten; sie kehrten zurück, ohne im Kampf gewesen zu sein, weil man ihnen in Guaxocingo erzählt hatte, die ganze Geschichte sei eine Falle, welche sich die Mexikaner im Einvernehmen mit den Leuten aus Cuauhquechollan und Guaxocingo ausgedacht hätten. Ordás verhaftete die Regenten von Guaxocingo, obwohl sie immer Bundesgenossen der Spanier gewesen waren. Cortés' Soldaten lachten ihn aus. Ordás, der ein tapferer Offizier war und es sich leisten konnte, daß man ihn auslachte, lachte mit und schwor, er würde niemals wieder mit reichen Soldaten ausmarschieren, sondern sich arme suchen, wie es Cortés' Männer seien, die sich vor nichts fürchteten. Cortés, der von indianischen Verhältnissen mehr verstand als seine meisten Offiziere und der auch eher bereit war, denen zu trauen, die er früher einmal besiegt hatte, befreite die Kaziken von Guaxocingo, begab sich selbst nach Cuauhquechollan und vertrieb, freilich nicht ohne harten Kampf, die Mexikaner aus jener Gegend.

Dieser Sieg bewirkte die freiwillige Unterwerfung von Ocuituco, das dank seiner Lage am Fuße des Popocatepetl ein wichtiger Ort war. Seine Abgesandten kamen vor Furcht bebend, weil ihre Stadt im Rückstand war und mit der Anerkennung der spanischen Oberhoheit gewartet hatte, bis die vertriebenen Mexikaner am Horizont verschwunden waren. Cortés aber, der einen Feind hart anpakken konnte, schlug eine Freundeshand niemals aus, so spät sie ihm auch dargeboten werden mochte. So war er großmütig. Zudem wollte er mit dieser Stadt baldmöglichst fertig werden, um dann nach Itzocan weiterzuziehen, wo es ebenfalls eine mexikanische Garnison zu vertreiben galt. Dieser Stadt näherte sich Cortés mit einem Gefolge befreundeter Indianer, das er auf hunderttausend Mann schätzt. Er fand Itzocan von seinen Bewohnern verlassen, aber mit einer Besatzung von fünftausend Mann, denen er nach hartem Kampf Frieden und gute Behandlung anbot, sofern sie Spanien huldigten. Die Indianer nahmen das Angebot an. Nachdem Cortés ihre Ansicht darüber, wer der Nachfolger ihres nach Mexiko geflüchteten Häuptlings werden sollte, gehört hatte, bestimmte er einen zehnjährigen Knaben, einen direkten Abkömmling des Geflüchteten, unter einem Regentschaftsrat, dem zwei Männer aus Itzocan und einer aus Cuauhquechollan angehörten.

Allmählich eroberte sich Cortés sein Ansehen zurück und vertrieb die Mexikaner aus deren vorgeschobenen Stellungen. Hin und wieder ermutigten ihn neue Verstärkungen, von denen er wohl hätte glauben können, der Himmel schicke sie ihm. Noch während er in Tepeaca war, traf ein alter Bekannter aus Veracruz bei ihm ein: Pedro Barba, der als Statthalter des Velázquez in Habana wenig Lust gezeigt hatte, Cortés' Abreise nach Yucatan gemäß den Befehlen des Gouverneurs zu verhindern. Cortés freute sich, ihn wiederzusehen, vor allem aber darüber, daß er ein Pferd, eine Stute und dazu noch dreizehn Soldaten mitbrachte. Barba hatte einen Brief des Velázquez an Narváez bei sich, worin dieser aufgefordert wurde, Cortés unverzüglich als Gefangenen zurückzuschicken. Caballero, den Cortés in Veracruz zum Admiral ernannt hatte, war mit ein paar gut bewaffneten Matrosen an Bord von Barbas Karavelle gegangen und hatte nach dem üblichen höflichen Geplauder auf Barbas Frage »Wie geht es dem Herrn General Narváez und wie verfährt er mit Cortés?« gelassen geantwortet: »Sehr gut. Cortés befindet sich mit zwanzig Gefährten auf der Flucht.« Als Barba auf diese Nachricht hin befriedigt an Land ging, ließ ihn Caballero verhaften, sobald er das Schiff verlassen hatte. Cortés heilte diese Wunde rasch dadurch, daß er Barba zum Hauptmann der Armbrustschützen ernannte und ihm große Gunst erwies. Nur eine Woche später wurde ein anderes Schiff, auf dem Velázquez Nachschub für Narváez schickte, auf ähnliche Weise in Empfang genommen; es brachte acht Soldaten, sechs Armbrüste, Hanf für Taue (die dringend benötigt wurden) und eine Stute. Nacheinander kamen noch drei Schiffe aus Jamaika, die Garay entsandt hatte, um die erste Expedition unter Pinedo zu retten, die augenscheinlich verlorengegangen war. Das erste brachte sechzig Männer, samt und sonders Dickbäuche, die grün vor Seekrankheit waren. Das zweite barg über fünfzig stramme Soldaten und siebenunddreißig Pferde. Das dritte schließlich war mit Waffen gut ausgerüstet, darunter viele Armbrüste, und ferner zehn Pferde und etwa vierzig Mann mit dicken, wattierten Wämsern, die kein Pfeil zu durchbohren vermochte. Die Stimmung im Heer wurde durch diese ständige Kraftzufuhr immer besser.

Die Gründung einer Stadt gab Cortés immer willkommene Gelegenheit, das Schwert mit der Feder zu vertauschen, wobei ihm die Feder nur eine elegantere Form des Schwertes war. Er begann damit, alle Organe einer Stadt nach spanischer Tradition zu schaffen: Gouverneur, Alkalden, Regidores und andere königliche Beamte wurden ernannt. Der Ausrufer ermahnte alle, die Bürger der neuen Stadt werden wollten, sich einzutragen. Die ersten Gesetze wurden erlassen und untersagten Fluchen und Kartenspiel. Nun hatte Cortés aber die Stadt nicht gegründet, um zwei Lieblingsbeschäftigungen aller Soldaten Einhalt zu gebieten. Er war ein Staatsmann, also ein Vertreter von Recht und Ordnung, dessen Laufbahn mit einem Akt der Gesetzlosigkeit begonnen hatte. Dieser innere Widerspruch seines Lebens verfolgte ihn, und er war von dem Wunsch besessen, jenen Schandfleck mit juristischen Urkunden zuzudecken. In den dramatischen Episoden seines Kampfes um Mexiko gingen, wie er dem Kaiser schreibt, »alle Verträge und Abmachungen, die ich mit den Eingeborenen über dieses Land geschlossen habe, verloren«. Cortés war immer darauf bedacht, daß seine Feder alles unterzeichnete, was sein Schwert errungen hatte.

Danach arrangierte er abermals eine Volksabstimmung zu seinen Gunsten, der er die Form eines Gesuchs an den König von allen dessen Untertanen in Neuspanien gab, deren fünfhundertvierundfünfzig es im Oktober 1520 in Segura de la Frontera unterschrieben haben. Dieses Gesuch wird sehr ungenau als »Brief von Cortés' Heer an den Kaiser« bezeichnet. Es ist nichts dergleichen. Das Heer konnte allein durch seinen unbestrittenen Kommandeur schreiben. Dies aber war eine zivile Urkunde, in der seine Leute ihre Meinung nicht als Offiziere und Soldaten, sondern als Bürger des Königreichs Neuspanien ausdrückten.

Dieser Brief war eine der Urkunden, die er für nötig hielt, um damit seine Stellung bei Hofe zu festigen, da er immer noch ohne Nachricht von seiner ersten Gesandtschaft war, die er nach der Gründung von Veracruz abgeschickt hatte. Die beiden damals ausgewählten Boten, Puertocarrero und Montejo, waren nicht nur seine persönlichen Sachwalter, sondern waren zu Prokuratoren der Reichen Stadt ernannt worden, was der Stellung moderner Parlamentsmitglieder nicht unähnlich ist. Auch diesmal gab ihm die Gründung von Segura de la Frontera die Möglichkeit, seine Sendboten Diego de Ordás und Alonso de Mendoza mit ähnlichen Würden auszustatten. Sie überbrachten einen langen Brief oder Bericht, den Cortés über die Ereignisse abgefaßt hatte, die sich in der Zeit zwischen der Gründung von Veracruz und der Gründung von Segura abgespielt hatten, und ferner einen Brief, in welchem er den Kaiser bat, »eine Vertrauensperson zu entsenden, die alles erforschen und Euer Majestät berichten soll ... denn ich werde es als große Gunst ansehen, daß man mir alles glaubt, was ich schreibe«.

In diesem Brief, der das Datum des 30. Oktobers 1520 trägt, schlägt Cortés dem Kaiser vor, das von ihm eroberte Land möge »Neuspanien am ozeanischen Meer« heißen, und zwar ob »der Ähnlichkeit, welche dieses ganze Land an Fruchtbarkeit und Größe, an kaltem Wetter und vielen andern Eigenschaften mit Spanien aufweist«. Sein Vorschlag fand schließlich die Zustimmung des Kaisers. Er kümmerte sich aber nicht nur um den Hof und dessen Heer von Beamten, sondern kannte aus Erfahrung die Wichtigkeit der Kolonialverwaltung, deren Mittelpunkt damals Santo Domingo war. Der König von Spanien hatte die Regierung »Indiens« von den Übeln persönlichen Ehrgeizes dadurch zu reinigen versucht, daß er drei Geistliche mit den Regierungsgeschäften betraute. Cortés beauftragte Alonso Dávila und Francisco Alvarez Chico damit, seine Sache den drei Regenten vorzutragen. Er wußte, daß er dort mindestens auf die Entrüstung zählen konnte, welche Narváez durch seine eigenmächtige Behandlung Ayllóns ausgelöst hatte. Mit demselben Schiff schickte Cortés auch Briefe an seine Frau und seinen Schwager, worin er über seine Abenteuer berichtete, sowie einige Schmuckstücke und Gold als Geschenke.

Gleichzeitig schickte er ein Schiff nach Jamaika, um Pferde einzukaufen. »Ich weiß sehr wohl«, schreibt Bernal Diaz, »daß manche neugierige Leser fragen werden, wieso Cortés ohne Geld Ordás zu Verhandlungen nach Kastilien schicken konnte, da man in Kastilien wie anderswo das Geld sehr nötig hat.« Die Antwort war, daß vornehmlich die Tlaxcateken, aber auch viele Soldaten einen guten Teil des Goldes aus der Katastrophe gerettet hatten. »Da Gold und Liebe sich schwer verbergen lassen«, ließ Cortés ausrufen, daß jedermann seinen Besitz zu erklären habe, wovon er dann ein Drittel behalten dürfe; wer nichts angebe, verliere alles. Das mißfiel dem Heer gar sehr, aber wer kann bezweifeln, daß Cortés im Recht war?

Außerdem gab es noch eine Einnahmequelle: den Sklavenhandel. Nun, da er eine Stadt und damit einen Schößling des spanischen Staates besaß, war die Zeit gekommen, um den Erwerb der Sklaven, die während der Feldzüge gegen »aufsässige« Stämme gemacht worden waren, zu regeln. Cortés und die königlichen Beamten ließen ausrufen, alle Sklaven sollten in einem zentral gelegenen Hause erscheinen und dort ein G für Guerra (Krieg) eingebrannt bekommen; dadurch würde der Rechtstitel auf den Besitz der betroffenen Menschen deutlich. Der Sklavenhandel war in Anáhuac allgemein üblich, und auf jedem Markt wurden Männer, Frauen und Kinder entweder frei oder an Pfähle gebunden feilgeboten. Vom Standpunkt der Eingeborenen führten die Weißen also keine Neuerung ein. Vom Standpunkt des christlichen Glaubens, den die Weißen ins Land zu bringen vorgaben, war dieses Brandmarken von Frauen und Kindern mit dem Zeichen des Krieges ein trauriges Schauspiel – aber nur für uns. Damals fanden die Christen das so natürlich, wie wir heute viele Dinge natürlich finden, welche drei- oder vierhundert Jahre später ungeheuerlich erscheinen mögen. Die Soldaten brachten ihre Frauen, Knaben und Mädchen zum Brandmarken, denn, sagt Bernal Diaz, »auf den Besitz von Männern legten wir keinen Wert, weil sie schwierig zu halten waren und weil wir ihre Dienste angesichts der Hilfe unserer tlaxcatekischen Freunde nicht benötigten«. Als aber am nächsten Tag die Soldaten sahen, daß die hübschen Mädchen, die sie beiseite gehalten und versteckt hatten, verschwunden waren, so daß für die Mannschaften nur ein Haufen alter und häßlicher Weiber übrigblieb, »obwohl sie den hübschen Mädchen Naguas und Hemden geschenkt hatten«, wurden sie wütend. Cortés mußte ihnen versprechen, daß künftig des Königs (und sein eigener) Fünfter dadurch aufgebracht werden solle, daß alle aufgegriffenen Sklaven am freien Markt verkauft würden.

Diesen kleinen Sturm überstand er mit Leichtigkeit. Er fühlte sich jetzt auch stark genug, um diejenigen zu entlassen, die es immer noch in ihre Bauernhäuser auf Kuba zog. Seinen Getreuen aber, die ihn fragten, warum er jene ziehen lasse, antwortete er mit dem spanischen Sprichwort: »Lieber allein als in mäßiger Gesellschaft.« Außerdem setzte er erklärend hinzu: »Ihr seht doch, daß manche von denen, die heimkehren, nicht für den Krieg geschaffen sind.«

So bekam er den Kopf frei, um sich ganz auf seine Hauptaufgabe zu konzentrieren: die Wiedereroberung Mexikos. In seinem Brief an den Kaiser, in welchem er vorschlug, das Land solle »Neuspanien am ozeanischen Meer« heißen, war er stillschweigend davon ausgegangen, daß dieses Land ihm zufallen werde. Daß er diese schlichte Tatsache so unauffällig ins Spiel gebracht hat, kennzeichnet die Stetigkeit seiner Absicht. Geschlagen, verwundet, von schrecklicher Übermacht aus Mexiko vertrieben, fällt es ihm doch nicht einen Augenblick ein, auf sein Vorhaben zu verzichten. Nachdem er nun durch Ruhe seine Gesundheit wiederhergestellt und ihm ein gütiger Himmel mit mehreren Nachschubsendungen seine Zuversicht zurückgegeben hatte, hatte er nur noch die Wiedereroberung im Sinn.

Er ließ Martin Lopez, seinen Schiffsbauer, kommen, da

er nur zu gut wußte, wie unentbehrlich eine gute Flotte für sein Vorhaben war. Sie beschlossen, dreizehn Brigantinen verschiedener Größe zu bauen, damit jeweils drei oder vier Schiffe zusammen operieren könnten. Cortés befahl, daß die Schiffe in Tlaxcala gebaut, danach in Teilen von Tlamemes an die Lagune geschafft und dort zusammengesetzt würden. Diese Arbeit beschäftigte ihn während der Weihnachtszeit, die er in Tlaxcala verbrachte. Dort verkündete er auch der Truppe sein berühmtes Reglement. Dieses unterscheidet sich nur wenig von den üblichen Dienstvorschriften für die Heere jener Zeit, trägt aber doch ganz unverkennbar sein Gepräge. So geht daraus wiederum hervor, wie besessen er von dem Gedanken ist, seinem Tun eine gesetzliche Grundlage zu geben. Der fast religiöse Eifer, der den ersten Artikel inspiriert zu haben scheint, wo die Bekehrung der Indianer als Hauptziel seines Feldzuges und der Anstrengungen seiner Soldaten genannt wird, enthüllt seinen juristischen Ursprung in den Worten, die er als Erklärung hinzufügt: »Würde nämlich der Krieg im Hinblick auf ein anderes Ziel geführt werden, so wäre das ein ungerechter Krieg und alles, was darin gewonnen würde, wäre verabscheuungswürdig und müßte zurückerstattet werden.«

Ein weiterer für Cortés typischer Gedanke findet sich in der Präambel zum Reglement. Er erinnert daran, daß man im Altertum solche Vorschriften nötig fand, um das Unheil zu verhüten, das aus Mangel an Zucht und Ordnung entsteht. Ehe er weiter betont, wie nötig sie dann erst hier seien, wo die Spanier fern der Heimat und menschlicher Hilfe einem so zahlreichen und verschlagenen Feinde gegenüberständen, läßt Cortés einen Strahl reinen Geistes aufblitzen, der sich wie ein Diamant inmitten seiner eisernen Logik ausnimmt: »Weil nämlich die Ordnung so rühmenswert ist, daß sie nicht nur in menschlichen, sondern auch in göttlichen Dingen geliebt und befolgt wird, und weil ohne sie nichts vollkommen wirksam werden kann; denn sie ist für die Lenkung aller Dinge Anfang, Mitte und Ende...« Inmitten seiner militärischen Sorgen also, beim Schärfen des Schwertes, das ihn endlich zum wahren

Herrn von ganz Anáhuac machen sollte, läßt Cortés einen Augenblick lang seinen Geist über die sonnigen Säle und Plätze von Salamanca wandern, wo einstmals der junge Student sein Wesen getrieben hatte.

Cortés rüstet sich zur Belagerung

Die Flucht der Spanier und die Kapitulation derer, die sich noch drei Tage lang in Axayacatls Palast verteidigt hatten, waren der Auftakt zu einem kurzen Bürgerkrieg zwischen denjenigen Mexikanern gewesen, welche die Spanier unterstützt hatten, und deren Gegnern. Der Kampf endete mit der Niederlage der spanierfreundlichen Partei und mit dem Tod ihrer Führer. Die Mexikaner glaubten, daß sich die Spanier endgültig zurückgezogen hätten und, da sie die Rückkehr nicht wagten, von Veracruz aus die Heimfahrt antreten würden. Daher schickten sie sich an, im eigenen Hause Ordnung zu schaffen, und wählten Cuitlahuac in aller Form zum Uei Tlatoani. Ein Vetter des neuen Herrschers, eben jener Cuauhtemoc, dessen harte Worte und spitzer Pfeil das Signal zu Moteczumas Tod gegeben hatte, wurde zum Hohenpriester berufen. Andere Prinzen der antispanischen Richtung wurden zu Herrschern von Tepaneca und Tetzcuco gewählt. Die Feiern aus Anlaß aller dieser Königswahlen und Krönungsfeste waren besonders glanzvoll, weil den Göttern eine Fülle von spanischen Gefangenen geopfert werden konnte. Man darf annehmen, daß Vitzliputzli für die Beleidigungen, die ihm die weißen Teules zugefügt hatten, volle Genugtuung zuteil wurde. Die Köpfe der Opfer wurden auf Pfähle gespießt, wobei jeweils der Kopf eines Christen mit einem Pferdekopf abwechselte; dadurch sollten die Pferde, falls sie jemals zurückkehrten, in Schrecken versetzt werden.

Diesen Festen folgte jedoch bald das Unheil. Die fürchterliche Geißel einer Pockenepidemie überfiel Mexiko mit solcher Heftigkeit, daß sie in knapp zwei Monaten das Land verheerte und mehr Verluste forderte als die spanischen Feldzüge. Eines der ersten Opfer war der neue Uei Tlatoani, der im Monat Quecholli nach einer Regierung von nur achtzig Tagen starb. Der Sinn, den die Menschen göttlichen Fügungen zuschreiben, ist zweifellos Gott so fern wie Seine Fügungen dem Menschen: die Spanier sahen in dieser Epidemie eine willkommene und rechtzeitige Hilfeleistung für die zweite und endgültige Eroberung Mexikos. Hingegen ist es bezeichnend für die eigenartigen Beziehungen der Mexikaner zu ihren Göttern, daß sie dieser neuen Geißel den Namen Teozahuatl gaben: Göttliche Flecken.

Als Cortés aus Segura de la Frontera nach Tlaxcala zurückkehrte, vernahm er zu seinem großen Kummer, daß sein treuer Freund Maxixcatzin der ausländischen Krankheit zum Opfer gefallen war. Die Tlaxcateken versicherten ihm, Maxixcatzin habe vom Tage, da er krank wurde, bis zu seinem Tode ständig den Namen seines großen spanischen Freundes genannt und ihn herbeigewünscht. Als er dies vernahm, konnte Cortés seine Rührung nicht verbergen. Maxixcatzins ältester Sohn war im Kriege gefallen. Cortés berief einen der jüngeren Söhne zum Nachfolger. »Er rief den Knaben zu sich, der etwa zwölf Jahre zählen mochte und nach Aussehen und Auftreten ganz der Sohn seines Vaters war. Im Beisein des ganzen Adels schlug er den Jungen auf spanische Weise zum Ritter, was die Herren sehr bewunderten und wobei sie die gute Form und die schöne Zeremonie rühmten. Dann wurde er getauft, damit er auch ein Ritter Jesu Christi sein könne, und erhielt als Namen Don Lorenzo Magiscacin; aus Achtung vor Adel und Leistung seines Vaters gab man ihm keine weiteren spanischen Namen.«

Der alte Xicotencatl folgte diesem Beispiel und wurde von Pater Olmedo feierlich getauft; diesmal wurde aber der spanische Brauch strenger beachtet, so daß aus dem achtzigjährigen Tlaxcateken Don Lorenzo de Vargas wurde. Auf solche Weise festigte Cortés neben seiner äußeren Herrschaft auch seinen geistigen Einfluß in dem Land, das ihm als feste Basis für seinen Angriff auf Mexiko dienen sollte. Militärische Expeditionen unter Sandoval, Ordás und Dávila hatten den Machtbereich des spanischen Generals so weit ausgedehnt, daß dieser, während Martin Lopez mit der Arbeit an den Brigantinen beschäftigt war, um Weihnachten 1520 ein riesiges Gebiet überblicken konnte, darin er unumstrittener Herrscher war; das ganze Land zwischen den Vulkanen und der Ostküste. Dieses eindrucksvolle Ergebnis, das er ein halbes Jahr nach seiner Flucht aus der Hauptstadt vorweisen konnte, verdankte Cortés seiner mit strategischem Blick gepaarten Beharrlichkeit, seinem einnehmenden Wesen und der Sorgfalt, mit der er immer darauf bedacht war, die Anwendung von Gewalt auf ein Mindestmaß zu beschränken.

Moteczuma hinterließ bei seinem Tode einen Sohn und eine Tochter, die als legitime Kinder einen gewissen Anspruch auf die Thronfolge hatten. Allerdings waren beide noch zu jung. Als ihr Onkel Cuitlahuac an die Macht kam, hatte er seine Nichte Tecuichpoch geheiratet, doch war die Ehe nicht vollzogen worden, da das Mädchen erst zehn Jahre alt war. Ihr Bruder Axopacatzin war regierungsunfähig, da er geistesgestört und Paralytiker war. Nach Cuitlahuacs Tod wurde Cuauhtemoc, den die Spanier Guatemozin oder auch Guatemuza nannten, Anfang Dezember 1520 zum Uei Tlatoani gewählt; als entschlossener Charakter heiratete er Tecuichpoch und tötete Axopacatzin.[17] Die eigentliche Thronbesteigung fand während der »leeren Tage« (Nemotemmi) statt, die in jenem Jahr auf den 25. bis 29. Januar fielen. Cuauhtemoc bedeutet »Stürzender Adler«, was auf ungewöhnlichen Scharfblick der Magier schließen läßt, die über seinen Geburtsriten gewacht hatten. Bernal Diaz schildert ihn als »einen Jüngling von etwa fünfundzwanzig Jahren, der für einen Indianer ungewöhnlich gut aussah und sehr tapfer war; er gab sich so furchtgebietend, daß seine Leute vor ihm zitterten«.

Der junge Herrscher verlor keine Zeit, sondern rüstete seine Streitmacht für den nahenden Angriff; denn die optimistischen Vorstellungen, die zunächst hinsichtlich der spanischen Absichten bestanden hatten, waren verschwunden, als handfeste Nachrichten aus Tlaxcala eintrafen und bekannt wurde, daß Cortés mehr und mehr Gebiete für den spanischen König zurückerobert hatte.

Auch Cortés verlor indes keine Zeit. Er ließ das Takelzeug und die Metallteile für die Brigantinen aus Veracruz holen, wo gerade neue, willkommene Verstärkung eingetroffen war: ein Schiff, welches diesmal nicht nur Glück oder Pech hatte landen lassen, sondern das die Möglichkeit, Geld zu verdienen, angelockt hatte. Mit Vergnügen kaufte Cortés Waffen, Schießpulver, drei Pferde und andere nützliche Dinge und zog die dreizehn an Bord befindlichen Soldaten in seinen Dienst.

Am 26. Dezember, einem Mittwoch, besichtigte er sein Heer und stellte fest, daß er vierzig Reiter und fünfhundertfünfzig Infanteristen hatte, von denen achtzig Armbrustschützen und Musketiere waren, während der Rest mit Schwert und Schild kämpfte; ferner besaß er acht oder neun kleine Feldgeschütze und etwas Schießpulver. Das Heer war also etwa halb so stark wie jenes, das in Mexiko zugrunde gegangen war, aber etwas stärker als jenes andere, mit dem er das Land zuerst erobert hatte. Der Unterschied lag offenbar im Geist der Truppe. Cortés hielt nach der Musterung eine Ansprache an sein Heer. Er erinnerte sie an das, was gewesen, und rief sie auf, guten Mutes zu sein, da sie für eine gerechte Sache kämpften und viele indianische Freunde zur Seite hätten. Das Heer gelobte Sieg oder Tod, und alle kehrten in bester Stimmung in die Quartiere zurück.

Cortés hatte sich die Unterstützung einer starken tlaxcatekischen Armee gesichert, deren Aufbau und Ausbildung Ojeda und Márquez übernommen hatten. Ein Teil davon sollte ihn begleiten, während die übrigen als Geleitschutz für die Brigantinen zurückbleiben würden. Er plante, zunächst Tetzcuco zu erobern, damit er einen Stützpunkt für seine Operationen auf der Lagune bekäme, von wo aus er die Brigantinen zu Wasser lassen könnte. Äußerst wichtig war jedoch, daß er die richtige Straße dorthin wählte. Cortés wußte, daß der Feind sein Kommen erwartete und sich darauf vorbereitete, und wählte daher unter den drei möglichen Straßen die schwierigste und steilste, weil er annahm, sie würde am wenigsten beachtet werden. Am 28. Dezember verließ er mit seinem Heer Tlaxcala und übernachtete in Tetzmolocan, auf der Ebene östlich der Bergkette, die ihn von der Lagune trennte. Am nächsten Tag, »nachdem wir die Messe gehört und uns Gott befohlen hatten«, erklommen sie die Höhe und verbrachten, bereits auf mexikanischem Gebiet, eine sehr kalte Nacht. Am Sonntag, dem 30. Dezember, begann dann ein Abstieg, der an ihre Geduld, Reitkunst und Tapferkeit die höchsten Anforderungen stellte; denn die Straße, die selbst in bestem Zustand schwierig und gefährlich war, war durch Barrikaden aus gefällten Bäumen nahezu unpassierbar gemacht worden. Selbst die Tapfersten zauderten ein wenig, als sie sahen, daß das Gelände zum Kämpfen wenig oder gar keinen Spielraum bot; aber Cortés sandte der Nachhut ermutigenden Zuspruch, und bald befanden sie sich wieder in offenem Gelände. Augenscheinlich hatte Cuauhtemoc tatsächlich nicht erwartet, daß sie über eine so abweisende und sorgfältig versperrte Straße kommen würden; denn sonst ist kaum zu verstehen, wie sie bei der Überquerung dieses Passes der Vernichtung entgehen konnten.

Cortés ließ die Truppe halten und sagte seinen Soldaten, sie müßten Gott dafür danken, daß er sie so weit sicher geleitet habe. Wiederum ruhten aller Augen auf der bezaubernden Lagune, aber ihre Freude hatte diesmal einen Anflug von Traurigkeit. Aus solcher Betrachtung aber erwuchsen ihnen ein fester Vorsatz und das Versprechen, dieses Land nur als Sieger zu verlassen. »Solchermaßen entschlossen«, schreibt Cortés an Karl V., »zogen wir alle weiter, als gelte es ein sehr fröhliches Unternehmen.«

Nach mehrmaligem Geplänkel verbrachte das Heer die Nacht zwanzig Kilometer vor Tetzcuco, in Coatepec, das sie verlassen antrafen. Als sie am nächsten Tage »mit dem Bart auf der Schulter« auf Tetzcuco zu marschierten, kam ihnen eine Abordnung unbewaffneter Indianer mit einem goldenen Banner an hoher Stange entgegen. Sie überbrachten eine Friedensbotschaft. Zunächst waren Cortés und seine Leute hocherfreut, als sie aber bei ihrem Einzug in Tetzcuco weder Frauen noch Kinder trafen, kam ihnen der – tatsächlich begründete – Verdacht, daß die Botschaft nur dazu dienen sollte, dem König von Tetzcuco Zeit zu geben, sich selbst, seine Schätze und seine besten Waffen nach Tenochtitlan in Sicherheit zu bringen. Es war Cortés' Taktik, »wann immer sie bereit waren, über Friedensschluß zu verhandeln, sie zu empfangen und ihnen Frieden anzubieten«. Diesmal war er seiner Taktik bis zum bitteren Ende treu geblieben, konnte er sich doch über Coanochtzins Haltung keinen falschen Hoffnungen hingeben; die Mexikaner hatten ihn zum König von Tetzcuco ernannt und damit Cortés' Entscheidung umgestoßen, der früher Coanochtzins Bruder »Schwalbe« (Cuicuitcatzin) als König eingesetzt hatte, nachdem dieser in der Taufe den Namen Don Carlos empfangen hatte. Coanochtzin war Cortés' erbitterter Feind; er hatte einen seiner eigenen Hauptleute namens Huitzcacamatzin nur deshalb getötet, ja gevierteilt, weil dieser Edelmann es übernommen hatte, ihm eine Botschaft von Cortés zu überbringen. Don Carlos, der »Schwalbe«, den Cortés als zweiten Boten entsandt hatte, damit er ergründe, was aus dem ersten geworden sei, bereitete sein blutdürstiger Bruder das gleiche Schicksal.

Trotz dieser ungünstigen Vorzeichen ereignete sich nichts Beunruhigendes, solange das Heer in Tetzcuco war. Vielmehr kamen einige kleinere Würdenträger des Reiches, um sich Cortés zu unterwerfen. Als die Mexikaner Boten entsandten, um jenen Vorhaltungen zu machen, ließen sie die Boten verhaften und Cortés in Ketten ausliefern. Cortés, der Frieden wollte, ließ sie frei und schickte sie mit der Botschaft zurück, man möge die Vergangenheit ruhen lassen und ihm den Kummer ersparen, daß er ihr Land und ihre Städte verwüsten müsse.

Um die Mexikaner zu Verhandlungen geneigter zu machen, griff Cortés Iztapalapa an. Er verschaffte sich leicht Einlaß in die Stadt, doch entging ihm, als er an der Spitze seiner kämpfenden Truppe eindrang, nicht, daß ein Deich zwischen den beiden Lagunen gesprengt worden war. »Mehr als sechstausend von ihnen starben, darunter Männer, Frauen und Kinder; denn als unsere tlaxcatekischen Freunde sahen, welchen Sieg Gott uns schenkte, wollten sie nichts als rechts und links töten.« Die Sonne, die ja nur ein Stück Natur ist, ergreift keine Partei; als sie durch ihr Verschwinden diesem bewegten Kapitel in der

Geschichte der Glaubensverkündung ein Ende setzte, rief Cortés seine Leute zurück. Während er noch einige brennende Häuser betrachtete, »war es, als habe der Herr mir durch eine Eingebung das Bild jenes Deiches ins Gedächtnis gerufen, den ich beim Eindringen in die Stadt gesehen hatte«. Ihm blieb gerade noch Zeit genug, sich hastig zurückzuziehen. Einige Indianer ertranken mitsamt ihrer Beute, die übrigen aber wurden alle wunderbar errettet aus der raffiniertesten und gefährlichsten Falle, die ihnen die Mexikaner bisher gestellt hatten. »Wir aber kehrten nach Tetzcuco zurück«, berichtet Bernal Diaz, »und schämten uns ein wenig der Kriegslist, mit der die Wasser auf uns losgelassen wurden, und auch weil wir in der letzten Schlacht aus Mangel an Schießpulver nur wenig Ruhm geerntet hatten.« Vorsichtig als Stratege, wenngleich manchmal reichlich kühn als Taktiker, machte sich Cortés mit den neuen Verhältnissen in Tenochtitlan vertraut. Die Regenten von Otumba schienen mit seinem Siege zu rechnen, denn sie kamen und huldigten ihm. Er schickte Sandoval weiter nach Chalco, um die Huldigung dieser wichtigen Stadt zu erzwingen, die der Schlüssel zu der besten Straße nach Tlaxcala war und, wie er vermuten konnte, nur aus Furcht der mexikanischen Seite treu blieb. Nach hartem Kampf schlug Sandoval die mexikanische Garnison, die Chalcos Huldigung im Wege stand, und erreichte damit die friedliche und dauernde Unterwerfung dieses Gebietes.

Während seines Aufenthaltes in Tetzcuco besuchte Cortés das Teocalli, wo er die Häute von fünf Pferden fand, »ausgestopft, wie man es schöner nicht wünschen konnte, mit Füßen und Hufeisen«, die man zusammen mit den Kleidern und sonstigen Besitztümern von fünf Soldaten, die den Göttern in Zultepec geopfert worden waren, Vitzliputzli als Weihgaben dargebracht hatte. Cortés befahl Sandoval, er möge auf dem Wege nach Tlaxcala, wo er die Brigantinen abholen sollte, über Zultepec marschieren und dieses hart bestrafen. Sandoval stellte fest, daß der größte Teil der Bevölkerung geflohen war, tötete bei der Verfolgung drei oder vier Männer und nahm mehrere Frauen gefangen. Im Tempel fand er die gegerbten Gesichter von zwei Spaniern »mit den Bärten daran«, die dem Kriegsgott geweiht worden waren. Aber Sandoval jammerten die wehrlosen Leute, und, wie Bernal Diaz schreibt, »was konnte er tun, als mit den Leuten aus der Stadt Mitleid zu haben»? So gab er alle Gefangenen frei und rief die Flüchtlinge zurück. Die ganze Stadt bat um Vergebung. Sandoval verzichtete auf jede Strafe, nahm ihre Huldigung für den König von Spanien entgegen und ließ sie dann in Frieden.

Sandoval setzte seinen Marsch nach Tlaxcala fort und war sehr erfreut und erleichtert, als ihm schon unterwegs das Expeditionskorps der Republik Tlaxcala begegnete, das die dreizehn Schiffe nach Tetzcuco brachte, wo diese zusammengebaut werden sollten; die Einzelteile waren hübsch ordentlich numeriert und wurden von achttausend Mann getragen. Voraus marschierten zehntausend Krieger, während ebenso viele die Nachhut bildeten. Ende Februar zogen sie unter großem Jubel und lärmenden Trommeln in Tetzcuco ein. Cortés empfing sie mit größter Freude und Höflichkeit, nur mußte er den Eifer, mit dem sie ihre mexikanischen Erbfeinde alsbald angreifen wollten, mit der Aussicht auf spätere Unternehmungen dämpfen.

Die gemächliche Schilderung des Bernal Diaz gestattet uns einen Blick auf andere als nur politische Gründe für die planmäßigen Überfälle, die damals begannen und mehrere Monate andauerten: »Da mit dem Schiffsholz mehr als fünfzehntausend Tlaxcateken nach Tetzcuco gekommen waren, die nun schon fünf Tage lang nichts Rechtes zu tun und zudem keinen Proviant hatten, wohl aber einen sehr tapferen und stolzen General, so sagte dieser zu Cortés, er wünsche einen Vorstoß zu unternehmen, unserm großen Kaiser zu dienen und gegen die Mexikaner zu kämpfen.« Das trifft den Kern der Sache: Was die Indianer anging, war der Krieg eine wirtschaftliche Notwendigkeit. Das Unternehmen gegen Xaltocan und Tacuba, das Cortés damals in Gang setzte, muß daher als eine Entschädigung der Tlaxcateken für bereits geleistete Dienste angesehen werden.

Das Verlangen der Spanier nach Kriegszügen wurde nicht minder von wirtschaftlichen Faktoren beeinflußt.

Cortés' Heer war nicht nur eine militärische Einheit, sondern eher ein umherziehendes Gemeinwesen. Jeder Offizier und jeder Soldat hatte seinen eigenen Haushalt, der aus tlaxcatekischen Naborias oder Dienern, einem oder mehreren indianischen Mädchen, die sein privater Harem waren, und etlichen Sklaven bestand; diese waren Frauen und Knaben, mit denen sie Tauschhandel trieben. Wenn wir Cortés' Streitmacht auf sechshundert Mann veranschlagen, so würde die Zahl dreitausend für den ganzen Heerwurm eine maßvolle Schätzung darstellen. Das bedeutete für jeden Landstrich, in welchem das Heer kampierte, eine schwere Belastung, und das einfachste Mittel, um den wirtschaftlichen Druck zu mildern, waren Raubzüge in feindliches Gebiet.

Allerdings ließen damals neben wirtschaftlichen Erwägungen auch militärische Rücksichten unablässige Operationen ratsam erscheinen; denn Cuauhtemoc rüstete unerbittlich zum Kriege. Die Brigantinen, die in einem langen, engen Kanal am Rande der Lagune zusammengesetzt wurden, gerieten infolge kühner Brandstiftungsversuche der Mexikaner dreimal in Gefahr. Als bei einem dieser Versuche fünfzehn Indianer gefangengenommen wurden, konnte Cortés aus ihnen Nachrichten herausholen, die ihn an der entschlossenen Führung des jungen Uei Tlatoani nicht mehr zweifeln ließen. Er war genau wie Cortés auf den langen Speer als Waffe gegen die Kavallerie verfallen, doch verwendete er gute spanische Degen als Speerspitzen, von denen in der Nacht, da die Spanier in die Flucht geschlagen wurden, viele den Mexikanern in die Hände gefallen waren. Außerdem schickte er unablässig Boten und bewaffnete Einheiten in die umliegenden Bezirke, um sie der mexikanischen Sache zu erhalten.

Die Operationen der Spanier, die entweder von Cortés oder von Gonzalo de Sandoval kommandiert wurden (den Cortés seit der Katastrophe an Stelle von Alvarado als sein zweites Ich zu behandeln pflegte), verliefen alle auf ähnliche Weise. Im ganzen mußten die Spanier einen vorsichtigen Kurs zwischen Krieg und Frieden steuern. Konnten sie Frieden schließen, so taten sie das sofort und sicherten sich durch gute Behandlung und noch bessere Versprechungen die Anhänglichkeit der Indianer; stießen sie jedoch auf kriegerische Absichten, so kämpften sie tapfer, häufig unter höchst gefährlichen Umständen. Siegten sie dann, so zerstörten sie die Pueblos, vertrieben die Männer oder überließen sie ihren indianischen Bundesgenossen und führten Frauen und Kinder in die Sklaverei.

Die größte dieser Operationen unternahm Cortés selbst bald nach dem Osterfest des Jahres 1521. Während die Brigantinen fertiggestellt wurden, wollte er die Lage rings um die Lagune erkunden und die politischen Voraussetzungen für die Belagerung der Hauptstadt schaffen. Wie üblich begann er mit einem Friedensangebot. Am Mittwoch der Karwoche, dem 27. März, schickte er einige gefangene Mexikaner damit nach Mexiko. Er bekam keine Antwort, doch riefen ihn die Bewohner von Chalco abermals zu Hilfe und zeigten ihm ein Bild aller Ortschaften, die gegen sie in Marsch gesetzt würden. Damit stand sein Entschluß fest, und am 5. April verließ er Tetzcuco mit dreihundert Mann und zwanzig Pferden.

Ihm folgte eine beträchtliche indianische Streitmacht, die ihn aus den von Bernal Diaz ungeschminkt geschilderten Gründen begleitete. Nach einem ersten friedlichen Tag in Tlalmanalco an der Südostspitze der Lagune und einem kurzen Besuch in Chalco zog die Truppe am nächsten Morgen in südlicher Richtung weiter und verbrachte die zweite Nacht in Chimalhuacan, wo starke mexikanische Einheiten sie erwarteten. Sie kämpften und drangen durch, von wütendem Durst gepeinigt und nicht ohne Verluste. In der folgenden Nacht hielt sie das Dröhnen der Kriegstrommeln wach. Den Rest der Woche verbrachte Cortés damit, sich durch Huaxtepec, Xiuhtepec und Yautepec kämpfend einen Weg zu bahnen; die Häuptlinge dieser Orte baten um Vergebung und wollten dem König von Spanien huldigen, »und ich nahm sie freudig auf, denn wir hatten ihnen schon ansehnlichen Schaden zugefügt«.

Am Morgen des 13. April näherte sich das Heer Cuauhnauac (Adler der Nauac), das die Spanier Cuernavaca (Horn einer Kuh) genannt haben, wie es noch heute heißt. Der

Ort verdient seinen stolzen aztekischen Namen mehr als die gemütliche spanische Bezeichnung, ist er doch einer der schönsten Flecken der Erde, am Rande einer Terrasse an der hohen Bergwand gelegen, von der aus man in die heißen Täler hinunterblickt. Er wurde von einer starken mexikanischen Besatzung verteidigt und schien nicht einmal dem Fußvolk zugänglich zu sein, da ihn eine steile Schlucht von den Angreifern trennte. Während Cortés einige Reiter ausschickte, die einen Zuweg finden sollten, den es angeblich eine halbe Meile entfernt gab, gelang es einem leichtfüßigen Indianer, die Schlucht auf einigen Baumstämmen zu überqueren, die eine natürliche Brücke bildeten. Ihm folgten viele andere Indianer und auch einige Spanier, mochten diese auch, wie Bernal Diaz, infolge Schwindelgefühls große Schwierigkeiten haben. Die Besatzung, die von diesem unerwarteten Einbruch des Feindes überrascht wurde, ergriff schließlich vor den Reitern, die dann ebenfalls eintrafen, die Flucht. Cuauhnauac wurde geplündert und niedergebrannt. Während die Truppe im Park des Gutsherrn Rast hielt, kamen die Häuptlinge des Ortes, um sich den Spaniern zu unterwerfen und Cortés zu huldigen.

Das Heer brauchte zwei Tage, um über die Berge in das Tal von Mexiko zurückzukehren. Am Montag, dem 15. April, standen die Spanier gegenüber von Xochimilco am Ufer des Sees; es ist einer der wenigen Reste der Lagune, die heute noch vorhanden sind. Der Morgen sah Kämpfe um Dämme und Brücken, die von den Bewohnern gut verbarrikadiert worden waren. Noch gefährlichere Kämpfe brachte der Nachmittag, als Cortés und seine Reiter Schwierigkeiten hatten, die tapferen Mexikaner zurückzuschlagen, die sich mit spanischen Degen standhaft verteidigten. Cortés' Pferd stürzte vor Erschöpfung zu Boden. Sein Leben wäre besiegelt gewesen, wären nicht die Mexikaner so darauf versessen gewesen, für Vitzliputzli lebendige Gefangene zu machen. Sie versuchten immer wieder, ihn wegzuschleppen, und ermöglichten es dadurch einem tapferen Soldaten namens Christóbal de Olea, den General zu retten, wofür er drei schwere Wunden einstecken mußte. Cortés aber »ritt weiter, wiewohl am Kopf ernstlich verwundet«.

Diese Kämpfe um Xochimilco waren ein Vorgeschmack der unglaublichen Belagerung: Drei Tage ohne Pause, auch nicht des Nachts, Kämpfe zu Wasser und zu Lande, Angriff und Verteidigung in Kanus, auf Dämmen und Brücken, auf dem Festland; hier ein Hinterhalt, dort ein Kampf Brust an Brust, tödliche Gefahren überall, aus denen hin und wieder gute Kameraden zu scheußlichem Opfer weggeschleppt wurden. Gold und Gier wurden für manchen der kleineren unter Cortés' Gefährten verhängnisvoller als Steine und Pfeile. Einige spanische Soldaten, die ein paar plündernden Tlaxcateken gefolgt waren, beluden sich in einem ansehnlichen Haus mit Baumwolltüchern, als ein Geschwader von mexikanischen Kriegskanus über sie herfiel, viele verwundete und vier lebendig gefangennahm. Cuauhtemoc erfuhr von ihnen alles, was er wissen wollte, »wie wenig wir waren und dazu die meisten verwundet, und dann ließ er Füße, Arme und Köpfe unserer vier unglücklichen Kameraden abhacken und in viele Ortschaften unserer indianischen Freunde mit der Bemerkung schicken, daß, noch ehe wir Tetzcuco erreichten, keiner von uns mehr am Leben sein, sondern unsere Herzen und unser Blut seinen Götzen geopfert werden würden«.

Am Donnerstag, dem 18. April, verließen sie Xochimilco, das sie »vernichtet und dem Erdboden gleichgemacht hatten«, in Richtung auf Cuyoacán. Als Cortés die Marschordnung festlegte, bemerkte er, daß die Beute sein Heer schwerfällig gemacht hatte. Er ermahnte die Soldaten, die Sachen dazulassen, weil sie ihnen bei den harten Kämpfen, die bevorständen, hinderlich sein könnten. »Aber wir alle antworteten ihm wie aus einem Munde, wir seien Männer, die mit Gottes Hilfe ihre Habe verteidigen würden, und es würde gemein sein, seinem Wunsche zu willfahren. Als er sah, welches Willens wir waren, sagte er, daß er es Gottes Hand anheimstelle«, und keine Hand hat jemals seltsamere Last getragen. Cuyoacán war verlassen. Während seine Leute nach ihren Wunden sahen und mehr Pfeile für die bevorstehenden Kämpfe anfertigten, betrachtete Cortés den

Ort mit militärischem Blick; nachdem er den Damm untersucht hatte und zu dem Ergebnis gekommen war, der Ort müsse vor der Belagerung besetzt werden, brach er am Samstag nach Tacuba auf.

Die mexikanischen Truppen, die sich während seines Aufenthaltes in Cuyoacán auf das Wasser und in die Hauptstadt zurückgezogen hatten, erschienen jetzt wieder und beunruhigten seine Flanke. Hierüber verlor Cortés die Geduld, nahm zehn Reiter und vier seiner Diener und ritt von dannen, um die Mexikaner in einen Hinterhalt zu locken. Die Sache endete aber andersherum, so daß er und seine Leute in eine gefährliche Lage gerieten, aus der er erst herauskam, nachdem alle seine Pferde verwundet worden waren und er zwei seiner Diener verloren hatte, die lebendig zu Vitzliputzlis Opferstein geschleppt wurden. Als Cortés schließlich im langsamen Schritt seiner lahmen Pferde zum Heer zurückkehrte, das über sein langes Ausbleiben bereits unruhig geworden war, fiel allen auf, wie traurig seine Augen blickten, die sich ob des Verlustes seiner Diener mit Tränen füllten. So trüber Stimmung erreichten sie Tacuba, wo Cortés mit etlichen Offizieren und Soldaten das hohe Teocalli erstieg. Zu seiner Begleitung gehörten der Mönch, der Sünden in Gold verwandelte, und ein gewisser Julian de Alderete, der unlängst als Seiner Majestät Schatzmeister eingetroffen war. Als sie die riesige blaue Lagune erblickten, die von Leben wimmelte und mit Städten wie Edelsteinen besetzt war, »waren sie erstaunt und sagten, daß wir nach Neuspanien gekommen seien, sei nicht Menschenwerk, sondern Gottes Gnade zu verdanken. Auch erinnerten sie sich nicht, gelesen zu haben, daß jemals Vasallen ihrem König einen größeren Dienst erwiesen«. Cortés aber blieb betrübt, und angesichts des köstlichen Bildes, das nun mit soviel Banden des Schmerzes in seinem Herzen verankert war, seufzte er tief. »Seid nicht so traurig, Herr General«, sagte ein Soldat, der Junggeselle Alonso Pérez, »denn solcherlei geschieht im Kriege, und niemand soll von Euer Gnaden sagen:

Nero sah von steiler Höh
Rom als Flammenmeer.«

Mehr sagte der wohlmeinende Soldat nicht, aber die anderen, denen wie damals allen Spaniern die kastilischen Balladen vertraut waren, ergänzten still für sich die fehlenden Zeilen:

Frauen, Kinder fraß der Tod,
Ihm war's nicht Beschwer.

»Ihr alle wißt«, sagte Cortés, »daß ich die Mexikaner unzählige Male gebeten habe, mit mir zu verhandeln. Meine Traurigkeit hat mehr als einen Grund. Sie rührt daher, daß ich der großen Prüfungen gedenke, die uns erwarten, ehe wir Mexiko zurückgewinnen; aber mit Gottes Hilfe werden wir sie überstehen.«

Diese Szene gehört nicht nur zu den farbigsten Bildern aus Cortés' Leben, sondern ist auch ein unschätzbares Beispiel dafür, wie sich Geschichte und Legende im Denken der Menschen blumenreich verschlingen. Die Verbindung von Gefühl (Cortés' Traurigkeit) und Gestalt (die zitierte Ballade) hat mindestens zwei Legenden hervorgebracht, die in der spanischen Geschichtsschreibung Spuren hinterlassen haben. Die eine verzerrt die Gestalt des Cortés dadurch, daß sie das Ereignis auf den Tag des Gemetzels von Cholula verlegt und zugleich den Sinn verkehrt, in welchem die Ballade von Nero ins Gedächtnis gerufen wurde. Diese negative Legende verdanken wir Las Casas, der in seinem Eifer für die Sache der Indianer jedes Gerechtigkeitsgefühl und die Objektivität des Historikers vermissen läßt. In seiner Schrift über die Zerstörung Indiens schreibt er, »man sagt, daß, während Fünf- oder Sechstausend im Hof über die Klinge springen mußten, der Hauptmann der Spanier gesungen habe:

Nero sah von steiler Höh
Rom als Flammenmeer.
Frauen, Kinder fraß der Tod,
ihm war's nicht Beschwer.«

Nur ein ebenso egozentrischer Haß, wie er den leidenschaftlichen Mönch beseelte, könnte einen Menschen, der kein Narr ist, über die offenbare Unsinnigkeit einer solchen Szene hinwegtäuschen.

Der andere Zweig am Baum der Legende, der aus jener Szene in Tacuba entsprossen ist, trägt lieblichere Früchte. Cortés gehört zu den seltenen Gestalten der späteren spanischen Geschichte, welche die Muse des Volkes inspiriert haben. Er hat den Anstoß zu einer der Balladen gegeben, deren epischer Glanz die spanische Literatur bereichert. Als Bernal Diaz seinen Bericht verfaßte, war die Szene, an der er selbst teilgenommen, bereits das Thema einer volkstümlichen Ballade, die er zitieren kann:

In Tacuba war Cortés
Mit hart geprüftem Heer,
Von Trauer und von Sorge
Ward ihm das Herze schwer.
Die Rechte hielt er unters Kinn,
Die Linke an der Wehr...

Weil ihnen Proviant und vor allem Schießpulver ausgingen, mußten die Spanier darauf verzichten, Tacuba auszukundschaften. Darum brachen sie noch an demselben Morgen auf und zogen durch Azcapotzalco, die Stadt der Silberschmiede, und Tenayocan, die beide menschenleer waren, nach Cuauhtitlan, das ebenfalls verlassen dalag. Dort trafen sie von Regen durchnäßt ein und marschierten tags darauf (Sonntag, den 21. April) bei ähnlichem Regen und schlechter Verpflegung, aber ohne größere Kämpfe nach Citlaltepec. Am Mittag des Montags erreichte das Heer Acolman im Staate Tetzcuco, wo Sandoval sie erwartete. Nun schien es, als könnte Cortés sich ein paar ruhige Tage gönnen, ehe die letzte Prüfung, die er sich selbst verordnet hatte, ihren Anfang nahm.

In diesem Augenblick aber wurde er, wie schon früher mehr als einmal, von einer Verschwörung in den eigenen Reihen bedroht. Zwei Tage nach ihrer Rückkehr kam ein Soldat, der an der Verschwörung teilhatte, zu Cortés, um sein Gewissen zu erleichtern. Ein gewisser Antonio de Villafana hatte einen Anschlag angezettelt, wie Cortés und seine besten Offiziere ermordet werden sollten. Francisco Verdugo, ein Schwager des Diego Velázquez, der augenscheinlich von der Sache nichts wußte, sollte Cortés' Nachfolger werden. Bei Tisch sollte Cortés ein versiegelter Brief, der angeblich gerade von seinem Vater angekommen sei, ausgehändigt werden; während er ihn läse, sollten die Verschwörer ihn ermorden. Mit seinen vertrauten Offizieren und Soldaten begab sich Cortés in Villafanas Gemächer, wo er diesen mitsamt den übrigen Verschwörern antraf. Er wurde verhaftet, und Cortés zog eigenhändig aus seiner Truhe ein Papier, das die Namen der Verschwörer enthielt. Diese waren so zahlreich, und es waren so gute Leute darunter, daß Cortés das Gerücht ausstreute, Villafana habe das Papier verschluckt, weshalb die Verschwörer nur sich selbst und ihm bekannt seien. Cortés schuf sich jedoch eine besondere Leibwache mit einem Offizier an der Spitze. Im übrigen trug er, nachdem Villafana gehängt worden war, gegenüber den Verschwörern nichts als Wohlwollen zur Schau, aber im Herzen mißtraute er ihnen.

Belagerung und Fall von Mexiko

Am Sonntag, dem 28. April, nach der Messe wurden die dreizehn Schiffe auf der Lagune zu Wasser gelassen. Auf allen flatterten die Flaggen munter im Wind, Salutschüsse fanden ihr Echo in den bekümmerten Herzen der bedrohten Mexikaner und hallten von den fühllosen Bergen wider. Cortés musterte sein Heer. Er verfügte über sechsundachtzig Reiter, hundertundachtzehn Armbrustschützen und Musketiere und mehr als siebenhundert Kämpfer mit Schwert und Schild; ferner drei große eiserne Kanonen, fünfzehn kleinere Bronzegeschütze und zehn Zentner Schießpulver. Er hielt eine Ansprache an seine Männer, worauf er immer großen Wert legte, um dadurch die Verbundenheit und Kameradschaft lebendig zu halten, die trotz häufiger Verschwörungen immer der stärkste Halt seiner kleinen Schar gewesen waren.

Wenige Tage später erhielt er starken Zuzug aus Tlaxcala, Cholula und Guaxocingo. Zumal die Streitmacht aus Tlaxcala, die von Chichimecatecuhtli und dem jüngeren Xicotencatl kommandiert wurde, war so strahlend und geräuschvoll kriegsbegeistert wie nur je. Als Cortés hörte, daß der junge Xicotencatl das Heer anführte, ritt er ihm mit einigen Offizieren entgegen, was sich im Lichte späterer Ereignisse als vorausschauende Höflichkeit erwies. Drei Stunden dauerte es, bis die indianische Armee sich durch die Straßen von Tetzcuco gewunden und ihre Quartiere erreicht hatte.

Cortés hatte genaue Karten von der Lagune aufnehmen lassen, damit seine Schiffe kein Mißgeschick zu befürchten brauchten. Die Besetzung der Ruderbänke scheint ihm jedoch einige Schwierigkeiten bereitet zu haben, weil jeder kämpfen, aber kaum einer rudern wollte. Er löste die Frage energisch: zunächst alle Seeleute, dann alle, die er beim Fischen gesehen hatte, schließlich alle diejenigen, deren Heimat Palos, Triana El Puerto »oder Orte, wo es Seeleute gibt«, war, wie Bernal Diaz mit der Gelassenheit eines Mannes schreibt, der hoch oben im trockenen Kastilien das Licht der Welt erblickt hatte – sie alle mußten rudern, so sehr sie sich auch als Hidalgos ausgaben. So bekam jedes Schiff zwölf Ruderer und zwölf Soldaten, von denen sechs Armbrustschützen und Musketiere waren. Er selbst übernahm das Kommando über die Flotte und teilte das übrige Heer in drei Regimenter: Pedro de Alvarado wurde mit dreißig Reitern, achtzehn Schützen und hundertfünfzig Mann sowie einer Hilfstruppe von über fünfundzwanzigtausend Tlaxcateken nach Tacuba geschickt. Olid bekam mit dreiunddreißig Reitern, achtzehn Schützen und hundertsechzig Mann sowie zwanzigtausend indianischen Verbündeten Cuyoacán als Marschziel, während Sandoval mit vierundzwanzig Reitern, vier Musketieren, dreizehn Armbrustschützen und hundertfünfzig Mann sowie mit einem Hilfskorps von dreißigtausend Indianern nach Iztapalapa marschieren, die Stadt zerstören und dann über den Hauptdamm nach Mexiko ziehen sollte, wo ihn Olid, von Cuyoacán kommend, treffen würde.

Auf dem Wege nach Tacuba erzürnten sich die beiden Obristen wegen der Einquartierung ihrer Leute in Acolman – ein typisches Beispiel dafür, wie leicht es den Spaniern jederzeit fällt, Zeit und Kraft für einen Bürgerkrieg zu finden. Alvarado und Olid hatten bereits blankgezogen, und einige ihrer Soldaten wollten gerade ihrem Beispiel folgen, als die Klugheit siegte; Cortés hörte davon und tadelte beide Untergebene, weil sie so leicht zu entflammen seien. Dann bemerkte Alvarado, daß Xicotencatl verschwunden war. Die Gründe dafür sind dunkel und werden verschieden dargestellt. Cortés wurde unterrichtet und schickte dem Häuptling Botschaft, er möge zurückkehren. Was immer der Grund für das Verschwinden des jungen Soldaten gewesen sein mag, so verabscheute er offensichtlich die von seiner Regierung getriebene Politik, wozu er durchaus berechtigt war. Cortés schickte Ojeda nach Tlaxcala mit der unmißverständlichen Botschaft, daß der junge Häuptling ein Verbrechen begangen habe, welches in Spanien mit dem Tode bestraft werde; worauf die Republik antwortete, so sei es auch in Tlaxcala. Als Cortés das vernahm, rief er aus: »Diesen Kaziken können wir nicht belehren; er ist darauf aus, uns zu verraten!« Er gab Befehl, ihn zu hängen. Alvarado bat seinen Kommandeur um Milde, aber Cortés beruhigte Alvarado durch Zureden und bestätigte seinen Befehl. So wurde der junge Kazike gefangengenommen und gehängt.

Cortés' Plan war einfach: die Stadt zu belagern. Einen Damm ließ er unbewacht – den Damm nach Tepeyac –, weil er hoffte, daß die Mexikaner ihre hart bedrängte Stadt räumen würden. Das hätte ihm aus zwei Gründen zugesagt, die er mit dem ihm eigenen Freimut eingesteht – denn Freimut bricht sich selbst durch Vorsicht Bahn –, wenn er an den Kaiser schreibt: »Als ich sah, wie aufsässig die Männer in der Stadt waren und wie entschlossen, zu sterben oder sich zu wehren, wurden mir zwei Dinge klar: Einmal, daß wir von den Reichtümern, die sie uns genommen, wenig oder gar nichts zurückerobern würden; zum andern, daß sie uns veranlassen und zwingen würden, sie zu vernichten.« Und in Worten, die seine Gefühle überzeugend wiedergeben, setzt er hinzu: »Dies zweite aber betrübte und bekümmerte meine Seele besonders.«

Er hatte jedoch ganz recht mit der Vermutung, daß die Mexikaner entschlossen waren, um jeden Preis Widerstand zu leisten und lieber unterzugehen als nachzugeben. Die Frage nach Krieg oder Frieden war von Cuauhtemoc dem Tlaloc oder Staatsrat vorgelegt worden. Die jüngeren Männer hatten mit starker Unterstützung der Priester den Sieg über eine gemäßigte Richtung davongetragen, die einige Tage kämpfen und dann Friedensverhandlungen einleiten wollte. Cuauhtemoc gehörte natürlich zur Kriegspartei, und die Entscheidung wurde mit der Opferung von vier spanischen Gefangenen und einer größeren Zahl von Tlaxcateken gefeiert, die Torquemada mit viertausend angibt.

In Cuauhtemoc hatten die Mexikaner einen Führer von unbezähmbarem Mut, aber auch von militärischer Klugheit gefunden, die derjenigen seines Feindes kaum nachstand. Die Verteidigung Mexikos gegen die Spanier war ein Meisterstück an überwältigender Tapferkeit und Hingabe, an zäher Hartnäckigkeit, immer neuer Initiative und Anpassungsfähigkeit angesichts neuer Verhältnisse, an technischer Geschicklichkeit, taktischer Begabung und unübertrefflicher Führungskunst. Der Führer leitete die Abwehr vom Turm des großen Teocalli mittels eines Systems von Winkzeichen, das außerordentlich brauchbar gewesen zu sein scheint.

Die Belagerung begann mit einem Angriff, den Olid und Alvarado gegen die aus Chapultepec kommende Wasserleitung unternahmen, die beiden Tonröhren wurden zerschlagen. Über diesen Erfolg begeistert, führten die beiden Obristen ihre Soldaten über den Tacuba-Damm zu einem gefährlichen Angriff auf die Stadt. Die Mexikaner, die über die tlaxcatekischen Hilfstruppen aufgebracht waren, bewarfen sie mit den Armen und Beinen der von ihnen geopferten Gefangenen und riefen den Spaniern zu: »Böse Männer, euer Blut soll unsere Götter besänftigen und wird von unsern Schlangen getrunken werden, aber an eurem Fleisch werden sich unsere Löwen und Tiger laben.« Während der ganzen Belagerung verliehen solche persönlichen Gehässigkeiten und dieser Schatten des Opfertodes, diese kannibalistischen Drohungen den Kämpfen einen grimmigen Anstrich, obwohl sie ohnehin unerbittlich gewesen sind, Tag und Nacht nicht aufhörten und auf beiden Seiten mit unglaublicher Tapferkeit und Hartnäckigkeit ausgefochten wurden.

Die Taktik wechselte auf beiden Seiten, je mehr Zeit verging und je teurer die vielfältigen Erfahrungen erkauft werden mußten. Die Belagerten blieben zunächst strategisch in der Defensive, griffen aber taktisch unablässig an. Die Spanier hingegen wählten zunächst eine rein militärische Strategie, die darin bestand, daß sie ständig auf den Dämmen angriffen und mit ihren Brigantinen sowohl gegen die Dämme selbst wie auch gegen die Schwärme von Kanus vorgingen, die ihrerseits vom Wasser aus angriffen. Dieser Abschnitt begann mit der Zerstörung der Wasserleitung von Chapultepec am 26. Mai. Fünf Tage später richteten sich Sandoval und seine Leute in dem von den Mexikanern eiligst geräumten Iztapalapa häuslich ein, während Cortés Tetzcuco mit seinen dreizehn Schiffen verließ, um Sandoval beizustehen. Unterwegs beschloß er jedoch, die Felseninsel Tepepolco zu nehmen, eine natürliche Festung, die mitten in der Lagune lag. Mit Mut und Beharrlichkeit überwand er die gewaltigen Hindernisse, welche die Natur – um von dem heftigen Widerstand der Besatzung zu schweigen – den Eindringlingen entgegensetzte, und erstürmte die Festung. »Sie verwundeten fünfundzwanzig von meinen Spaniern«, schreibt er an Karl V., »aber es war ein sehr schöner Sieg.«

Das Erscheinen der Brigantinen, die nun tatsächlich über die Lagune segelten, war für beide Seiten ein großes Ereignis. Die mutigen Mexikaner blieben jedoch die Antwort nicht schuldig: von seinem eroberten Felsen aus sah Cortés mehr als fünfhundert Kanus rasch auf seine Schiffe zukommen. Schleunigst schiffte er seine Soldaten wieder ein, ohne ihnen eine Atempause zu gönnen, doch gab er den Kapitänen strikten Befehl, sich nicht zu rühren, weil die Mexikaner in den Kanus glauben sollten, die Spanier fürchteten ihre Überzahl. In einiger Entfernung von den Brigantinen blieb die Kanuflotte liegen. Cortés hatte den brennenden Wunsch, daß die Brigantinen beim ersten Angriff den Mexikanern nachdrücklich zeigen sollten, wie stark sie waren. Er selbst schreibt darüber: »In diesem Augenblick, da wir sie und sie uns anschauten, gefiel es dem Herrn, vom Lande her einen für die Brigantinen günstigen Wind blasen zu lassen. Wir brachen durch sie hindurch, vernichteten zahllose Kanus und töteten oder ertränkten viele Feinde, was ein überaus denkwürdiger Anblick war.«

Diese beiden Siege ermutigten Cortés, den Tag mit einer dritten Operation abzurunden, die vielleicht von allen dreien die wichtigste war. Der Nachmittag war schon weit fortgeschritten, als er mit dreißig von seinen dreihundert Männern in Xoloc landete; dies war die Festung, bei welcher der Damm von Cuyoacán auf den Hauptdamm von Iztapalapa traf. Nach heftigem Kampf nahm er die Festung, brachte drei Geschütze an Land und bestrich mit ihrem tödlichen Feuer die schöne Straße, auf der ihm anderthalb Jahre früher Moteczuma in seiner goldenen Sänfte entgegengekommen war. Er beschloß, Festung und Teocalli zu besetzen, wodurch die Besetzung von Iztapalapa überflüssig würde, weil Olid von Cuyoacán aus diesen Abschnitt mit übernehmen konnte. Damit stand Sandoval zur Verfügung, um den Damm von Tepeyac zu sperren und dadurch die Belagerung vollständig zu machen.

Xoloc war aber nicht sicher. Nicht im geringsten. Ja, es war besonders typisch für diese einzigartige Belagerung, daß ständig alles im Flusse zu sein schien, gleichsam eine Auswirkung des fließenden Elements, auf dem die Stadt errichtet war. Die Stellungen schwankten ständig zwischen Ebbe und Flut, und die amphibischen Streitkräfte beider Parteien griffen einander wieder und wieder an, als suchten zwei verschiedene Gezeitenströme sich in denselben Raum zu ergießen. Sechs Tage lang war Xoloc umkämpft, wobei die Kämpfe bei Tag und sogar, entgegen indianischem Brauch, bei Nacht von den Kanus, den Brigantinen, den Dämmen und sogar vom Wasser selbst aus durch schwimmende Krieger fast immer zu einem unentwirrbaren Handgemenge führten.

Die erste Phase der Belagerung erreichte ihren Höhepunkt bei einem von Alvarado und Cortés gemeinsam unternommenen Angriff am 9. Juni. Beide gingen auf die gleiche Weise vor, was nur durch unablässige Beharrlichkeit angesichts immer neuer Hindernisse möglich war, deren gefährlichste die Lücken in den Dämmen waren, die durch das Aufziehen oder die Zerstörung der Brücken entstanden. Kaum weniger gefährlich waren unzählige Flankenangriffe der Kanus. Bei der Überwindung beider Hindernisse leisteten die Brigantinen unschätzbare Dienste, und mit ihrer Hilfe gelang es Cortés schließlich nach stundenlangen Kämpfen »Fuß an Fuß«, das große Teocalli im Herzen der Stadt zu erreichen. Die Überzahl der Feinde zwang die Spanier, ihre tlaxcatekischen Bundesgenossen auf deren Erzfeinde loszulassen. Als dann bei den Tlaxcateken aus einer Panik heraus eine Rückzugsbewegung einsetzte, hätte diese leicht in allgemeiner Flucht und dem Verlust einer Kanone enden können, wenn nicht im richtigen Augenblick drei Reiter erschienen wären und die Phantasie der Mexikaner diese drei in Vitzliputzli-weiß-wieviele verwandelt hätte. Immerhin war das nicht *nur* ein Wunder, denn die Reiter hätten nicht bis mitten in die Stadt vordringen können, wenn Cortés nicht mit größter Entschiedenheit dafür gesorgt hätte, daß alle Lücken im Damm, die er hinter sich ließ, alsbald ausgefüllt wurden. Insgesamt aber führte diese Schlacht, abgesehen davon, daß unterwegs, um künftigen Flankenangriffen vorzubeugen, viele Häuser zerstört und wertvolle Erfahrungen gesammelt worden waren, zu keinen dauerhaften Ergebnissen.

Die zweite Phase der Belagerung umfaßt den restlichen Teil des Juni. Es kam ständig zu Kämpfen um die Dämme, weil die Lücken mit dem Schutt zerstörter Häuser aufgefüllt werden sollten. Die Blockade der Stadt wurde dadurch verschärft, daß zwei Brigantinen Auftrag bekamen, die Kanus, welche im Schutze der Nacht Proviant und Wasser in die Stadt schafften, zu verfolgen und zu kapern. »Kein Tag verging, ohne daß die Brigantinen Kanus als Prisen einbrachten, während viele Indianer an den Masten hingen.« Cuauhtemoc entwarf raffinierte Pläne, um die Brigantinen in Fallen zu locken und dann zu versenken; aber obwohl es ihm einmal gelang, zwei Schiffskapitäne zu töten, ging kein Schiff verloren.

Während dieses Teils der Belagerung begann das Ansehen der Mexikaner im Tal der Lagune zu schwinden. Cortés war begeistert, als ihm »Don Fernando«, der neue König von Tetzcuco, dreißigtausend gut bewaffnete Krieger schickte, und mehr noch über die Huldigung der Stadt Xochimilco und der Otomi; denn beide waren strategisch von großer Bedeutung, weil sie die Haltung der Stadt Cuyoacán und des zugehörigen Bezirks zum Guten oder Bösen beeinflussen konnten. Das Beispiel machte Schule in Iztapalapa, Churubusco, Mexicalcingo, Culhuacan, Mizquic und Cuitlahuac – alles Städte und Pueblos auf der Lagune, die ihm ihre Huldigung anboten. Cortés nahm ihre Freundschaft bereitwillig an, bat jedoch darum, daß sie ihn bei der Belagerung mit bewaffneten Kanus unterstützten und in Xoloc ein Lager für ihn bauten, was sie in kürzester Zeit zu seiner großen Zufriedenheit ausführten. Im übrigen verging die Zeit mit langweiligen, aber gefährlichen Kämpfen um Lükken in den Dämmen, die mit Schutt aufgefüllt wurden, am nächsten Morgen aber von den hartnäckigen Mexikanern wieder durchstochen worden waren. Dabei bereiteten Cortés nicht die Kämpfe die größten Sorgen, sondern eben die Arbeit des Zuschüttens. Bernal Diaz berichtet, den zu dieser Arbeit Kommandierten sei es unehrenhaft erschienen, daß andere kämpfen durften, während sie nur arbeiteten. Alvarado mußte daher seine drei Kompanien nach einem genauen Plan abwechseln lassen, um Zwist zu vermeiden. Zudem wurde das Heer unruhig. Mehrere Male war es Cortés und Alvarado gelungen, bis in den Stadtkern vorzudringen und unter den Feinden Verwirrung anzurichten. Das hatte zwischen den beiden Korps eine gewisse Rivalität aufkommen lassen, welches von ihnen zuerst den Tianquiztli oder Marktplatz erreichen und vielleicht erobern würde, was nach Meinung der Spanier das Ende jeden Widerstandes bedeuten mußte. Unter dem Druck seiner Männer ließ sich Alvarado zu einer seiner unüberlegtesten Operationen hinreißen. Verlockt von den Mexikanern, die einen überstürzten Rückzug vortäuschten, vergaß er Cortés' immer wiederholten Befehl, niemals eine Lücke unausgefüllt hinter sich zu lassen. Plötzlich wurde er von starken Kräften nach Tacuba zurückgeworfen. Der Weg war jetzt versperrt, und der einzige Ausweg führte ihn in eine gefährliche Falle: eine breite, absichtlich aufgerissene Lücke im Damm, durch die seine Männer schwimmen mußten, wobei sie von einem Schwarm bewaffneter Kanus wütend angegriffen wurden. Fünf Spanier wurden gefangengenommen und für den Opferstein bestimmt. Bernal Diaz entging diesem Schicksal wie durch ein Wunder.

Cortés vernahm diese Nachricht mit größtem Mißfallen, weil er darin einen Verstoß gegen seinen oft wiederholten Befehl erblickte, alle Lücken in den Dämmen auszufüllen. Er begab sich in Alvarados Hauptquartier, war aber verblüfft zu sehen, wie weit sein Untergebener in die Stadt vorgedrungen war und wieviele Brücken er fest in seiner Hand hatte. Er spricht das in seinem Bericht an den Kaiser offen aus. Sein Mißfallen über die Schlappe verflog fast ganz, und es ist kaum zweifelhaft, daß während dieses Besuches im Lager seines erfolgreichen Untergebenen in seinem Unterbewußtsein die Federn gespannt wurden, die seinen nächsten, ernsteren Rückschlag auslösen sollten.

Alvarados Erfolg war jedoch teuer erkauft worden, und die unerbittlichen Mexikaner hatten hin und wieder die Möglichkeit, ansehnliche Scharen von Spaniern sowie zahllose Indianer Uitzilopochtli zu opfern. Torquemada nennt achtzehn von Alvarados und dreiundfünfzig von Sandovals Korps. Von ihren Quartieren und Barrikaden aus konnten die Spanier sehen, wie ihre Kameraden die Stufen zum Opferstein hinaufgeführt und wie nach der Zeremonie ihre Leiber wie beim Metzger unter die Mexikaner verteilt wurden. Was sie dort schaudernd ansehen mußten, bedeutete den Mexikanern nur Heilige Kommunion und Zeugnis ihres Sieges. Die Priester, Hüter des Kalenders und Deuter der Gestirne, konnten die Leiber der geopferten Weißen als handgreifliche Beweise dafür ausgeben, daß der Erfolg zurückkehre, zumal am Jahrestag des 30. Juni, an dem die Spanier einst über jenen Damm geflüchtet waren, den Alvarado jetzt in seiner Hand hatte.

Wenn die Götter Unheil sinnen, können sie stets darauf rechnen, daß sich Menschen finden, die ihnen den Weg dahin bahnen. Cortés stellte fest, daß sein Lager ernstlich beunruhigt war – aber nicht über Cuauhtemocs Widerstand, sondern über Alvarados Vormarsch. Seine Leute waren entschlossen, den strategisch wichtigen Tianquiztli zu erreichen, ehe ihnen Alvarados Korps diese Ehre wegschnappte. Alvarados Leute setzten ihren Kommandeur aus denselben Gründen auf ähnliche Weise unter Druck. Cortés widersetzte sich. »Ich versuchte mich nach Kräften zu drücken«, erklärt er dem Kaiser, »obwohl ich meine Gründe für mich behielt, nämlich die Gefahren und Hindernisse, die ich wahrnahm; denn zwischen uns und dem Marktplatz lagen zahllose Terrassen, Brücken und aufgerissene Straßen, so daß jedes Haus, das wir passieren mußten, zu einer Insel im Wasser geworden war.«

Schließlich gab er nach. Warum? Oberflächlich betrachtet, gab er offenbar nach, weil er sehr empfindlich für das war, was er »öffentliche Meinung« nannte, und weil der Sprecher und vielleicht gar der Anführer dieser öffentlichen Meinung in seinem Korps der Schatzmeister Alderete war, den zu mißachten der Politiker in ihm sich versagte. Obwohl diese Faktoren zu seinem Entschluß beigetragen haben, können sie ihn doch nicht geboren haben; denn gewöhnlich vermochte Cortés der »öffentlichen Meinung« entweder offen (so in der Frage seines zweiten Angriffs auf Mexiko) oder auf machiavellistische Weise (so in zahlreichen kritischen Augenblicken der Eroberung) zu widerstehen. Was für seinen Entschluß, die Stadt anzugreifen, den Ausschlag gab, war der tiefe Eindruck, den Alvarados Vordringen auf ihn gemacht hatte, und die zweifellos daraus entstandene Befürchtung, daß Alvarado ihm zuvorkommen könnte.

Immerhin versagte er sich das ordinäre Vergnügen, in die Niederungen einer Balgerei um den Ruhm hinabzusteigen, sondern plante sorgfältig einen gemeinsamen Angriff. Er befahl Sandoval, mit seinem ganzen Korps nach dem Tacuba-Damm hinüberzuwechseln und nur zehn Reiter mit indianischen Hilfstruppen in Tepeyac zu lassen; infolgedessen konnte Alvarado siebzig bis achtzig Mann an Cortés abgeben. Da Cortés auch diesmal die Politik nicht aus dem Auge verlor, gab er dem Schatzmeister Alderete eines der wichtigsten Kommandos; er sollte das noch an selbigem Schicksalstage bitter bereuen. Der gemeinsame Angriff wurde auf Sonntag, den 30. Juni, festgesetzt und sollte nach der Frühmesse beginnen; sein wichtigster Befehl war, alle Lücken im eigenen Rücken aufzufüllen. Der erste Ansturm war erfolgreich: Sandoval und Alvarado drangen bis an den Rand des Tianquiztli vor, und die drei Kompanien des Cortés waren nicht weniger erfolgreich. Aber aus Gründen, die weder Bernal Diaz noch Cortés selbst sehr deutlich beschreiben, verwandelte sich eine Rückzugsbewegung der Vorhut dadurch in eine Katastrophe, daß Cortés' Befehl, die Lücken aufzufüllen, nicht beachtet worden war. Eine der Lücken, die sie vorher auf einer leichten Behelfsbrücke überquert hatten, trafen sie offen an, als die abermalige Überquerung auf dem Rückzug eine Frage von Tod oder Leben war. Viele Spanier bezahlten dieses tragische Versäumnis mit Tod oder Gefangenschaft. Cortés, der zu einer Besichtigung nach vorn gekommen war, vermochte die verhängnisvolle Flucht nicht aufzuhalten: »Halt, halt!« schrie er, »haltet an! Wie könnt ihr dem Feinde den Rücken kehren?« Plötzlich war er selbst umzingelt, wurde am Bein verwundet und von mehreren Mexikanern gepackt, die dieses edelste Herz dem Uitzilopochtli opfern wollten. Aber derselbe Olea, der ihm schon in Xochimilco das Leben gerettet hatte, trennte mit einem Säbelhieb dem Mexikaner, der ihn festhielt, die Hand vom Leibe. Nach weiteren Kämpfen, in denen Olea fiel, konnte sich Cortés dem Schwarm seiner Feinde, den Wasserfluten und dem Schlamm entwinden. Inmitten des Handgemenges gab man ihm ein Pferd, und er ritt von dannen, um sich wieder ins Kampfgetümmel zu stürzen.

Der düstere Klang der heiligen Trommel Tlapanhuehuetl, den Spaniern nur zu gut vertraut, verriet ihnen, daß abermals einige ihrer Kameraden geopfert wurden. Alvarado führte ein tapferes Rückzugsgefecht gegen die Mexikaner, die durch den Klang von Cuauhtemocs Trompeten zu wilder Todesbegeisterung aufgestachelt wurden. Einige von ihnen packten plötzlich die abgeschlagenen Köpfe von fünf Spaniern an den Bärten und schleuderten sie den Christen entgegen, wobei sie riefen, Malintzin sei tot. Die Mexikaner, die gegen Cortés kämpften, bewarfen dessen Leute gleichfalls mit vier Köpfen und schrien, Alvarado und Sandoval seien getötet worden. Cortés war tief erschüttert, übertrug Olid das Kommando und schickte Tapia mit drei Reitern auf dem Landwege nach Tacuba, um festzustellen, ob Alvarado und sein Korps tot oder lebendig seien. Mittlerweile wurde Sandoval, der bereits dreimal verwundet worden war, ebenso scheußlich bombardiert – mit den Köpfen von sechs Spaniern und der Nachricht, daß Malintzin tot sei. Diese planmäßige Anwendung von Terror und Lügenmeldungen ist nur ein weiterer Beweis, wie systematisch – und nicht nur heldenhaft – Cuauhtemoc die Verteidigung leitete.

Nachdem Sandoval seine Truppe vom Feinde gelöst hatte, übergab er das Kommando Luis Marin und sprengte selbst, verwundet und bandagiert wie er war, nach Cortés' Hauptquartier hinüber. »Nun, Herr General«, sagte er, »wie steht es mit den guten Methoden und Kriegslisten, die Ihr uns gelehrt habt? Wie ist es zu diesem Rückschlag gekommen?« Cortés, der zu dem jungen Offizier väterliche Zuneigung empfand, sagte mit Tränen in den Augen: »O mein Sohn Sandoval, meine Sünden haben dies über mich gebracht. Und doch bin nicht ich so schuldig, wie unsere Offiziere und Soldaten sagen, sondern der Schatzmeister Alderete; ich hatte mich darauf verlassen, daß er jene Lücke zuschütten würde, doch hat er es nicht getan, weil er den Krieg nicht kennt und nicht zu gehorchen gewohnt ist.«

Sandoval überließ es seinem verwundeten General, hierüber mit dem Schatzmeister zu rechten, und galoppierte nach Tacuba zurück, wo er Bernal Diaz und sechs andern spanischen Soldaten behilflich war, die bis an die Brust im

Wasser standen und eine Brigantine zu retten versuchten, welche die Mexikaner auf Strand gesetzt hatten. Dann befahl er den schwierigen Rückzug – schwierig nicht nur wegen heftiger Angriffe der Mexikaner, die ihn noch zweimal verwundeten und dazu auch noch sein Pferd, sondern weil seine Soldaten sich weigerten zurückzugehen, bis er sie »um der Liebe für unsere teuren Brüder willen« darum bat. Damit meinte er Alvarado und dessen Reiter, die gefährdet waren, solange der Kampf andauerte. Gab es endlich Ruhe? Abermals ließ Tlapanhuehuetl mit ihrem dumpfen Klang manchem tapferen Spanier das Blut in den Adern gerinnen. Der übervolle Tag war noch nicht zu Ende, und der drohende Himmel war noch hell genug, um Sandoval, Alvarado und ihre Männer erkennen zu lassen, daß oben auf dem Teocalli viele von ihren Kameraden mit Federn auf den Köpfen tanzen mußten, bis sie auf den Opferstein gelegt und schließlich am Fuß der blutverschmierten Stufen in Stücke gehackt wurden. Die Mexikaner meinten das nicht böse. Sie taten nur ihre Pflicht gegenüber Vixtocioatl, der Salzgöttin, deren Fest in jenem Monat begangen wurde.

Dieser Rückschlag, den das launische Schicksal auf den Jahrestag der Katastrophe vom Vorjahr gelegt hatte, gereichte im ganzen Cortés dennoch zum Glück im Unglück. Zwar beeilten sich die Mexikaner, alle Lücken in den Dämmen wieder aufzureißen, und schickten auch als eindrucksvolle Werbung für ihre Sache die abgeschlagenen Köpfe von Spaniern und Pferden an die umliegenden Stämme. Aber aus Müdigkeit und vielleicht auch aus Hunger verzichteten sie mehrere Tage lang auf kriegerische Operationen, so daß die Spanier Zeit hatten, ihre Wunden zu pflegen, und ihr General Muße, die Lage zu durchdenken. Als erstes verbesserte Cortés seine Bewaffnung. Weil die Schwerter für die amphibischen Operationen zu kurz waren, ließ er der Infanterie Speere machen. Um jene Zeit suchte außerdem ein Schiff, das an Ponce de Leóns mißglückter Expedition nach Florida teilgenommen hatte, in Veracruz Zuflucht und brachte willkommenen Nachschub an Armbrüsten und Schießpulver. Taktisch war daher die Lage nicht so ungünstig, wie man hätte meinen können, und strategisch schien Cortés' Herrschaft über das Tal trotz Cuauhtemocs Propaganda nicht beeinträchtigt worden zu sein.

Diese Zeit der Ruhe und Erholung war aber trotzdem kein Waffenstillstand. »Damit die Leute in der Stadt nicht stolzer würden oder unsere Schwäche errieten, zogen jeden Tag einige Spanier zu Fuß und zu Pferde in die Stadt zum Kampf, obwohl sie lediglich einige Brücken zu erobern vermochten.« Diese täglichen Vorstöße wurden um so ausgedehnter, je mehr sich das Heer körperlich erholte und seine Rüstkammern wieder füllte. Cortés sah jedoch ein, daß etwas Drastisches geschehen müsse, um den zähen Widerstand Cuauhtemocs zu brechen. Es war nötig, jedes einzelne Haus beim Vormarsch zu zerstören. Das war ihm höchst unangenehm, denn er nennt die Stadt in seinem Brief an den Kaiser »das Schönste, was es auf der Welt gibt«. Er rief die Anführer seiner indianischen Verbündeten zusammen und teilte ihnen seine Absicht mit, damit sie im Gefolge der Soldaten Arbeitstrupps zum Einreißen der Häuser bereitstellten; als unerbittliche Feinde Mexikos erklärten sie sich dazu nur zu gern bereit.

Nachdem Cortés beobachtet hatte, wie eifrig die Mexikaner Reiter verfolgten, die sie in Gefahr glaubten, legte er ihnen nach sorgfältiger Vorbereitung einen Hinterhalt, in dem fünfhundert ihrer besten Krieger getötet wurden. An jenem Abend, so schreibt Cortés in seiner gleichmäßigen Handschrift an den Kaiser, hatten die tlaxcatekischen Freunde der Spanier »ein gutes Nachtmahl, denn sie nahmen alle Gefallenen und zerhackten sie, um sie zu verspeisen«. Dieses Gefecht stellte das Ansehen seiner Kavallerie in erstaunlichem Maße wieder her und fügte dem Kampfgeist von Cuauhtemocs Leuten schweren Schaden zu, nicht jedoch, wie die Zukunft lehren sollte, dem Kampfgeist des ungestümen Häuptlings selbst.

Einzelne Mexikaner schlichen sich bei Nacht aus der Stadt und kamen, vom Hunger getrieben, ins spanische Lager. Die Belagerten versuchten nachts auch zu fischen und wanderten in den dunklen Stadtteilen, die bereits in spanischer Hand waren, umher in der Hoffnung, Wurzeln oder Gräser als Nahrung zu finden. Cortés griff diese Marodeure bei Morgengrauen an, stellte aber fest, daß es sich um den schwächeren Teil der belagerten Einwohner handelte: Unbewaffnete und großenteils Frauen und Kinder. Hier haben wir eine der schmerzlichsten Szenen im Leben dieses schwierigen Mannes. Er hatte den aufrichtigen Wunsch, so wenig Leid wie möglich zu verursachen, und schreibt doch ruhig an den Kaiser: »In allen Teilen der Stadt, in denen wir uns bewegen konnten, taten wir ihnen soviel Schaden, daß es mehr als achthundert Tote und Gefangene gab. Dazu nahmen die Brigantinen viele Leute in den Kanus, in denen sie fischten, gefangen. So kehrten wir mit viel Beute und Nahrung für unsere Freunde ins Lager zurück.«

Inzwischen wurden die Lücken in den Dämmen ständig zugeschüttet. Cortés selbst ging allen mit gutem Beispiel voran und trug eigenhändig Planken und Erde herbei. Tag für Tag nahm die Belagerung den gleichen Verlauf: Kämpfe, Zuschütten der am Tage eroberten Dammlücken, Zerstörung der Gebäude links und rechts von den Dämmen, Besetzung der eroberten Teile. Eines Tages sah das von Cortés geführte Korps von den Türmen des Teocalli in Tlatelolco Rauch aufsteigen. Sie wagten kaum ihren Augen zu trauen, nahmen aber an, daß Alvarado es erobert habe. An jenem Tage muß Cortés gespürt haben, wie es viele seiner Soldaten zum Sturme trieb. Aber er hatte sich seine Lehre zu Herzen genommen; mochten ihn auch nur noch eine Brücke und ein Kanal vom Marktplatz trennen, er blieb bei seiner nüchternen Arbeit, sich einen festen Damm zu bauen. Am nächsten Tage trafen seine Leute zu ihrer Freude Alvarados Vorhut in der Stadt, und Cortés ritt mit einigen Begleitern nach dem nahe gelegenen Marktplatz. Er war leer, doch wimmelten die umliegenden Terrassen von Feinden, die ihr neu gewonnener Respekt vor den Pferden in Schach hielt. Dann stieg er auf das Teocalli hinauf, wo er die Köpfe vieler Spanier vorfand. »Von jenem Turm aus«, schreibt er an den Kaiser, »sah ich alles, was wir von der Stadt erobert hatten, gewiß sieben Achtel. Ich bedachte, daß so viele Menschen unmöglich auf so engem Raum leben konnten, zumal da sie so entsetzlichen Hunger litten, hatten wir doch auf den Straßen abgenagte Wurzeln und Baumrinde gefunden. Darum beschloß ich, den Kampf für einen Tag einzustellen und ihnen eine Kompromißlösung vorzuschlagen, auf daß nicht so viele Menschen zugrunde gingen. Denn angesichts dessen, was wir ihnen angetan hatten, empfand ich viel Kummer und Mitleid und bot ihnen immer wieder Frieden an. Sie antworteten, daß sie sich keinesfalls ergeben, sondern kämpfend sterben würden, solange noch ein einziger von ihnen übrigblieb.«

Getrieben von dem aufrichtigen Wunsch, unnötige Härten zu vermeiden, und ferner von dem Verlangen, den Schatz zu bergen, der noch in Cuauhtemocs Hand war, tat Cortés sein Bestes, um die friedliche Übergabe der Stadt zu erreichen; denn das meint er, wenn er in seinem Bericht an den Kaiser erwähnt, er habe »Frieden« angeboten. Seine Männer verlangten nicht weniger danach. Selbst die Tapfersten unter ihnen benötigten ihre ganze Kraft, um die scheußlichen Bilder zu ertragen, die ihnen ein ebenso grausamer wie erfindungsreicher Feind vorsetzte, und Bernal Diaz scheut sich nicht, die Todesangst einzugestehen, die er empfand, wenn er ansehen mußte, wie seine Freunde vor seinen Augen Vitzliputzli geopfert wurden. Er war tapfer genug, um sich solches Eingeständnis leisten zu können, und die meisten seiner Kameraden besaßen nicht weniger Mut. Die unablässige Anspannung war jedoch schrecklich, die Verpflegung dürftig, Ruhe gab es nur selten, und auch dann wurde sie immer wieder unterbrochen von Lärm, Alarmrufen, Bränden und dauerte niemals über Tagesanbruch hinaus. Dann begannen die früh aufstehenden mexikanischen Regimenter den Kampf aufs neue. Gegen Ende der Belagerung konnten die Spanier näher am Stadtteil Tlatelolco biwakieren, der noch als einziger belagert wurde; aber dieser Vorteil mußte mit einer fürchterlichen neuen Qual bezahlt werden: dem Gestank der Tausende von Toten, welche die Mexikaner nicht begraben konnten und nicht verbrennen wollten. So war es nur natürlich, daß die Belagerer Sehnsucht nach Frieden hatten.

Wie stand es mit den Belagerten? Cortés' Bericht läßt vermuten, daß Cuauhtemoc selbst das größte Hindernis für eine Kapitulation gewesen sei; aber gelegentlich neigt Cortés infolge der Nüchternheit seines scharfen, klaren und sozusagen klassischen Denkens dazu, komplizierte Zusammenhänge zu vereinfachen, die wir in der malerischen Unordnung von Bernal Diaz' Chronik wahrheitsgetreuer dargestellt finden. Cortés hatte drei angesehene Kriegsgefangene zu Cuauhtemoc geschickt, damit sie Friedensverhandlungen einleiteten. Diese Offiziere fürchteten sich offenbar davor, mit solchem Auftrag vor dem kriegerischen Uei Tlatoani zu erscheinen, und trugen ihre Botschaft unter Tränen vor. Cuauhtemoc aber rief, nachdem er sich zuerst entrüstet gezeigt hatte, seinen Kriegsrat zusammen; »denn wir erfuhren später, daß er geneigt gewesen sei, Frieden zu machen«. Im Rat nicht weniger tapfer als im Kampf, vertrat der junge Kaiser den Friedensvorschlag vor seinen Offizieren und Priestern: die Brigantinen beherrschten die Lagune, die Reiter bewegten sich frei in der Stadt, es gebe weder Nahrung noch Wasser, und sie würden von ihren eigenen Toten bedrängt. Der Kriegsrat aber folgte ihm nicht, sondern meinte, die Weißen würden sie alle versklaven, weshalb es besser sei zu sterben. Darauf erklärte Cuauhtemoc: »Hinfort werde ich jeden töten, der mir noch von Frieden spricht.«

Diese Szene erklärt die Haltung, welche die Belagerten gegenüber Cortés' immer neuen Friedensangeboten einnahmen. Eines Tages kamen seine Spanier in großer Begeisterung mit der Nachricht zu ihm, daß einige angesehene Mexikaner ihn an der Barrikade zu sprechen wünschten. Als Cortés dort erschien, bekam er nur einen leidenschaftlichen Appell seiner verzweifelten Feinde zu hören: »Ihr seid ein Sohn der Sonne, und die Sonne umkreist die Welt an einem Tage. Warum tötet Ihr uns nicht an einem Tage und macht damit unserm Elend ein Ende?« Er redete zu ihnen von Frieden, doch gelang es ihm nicht, ihren unerschütterlichen Entschluß ins Wanken zu bringen.

Dieser Vorfall machte auf ihn solchen Eindruck, daß er beschloß, einen seiner wertvollsten Gefangenen mit einer Friedensbotschaft zu Cuauhtemoc zu schicken. Cuauhtemoc hielt Wort, ließ den Boten Uitzilopochtli opfern und erwiderte das Friedensangebot mit einem heftigen Angriff, bei dem die Christen ein Pferd, die Mexikaner aber viele Männer verloren. Am nächsten Tag drang Cortés in den Teil der Stadt ein, wo die Mexikaner noch aushielten, befahl jedoch, es solle nicht gekämpft werden, weil er hoffte, der Feind werde sich ergeben. Er ritt auf eine der Barrikaden zu und rief einige mexikanische Offiziere herbei. Vom Pferde herab sagte er ihnen, es stehe in seiner Macht, sie alle innerhalb einer Stunde zu vernichten. Dann bat er sie, man möge Cuauhtemoc zu ihm bringen, und versprach, weder dem Kaiser noch einem seiner Untertanen solle ein Haar gekrümmt werden. »Ich setzte noch mehr hinzu, womit ich viele zu Tränen rührte. Weinend sagten sie, sie würden ihren Gebieter holen, und ich solle mich nicht von der Stelle rühren.« Bald kehrten sie zurück und erklärten, es sei zu spät, aber Cuauhtemoc würde am nächsten Tage nach dem Tianquiztli kommen. Cortés, der immer an alles dachte, ließ das Ereignis sorgfältig vorbereiten und befahl, daß auf dem Podest in der Mitte des Marktplatzes ein Mahl serviert werden solle. Er wartete jedoch umsonst. Cuauhtemoc kam nicht, und seine Boten fanden für sein Fernbleiben viele Entschuldigungen. Cortés nahm sie freundlich auf, gab ihnen zu essen und schickte sie mit Vorräten für Cuauhtemoc und einer neuen Einladung zu Verhandlungen zurück. Die Abordnung kehrte mit einem Geschenk von Baumwolldecken wieder – anscheinend ahnten die Mexikaner etwas von dem spanischen Sprichwort: »Höflichkeit hindert nicht den Mut« – und mit dem Versprechen, er werde am nächsten Tage kommen. Cortés wartete abermals vergeblich.

Seine Geduld war erschöpft. Er befahl den Angriff. Im Verlauf der Kämpfe eroberten Bernal Diaz und andere Männer von Alvarados Korps einen kleineren Tempel, in dessen Innerem sie eine ganze Reihe von Köpfen geopferter Spanier entdeckten, »und ihr Haar und Bart waren viel länger als bei Lebzeiten, was ich nicht geglaubt haben würde, wenn ich es nicht mit eigenen Augen gesehen hätte«. Solche Bilder, die ihnen beim Eindringen in die Stadt täglich begegneten, und dazu der unerträgliche Gestank der toten Indianer machten es immer dringlicher, den Rest der Stadt mit einem letzten Ansturm zu nehmen. Cuauhtemoc hatte sein Hauptquartier in ein Kanu verlegt; denn in dem Rest der Stadt war für die Überlebenden kaum noch Raum, um sich in der schauerlich stinkenden Gesellschaft der Toten zu bewegen.

Am 13. August 1521 führte Cortés seine Truppen zum letzten Sturmangriff dieser zähen Belagerung, die Ende Mai begonnen hatte. Alvarado griff von Tacuba aus an, Cortés selbst über den Hauptdamm und Sandoval vom Wasser aus. Selbst in zwölfter Stunde noch versuchte Cortés zu retten, was von Mexiko in der Katastrophe dieses letzten Sturmangriffes unter Beteiligung von Tausenden wütender Tlaxcateken noch zu retten war. Er stieg auf eine Terrasse und sprach zu seinen Feinden. Der Ciuacoatl persönlich antwortete ihm, daß Cuauhtemoc unter keinen Umständen Frieden machen wolle, sondern lieber sterbe. »Geht zu euern Leuten zurück und rüstet euch für den Tod«, war Cortés' Entgegnung.

Zivilisten drängten sich in den Straßen und flohen auf die spanischen Linien zu. An allen Straßenecken hatte Cortés Spanier postiert, um die indianischen Hilfstruppen zu hindern, die Zivilisten zu töten, was er auch den indianischen Offizieren strikt verboten hatte. »Und doch konnten wir nicht verhindern, daß über fünfzehntausend Menschen getötet wurden.«

Das rasche Vordringen der beiden Armeekorps zwang die Überreste der Garnison in die Kanus. Sandoval bemerkte das sofort und befahl seinen Brigantinen die Verfolgung, wobei er Weisung gab, Cuauhtemoc gefangenzunehmen und gut zu behandeln. Einem der Kommandanten, García Holguín, fiel ein Kanu auf, das von den andern abstach. Als seine Armbrustschützen darauf zielten, winkten ihnen einige Mexikaner zu, sie sollten nicht schießen, und zeigten auf den Uei Tlatoani. Cuauhtemoc wurde gefangengenommen, was zwischen Sandoval und García Holguín zu einem hitzigen Streit darüber führte, wessen Gefangener der Kaiser nun sei. Die Entscheidung brachte eine Nachricht von Cortés, der den Gefangenen unverzüglich zu sehen wünschte.

Cortés erwartete seinen Gefangenen am Rande der Lagune. Cuauhtemoc, dem andere fürstliche Gefangene folgten, landete zwischen Sandoval und Holguín und verneigte sich tief. Cortés empfing ihn herzlich, umarmte ihn und ließ ihn neben sich in der heißen Sonne sitzen. »Malintzin«, sagte der Kaiser zum Sieger, »ich habe alles getan, was ich zur Verteidigung meiner Stadt zu tun verpflichtet war. Mehr kann ich nicht tun. Da ich nun gezwungenermaßen als Gefangener zu Euch komme, so nehmt den Dolch von Euerm Gürtel und tötet mich alsbald.« Er streckte die Hand nach der Waffe aus und weinte. Cortés erwiderte sanft, daß er ihn wegen seines Mutes höher denn je achte, wiewohl er gewünscht hätte, die Stadt vor der Zerstörung bewahrt zu sehen; er solle sich nicht mehr fürchten. Er fragte Cuauhtemoc nach dessen Frau und den andern Damen, ließ sie ausfindig machen und war überhaupt in jeder Hinsicht bemüht. Als es zu regnen anfing, brachte er sie alle in sein Hauptquartier nach Cuyoacán.

Als sie gegangen waren, fühlte das Heer eine überwältigende Stille herabsinken, als seien alle plötzlich taub geworden. Dreiundneunzig Tage lang hatten sie unter dem unaufhörlichen Lärm verbracht, der aus Explosionen, Alarmgeschrei, Befehlen, Klopfen, Gebrüll von Opfern und dem grausam dumpfen Dröhnen der heiligen Trommel zusammengesetzt war. Auf einmal waren alle diese Äußerungen des wilden Kriegsgottes Vitzliputzli verstummt. Der Friede schwebte über ihren müßigen Händen und bedrückte sie durch seine Stille. Die spanischen Soldaten blieben allein mit ihren Gedanken, allein in den schweigenden Räumen ihrer Seelen.

VI.
Sieg über sich selbst

Die Eroberung erobert den Eroberer

Jene Nacht muß für Cortés die erste wirklich ruhige Nacht gewesen sein, seitdem er sich entschlossen hatte, Mexiko zu erobern. Dennoch kann es nicht eine Nacht voll tiefer, ungetrübter Zufriedenheit gewesen sein. Er hatte manch einen Freund verloren, und die Aufrichtigkeit seiner Trauer findet selbst in seinen kühlen Berichten an den Kaiser Ausdruck. So schreibt er über den Tod seines jungen Untergebenen Cristóbal de Guzmán: »Sein Tod schuf im ganzen Lager so viel Traurigkeit, daß denen, die ihn kannten, der Schmerz noch heute ungemindert gegenwärtig ist.« Sein Gefühl war allmählich abgestumpft, weil er den Kannibalismus seiner indianischen Bundesgenossen ertragen mußte – er, der die Eroberung als unermüdlicher Kämpfer gegen Menschenopfer begonnen hatte. Er war gezwungen worden, die schöne Stadt zu zerstören, die er durch politische Kunst und machiavellistische Geduld zu erobern geträumt hatte. Ganze Kompanien seiner Soldaten waren vor seinen Augen Vitzliputzli geopfert worden, und sein Weg zum Sieg hatte durch ein Meer von Leichen hindurchgeführt. Cortés war nicht der Mann, der über einen so teuer erkauften Sieg jubilierte. In der Nacht nach der zweiten Eroberung Mexikos muß er wehmütig der Nacht nach seinem ersten Sieg gedacht haben, als er im Glanz von Moteczumas Hofstaat und umwölkt von Weihrauch die Verkörperung Quetzalcoatls gewesen war.

Glücklicherweise bewahrten ihn vor quälender Grübelei sein kräftiger Tatendrang und die Erfordernisse der Stunde, die niemals verstummten. Seine erste Sorge galt der Gesundheit der schwer heimgesuchten Stadt. Er befahl Cuauhtemoc, die Wasserleitung wiederherzustellen und die Toten zu begraben, danach die Straßen und Brücken instandzusetzen und die Häuser wiederaufzubauen und schließlich seinem Volk zu sagen, es möge binnen zwei Monaten in die Stadt zurückkehren, in der nur einzelne Bezirke für die Spanier abgeteilt wurden. Mit seinen Offizieren und Leuten besprach er, wo die spanische Hauptstadt errichtet werden sollte, und entschied sich für Tenochtitlán selbst, vor allem, wie er selber sagt, »weil es immer schon solchen Ruhm genossen hat«.

Schon wenige Monate später konnte er dem Kaiser schreiben: »Die Stadt Tenuxtitlán wird wieder aufgebaut und sieht sehr schön aus. Euer Majestät dürfen glauben, daß sie von Tag zu Tag nobler wird, damit sie, wie sie Hauptstadt und Gebieterin all dieser Provinzen gewesen ist, dieses auch künftig wieder sein wird.«

Mit solchem Höhenflug schöpferischer Staatskunst tröstete er sich über manche Unzuträglichkeiten in seinem Heer; denn die Stunde, da es Beute gibt, ist für Menschen eine traurige Zeit. Cuauhtemoc beklagte sich darüber, daß die spanischen Soldaten vielen Mexikanern ihre Frauen und Töchter gestohlen hätten. Cortés ermächtigte ihn, die drei spanischen Lager zu durchsuchen und die Frauen zurückzufordern. Bernal Diaz berichtet, daß alle Frauen gefunden wurden, daß aber bis auf drei alle bei den Spaniern zu bleiben wünschten, was kaum glaubhaft ist. Immerhin war die menschliche Beute leichter zu verteilen als das Gold. Jetzt schlug die Stunde, für welche die Männer gekämpft hatten; die Stunde, da sie aus Armut und Entbehrung zu Wohlleben und Reichtum aufsteigen sollten. Nach dem einfachen Wirtschaftsverhältnis jener Zeit und vielleicht aller Zeiten war Gold das Wahrzeichen des Reichtums. Jeder träumte von Gold. Cortés hatte seinem Heer zur Feier des Sieges ein Festmahl gegeben, »zu dem wir viel Wein hatten, der aus Kastilien nach dem Hafen der Reichen Stadt gekommen war, sowie Schweine, die aus Kuba kamen«. Bernal Diaz beurteilt dieses Bankett ziemlich kritisch, teils weil nicht genug Plätze vorhanden waren, teils »wegen vieler nicht eben guter Dinge, die sich dabei zutrugen«. In seinem Manuskript hat er einen langen Absatz gestrichen, der sich mit dieser Angelegenheit beschäftigt: »Denn dieses Gewächs Noahs ließ viele sich sehr töricht benehmen. Es gab Männer, die auf den Tischen herumliefen oder nicht den Weg in den Hof finden konnten; andere wieder, die sagten, sie würden sich Pferde mit goldenen Sätteln kaufen, oder Armbrustschützen, die sich künftig Pfeile und Bolzen aus dem Golde machen wollten, das auf ihren Anteil entfiele.« Diese Szene, die Bernal Diaz mit gerunzelter Stirn schildert, wirft ein helles Licht in die Unterwelt der primitiven Gelüste und naiven Begierden, die Cortés in der Stunde des Triumphes umgaben.

Das ungenierte Streben seiner Soldaten nach Reichtum und Wohlbehagen war jedoch damals keineswegs seine einzige Sorge. Schließlich hatte er von jeher verstanden, die Stürme, die von Zeit zu Zeit seine Mannschaften beunruhigten, dank seiner bewährten Mischung aus demokratischer Taktik und autokratischer Führung zu besänftigen. Jetzt hatte er zur Seite den königlichen Schatzmeister Alderete, dessen Pflicht es war, dafür zu sorgen, daß der König nicht um seinen Fünften betrogen würde, und der darunter fraglos auch verstand, daß des Königs Beamte – die Cortés halten oder stürzen konnten – am Tage der Austeilung nicht vergessen würden. Übrigens war Alderete ein Anhänger Fonsecas und hielt daher gewiß Ausschau, ob Cortés etwa irgendeinen Fehler machte. Das alles waren Dinge, die den Heerführer beschäftigen mußten, der zwar siegreich war, aber noch immer nicht des Königs ausdrückliche Zustimmung zu seinem Vorgehen erhalten hatte, zumal nicht für seine Auflehnung gegen Velázquez, die sozusagen die Erbsünde seines geschichtlichen Daseins war.

Daraus erklären sich die feierlichen Formalitäten, mit denen er sich den Schatz zu sichern suchte, den er am Tage seiner Niederlage in Mexiko zurückgelassen hatte. Die ganze Armee marschierte »in guter Ordnung und in zwei Reihen« auf. Dann kamen Cuauhtemoc selbst und neben ihm die Könige von Tetzcuco und Tacuba, gefolgt von

Weib-Schlange und einer großen Schar anderer Würdenträger. Der mexikanische Hofstaat und die spanischen Offiziere versammelten sich in Coyohuehuetzins Häusern, dem einzigen unversehrten Anwesen, das für eine solche Versammlung groß und gut genug war. Die Terrassen waren mit Vorhängen, Baldachinen und Teppichen reich geschmückt worden. Auf Cortés wartete ein erhöhter Sitz. Der spanische Eroberer bot Cuauhtemoc den Platz zu seiner Rechten, den beiden anderen Königen Plätze zu seiner Linken an. Auf der Terrasse drängten sich spanische Offiziere und Soldaten neben mexikanischen Häuptlingen und Kriegern. Doña Marina stand neben Cortés.

Die erste Frage an den Kaiser lautete: Was war aus dem Schatz geworden, den die Spanier im vorigen Jahr verloren hatten? Alsbald wurden große Reichtümer an Gold und Juwelen hervorgeholt und in der Mitte des Raumes vor den aufmerksamen und erstaunten Augen des königlichen Schatzmeisters niedergelegt. Obwohl es viel war, blieb es doch weit hinter dem zurück, was damals liegengeblieben war, weshalb Cortés darauf drängte, daß alles herbeigeholt würde. Darauf erklärten die Mexikaner, daß sich alles, was fehlte, während der Belagerung verflüchtigt habe. Schließlich waren die Spanier mit dem großen Reichtum, den sie wiedergewonnen hatten, nicht zufrieden, weil noch viel größere Reichtümer nicht aufzufinden waren; aber mindestens vorläufig hielten sie es für klüger, abzuwarten. Die Zusammenkunft endete mit einer Prüfung der Methoden, deren sich die Mexikaner bedient hatten, um von den Provinzen Beiträge zum Staatshaushalt einzutreiben. Bei dieser Gelegenheit entschied Cortés, daß die Provinz Tenochtitlán geteilt werden solle; er beließ Cuauhtemoc die Herrschaft über das ganze Gebiet mit Ausnahme von Tlatelolco, für das er einen gewissen Ahuelitoctzin zum Gouverneur ernannte, »der später Don Juan genannt wurde«.

Cortés sonderte zunächst alle Schmuckstücke und Gegenstände von künstlerischem Wert aus und ließ Offiziere und Mannschaften ihre Zustimmung dazu geben, daß diese Sachen von den Prokuratoren oder Beauftragten der spanischen Städte in Neuspanien dem König als Geschenk überbracht werden sollten. Das übrige wurde eingeschmolzen und ergab hundertdreißigtausend Goldddukaten, von denen ein Fünftel dem gierig wartenden Alderete ausgehändigt wurde; Cortés nahm sich sein Fünftel. Dann kamen die üblichen Ansprüche derer, die ein Pferd verloren hatten (was in Anbetracht des militärischen und wirtschaftlichen Wertes, den ein Pferd damals besaß, nicht unbillig war). Schließlich belief sich der Anteil des einfachen Soldaten auf sechzig Pesos für Reiter und fünfzig Pesos für das Fußvolk.

Enttäuschung nährt Unzufriedenheit. Zwei gefährliche Strömungen bedrohten Cortés. Die eine entsprang bei dem einfachen Soldaten, der von Schulden aufgefressen wurde, die daher rührten, daß er sich Waffen gekauft – eine Armbrust für sechzig, ein Schwert für fünfzig Pesos – oder den Chirurgen Meister Johann bezahlt hatte, der nur schwere Verwundungen behandelte, oder auch einen »Mörder der Gesunden«, der Bader und Apotheker war und gleichfalls gegen Gold behandelte. Gefährlicher noch war, daß Alderete im Verein mit Narváez' und Fonsecas Anhängern im Heer in Cortés' Milde gegenüber Cuauhtemoc einen Beweis dafür zu sehen vorgab, daß diese beiden über dem Volk gemeinsame Sache machten. Es war nicht Cortés' Art, seine besiegten Feinde hinzurichten. Während der ganzen Eroberung hatte er seine wichtigsten Gegner großmütig behandelt, zumal den jüngeren Xicotencatl, Narváez selbst und sogar nach damaligen Maßstäben Cacamatzin. Es war daher nur natürlich, daß er, nun er sich der Herrschaft über Mexiko sicher fühlte, Cuauhtemoc unbehelligt kommen und gehen ließ, mochte er auch formell ein Gefangener sein, und daß er ihm sogar die mehr oder minder nominelle Herrschaft über Tenochtitlán gewährte. Aber die Tatsache, daß sowohl die Mannschaften wie die einflußreiche Gruppe der Fonseca-Anhänger den Verdacht hegten, Cuauhtemoc halte Moteczumas Schatz versteckt, ließ Cortés' Großzügigkeit höchst angreifbar erscheinen. Der kluge General merkte das in dem Augenblick, als Alderete ihn öffentlich aufforderte, er möge Cuauhtemoc foltern, um auf diese Weise dem besiegten König die Wahrheit über den Schatz zu entlocken.

Cortés widersprach, aber die wachsende Unzufriedenheit seiner Soldaten ließ seinen Widerstand gegen Alderetes Druck schwinden, so daß er schließlich einwilligte, daß Cuauhtemoc und der König von Tacuba gefoltert würden. Ihre Füße wurden ans Feuer gehalten. Die Szene ist oft ebenso dramatisch wie ungenau geschildert worden. Auf Grund von Gómara und andern nimmt man an, der König von Tacuba habe flehend zu Cuauhtemoc geblickt, sei von ihm aber hart zurechtgewiesen worden: »Schwimme ich vielleicht in Wonne oder im Bad?« Die Wirklichkeit ist jedoch nicht so einfach, wie diese Erzählung vermuten läßt. Aus dem vorhandenen Material geht deutlich hervor, daß die Folterung beider Könige zwar nicht ergab, wo der Rest von Moteczumas Schatz verborgen lag, daß aber Cuauhtemoc doch neue Andeutungen machte, die zur Entdeckung einiger wertvoller Stücke führten, darunter vor allem eines goldenen Kreises, »Sonne« oder Kalenders, der auf dem Grund eines Teiches in seinem Garten gefunden wurde. Solche und andere weniger wertvolle Funde müssen dazu beigetragen haben, Cortés in den Augen seiner mißtrauischen Soldaten zu entlasten.

Unzweifelhaft hat ihm die Behandlung Cuauhtemocs mißfallen. »Cortés war immer dagegen«, berichtet Torquemada, »und erklärte, sie sollten Gott nicht erzürnen, der ihnen den Sieg geschenkt habe. Aber Alderete drängte, forderte und bedrohte ihn sogar, wobei er andeutete, Cortés habe die ganzen Reichtümer versteckt, und verlangte öffentlich die Folterung . . . Cortés war verärgert und befahl schließlich gebieterisch, die Folterung Cuauhtemocs einzustellen, weil es unmenschlich und habgierig sei, einen König so zu behandeln.«

Diese Darstellung entspricht durchaus dem, was wir von Bernal Diaz und andern Chronisten wissen, und ermöglicht uns, ein ausreichendes Urteil darüber, wieweit Cortés an dieser schändlichen Episode beteiligt gewesen ist. Cortés war verärgert, weil er nicht gehandelt hatte, wie er handeln wollte, sondern wie es ihm die Schwäche seiner Situation geboten hatte; denn seine Herrschaft stand auf tönernen Füßen. Trotzdem wäre es ein moralischer Anachronismus, wollten wir uns einbilden, er habe sich der Folterung Cuauhtemocs aus den gleichen Erwägungen menschlicher Empfindlichkeit widersetzt, die uns – oder einige von uns – heute bewegen. Hätte er das getan, so wäre er seiner Zeit in unerklärlichem Maße voraus gewesen. Cortés fühlte sich nicht deshalb unwohl, weil die Maßnahme, der er zugestimmt hatte, nicht *unsern* Maßstäben entsprach, sondern weil sie den Maßstäben seiner Zeitgenossen nicht entsprach, wiewohl sie alle überall in Europa die Folter für selbstverständlich hielten. Was er voll Zorn als Demütigung empfand, war nicht der körperliche Schmerz der Folterung, sondern die Beleidigung des Königs und der Schatten, der dadurch auf seinen eigenen Namen fiel. Dieses Despecho – das spanische Wort, welches den ganzen Wirrwarr und Widerstreit in eines Menschen Brust ausdrückt, ist nicht zu übersetzen –, das Cortés angesichts der Folterung Cuauhtemocs empfand, müssen wir als eine der Stationen auf seinem Leidensweg ansehen – auf dem Leidensweg, der jetzt für ihn beginnen sollte.

Allerdings sollten wir uns Cortés nicht als einen Mann vorstellen, der über äußerlichen Ehrgeiz erhaben war. Wir wissen, daß er als junger Mann prophezeit hatte, er werde gehängt werden oder bei Trompetenschall zu Tische sitzen. Bei allen Auseinandersetzungen zwischen ihm und seinen Soldaten wegen des Goldes spielte bei seinen Leuten immer eine nicht ungerechtfertigte Erbitterung mit, weil Cortés eben tatsächlich ein Fünftel der Beute für sich behielt. In unsern Augen war er dazu berechtigt; wir kennen ihn und seinen Rang so gut, daß wir wissen, wie sehr er das Zeug dazu hatte, das Gold nutzbringender zu verwerten, als es die einfachen Soldaten bei Wein und Kartenspiel taten. Aber diese einfachen Soldaten, die für ihn gekämpft hatten, wären übermenschlich edel gewesen, wenn sie der Anblick der beinahe königlichen Pracht ihres Generals nicht aufgebracht hätte, da sie mit ihrem Anteil an der Beute kaum mehr als eine Armbrust oder einen Säbel bezahlen konnten. Cortés war ehrgeizig, das heißt machthungrig. Er bemaß daher den Wert des Goldes nach der Macht, die er verlieh, und nur als Machtmittel wollte er das Gold.

Allmählich machte sich Cortés daran, das Land zu regieren. Als natürliche Folge der Besetzung der Hauptstadt ergaben sich zunächst Erforschung und Eroberung des übrigen Landes. Ihnen widmete er sich unermüdlich, wozu die Notwendigkeit beitrug, die Soldaten zu beschäftigen und der Hauptstadt fernzuhalten. Außerdem eröffneten solche Expeditionen stets die Aussicht auf neue Beute und gewährten seinen Leuten als Ausgleich für frühere Enttäuschungen Hoffnung auf bessere Tage. Ihn selbst reizten diese Expeditionen aus verschiedenen Gründen. Es kam ihm nicht nur darauf an, seine Eroberungen abzurunden, sondern es ging ihm auch um die wirtschaftliche Grundlegung seiner Macht, wobei er sowohl den Unterhalt der Bevölkerung wie auch die Gewinnung wichtiger Rohstoffe im Auge hatte. Gold und Silber waren ihm natürlich jederzeit willkommen, doch dachte er auch an Kupfer für seine Bronzekanonen und an Schwefel für sein Schießpulver. Er schraubte den Tauschwert von Kupfer so weit hinauf, daß er genug bekam, um Feldschlangen zu gießen. Das Zinn für die Bronzeherstellung mußte er jedoch zu hohen Preisen von Leuten kaufen, die zinnerne Eßgeschirre besaßen. Ihm fiel auf, daß in der Provinz Taxco Zinn als Münzmetall verwendet wurde; er ging dem nach, fand die Zinnvorkommen und entsandte alsbald spanische Arbeiter und Fachleute, um den Abbau einzuleiten. Außerdem entdeckten seine Schürfer auch Eisenerz.

Die Abenteuer Montaños und Mesas, die er auf den Popocatepetl geschickt hatte, damit sie Schwefel holten, verdienen in der Geschichte der Naturforschung einen angesehenen Platz. Cortés überredete sie dazu, den Aufstieg zu wagen und den Krater zu erforschen, wobei er als letztes, unwiderlegliches Argument anführte, daß alle, die er früher dorthin geschickt hatte, zurückgekommen und ihr Scheitern eingestanden hatten, »als gäbe es auf der Welt überhaupt etwas so Schwieriges, daß Männer mit Kopf und

Herz es nicht erreichen könnten«. Wer hat sich je mit einem stolzeren und klareren Wort zum Menschentum der Renaissance bekannt als hier Hernán Cortés?

Mochte aber nun das Schürfen auch dem Cortés nicht weniger im Blute liegen als irgendeinem andern seiner Zeitgenossen, so war er sich des Wertes einer allgemeinen Volkswirtschaft wohl bewußt; daher widmete er von Anfang an der Bodenveredelung und Landwirtschaft große Aufmerksamkeit, wie er ja schon als junger Landwirt auf Haiti den spanischen Kolonisten in der Viehzucht vorangegangen war. Sein Plan stand fest: er wollte die Naturschätze des Landes erschließen. Das bedeutet: Landzuteilung an die Eroberer, Landzuteilung an angesehene Indianer und eine grundsätzliche Lösung der Frage, woher die Arbeitskräfte kommen sollten. Die Landzuteilung an die Eroberer war die erste Maßnahme der neugegründeten Stadtverwaltungen. Eine »Stadt« bedeutete in erster Linie einen Stadtrat, das heißt einen Staat en miniature oder ein Abbild des spanischen Staates. Unmittelbar nach seinem Sieg gründete Cortés mehrere solcher Städte, vor allem Mexiko und Medellín in Oaxaca und ein zweites Segura de la Frontera in Tututepec. In allen diesen Städten erhielten die Eroberer Land zugeteilt. In der Hauptstadt Mexiko fielen die schönsten Grundstücke an Cortés selbst, an Alvarado, Sandoval und andere Offiziere.

Die Führer der Eingeborenen wurden jedoch nicht übergangen. Zu diesem Punkt hat Cortés eine klare Darlegung seiner Politik hinterlassen, aus der wir wertvolle Aufschlüsse über seine wirtschaftlichen Vorstellungen gewinnen können. Er erklärt dem Kaiser, daß er immer den Wunsch gehabt habe, Mexiko wiederaufzubauen und daß er Weib-Schlange oder Cihuacoatl beauftragt habe, die während der Belagerung weit verstreuten Bewohner zurückzuholen. »Damit er sich besser durchsetzen könnte, berief ich ihn wieder auf den Posten, den er zur Regierungszeit seines Fürsten gehabt hatte, und machte ihn zum ›Ciguacoat‹, was soviel wie Vizekönig bedeutet. Ebenso gab ich andern indianischen Führern ihre alten Regierungsämter zurück, soweit ich sie kannte. Dem ›Ciguacoat‹ und andern gab ich für ihren Unterhalt Landgüter und Leute, jedoch nicht so viel, wie sie gehabt hatten, und auch nicht so viel, daß sie dadurch auf absehbare Zeit hätten gefährlich werden können. Ich habe mich immer bemüht, sie zu ehren und auszuzeichnen, und jene haben so gute Arbeit geleistet, daß heute (Oktober 1524) die Stadt mehr als dreißigtausend Einwohner zählt. Märkte und Handelsverkehr spielen sich wie früher ab, und ich habe ihnen so viele Freiheiten und Privilegien gewährt, daß die Bevölkerung von Tag zu Tag zunimmt; denn sie leben ganz so, wie es ihnen gefällt. Die gelernten Arbeiter leben von ihren Löhnen unter den Spaniern, die Kaufleute verfügen frei über ihre Waren und treiben Handel, andere leben von der Fischerei, die hier ein wichtiges Gewerbe ist, und wieder andere vom Akkerbau; viele haben nämlich ihr eigenes Stück Land, das sie mit allen spanischen Gemüsen bebauen, deren Samen wir hier auftreiben konnten. Ich versichere Euer Kaiserlichen Majestät, daß es hier spanische Pflanzen die Fülle geben würde, falls es möglich wäre, uns damit zu beliefern, worum ich Euer Majestät in meinem vorigen Bericht gebeten hatte; denn die Eingeborenen sind durchaus bereit, ihren Boden zu bebauen und Bäume anzupflanzen, woraus Euer Majestät Krone schon nach kurzer Zeit ein nicht geringer Nutzen entstehen würde. Auch würde es zur Festigung der Verhältnisse hierzulande beitragen, so daß Euer Majestät hieraus mehr Einkünfte beziehen würden als aus allem, was Euer Majestät sonst zur Zeit im Namen unseres Herrn und Gottes besitzen. Daß ich zu diesem Zwekke nicht nachlassen, sondern arbeiten werde, solange meine Kräfte ausreichen, des mögen Euer Majestät versichert bleiben.«

Das hat kein oberflächlicher Abenteurer geschrieben, sondern ein erfahrener Staatsmann und kluger, wenn auch mehr intuitiver Wirtschaftspolitiker. Cortés plante, das von ihm eroberte Land durch gesundes wirtschaftliches Wachstum auf der Grundlage einer zufriedenen und wohlhabenden indianischen Bevölkerung zu erschließen. Schon in diesem frühen Stadium begann er, sich über die beiden Hauptfragen Gedanken zu machen, die durch die wirtschaftlichen und sozialen Beziehungen der beiden Rassen aufgeworfen wurden: die Frage nach Arbeitskräften und die Frage, welche Belohnung die Eroberer für ihre Teilnahme an der Eroberung erhalten sollten. Beide Fragen waren eng miteinander verknüpft. Sollte nämlich die Belohnung in Land bestehen, so wäre Land ohne Arbeitskräfte ein verderblicher Luxus; andererseits war es nicht leicht, die Bereitstellung von Arbeitskräften zu gewährleisten, solange sich die Indianer der Arbeit für die Ausländer dadurch entziehen konnten, daß sie ihren Wohnsitz verlegten. Zudem gehörten die Eroberer einem Volk von Grenzkämpfern an, das achthundert Jahre lang gegen Völker Krieg geführt hatte, die außerhalb seiner Kulturgrenzen lebten. Immer noch pflegten Türken und Araber alle Spanier, die sie im Mittelmeer mit ihren Schiffen fingen, in die Sklaverei zu verkaufen; manche von Cortés' Soldaten hatten vermutlich Verwandte, die so zu Sklaven geworden waren. Ein so schwer errungener Sieg über ein Volk, das viel heidnischer war als Araber und Türken, hätte normalerweise allgemeine Sklaverei zur Folge gehabt. Nur weil wir überhaupt nicht imstande sind, unsere geschichtliche Betrachtungsweise dem Jahrhundert anzupassen, das wir studieren, können wir auch die Größe nicht richtig begreifen, die Cortés in dieser Hinsicht bewiesen hat. Es gibt nur einen einzigen Grund dafür, daß der Fall Mexikos nach so schwerer Belagerung – abgesehen von wenigen Gefangenen, die als Sklaven gebrandmarkt wurden – die Bevölkerung nicht die Freiheit gekostet hat. Als Ferdinand der Katholische Malaga nach einer Belagerung einnahm, die gewiß hartnäckig gewesen, aber mit der Belagerung Mexikos doch nicht zu vergleichen war, ließ der christliche König die gesamte Bevölkerung als Sklaven brandmarken. Warum ging Cortés einen andern Weg? Weil er ein anderer und größerer Mann war.

Immerhin hatten seine Kriege eine Anzahl von Sklaven erbracht, die ein wenig dazu beitrugen, den Mangel an Arbeitern zu lindern. Aber gerade weil es so wenige waren, kam die Sklaverei als Gesamtlösung nicht in Betracht. Cortés war entschieden abgeneigt, irgendeine Art Zwangsarbeit für die Indianer einzuführen, weil er sie, wie er dem

Kaiser erläutert, »für viel begabter als die Inselbewohner hielt. Deshalb erschien es mir bedenklich, sie in spanische Dienste zu pressen, wie das auf den Inseln geschehen war; aber ohne das würden die Eroberer und Siedler nicht imstande sein, sich zu halten«. Er erinnert den Kaiser an seinen Vorschlag, die spanischen Siedler aus den Anrechten der Krone an der Eroberung zu unterstützen. Dann entwirft er ein Bild von der Lage: die vielen Ausgaben der spanischen Krone, die lange Dienstzeit und die großen Schulden der Eroberer, die Aufschübe, die seinen Alternativplan einer Unterstützung endlos hinauszögern würden, »vor allem aber das ewige Drängen von Euer Majestät Beamten und der übrigen Spanier hier«. Diese Verhältnisse veranlaßten ihn, eine Lösung zu akzeptieren, die dem »Repartimiento« ähnlich war, das er aus seiner Zeit auf Haiti und Kuba gut kannte. Seine Ausdrucksweise war jedoch neu. Er verteilte (Repartimiento) nicht, er anvertraute (Encomienda) nicht, sondern er »deponierte« die Indianer; das bedeutete, daß sie »dem Spanier, bei dem sie deponiert wurden, dienen und alles geben sollten, was er für seinen Unterhalt benötigen würde«.

Er verteidigt diesen Plan, wie es scheint, als ein notwendiges Übel; denn einerseits erklärt er ausdrücklich, daß er dazu »praktisch gezwungen war«, während er andererseits versichert: »Es war unmöglich, eine bessere Methode zu finden, um sowohl den Unterhalt der Spanier wie auch Fortbestand und gute Behandlung der Indianer sicherzustellen.« In seinem vierten Brief beweist er dann überzeugend, wie ernst es ihm mit seiner Sorge um die eingeborene Bevölkerung war: »Da es mir angelegen ist, alle nur erdenklichen Mittel zur Besiedelung dieses Landes ausfindig zu machen, damit sowohl die spanischen Siedler wie auch die Indianer hier bleiben und sich vermehren, habe ich einige Gesetze verkündet. Die Spanier, die hier leben, sind über einige dieser Bestimmungen nicht erfreut, zumal soweit sie dadurch verpflichtet werden, im Lande Wurzeln zu schlagen. Die meisten von ihnen, wenn nicht sogar alle, möchten dieses Land ebenso behandeln wie die zuerst besiedelten Inseln: auspumpen, zugrunde richten und dann verlassen. Nun glaube ich, daß wir, die wir die Vergangenheit erlebt haben, uns ernstlich schuldig machen würden, wenn wir nicht versuchen wollten, Gegenwart und Zukunft dadurch zu bessern, daß wir den Übeln vorbeugen, die den Verlust jener Inseln verursacht haben. Da dieses Land zudem so groß und edel ist und da hier Gott unserm Herrn so trefflich gedient und Euer Majestät Einkommen so stark vermehrt werden kann, bitte ich Euer Majestät, sich darum zu kümmern.«

Diese Zeilen verraten das Verantwortungsgefühl eines Staatsmannes. Der Eroberer war von seiner Eroberung selbst erobert worden. Von dem makellos weißen indianischen Palast in Cuyoacán, den er zu seiner Residenz erwählt hatte, oder später von dem üppigen Palast in Mexiko, den scheel blickender Neid noch größer und üppiger zu sehen meinte, ließ der Gebieter von Neuspanien den politisch wägenden Blick über sein Reich schweifen. Er tat das nicht, um nur zu schauen und in selbstzufriedener Betrachtung zu genießen, sondern um in der weiten Landschaft die neuen Straßen zu entdecken, auf denen sein noch jugendlicher Tatendrang aufs neue vorwärts eilen könnte. Schon in den Tagen seines ersten Erfolges, als er die wirkliche Macht hinter Moteczumas Thron war, hatte er versucht, an der Küste gute Häfen zu entdecken, und hatte die indianischen Landkarten studiert, die freilich ohne viel Sinn für Entfernungen oder Perspektiven auf Baumwolltücher gemalt waren. Nun, da er seine Machtmittel noch vollständiger beherrschte, richtete er sein Augenmerk vor allem auf diese Frage. Es genügte ihm nicht, eine Expedition nach Pánuco zu schicken, dem einzigen Teil der Nordküste, an dem er gute Häfen zu finden hoffte, sondern er rüstete noch zwei weitere Expeditionen zur Entdeckung der Südsee aus. »Entdeckung« ist freilich nicht ganz richtig, da die Südsee, dieser Traum aller Entdecker, von Balboa schon 1513 gesichtet worden war, was Cortés wissen mußte, und wiederum von Magalhães im November 1520, was er wahrscheinlich noch nicht wußte. Was er wirklich entdecken wollte, war ein Zugang zur Südsee von

Mexiko aus, weil er mit Recht annahm, daß »eine solche Entdeckung Euer Majestät einen großen Dienst erweisen würde«. Er war höchst befriedigt, als die beiden Expeditionen zurückkehrten, nachdem die eine die Südsee im Namen Seiner Majestät in Besitz genommen und zum Zeichen dessen an der Küste Kreuze errichtet hatte. Diese Entdeckung beflügelte seine Phantasie, nunmehr nach der Meerenge zu suchen, von der die Menschen augenscheinlich annahmen, daß die Natur sie in der Gegend des heutigen Panamakanals geschaffen habe. Er rüstete sich mit unermüdlicher Energie zu dieser großartigen Aufgabe, als die Hofbeamten wieder einmal eingriffen, um seine Zeit und Kraft abermals in einer unfruchtbaren Krise zu verschwenden.

Cortés erhielt Meldung aus Veracruz, daß dort ein gewisser Cristóbal de Tapia, Veedor oder Aufseher von Seiner Majestät Goldschmelzen auf Española, eingetroffen und ermächtigt sei, die Regierung Neuspaniens zu übernehmen. Er kannte Cristóbal de Tapia sehr gut als einen schwächlichen Beamten ohne militärische Begabung, der zudem nicht gegen die Versuchung des Goldes gefeit war. Er verlegte sich daher auf juristische Taktik und widersetzte sich Tapias Ansprüchen mit einem eindrucksvollen Aufgebot von Procuradores oder Delegierten der Stadträte. Das Verfahren war bewährt und hatte ihm mehr als einmal gute Dienste geleistet. Er wußte, daß die Papiere, die Tapia mitbrachte, zwar im Namen von König Karl und seiner Mutter Königin Johanna ausgestellt waren, in Wirklichkeit aber von seinem unversöhnlichen Feinde Fonseca stammten. Es galt daher, ihnen so viel passiven Widerstand eines Republikaners entgegenzusetzen, wie die demokratischen Einrichtungen Spaniens gestatteten, zumal wenn sie von einem listenreichen Autokraten gehandhabt wurden. Der arme Tapia stand hilflos vor den Einwänden und Ausflüchten all dieser Offiziere – Sandoval, Alvarado und andern –, die plötzlich Magistratsbeamte geworden waren. Pater Melgarejo, der Alchimist der Sünde, sprach mit ihm auf seine feinsinnige und kluge Weise, und sogar Narváez – gegen den sich dank einem machiavellistischen Einfall des Bischofs die Vollmachten Tapias ebenso richteten wie gegen Cortés – sagte ihm mit seiner dröhnenden, nach allen Erlebnissen noch feierlicher klingenden Stimme: »Mich dünkt, Herr Cristóbal de Tapia, Euch soll es nicht besser ergehen als mir. Seht, was aus mir geworden ist, obwohl ich eine große Flotte hatte. Habt acht auf Euch und verschwendet keine Zeit, denn noch ist Cortés' Glück nicht vorbei. Versucht, etwas Gold von ihm zu kriegen, geht nach Kastilien und wendet Euch an den König; an Eindringlichkeit wird es Euch nicht mangeln, habt Ihr doch den Bischof auf Eurer Seite.« So kam es, daß Cortés' Freunde »ihm einige Neger, drei Pferde und ein Schiff abkauften«, worauf er reich, aber enttäuscht von dannen zog. Die Mönche, die Santo Domingo regierten und ihm abgeraten hatten, sich in die Angelegenheiten Neuspaniens einzumischen, betrachteten mißbilligend seinen neu erworbenen Reichtum, und die ganze Episode hat fraglos dazu beigetragen, der Partei der Fonseca und Velázquez endgültig einen Strich durch ihre Rechnung zu machen.

Cortés hatte Tapia abgeschüttelt wie vorher Narváez und andere; aber sein Sieg ruhte nur auf Gewalt und entbehrte der rechtlichen Sanktion, die für einen Mann seiner Denkart unentbehrliche Voraussetzung für den Genuß der Macht war. Seine juristischen Kunstgriffe, seine Vorladungen und notariellen Besitztitel waren nur Zeugnisse der ehrlichen Sorge, mit der er in der Wüste des Aufruhrs lebte. So lange würde er den Makel der »Erbsünde« seiner Eroberung tragen, bis die einzige Quelle legitimer Macht in Spanien, der König persönlich, seine Verdienste anerkennen und ihn damit läutern würde. Er wußte, daß kein Mann jemals seinem König einen glänzenderen Dienst geleistet hatte, und hätte daher mit Recht bittere Enttäuschung darüber empfinden können, daß zwei Jahre harter Kämpfe und unerhörter Siege das königliche Schweigen noch nicht gebrochen hatten. Sein Ruhm drang überall hin, aber aus dem Lande, das er mit Macht und Ruhm überhäuft hatte, drang höchstens von Zeit zu Zeit ein kleinlicher Versuch zu ihm, ihn durch Männer zu ersetzen, deren kümmerliche Eigenschaften die andauernde Kränkung nur noch beleidigender erscheinen ließen.

Er blieb jedoch seiner zweischneidigen Taktik treu – eine Schneide aus Gold, die andere aus Stahl – und ließ sich nicht entmutigen. Bei Hofe wirkte er durch Boten, die mit Gaben und Geldmitteln gut ausgestattet waren, und in Neuspanien durch hellwaches Tätigsein, das darauf abzielte, seine Herrschaft im Lande auszudehnen und zu festigen. Von Anfang an hatte er dem Gebiet von Panuco große Bedeutung beigemessen und hatte versucht, mit den dortigen Kaziken freundschaftliche Beziehungen zu pflegen. Es war eine Küste, an der er gute Ankerplätze zu finden hoffte. Als Cristóbal de Tapia ihm ins Handwerk pfuschen wollte, rüstete er sich gerade zu einer Expedition, die seine Herrschaft dort festigen sollte. Sobald der Eindringling verschwunden war, griff er den Plan wieder auf. Cortés hörte, daß Don Diego Colón, Diego Velázquez und Francisco de Garay gemeinsam verhindern wollten, daß er nach Pánuco vordringe. Obwohl Colón selbst nicht beteiligt gewesen zu sein scheint, hatte die – wirkliche oder vermeintliche – Stärke seiner Feinde wie üblich eine anregende Wirkung auf Cortés. Er zog selbst ins Feld und begann einen der harten und gefährlichen Feldzüge, in denen er ein unvergleichlicher Anführer war. Er kämpfte wie ein Löwe, verhandelte wie ein Fuchs und siegte wie ein Adler. Als er abzog, befand sich das Gebiet fest in der Hand seiner Offiziere. Als Zeichen seines Erfolges gründete er die spanische Stadt Santisteban del Puerto, die er mitsamt Alkalden und Regidores mit allem Zubehör spanischen Stadtrechts ausstattete.

Cortés verfügte jetzt über alles, was er benötigte, um eine wirkungsvolle Gesandtschaft nach Spanien auszurüsten: Er besaß die Beute seiner zweiten Eroberung, die zwar nicht den allgemein gehegten Erwartungen entsprach, aber immerhin 44979 Pesos ausmachte, ganz abgesehen von den unschätzbaren Kunstwerken aus Gold, Edelsteinen, Silber und Federwerk. Er hatte eine Anzahl von spanischen Stadtgemeinden, deren jede sich aus nebelhafter Entfernung als eine stattliche Grundlage der Vollmachten für seine oder vielmehr ihre Prokuratoren ausnahm. Schließlich hatte er für dieses Amt zwei ausgezeichnete Kandidaten, die er mit der ihm eigenen Fürsorge für die Opposition und seiner bewährten Kunst der Menschenbehandlung ausgewählt hatte: Antonio de Quiñones, Hauptmann seiner Leibwache, und Alonso Dávila, »ein Draufgänger, mit dem er nicht immer auf gutem Fuße stand, weshalb er ihn sich stets vom Leibe zu halten wünschte«. Quiñones bedurfte keiner besonderen Aufmerksamkeit, aber Dávila, der soeben nach Erledigung eines andern Auftrags aus Santo Domingo zurückgekehrt war, erhielt so viele Ländereien und Indianer zugeteilt, daß seine Anhänglichkeit an die Partei, die ihn reich machte, gesichert erschien. Die beiden reisten nach Spanien ab, nachdem sie das demokratische Amt eines Prokurators angetreten und ausreichende Mittel in Empfang genommen hatten.

Außerdem waren sie natürlich auch ausreichend mit Urkunden ausgerüstet, die teils von Cortés selbst in seinem klaren, intelligenten Stil abgefaßt waren, teils in dem durchwachsenen Stil seiner Soldaten darauf drangen, daß Cortés an der Macht bleibe und daß den Eroberern gewisse Privilegien vorbehalten würden. Ein Ersuchen muß das sorgenzerfurchte Gesicht des jungen Kaisers mit einem flüchtigen Lächeln belebt haben: Cortés' Soldaten baten ihn, »keine Advokaten herüberzusenden, die bei der Ankunft das Land nur mit ihren Büchern beunruhigen würden, so daß es Prozesse und Gerede gäbe«.

Die Prokuratoren verließen Veracruz am 20. Dezember 1522. Sie suchten vor Piraten auf der Azoreninsel Santa Maria Zuflucht, wo Quiñones in einem Duell, das er um eine Dame ausfocht, ernstlich verwundet wurde, obwohl er nicht, wie Prescott unter Berufung auf Bernal Diaz behauptet, seinen Wunden erlag. Dort trafen die beiden Prokuratoren ihre Vorläufer Ordás und Mendoza, die immer noch auf sichere Fahrgelegenheit nach Spanien warteten. Die Casa de Contratación hörte von ihrer Not und schickte ihnen zwei Karavellen unter dem Kommando von Don Pedro Manrique. Fonseca benutzte die Gelegenheit jedoch dazu, alles, was die Prokuratoren an Gold und Juwelen mitführten, zu beschlagnahmen, weil er die liebevolle Absicht hegte, Cortés seiner wichtigsten Hilfsmittel bei Hofe zu berauben.

Ein Bischof ist ein mächtiger Mann, aber die Wege des Herrn sind selbst für Bischöfe unerforschlich. In diesem Falle führten sie dazu, daß Cortés' Schätze noch viel größere Anerkennung fanden, als der Bischof gefürchtet und deshalb hatte vermeiden wollen. Der französische Pirat Jean Florin, ein frommer Protestant, hatte aus rein religiösen Gründen etwas dagegen, daß Gold, auf welches er seine Hand legen konnte, dem König von Spanien zugute käme. Darum hielt er es für seine Pflicht, die beiden Karavellen mit dem mexikanischen Schatz aufzubringen, tötete Quiñones, brachte Dávila nach La Rochelle und legte den prächtigen Schatz in Franz' I. wohlgepflegte Hände. Der tapfere König dachte fraglos: »Alles ist unser, nur nicht die Ehre!«, und behielt die Beute.

Dieses Mißgeschick lenkte des Kaisers Aufmerksamkeit nachdrücklicher auf Cortés, als irgendein anderes Ereignis es vermocht hätte. Schon als Dávila mit den Schiffen Veracruz verließ, hatte Cortés jedoch einen politischen Erfolg errungen, von dem er noch nichts wußte. Am 16. Juli 1522 war Karl V. aus seinen deutschen Besitzungen nach Spanien zurückgekehrt. Cortés' Privatsekretär Juan de Ribera hatte zusammen mit Ordás die Azoren vor den andern verlassen und Cortés' Vater sowie den beiden ersten Prokuratoren Puertocarrero und Montejo mit ihren Nachrichten Mut gemacht. Der mächtige Herzog von Béjar, ein Verwandter von Puertocarrero, war ein tätig bemühter Bundesgenosse, aber die besten Verbündeten waren Glanz und Ausmaß der Eroberung selbst, deren Abglanz die Verwunderung sein sollte, welche Moteczumas Schätze an dem berühmten Hof von Karls bedeutendstem Rivalen erregt hatten.

In jenem Sommer verwies der Kaiser den Fall an eine Kommission, der seine hervorragendsten Ratgeber aus Spanien und Flandern unter dem Vorsitz seines Großkanzlers Gattinara angehörtcn. Schon die Tatsache, daß eine solche

Kommission eingesetzt wurde, bedeutete eine schwere Schlappe für Bischof Fonseca. Die Untersuchung ergab Cortés' vollständige Rechtfertigung. Damit verschwand Fonseca von der Weltbühne, auf der er mit so hochfahrender Miene agiert hatte, und starb bald darauf als enttäuschter Mann.

Generalkapitän und Gouverneur von Neuspanien

Am 5. Oktober 1522 wurde Cortés' sehnlichster Wunsch endlich erfüllt: Er wurde offiziell als der legitime Regent von Neuspanien anerkannt. Der furchtlose Abenteurer, der Pionier dort in der Wildnis am Rande einer neuen Welt, in der dem Starken und Kühnen alles erlaubt zu sein schien, war mehr, als sogar er selbst sich klarmachte, ein Kind jenes schemenhaften römischen Reiches und jener geistigen Gemeinschaft der Christenheit, die überall im Innern ihrer Bürger aufstanden und Achtung vor Gesetz und Ordnung, vor den Formen eines gemeinsamen Erbes allgemein anerkannter Regeln forderten. Trotz seiner Triumphe war Cortés sich bis zu diesem Oktobertage des Jahres 1522, als er endlich zwei Briefe des Königs in Händen hielt, wie ein Ausgestoßener vorgekommen. Der eine war ein amtlicher Brief, durch den er zum Gouverneur und Generalkapitän von Neuspanien ernannt wurde. Der andere, ein Privatbrief, ließ erkennen, mit welchem Interesse sich der König und Kaiser den neuspanischen Fragen gewidmet hatte, nachdem er auf die iberische Halbinsel zurückgekehrt war, und enthielt Anerkennung für die Verdienste des Eroberers.

Diese Briefe kamen gerade rechtzeitig als Pflaster auf die letzten Nadelstiche, mit denen Fonseca ihn quälte: der Besuch Juan Bono de Quexos, den der Bischof dem Tapia als Verstärkung geschickt hatte, damit er im Heer Unfrieden stifte. Des Kaisers Briefe wirkten, um eine spanische Redensart zu gebrauchen, »wie die Hand eines Heiligen«. Cortés berichtet dem Herrscher darüber in Worten, die zugleich ein Licht auf sein eigenes Wesen werfen: »Über die Gnade, die Euer Majestät mit Dero Briefen mir erwiesen haben, sind sie (die Soldaten) sehr glücklich und dienen seither so gern, wie die Früchte ihres Dienstes es beweisen. Dafür verdienen sie, daß Euer Majestät ihnen Vergünstigungen gewähren, worum ich Euer Majestät untertänigst bitten möchte. Ich werde jede ihnen erwiesene Gunst so ansehen, als wäre sie mir zuteil geworden; denn ohne meine Soldaten hätte ich Euer Majestät niemals solche Dienste leisten können.«

Glückliche Majestät! Die dort drüben hatten alle Mühen und Gefahren zu bestehen gehabt. Er hingegen hatte nur in Flandern in goldenen Sälen oder in Kastilien in prächtigen Schlössern abzuwarten brauchen, bis seine abenteuernden Untertanen ihm eines Tages jene fernen Länder zu Füßen legten, von denen er bis dahin keine Ahnung gehabt hatte. Aber auf ein einziges Wort aus seinem Munde, das jene Dienste lediglich annahm und anerkannte, überschütteten ihn die Eroberer aus treuem Herzen mit Dank. Nun war er aber nicht nur Fürst und Gebieter, sondern in ihren Augen vor allem die Verkörperung des Rechts und des Gemeinwesens – welche beide ihnen um so erstrebenswerter erschienen, als sie selbst in einem Dschungel von Rechtlosigkeit lebten.

Die Cortés zuteil gewordenen Gnadenbezeigungen waren freilich nicht ungetrübt. Der Kaiser umgab seinen neuen Gouverneur und Generalkapitän mit Beamten, die er aus seinem Hofstaat ausgewählt hatte. Alonso de Estrada wurde Schatzmeister, Rodrigo de Albornoz Oberster Rechnungsrat, Alonso de Aguilar »Faktor« oder Hauptkommissionär und Peramil de Cherino »Veedor« oder Aufseher. Alle diese Namen sollten die Seiten eines der bewegtesten Kapitel in der Geschichte der neuen Kolonie füllen.

Das aber lag noch in der Zukunft. Einstweilen machte sich der neue Gouverneur, nun, da er hinsichtlich der Legitimität seiner Macht beruhigt sein konnte, an die Arbeit, das Land, das er regieren sollte, dafür einzurichten. Die königlichen Beamten hatten ihm Instruktionen mitgebracht, an die er sich halten sollte. Cortés verfuhr damit auf seine Weise, die unter den spanischen Eroberern und Gouverneuren in Übersee bereits klassisch geworden war: er »gehorchte« ihnen, was aber ihre Anwendung anging, so erhob er gegen die meisten von ihnen erst einmal Einwendungen beim Kaiser. Seine berühmten »Ordenanzas« vom 20. März 1524 sind von den Instruktionen, die er aus Spanien erhalten hatte, völlig unabhängig und lassen sich größtenteils gar nicht mit jenen in Einklang bringen. Dabei dachte er nicht an Auflehnung. Vielmehr erörtert er in einem eingehenden Bericht an den Kaiser, der das Datum des 15. Oktober 1524 trägt, Punkt um Punkt ein richtiges Regierungsprogramm, das ebenso sachkundig wie kühn und klug angelegt ist.

Der größte Teil jenes Briefes enthält eine Widerlegung der königlichen Instruktionen. Er schreibt ganz offen: »Man kann die Dinge nicht richtig anpacken, wenn man sie aus so großer Entfernung betrachtet und prüft.« Der erste Punkt, in dem er anderer Meinung als der König ist, betrifft die Beziehungen zwischen Eingeborenen und Spaniern. Die Instruktionen fordern möglichst freien Umgang zwischen beiden, um dadurch die Bekehrung der Indianer zu erleichtern. Er aber bleibt bei seiner Entscheidung, die es den Spaniern bei strenger Strafe verbietet, die spanischen Städte ohne besondere Erlaubnis zu verlassen, weil »die meisten Spanier, die herüberkommen, von geringer Herkunft und schlechten Manieren, mit mancherlei Lastern und Sünden behaftet sind und daher, dürften sie sich frei in den indianischen Pueblos bewegen, diese eher zu ihren Lastern als zu Tugenden bekehren würden«.

Alsdann behandelt er das Repartimiento. In diesem Punkt war die Krone äußerst empfindlich, weil dabei die persönliche Verantwortung des Königs vor Gott im Spiele war, worauf die indianerfreundlichen Kleriker wie Las Casas immer wieder hinwiesen. Dieses Verantwortungsgefühl war in der ganzen Dynastie von Ferdinand und Isabella bis zu Philipp IV. wirklich lebendig. Der Kaiser hatte Cortés in seinen Instruktionen daran erinnert, daß er die Frage einer Theologenkommission vorgelegt hatte, die zu dem Ergebnis gekommen war, daß »ihre Freiheit ihnen nicht genommen werden könne, da unser Herrgott sie frei geschaffen habe«. Cortés gibt freimütig zu, daß das Verbot des Repartimiento, das der Kaiser auf Grund dieses Gutachtens ausgesprochen hatte, nicht nur außer acht geblieben war, sondern daß er es aus eigener Verantwortung verheimlicht habe, weil es auf die Siedler eine verheerende Wirkung gehabt und dazu geführt haben würde, daß das ganze Land Spanien und dem christlichen Glauben verlorengegangen wäre; denn das Repartimiento sei die einzig mögliche Wirtschaftsgrundlage der Kolonie.

Cortés vertrat seine Sache sehr gewandt, aber er vertrat auch eine den Umständen nach gute Sache. Was die Freiheit angeht, so weist er darauf hin, daß die Indianer in ihrer eigenen Gesellschaftsordnung auch nicht frei waren, sondern vielmehr unter dem Joch ihrer Gebieter lebten, welches so hart war, »daß es heute immer noch fast täglich vorkommt, daß manche Pueblos, damit sie den Christen, bei denen sie deponiert sind, ordentlich dienen, gesagt bekommen, sie würden, falls sie sich nicht benähmen, ihren früheren Herren zurückgegeben werden. Das aber fürchten sie mehr als jede andere Drohung oder Strafe.« Er ist jedoch dagegen, daß »deponierte« Indianer im Bergwerk oder auf Ländereien beschäftigt werden, auf denen sie nicht leben. Darum bindet er die Bauern an den Boden und schlägt vor, die Deponierung unwiderruflich zu machen, um dadurch eine bessere Behandlung der Indianer durch ihre Herren sicherzustellen.

Seine Ordenanzas lassen erkennen, daß er eine feudalistische Verfassung anstrebte. Jeder Spanier, der weniger als fünfhundert Indianer erhielt, mußte soviel Waffen behalten, daß er in der Infanterie Dienst tun konnte; erhielt er mehr als fünfhundert, mußte er auch ein Pferd halten. Die Spanier trugen die Verantwortung dafür, daß ihre indianischen Arbeiter bekehrt wurden und ein christliches Leben führten. Sie selbst mußten sich verpflichten, mindestens acht Jahre im Lande zu bleiben. Waren sie verheiratet, so mußten sie innerhalb von achtzehn Monaten ihre Frauen herüberholen; waren sie ledig, so mußten sie innerhalb derselben Frist heiraten »um ihres Gewissens willen sowie wegen der Bevölkerung und Veredelung des Landes«. In ebenfalls achtzehn Monaten mußten sie ihre Häuser bauen und beziehen. Für je hundert Indianer mußten sie tausend Weinstöcke sowie alle in ihrem Bezirk erhältlichen spanischen Gewächse anpflanzen. Die Spanier, denen Indianer anvertraut wurden, sollten nach Cortés' Vorstellung bei der wirtschaftlichen, religiösen und militärischen Erschließung des Landes vorangehen. Dabei stellte sein System nicht zwangsläufig die eine Rasse höher als die andere, denn auch bei allen als zuverlässig geltenden indianischen Führern wurden genauso wie bei den spanischen Eroberern Indianer »deponiert«. Das galt besonders von Cihuacoatl oder Weib-Schlange und andern mexikanischen Magnaten, die Cortés in seinem Bericht an den Kaiser erwähnt, wie auch von Moteczumas Töchtern, die in Tula und Tacuba umfangreiche Repartimientos erhielten.

Während Cortés den Sommer 1522 in seiner Residenz Cuyoacán verbrachte, wurde Sandoval, der in seinem Auftrag Coatzacoalco erforschte, »befriedete« und »bevölkerte«, gemeldet, daß in dem Hafen Ayagualulco ein Schiff eingetroffen sei. An Bord befanden sich etliche Frauen, darunter Catalina Xuárez, Cortés' Gemahlin. Sandoval und seine Gefährten begaben sich sofort nach Ayagualulco und geleiteten die Frau ihres Generals ritterlich nach der Hauptstadt. Bernal Diaz verzeichnet ein Gerücht, daß Cortés über ihr Kommen nicht erfreut gewesen sei, berichtet jedoch gleichwohl, er habe sie mit großer Freude und öffentlichen Festen empfangen. Er hatte sie nicht aufgefordert und nicht erwartet. Offensichtlich interessierte sie ihn überhaupt nicht und hatte, abgesehen von einer kurzen Zeit vor der Hochzeit, ihn niemals wirklich zu fesseln vermocht.

Doña Catalina richtete sich darauf ein, ihre hohe Stellung zu genießen, und ließ sich von ihrem mächtigen Gemahl Indianer zuteilen. Sie war jedoch eifersüchtig und hatte daher von Cortés viel zu leiden, der immer ein galanter Don Juan geblieben war. Sie war nicht gesund, sondern litt unter Asthma und hatte zweifellos Schwierigkeiten, in der mexikanischen Höhenluft zu atmen, nachdem sie so viele Jahre im Tiefland gelebt hatte. An einem Oktobertag, etwa drei Monate nach ihrer Ankunft, machte sie ihrem

Gemahl eine Szene, nach der sie sich sehr unglücklich fühlte. Ihr Bruder, der mit ihr nach Mexiko gekommen war, hatte den Unfrieden gestiftet, dessen Ursache eine Liebelei des Cortés gewesen zu sein scheint. Der Bruch wurde gekittet, so daß beim Essen, zu dem viele Gäste beiderlei Geschlechts geladen waren, nichts mehr davon zu merken war. Bei Tisch sagte Doña Catalina zu Hauptmann Solís: »Ihr habt nichts anderes im Kopf, Solís, als meine Indianer andere Dinge tun zu lassen, als ich ihnen aufgetragen habe; was ich wünsche, geschieht niemals.« – »Nicht ich bin das, gnädige Frau«, erwiderte Solís, »sondern Seine Gnaden hier gibt Befehle und beschäftigt die Indianer.« Worauf Doña Catalina, augenscheinlich auf ihren Gemahl zielend, ziemlich aggressiv zurückgab: »Ich verspreche, daß ich in wenigen Tagen dafür sorgen werde, daß niemand sich mehr in meine Angelegenheiten mischt.« Nun sagte Cortés selbst halb im Scherz, halb im Ernst: »Madame, ich will nichts von dem, was Euch gehört.« Die anwesenden Damen versuchten, die Sache ins Scherzhafte zu ziehen, machten sie aber damit nur schlimmer. Doña Catalina errötete tief, stand von Tisch auf, verneigte sich vor ihrem Gemahl und verließ schweigend den Raum.

Cortés setzte das Gespräch eine Weile fort und zog sich erst zurück, als er seinen Pflichten als Gastgeber genügt hatte. Auf dem Wege in sein Schlafzimmer sah er, daß seine Frau noch in ihrer Privatkapelle war, in der sie Zuflucht gesucht hatte; sie betete still, während ihr die Tränen über die Wangen liefen.

»Warum weinst du?« fragte er.

»Laß mich allein. Ich möchte am liebsten sterben.«

Er tröstete sie, so gut er konnte, und rief ihre Dienerinnen, die sie entkleideten.

Als ein oder zwei Stunden vergangen waren, hörte eine indianische Dienerin, die im Nebenzimmer schlief, Cortés rufen. Auf seinen Befehl weckte sie die beiden spanischen Zofen Ana Rodriguez und Violante Rodriguez. »Bringt Licht!« sagte Cortés, »ich glaube, Doña Catalina ist tot.« Die Mädchen holten Kerzen und sahen Doña Catalina leblos in seinen Armen hängen. Eine Kette aus goldenen Perlen, die sie getragen hatte, war zerrissen, und auf ihrem Hals zeigten sich ein paar dunkle Flecke.

Cortés erhob sich und ging in sein Ankleidezimmer, wo ihn später einige Kammerdiener und Pagen fanden, wie er unter wütendem Geschrei mit dem Kopf gegen die Wand stieß. Sein Haushofmeister Diego de Soto ließ Pater Olinedo rufen und benachrichtigte Xuárez vom Tode seiner Schwester, wobei er ihn bat, er möge nicht kommen, da sein Drängen die Ursache gewesen sei. Cortés trug jahrelang Schwarz.

Pracht und Annehmlichkeit seiner Hofhaltung sowie Macht und Reichweite seines unbestrittenen Willens schufen ihm das Leben eines Fürsten. Er war vorläufig der verkörperte Erfolg. Nun haben die Spanier mancherlei schöne Charaktereigenschaften, aber sie sind mit einem der traurigsten Übel der menschlichen Seele geschlagen: sie ertragen keinen Erfolg – bei andern. Der Spanier ist in fast allen Dingen das Gegenteil des Deutschen. Der Deutsche wird gewöhnlich von Schadenfreude verfolgt, von der Lust am Sturz des Nächsten; der Spanier leidet an der Trauer über seines Nächsten Aufstieg. Cortés war aufgestiegen. Das war sein Verhängnis.

Die bösen Geister, die dieser ruhelose Neid heraufbeschwört, lassen sich nicht mit Großmut, Freundlichkeit und Heiterkeit austreiben. Cortés war jedoch heiter, freundlich und großzügig, weil das seine Art war und nicht bloß aus Zweckmäßigkeit; allerdings wußte er, wie viele Männer des tätigen Lebens, seine guten Eigenschaften nützlich anzuwenden. Er lebte und handelte wie ein Fürst, weil sich in seinem Wesen Größe mit ausgeprägtem Sinn für Schönheit verband. Sein Ehrgeiz und sein Schönheitssinn veranlaßten ihn, Mexiko als ansehnliche spanische Hauptstadt wieder aufzubauen, und zwar so großartig, daß es noch heute selbst vor Lima als die schönste alte Stadt in ganz Amerika rangiert. Sich selbst baute er einen Palast, von dem der pfiffige Bernal Diaz schreibt: »Cortés ließ sich seine Häuser und Paläste bauen, die so groß waren und so viele Höfe zählten wie das Labyrinth auf Kreta.« Auch in diesen Worten des sonst billig denkenden Soldaten ist ein kleiner Spritzer Neides. Andere Männer in Cortés' Umgebung besaßen jedoch weniger seelisches Gleichgewicht, und so mußte der Eroberer von Neuspanien bis ans Ende seiner Tage gegen den giftigen Neid der Untätigen, Unfähigen und Schwachen und gegen den aggressiven Neid der Starken, Draufgänger und Abenteurer kämpfen.

Narváez ist ein typischer Vertreter der ersten Gruppe. Ein Feind, der weniger großmütig als Cortés war, hätte ihn am Abend seiner Niederlage aufhängen lassen oder anderweitig beseitigt, wozu ein Kampf im Dunkeln mancherlei Gelegenheit bietet. Cortés hatte ihn bis 1522 in Veracruz gefangengehalten und ließ ihn dann zu sich kommen, während er noch in Cuyoacán residierte. Narváez war vom Anblick der Lagune und ihrer Städte überwältigt und erhielt dadurch einen noch tieferen Eindruck von Cortés' Glück und Erfolg. Cortés war großmütig und empfing ihn sehr entgegenkommend. Narváez fiel auf die Knie und versuchte, ihm die Hand zu küssen, aber Cortés ließ ihn aufstehen, »umarmte ihn und erwies ihm viel Liebe«, und ließ ihn neben sich sitzen. Darauf sagte Narváez: »Jetzt, Herr General, sage ich wahrhaftig, daß mich zu besiegen eine Eurer geringsten Taten war, selbst wenn ich eine stärkere Streitmacht mitgebracht hätte; denn nun habe ich so viele Städte und Länder gesehen, die Euer Gnaden erobert und Gott und dem Kaiser untertan gemacht haben, daß Euer Gnaden sich wohl höher schätzen dürfen als die berühmtesten Männer der Welt.« Worauf Cortés erwiderte: »Wir sind nicht groß genug, um all das getan zu haben, was wir taten; aber Gottes Gnade und das Glück unseres Kaisers haben uns allezeit geholfen.«

Diese Bescheidenheit meinte Cortés zweifellos aufrichtig, wenn auch nicht aufrichtiger als den Stolz, mit dem er manchmal von seinen Leistungen spricht. Hier trat sie hervor, weil ihn sein Instinkt vor den verdrängten Neidgefühlen warnte, die in Narváez' Untertänigkeit verborgen waren. Vielleicht ahnte er auch, daß dieser Neid in seinem unterlegenen Gegner weiter brodeln und immer bitterer gären würde, je länger des Narváez scheele Blicke über die

Pracht der neuen Hauptstadt glitten, die aus den Trümmern der alten emporstieg.

Dieser vereinsamten Gestalt, die planlos in der Welt umherwanderte, welche leicht seine eigene Welt hätte werden können, war es bestimmt, der lebendige Spiegel zu sein, in welchem mehr als einer von denen, die Cortés das vielbegehrte Neuspanien zu entreißen versuchten, ihr eigenes Verhängnis erblickten, ehe dieses sie selbst ergriff.

Cortés war mit der Vorbereitung der Expeditionen nach Guatemala und Honduras beschäftigt, als Francisco de Garay mit dreizehn Schiffen und zwei Brigantinen, hundertzwanzig Berittenen, vierhundert Mann Fußvolk und viel Artillerie im Gebiet von Pánuco anlangte. Das war nach den Begriffen der spanischen Eroberer eine gewaltige Streitmacht. Cortés lag infolge eines Sturzes vom Pferd mit gebrochenem Arm im Bett und hatte seit zwei Monaten nicht geschlafen. Trotzdem war er entschlossen, sich selbst um die Sache zu kümmern, und schickte Alvarado voraus. Sein Gepäck – einschließlich seines Bettes, das die Spanier damals in dem bettlosen Amerika bei sich zu führen pflegten – war schon unterwegs, als ein Kurier aus Veracruz eintraf, der ihm Staatspapiere aus Spanien brachte; unter ihnen befand sich ein Brief des Königs, worin Garay aufgefordert wurde, sich den von Cortés unterworfenen Teilen Neuspaniens fernzuhalten.

Dieses Dokument war für Cortés ebensoviel wert wie eine ganze Armee. Er besaß immer noch die Gabe, durch geschickte Verwendung von Tinte Blutvergießen zu vermeiden. So beschloß er, im Bett zu bleiben und seinen Alcalde Mayor oder Polizeihauptmann Diego de Ocampo zu schicken, und zwar nicht nur, weil dieser sozusagen das Obertintenfaß von Neuspanien war, sondern weil sein Bruder einer von Garays einflußreichsten Offizieren war. Es folgte die übliche Tragikomödie. Garay scheint nicht die Gabe besessen zu haben, die Anhänglichkeit seiner Offiziere und Männer zu gewinnen. Viele ließen ihn im Stich, entweder um zu Cortés als »der Sonne, die mehr Wärme spendete«, überzugehen oder um auf eigene Faust im Lande ihr Glück zu versuchen. Cortés' drei Offiziere, Vallejo, Alvarado und Ocampo, behandelten Garay sehr geschickt. Bald drohten, bald verhandelten sie oder traten mit wohlberechnetem Ernst auf und unterbreiteten eine Flut von juristischen Urkunden, Vorladungen, Anfragen und notariellen Verträgen. Cortés wurde über den Gang der Dinge auf dem laufenden gehalten und gab Weisung, man möge sich nach Möglichkeit einigen. Nachdem einiges Blut und viel Tinte geflossen war, erklärte Garay sich bereit, als Gast seines Rivalen nach Mexiko zu kommen und dort mit ihm einen Handel abzuschließen. Cortés sorgte dafür, daß er gut behandelt wurde. Natürlich führten allein schon Größe und Reichtum des Landes, das sich auf der Reise nach der Hauptstadt vor seinen erstaunten Blicken entfaltete, ihm Cortés' Macht und Großmut nachhaltig vor Augen. In einem uns erhalten gebliebenen Brief des Francisco de Garay aus Otumba, der das Datum des 8. November 1523 trägt, atmet jedes Wort diese Bewunderung, und er beginnt mit der Anrede »Sehr großmütiger Fürst«.

Cortés war in der Tat großmütig. Er befahl, man möge Garay unterwegs mit größter Achtung begegnen, und ließ ihm in Tetzcuco ein großes Bankett geben. Mit einem glänzenden Gefolge von Offizieren ritt er ihm entgegen, um den Besucher in seinem Reich zu begrüßen, und zeigte ihm selbst die Häuser und Paläste, die er sich bauen ließ. Garays Hochachtung vertiefte sich mehr und mehr. Die Verhandlungen begannen alsbald und führten nach wenigen Tagen zu einem Vertrag, worin Cortés Pánuco behielt und Garay das Gebiet von Rio de las Palmas als Einflußsphäre überließ. Nach Art von regierenden Fürsten gingen die beiden Machthaber ein Verlöbnis zwischen Garays Sohn und einer Tochter ein, die Cortés von einer kubanischen Indianerin hatte und die den Namen seiner Mutter trug: Doña Catalina Pizarro.

Während Garay in Mexiko umherbummelte, hatte er Muße, den andern Bummler, Narváez, zu treffen. Es gibt eine Freimaurerei der Gescheiterten, zumal wenn es sich um dasselbe Ziel handelt. Garay, der noch in den Flitterwochen seines Vertrages mit Cortés lebte, bat diesen, er möge Narváez gestatten, daß er nach Kuba zu seiner reichen Frau, seinen Bergwerken und Indianern zurückkehre. Cortés gewährte das bereitwillig und überreichte Narváez als Abschiedsgeschenk Gold im Werte von zweitausend Pesos. »Narváez dankte Cortés sehr demütig und versprach ihm immer wieder, er werde stets sein Diener sein«, berichtet Bernal Diaz. Wie die meisten Männer, die es zu neuen Taten drängt, verlor Cortés an der Asche der Vergangenheit jegliches Interesse. In Narváez aber sah er nur noch die Asche eines Gegners, der ihn zu sehr langweilte, als daß er unter der Asche die Glut der alten Feindschaft wahrgenommen hätte.

Mittlerweile wurde der Vertrag zwischen Garay und Cortés ein Opfer der Entwicklung. Ein wesentlicher Teil des Vertrages verpflichtete Cortés dazu, seinen Einfluß darauf zu verwenden, daß Garays Leute, soweit sie ihn verlassen hatten, zu ihm zurückkehrten. Dieser Versuch schlug jedoch fehl; denn viele dieser Männer waren entschlossen, keinesfalls unter Garay zu dienen, schlugen sich daher in die Büsche und fügten den Indianern soviel Schaden zu, daß diese revoltierten und nicht nur alle Gruppen von Garays Leuten vernichteten, sondern sogar Cortés' Garnison in Santisteban del Puerto angriffen, die jedoch, da sie mehr Disziplin besaß, den Ansturm abwehrte. Cortés empfand, als er davon hörte, die bittere Enttäuschung eines Mannes, der immer wieder erlebt, wie die Früchte seiner geduldigen Mühen durch das Eingreifen kleinerer Geister gefährdet werden. Garay war jedoch so erschüttert, daß sich eine Erkältung, die er sich am Weihnachtsabend nach dem Essen bei Cortés zugezogen hatte, zu einer Lungenentzündung entwickelte, der er nach drei Tagen erlag.

Damit widerfuhr Cortés auf seinem Wege der zweite dramatische Todesfall in wenig mehr als einem Jahr. Jetzt hatte der Neid einen Gesprächsstoff. Scheele Augen zwinkerten sich zu, böse Zungen ruhten nicht: Garay war von seinem siegreichen Rivalen vergiftet worden.

Cortés erfuhr davon vermutlich als letzter, denn er war immer tätig, und seine Blicke und Gedanken verweilten bei höheren Dingen. Am 6. Dezember hatte er Alvarado mit hundertsechzig Reitern und dreihundert Mann Fußvolk nach Guatemala entsandt. Am 11. Januar 1524 schickte er Olid nach Las Hibueras (Honduras) und gab ihm außer fünf großen Schiffen und einer Brigantine vierhundert Mann und achttausend Goldpesos mit, damit er unterwegs auf Kuba Pferde kaufen sollte. »Und auf Grund dessen«, schreibt er an Karl V., »was ich an Kunde und Karten über jenes Land besitze, bin ich gewiß, daß Pedro de Alvarado und Cristóbal de Olid sich treffen werden, sofern nicht eine Meerenge sie trennt.«

Immer dachte er an jene Meerenge. Mit all seiner unermüdlichen Beharrlichkeit versuchte er, der Natur dieses Geheimnis zu entreißen. »Viele Geheimnisse werden dabei entdeckt werden«, schreibt er an den Kaiser. Hier gleicht seine Sprache auffallend derjenigen des Columbus, der gleichfalls von der Entdeckung der Geheimnisse der Natur redet. Das ist die Redeweise der Renaissance-Menschen; denn die Entdeckungen von Seefahrern und Forschungsreisenden waren nur eine Form des allumfassenden Dranges, in allen Bereichen des Lebens Entdeckungen zu machen – jenes Dranges, der in den Augen des 15. Jahrhunderts einen stählernen, in den Augen des 16. Jahrhunderts einen goldenen Glanz entfacht.

In Cortés' Augen funkelte zugleich ein stählerner und ein goldener Glanz. Er war hart, aber er war auch phantasiebegabt. Kaum hatte er an der Südsee Fuß gefaßt, als er schon mit dem Bau einer Flotte begann, wobei er wieder bewies, wie beharrlich er alle Hindernisse der Natur zu überwinden verstand. Mit Ausnahme des Holzes mußte alles Material mehr als anderthalbtausend Kilometer weit auf schlechten Straßen über Berg und Tal herbeigeschafft werden. Als er fertig war, machte ein Brand alles zunichte; aber selbst diesem Schicksalsschlag hatte er vorgebaut und aus Kastilien Ersatz für alles bestellt, nur Pech hoffte er an Ort und Stelle zu finden. So wurde die Flotte im Sommer 1524 fertiggestellt. Ihn trieb der Ehrgeiz, eine Durchfahrt zu finden, die besser war als diejenige, die, wie er gehört hatte, von Magalhães entdeckt worden war. Aber die

Während Cortés mit den Abgesandten Montezumas speist, verbrennen seine Schiffe (anonyme spanische Malerei auf Holz).

Cortés verhandelt mit Montezuma.
Zeitgenössische Zeichnung
einer indianischen Bilderhandschrift
der Tlaxcalaner.

Die Eroberung von Mexiko: Übergang über das Gebirge. Zeitgenössische Zeichnung der indianischen Tlaxcalaner.

Ata Hualpa, der letzte Inkaherrscher.

Schiffe, die er zu diesem Zweck in Zacatula hatte bauen lassen, wurden nach mancherlei Aufschub mit andern Aufträgen betraut. Er blieb aber immer empfänglich für Forschung und Entdeckungsreisen und spricht mehr als einmal von seiner Absicht, die amerikanische Küste vom äußersten Norden, den er »Los Bacallaos« nennt, bis zum fernen Süden zu erforschen, wo Magalhães seine Meerenge entdeckt hatte.

Jetzt war Cortés de facto, wenngleich nicht dem Namen nach, weitaus der bedeutendste unter den Vizekönigen in den spanischen Kolonien. Das Ausmaß seiner Eroberung ließ Kolonien wie Santo Domingo und Kuba vergleichsweise unbedeutend erscheinen. Peru war noch nicht entdeckt worden, und die Küste begann erst allmählich aus dem Chaos hervorzutreten. Mexiko war unter allen spanischen Besitzungen die größte und am besten verwaltete. Stolz konnte Cortés dem Kaiser schreiben, wenn erst Olid und Alvarado von ihren Eroberungszügen zurückkehrten, werde Karl V. über ein Land gebieten, dessen »nördliche« (östliche) Küste über sechzehnhundert und dessen »südliche« (westliche) Küste über zweitausend Kilometer messe, abgesehen von den gebirgigen Teilen, die von Zapoteken und Mixteken bewohnt wurden und gegen die er damals eine Expedition unter Rodrigo Rangel ausrüstete.

Er hatte Grund genug zu klagen, daß die Größe seiner Leistung und der Wert seiner Dienste trotz Fonsecas Sturz bei Hofe nicht genügend gewürdigt würden. Die vier Beamten des kaiserlichen Schatzamtes, die ihm der Kaiser geschickt hatte, verweigerten ihm die Erlaubnis, den königlichen Fünften anzugreifen, um die Schulden zu bezahlen, die er zugunsten seiner Expeditionen gemacht hatte. Er stellte das dem Kaiser anheim, was reichlich unvorsichtig erscheint. Als er hörte, daß Gold und Juwelen, die er Quiñones und Dávila mitgegeben hatte, dem König von Frankreich in die Hände gefallen waren, stellte er eine neue Geschenksendung zusammen, die natürlich weniger prächtig als die erste war. Immerhin ließ er für den Kaiser eine silberne Feldschlange gießen, deren Metall allein ihn, wie er angibt, vierundzwanzigtausendfünfhundert Goldpesos gekostet hat. Sie war überaus kunstvoll gefertigt, mit Bildern aus der Phönixsage geschmückt, und trug als stolze, vielleicht allzu stolze Inschrift folgende Adresse an den Kaiser:

Einzig, wie der Phönix wiederkehrt,
Einzig seid Ihr auf der ganzen Erd,
Einzig ist auch meiner Dienste Wert.

Arme Feldschlange! Armer Cortés! Der ferne Kaiser, der für das heroische Abenteuer seines weitaus größten Untertanen merkwürdig wenig Anteilnahme aufbrachte, schenkte die Feldschlange mit dem Phönix seinem Schatzsekretär Francisco de los Cobos, der sie einschmolz und aus dem Erlös über zwanzigtausend Silber- und Golddukaten einsackte.

Und wer könnte sagen, ob dieses traurige, dem blanken Nutzen dienende Ende des silbernen Phönix nicht Cortés trotz allem mehr genützt hat, als es der Fortbestand dieser stolzen Gabe getan hätte, die immer nur an des Eroberers Erfolge und hervorragende Dienste erinnert haben würde? Es gab nicht wenige Herzöge und Markgrafen bei Hofe, die an den Versen Anstoß nahmen und sich Untertanen denken konnten, die dem Kaiser besser gedient hatten als Cortés, wiewohl sie verstummten, wenn sie aufgefordert wurden, Namen zu nennen. Solche Fragen stellten die drei unerschütterlichen und mächtigen Sachwalter, die Cortés jetzt bei Hofe hatte: der Admiral von Kastilien, der Graf von Aguilar und der Herzog von Béjar, die bereits Pläne machten, um ihre Tochter oder Nichte Doña Juana de Zúñiga mit dem Eroberer von Mexiko zu verheiraten. Als der silberne Phönix und die sechzigtausend Goldpesos für den König eintrafen, gab das sowohl Cortés' Freunden wie seinen Feinden Auftrieb. Zu diesen letzteren gehörten zwei Versager, die Cortés aus Mexiko weggeschickt hatte: Cristóbal de Tapia und Narváez selbst, der jetzt seinem nagenden Neid Luft machen konnte, ohne ihn unter einer dicken Decke von Willfährigkeit verbergen zu müssen.

Ein neues Unwetter braute sich in Spanien gegen Cortés zusammen. Er wußte freilich noch nichts davon, sondern war weiter damit beschäftigt, das neue Land zu regieren, zu vergrößern und zu ordnen. Er war sich seiner geistigen und moralischen Überlegenheit wohl bewußt und berichtet dem König von der Neigung der vier aus Spanien kommenden Beamten, ihre Befugnisse zu überschreiten und sich die seinigen anzumaßen. Dieser Bericht illustriert vortrefflich seine ausgewogene Klugheit. Er schreibt, daß er den vier Beamten soviel Ehre und Achtung erweise, wie sie beanspruchen könnten, und daß sie bisher ihren Pflichten befriedigend nachgekommen seien. Wenn er dann aber weiter betont, daß sie sich nicht in die Regierung einmischen dürften, bittet er gleichzeitig den Kaiser, er möge diesbezügliche Weisungen geben; da er einsieht, wie wichtig es sei, daß alle miteinander weiterhin freundlich umgingen, möchte er nicht durch eigene Befehle böses Blut machen.

Die Situation war um so heikler, als infolge unverständlicher Knauserei in dem Brief des Königs, der seine Dienste anerkannte, sein Gehalt als Gouverneur nur auf dreihunderttausend Maravedi festgesetzt war, während jeder der vier ihm beigegebenen königlichen Beamten fünfhundertzehntausend Maravedi bekam. Mit Recht weist er darauf hin, daß er mindestens viermal soviel Gehalt wie jeder von den andern verdient hätte. Es zeugt für seine Selbstbeherrschung und Großmut, daß er von diesen ärgerlichen Nadelstichen niemals anders als mit größter Zurückhaltung und Sachlichkeit spricht.

In politischer Hinsicht scheint er von den Leuten, die er regiert, keine hohe Meinung zu haben. Karl V. hat ihn angewiesen, die Alcaldes und Regidores der Städte aus Kandidaten auszuwählen, welche die Städte selbst vorschlagen; er bittet den Kaiser jedoch, er möge es bei dem bisherigen Verfahren belassen, nach welchem er die Ämter nach eigenem Ermessen besetzt hat. Die Städte nämlich, so führt er aus, würden Leute vorschlagen, die den persönlichen Interessen der örtlichen Machthaber genehm und »nicht gut für den Staat wären«, während »der Gouverneur, da ja Ordnung und Friede in den Ratsversammlungen ihm zur Ehre, das Gegenteil ihm zur Schande gereicht, offensichtlich mehr auf das bedacht sein wird, was angemessen ist«. Als Maßnahme, die den Verhältnissen einer noch in der Entstehung begriffenen Kolonie entspricht, mag dieser Plan zu rechtfertigen sein. Cortés nennt aber noch einen zweiten Grund, aus dem sich ergibt, daß er kein Demokrat war: »Außerdem scheint mir noch ein ernsterer Nachteil damit verbunden zu sein. Da nämlich der Gouverneur Eure königliche Person und Macht vertritt, so würde es, wenn man den Städten und andern Personen die Mitwirkung einräumte, Eurem königlichen Vorrang abträglich sein. Das könnte im Laufe der Zeit um sich greifen und zu Brauch und Gewohnheit werden.«

In anderer Hinsicht befindet sich Cortés mehr in Übereinstimmung mit unserer Denkweise. Er widersetzt sich dem Ansinnen Karls V., jeden einzelnen Indianer mit einer Steuer zu belegen. Mit Recht hält er das für ruinös, da der König von dem Aufkommen an Gold, Silber und andern Metallen ein Fünftel erhält, und da die Eingeborenen ohnehin schon für die Spanier arbeiten müssen, damit diese die Sicherheit des Landes gewährleisten können. Ferner befürwortet er uneingeschränkte Handelsfreiheit zwischen den Inseln und dem Festland; die Inseln hatten nämlich die Ausfuhr von weiblichen Tieren nach Neuspanien verboten, damit die dortigen Siedler von ihnen abhängig wären. Dabei weist er mit Recht darauf hin, daß die Erschließung Neuspaniens in nicht geringem Maße dazu beigetragen habe, Wohlstand und Reichtum der Inseln zu heben. Alle Briefe aus jener Zeit spiegeln einen sachlichen und vernünftigen Mann, der immer das Wohl aller Beteiligten im Auge hatte, in wirtschaftlichen Dingen liberal, in der Politik jedoch ein Autokrat war, so aufgeklärt er auch gewesen sein mag.

Er erinnert an die aufgeklärten Herrscher des 18. Jahrhunderts – nur nicht in seinem tief eingewurzelten Glauben. Mehrfach bittet er den Kaiser, er möge gute Ordensleute nach Neuspanien schicken. Am 13. Mai 1524 traf die erste Missionsgruppe, die aus Franziskanermönchen bestand, in San Juan de Ulúa ein. Ihrer waren zwölf, wie die Apostel, und sie waren von dem heiligsten Eifer beseelt, die Eingeborenen zu bekehren. Cortés vernahm die Nachricht mit Freuden und entsandte alsbald einen seiner Hofbeamten, Juan de Villagómez, der sich um ihre Bequemlichkeit und Sicherheit kümmern sollte. Villagómez traf zwölf Männer, denen weder an Sicherheit noch an Bequemlichkeit gelegen war, die sich vielmehr nach einer kurzen Pause, die der Erholung von einer viermonatigen Seereise diente, barfuß auf den Weg nach Mexiko machten und jede andere Vergünstigung oder Erleichterung ablehnten.

Cortés hatte befohlen, daß alle Pueblos, ob spanisch oder indianisch, die Mönche mit höchster Achtung und Freundlichkeit aufnehmen sollten. Die Straßen sollten sauber gefegt, Quartiere bereitgestellt und die Kirchenglocken geläutet werden, »und damals gab es Kirchenglocken schon in jedem Pueblo«; die Eingeborenen sollten sie mit brennenden Kerzen begrüßen, während die Spanier, um auf die Indianer Eindruck zu machen, vor den Mönchen niederknien und ihnen Hand und Kutte küssen sollten. Die zwölf Apostel zogen weiter. Sie kamen nach Tlaxcala und blieben dort eine Nacht, um sich auszuruhen. Der Tianquiztli war überfüllt, als die zwölf seltsamen Gestalten durch die Menge wanderten. Die Indianer folgten ihnen wie Kinder. Der Anblick dieser merkwürdigen Spanier verwirrte sie, da jene so ganz anders aussahen als die Eroberer, so schlecht gekleidet, so dünn und so demütig waren. Sie bedauerten sie wie halb Verrückte, die sich weder auf den Wert des Goldes noch auf den Nutzen der Gewalt verstanden.

Barfuß zogen sie weiter nach Mexiko. Es war ein Zug, der nicht weniger siegreich, wiewohl friedfertiger war als der Zug des Cortés und seiner Gefährten vor fünf Jahren. Cortés rief alle seine Offiziere und alle mexikanischen Anführer mit Cuauhtemoc an der Spitze zusammen. Sein sicheres Gefühl für den Wert dramatischer Auftritte gab ihm den Wunsch ein, der ganzen mexikanischen Nation, mit deren Schöpfung er beschäftigt war, den spanischen so gut wie den indianischen Elementen, einen Eindruck von der

Macht des Geistes zu vermitteln. Cortés war kein gefühlsseliger Frömmler, sondern ein berechnender Staatsmann. Der Wert des historischen Auftritts, den er jetzt vorbereitete, ist um so höher zu veranschlagen, weil er sorgfältig ausgedacht war.

Er ritt hinaus, um die zwölf staubbedeckten Pilger an der Spitze einer glänzenden Suite von Spaniern und Indianern zu empfangen. Wir lesen darüber bei dem Augenzeugen Bernal Diaz: »Als Cortés hörte, daß sie kämen, stieg er vom Pferde. Als wir die ehrwürdigen Mönche trafen, war Cortés der erste, der vor Bruder Martín de Valencia niederkniete und ihm die Hand zu küssen versuchte. Bruder Martín aber ließ das nicht zu, und so küßte er seine Kutte und auch die Kutte der meisten andern Mönche. Desgleichen taten wir alle, die zugegen waren, Offiziere, Soldaten, sowie Guatemuz und die andern mexikanischen Fürsten. Als Guatemuz und die andern Kaziken sahen, wie Cortés kniete und des Mönches Hand zu küssen versuchte, waren sie verblüfft. Als sie aber gewahr wurden, daß die Mönche barfuß und mager waren, mit zerrissenen Kleidern und nicht zu Pferde, sondern zu Fuß und von gelber Gesichtsfarbe, während Cortés, den sie wie ein Idol oder fast wie einen ihrer Götter ansahen, so vor den Mönchen kniete, nahmen sie sich daran ein Beispiel. Seit jenem Tag begegnen sie ihnen mit ähnlichen Zeichen der Achtung.«

Dieser Auftritt war der geistige Grundstein der christlichen Kirche in Mexiko. »Dieses denkwürdige Ereignis«, schreibt Mendieta, »ist in vielen Teilen dieses Landes Neuspanien gemalt worden zur dauernden Erinnerung an eine so hochgemute Tat, die höchste, die Cortés je getan hat... Denn mit andern Taten besiegte er andere Menschen, aber hiermit hat er sich selbst besiegt.« Zudem war es eine Tat, mit welcher der Eroberer, der Mann der Gewalt, die Gewalt dem Geist zu Füßen legte. Dieses schöne Bild muß neben jenes andere gestellt werden, als Cortés mit der Eisenstange in den Händen »übernatürlich« hoch sprang, um den Blutgott ins scheußliche Angesicht zu treffen. Zwei ungestüme Taten, die mit den klaren Umrissen eines meisterlichen, schöpferischen Charakters aus dem lebendigen

Gestein der Geschichte gehauen sind. Dieser Aufstieg und dieser Fall sind die beiden stärksten Augenblicke in Cortés' Leben. Mit ihrem einzigartigen Rhythmus – so mächtig nach außen und nach oben der erste, so mächtig nach innen und nach unten der zweite – und mehr noch durch das Zusammenwirken ihrer geistigen Bewegung rufen diese zwei Taten des Cortés, die aufsteigende Gewalt, die den Haß treffen, die stürzende Gewalt, die der Liebe dienen wollte, die quälend geheimnisvollen Verse des heiligen Johannes vom Kreuz ins Gedächtnis:

Und ich fiel so tief, so tief,
Daß ich stieg so hoch, so hoch,
Daß mein Wild ich überholte.

Cortés verliert Mexiko

Als Cortés im Oktober 1524, genau vier Monate nach der Ankunft der zwölf Franziskaner, seinen vierten brieflichen Bericht an den Kaiser abschickte, durfte er mit gutem Recht erwarten, daß er sich während einer langen Friedenszeit eines Amtes erfreuen könne, das seinem schöpferischen Genius ganz und gar angemessen war. Es gab genug Gefahren und Aussicht auf Krieg, um den Soldaten in ihm zu locken. Viel größere Möglichkeiten aber boten sich seiner staatsmännischen Begabung. Es galt, eine Nation zu schaffen. Schon wieder drohte ihm einer jener Stürme, die seine neidischen Rivalen bei Hofe gegen ihn zusammenbrauten, doch wußte er davon noch nichts. Die Briefe des Kaisers, die seine hervorragenden Verdienste anerkannten, gaben seiner Macht eine feste Grundlage. Im übrigen konnte er sich auf seine Gabe der Menschenbehandlung verlassen.

Dennoch traf ihn in diesem Augenblick der bei weitem schwerste Schlag seiner ganzen Laufbahn. Scheinbar ging dieser Schlag von einem seiner Hauptleute aus, in Wirklichkeit aber war er selbst die Ursache. Cristóbal de Olid, den er nach Las Hibueras entsandt hatte, lehnte sich gegen ihn auf. Cortés war damals so stark, daß er unschwer einen andern, zuverlässigen Hauptmann, etwa Sandoval, mit ausreichenden Streitkräften auf eine Strafexpedition hätte schicken können. Tatsächlich schickte er auch einen Verwandten von sich, Francisco de Las Casas, wie Bernal Diaz schreibt und die Ereignisse bestätigen sollten, »einen Mann, der es mit allem aufnahm«. Dann aber überlegte er es sich anders und beschloß, selbst dorthin zu gehen. Geste und Stil gleichen genau seinem Verhalten, als Narváez landete. Was aber bei einem General, der sich noch im Dschungel eines Abenteuers mit fragwürdiger Rechtsgrundlage befand, eine ebenso kluge wie mutige Handlungsweise war, mußte bei einem Vizekönig, dessen Ansehen und Einfluß unbegrenzt waren, der jedoch von ebenso ehrgeizigen wie kleinlichen Beamten umgeben war, ein höchst unbedachtes Vorgehen sein.

Mit der Entscheidung, selbst als Kommandeur einer Strafexpedition gegen Olid zu ziehen, beging Cortés den verhängnisvollsten Fehler seines Lebens. Er ließ seinen eigentlichen Posten im Stich: Generalgouverneur und Schöpfer eines neuen Landes. Er ließ sich zu Olid herab, anstatt auf dem Gipfel der Macht zu bleiben, von wo aus er jenen durch einen seiner Hauptleute bestrafen oder ihm sogar verzeihen konnte. Er nährte das Feuer, das seine Feinde in Spanien gegen ihn entfachten, weil er ihnen die Möglichkeit gab, zu behaupten, daß er immer noch ein Abenteurer sei und bleiben werde. Schließlich setzte er sich bei diesem Unternehmen Gefahren und Entbehrungen aus, die seine Gesundheit stärker mitnehmen sollten, als es bisher die ganze Eroberung getan hatte.

Er war zu scharfsinnig, als daß er nicht einige dieser Tatsachen erkannt hätte. Warum hat er seinem kriegerischen Impuls so bereitwillig nachgegeben? Einmal sicher deshalb, weil ihn ein soldatischer Beruf dahin zog. In seinem bequemen Palast empfand er Heimweh nach dem Lagerleben. Dem Kaiser erklärte er, er sei gegen Olid gezogen, »weil mir schien, daß ich lange Zeit untätig gewesen sei und nichts Neues in Euer Majestät Diensten ausgerichtet habe, was auf meinen verletzten Arm zurückzuführen war«. Diese Erklärung ist gewiß aufrichtig und wird von Bernal Diaz bestätigt: »Er war so tapferen Herzens, daß es ihm leid tat, Francisco de Las Casas geschickt zu haben und nicht selbst gegangen zu sein.« Er setzt hinzu, Cortés habe selber gehen wollen, weil das Land dort für seine Goldgruben berühmt war.

Die Menschen verwenden aber manchmal Gründe, sogar wirkliche Gründe, als Vorwand. So mag das tiefste Motiv für diese unklügste von allen Taten des Cortés sehr wohl sein innerstes Empfinden für seine ursprüngliche Schuld gewesen sein, die selbst jetzt, nachdem der Kaiser ihn losgesprochen hatte, in sein politisches Bewußtsein zurückkehrte, sobald seine Macht bedroht wurde. Dieses Motiv dringt in dem Begleitbrief zu seinem vierten Bericht an die Oberfläche. Nachdem er alle Gründe aufgezählt hat, weshalb ihn die Nachricht von Olids Rebellion so erschüttert habe, schreibt er: »Noch mehr bekümmert mich etwas anderes: daß nämlich diejenigen, welche nur wenig über meinen damaligen Streit mit Diego Velázquez wissen, nun sagen werden, dies sei die gerechte Strafe. Ich wünschte wohl, so wäre es, weil ich mich dann nicht beklagen könnte. Es ist aber umgekehrt, denn Velázquez sprach nicht die Wahrheit, als er bestritt, daß ich auf eigene Kosten gekommen sei; ebensowenig würde Olid die Wahrheit sagen, wollte er behaupten, daß er in dieses Unternehmen eigenes Geld gesteckt habe.« Daß er im Unterbewußtsein die beiden Ereignisse – Olids Rebellion gegen Cortés, seine Rebellion gegen Velázquez – in Zusammenhang bringt, wird hier deutlich. Daß aber dieser Umstand das Hauptmotiv gewesen ist, das ihn zu jener unglückseligen Expedition getrieben hat, geht daraus hervor, daß die zitierten Sätze, die der Aufzählung mehrerer anderer Motive folgen, unmittelbar zu diesem Schluß führen: »Da mich alle diese Dinge bekümmerten, entschloß ich mich, auf dem Landwege dorthin zu ziehen, wo Cristóbal de Olid war oder sein mochte, um die Wahrheit zu ergründen und, falls die Berichte zuträfen, ihn der gerechten Strafe zuzuführen.«

Es war daher in einem höheren Sinne gerecht, daß diese Expedition, die insgeheim dem im Staatsmann verborgenen

Hang zur Anarchie entsprungen war, mehr als irgendein anderer einzelner Faktor dazu beigetragen hat, sein Lebenswerk in Anarchie und Verwirrung zu stürzen. Als er am 12. Oktober 1524 aufbrach, hinterließ er als seine Stellvertreter den Schatzmeister Alonso de Estrada, den Rechnungsführer Rodrigo de Albornoz und einen erst kurz zuvor eingetroffenen Juristen Alonso Zuazo. Hinsichtlich des Schatzmeisters und des Rechnungsführers konnte er keine Illusionen hegen. Estrada war ein ehrgeiziger Mann und behauptete prahlerisch, er sei ein Sohn König Ferdinands von Aragon. Albornoz intrigierte gegen Cortés aus Trotz, weil dieser ihm nicht so viele Indianer, wie er wollte, gegeben und die Tochter des Fürsten von Tetzcuco ihm verweigert und statt dessen mit einem angesehenen Mann verheiratet hatte. Cortés wußte das alles und warnte seine Freunde in Spanien davor, daß Albornoz unwahre chiffrierte Berichte zu schicken pflege. Hingegen wußte er nicht, daß dasselbe Schiff, dem er seine Warnung anvertraut hatte, bereits einen dieser chiffrierten Berichte an Bord hatte, der von Verleumdungen des Generalkapitäns strotzte.

Der Hauptkommissionär Salazar und der Aufseher Chirino waren nicht erfreut, als sie feststellen mußten, daß man sie von der Regierung ausgeschlossen hatte. Vom heutigen Standpunkt aus wäre die nächstliegende Lösung gewesen, einen Regentschaftsrat einzusetzen, der aus fünf Beamten und vielleicht noch einem oder mehreren Mönchen bestanden und klare Bestimmungen über Beschlußfähigkeit und Mehrheiten erhalten hätte. Cortés scheint hier mit geringerer politischer Einsicht als sonst gehandelt zu haben. Salazar und Chirino versuchten zunächst, ihn von der Abreise abzuhalten; da er jedoch entschlossen war, baten sie darum, ihn einen Teil des Weges begleiten zu dürfen, wobei sie zweifellos beabsichtigten, sich unterwegs an die Macht heranzuschlängeln.

Cortés reiste in großer Aufmachung und mit dem Luxus, ja der Verschwendung eines Renaissancefürsten. Zu seinem Hofstaat gehörten ein Haushofmeister, zwei Zeremonienmeister, ein Vorschneider, ein Konditor, ein Vorratsverwalter, ein Mann, der das goldene und silberne Geschirr verwaltete, ein Kammerherr, ein Arzt, ein Chirurg, viele Pagen, darunter zwei Speerträger, acht Reitknechte, zwei Falkner, fünf Musiker, zwei Gaukler und drei Maultiertreiber. Eine riesige Schweineherde diente als wandernde Vorratskammer des Heeres. Er ritt inmitten eines glänzenden Gefolges aus spanischen Offizieren, darunter Sandoval, und vielen angesehenen Mexikanern mit Cuauhtemoc an der Spitze; damit wollte er verhindern, daß die Indianer während seiner Abwesenheit in der Hauptstadt eine Verschwörung anzettelten.

Es war ein Triumphzug, und jede Stadt, jedes Pueblo, durch die das Heer marschierte, empfing die Spanier und vor allem Cortés mit größter Begeisterung. In jenen Tagen müssen Cortés die Früchte seiner Macht am süßesten geschmeckt haben. Ihm zur Seite waren Chirino und Salazar mit honigsüßen Worten und traten mit untertänigen Reden dafür ein, daß er alsbald nach Mexiko zurückkehre. »Onkel, laßt uns umkehren, denn heute früh habe ich böse Vorzeichen gesehen!« ließ Salazar sich heiter vernehmen, doch Cortés antwortete ihm nicht minder heiter: »Vorwärts, Neffe, glaubt den Zeichen nicht, alles fügt sich, wie es Gott beschließt.«

Gott beschloß, daß Cortés aus Mexiko einen Brief erhielt, welcher einen Streit zwischen Estrada und Albornoz beschrieb und vielleicht übertrieb. Natürlich hatten Chirino und Salazar auch davon gehört. Das war ihr Augenblick. Sie bearbeiteten Cortés so wirksam, daß sie von ihm zwei verschiedene Vollmachten erhielten. Die eine sollten sie benutzen, wenn sie feststellten, daß Estrada und Albornoz noch auf gutem Fuße standen; dann sollten sie mit ihnen gleichberechtigt in der Regierung mitwirken. Die andere sollte nur vorgelegt werden, falls Albornoz und Estrada noch entzweit wären; in diesem Falle sollten Chirino und Salazar allein regieren – jedoch in beiden Fällen unter Mitwirkung von Zuazo. Nachdem die beiden Männer ihr Ziel erreicht hatten, überließen sie Cortés seinem Verhängnis; so jedenfalls sahen sie die Dinge nicht unverständlicherweise an.

Cortés war wieder einmal mit jenem Leichtsinn und jener unverantwortlichen Blindheit geschlagen, die ihn nach einem Erfolg zu überfallen pflegten. Er ließ diese beiden Männer nach Mexiko ziehen, ohne zu bedenken, daß sie intrigante Höflinge waren, die ihre beträchtlichen Vollmachten zu seinem und seines Lebenswerkes Schaden verwenden könnten. Vielleicht war er sogar über ihre Abreise erleichtert, weil er das Gefühl hatte, nunmehr könne er sich ganz der Expedition gegen Olid widmen. Im Zustand dieser leichtfertigen Heiterkeit trennte er sich von Doña Marina, die er, während das Heer sich in Orizaba aufhielt, mit Juan Xaramillo, einem seiner Offiziere, verheiratete. Er trennte sich von ihr in mehr als einer Hinsicht; denn offensichtlich mußte ihre Ergebenheit für Cortés abnehmen, nachdem der General sie angesichts des ganzen Heeres aus seinem Privatquartier verbannt hatte.

Von solcher Geistesverfassung ließ sich kein großer Erfolg im Kriege erhoffen. Cortés besaß aber immer noch die alte Macht über Spanier und Indianer. In Coatzacoalco erreichte er, daß alle dort lebenden Spanier sich der Expedition anschlossen; allerdings gab es Widerstände, denn es handelte sich nur um alte Eroberer, die sich von ihren Entbehrungen auszuruhen wünschten. »Aber sie wagten nicht, nein zu sagen, und wenn einer es tat, so zwang er ihn mitzugehen«, wobei keiner ahnte, daß die Entbehrungen und Gefahren dieses verfehlten Unternehmens alles, was sie bisher erlebt hatten, übertreffen würden.

Er beschloß, von Küste zu Küste über die Landenge zu ziehen, die Yucatan (das für viele Seeleute noch eine Insel war) zur Halbinsel machte. Als er in Espíritu-Santo im Bezirk von Coatzacoalco eintraf, rief er die Honoratioren zusammen und ließ sich von ihnen nach ihrer Weise eine Landkarte auf ein Tuch malen. Dieser geographische Versuch der Eingeborenen wurde Cortés zum Verhängnis; denn er bestätigte seine – damals verbreitete – irrige Ansicht, daß die Landbrücke, welche Yucatan mit dem Festland verband, nur etwa achtzig Kilometer breit sei. Die wirkliche Breite betrug ein Vielfaches, und zudem war das Gebiet durch dichte Wälder, ein Gewirr von Flüssen und Sümpfen sowie nahezu unpassierbare Gebirge dem Menschen versperrt. In dieses Dickicht stürzte er sich hinein und vollbrachte dabei zweifellos den unglaublichsten Marsch, der selbst in den Annalen der unglaublichen spanischen Entdeckungen verzeichnet steht. Schon gleich zu Anfang, als sie noch an der Küste in dem verhältnismäßig gangbaren Gebiet von Copilco waren, mußten sie häufig Brücken bauen oder Flüsse und Sümpfe in Kanus überqueren; einer der Flüsse war so breit, daß sie eine Holzbrücke von mehr als fünfzehnhundert Meter Länge bauen mußten – »ein Ding, das märchenhaft anzuschauen war«. Insgesamt rechnet Cortés, daß sie über fünfzig Brücken bauen mußten, um bei Copilco etwa achtzig Kilometer sumpfigen Landes zu durchqueren.

Das Heer bog dann südostwärts und später südlich in Richtung auf Zaguatan ab, das in dem sumpfigen Tal des Grijalva liegt. Die Eingeborenen reisten in dieser Gegend niemals über Land und lebten nur an den Ufern von Seen und Flüssen. Cortés, der bisher Brücken gebaut hatte, mußte nun im Urwald Straßen bauen. Zuerst galt es freilich, die Eingeborenen für sich zu gewinnen, da das Auftreten von Olids Spaniern in Honduras bis tief ins Land hinein Schrecken verbreitet hatte. Hierauf verstand sich Cortés jedoch meisterhaft. Seine Meisterschaft zu beweisen, zwang ihn bittere Not; denn trotz der Schweineherde hatte das Heer häufig Hunger zu leiden. Schließlich war die Herde, obwohl sie in haushälterischer Absicht ein großes Stück hinter dem Gros der Truppe außer Sichtweite gehalten wurde, auf ein Häuflein zusammengeschmolzen. Manchmal suchten sie bis zu zwanzig Tage hindurch vergeblich nach einem Ausweg aus dem Labyrinth, in dem sie von Urwald und Sümpfen eingeschlossen waren. Cortés war zwar so vorsichtig gewesen, einen Kompaß mitzunehmen, doch wurde dessen Nützlichkeit durch das unzulängliche Kartenmaterial erheblich eingeschränkt. Immerhin gelang es Cortés eines Tages, wahrscheinlich durch ein Zusammenwirken von Instinkt und Glück, daß er seine Späher von einem Ort, wo sich die Truppe verirrt und sich endgültig verloren glaubte, in nordwestlicher Richtung schickte, so daß sie genau auf den Marktplatz der Stadt stießen, die sie gesucht hatten. Dieser Erfolg, den sie Cortés' und des Kompasses Vermögen zuschrieben, machte auf die Mexikaner und andern Indianer großen Eindruck und sollte bald noch wichtige Folgen zeitigen. Das Heer aber war nach Wochen und Monaten unglaublicher Entbehrungen immer noch tief in dunklen Wäldern verloren, durch die es sich mit Beil und Schwert den Weg bahnen mußte; es versank bis an den Gürtel in Sümpfen oder stand hilflos vor breiten Flüssen mit trügerischen Sandbänken. Hungrig aber war es immer.

Eines der Hindernisse, ein Fluß, war so schwierig zu überwinden, daß selbst Cortés daran gedacht zu haben scheint, nach Mexiko umzukehren. Dann aber entschloß er sich doch dazu, das Hindernis zu nehmen. Was war das, Wasser? Nun, dann würden sie eine Brücke bauen. Er lotete und prüfte mit zwei zusammengebundenen Speeren den Grund. Schließlich ließ er, allem Murren seiner erschöpften, hungrigen Truppe zum Trotz, von den Indianern eine Brücke bauen, an der er als einziger Spanier arbeitete, um den Murrköpfen ein Beispiel zu geben. Dieses Wunder mexikanischer, nicht etwa spanischer Geschicklichkeit bestand aus mehr als tausend Balken, deren kleinste, wie er schreibt, so dick wie ein Mensch und neun bis zehn Faden (etwa siebzehn Meter) lang waren. In seinem Brief an den Kaiser zollt er seinen mexikanischen Freunden verdientes Lob: »Ich versichere Euer Majestät, daß ich nicht glaube, irgend jemand werde jemals auf verständliche Weise schildern können, wie diese Fürsten von Tenuxtitlán mit ihren Indianern diese Brücke gebaut haben; sie zählt zu den seltsamsten Dingen, die man je gesehen hat.« Obwohl aber die Fertigkeit mexikanisch war, stammten der Einfall, der Antrieb, der Geist überhaupt vom General. Als sie später an einen breiten, wilden Fluß kamen, der sich reißend seinen Lauf durch gewaltige Felsen bahnte, improvisierte Cortés eine gröbere Brücke dadurch, daß er riesenhafte Bäume fällen und zwischen den Felsblöcken hinüberwerfen ließ.

Schließlich waren sie nach Acalan gelangt, das »Überfluß an Nahrung und gutem Honig« hatte. Etwas erleichtert zog

Cortés weiter und fragte sich im stillen, ob Yucatan nun wohl eine Insel sei und ob er »das Geheimnis daran« entdecken werde, als eines Nachts Coztemexi aus Mexicalcingo, einer der mexikanischen Herren seines Gefolges, ihn verstohlen aufsuchte. Er zeigte ihm ein nach indianischer Weise auf Tuch gemaltes Bild und fügte erklärend hinzu, Cuauhtemoc und andere mexikanische Häuptlinge seines Gefolges hätten sich verschworen, Cortés und dessen Offiziere zu töten, worauf sie einen Aufstand gegen Olid ins Werk zu setzen und schließlich die Herrschaft über Mexiko zurückzugewinnen hofften. Cortés handelte rasch wie immer. Er verhaftete Cuauhtemoc, Fürst Cuanacoch von Tetzcuco, Fürst Tetlepanquetzal von Tacuba und einen General Tomilatzin mit dem Titel Tlacatecatl und verhörte sie einzeln. Jedem wurde gesagt, daß die andern gestanden hätten, und die meisten offenbarten alles, was sie wußten, weil sie glaubten, Cortés sei von seinem Kompaß unterrichtet worden. Diejenigen von ihnen, deren Schuld allein darin bestand, daß sie den Hauptverschwörern zugehört hatten, riefen die Kompaßnadel zum Beweis ihrer Unschuld an. Durch geschickte Handhabung des für diese Zwecke kaum gebauten Kompasses fand Cortés heraus, daß die beiden Hauptverschwörer Cuauhtemoc und Tetlepanquetzal waren. Sie ließ er hängen, »aber die andern ließ ich frei«, erklärt er dem Kaiser, »denn die Untersuchung ergab, daß sie lediglich jenen zugehört hatten, wiewohl auch das ihren Tod gerechtfertigt haben könnte«.

Dieser Zwischenfall erinnerte Cortés wieder daran, wie ernst die Lage war, in die er sich überstürzt hineinbegeben hatte. Er wurde von Sorgen geplagt und konnte nicht mehr schlafen. Als er eines Nachts in seinem Gemach im Teocalli eines Dorfes auf und ab ging, stürzte er, weil er mit der Örtlichkeit nicht vertraut war, in einen daruntergelegenen Saal und verletzte sich am Kopf, sagte aber niemandem davon. Unermüdlich zog er weiter, wie er es in guten und bösen Tagen immer getan hatte. Neue Hindernisse waren zu überwinden: Hunger, Flüsse, Sümpfe, dunkle Wälder; schließlich ein Berg aus scharfem Feuerstein, dessen Kanten wie Rasiermesser schnitten, so daß sie zwölf

Tage brauchten, um nicht viel mehr als sechzig Kilometer zurückzulegen, und dabei achtundsechzig Pferde verloren. Am schlimmsten aber war das Gefühl, daß alles nutzlos sei, weil sie den Weg verloren hätten und nie wieder unter Menschen zurückkehren würden.

»Als wir schon alle Hoffnung aufgegeben hatten, weil wir keine Führer hatten und die Kompaßnadel inmitten der wildesten Berge, die wir je gesehen, nutzlos war und weil es keine Straße gab, die uns irgendwohin geführt hätte – da gefiel es dem Herrn, daß wir einen fünfzehnjährigen Knaben trafen, welcher sagte, er könne uns zu einer Ortschaft Taniha bringen; das aber ist ein Ort, den wir, wie ich wußte, passieren mußten.« In Taniha trafen sie zwei Indianerinnen, die sogar schon an der nur zwei Tagereisen entfernten Küste einigen Spaniern gedient hatten. Das Heer war wieder einmal gerettet.

Cortés mußte aber seinen Landsleuten mit Vorsicht begegnen. Wer war das? Waren es Olids Leute? Und würden sie dann zu ihm überlaufen oder ihrem rebellischen Kommandeur treu bleiben? Er schickte Sandoval in einem Kanu voraus. Durch geschickte Taktik fing Sandoval vier Spanier beim Fischen. Diese Männer unterrichteten Cortés von dem dramatischen Ende, das Olids Aufstand gefunden hatte. Francisco de Las Casas war mit einer Flotte und einem Heer gekommen, die stark genug gewesen wären, Olid zu überwältigen, doch hatte ein Unwetter seine Streitmacht vernichtet und die Schiffe an den Strand geworfen. Olid hatte Las Casas gefangengenommen und war dann gegen Gil Dávila marschiert, einen andern Konquistador, der auf eigene Faust in diesem Gebiet operierte, hatte ihn geschlagen und gleichfalls gefangengenommen. Olid war ein fröhlicher, tapferer Andalusier. Er entwaffnete seine beiden Gefangenen, ließ sie im übrigen aber kommen und gehen und lud sie sogar zu Tisch. »Herr Hauptmann«, sagte Las Casas halb scherzend, halb im Ernst, »nehmt Euch nur gut in acht, denn eines Tages werde ich versuchen, Euch zu töten!« Olid lachte. Er lachte einmal zu oft. Mit geschliffenen Brieföffnern stürzten sich Las Casas und Gil Dávila auf ihn und verletzten ihn ernstlich am

Halse. Mit dem Ruf: »Mit König und Cortés gegen diesen Tyrannen!« sammelten sie genug Männer um sich, um anerkannt zu werden, hielten Gericht über Olid und hängten ihn.

Las Casas war dann an der pazifischen Küste entlang nach Mexiko zurückgekehrt, nicht ohne zuvor an der atlantischen Küste eine Stadt gegründet zu haben, die er nach seinem Geburtsort in Spanien Trujillo nannte. Dávila war ebenfalls nach Mexiko gezogen, nachdem er vorher am Rio Dulce die Stadt San Gil de Buena Vista gegründet hatte. Die Männer, die Cortés getroffen hatte, gehörten früher zu Dávilas Kompanie. »Als sie erfuhren, daß es Cortés sei, der überall in Indien und Kastilien so berühmt war, wußten sie sich vor Freude nicht zu lassen.« Cortés traf sie in trostloser Verfassung, krank und hungrig an. Glücklicherweise fand sich, wie damals so häufig, gerade ein Schiff mit Männern, Pferden und Vorräten ein. Cortés erwog, auf dem Seewege zurückzukehren, stellte aber fest, daß er es mit so vielen Kranken nur wagen könnte, wenn es ihm gelänge, mehr Nahrungsmittel aufzutreiben. Darum ließ er die Invaliden in San Gil zurück und folgte abermals seiner Lust am Abenteuer. Er machte sich auf, um den Golfo Dulce in Costarica zu erforschen, ein Unternehmen, das es an Abenteuern, Gefahren und fröhlich erduldeten Mühen mit jeder früheren seiner Expeditionen aufnehmen konnte.

Sobald Cortés nach seiner Rückkehr einigermaßen zur Ruhe gekommen war, rüstete er mehrere Schiffe aus, von denen einige vorhanden waren, während andere »sich einfanden« und von ihm gekauft wurden. Eines ließ er sogar dort bauen. Nach Neuspanien schickte er Briefe und Befehle, in denen er über seine Expedition berichtete und zu verstehen gab, daß er einige Zeit in Honduras zu bleiben gedenke; nach Kuba, Trinidad und Jamaika sandte er Geld für Pferde und neue Rekruten und nach Española Nachrichten und Briefe, die für Spanien bestimmt waren. Alle diese Schiffe gingen auf See verloren oder wurden von Stürmen abgetrieben, nur eines konnte aus Kuba zurückkehren. Es brachte Nachricht von Zuazo, einem der drei Regenten, die er in Mexiko zurückgelassen hatte: In Mexiko waren ernste Unruhen ausgebrochen. Der Schlag traf ihn hart. Er weinte, schloß sich einen Tag lang ein und befahl, daß eine Messe gelesen werde. Er war in tiefe Zweifel gestürzt. Sollte er nach Mexiko reisen? Sollte er weiterhin das Land südlich von Trujillo erforschen, dessen »Geheimnisse« ihn lockten? Er überließ es dem Herrn und kam nach mehrtägigen Gebeten, Messen und Prozessionen zu dem Entschluß, nach Mexiko zu reisen. Die Mehrzahl seiner Männer schickte er an der Südküste entlang, wo Francisco de Las Casas die Straße erkundet und gebahnt hatte, und stach selbst in See. Dreimal zwangen ihn furchtbare Stürme in den Hafen zurück. Darin sah er göttliche Mißbilligung seines Entschlusses und schickte darum nach weiteren Messen und Zeremonien ein Schiff mit Vollmachten für Francisco de Las Casas auf den Weg, während er selbst in Honduras blieb.

Er war ein kranker Mann. Bei diesem Unternehmen, das schon fast ein Jahr seines Lebens verschlungen hatte, war er mehr gealtert als vorher während der ganzen Eroberung. Er erkundete das umliegende Gebiet, stellte fest, daß es sich zu Besiedelung und Erschließung eignete, und begann Verhandlungen mit Francisco Fernández, einem Hauptmann des Pedrarias Dávila, weil er in Nicaragua »wildern« wollte, das Dávila als sein Reservat betrachten durfte. Er rüstete sich sogar bereits zum Aufbruch nach Nicaragua, als ein Schiff aus Neuspanien so ernste Nachrichten brachte, daß er diesmal ohne Messen oder Zeremonien am 25. April 1526 in See stach. Nach einem kurzen, vom Wetter erzwungenen Aufenthalt in Habana landete er endlich am 24. Mai wieder in Veracruz, zwanzig Monate nachdem er Mexiko an einem für das Land und sich selbst schicksalsschweren Tage verlassen hatte.

Als Salazar und Chirino mit den Vollmachten, die ihnen Cortés unklugerweise erteilt hatte, nach Tenochtitlán zurückkehrten, stellten sie enttäuscht fest, daß der Streit zwischen Albornoz und Estrada beigelegt worden war. Sie fingen sich aber rasch, unterschlugen einfach die für diesen

Fall erteilten Weisungen und Befugnisse und unterbreiteten dem Kapitel und den Regidores die Urkunden, auf Grund derer sie mit Zuazo allein die Regierung übernehmen sollten. Trotz der Bemühungen des Juristen, der ein wohlmeinender Vermittler gewesen zu sein scheint, gelang es Salazar, Estrada und Albornoz dadurch loszuwerden, daß er sie einsperrte, während er Chirino auf eine Strafexpedition gegen die aufrührerischen Zapoteken schickte. Zuazo, der ein unbequemer Zeuge war, wurde gewaltsam nach Kuba verfrachtet. Seinen Hofstaat hatte Cortés seinem Verwalter Rodrigo de Paz hinterlassen, den er zum Alguacil Mayor ernannt hatte. Dieser etwas unbesonnene und anmaßende Mann wurde von Salazar festgenommen und dann gezwungen, mit ihm die Macht zu teilen. Als Estrada und Albornoz unter dem Vorwand, sie müßten das Gold des königlichen Fünften, für das sie als Schatzmeister und Rechnungsführer verantwortlich seien, nach Spanien bringen, Mexiko zu verlassen versuchten, wurden sie von Salazar und Paz daran gewaltsam gehindert; diese hatten inzwischen Truppen aufgestellt, denen sie Ländereien und Indianer versprochen hatten. Dann erschien Francisco de Las Casas, aber natürlich ohne Nachricht über Cortés. Mittlerweile war das Verhältnis zwischen Salazar und Paz dadurch getrübt worden, daß dieser von Salazar und Chirino am Spieltisch zwanzigtausend Pesos gewonnen hatte. Die beiden beschlossen, Paz wieder einzusperren und gleichzeitig Albornoz und Estrada freizulassen, um deren Hilfe für ihr Unternehmen zu gewinnen, dessen Hauptziel die Besetzung von Cortés Haus gewesen zu sein scheint, das stark mit Artillerie ausgerüstet und – wie sie meinten – reichlich mit Gold versehen war.

Nachdem sie sich in Cortés' Palast häuslich eingerichtet hatten, beriefen Salazar und Chirino feierlich das Kapitel ein und ließen sich, nachdem sie Cortés für tot erklärt hatten, als Gouverneure vereidigen. Sie durchsuchten das ganze Gebäude nach Gold und ließen sogar die Ländereien umpflügen, nachdem sie alle indianischen Edelleute mit deren Frauen sowie auch die spanischen Frauen, die Cortés auf seine Kosten dort leben ließ, vor die Tür gesetzt hatten,

»was ein schmerzlicher Anblick war«. Sie fanden jedoch nichts, weil Cortés nun eben einmal nicht an Gold interessiert war, sondern (abgesehen von einem gewissen persönlichen Luxus) an Schiffen, Kanonen, Eroberungen und Entdeckungen.

Daß Cortés tot sei, wurde offiziell als Wahrheit ausgegeben, die niemand ungestraft bestreiten durfte. Die Ehefrauen von Soldaten, die mit Cortés nach Honduras gezogen waren, erhielten den Rat, sich wieder zu verheiraten. Eine von ihnen, Juana de Mansilla, die sich weigerte und behauptete, daß Cortés und ihr Mann noch am Leben seien, wurde öffentlich als Hexe ausgepeitscht. Im Franziskanerkloster wurde eine Totenmesse gelesen, und während der Predigt wurden einige Freunde von Cortés, die dort Zuflucht gesucht hatten, unter Aufsicht von Salazar und Chirino gewaltsam herausgezerrt. Der Verweser des Klosters besaß jedoch Kirchengewalt und belegte die Stadt, die er selbst mitsamt seiner kleinen Schar verließ, mit dem Interdikt. Da bekam Salazar es mit der Angst vor der geistlichen Macht und rückte die Gefangenen wieder heraus.

Spät an einem Sonntag abend, es war der 28. Januar 1526, klopfte ein müder, staubbedeckter Bauer, dessen Bart ihn als Spanier auswies, an die Klosterpforte. Als diese sich hinter ihm geschlossen hatte, gab er sich den Mönchen sowie Andrés de Tapia, Jorge Alvarado und den anderen Freunden von Cortés, die dort lebten, zu erkennen: Es war Martin Dorantes, ein Diener des Cortés. Um die Hüften gebunden trug er unter seiner Kleidung Briefe an die Mönche, an Cortés' Freunde und sogar an Estrada und Albornoz. Als sie Dorantes sahen und erfuhren, daß Cortés lebte, und als sie seine Briefe sahen, sprangen sie alle vor Freude umher. Sogar die Patres Toribio Motolinea und Diego de Altamirano machten Luftsprünge und dankten Gott dem Herrn. Es war jedoch Vorsicht geboten. Cortés ernannte in seinen Briefen Francisco de Las Casas und Pedro de Alvarado gemeinsam zu Gouverneuren. Beide waren jedoch abwesend, Alvarado in Guatemala und Las Casas unterwegs nach Spanien, wohin ihn Salazar in Ketten und mit falschen Anschuldigungen beladen geschickt hatte.

Weiter bestimmte Cortés, falls weder Alvarado noch Las Casas verfügbar seien, sollten Estrada und Albornoz die Zügel übernehmen. Die Mönche ließen sie unauffällig rufen, und am nächsten Tage wurde Salazar nach kurzem Kampf gefangengenommen und ins Gefängnis geworfen.

Albornoz spielte jedoch nicht ehrlich mit. Er hatte Salazar vom Kloster aus gewarnt, so daß dieser Widerstand leisten konnte. Außerdem wurde eine Verschwörung Salazars mit dem Ziel, sich selbst zu befreien und Estrada zu töten, erst im letzten Augenblick vereitelt, weil Albornoz, der bereits vorher davon gehört hatte, die Nachricht seinem Mitregenten vorenthielt.

Mittlerweile waren Albornoz' Briefe nach Spanien gelangt, wo ihre einleuchtenden Verleumdungen giftige Früchte zu tragen begannen. Am gefährlichsten war die Behauptung, Cortés habe Federschmuck als Geschenke nach Spanien geschickt, das Gold aber für sich behalten. Der arme Kaiser brauchte wieder einmal dringend Geld. Er hatte Cortés diese traurige Tatsache brieflich mitgeteilt und sich darauf verlassen, daß jener möglichst viel Gold zusammenkratzen und nach Spanien schicken würde, mochte es nun dem Kaiser zustehen oder geborgt werden müssen. Das war der Augenblick für Ribera, Cortés' Sekretär, der für seinen Herrn in Spanien tätig war. Er schloß eine Art von Abkommen (asiento) mit dem Kaiser und König, auf Grund dessen Cortés Gold im Werte von zweihunderttausend Pesos auftreiben mußte. Als Gegenleistung wurde Cortés zum Adelantado von Neuspanien ernannt, erhielt das Recht, sich Don Hernán zu nennen, und »weil der König dem hl. Jakob fromm ergeben war, würde er Cortés zum Ritter dieses Ordens machen«.

Zu Ehren seiner Eroberung wurde Cortés ein Wappen verliehen: Rechts oben ein schwarzer Doppeladler (das Wappen des Heiligen Römischen Reiches), darunter ein goldener Löwe im roten Feld; links oben drei goldene Kronen im schwarzen Feld (zum Andenken an die drei Könige der mexikanischen Konföderation, die er besiegt hatte), darunter die Stadt Mexiko auf dem Wasser. Unter dem

Helm im gelben Feld sieben Köpfe auf einer Kette mit Vorhängeschloß.

Aber mit jedem Schiff aus Indien häuften sich die Nachrichten über das Chaos, das sich in Neuspanien breitmachte, während von Cortés nichts zu erfahren war. Es machte wenig aus, ob die Briefe Gutes oder Böses von Cortés zu berichten hatten; jedenfalls stand fest, daß schlechte Nachrichten kamen und daß Cortés nicht in Mexiko war. Er hatte genug Feinde bei Hofe, um diesen Umstand gefährlich erscheinen zu lassen. Die Liste seiner Verbrechen wuchs täglich: Er hatte seine Gemahlin und außerdem Garay ermordet. Er baute an der Südküste Schiffe, um heimlich nach Frankreich zu entkommen. Er legte es darauf an, ein unabhängiger Herrscher zu werden, wofür er auf seine Artillerie zählte – die nach Ansicht seiner Feinde gegen die Indianer nicht benötigt wurde –, auf seine riesigen verborgenen Schätze und auf die schrankenlose Ergebenheit seiner Spanier und der Indianer. Das letzte war übrigens ein merkwürdiges Eingeständnis von Leuten, die ihn zugleich beschuldigten, daß er die Eingeborenen mißhandle. Der Kaiser und seine Beamten wurden unruhig. Es scheint, als habe Kaiser Karl V. erwogen, Cortés seiner Ämter zu entheben und diese dem Admiral Don Diego Colón zu übertragen, der dafür seine Ansprüche auf Española aufgeben sollte. Noch aber fehlten Cortés die Freunde nicht gänzlich, darunter besonders der Herzog von Béjar und der Prior von St. Johannis, Don Juan de Zúñiga, dessen Nichte Doña Juana, die Tochter des Grafen von Aguilar, Cortés heiraten sollte. Diese Freunde gingen zum Angriff über und wiesen darauf hin, daß ihm angesichts seiner glänzenden Dienste und Leistungen nicht genügend Gunstbeweise zuteil geworden seien. Insgesamt aber war unvermeidlich, daß Cortés' Ansehen Schaden nahm, und zwar sowohl durch seine lange Abwesenheit wie auch durch die dadurch heraufbeschworenen Wirren in Mexiko, zumal da gleichzeitig viele andere Unruhen und Wirren, die allerdings gänzlich außerhalb seines Machtbereiches lagen, für alles, was mit Indien zusammenhing, bei Hofe eine ungünstige Atmosphäre schufen. Schließlich wurde beschlossen, »bei

Cortés Aufenthalt zu nehmen«. Mit diesem Ausdruck wurde eine besondere Untersuchung bezeichnet, während deren Dauer der Untersuchende alle Befugnisse erhält, die bisher der Betroffene gehabt hat. Da aber, wie Herrera betont, »seine Befugnisse groß und sein Name geachtet waren, suchte man eine angesehene und gelehrte Persönlichkeit, der man diesen Auftrag anvertrauen konnte, und man glaubte, daß der Licentiat Luis Ponce de León der richtige Mann sei«.

Cortés selbst berichtet, daß seine Rückkehr nach Neuspanien sehr geheim gewesen sei, nennt jedoch nicht den Grund für diese Heimlichkeit. Infolge schlechten Wetters habe er bei Tage nicht landen können, sondern sei bei Nacht an Land gegangen und dann acht Kilometer unerkannt nach Medellín gewandert, wo er die Kirche aufgesucht habe, um dem Herrn zu danken. Bernal Diaz jedoch gibt zu erkennen, daß diese Vorsicht auf der Furcht beruhte, das Land könne sich in Aufruhr gegen Cortés befinden. Der Mesner, der bei Morgengrauen die Kirche voll von Fremden fand, holte Hilfe herbei; als aber die zu Siedlern gewordenen Konquistadoren erschienen und ihren General wiedererkannten, gab es großen Jubel, mochte er auch müde, erschöpft und durch die Entbehrungen zweier Jahre gealtert sein. Cortés schrieb an alle Städte, an Estrada und Albornoz, »obwohl er nicht sein Freund war«, und brach nach einer Ruhepause von acht Tagen nach Mexiko auf.

Die Reise wurde zum Triumphzug. Indianer und Spanier wetteiferten miteinander in dem Bemühen, ihrem wahren Führer und Gouverneur ihre Dankbarkeit zu zeigen. Alle sehnten sich nach der Ruhe, welche die gerechte und würdige Macht ausstrahlt. Gold, Kleider, Hühner kamen zuhauf. In Tlaxcala zog ihm die ganze Stadt jubelnd und tanzend entgegen. Albornoz, dem die Angst ins Gebein gefahren war, ging nach Tetzcuco hinaus, dem Mann zu begegnen, den er verraten hatte, und versuchte seinen Verrat mit Lächeln auszulöschen. Das Kapitel von Tenochtitlán bat Cortés, eine Nacht in Tetzcuco zu verweilen, damit ein würdiger Empfang vorbereitet werden könne. Am nächsten

Tage aber gab sich die ganze Stadt – Spanier und Indianer – der Freude, dem Tanz und den Feiern hin – ein Farbenrausch bei Tage und bei Nacht ein Lichtermeer auf der Lagune.

Cortés begab sich in das Franziskanerkloster, um, wie er dem Kaiser schreibt, »dem Herrn dafür zu danken, daß Er mich aus so vielen Nöten und Gefahren errettet, mich zu dieser Ruhe und diesem Frieden gebracht und diesem schwer geprüften Lande Frieden und Eintracht zurückgegeben hat. Dort bei den Mönchen blieb ich sechs Tage, bis ich vor Gott über meine Schuld Rechenschaft abgelegt hatte.«

Der Markgraf vom Tal

Cortés befand sich noch im Kloster, sozusagen im religiösen Asyl, als er vernahm, daß Ponce de León gelandet sei. Sofort veranlaßte er, daß jener geehrt, untergebracht und überhaupt in jeder Hinsicht seiner Würde gemäß behandelt werde. Ponce de León hielt sich aber alles, was ihm angeboten wurde, vom Leibe und reiste so, als wolle er dem mächtigen Gouverneur fern und unabhängig bleiben. Diese Haltung scheint sowohl von dem angeborenen Gefühl für Selbstachtung und Würde, das ihm als Vertreter der Krone anstand, wie auch von zahlreichen Warnungen diktiert worden zu sein, die ihm in Spanien und Veracruz zu Ohren gekommen waren, er möge sich hüten, daß er nicht dem listigen Cortés ins Garn gehe und dasselbe Schicksal erleide wie vor ihm Narváez, Tapia und Garay.

Cortés aber war ganz Höflichkeit und Respekt. Am Tage nach Ponce de Leóns Ankunft versammelte sich das Kapitel in der Kirche. Ponce de León ließ sein Beglaubigungsschreiben verlesen, woraufhin Cortés ihm sofort seinen Amtsstab als Oberrichter von Neuspanien übergab. Der neue Richter schien allgemein beliebt zu sein, und zumal Cortés war sehr befriedigt, daß er sich in den Händen eines aufrechten und selbstlosen Mannes befand. Ponce de León brachte einige Mönche mit, vornehmlich einen Bruder Tomás Ortiz, der sich mehr um Politik kümmerte als um die heilige Mission, in der er herübergekommen war«, wie Bernal Diaz berichtet. Noch am Tage seiner Ankunft besuchte Ortiz Cortés und »enthüllte« ihm, daß Ponce de León klare Weisung habe, ihn hinrichten zu lassen und seine Besitztümer einzuziehen. Unermüdlich versuchte Ortiz, teils selbst und teils durch die Franziskaner, Cortés dazu zu bestimmen, daß er mit Ponce de León breche. Diesmal war Cortés aber entschlossen, sich von einem unabhängigen Zeugen rechtfertigen zu lassen; er hatte trotz den Intrigen des Mönches von Ponce de León eine sehr hohe Meinung.

In diesem Augenblick nahm der Tod den Richter von hinnen und gab damit den Ereignissen eine unliebsame Wendung. Für Cortés war es ein harter Schlag. Seine Feinde machten es doppelt arg durch die Behauptung, Cortés selbst sei die Ursache von Ponce de Leóns Tod, obwohl noch dreißig andere Personen, die mit demselben Geschwader herübergekommen waren, der gleichen Krankheit zum Opfer fielen. Der Urheber dieses verleumderischen Gerüchtes scheint Pater Ortiz gewesen zu sein. Die Situation war höchst unglücklich. In seinem Testament hatte Ponce de León seine Befugnisse dem Juristen Marcos de Aguilar übertragen, einem alten, von Syphilis zerfressenen Mann, der Leib und Seele dadurch beisammenhielt, daß er an der Brust einer Frau Muttermilch trank. Cortés' Feinde wünschten, daß die Untersuchung ihren Fortgang nehme; seine Freunde, die das Kapitel »besetzt« hatten, »ersuchten« ihn, die Regierung des Landes zu übernehmen. Er lehnte ab, fraglos, weil er mit seiner Selbstlosigkeit auf den König Eindruck machen wollte. Gleichwohl ließ er durch den Ausrufer einige Ordonanzas zum Schutze der Indianer verkünden, wozu er sich als Generalkapitän und Verwalter indianischer Angelegenheiten für berechtigt hielt. Als jedoch Aguilar auf Drängen der Opposition sein Recht auf diese beiden Ämter in Frage stellte, trat er von beiden zurück. An den Kaiser schreibt er: »Ich nehme an, daß Euer Majestät allmählich von meiner Ergebenheit überzeugt sein werden, denn ich habe nicht nur alle Weisungen des Richters, den Euer Majestät geschickt haben, gehorsam ausgeführt, sondern tue desgleichen mit den Weisungen eines Richters, den ich nicht für kompetent halte, und der zudem nicht von Euer Majestät oder dem Staatsrat geschickt worden ist. Ich muß dabei viel einstecken, und diese Behandlung habe ich durch meine Dienste schwerlich verdient. Vor allem andern in der Welt ist mir daran gelegen, Euer Majestät meine Treue und meinen Gehorsam bewußt zu machen.«

Etwa um den 1. März starb auch Aguilar. Seine besondere Ernährungsweise erschwerte es allen, seinen Tod Cortés in die Schuhe zu schieben. Immerhin brachte Ocaña, einer der unerbittlichsten Feinde des Cortés, es fertig, in einem Brief an die Beamten des Casa de Contratación zu berichten, daß während eines Banketts in Cortés' Haus dem Marcos de Aguilar etwas gebratener Speck geschickt worden sei; dieser habe ihn abgelehnt, aber einer seiner Diener habe davon gegessen und sei so krank geworden, daß er nachts fast gestorben sei. »Ich glaube«, so beschließt Ocaña seinen gehässigen Bericht, »daß der unglückliche alte Mann, wenn er davon gegessen hätte, das Schicksal von Luis Ponce de León geteilt haben würde.«

In solcher Atmosphäre von Intrige, Verleumdung und Haß mußte Cortés sich bewegen. Nach Aguilars Tod wurde er wiederum vom Kapitel in aller Form ersucht, als Gouverneur und Oberrichter die Macht zu übernehmen. Obwohl jedoch seine juristische Stellung diesmal stärker war als nach Ponce de Leóns Tod, änderte er seine Haltung nicht. Er lehnte ab, woraufhin das Kapitel Estrada bestätigte, den Aguilar in seinem Testament dafür ausersehen hatte. Immerhin erreichten Cortés' Freunde zwei Zugeständnisse. Einmal sollte Sandoval an der Regierung beteiligt werden, zum andern sollten die beiden Gouverneure in allen Fragen, welche die Verwaltung indianischer Angelegenheiten oder Aufgaben des Generalkapitäns betrafen, Cortés zu Rate ziehen. Dieses Regime, das am 1. März begonnen hatte, endete jedoch schon am 22. August, als Estrada triumphierend einen königlichen Erlaß vorzeigte, der am 16. März 1527 in Valladolid unterzeichnet worden war und Estrada die Möglichkeit gab, Sandoval abzuschütteln und allein und uneingeschränkt als Gouverneur zu amtieren. Dieser »königliche« Entscheid ging auf Albornoz zurück, der unmittelbar nach Ponce des Leóns Tod nach Spanien gereist war, um dort gegen Cortés zu arbeiten.

Wir können getrost annehmen, daß Cortés und seine Freunde in diesem täglichen Kleinkrieg auch Fehler begangen haben. Trotzdem ist nicht zu bezweifeln, daß Cortés sich in dieser Zeit in einer wenig beneidenswerten Lage befand. Estrada erwies ihm nicht soviel Achtung, wie ihm zukam. Beispielsweise verurteilte er eines Tages ohne langen Prozeß einen Diener von Cortés dazu, daß ihm die Hand abgeschlagen werde. Cortés, der bei Spaniern und Indianern genug wirkliche Macht besaß, um Estrada binnen einer Stunde zu vernichten, ertrug die Provokation mit großer Würde und verhinderte einen Aufruhr. Diese Selbstverleugnung nützte ihm jedoch nichts, sondern Estrada wies ihn schließlich aus Mexiko aus. Als er die Hauptstadt, *seine* Hauptstadt, verließ und sich nach Cuyoacán begab, sagte er: »Ich danke Gott dafür, daß ich aus Ländern und Städten, die ich erobert habe, von Leuten ausgewiesen werde, welche der Posten, die sie innehaben, nicht würdig sind.« Ordás, den es bekümmerte zu sehen, wie seines Kommandeurs Ansehen dahinschwand, riet ihm, er solle sich »Fürst« und »Fürstliche Gnaden« anreden lassen, sich Don Hernándo nennen und seinen Sessel unter einen Thronhimmel stellen. Er war zu klug dazu. »Ich nenne ihn niemals Don Hernándo«, sagt Bernal Diaz, »noch Markgraf oder General, sondern schlicht und einfach Cortés, weil er stolz ist, lediglich als Cortés bekannt zu sein.«

Inzwischen hatte er sich entschlossen, nach Spanien zu reisen und selbst den Kampf bei Hofe aufzunehmen. Ein Brief, den er um diese Zeit an seinen Vater richtete, kann uns als Maß seiner Aufrichtigkeit und der Reinheit seiner Motive und Ziele dienen. Obwohl der Brief an seinen innigsten Vertrauten gerichtet ist, entspricht er ganz und gar dem, was er auch an den König schreibt. In erster Linie möchte er geklärt wissen, daß er ein großer und ehrlicher Diener der Krone ist. Er bittet darum, daß »eine strenge Untersuchung gehalten werde, damit ich mich über die Zeichen der Ungnade beschweren kann, die mir aufzuerlegen Seiner Majestät gefallen hat«. Hierauf vor allem soll sein Vater bestehen, »denn daß Seine Majestät meine Dienste und meine Ergebenheit kennenlernt, ist mir wichtiger als der Besitz aller Staaten und Schätze der Welt«. Man beachte die unbewußte Enthüllung: *Staaten* und Schätze; sein geheimer Ehrgeiz richtet sich zuerst auf Regierung und Staatskunst, erst dann auf Reichtum. So schreibt er auch wenige Zeilen später wahrheitsgemäß: »Ich möchte lieber reich an Ruhm als an Vermögen sein.«

Ihn ärgerte und demütigte, daß man dauernd Abrechungen von ihm verlangte, als wäre der Mann, der Neuspanien erobert und dem König zu Füßen gelegt hatte, ein Hausverwalter! In einem Brief an den König bestätigt er, was er bereits seinem Vater geschrieben hatte: da seine Feinde ihn beschuldigten, sein Einkommen aus Neuspanien belaufe sich auf zweihundert Millionen, würde er sich glücklich preisen, vom Kaiser zwanzig Millionen zu bekommen, um diesem dafür alle seine Besitztümer in Neuspanien zu überlassen. Außerdem würde er dem Hof als Berater für neuspanische Angelegenheiten dienen. Es ist kaum zweifelhaft, daß er eine derartige Lösung ernstlich in Erwägung gezogen hat. Er hatte die Demütigungen in Mexiko satt und träumte davon, sich in Spanien niederzulassen.

Um jene Zeit erwog man auch gerade bei Hofe, wie man es anstellen könne, daß er herüberkomme und sich in Spanien niederlasse. Hauptsächlich dank der Tätigkeit von Albornoz, dem Narváez, Tapia und andere vorgearbeitet hatten, war damals das Mißtrauen des Hofes auf dem Höhepunkt angelangt. So düster waren die Farben, mit denen sein Bild gemalt wurde, daß bereits in der Person des Pedro de la Cueva ein tatkräftiger Edelmann ausgewählt worden war, der mit einer starken Streitmacht nach Neuspanien segeln und Cortés nötigenfalls enthaupten sollte. Gleichzeitig wurden umfangreiche Vorkehrungen getroffen, um zu verhindern, daß ein Schiff mit einer Goldladung von dem angeblichen Rebellen etwa der Wachsamkeit der spanischen Beamten entginge und in Portugal landete. Die ruhige Ankunft des Schiffes und das rechtschaffene Verhalten von Cortés' Beauftragten trugen viel dazu bei, die Aufregung zu dämpfen. Alvarado, der wenig später eintraf und jedesmal die Augenbrauen hochzog, wenn ihn bei Hofe jemand nach Cortés' Zuverlässigkeit fragte, verbesserte die Lage weiter. Trotzdem wurde beschlossen, ein Audienzgericht zu ernennen: ein Richterkollegium aus vier Juristen unter dem Vorsitz von Nuño de Guzmán, der seit der Ankunft von Ponce de León in Neuspanien als Gouverneur von Pánuco amtierte. Dieses Audienzgericht sollte die Verwaltungstätigkeit von Cortés und seinen Beamten untersuchen und ihre Befugnisse in Neuspanien übernehmen.

Cortés rüstete sich mittlerweile zur Reise. Er brachte möglichst viel Gold und Silber und dazu viele Merkwürdigkeiten zusammen, mit denen er dem Hof Vergnügen und Eindruck machen wollte. Spanische Siedler und mexikanische Kaziken erschienen in seinem Hause in Tlaxcala, um ihm die Krone von Neuspanien anzubieten. Er widerstand der Versuchung und wies die Narren von sich, die ihm von Verrat sprachen; ja, er zeigte sie dem kommissarischen Gouverneur an. Er war zur Reise entschlossen und wurde in diesem Entschluß noch durch einen Brief von Pater García de Loaisa bestärkt; der Beichtvater des Königs und Präsident des Indischen Rates bat ihn darum, baldmöglichst nach Spanien zu kommen. Der Brief mag ihm geschmeichelt haben, konnte er doch kaum ahnen, daß er weniger aus Liebe als aus Furcht geschrieben worden war, aus der Sorge nämlich, was Cortés anstellen könnte, falls er, der auf Spanier und Indianer so enormen Einfluß hatte, in Mexiko bliebe. Außerdem erhielt er Briefe von seinen Anhängern in Spanien, die ihn bedrängten, er möge kommen und selbst auf die zahllosen Verleumdungen antworten. In diesem Augenblick verlor er seinen zuverlässigsten Sachwalter bei Hofe: sein Vater starb. Am 17. März 1528 trat er die Reise nach Spanien an.

Er landete in Palos mit einem imposanten Gefolge, an dessen Spitze Sandoval und Andrés de Tapia standen. Allen, die ihn begleiten wollten, hatte er freie Reise und Verpflegung zugesagt, woraus sich der Umfang seines Gefolges erklärte. Er hatte auch mehrere indianische Fürsten bei sich, darunter einen Sohn Moteczumas mit Namen Don Martin, sowie je einen Sohn von Maxixcatzin und Xicotencatl. Außerdem hatte er eine schwimmende Ausstellung neuspanischer Merkwürdigkeiten und Raritäten tierischer, menschlicher und unbeseelter Art bei sich, von Storaxharz bis zu seltenen Ölen und exotischen Vögeln, von Raubkatzen bis zu männlichen und weiblichen Albinos, ferner Zwerge und Gaukler, die mit ihren Füßen einen Stock in rasende Drehung versetzen konnten, Gold als Barren, als Tischgerät und als Schmuck, Edelsteine von unerhörter Größe und unglaublich kunstfertig geschnitten, Kleider, Federn und Kostüme von barbarischer Farbenpracht. Dieser Mann, der sein Heimatland mit neunzehn Jahren unbekannt und mittellos verlassen hatte, kehrte als Dreiundvierzigjähriger in einer Gloriole weltweiten Ruhmes zurück, die sich von den schwarzen Wolken, welche neidische Feinde zusammenballten, nur um so wirkungsvoller abhob.

Bald nach seiner Ankunft verlor er seinen Freund Sandoval, der in einem Gasthaus starb, zum Schluß zu schwach, um den Wirt daran zu hindern, daß er ihm dreizehn Goldbarren stahl. Der Verlust dieses Offiziers, der seine rechte Hand gewesen war, seitdem das Gemetzel von Mexiko sein Vertrauen in Alvarado erschüttert hatte, schmerzte Cortés tief. Er hatte im Kloster La Rábida Wohnung genommen, dem einzigen Gebäude in der Gegend von Palos, das groß genug war, seinen Hofstaat unterzubringen. Von dort aus schickte er Berichte an den König, an Pater García de Loaisa und an seine Freunde bei Hofe, besonders an den Herzog von Béjar und den Grafen von Aguilar. Der Kaiser begab sich von Madrid nach Monzón in Aragón, so daß Cortés mehrere Monate Zeit bekam, um das ersehnte Gespräch mit seinem königlichen Gebieter gründlich vorzubereiten. Er beschloß, sich von La Rábida nach Guadelupe zu begeben und dort Novenen abzuhalten, was natürlich einen längeren Aufenthalt erforderte. Das war ein geschickter Schachzug; denn abgesehen von den Gnadenerweisen, die er von der Muttergottes von Guadelupe als Lohn seiner Verehrung erwarten durfte, konnte er sicher darauf rechnen, in einem der berühmtesten und einflußreichsten Klöster Spaniens Persönlichkeiten von Macht und Ansehen zu treffen.

Es fügte sich, daß um diese Zeit Doña Maria de Mendoza in dem Kloster wohnte. Sie war wohl nächst der Kaiserin die mächtigste Frau in Spanien, denn ihr Gemahl Francisco de los Cobos, Komtur von León, war erster Staatssekretär für Inneres und Finanzen in Karls V. spanischer Kanzlei und damit ein nahezu allmächtiger Mann. Doña Maria hatte als Gefolge ebenso viele Frauen wie Cortés Männer bei sich, doch waren ihre Damen von höherem Rang. Die wichtigste unter ihnen war ihre schöne Schwester Doña Francisca de Mendoza, die noch unverheiratet war. Cortés bemühte sich aufs äußerste um die beiden Damen und überschüttete sie mit Geschenken, zumal die junge und hübsche Doña Francisca. Er machte jedoch einen schweren Fehler, der sich vielleicht aus jener unüberwindlichen Zurückhaltung gegenüber dem schönen Geschlecht erklärt, die manchmal selbst die kühnsten Männer überkommt. Offensichtlich erweckte er Hoffnungen, die er nicht erfüllen konnte, weil seine Heirat mit Doña Juana de Zúñiga, der Nichte des Herzogs von Béjar, bereits endgültig verabredet war. Zuerst waren die beiden Schwestern Mendoza seine feurigsten Fürsprecher bei Hofe und müssen ihm dort während der ersten Monate seines Aufenthaltes in Spanien viele Wege geebnet haben. Als jedoch deutlich wurde, daß Cortés zu seinem Worte stehen würde, drehte sich der Wind in jenem mächtigen Teil des spanischen Staates. Bernal Diaz verbürgt sich dafür, daß dieser Wandel der Dinge Cortés die Ernennung zum Vizekönig von Neuspanien gekostet habe.

Als er endlich im Herbst des Jahres 1528 vom Kaiser empfangen wurde, genügten sein Auftreten, sein Äußeres, seine Höflichkeit und Aufrichtigkeit, sein klares Denken und sein knapper Stil, um aus des Königs Vorstellungen alle Nebel und Wolken zu vertreiben, die neidische Feinde über dem Eroberer von Mexiko zusammengebraut hatten. Als vielbeschäftigter Mann wußte Karl V. klare Köpfe zu schätzen und genoß daher das Zusammensein mit Cortés, den er in indischen Angelegenheiten oft zu Rate zog. Der Monarch war auch großzügig, wiewohl nicht so sehr, wie Cortés zu erwarten berechtigt war. Er machte Cortés nicht zum Gouverneur des Landes, das er entdeckt hatte. Trotz Bernal Diaz' gehässigen Hinweisen auf Cobos und dessen Damen kann man diese Entscheidung des Kaisers sehr wohl als nur ein weiteres Beispiel für das bekannte Mißtrauen ansehen, mit dem die spanische Krone ihren hervorragendsten Untertanen zu begegnen pflegte. Gómara bemerkt ebenso knapp wie treffend: »Er bat um die Gouverneurswürde von Mexiko, und der Kaiser gab sie ihm nicht. Ebenso verfuhr König Ferdinand mit Christoph Columbus und mit Gonzalo Hernández de Córdoba, dem großen General und Eroberer von Neapel.«

Der König ernannte Cortés zum Markgrafen vom Tal Oaxaca und verlieh ihm riesige Ländereien mit dreiundzwanzigtausend Untertanen in Neuspanien, über die er ausgedehnte Lehnsrechte erhielt, dazu Grundbesitz in der Stadt Mexiko und den Titel eines Generalkapitäns von Neuspanien. Außerdem ernannte er ihn zum Ritter des St.-Jakob-Ordens, doch führte Cortés diesen Titel niemals, da er die Kommandeurswürde erwartet hatte, was insofern verständlich war, als diese dem Alvarado, seinem Untergebenen, verliehen worden war, wobei offenbar Los Cobos seine Hand im Spiele hatte. Wir besitzen Cortés' eigenes Zeugnis dafür, daß er enttäuscht und gekränkt war und sogar so weit ging, die königlichen Gnadenbeweise abzulehnen. Der Kaiser beschwichtigte ihn jedoch mit freundlichen Worten und erklärte bescheiden, er ziele wie ein Bogenschütze auf die Zielscheibe von Cortés' Verdiensten; wenn Cortés das, was er ihm jetzt gebe, als ersten Versuch ansehe, so werde er später besser treffen. Cortés war jedoch mit diesen rein statischen Ehren nicht zufrieden. Da durch die Verweigerung des Gouverneurspostens sein Schaffensdrang gelähmt wurde, sah er sich auf seinen Beruf als General, Entdecker und Eroberer zurückgeworfen und schloß daher mit der Krone einen Vertrag über weitere Entdeckungen in der Südsee ab. Der Text dieser Kapitulation erinnert uns heute noch an die Tage, da der Erdball weite Strecken aufwies, die noch geheimnisvoll und unbekannt waren und daher der Phantasie der Menschen ein weites Feld boten, sich darin zu tummeln. Er erhielt die Erlaubnis, »alle Inseln und jedes Festland zu entdecken, die noch nicht entdeckt sind, wo er alsdann den Titel eines Gouverneurs sowie alle andern Rechte und Vorteile erhalten würde, die gewöhnlich Entdeckern eingeräumt werden«.

Neues Licht auf Cortés' Charakter werfen an diesem Punkt seiner Laufbahn die Aufmerksamkeit, mit der er über den Interessen seiner Kampfgefährten wachte, seine Fürsorge für die Mehrung des Kirchenvermögens und zumal für die Erziehung indianischer Kinder, und schließlich seine Teilnahme am Schicksal der vier Töchter Moteczumas, die er reich ausstattete und teilweise mit kastilischen Edelleuten verheiratete. Auch an seine unehelichen Kinder dachte er und ließ sie durch den Papst legitimieren, dem er einen Sondergesandten schickte, der Geschenke überbrachte und eine Vorstellung mit indianischen Gauklern gab, »über deren Anblick«, wie Bernal Diaz schreibt, »der Papst und die Kardinäle sehr erfreut waren«.

Cortés stand auf der Höhe seines Ruhms: endlich genoß er Anerkennung und Wertschätzung des Kaisers. In Toledo erkrankte er so schwer, daß man sogar um sein Leben bangte. Auf Anraten von Béjar und Cobos besuchte ihn der Kaiser persönlich. Dieser Besuch erwies sich jedoch als zweischneidiges Schwert; die Ehre, die ihm damit zuteil wurde, war nämlich so groß, daß sie eine Reaktion auslöste, die sich seine Feinde sofort zunutze machten. Klatsch und Kritik begannen sich gegen den Neuankömmling zu wenden, der in mancher Augen ein Emporkömmling war. Cortés ist auch wohl nicht immer so taktvoll gewesen, wie er hätte sein sollen.

Wollen wir Bernal Diaz glauben, der über die Vorgänge bei Hofe durch seine Gefährten genauestens unterrichtet war, so versuchte Cortés mit starker Unterstützung der Béjar-Clique, den Kaiser abermals in der Frage des Gouverneurspostens zum Handeln zu zwingen. Inzwischen hatte sich aber die Cobos-Clique gegen ihn gewendet und dem Kaiser, der aus politischen Gründen zu einem andern Entschluß gekommen war, mißfiel diese Aufdringlichkeit. Daraufhin versuchte Cortés es über den Grafen von Nassau, dem der Kaiser, der bereits auf dem Wege nach Italien in Barcelona weilte, erklärte, er wolle nun nichts mehr von dieser Sache hören, denn Cortés habe bereits eine Markgrafschaft erhalten, die mehr einbringe als Nassau in Europa bekomme. Karl V. bedachte nicht, daß Cortés ihm einmal geschrieben hatte: »Mir ist mehr an Ruhm denn an Reichtum gelegen.«

Um des Ruhmes willen heiratete er Doña Juana de Zúñiga, die aus einer herzoglichen Familie stammte. Außerdem war sie aber auch jung und schön, so daß Cortés, der für weibliche Reize sehr empfänglich war, denen seiner Gemahlin zum Opfer fiel. Er überschüttete sie mit Geschenken, unter denen vor allem fünf Smaragde hervorstachen, die dank ihrer Größe und kunstvollen Verarbeitung jeder ein Vermögen wert waren: einer hatte die Form einer Rose, der zweite war eine Glocke mit einer Perle als Klöppel, der dritte ein Fisch, der vierte eine Trompete und der fünfte ein Pokal. Es heißt, die Kaiserin habe sie sich gewünscht und sei Cortés böse gewesen, weil er sie bloß einer Markgräfin geschenkt habe. Das paßt zwar nicht zu dem Charakter der hochgemuten Kaiserin, doch wirft solch ein Tratsch ein bezeichnendes Licht auf die kümmerliche Art der Störenfriede bei Hofe.

Die ganze, von Neidern und Intriganten bestimmte Atmosphäre bei Hofe kann schwerlich nach dem Geschmack eines Mannes von Cortés' Temperament und Naturell gewesen sein. Zudem klangen die Nachrichten aus Mexiko nicht eben gut. Er hatte in Spanien alles erreicht, was er sich vorgenommen hatte, und der Kaiser war in Italien. So trat er im Frühjahr 1530 von Sanlúcar aus die Reise nach Neuspanien an, sechsundzwanzig Jahre nachdem er dort zum ersten Mal in See gestochen war; diesmal aber fuhr er, grauhaarig und um manch eine Illusion ärmer, nicht mehr einer jungfräulichen Zukunft entgegen, sondern einer dornenreichen Gegenwart und stürmischen Vergangenheit.

Mexiko verlangte abermals nach Hernán Cortés, dessen Abwesenheit alle Bande gelockert und einer schamlosen Anarchie freie Bahn geschaffen hatte. Die Mitglieder des Audienzgerichtes, dem man die Überprüfung von Cortés' Regierungsmaßnahmen anvertraut hatte, waren offensichtlich unter parteiischen Gesichtspunkten ausgewählt worden. Sein Präsident Nuño de Guzmán war ein heftiger Mann, Cortés feindselig gesinnt und der Schrecken der Indianer, während Matienzo und Delgadillo, die beiden Richter, die das Klima überlebt hatten, Männer von fragwürdiger Moral waren. Das Audienzgericht war im Dezember 1528 eingetroffen und von den Behörden und der Kolonie feierlich empfangen worden. Seine Mitglieder nahmen zuerst in Cortés' Haus Wohnung, wo zwei von ihnen ein wenig später an Lungenentzündung starben. Danach übernahmen Matienzo und Delgadillo die oberste Gewalt, und die Tatsache, daß sie in Cortés' Haus residierten, verlieh ihnen erhöhtes Ansehen.

Die neuen »Richter« hatten nur zwei Dinge im Sinn: möglichst schnell reich zu werden und Cortés zu ruinieren. Dieses Programm führte sie alsbald mit Salazar zusammen, der ihnen riet, keine Repartimientos auf Dauer zu bewilligen, weil die Möglichkeit, Indianer zuzuteilen und wieder abzuberufen, die Grundlage ihrer Macht über die Siedler sei. Diesen Rat (der übrigens beweist, wie staatsmännisch und selbstlos Cortés' Vorschlag gewesen war, die Repartimientos sofort unwiderruflich zu machen) nahmen sich die Richter zu Herzen und schöpften alle Möglichkeiten aus, um selbstherrlich zu regieren und sich ausgiebig zu bereichern. Ferner wurde gegen Cortés jede nur erdenkliche Verleumdung vorgebracht, und alle fragwürdigen Subjekte wurden als Zeugen gegen ihn vorgeführt. Seinem Schwager Xuárez setzte man zu, er möge einen Prozeß wegen Ermordung der Catalina Xuárez anstrengen, und tatsächlich brachten Juan Xuárez und dessen Mutter bei Gericht die Anklage ein, Cortés habe seine Frau erwürgt.

Glücklicherweise aber gab es in Mexiko einen aufrechten Mann, der die Ereignisse mit offenen, ehrlichen Augen verfolgte. Pater Juan de Zumárraga war dem Kaiser aufgefallen, als der müde Herrscher sich in das Kloster El Abrojo in der Nähe von Valladolid begeben hatte, um dort eine heilige Woche zuzubringen. Der Prior hatte dem Kaiser schon starken Eindruck gemacht, ehe er Zeuge wurde, wie jener gegen Ende des Besuches die ansehnliche Summe, die der Herrscher dem Kloster als »Almosen« übergeben hatte, bis auf den letzten Heller an die Armen verteilte. Karl war auf der Suche nach guten und wahrhaftigen Männern für Indien und erinnerte sich gewiß der Sorgen, die sich Cortés wegen der weltlichen Art vieler Bischöfe machte. So ernannte er Pater Zumárraga zum ersten Bischof von Mexiko. Am 27. August 1529 verfaßte der Bischof einen langen, wahrheitsgetreuen Bericht über Neuspanien. Die Absätze über die Eroberung und über die Rivalität zwischen Velázquez und Cortés zeugen von seinem unabhängigen Urteil und seiner unparteiischen Haltung. Was er über die Ereignisse während Cortés' Aufenthalt in Honduras schreibt, zeichnet sich durch knappen, klaren Stil und gesundes Urteil aus. Daher war, als er gegen das erste Audienzgericht Anklage erhob, seine moralische Autorität unangreifbar, auch dann, wenn seine Darstellung die Grenze des Glaubhaften zu überschreiten schien. »Da ich meine, daß Euer Majestät nichts verborgen bleiben sollte, berichte ich, daß die Kaziken von Tatelulco hier in der Stadt tränenüberströmt zu mir kamen, so daß ich großes Mitleid empfand. Sie beklagten sich darüber, daß der Präsident und die Richter ihre Töchter und Schwestern und sonstige hübsche Frauen aus ihrer Verwandtschaft verlangt hätten; ein anderer Häuptling berichtete mir, Pilar – der Dolmetscher des Audienzgerichtes – habe von ihm achtzig hübsche Mädchen für den Präsidenten verlangt.« Zumárraga beschwerte sich bei Guzmán, der sich jedoch weigerte, Erklärungen über sein sogenanntes Privatleben abzugeben. Der gute Bischof berichtet dann noch weiter, daß übelbeleumundete Frauen maßgeblichen Einfluß auf die Entscheidungen des Gerichts hätten.

Den schlimmsten Fehler beging das bedenkenlose Kleeblatt Guzmán – Matienzo – Delgadillo wohl mit seinem

Angriff auf Alvarado. Dieser hieß jetzt Don Pedro de Alvarado, war Adelantado von Guatemala und hatte Doña Francisca de la Cueva geheiratet, eine Dame von hohem Stand, die mit dem mächtigen Minister Los Cobos verwandt war. Nach ihrer Ankunft in Veracruz war seine junge Frau gestorben. Alvarado wanderte, in tiefe Trauer gekleidet, in Mexiko umher und wartete darauf, daß es dem Audienzgericht gefiele, ihn nach Guatemala abreisen zu lassen. Guzmán und Genossen waren jedoch nicht bereit, einen so reichen Mann ziehen zu lassen, ehe sie ihn gründlich gerupft hätten. Unter dem Vorwand, er habe während der Eroberung verbotenem Kartenspiel gefrönt, nahmen sie ihm allmählich all sein Geld, Pferde, Indianer und Möbel, bis sie ihm das letzte Maultier beschlagnahmten, auf dem er zum Gericht geritten kam. »Dann ließen sie ihn, ohne seiner Stellung zu achten, zu Fuß zurückkehren.«

Es sollte aber noch schlimmer kommen. Man erfuhr in Mexiko von den Auszeichnungen, die Cortés vom König erhalten hatte, und daß er als Grande und Generalkapitän nach Neuspanien zurückkehren werde. Guzmán erwähnte diese Tatsache in Anwesenheit von Alvarado, Albornoz, Salazar und vielen andern angesehenen Männern. Wütend über die Nachricht schrie Salazar: »Ein König, der uns einen Verräter wie Cortés schickt, ist ein Ketzer, aber kein Christ!« Trotz der Ungeheuerlichkeit dieser Worte wagte niemand zu protestieren, da der anwesende Präsident nichts sagte. Wenige Tage später jedoch erschien Alvarado vor dem Audienzgericht und bat um die Erlaubnis, Salazar zu fordern »wegen jener Worte, die er verruchterweise gegen den König geäußert hatte, und wegen anderer Dinge, die er im Hinblick auf Don Hernándos Kommen gesagt hatte, zumal daß gegen einen König, der so etwas beschließe, die Untertanen sich erheben sollten«. Guzmán war an jenem Tage nicht zugegen, doch fällte er am nächsten Tag folgende Entscheidung: »Pedro de Alvarado lügt als ein gemeiner Ritter, falls er ein Ritter ist, denn Salazar sagte nichts dergleichen, sondern ist ein guter Diener Seiner Majestät, weshalb er dergleichen nicht sagen könnte.« Am

Tage darauf ließ das Gericht Alvarado mit Ketten an den Füßen ins Gefängnis werfen.

Diese Nachricht muß Cortés beunruhigt haben, der weiterhin an Alvarados Schicksal Anteil nahm, da der Konquistador abermals in seine Familie heiratete, eine Schwester seiner ersten Frau. Hinzu kam, daß der mächtige Minister für die Auswahl des ersten Audienzgerichts Verantwortung trug. Der Indische Rat bemühte sich sehr, bessere Männer zu finden, welche an die Stelle der ersten schlechten Auswahl treten sollten. Cortés war damals noch in Spanien und wollte die Ernennung des neuen Audienzgerichts abwarten, um mit diesem zusammen zu reisen und dadurch einen Zusammenstoß mit seinen schändlichen Verfolgern zu vermeiden. Der Kaiser wünschte jedoch, daß er baldmöglichst abreise, da er sich von Cortés' Anwesenheit offenbar eine beruhigende Wirkung auf die Kolonie versprach. Als er Spanien verließ, war das neue Gericht noch nicht ernannt. Er verweilte zweieinhalb Monate in Santo Domingo, um darauf zu warten, doch gestatteten ihm die Kosten seines zahlreichen Haushalts nicht, noch länger zu bleiben. So reiste er nach Veracruz weiter, erfuhr jedoch noch auf Española mit Genugtuung, daß die Kaiserin diesmal Männer ernannt hatte, die ihres Auftrages würdig waren. Präsident des neuen Audienzgerichts sollte der Bischof von Santo Domingo sein.

Mit der beruhigenden Aussicht auf Gerechtigkeit – wenngleich nicht auf Macht – landete er am 15. Juli 1530 in Veracruz.

Markgraf gegen Vizekönig

Cortés war jetzt »der Markgraf«, aber sein Stern war im Sinken. Von jetzt an bis an sein Lebensende »glückte ihm nichts, was er anfaßte, und alles geriet ihm zum Stachel«. Er war in großem Stile als spanischer Edelmann mit imposantem Gefolge herübergekommen, begleitet von Frau und Mutter und von einer Anzahl von Franziskanermönchen. Sein Kommen wurde allerseits als Erlösung empfunden, weil alle, Spanier so gut wie Indianer, unter der Tyrannei des Audienzgerichts litten. Indianer und Spanier beklagten sich bei ihm, daß er sie damals schutzlos zurückgelassen habe, »denn ohne ihn seien sie allein«. Er versuchte ihnen dadurch Mut zu machen, daß er ihnen neue Entdeckungsfahrten versprach. In Veracruz ließ er sich zum Generalkapitän ausrufen. Guzmán und die beiden Richter hatten den Indianern streng verboten, ihm auf irgendeine Weise behilflich oder dienlich zu sein. Cortés meldet dem Kaiser, infolge dieser Unmenschlichkeit seien über zweihundert Menschen seines Gefolges gestorben, darunter seine Mutter. Die Richter zielten darauf ab, ihn zum Aufruhr zu reizen. Während er sich in Tlaxcala aufhielt, empfing er am 9. August einen Notar, der ihm einen kaiserlichen Erlaß verkündete, durch den ihm und seiner Gemahlin verboten wurde, sich Mexiko auf mehr als zwanzig Kilometer zu nähern. Er nahm den königlichen Brief in die Hand, küßte ihn, hielt ihn über seinen Kopf und – entgegen allem, was der Notar als Schluß dieser Zeremonie erwartet hatte – befolgte die Weisung genauestens. Er blieb in Tlaxcala. Später ließ er sich in Tetzcuco nieder, um Proviant auf dem Wasserwege aus Mexiko holen zu können. Dabei kam ihm zugute, daß niemand genau wußte, wie weit Tetzcuco von Mexiko entfernt war. Die Richter taten so, als fürchteten sie einen Aufruhr, und rüsteten sich, Mexiko mit Artillerie zu verteidigen. Cortés aber schickte den Bischof von Tlaxcala und den Prior von Santo Domingo zu ihnen und ließ erklären, er sei als Generalkapitän nicht gekommen, um die Machthaber herauszufordern, sondern um dafür zu sorgen, daß Ruhe im Lande herrsche und dieses dem König getreulich diene. Zwischen ihm und denen, die ihn ausgeplündert hatten, konnte es jedoch keinen Frieden geben. Die drei unwürdigen Regenten lebten in seinem Hause, hatten sein Geld gestohlen, sein Land und seine Indianer an sich gerissen und sogar in seiner Markgrafschaft eine Stadt gegründet; damit schufen sie seinen Interessen Rivalen und hofften, ihn auf diese Weise desto besser schröpfen zu können. Trotz unglaublicher Härten und Demütigungen bewahrte er seine Haltung, doch schrieb er am 10. Oktober 1530 dem Kaiser, er müsse gestehen, daß seine Geduld nahezu erschöpft sei und daß er, falls das neue Audienzgericht noch lange auf sich warten lasse, sich der ihm von der Krone verliehenen Pueblos bemächtigen müsse, damit sein Haushalt nicht zugrunde gehe.

Dieser Zustand unwürdiger Rechtlosigkeit fand jedoch ein Ende, als die vier neuen Audienzrichter (ihr Präsident war noch in Santo Domingo festgehalten worden) zu Beginn des Jahres 1531 in Neuspanien landeten. Ihren feierlichen Einzug in Mexiko hielten sie vorschriftsgemäß: sie ritten rechts und links von einem samtbedeckten Maultier, das auf seinem Rücken einen Kasten mit dem königlichen Siegel trug. Sie nahmen in Cortés' Anwesen Wohnung, das sie ihm für die Krone abkaufen sollten. Sie sollten Cortés und Zumárraga mit Vertrauen und Achtung begegnen, Wohlstand und Menschenrechte der Indianer auf jede Weise verteidigen und jegliche Sklaverei außer im Verhältnis der Indianer untereinander, das sie studieren sollten, verbieten. Die Freiheit des privaten Briefverkehrs, den das despotische Regime von Guzmán und Salazar beseitigt hatte, sollten sie wiederherstellen.

Das neue Audienzgericht bat Cortés, in der Hauptstadt Wohnung zu nehmen, doch ergaben sich schon sehr bald Meinungsverschiedenheiten hinsichtlich der beiderseitigen Rechte und Pflichten. Die Organisation war schwerfällig, und die Macht war auf eine Weise verteilt worden, die sowohl für Cortés wie für das Gericht unbillig war. Das Gericht konnte bald feststellen, daß der Riß in der Kolonie sogar Cortés' Wert als Generalkapitän in Frage stellte. So veranstaltete er einmal als Oberbefehlshaber der königlichen Streitkräfte einen Appell, dem viele nicht Folge leisteten. Er beklagt sich beim Kaiser darüber, daß das Audienzgericht ihn gehindert habe, diejenigen zu bestrafen, die auf solche Weise dem Gemeinwesen ihre Dienste verweigert hätten. Andererseits berichtet das Audienzgericht dem Kaiser, daß viele Männer lieber ihre ganze Habe verlieren als unter Cortés Dienst tun wollten; zwar hätten sie Verständnis für ihn, doch müßten sie die Dinge nehmen, wie sie nun einmal lägen. Gerade weil die neuen Männer saubere und aufrechte Beamte waren, konnten sie sich seinen Forderungen widersetzen, obwohl sie gleichzeitig, wie wir von Herrera wissen, seine Autorität benötigten, wenn sie die Indianer ruhig und folgsam haben wollten.

Verbrechen und Korruption bestraften sie mit starker, unbestechlicher Hand. Matienzo und Delgadillo mußten mit ihrem zu Unrecht erworbenen Reichtum für alle ihre Erpressungen aufkommen und wurden ins Gefängnis geworfen. Guzmán, der sich unter dem Vorwand, eine Strafexpedition gegen angebliche indianische Rebellen in Xalisco führen zu müssen, aus dem Staube gemacht hatte, weigerte sich, nach Mexiko zurückzukehren. Diese Maßnahmen wurden von der Öffentlichkeit Neuspaniens gut aufgenommen. Das zweite Audienzgericht erwarb sich den Ruf einer guten Amtsführung, sauberen Auftretens und offenkundiger Gerechtigkeit.

Cortés war jedoch nicht der Mann, der sich damit aufhielt, alte Rechnungen zu begleichen. Das hatte er schon bewiesen, als er nach seiner Rückkehr aus Honduras mit Salazar und Chirino mehr als sanft verfuhr. Auch diesmal wieder lehren die Urkunden, daß er Matienzo verzieh, der den Wein aus seinem Keller getrunken und sich an seinen Ländereien und Indianern bereichert hatte. Wie die meisten schöpferischen Menschen war er stets der Zukunft zugewendet, immer bereit, die Vergangenheit ruhen zu lassen, aber wach für das Heute und Morgen. Ihm lag daran, sein Haus so sicher zu gründen wie die großen Häuser Spaniens und dann über Neuspanien hinaus noch höheren Zielen zuzustreben. Schon bei der ersten dieser beiden Bemühungen geriet er mit dem Audienzgericht aneinander. Der König hatte ihm dreiundzwanzigtausend Untertanen zugestanden. Das bedeutete, wie er sagte, dreiundzwanzigtausend Haushaltungen; das Audienzgericht, dem fraglos daran gelegen war, Cortés' Macht im Staate in Schranken zu halten, behauptete, es bedeute dreiundzwanzigtausend Menschen, wodurch der Wert der Verleihung erheblich gemindert wurde. Der Streit zog sich hin und wurde immer wieder vertagt, ohne beigelegt zu werden. Das Gericht schrieb einen sehr maßvollen, klugen und staatsmännischen Brief an den Kaiser, worin es darlegte, Cortés versuche über weite Gebiete eine Art oberste Lehnsherrschaft zu errichten. Die Richter gestanden Cortés einen Teil seiner Forderung dadurch zu, daß sie ihm Cuernavaca als Lehen mit eigener Gerichtsbarkeit verliehen, den Hauptteil seines Landes aber nur treuhänderisch (encomienda) überließen, wie allen andern spanischen Siedlern auch. Das war ein kluger Kompromiß, und der Bericht des Audienzgerichts klingt sehr vernünftig. Trotzdem war nicht zu vermeiden, daß der stolze Cortés es bitteren Herzens aufnahm.

Schließlich verdankten sie alles ihm. Er hatte ein natürliches Anrecht nicht nur auf dieses oder jenes Stück Land, diese Stadt oder jenes Tal, sondern auf ganz Neuspanien. Die würdigen Richter, die seine Ansprüche mit einem Höchstmaß an Ehrlichkeit und mit größtem Wohlwollen prüften, saßen hier nur, weil er hier gekämpft und seine kleine Schar zum Siege geführt hatte. Es ging hier nicht um Recht und Unrecht, sondern es war einfach unlogisch, dem wichtigsten Mann eine untergeordnete Stellung zuzuweisen. Bald nach der Ankunft des Audienzgerichts zelebrierte der Bischof von Tlaxcala ein Hochamt in Mexiko in Anwesenheit der Richter und des Generalkapitäns. An die Fürbitte für die königliche Familie fügte der Bischof ein Gebet für den Generalkapitän: et ducem exercitus nostri. Einer der Richter protestierte energisch und meldete den Vorfall dem Indischen Rat.

Aber diese Männer, die ihn in den zweiten Rang verwiesen, waren nicht die habgierigen Scheusale des ersten Audienzgerichts, sondern aufrechte Männer und gute Gouverneure. Sie befreiten die Eingeborenen von vielen gesetzlichen und ungesetzlichen Mißhandlungen, erklärten die Indianer für ebenso frei wie die Spanier und verkündeten den Erlaß des Königs, welcher jeden Spanier mit dem Tode bedrohte, der einen Indianer als Sklaven brandmarkte. Sie verboten Zwangsarbeit und gaben den Pueblos eine Verfassung mit indianischen Alcaldes und Regidores, die auf demokratische Weise gewählt wurden. Sie förderten Bildungswesen und Künste, Handwerk und Landwirtschaft. Cortés, der dieser aufgeklärten Politik von Herzen zustimmte, konnte sich also aus allgemeinen Erwägungen nicht beklagen.

Er zog sich mit seiner Familie nach Cuernavaca zurück. Seinem Tatendrang standen zwei Wege offen: die Bewirtschaftung seiner Güter und die Südsee. Es gibt kaum einen Wirtschaftszweig, dem er nicht seine persönlichste Aufmerksamkeit gewidmet hätte. Zucker, Seide, Weinbau, Rindvieh, Pferde, Baumwolle, Holzwirtschaft – das sind nur einige der Dinge, mit denen er sich seinen Briefen und andern Urkunden zufolge beschäftigt hat. Schon 1532 schickt er Baumwolle nach Spanien und schreibt Briefe, in denen er sich mit eingehender Sachkenntnis für seine Zucht Merinoschafe in Spanien bestellt. Er darf als der eigentliche Begründer des mexikanischen Bergbaus und zumal des Silberbergbaus gelten. Ferner hatte er den Ehrgeiz, den Handel auf der Südsee zu entwickeln und hatte dieserhalb mit Erfolg darum gekämpft, den Hafen von Tehuantepec als Teil seiner Besitzung zuerkannt zu bekommen. Dort baute er Schiffe, die sowohl Handelszwecken als auch seinen abenteuerlichen Entdeckungsfahrten dienten. »Euer Gnaden sind nicht zum Kaufmann geboren«, schrieb ihm einer seiner Agenten. Seinen kaufmännischen Unternehmungen war kein Erfolg beschieden. Suchte er aber wirklich Erfolge, oder wollte er nur von einem Leben abgelenkt werden, das seiner reichen Phantasie und seinem ehrgeizigen Herzen allzu seßhaft und bequem erschien?

»Mit Vergnügen habe ich von der Kriegslist gelesen«, schreibt er am 25. Juni 1532 seinem Vertreter in Spanien, »wie jene Galeeren den maurischen Ort erobert haben. Ebenso hörte ich von dem Empfang in Avila, aber dergleichen sind nicht die Nachrichten, die Ihr mir schreiben solltet. In jedem Eurer Briefe möchte ich gern möglichst gründlich über den Hofstaat der Kaiserin und Veränderungen unter den Höflingen hören, über die Politik des Reiches und Nachrichten aus Portugal, über die Grenze, über Frankreich und England, über Luther und das Konzil (von Trient), über Seiner Majestät Ankunft (in Spanien) sowie über den Türken und den Papst, über die Signorie und Italien, über den König von Ungarn wie über den Hofstaat des Kaisers, welche Offiziere vielleicht abgelöst werden, wer Kommandostellen und Würden erhält. Wann immer es wichtige Nachrichten gibt, laßt sie mich wissen.« Hier erfahren wir aus erster Hand etwas über seine Neigungen. Er denkt an die Weltpolitik. Er möchte Neues über die Leute hören, welche den spanischen Staat regieren, sowie über die wichtigsten Nationen und Probleme in Europa. Er ist vor allem Staatsmann. Wäre Karl V. ein besserer Menschenkenner gewesen, so würde er in Cortés einen Mann entdeckt haben, der sein spanischer Premierminister hätte sein können. Wie die Dinge lagen, sah er in dem Mann, der Mexiko erobert hatte, nicht einmal den naturgegebenen Gouverneur Neuspaniens. Cortés aber war zu groß, um lediglich als bahnbrechender Landwirt in Cuernavaca oder als Schiffsreeder in Tehuantepec zu leben. Darum suchte er sich durch neue Entdeckungen zu befreien. Noch war die Südsee voll von Geheimnissen – und Gefahren.

Mit der Südsee hatte er sich schon vor seiner Reise nach Spanien etwas beschäftigt. Im Oktober 1524 hatte er dem Kaiser von den vier Schiffen geschrieben, die er an der pazifischen Küste in Zacatula bauen ließ. Offenbar dachte er schon damals an Entdeckung und Eroberung und schloß mit den stolzen Worten, falls er Erfolg hätte, »wird Euer Majestät nichts mehr daran fehlen, Herrscher der ganzen Welt zu sein«. Als er von seiner unglücklichen Expedition nach Honduras zurückkehrte, waren die Schiffe noch nicht ausgefahren, doch erinnerte er den Kaiser brieflich an sein Angebot, er wolle das ganze Gewürzland und, falls es welche gäbe, andere Inseln in der Nähe der Molukken, Malakkas und Chinas erlangen, »und dafür sorgen, daß Euer Majestät die Gewürze nicht nur auf dem Handelswege, sondern zu eigen erhalten, und daß die Eingeborenen auf jenen Inseln Euer Majestät als ihren König und naturgegebenen Herrn anerkennen. Ich bin nämlich bereit, unter den erwähnten Bedingungen dorthin eine Armada zu entsenden oder auch selbst zu fahren, damit sie unterworfen werden und wir uns ansiedeln und Festungen bauen, die mit Munition und Artillerie ausgerüstet sind und jedem Fürsten von dort oder aus anderen Ländern widerstehen können«. Die Bedingungen, die er stellte, mußten mit der Zeit wachsen. Am 27. Oktober 1527 gewährt ihm die Königin eine Kapitulation für die Entdeckung der Südsee und westwärts davon, wofür er Gouverneur und Konnetabel aller entdeckten Länder auf Lebenszeit werden soll; während er jedoch den zwölften Teil aller Länder für sich und seine Nachfolger gefordert hat, bekommt er diesen nur, »solange es königlicher Gnade und Belieben gefällt«.

Vier Jahre später unterbreitet er, möglicherweise angespornt durch Pizarros Erfolg in Peru, durch Juan de Ribera einen viel weitergehenden Vorschlag. Nachdem er für sich die Ehre beansprucht hat, der Entdecker der pazifischen Küste zu sein, macht er folgendes Angebot: 1) An der Südküste Schiffe zu bauen und zu bewaffnen, 2) eine achthundert Kilometer lange Strecke der Südküste zu erforschen, 3) die Meeresbucht oder -buchten zu befahren, bis er Inseln oder Festland entdecken würde, die noch kein Spanier je erblickt hat, 4) in Richtung auf den Äquator zu fahren, um Gewürzländer zu finden, »denn viele Anzeichen und Vermutungen lassen den genannten Cortés hoffen, daß er die erwähnten Gewürzländer finden werde«, 5) sollte die erste Flotte verlorengehen, so viele Flotten neu auszurüsten, wie nötig sein würden, 6) diesen Plan binnen sechs Jahren auszuführen, vom vorigen Jahr (1532) an gerechnet, in dem er mit den Entdeckungen in der Südsee begann. Seine Bedingungen sind: 1) daß die Gouverneurswürde einschließlich Gerichts- und Polizeihoheit in allen entdeckten Ländern ihm und seinen Erben verliehen werde, 2) den Zehnten von Gold, Silber, Perlen, Edelsteinen, andern Metallen und Steuern für ihn oder seine Erben, 3) daß er nicht verpflichtet sei, die entdeckten Länder zu unterwerfen, doch wolle er bis zu drei Inseln erobern, sofern eine davon ihm und seinen Erben ganz zu eigen gegeben würde, mit Ausnahme der politischen Souveränität, die dem König verbliebe, 4) falls Gewürzländer entdeckt werden, erhalten Cortés und seine Erben den fünfzehnten Teil der königlichen Einnahmen daraus, 5) ein Drittel der von ihm entdeckten und eroberten Gewürzländer soll ihm oder seinen Erben gehören, während die Krone die Kosten der Eroberung zu zwei Dritteln trägt, 6) während seiner sechs Dienstjahre darf ohne Cortés' Zustimmung niemandem gestattet werden, Schiffe nach den erwähnten Ländern oder Inseln zu schicken (die ja noch nicht entdeckt sind!), 7) das Recht, Gold im Tauschhandel zu erwerben, wovon die Krone den Zehnten erhält, 8) das Amt des Gouverneurs von Neuspanien auf Lebenszeit, 9) das Recht, Spanier zu bestrafen, welche Eingeborene mißhandeln, 10) Waffen und Munition sowie Handwerker, beispielsweise Zimmerleute und Schmiede, stellt die Casa de Contratación, 11) eine Garantie des Königs dafür, daß alle seine Abmachungen und Versprechungen gegenüber den Eingeborenen beachtet und erfüllt werden, 12) der Abfall der Goldschmelzen in den neuentdeckten Ländern soll vom König dem ersten dort gegründeten Krankenhaus zugebilligt werden, 13) der König soll vom Papst Generalabsolution für diejenigen erwirken, die bei der Entdeckung, Befriedung und Besiedelung der Südsee ums Leben kommen.

Das ist eine höchst aufschlußreiche Urkunde. In ihr verspürt man die Erfahrung, die Enttäuschung, ja die Bitterkeit, die wie nährende Säfte des Erdreichs in die Wurzeln dringen; aber immer noch recken sich der Stengel des Unternehmungsgeistes und die Blüte der Phantasie farbig und triumphierend dem vollen Licht des Lebens entgegen. Trotz der katastrophalen Ereignisse, die von 1524 bis 1533 seine Laufbahn bei jedem Schritt behindert und durchkreuzt haben, sehnt Cortés immer noch das Abenteuer herbei, träumt er immer noch von der Macht.

Er befahl, daß in Tehuantepec zwei Schiffe gebaut würden und zwei weitere in Acapulco; dabei stieß er auf bürokratische Hindernisse, die ihn veranlaßten, alle Arbeiten vorübergehend einzustellen. Am 25. Januar 1535 erscheint er dann selbst in Tehuantepec, beaufsichtigt die Arbeiten und beklagt sich in einem Brief an den Kaiser über die Behinderung durch das Audienzgericht. Gleichzeitig aber berichtet er über zwei Expeditionen, deren eine bereits unterwegs ist, während er die zweite bald abzufertigen hofft. Die erste dieser Expeditionen bestand aus zwei Schiffen unter dem Kommando des Diego Hurtado de Mendoza und verließ Acapulco im Mai 1532. Das eine Schiff kam zurück, augenscheinlich nach einer Meuterei gegen den Kapitän; von dem andern hat man nie wieder etwas gehört. Die zweite Expedition schickte Cortés aus, damit sie die erste suche. Sie bestand gleichfalls aus zwei Schiffen unter Diego Becerra de Mendoza, der als ersten Lotsen Ortuño Ximéñez bei sich hatte, »einen großen Kosmographen, welcher sie zu überaus glücklichen Ländern zu führen versprach und soviel davon redete, wie reich sie alle werden sollten, daß einige es sogar glaubten«. Trotz diesen günstigen Verheißungen, von denen uns Bernal Diaz berichtet, endete die Expedition in einer Katastrophe: im Verlauf einer Meuterei wurde Becerra von seinen Matrosen ermordet, und das Schiff kehrte mit mehr oder minder märchenhaften Berichten über eine Insel voller Perlen nach Xalisco zurück.

Bernal Diaz berichtet weiter: »Cortés vernahm diese Nachricht mit viel Kummer. Da er ein tapferer Mann war, der solchen Geschehnissen nicht untätig zuschauen konnte, beschloß er, keine Kapitäne mehr auszuschicken, sondern selbst die Fahrt anzutreten.« Sein nächstes Ziel war die »Insel« Santa Cruz, also die kalifornische Halbinsel, sein Fernziel aber die Entdeckung einer abermals neuen Welt. Gefährlich konnten ihm das Unbekannte und sein Erzfeind Nuño de Guzmán werden, der als Aufrührer gegen das Audienzgericht die Küste Neugaliziens terrorisierte und von dorther seine Flanke bedrohte. Sobald bekannt wurde, daß Cortés selbst auf Entdeckung ausfahren wolle, strömten ihm Rekruten zu. Er stellte drei gut ausgerüstete Schiffe zusammen und wählte dreihundertzwanzig Personen aus, darunter die Frauen von vierunddreißig Soldaten und viele Handwerker. Zunächst marschierte er nach dem Hafen Chinantla, wo er Raubzüge vergelten mußte, die Guzmán bei früherer Gelegenheit unternommen hatte, und wo er ein Schiff zurückholen wollte, das Guzmán gestohlen hatte. Dann stieß der übrige Teil seiner Expedition auf dem Seewege zu ihm. Am 18. April 1535 stach er mit hundertdreißig Mann Fußvolk und vierzig Reitern in See, während er den Rest, darunter sechzig Berittene, unter Andrés de Tapia zurückließ. Nach einer guten Überfahrt landeten sie in Santa Cruz an der Südspitze von Kalifornien. Er schickte die Schiffe zurück, um den Rest der Expedition zu holen. Diese zweite Überfahrt verlief unglücklich. Einem Schiff gelang es, zu Cortés durchzudringen, das zweite wurde vom Sturm nach Xalisco zurückgetrieben, während das dritte in einer unbekannten Bucht Zuflucht suchen mußte. Die verlorengegangenen Schiffe hatten den Proviant an Bord, und das Land, an welchem Cortés gestrandet war, bot für die Beschaffung von Proviant nur wenig Möglichkeiten. Wochen und Monate vergingen. Der Hunger drohte die kleine Kolonie zu vernichten. Cortés stach in See, um Hilfe zu suchen, und fand die beiden Schiffe; das eine war ein Wrack, während das andere in einem Gewirr von Klippen festsaß. Durch ein fast unglaubliches Maß an Ausdauer, Erfindungsgabe und Mut zog er sich und die Seinen aus dieser Schlinge, kaufte auf persönlichen Kredit Fleisch und Mais für seine ausgehungerte Truppe und überquerte die Meeresbucht ein drittes Mal, um seinen Leuten in Santa Cruz Hoffnung und Entsatz zu bringen. Er wäre gern zurückgekehrt, doch verweilte er in der Hoffnung, er könne den Fehlschlag durch eine fabelhafte Entdeckung gleich derjenigen Tenochtitláns ausgleichen. Während er noch zauderte, erschienen eines Tages zwei Schiffe in Santa Cruz. Sie waren von seinem liebenden Weib geschickt worden, um ihn nach Hause und zu seinen Kindern zurückzuholen. Der Kapitän Ulloa brachte ferner den Brief einer neuen Persönlichkeit: des Vizekönigs von Neuspanien, Don Antonio de Mendoza, der Cortés liebenswürdig bat, er möge zurückkehren. Er stellte die Expedition unter Ulloas Kommando und segelte heimwärts. In Cuernavaca erwartete ihn die Markgräfin, »mit der er sich sehr freute. Alle Bürger von Mexiko und die Veteranen waren begeistert über seine Ankunft, desgleichen der Vizekönig und das Audienzgericht; denn es war das Gerücht gegangen, alle Kaziken würden rebellieren, weil sie sahen, daß Cortés nicht im Lande war«.

Die Ernennung eines Vizekönigs ging auf einen Vorschlag zurück, den Cortés, Zumárraga und das Audienzgericht gemacht hatten. Sie bedeutete im übrigen nur die natürliche Anwendung des monarchischen Prinzips auf den Imperialismus jenes Zeitalters. Der Gedanke an eine Kolonie im modernen Sinne war dem Spanien des 16. Jahrhunderts durchaus fremd. Mexiko wurde zum Königreich Neuspanien und stand als solches gleichberechtigt neben den verschiedenen Königreichen Altspaniens, für welche Karl vor Gott verantwortlich war. Der König verkörperte das Volk, und die Regierungsform, die damals von den Besten für die beste gehalten wurde, bestand darin, daß man die ganze Verantwortung in die Hände eines aufrechten Mannes legte, der stets zuerst an seine eigene Ehre dachte.

»Der hochberühmte und gute Ritter ehrwürdigen Andenkens, Don Antonio de Mendoza«, war Sproß eines der angesehensten Häuser Spaniens, welches dem Lande in dem Markgrafen von Santillana einen seiner größten Ritter und Dichter und im Kardinal von Spanien Don Pedro González de Mendoza einen seiner größten Kirchenfürsten und Staatsmänner geschenkt hatte, der unter Ferdinand und Isabella so viel Macht besaß, daß er »der dritte König« genannt wurde. Der neue Vizekönig war sowohl durch seine hohe Abkunft wie durch persönliche Eigenschaften für seinen Posten vortrefflich geeignet. Jeder Spanier weiß aber, daß es keinen Stierkampf geben kann, wenn zwei Stiere in der Arena sind. Wenn Cortés' Stellung schon schwierig gewesen war, solange die politische Macht in seinem Neuspanien in der Hand von Bischöfen und Juristen lag, so wurde sie noch schwieriger, als seine Sonne nun ein Trabant der amtlichen Sonne werden mußte, die aus Spanien kam. Sein persönliches Verhältnis zum Vizekönig war zuerst glänzend, verschlechterte sich aber mit der Zeit. Der Vizekönig war ein ruhiger, maßvoller, kluger und manchmal pfiffiger Mann. Sein Vorgehen beruhte auf uralten Hilfsmitteln der Staatskunst: Aufschub und Gleichgewicht der Kräfte. Jenen verwendete er bei der Festsetzung von Cortés' Untertanen, dieses im Streit zwischen Cortés und Nuño de Guzmán, den er vor Strafverfolgung beschützte, obwohl dieser brutale Abenteurer sie überreich verdiente.

Bernal Diaz, der die Tatsachen mit unschätzbaren malerischen Einzelheiten aufzeichnet, hat uns eine lange Beschreibung der Festlichkeiten hinterlassen, die in der Stadt Mexiko zur Feier des Waffenstillstandes von Aiguesmortes zwischen Karl V. und Franz I. veranstaltet wurden. Cortés und der Vizekönig waren ebenfalls zu einer Art von Waffenstillstand gelangt. Die beiden Würdenträger wetteiferten an Pracht, ja sogar an Verschwendung. Der größte Platz in Mexiko wurde in einen Wald »mit vielen verschiedenen Bäumen, so natürlich, als wären sie dort gewachsen«, verwandelt. Darin gab es Vögel, Tiere und »Wilde«, die einen Kampf vorzüglich vortäuschten, worauf eine Darbietung von Negern und Negerinnen im Schmuck märchenhafter Juwelen folgte. Danach abermals ein Kampf. Am nächsten Tag hatte man den Platz in die Stadt Rhodos verwandelt, die von hundert prächtig gekleideten Offizieren verteidigt und von einer Flotte angegriffen wurde, die Cortés persönlich kommandierte. Dieser mochte dabei wohl sehnsuchtsvoll an die Tage zurückdenken, da er auf der benachbarten Lagune gesegelt und in Wirklichkeit, nicht nur zum Spaß, gekämpft hatte. Ferner gab es Indianer und »Türken«, Hirten und Stiere, welche hin und her rasten und die Damen der Konquistadoren belustigten, die von den Fenstern rings um den Platz zuschauten, ihre Seidenkleider und Juwelen zeigten, kühle Getränke schlürften und Marzipan, Zuckermandeln und anderes Konfekt knabberten. Dann kamen die beiden Festessen. Das eine gab der Markgraf dem Vizekönig, das andere der Vizekönig dem Markgrafen. Da gab es goldenes und silbernes Geschirr und Speisen von so schlaraffischen Ausmaßen, daß kein Leser auch nur ein Zehntel der Geschichte glauben würde, wäre der Erzähler nicht eben Bernal Diaz, also die verkörperte Ehrlichkeit. Er fügt als rührendes Detail hinzu, daß der Vizekönig, der vorsichtshalber für jeden silbernen oder goldenen Gegenstand auf der Tafel einen Indianer als Aufpasser bestellt hatte, nur ein paar Salzfässer verlor, während Cortés, der nicht so vorsichtig war, Silber im Werte von über hundert Talern verlor – was er »aus Größe« freimütig erzählte.

Größe dieser Art ist freilich bei einem Mann wie Cortés nur Fassade. Er konnte nicht untätig bleiben. Immer noch folgte er dem Ruf der Südsee. »Solange ich lebe«, schreibt er dem Kaiser am 10. Februar 1537, »werde ich nicht aufhören, mein Ziel zu verfolgen.« Gleichzeitig teilt er mit, daß er sechs Schiffe fertig und vier im Bau habe. Zwei Jahre später schickt er Ulloa aus, den Golf von Kalifornien zu erforschen, was dieser so lange tat, bis Cortés und die übrige Welt eine ziemlich klare Vorstellung von der Gestalt des Landes besaßen und die Gewißheit erlangten, daß es Teil des Festlandes war.

So würde Cortés, selbst wenn er Mexiko nicht erobert hätte, in der Geschichte immer noch einen Platz verdienen als der Mann, der die Aufzeichnung der pazifischen Küste von Tehuantepec bis nach Kalifornien betrieben hat. Ferner hatte er zwei Schiffe an Pizarro geschickt, der sich damals in Peru in Schwierigkeiten befand, die Proviant, Munition und »seidene Kleider für ihn selbst« brachten. Sein Herz gehörte den Entdeckungen. Am 20. September 1538 teilte er dem Indischen Rat mit, er habe neun neue Schiffe zur Verfügung, um seine Forschungsarbeit fortzusetzen, doch fehle es ihm an Steuermännern, weshalb er Schiffe nach Spanien schicke, um Steuerleute zu holen. Damals wurde viel Aufhebens um eine märchenhaft neue Entdekkungsmöglichkeit gemacht: Quivira oder das Land der sieben Städte. Sowohl Cortés wie der Vizekönig beanspruchten das Recht, dieses neue Land zu »entdecken«. Das Verhältnis zwischen den beiden Männern wurde so gespannt, daß es Cortés für nötig hielt, abermals persönlich bei Hofe zu erscheinen. Er wurde älter. Sein gebrochener Arm war nie wieder voll verwendungsfähig geworden, und zudem lahmte er infolge eines Lanzenstoßes, den er bei einem Turnier zur Feier des Waffenstillstandes von Aiguesmortes bekommen hatte. Sein Denken aber war wach, und sein Herz hing immer noch an Macht und Ruhm. Rachsüchtig war er nicht, wohl aber eifrig bei der Jagd auf alles, was ihm zustand.

Er begann, für die Reise und den Aufenthalt in Spanien Gold zu horten. Seine Expeditionen hatten ihn dreihunderttausend Golddukaten gekostet. Er lebte über seine Verhältnisse. Gómara schreibt: »Für Kriegführung und Frauen, für Freunde und Launen gab er das Geld mit vollen Händen aus.« Er betrachtete sich als Gläubiger des königlichen Schatzamtes sowohl im Hinblick auf die Kosten, die ihm bei seinen Seefahrten entstanden waren, als auch wegen der ihm geschuldeten Untertanen. Aber er wußte, daß Gold das »Sesam, öffne dich!« bei Hofe war, und er mußte im großen Stil reisen. Zudem nahm er zwei seiner Söhne mit nach Spanien: den achtjährigen Don Martin, seinen legitimen Erben, und den unehelichen Don Luis. Zu Beginn des Frühjahres 1540 reiste er ab. Das Land, das er erobert hatte, sollte er nicht mehr wiedersehen.

Jenseits der Eroberung

Das Spanien des Jahres 1540 unterschied sich von dem Spanien von 1530 noch mehr, als der enttäuschte und zerzauste Markgraf vom Tal von dem noch jugendlichen und kecken Eroberer, der vor zehn Jahren die Heimfahrt angetreten hatte. Karl dachte nicht mehr an ritterlichen Zweikampf mit dem König von Frankreich; er war gebeugt von persönlichem Schmerz und bedrückt von den Sorgen Europas. Zwar zählte er erst neununddreißig Jahre, doch fühlte er bereits die Last des Alters. Eben erst hatte er seine schöne Gemahlin, die Kaiserin Elisabeth, verloren, die am 1. Mai 1539 in Toledo gestorben war. Karl hatte sie innig geliebt und ihr vertraut, wie er keinem andern Menschen in seinem Leben vertraut hat. Ihr Tod traf ihn in einem Augenblick, da er den Rat eines treuen Gefährten besonders nötig hatte. Die protestantische Ketzerei hatte Deutschland überrannt, machte nun auch in Flandern rasche Fortschritte und trug viel zu den politischen Unruhen bei, die gerade damals in der drohenden Haltung der Bürger von Gent, seiner Geburtsstadt, Ausdruck fanden. Im November 1539 reiste der Kaiser nach Flandern und durchquerte entgegen dem Rat vieler Höflinge Frankreich, weil er sich auf das Wort Franz' I. verließ. Er trug tiefe Trauer.

Als Regent hatte er den Kardinalerzbischof von Toledo Don Juan Tabera und als Leiter der Regierungsgeschäfte Don Francisco de los Cobos zurückgelassen. Die indischen Angelegenheiten verwaltete Kardinal Loaisa. Diesen Männern also hatte Cortés seine Sache vorzutragen, als er im Frühling 1540 zum zweiten und letzten Mal in Spanien eintraf. Seine Absicht ging dahin, nicht länger zu bleiben, als zur Regelung seiner Angelegenheiten nötig wäre. Seine Söhne wollte er am Hof des Königs lassen und dann zu seiner Gemahlin, seinen Töchtern und auf seine Güter nach Neuspanien zurückkehren.

Man empfing ihn mit größter Aufmerksamkeit. Bernal Diaz, der damals auch in Spanien war, berichtet, die Mitglieder des Indischen Rates hätten auf die Nachricht hin, daß Cortés sich Madrid nähere, ihm einige Vertreter zur Begrüßung entgegengeschickt und ihm für die Dauer seines Aufenthaltes in der Stadt das Palais des Kommandeurs Don Juan de Castilla als Wohnsitz zur Verfügung gestellt. Wann immer er einer Sitzung des Rates beiwohnte, kam einer der Räte heraus und geleitete ihn zu einem besonderen Sessel neben den Sitzen der würdigen Beamten. Dort also trug der müde Konquistador wieder und wieder seine Sache vor: Das Vermögen, das er im Dienste für die Krone ausgegeben habe; die Untertanen, die ihm zugesagt, aber niemals wirklich zugeteilt worden seien; die Verzögerungstaktik des Vizekönigs; die verbrecherischen Anschläge des Nuño de Guzmán auf seine Privilegien und Besitztümer und dazu die ganze Bitterkeit, die sich in zehn Jahren dieses Kleinkrieges in ihm angesammelt hatte.

Aber auch die Herren vom Indischen Rat beherrschten die Kunst des Aufschiebens meisterlich. Da der Kaiser im Ausland war, zogen sie vor, seine Rückkehr abzuwarten, ehe sie diesen verzwickten, aber wichtigen Fall entschieden. Der Kaiser jedoch hatte inzwischen den Aufruhr seiner Untertanen in Gent niedergeschlagen, hatte in Regensburg abermals versucht, die aufsässigen Protestanten halb auszusöhnen, halb wieder zum Gehorsam zu zwingen und war dann im Sommer 1541 mit zwölftausend deutschen Soldaten und tausend Berittenen über die Alpen nach Italien gezogen. Er war entschlossen, Algier zu erstürmen, um eine der wichtigsten Bastionen der Macht der Ungläubigen im Mittelmeer zu vernichten.

Nach einer Unterredung mit dem Papst in Lucca begab er sich nach Luni, um sich dort, »beladen mit Segenswünschen, aber nicht mit Mitteln«, einzuschiffen. Im Hafen hatte er fünfunddreißig Galeeren, die er mit seinen Italienern und Deutschen nach Mallorca schickte. Nach einer äußerst stürmischen Überfahrt und kurzen Zwischenlandungen in Korsika, Sardinien und Minorca, traf er dort hundertundfünfzig Schiffe mit sechstausend Spaniern und vierhundert leichten Reitern unter Don Hernando de Gonzaga, Vizekönig von Indien, sowie sechstausend Deutsche und fünftausend Italiener unter Camillo Colonna. Die Flotte befehligte Doria.

Aus Spanien kam noch ein weiteres Geschwader, das »keine Soldaten brachte, wohl aber so viele Abenteurer, Handwerker und Bauern sowohl als auch Edelleute und Gutsbesitzer, daß es erstaunlich war«. Die Liste der Adligen, die damals zu den Fahnen dieses volkstümlichen Feldzuges eilten, enthält fast alle großen Namen Spaniens. Einer davon lautete »Don Hernando Cortés, mit seinen Söhnen Don Martin und Don Luis«.

Dieses ganze Aufgebot christlicher Streitkräfte wurde gegen einen sardischen Eunuchen ins Feld geführt, einen Apostaten namens Azan Aga. Dieser verfügte über achthundert Türken, fünftausend Mauren, darunter viele spanische Renegaten oder Moriscos, arabische Kavallerie und eine Hexe, die ihm den Sieg prophezeite. Am 23. Oktober 1541 befahl der Kaiser bei ruhiger See seinen spanischen Truppen die Landung, wobei sie Verpflegung für drei Tage mitnahmen. Obwohl sie auf Widerstand stießen, schickte er Azan Aga eine Botschaft, erinnerte ihn daran, daß er der Sohn christlicher Eltern sei und forderte ihn auf, Algier dem christlichen Kaiser auszuliefern; ihm selbst wurden ehrenvoller Abzug und seinen Untertanen die Freiheit zugesichert. Azan Aga gab zur Antwort, daß es niemandem gut tue, dem Rate seines Feindes zu folgen.

So begann die Belagerung. Die ersten Gefechte ergaben lediglich einige Streitereien zwischen Spaniern, Italienern und Deutschen über die Frage, wer sich am besten schlage. Aber ein kalter Regen, dem ein verheerender Sturm folgte, führte dazu, daß viele Schiffe verlorengingen und zahlreiche Christen in dem zu Wasser und zu Lande geführten Kampf an der mörderischen Küste getötet wurden. Eines der Schiffe, die in jener Nacht untergingen, hatte Cortés an Bord gehabt. Er rettete zwar sein und seiner beiden Söhne Leben, doch verlor er seine ganze Habe, vor allem etliche von seinen kostbaren Smaragden.

Der Kaiser hielt Kriegsrat und beschloß abzuziehen. Er hatte tüchtige Männer um sich, aber nur einen, der ein ganzes Reich mit vierhundert Mann und sechzehn Reitern erobert hatte. Dieser Mann wanderte traurig und einsam von Zelt zu Zelt – nicht weil er seine kostbaren Smaragde verloren hatte, die auf hunderttausend Dukaten geschätzt wurden, sondern weil der Kriegsrat zusammengetreten war, ohne daß er eingeladen worden war, an der Erörterung teilzunehmen. Er war überzeugt, daß die Lage zu retten sei. Denen, die ihm zuhörten, erklärte er, der Kaiser solle abfahren und ihm das Kommando übertragen, dann werde er Algier erobern. »Sie wollten nicht auf ihn hören, und es heißt sogar, daß es solche gab, die über ihn lachten.«

Jetzt war die Zeit gekommen, da er die bitterste Neige der Erfahrung kosten sollte. Von den drei Zielen, die er in Spanien verfolgte – Reichtum, Ehre, Anerkennung –, entschwand das erste mehr und mehr in endlosen, staubigen Korridoren juristischen Aufschubes. Das zweite wurde von einem geizigen Kaiser, der tief in mittelalterlichen Vorurteilen über Blut und Abstammung befangen war, nur knausernd zugestanden. Das dritte war unerreichbar; denn selten wird einem Spanier von seinen Mitbürgern vor seinem Tode Anerkennung zuteil.

Cortés war um diese drei Ziele heiß bemüht. Die Verfolgung des ersten führte ihn manchmal zu leidenschaftlicher Parteilichkeit, beispielsweise gegen den Vizekönig, zu dem er anfänglich freundliche Beziehungen unterhalten hatte. 1542 legte er eine Bittschrift gegen den Vizekönig vor, in der er seine Beschwerden leidenschaftlich und mit großem Nachdruck vorträgt. Wir besitzen jedoch eine Fülle von Beweisen dafür, daß ihm Arglist und Kleinlichkeit fremd waren und daß während seines ganzen Kampfes seine Blicke auf Reichtum und Macht gerichtet waren, nicht aber auf die Männer, die ihm aus guten oder schlechten Gründen dabei im Wege standen.

Zudem bedeutete ihm Reichtum, wie er von den ersten Tagen seiner öffentlichen Tätigkeit an bewiesen hatte, nur ein Mittel zu höheren Zwecken. Er gab mehr als ein Vermögen für seine Südsee-Expeditionen oder für die gesellschaftliche Verpflichtung aus, ein Haus zu führen, das seinen Leistungen und seiner Stellung würdig war. Er war sich bewußt, Ahnherr eines großen Hauses zu sein, und er kannte die damit verbundenen Pflichten. Während er in Colima die Erforschung der Südsee vorbereitete, setzte er dort am 9. Januar 1535 ein Mayorazgo oder Fideikommiß auf, für das er sich schon 1529 in Barcelona die königliche Ermächtigung besorgt hatte. Darin bestimmte er mit Entschiedenheit, daß sein riesiger Besitz in Neuspanien für alle Zeiten mit dem Markgrafentitel verbunden bleiben und daß der jeweilige Erbe sich Cortés nennen und sein Wappen führen solle. Was seine Nachfolge anging, war er keineswegs engherzig: falls keine legitimen Erben vorhanden seien, solle die Markgrafschaft mitsamt dem Besitz an seine unehelichen Kinder fallen, die größtenteils Mischlinge waren. Cortés war allen seinen Kindern ein liebevoller Vater. Soweit das Gesetz es nur zuließ, behandelte er seine Kinder gleichberechtigt. Seine Söhne waren ihm freilich teurer als seine Töchter, weil er einen ausgeprägten Sinn für die Nachwelt hatte. Daher auch das Pathos, mit dem er sich beim Kaiser einmal über juristische Verzögerungen beklagt: »Das Schlimmste für mich ist, daß ich sechzig Jahre bin, mein Heim vor fünf Jahren verlassen habe und nur einen Sohn als Nachfolger besitze; zwar ist meine Frau noch jung und könnte mir mehr Kinder schenken, doch läßt mir mein Alter nicht mehr viel Zeit. Wenn ich aber keinen weiteren Sohn hätte und Gott diesen hinwegnähme, ohne daß er Nachfahren hätte, was würden mir dann alle Besitztümer nützen? Denn wo Töchter erben, geht die Erinnerung an den Namen verloren.«

Obwohl Reichtum und Ruhm ihm am Herzen lagen, war doch kein Streben in ihm so tief verwurzelt wie der Durst nach Anerkennung, diese Qual seines ganzen Lebens. Als namenloser Jüngling, mittellos und unerfahren in einer eben aus dem Nebel des Unbekannten hervortretenden Welt, hatte er das größte und märchenhafteste Reich entdeckt und erobert, das bis dahin einem europäischen Herrscher zu Füßen gelegt worden war. Cortés kannte genug Geschichte, um sich der Größe und Bedeutung seiner Leistung bewußt zu sein. Wenn er sich in der Einsamkeit seiner Betrachtungen einem Julius Caesar ebenbürtig fühlte, so kann ihm niemand vorwerfen, daß er sich irrte; nicht zu unrecht ist seine Eroberung im Vergleich zur Eroberung Galliens als die größere Leistung bewertet worden. Mit der egozentrischen Naivität von Männern, die große Dinge erstreben und erreichen, erwartete er von einem Land und dessen Herrscher, die von Dankbarkeit überwältigt sein mußten, eine Woge von Zuneigung und Belohnung. Armer Cortés! Sobald seine Größe ihn hoch über seine Landsleute gestellt hatte, wurde er zur beliebtesten Zielscheibe für Anwürfe, Verleumdungen, Andeutungen und alle billigen Waffen, deren sich die Geringen und Ohnmächtigen bedienen, um sich die verhaßte Verkörperung eines hervorragenden Erfolges aus den Augen zu schaffen. Obwohl Cortés freundlich und schlicht auftrat, war er kein Monsieur Egalité. Über eine Flut von kleineren Feinden wäre er ungerührten Herzens und ohne die geringste Empfindsamkeit hinweggeschritten. Hingegen war er durchtränkt von einem lebendigen Gefühl für den symbolischen Wert des Monarchen, wie es damals in Spanien allgemein war, heute aber außerhalb Englands unbekannt ist. Darum litt er unsäglich unter der Gleichgültigkeit, Kälte und unzulänglichen Anerkennung, ja zeitweilig schnöden Undankbarkeit, die ihm der Kaiser entgegenbrachte.

In allen seinen Aufzeichnungen verraten die Absätze, in

denen er auf Karl V. zu sprechen kommt, wie stark dabei sein Gefühl mitspricht. Der Untertan ist an den Monarchen durch eine tiefe Zuneigung gekettet, die aus wirklicher Anhänglichkeit und Treue besteht, aber durch trostlose Erfahrungen verwundet und zerzaust worden ist. In einem etwa 1533 geschriebenen Brief an seinen Agenten Núñez zählt er seine Verdienste auf und läßt dann seine Beschwerde folgen. Der Ton ist sehr persönlich. Er ist tief verletzt. Und doch ist er dankbar für die »Gnadenerweise und die gute Behandlung, die er von Euer Majestät erhalten hat, denn Undankbarkeit hält er für eine schwere Sünde«.

Zehn Jahre später wandert er immer noch beschäftigungslos in Spanien umher – er, der wichtigste, der tüchtigste Spanier seiner Zeit. Dieser wahrhaft große Mann wurde zu dem müßigen Leben eines Höflings verurteilt, das einer der Dialoge, die in seinem Hause geführt und von Pedro de Navarra nach seinem Tode veröffentlicht worden sind, so treffend beschreibt: »Bei Hofe«, sagt einer der Gesprächsteilnehmer, der Cortés selber sein könnte, »essen wir nach Gewicht, trinken wir nach Maß, schlafen wir ohne Pause und leben wir in so großer Muße, daß jedes Stückchen Zeit durch ein Ticken des Pendels ausgestrichen wird. Obwohl aber unsere Zeit so gut gemessen wird, ist unser Leben so leer, daß wir den Tod fälschlich für Leben halten, während bei euch (auf dem Lande) das Leben der Tod ist. Um zwölf gehe ich zu Bett und stehe um acht auf. Bis elf erledige ich Geschäfte. Von elf bis zwölf esse ich. Von zwölf bis eins vertreibe ich die Zeit mit Narren oder Tratsch oder in fruchtlosem Gerede. Von eins bis drei halte ich Siesta. Von drei bis sechs erledige ich Geschäfte. Von sechs bis acht treibe ich mich bei Hofe herum oder gehe in den Tälern spazieren. Von acht bis zehn speise ich oder ruhe mich aus. Von zehn bis zwölf bin ich müßig und führe Gespräche, und um zwölf, wie gesagt, ins Bett, wohin mich eher Ehrgeiz und Gier, Furcht und üble Anschläge als Stille und Zufriedenheit begleiten.«

Das war nicht ein Leben, welches ein Mann wie Cortés genießen konnte. Aber selbst dieses Leben könnte ihm genügt haben, wenn ihn der Kaiser in seinen engeren Kreis gezogen und seine Verdienste anerkannt haben würde. Der Kaiser jedoch war zwar verbindlich, aber ablehnend und gleichgültig, gelegentlich sogar kränkend. Fraglos unter dem flüchtigen Einfluß von Cortés' Feinden, ging Karl V. eines Tages so weit zu sagen, daß »die Eroberung nicht sein sei«, womit er sagen wollte, daß Cortés des Velázquez Rechte usurpiert habe. »Auch möchte ich Euer Majestät ins Gedächtnis rufen«, schreibt später einmal der unbeschäftigte Eroberer und Staatsmann, »was Euer Majestät mir hier in der Stadt gesagt haben, nämlich, ›daß die Eroberung nicht mein gewesen‹. Für mich ist das eine Ehrensache. Mögen Euer Majestät sich von diesem Zweifel befreien und erkennen, daß ich Euer Majestät stets die Wahrheit gesagt habe.«

Insgesamt aber beginnen seine Gedanken, so hart er auch noch um weltliche Dinge kämpfte, sich nach innen zu kehren. So schreibt er dem Kaiser am 3. Februar 1544 aus Valladolid: »Meine Arbeit hat mir Gewinn gebracht, weil sie mir das zufriedene Gefühl verliehen hat, meine Pflicht getan zu haben, nicht jedoch, weil sie eigene Ergebnisse erzielt hätte; denn sie hat mir nicht nur für meine alten Tage keine Ruhe verschafft, sondern hat mir vielmehr bis an den Tod Mühen beschert. Gott möge es fügen, daß diese nicht weiter dauern, sondern mit dem irdischen Leben aufhören, ohne in die Ewigkeit zu reichen. Wer hart arbeitet, um seinen Leib zu schützen, wird gewiß seine Seele verletzen.«

Er sah sich für alle Zeit am Hof umherlungern, begleitet von seinen Söhnen und einem Schwarm kostspieliger Advokaten – »alt, arm und verschuldet«. Darum bedrängte er den König, er möge seine Angelegenheit rasch erledigen; denn »sollte es lange verzögert werden, so würde ich sie aufgeben und heimkehren, da ich nicht mehr in den Jahren bin, um in Gasthöfen herumzusitzen. Lieber ziehe ich mich zurück und begleiche meine Rechnung mit Gott; denn diese ist lang, und mir bleibt nicht mehr viel Zeit, ihm meine Sache vorzutragen. Es ist jedoch besser, seinen Reichtum zu verlieren als seine Seele.«

Diese ernste Stimmung hatte ihn schon früher beherrscht und war ganz echt. Nun, da er alt, krank und enttäuscht mit sich und seinem Haushalt den Spuren seines umherziehenden Herrschers folgte, war es nur natürlich, daß sie in ihm übermächtig wurde. Sein Geist stand immer schon den Fragen offen, welche die Natur und jenseits von ihr gelegene Geheimnisse dem Menschen vorlegen. Er hatte eine Anzahl von Standespersonen und Gelehrten um sich versammelt, die sich regelmäßig in seinem Hause trafen und eine Art von zwangloser Akademie bildeten. Dazu gehörten zwei italienische Kirchenfürsten, der päpstliche Nuntius Kardinal Poggio und Erzbischof Domenico Pastorelli von Cagliari. Unter den Granden waren die Brüder Peralta, Don Bernaldino und Don Antonio, Markgraf de Falces, dessen Sohn der dritte Vizekönig von Mexiko werden sollte. Wer als letzter erschien, bestimmte das Thema der Diskussion, und einer der anwesenden Gelehrten wurde gebeten, Protokoll zu führen. Pedro de Navarra, später Bischof von Comenge, wurde unter andern mit dieser Aufgabe betraut. Ihm machte diese Arbeit so viel Vergnügen, daß er in Cortés' Akademie mehrere Bände mit Dialogen verfaßte.

Navarras Buch darf also wohl als eine Art nichtamtlichen Berichts über Cortés' Akademie betrachtet werden, wie auch die Themen seiner Dialoge als Hinweis auf die Themen gelten dürfen, über die Cortés und seine Freunde wirklich gesprochen haben. Diese Themen sind nach Tiefe und Gewicht sehr verschieden: »Über die Unsterblichkeit der Seele«, »Über den Unterschied zwischen Reden und Schreiben (eine sehr delikate und merkwürdige Sache)«, »Was für ein Mann sollte des Fürsten Chronist sein? (eine bisher nur von wenigen behandelte Frage)«, »Vom Unterschied zwischen dem bäuerlichen und dem adligen Leben (eine sehr nützliche Lehre für die Irrtümer unserer Zeit)«. Die Sprache dieser Dialoge ist schlicht und nobel, und die geistige Atmosphäre, die sie umflutet, ist heller, als unser törichtes Zeitalter vermuten möchte.

Im Mai 1547 lag Don Francisco de los Cobos, der mächtige Minister Karls V., im Sterben. Die Akademie wählte sich als Thema »Die Art, wie jeder gute Christ sich auf einen rechten Tod vorbereiten sollte«. Die Frage muß damals Cortés sehr gegenwärtig gewesen sein. Seine Gesundheit verfiel rasch. Er wollte, wie Gómara schreibt, »nach Neuspanien zurückkehren und in Mexiko sterben«. Er begab sich von Madrid nach Sevilla. Um jene Zeit erwartete er seine älteste Tochter, Doña Maria, die den Sohn des Markgrafen von Astorga heiraten sollte, dem er bereits 20000 Dukaten aus der vereinbarten Mitgift von 100000 ausgezahlt hatte. In Sevilla diktierte er am 12. Oktober 1547 sein Testament. Es ist ein Dokument, welches seine drei Hauptanliegen offenbart: seine Familie, Neuspanien sowie sein Gewissen und die Rettung seiner Seele. Seinen Namen und Landbesitz hinterläßt er seinem Sohn Don Martín. Seine legitimen Töchter bekommen ein hübsches Erbe; auch seine illegitimen Söhne und Töchter werden großzügig bedacht, und die Abmachung mit dem Markgrafen von Astorga über die Ehe mit seiner Tochter Doña Maria wird ausdrücklich erwähnt und empfohlen. Der Markgraf von Astorga wird als einer der drei Testamentsvollstrecker eingesetzt, die beiden andern sind der Herzog von Medina Sidonia und der Graf von Aguilar.

Soviel über seine Familie und irdischen Güter. Sein Herz aber gehörte Mexiko. Man kann, ohne den Tatsachen Gewalt anzutun, sagen, daß Cortés der erste Mann gewesen ist, der sich als mexikanischer Patriot gefühlt hat. Die erste Klausel seines Testaments bestimmt, daß seine irdischen Überreste in Cuyoacán zur Ruhe gebettet werden sollen. In großer Zahl finden sich in seinen Briefen und Berichten Sätze, die zeigen, wie deutlich er Neuspanien als eine Nation geschaut hat, in der Spanier und Mexikaner nebeneinander in Frieden und Wohlstand leben sollten. Dieses Ziel ist in seinem Testament allgegenwärtig. Seine besondere Aufmerksamkeit gilt den seelischen und geistigen Interessen seines neuen Landes. Er hatte als erster in Neuspanien Krankenhäuser, Klöster und Bildungsstätten gegründet. Jetzt hinterläßt er Kapital und Zinsen für je ein Hospital, einen Konvent und eine Universität, die nach seinem Willen den Eingeborenen Neuspaniens geistige und geistliche Führer heranbilden sollen.

Sein Gewissen war alles andere als ruhig angesichts der Art, wie die Spanier mit den Rechten der Indianer umsprangen. Er wußte, daß den Spaniern das Recht, auch nur im Kriege die Indianer zu Sklaven zu machen, von vielen spanischen Theologen erbittert bestritten wurde und daß selbst dann, wenn man ihnen dieses Recht zugestehen wollte, viele Indianer in Neuspanien im Widerspruch zu diesem Gesetz als Sklaven gebrandmarkt worden waren. In seinem Testament befiehlt er seinen Erben, sie möchten feststellen, wie es sich genau verhalte, und dementsprechend handeln, »um mein und ihr Gewissen zu entlasten«. Ferner weist er sie an, festzustellen, ob irgendein Teil seiner Ländereien den Indianern unbilligerweise weggenommen worden sei; wenn ja, solle es ihnen zurückgegeben werden. Kurzum, beim Nahen des Todes suchte dieser Mann den Frieden seiner Seele dadurch zu erreichen, daß er sein Tun nach bestem Wissen an den Grundsätzen der Gerechtigkeit maß. Solchermaßen enthüllten Geistes verließ er am 2. Dezember 1547 in Castilleja de la Cuesta, nahe bei Sevilla, die Erde, auf der er so tapfer gekämpft hatte.

Als er in dem durchbohrenden Zwielicht jenes letzten Tages auf Erden seinen letzten Kampf mit dem Engel kämpfte, muß er durch seine beispiellose Tapferkeit hindurch die dreifältige Ursache seines Scheiterns geschaut haben, die tief in seiner Leistung verborgen lag. Er war als Mann der Tat gescheitert; denn stand auch das, was er vollbracht hatte, hinter keiner andern großen Leistung der Geschichte zurück, so hatte er doch seine Eroberung preisgegeben: Einmal, als er sie dem Hitzkopf Alvarado auslieferte. Ein andermal, um seiner eigenen Ungeduld gegenüber Olid zu genügen. Ein drittes Mal, als es ihm nicht gelang, die höfischen Schliche zu meistern und die Gnade seines Kaisers zu gewinnen. Noch zu seinen Lebzeiten wurde das Land, das er geschaffen hatte, von Händen, die nicht die seinen waren, regiert und aufgebaut. Neuspanien gewann Gestalt unter einem Vizekönig, dieweil er selbst betrübt und müßig im Gefolge eines immer zerstreuten Herrschers umherzog.

Wendete er den Blick von diesem Versagen ab, um stoischen Trost in dem Gedanken zu finden, daß die Nachwelt sein Werk in dessen wahrer Farbe und Größe sehen werde, so mußte das Licht der Ewigkeit, das am äußersten Rande dieser Erde aus dem Jenseits auf ihn fiel, diesem Traum bald ein Ende setzen. Die Geschichte als Spiegel der Wahrheit – das geht über Menschenkraft. Sein edler Name sollte bald die Zielscheibe jeglicher Beleidigung und Spielball jedweden Mißverstehens werden. Zu seinen Lebzeiten aber kehrten seine Landsleute gelangweilt seiner Leistung den Rücken, standen teilnahmslos vor der Tragödie seines noblen Lebens.

Wendete er dann abermals den Blick ab und versuchte er zu denken, daß er, mochte die Anerkennung auch ausbleiben, in Wirklichkeit der Schöpfer einer neuen, aus zwei Rassen geborenen Nation sei – dann mußte er hierin am bittersten enttäuscht werden; denn jener Nation ist es noch immer nicht gelungen, sich selbst zu finden. Ein Pfropfreis einer Rasse auf Stamm und Wurzel einer andern, kennt sie noch immer nicht ihren eigentlichen Sinn, ihre wahre Bestimmung. So lebt sie ein wild bewegtes Leben, da ständig ein Blut mit dem andern ringt. Moteczuma stirbt noch jeden Tag, wie Cuauhtemoc an jedem Tag neu gehängt wird, und jeden Tag erobert und demütigt der weiße Mann den Indianer in jedes Mexikaners Seele.

Hier ist er am gründlichsten gescheitert. Drei Jahre vor seinem Tode hatte er dem Kaiser geschrieben: »Dies Werk, das Gott durch mich errichtet hat, ist so groß und wunderbar...« Er wußte, daß er nur ein Werkzeug gewesen war. Aber wovon oder von wem? Natürlich ein Werkzeug Gottes, würde er bedenkenlos geantwortet haben. Ja, Gottes Werkzeug. Menschen aber sind nicht tote Werkzeuge wie Hammer und Säge. Sie besitzen eigene Freiheit, Freiheit zu fehlen. Im Namen Gottes war er hinübergefahren und hatte von einer neuen christlichen Nation geträumt, die aus den Indianern, welche er vom Heidentum erretten würde, und aus den Spaniern bestünde, die das Land besiedeln, erschließen, aufklären und veredeln würden. Er hatte diese Nation auf ihren neuen Weg geführt, welcher zu wirtschaftlichem Wohlstand, Achtung vor den Eingeborenen, Bildung von Roten und Weißen und zur Adelung des Landes durch die Königin der bürgerlichen Künste, die Architektur, führen sollte. Noch zu seinen Lebzeiten gab es unter den Eingeborenen so viele Kenner des Lateinischen und Theologen, daß manche Priester ob ihres Erfolges erschrekken mochten. Die erste Buchdruckerei des neuen Kontinents hatte ihre Arbeit aufgenommen. Noble Bauten hatten aus Mexiko die wichtigste Hauptstadt der Neuen Welt gemacht. Bald nach Cortés' Tod berichtet Cervantes de Salazar über den blühenden Wohlstand von Tlaxcala, die Schönheit der Bauten und die Fruchtbarkeit des Bodens, den Reichtum, die Zufriedenheit und Gesundheit der Indianer und erzählt weiter, daß einer von Cortés' Offizieren als Bezirksgouverneur in der Umgebung von Tlaxcala durch den Bau von dreiunddreißig Steinbrücken das Verkehrswesen gefördert habe. Solcherart war das Werk, das er hatte vollbringen wollen und das er nach dem Maße seiner Einsicht unternommen hatte, die der Einsicht der Besten seiner Zeit ebenbürtig war: Kaiser, Ordnung und Glauben der Eingeborenen galt es zu beseitigen und an ihrer Statt Kaiser, Staat und Glauben der Christenheit fest zu verankern. Das war ganz einfach. Und was die beiden Rassen anging, so waren beide von Adam und Eva geboren, beide Kinder Gottes.

So dachte er. So dachte damals jedermann. Konnte er ahnen, daß tief in den Rassen und Nationen ganze Ozeane von Instinkten, Gefühlen und dumpfen Erinnerungen verborgen liegen? Daß er für Neuspanien Jahrhunderte voll geistiger und sittlicher Stürme heraufbeschwor? Konnte er ahnen, daß ein Tag kommen würde, an welchem seine Asche, die gemäß seinem ausdrücklichen Wunsch in Neuspanien beigesetzt worden war, vor den wütenden Massen eben jener Nation versteckt werden mußte, die sich in selbstverleugnender Raserei gegen den Mann kehrte, dessen visionärer Kraft sie ihr Dasein verdankte? Daß Mexiko dem Cuauhtemoc ein Standbild errichten würde – weniger um diesen zu ehren, als um Cortés zu beleidigen? Daß ein Maler jener Rasse, die zu adeln und zu befreien er so viel getan hat, eines Tages die Wände von Cortés' Haus in Cuernavaca mit sogenannten Szenen der Eroberung beschmieren würde, die ein Vorurteil verzerrt hatte, an welchem der Maler selbst unschuldig ist, weil es aus den Abgründen seines Volkstums stammt?

Durch edles Streben war Cortés zu einem Helden der Menschheit geworden. Was aber konnte er als solcher anderes tun als fehlen? Arme Menschheit, die auf dem gewundenen Weg der Weltgeschichte nach Frieden und Einheit sucht und sich fast blindlings in dem matten Licht ihrer Vernunft durch den unerforschten Ozean ihre Seele tastet – inmitten einer Welt, die ihre vielschichtigen Geheimnisse hartnäckig verborgen hält. Ach, diese Menschheit frißt grausam ihre eigenen Helden, die sie dazu verdammt, Schätze an Willenskraft und Selbstverleugnung auf ein paar Gesten zu verschwenden, die für das, was sie selbst anstrebt, verzweifelt belanglos sind.

Großes hat Cortés geleistet. Größer noch war er, weil sein tragisches Leben vollkommenes Gleichnis der Tragödie menschlichen Lebens auf Erden war.

Anhang

Nachwort des Übersetzers

Die deutsche Ausgabe dieses Werkes ist gegenüber dem englischen Original behutsam um solche Abschnitte gekürzt worden, die mit dem Lebenslauf von Hernán Cortés keinen unmittelbaren Zusammenhang aufweisen und daher zum Verständnis der Handlung entbehrlich erschienen. Die Geschlossenheit der Lebensbeschreibung und ihr Charakter als literarisches Kunstwerk sind dadurch nicht beeinträchtigt worden.

Hingegen ist der wissenschaftliche Apparat des englischen Originals beschnitten worden. Von den Anmerkungen des Verfassers sind hier nur diejenigen stehengeblieben, die zum Verständnis des Textes unentbehrlich sind. Bloße Quellennachweise wurden gestrichen, wobei Verlag und Übersetzer davon ausgegangen sind, daß die deutsche Ausgabe ganz überwiegend für den allgemein interessierten Leser bestimmt ist. Der Fachhistoriker oder anderweitig wissenschaftlich Interessierte sei insoweit auf das englische Original verwiesen. Eine Übernahme des ganzen wissenschaftlichen Apparates hätte die deutsche Ausgabe außerdem wesentlich verteuert und damit einer ansehnlichen Zahl von Lesern unzugänglich gemacht. Um jedoch allen denen, die irgendwelche Einzelheiten in den Quellen näher studieren möchten, den Zugang zu erleichtern, übernimmt die deutsche Ausgabe die Bibliographie des Originals ungekürzt.

Eine besondere Schwierigkeit bot die Schreibweise der mexikanischen Eigennamen. Die bei uns vielfach übliche ältere Schreibweise – z. B. Montezuma – hält neueren

Forschungen nicht stand. Im allgemeinen folgt die deutsche Ausgabe der vom Verfasser bevorzugten spanisch-phonetischen Wiedergabe der mexikanischen Namen; nur in Einzelfällen haben wir uns für eine in Deutschland bereits eingebürgerte Schreibweise entschieden.

Für die Schreibweise des Namens Cortés zitieren wir den Verfasser: »Vielleicht ist es nützlich zu sagen, daß die Form ›Cortez‹ einfach absurd ist. Sie scheint auf einer Verwechslung mit der Form -ez in vielen spanischen Eigennamen zu beruhen, z. B. Rodriguez oder Fernandez... Die Form Hernan habe ich aus mehreren Gründen bevorzugt. Einmal ist der Eroberer von Mexiko in der ganzen spanischsprechenden Welt als Hernán Cortés bekannt. Zum andern hat diese Form unzweifelhaft einen schöneren Klang als die andern möglichen Formen. Schließlich fügt sie sich, obwohl sie spanisch ist, den meisten andern Sprachen besser ein als Fernando oder Hernando Cortés.«

Schließlich noch ein Wort zu den Zitaten im Text. Soweit der Verfasser seine Quellen im Text selber nennt, geschieht das durchweg auch in der deutschen Ausgabe. Im übrigen verweist der Verfasser im Original teilweise im Anhang auf die Quellen, begnügt sich zum andern aber auch damit, solche Stellen ohne Nachweis in Anführungszeichen zu setzen. Abgesehen von wenigen Fällen, in denen auch hier die Anmerkungen Aufklärung geben, begnügt sich die deutsche Ausgabe damit, Zitate aus andern Werken durch Anführungszeichen als solche kenntlich zu machen.

H. L.

Anmerkungen

1 Um diese Garben unmißverständlich zu bezeichnen, hatten sie ein System entwickelt, welches wir am besten mit einem Spiel Karten vergleichen können, wie wenn wir die Jahre Pik-As, Herz-Zwei, Karo-Drei, Treff-Vier, Pik-Fünf, Herz-Sechs, Karo-Sieben, Treff-Acht usw. nennen würden. Es leuchtet ein, daß dann alle zweiundfünfzig Jahre eine neue Reihe oder »Garbe« beginnt. Der mexikanische Kalender teilte die zweiundfünfzig Jahre einer Garbe in vier Gruppen oder »Farben« von je dreizehn Jahren ein, nämlich in Kaninchen, Schilfrohr, Feuerstein und Haus.

Die folgende Tabelle enthält die Bezeichnungen der mexikanischen Zeitrechnung für die zweiundfünfzig Jahre (= eine »Garbe«), nach denen die Eroberung Mexikos begann:

1467	Ein-Schilfrohr	1481	Zwei-Haus
1468	Zwei-Feuerstein	....	....
1469	Drei-Haus	1492	Dreizehn-Feuerstein
1470	Vier-Kaninchen	1493	Ein-Haus
1471	Fünf-Schilfrohr	....	....
1472	Sechs-Feuerstein	1502	Zehn-Kaninchen
1473	Sieben-Haus	....	....
1474	Acht-Kaninchen	1506	Ein-Kaninchen
1475	Neun-Schilfrohr	....	....
1476	Zehn-Feuerstein	1509	Vier-Haus
1477	Elf-Haus	....	....
1478	Zwölf-Kaninchen	1519	Ein-Schilfrohr
1479	Dreizehn-Schilfrohr	1520	Zwei-Feuerstein
1480	Ein-Feuerstein	1521	Drei-Haus

Vor der Verbindung von Zahl und Schriftbild (Kaninchen, Schilfrohr, Feuerstein oder Haus) schrieb man eine Anzahl von Garben-Schriftbildern, woraus hervorging, wie viele Garben seit Beginn der Zeitrechnung verstrichen waren.

2 Bei jener Wahl im Jahr Zehn-Kaninchen (1502) scheint König Nezahualpilli von Tetzcuco, einer der größten Magnaten des Reiches, eine maßgebende Rolle gespielt zu haben. »Nachdem die Zwölf des

Reiches sich geeinigt hatten, richteten sie nahe dem Kamin ein Kohlenbecken mit Feuer und Kopalharz als Weihrauch... Dazu einen Pfriem aus Tigerbein und einen anderen aus Löwenbein, das Räuchergefäß, einen kostbaren Umhang von großem Wert, einen Lendenschurz, goldene Beinschienen und die Krone, welche sie Xiuhhuitzolli nannten; es war eine Halbmitra, die auf der Stirn getragen und am Hinterkopf festgebunden wurde.« Darauf gingen die Wahlmänner in das Calmecac oder Kloster, wo der neue Kaiser wohnte, um ihn abzuholen. Sie »hießen ihn auf dem Thron niedersitzen, schnitten sein Haar nach der Weise der Könige und bohrten ein Loch durch die Scheidewand seiner Nase, in welches sie eine dünne, glatte Goldröhre einsetzen, die acapitzactli genannt wird. Dann hängten sie an seinen Gürtel einen kleinen tecomatl oder Kürbis, womit sie andeuten wollten, daß er darin picietl oder Schnupftabak oder auch einfach Wegzehrung tragen solle. Sie legten ihm goldene Ohrringe und goldenen Lippenschmuck an sowie einen blauen Netzumhang gleich einem dünnen Schal mit vielen kleinen wertvollen Steinen, dünne blaue Stiefel und die Herrscherkrone. Danach beweihräucherten sie ihn, und die beiden Könige begrüßten ihn als Kaiser von Mexiko-Tenochtitlan.«

Als wollte er beweisen, daß er zu allem bereit sei, gebot der neue Kaiser, »man möge ihm zwei ganz scharfe Pfrieme bringen, einen aus Tigerbein und einen aus Löwenbein, mit denen er sich wieder und wieder in Ohren, Arme und Beine stach. Dann schnitt er zwei Wachteln die Köpfe ab und sprengte ihr Blut auf das Feuer. Darauf stieg er zum Tempel des Uitzilopochtli empor, küßte mit dem Finger den Erdboden und stach sich zu Füßen des Gottes abermals in Ohren, Arme und Beine. Danach griff er sich einige Wachteln, schnitt ihnen die Köpfe ab und besprengte mit ihrem Blut den Tempel, nahm das Räuchergefäß, beweihräucherte den Gott Uitzilopochtli sowie die vier Seiten des Tempels, verneigte sich tief und schritt, begleitet von den Königen und Edelleuten, zum königlichen Schloß hinab. Als ihr Mahl vorüber war, stiegen alle wieder zum Tempel empor und hielten vier Stufen unterhalb des Götterbildes an dem runden Stein inne, der cuauhxicalli oder Adlerschale hieß, eine Blutschale mit Abfluß. Da der Stein ganz durchbohrt war, konnte er viel Blut trinken und viele Menschenherzen aufnehmen. Dort opferte er abermals und köpfte noch mehr Wachteln.«

3 Über die Eigenart des mexikanischen Reiches sowie über Rang und Machtbefugnisse Moteczumas und seiner Vorgänger gibt es eine umfängliche Diskussion, die bei Prescott nachgelesen werden kann. Ich habe die Ausdrücke Kaiserreich und Kaiser gewählt, weil trotz erheblicher Unterschiede gegenüber dem römischen Imperium und dem Heiligen Römischen Reich Deutscher Nation in folgenden Punkten Übereinstimmung besteht:

1. Mit dem Heiligen Römischen Reich:

a) Der Kaiser wurde von einer kleinen Körperschaft von Fürsten und Wahlmännern ausgewählt (dem Fürsten von Tetzcuco, dem Fürsten von Tlacopan und vier mexikanischen Wahlmännern);

b) das mexikanische Kaiserreich war eine Föderation aus Königreichen und Republiken.

2. Mit dem römischen Imperium: Der mexikanische Kaiser war vor allem Imperator oder Oberbefehlshaber.

Mir scheint, daß manche moderne Historiker bei der Interpretation von mexikanischen Einrichtungen allzu selbstsicher verfahren, zumal wenn sie behaupten, daß die spanischen Chronisten sie mißverstanden hätten. Gewiß sind die Anschauungsweise und der fest geprägte Charakter der damaligen europäischen Kultur ein Hindernis gewesen, aber andererseits waren die spanischen Chronisten den Ereignissen viel näher und beherrschten oftmals, so etwa Sahagún, die Sprachen der Eingeborenen. Zudem sollten wir niemals vergessen, daß sich Institutionen im Leben oftmals ganz anders ausnehmen als auf dem Papier. Auf dem Papier ist der britische König noch heute ein absoluter Monarch. Es ist daher nur vernünftig, sich die mexikanischen Institutionen als vielschichtige Lebensform vorzustellen, die wir noch nicht vollständig begriffen haben, die aber weder ganz so feudalistisch waren, wie die Spanier sie uns dargestellt haben, noch waren sie religiös-kommunistische Körperschaften, als welche sie manchen amerikanischen Spezialisten heute erscheinen.

4 Diese und spätere Zitate aus »Leben und Taten des sinnreichen Junkers Don Quixote von der Mancha« des Cervantes sind der 1825 in Zwickau erschienenen deutschen Ausgabe von Hieronymus Müller entnommen. (Anm. d. Übers.)

5 Calderón de la Barca in »La Vida es sueño« (Das Leben ein Traum):

En lo que no es justa ley
No ha de obedecer al rey.

Dieses freiheitliche und demokratische Wesen der spanischen Gesellschaft war ein Werk der Krone. Diejenigen Spanier, die noch unter der Botmäßigkeit feudaler Herren lebten, hatten daran keinen Anteil. Las Casas berichtet von einem Erlebnis, das er beim Anwerben von Bauern für Indien hatte: Ihm boten sich siebzig Männer aus der Stadt Berlanga an, die dem Konnetabel von Kastilien »gehörte«, und erzählten ihm in größter Heimlichkeit, damit der Konnetabel es nicht erfahre: »Herr, keiner von uns möchte aus Geldmangel nach Indien gehen, denn jeder von uns hat mindestens hunderttausend Maravedi als Einkommen; aber wir gehen, weil unsere Kinder in einem Land aufwachsen sollen, das königlich und frei ist.«

6 In der Schlacht von Rocroi wurde 1646 das spanische Fußvolk von den Franzosen unter dem Großen Condé entscheidend geschlagen. (Anm. d. Übers.)

7 »Nachdem er entdeckt hatte, daß es eine Verschwörung gab, welche die Vernichtung seines Heeres zum Ziel hatte, schlug er einfach als erster zu. Die Chololteken hatten Maßnahmen zur Vernichtung der Eindringliche ergriffen, die gegen gewöhnliche Feinde sicher erfolgreich gewesen wären. Das bezeugen nicht nur die spanischen Historiker, sondern auch die indianischen Chronisten. Die mexikanische Darstellung findet sich auf indianischen Malereien, die noch heute in San Juan Cuauhtlautzinco aufbewahrt werden. Die Chololteken sahen in den Spaniern keine Götter. Sie schickten sich an, die Spanier wie gewöhnliche Menschen zu fangen und auszuhungern... Die Tlaxcateken wußten die ganze Zeit über, daß Verrat geplant sei... Die Spanier dachten, daß ihre Beweihräucherung ein Zeichen der Unterwerfung sei. Sie wußten nicht, daß Kriegsgefangene, die geopfert werden sollten, auf gleiche Weise beräuchert wurden.« Professor Munro in Prescott, II. Band, S. 212, Fußnote.

8 Wir wissen nicht, ob die Mexikaner darauf drängten, Cortés in Iztapalapa übernachten zu lassen, weil Cuitlahuac bei Cortés jeden Gedanken an seine Opposition auslöschen wollte, oder ob vielmehr noch in zwölfter Stunde ein Gewaltstreich das Eindringen der Spanier nach Mexiko verhindern sollte. Die erste Begründung ist wahrscheinlicher, zumal Cortés, dem Anzeichen einer Verräterei nur selten entgingen, hinsichtlich Iztapalapa dergleichen ebensowenig zu berichten weiß wie Bernal Diaz.

9 Ich kenne wohl die Ansicht, daß die Leichtigkeit, mit der Cortés sich Moteczumas bemächtigte, »beweise, daß der sogenannte Kaiser keine wirkliche Macht besaß, sondern nur Sachwalter des Stammes war« (Munro, Anmerkung in Prescott, II. Band, S. 346). Meiner bescheidenen Meinung nach enthält diese Ansicht, sofern sie überhaupt haltbar ist, eine sehr starke Übertreibung. Da die Spanier von den Ereignissen, Gesichtern, Zeremonien und Empfindungen unmittelbare Eindrücke empfangen und diese aufgezeichnet haben, sind sie mindestens so zuverlässige Führer wie bloß buchgelehrte Forscher. Alle Einzelheiten aber, die wir diesen alten Augenzeugen verdanken, beweisen, daß Moteczuma wirkliche Macht und wahrhaft königliche Würde besessen hat.

10 Torquemada gibt zu verstehen, daß die Brigantinen schon vor Moteczumas Gefangennahme fertig gewesen seien; ebenso daß die Ernennung erst von Grado und später von Sandoval zu Gouverneuren von Veracruz vorher erfolgt sei. Obwohl Torquemadas Darstellung Cortés' Charakter besser entspricht, gibt es für seine Auffassung kei-

ne Beweise. Soweit solche vorhanden sind, lassen sie vermuten, daß Cortés hier wie so oft ein Glücksspieler gewesen ist. Diese Eigenschaft dürfen wir bei ihm nie aus dem Auge verlieren. Er war wirklich eine Spielernatur, allerdings eine vorsichtige, und nannte sein Glück »Glauben«. Übrigens bestätigt Gómara meine Darstellung, wenn er schreibt, Cortés hätte zwar gern die Schiffe vorher fertig gehabt, sich dann jedoch zur Festnahme Moteczumas entschlossen, ohne darauf zu warten.

11 Das bestätigt die Auffassung, daß Cacamas von Anfang an gegebener Rat, Moteczuma solle die Spanier nach Mexiko kommen lassen, nicht auf Defaitismus oder Feigheit beruhte, wie allgemein behauptet wird, sondern auf der festen Zuversicht, daß die Mexikaner mit den Fremdlingen fertig werden könnten, falls diese das in sie gesetzte Vertrauen enttäuschen würden. Meiner Ansicht nach ist dieser junge Fürst der klügste und tapferste von allen indianischen Häuptlingen gewesen, und darum glaube ich nicht an die von Fernando de Alva wiedergegebene Erzählung, welche Cacamas Aufstand damit begründet, daß Cortés dessen Bruder getötet habe. Dies ist nur eines von vielen Beispielen dafür, daß manche Historiker dazu neigen, die Spanier anzuschwärzen, während etwa ebenso viele sie weißzuwaschen versuchen, weshalb eine vernünftige Darstellung der Eroberung für einen ehrlichen Menschen ein äußerst schwieriges Unternehmen ist.

12 »Wer nicht durch die Haustür hereinkommt, ist ein Dieb und Räuber.«

13 Es ist so gut wie sicher, daß er das in jedem Fall getan haben würde. Als sein Glück sich so jählings wandelte, plante er nämlich gerade eine Expedition nach Santo Domingo, die für die Eroberung mehr Männer und Pferde anwerben sollte, »denn er hatte für ein so großes Reich nur wenige«. Diesen Hinweis verdanken wir Gómara. Er genügt als Beweis dafür, daß Bernal Diaz bei der Erörterung einer andern Mitteilung Gómaras recht hat: »Was Cortés hierbei dem Lopez gesagt hat, weiß ich nicht, und ich sage das, weil Gómara in seiner Chronik schreibt, Cortés habe Lopez gesagt, er solle nur so tun, als ob er die Schiffe bauen werde, nur als Komödie, damit Moteczuma davon erfahre. Ich will mich an das halten, was beide sagen werden, denn beide leben Gott sei Dank noch; aber Lopez hat mir ganz insgeheim erzählt, sie hätten die Schiffe gebaut, und zwar in größter Eile.«

14 Alvarados Unbesonnenheit und Heftigkeit sowie die tragischen Folgen, die sein Vorgehen für die Eroberung als Ganzes gehabt hat, sind ihm mehr verübelt worden, als er in meinen Augen zu verdienen scheint. Obwohl er für den schwärzesten Tag der Eroberung verantwortlich bleibt, glaube ich dennoch: 1. daß er zu unrecht von manchen beschuldigt wird, er habe das Gemetzel absichtlich geplant, um

die Opfer ihrer Juwelen zu berauben; diese Anschuldigung erscheint mir im Lichte des gesamten Beweismaterials unhaltbar; 2. daß er mit Recht an eine gegen ihn und seine Truppen angezettelte Verschwörung geglaubt hat. Dafür spricht folgendes: a) Moteczuma hatte Cortés in einem Ultimatum zum Abzug aufgefordert; b) die Spanier erhielten dieses Ultimatum sogar noch, ehe die Mexikaner wußten, daß Cortés durch Narváez' Ankunft zwischen zwei Feuer geraten war; c) von diesem Tage an fürchteten sich die Spanier davor, daß sie den mexikanischen Göttern geopfert werden könnten; d) Alvarados Erklärung gegenüber Cortés, daß Moteczuma, als er merkte, daß die Spanier auch nach Eintreffen der Schiffe (deren Fehlen Cortés als Vorwand benutzt hatte) nicht abzogen, für gut befunden habe, erst Alvarado loszuwerden, dann seine Freiheit zurückzugewinnen, dann Narváez anzugreifen, der inzwischen nach Moteczumas Überzeugung Cortés geschlagen haben würde – diese Erklärung klingt den Umständen nach einleuchtend und vernünftig; e) nachdem Cortés die Waffen der Mexikaner in großen Mengen vernichtet hatte, müssen diese sich planmäßig wiederbewaffnet haben, da sie kampfbereit waren, als Alvarado zuschlug; f) da die Mexikaner unmittelbar nach Alvarados Angriff auf das Teocalli mit der Belagerung begannen und heftige Kämpfe führten, wird deutlich, daß sie nicht erst am Schluß des zwanzigtägigen Festes – wie die beiden Geretteten ihm berichtet hatten –, sondern alsbald zum Angriff gegen Alvarado bereit waren; g) Moteczumas Treulosigkeit gegen die Spanier (was sollte dieser aber auch anderes von ihm erwarten!) wird durch sein Verhalten im Falle des »Infante« bewiesen, das im Text geschildert worden ist. Aus allen diesen Gründen ist klar, daß man Alvarado nicht nur zugute halten muß, er habe sich eine Verschwörung *eingebildet*, sondern daß er berechtigt war, eine Gefahr, und zwar eine unmittelbar drohende Gefahr, *anzunehmen* 3. Trotzdem war sein Vorgehen denkbar schlecht berechnet, um ihm aus seinen Nöten zu helfen. Er richtete seinen Schlag nicht gegen die Krieger, die ihm in der Stadt und den umliegenden Ortschaften auflauerten, sondern gegen die unbewaffneten Adligen, die an den religiösen Feiern teilnahmen. Andererseits ist schwierig zu sagen, was er eigentlich hätte tun sollen, und zudem hatte er die Ereignisse in Cholula als Vorbild vor Augen.

15 Merkwürdigerweise scheint Cortés eine Schwäche für Alvarado gehabt zu haben. Als er in späterer Zeit seine Offiziere und Soldaten gegenüber dem spanischen König lobend erwähnte, hob er selbst nach diesem verhängnisvollen Zwischenfall immer noch Alvarado neben Olid und Sandoval ganz besonders hervor.

16 Aus dem im übrigen doch eher kümmerlichen Gedicht »Vitzliputzli« von Heinrich Heine (Sämtliche Werke, Hamburg 1863, 18. Band, S. 85).

17 Cortés spricht in seinem zweiten Brief an den Kaiser von zwei Söhnen Moteczumas, die beide regierungsunfähig gewesen seien. Aber Juan Cano, einer der zahlreichen Ehemänner der Tecuichpoch oder Doña Isabel, der Tochter Moteczumas, bestreitet das in seinem Dialog mit Oviedo ausdrücklich.

Zeittafel

1485 *Fernando (Hernando/Hernán) Cortés in Medellín (Provinz Estremadura/Spanien) als Sohn des Gutbesitzers Martin de Cortés de Monroy und der Doña Catalina Pizarro Altamirano geboren.*
22. August: Richard III. von England gestorben. Heinrich VII. folgt auf den Thron.
Ende der »Rosenkriege« in England.

1486 16. Februar: Erzherzog Maximilian von Habsburg zum römischen König gewählt.
Tizoc, Herrscher des Aztekenreiches, gestorben. Sein Nachfolger wird Ahuizotl.
Bartolomeo Diaz umsegelt die Südspitze Afrikas (Kap der Guten Hoffnung).
Pico della Mirandola: »De dignitate hominis« (»Von der Würde des Menschen«).

1487 Jakob Sprenger und Heinrich Institoris liefern mit ihrem Buch »Malleus maleficarum« (»Der Hexenhammer«) die theoretische Grundlage für die Hexenverfolgung.

1489/90 (oder 1476/77) Tizian (Tiziano Vecellio) geboren.

1491 Oktober: Ignatius von Loyola geboren.
30. Dezember 1491/2. Januar 1492: Kapitulation Granadas. Ende der maurischen Herrschaft in Spanien.

1492 9. April: Lorenzo de' Medici, genannt »il Magnifico«, Herrscher in Florenz, gestorben.
25. Juli: Papst Innozenz VIII. gestorben.
3. August 1492 – 15. März 1493: Erste Entdeckungsfahrt des Christoph Columbus.
11. August: Alexander VI. (Rodrigo de Borgia) wird Papst.
Oktober/Dezember: Christoph Columbus entdeckt die Bahamas, Kuba und Haiti.
Bernal Diaz del Castillo in Medina del Campo geboren.
Martin Behaim konstruiert einen Globus.

1493 23. Mai: Friede von Senlis zwischen Maximilian von Habsburg und dem französischen König Karl VIII. Das Herzogtum Burgund fällt an Frankreich zurück, das Artois und Burgund gehen an Maximilian.

	19. August: Kaiser Friedrich III. gestorben. Maximilian I. folgt auf den Thron.
	25. September 1493–11. Juni 1496: Zweite Entdekkungsfahrt des Columbus.
	November: Columbus entdeckt Dominica, Guadeloupe und Puerto Rico.
	Hartmann Schedel: »Illustrierte Weltchronik«.
um 1494	Paracelsus (Theophrastus Bombastus von Hohenheim) geboren.
1494	Karl VIII. von Frankreich fällt in Italien ein.
	Herrschaft Girolamo Savonarolas in Florenz (bis 1498).
	2. Mai: Columbus entdeckt Jamaica.
	7. Juni: Vertrag von Tordesillas. Portugal und Spanien teilen die Welt in zwei Interessensphären auf.
1495	Ende März – September: Reichstag zu Worms. Verkündung eines »Ewigen Landfriedens«.
	31. März: »Heilige Liga« zwischen Papst, Reich, Spanien, Mailand und Venedig. England schließt sich der Liga an.
	25. Oktober: König Johann II. von Portugal gestorben. Manuel I., der Glückliche, folgt auf den Thron.
1496	11. Juni: Columbus kehrt nach Europa zurück. Landung in Cadiz.
	21. Oktober: Philipp der Schöne, Erzherzog von Österreich, heiratet Johanna die Wahnsinnige, Infantin von Spanien.
1497/98	Der in englischen Diensten segelnde Venezianer Giovanni Caboto (John Cabot) entdeckt das nordamerikanische Festland und nimmt die Küste zwischen St.-Lorenz-Golf und Hudson-Mündung für die englische Krone in Besitz.
1498	7. April: Karl VIII. von Frankreich gestorben. Ludwig XII. wird König.
	Vasco da Gama umsegelt das Kap der Guten Hoffnung und erreicht am 22. Mai Calicut in Indien.
	23. Mai: Savonarola in Florenz als Häretiker und Schismatiker verbrannt.
	30. Mai 1498–25. November 1500: Dritte Entdekkungsfahrt des Columbus.
	5. August: Columbus an der Orinoco-Mündung. Erkundung der südamerikanischen Küste.
1499	*Cortés geht zum Studium der Rechte an die Universität von Salamanca.*
	Ludwig XII. von Frankreich beginnt den Krieg gegen Mailand.

	22. September: Mit dem Frieden zu Basel endet der »Schwabenkrieg«. Die Schweiz löst sich vom Reichsverband.
	Alonso de Hojeda erforscht mit Americo Vespucci und Juan de la Cosa die Küste Südamerikas bis zur Amazonas-Mündung.
1500–1530	Zeit der Hochrenaissance in der bildenden Kunst.
1500–1502	Rodrigo de Bastidas erforscht die Küste Venezuelas und Kolumbiens (bis Panama).
1500/01	Der Portugiese Pedro Álvares Cabral erreicht Brasilien.
1500	24. Februar: Karl von Habsburg, der spätere Kaiser Karl V., als Sohn Philipps des Schönen und Johanna der Wahnsinnigen in Gent geboren.
	9. April: Ludwig XII. von Frankreich besetzt Mailand.
	November: Vicente Yáñez Pinzón trifft in Brasilien ein und erkundet das Mündungsgebiet des Amazonas.
	25. November: Columbus wird in Ketten nach Spanien zurückgebracht.
1501/02	Die Brüder Cortrereal aus Portugal erreichen Grönland und die Küste von Labrador.
	Americo Vespucci erforscht im Auftrag der portugiesischen Krone die südamerikanische Küste bis über den Rio de la Plata hinaus nach Süden.
1501	*Cortés verläßt die Universität gegen den Willen der Eltern.*
	1. August: Neapel gelangt unter französische Herrschaft. Ende der aragonesischen Seitenlinie in Neapel.
	Jahresende: Ein Unfall hindert Cortés daran, mit dem Geschwader des Gouverneurs Don Frey Nicolás de Ovando nach Indien zu segeln.
1502/03	*Cortés auf Wanderschaft durch Spanien.*
1502	11. Mai 1502–7. November 1504: Vierte Entdeckungsfahrt des Columbus.
	25. September: Columbus erreicht in Puerto Linón (Costa Rica) das mittelamerikanische Festland.
	Erasmus von Rotterdam: »Enchiridion militis christiani« (»Handbuch des christlichen Streiters«).
1503	Moteczuma (Moctezuma, Montezuma) II. Xocoyotzin wird als Nachfolger Ahuizotls Kaiser der Azteken.
	18. August: Papst Alexander VI. gestorben. Sein Nachfolger Pius III. stirbt nach kurzer Amtszeit.
	1. November: Julius II. (Giuliano della Rovere) wird Nachfolger auf dem Stuhl Petri.
	14. Dezember: Nostradamus (Michel de Notredame) geboren.

1504 *Jahresanfang: Cortés segelt von Sanlúcar de Barrameda nach Hispaniola (Haiti) ab.*

31. Januar: Nach französisch-spanischen Kämpfen geht das Königreich Neapel an Spanien (wie Sizilien bis 1713 spanisch).

Ostern: Ankunft in Santo Domingo (Haiti).

Cortés wird »öffentlicher Notar« in Azúa bei Santo Domingo.

7. November: Columbus kehrt nach Spanien zurück.

26. November: Isabella von Kastilien gestorben. Philipp der Schöne folgt ihr als Philipp I. auf den Thron. Ferdinand von Aragon führt die Regierung bis 1506 und ist ab 1507 Regent für Johanna die Wahnsinnige und Vormund des späteren Karl V.

1505 12. Oktober: Vertrag von Blois zwischen Frankreich und Spanien. Ferdinand von Aragon heiratet in zweiter Ehe Germaine de Foix, die Nichte Ludwigs XII. von Frankreich.

1506 20. Mai: Christoph Columbus in Valladolid gestorben.

25. September: Philipp der Schöne gestorben. Sein Sohn Karl (V.) wird nomineller Herrscher über Kastilien, die Niederlande und die Freigrafschaft Flandern.

Entdeckung Madagaskars.

Papst Julius II. gibt den Neubau der Peterskirche in Auftrag (Baumeister Bramante, Raffael, Peruzzi, Michelangelo).

1507 12. März: Cesare Borgia, Sohn des Papstes Alexander VI., im Kampf gefallen.

Genua kommt unter französische Herrschaft.

1508 10. Dezember: Liga von Cambrai. Bündnis zwischen König Ludwig XII. von Frankreich, Kaiser Maximilian I., Papst Julius II. und Spanien gegen Venedig.

1509 21. April: Heinrich VII. von England gestorben. Heinrich VIII. wird König.

Juni: Heinrich VIII. heiratet Katharina von Aragon (verstoßen 1531/32).

10. Juli: Don Diego Colón, Sohn des Columbus, trifft als Vizekönig und Generalgouverneur von Indien in Santa Domingo ein. – Johann Calvin (Jean Caulvin) geboren.

Erasmus von Rotterdam: »Stultitiae laus« (»Lob der Torheit«).

um 1510 Peter Henlein konstruiert die ersten Taschenuhren.

1510 25. Februar: Papst Julius II. schließt Frieden mit Venedig.

	17. Mai: Sandro Botticelli gestorben.
	Juan de la Cosa, spanischer Kosmograph, in Darién von Indianern getötet.
1511	Kirchenversammlung (schismatisches Konzil) von Pisa.
	5. Oktober: »Heiliger Bund« zwischen Papst Julius II., Spanien und Venedig gegen Frankreich. Kaiser Maximilian I. und König Heinrich VIII. von England schließen sich dem antifranzösischen Bündnis an.
	ab Jahresende: Spanische Truppen unter Diego de Velázquez erobern Kuba. Cortés nimmt am Feldzug teil.
1512–1517	Laterankonzil.
1512–1514	Krieg Englands gegen Frankreich.
1512	*Cortés wird Sekretär des Gouverneurs Velázquez und königlicher Schatzmeister auf Kuba.*
	Beteiligung am Aufstand gegen Velázquez.
	Gefangennahme und Flucht.
	Cortés heiratet Catalina Xuárez.
	Aussöhnung mit Velázquez.
	Cortés wird Bürgermeister der Stadt Baracoa (Santiago).
	26. Juli: Ferdinand von Aragon gliedert Navarra seinem Reich ein.
	31. August: Mit Hilfe spanischer Truppen gelangen die Medici in Florenz wieder zur Herrschaft.
	Schweizer Truppen erobern Mailand.
1513	21. Februar: Papst Julius II. gestorben.
	11. März: Leo X. (Giovanni de' Medici) wird Nachfolger auf dem Heiligen Stuhl.
	6. Juni: Schlacht bei Novara. Das französische Heer zieht sich über die Alpen zurück.
	9. September: Jakob IV. von Schottland fällt im Kampf gegen ein englisches Heer. Jakob V. folgt auf den schottischen Thron.
	Vasco Nuñez de Balboa durchquert die Landenge von Panama und erblickt als erster das »Südmeer« (Pazifik).
	Niccolò Machiavelli: »Il Principe« (»Der Fürst«).
1514	August: Friede zwischen England und Frankreich.
1515	1. Januar: Ludwig XII. von Frankreich gestorben. Franz I. wird französischer König.
	13./14. September: Schlacht bei Marignano. Franz I. erobert Mailand. Französische Vorherrschaft in Oberitalien.
seit 1516	Chaireddin Barbarossa unterwirft von Algier aus immer weitere Teile des Mittelmeerraumes seiner Herrschaft.
1516	13. März: Nach dem Tod Ferdinands von Aragon wird Karl von Habsburg, der spätere Kaiser Karl V., als Karl I.

König von Spanien (Kastilien und Aragon) und Neapel-Sizilien.
13. August: Vertrag von Noyon. Frankreich verzichtet auf seine Rechte in Neapel.
3. Dezember: Vertrag von Brüssel zwischen Kaiser Maximilian I. und Venedig. Verona wird Venedig zugesprochen, Mailand als französischer Besitz anerkannt.
Hieronymus Bosch, niederländischer Maler, gestorben.
Erasmus von Rotterdam gibt das »Neue Testament« (in griechischer Sprache mit lateinischer Übersetzung) heraus.
Thomas Morus veröffentlicht »Utopia«, eine Schrift über den Idealstaat.

1517 31. Oktober: Martin Luther schlägt an der Schloßkirche zu Wittenberg seine 95 Ablaß-Thesen an.
Eine Expedition unter Führung des Francisco Hernández de Córdoba entdeckt Yucatan.
Maximilian I.: »Theuerdank«, allegorisches Epos.

1518 25. Januar: Eine zweite Expedition unter Führung des Generalkapitäns Juan de Grijalva verläßt Havanna in Richtung Yucatan. Die Kapitäne Pedro de Alvarado, Francisco de Montejo und Alonso Dávila nehmen teil. – Weiterreise nach Mexiko. Die Fremden werden dort als Boten Quetzalcoatls empfangen. –
Rückkehr nach Kuba.
18. November: Cortés fährt mit seiner Flotte nach Yucatan ab. Bei einem Zwischenhalt in Trinidad kann er sich die Unterstützung Francisco Verdugos, des Alkalden von Trinidad, und Diego de Ordás' sichern.
Adam Riese veröffentlicht sein erstes Rechen-Lehrbuch.

1519 – 1521 Erste Erdumsegelung durch Fernão de Magalhães (Magellan).

1519 12. Januar: Kaiser Maximilian I. in Wels gestorben.
18. Februar: Cortés fährt von Kap S. Antonio/Kuba weiter nach Yucatan.
12. März: Cortés Flotte erreicht Tabasco. Die Eingeborenen begegnen den Fremden zunächst feindlich.
Die Mexikanerin Doña Marina wird den Spaniern zusammen mit neunzehn weiteren Frauen übergeben.
Gründonnerstag: Cortés erreicht San Juan de Ulúa.
Gründung der »Reichen Stadt vom wahren Kreuz« (Veracruz).
Die Totonaken erbitten von Cortés Unterstützung gegen Moteczuma.

	2. Mai: Tod Leonardo da Vincis.
	24. Juni: Lucrezia Borgia, Tochter Papst Alexanders VI., gestorben.
	Franz I. bewirbt sich vergeblich um die Kaiserkrone. Im ersten Wahlgang wird Kurfürst Friedrich der Weise zum Kaiser bestimmt; Friedrich nimmt die Wahl nicht an.
	28. Juni: Karl V. zum römisch-deutschen Kaiser gewählt.
	4.–14. Juli: Leipziger Disputation zwischen Luther und Eck.
	26. Juli: Cortés' Schiffe mit Geschenken für den spanischen König laufen von San Juan aus.
	Cortés läßt seine Flotte unbrauchbar machen.
	16. August: Aufbruch von der Küste ins Landesinnere.
	23. September: Nach mehreren Gefechten zieht Cortés in Tlaxcala ein.
	13. Oktober: Cortés begibt sich mit seinem Heer nach Cholula. Eroberung der Stadt.
	Ende Oktober: Ein Versuch, den Popocatepetl zu besteigen, mißlingt.
	1. November: Zug ins mexikanische Hochland.
	8. November: Cortés trifft vor Tenochtitlán (Mexiko-Stadt) mit Moteczuma zusammen.
	14. November: Moteczuma wird von Cortés gefangengesetzt.
	Dezember: Treueid Moteczumas auf Kaiser Karl V.
ca. 1519/20	*Cortés' und Doña Marinas Sohn Martín Cortés geboren.*
1520	*März: Cortés' Vater und Boten aus Mexiko werden in Tordesillas von Karl V. empfangen.*
	April: Moteczuma warnt Cortés vor der Rache der Götter. Cortés bereitet den Bau von Schiffen vor.
	6. April: Raffael (Raffaelo Santi) gestorben.
	23. April: Landung eines spanischen Heeres bei Veracruz unter Führung des Kapitäns Pánfilo de Narváez, der in Diensten des Diego de Velázquez steht.
	24. April: Stadtgründung des Narváez in San Juan de Ulúa.
	Anfang Mai: Cortés zieht mit seinen Truppen Narváez entgegen. Zur Verteidigung Tenochtitláns läßt er eine Besatzung unter Pedro de Alvarado zurück.
	Während Cortés' Abwesenheit kommt es zu Unruhen in der Stadt.
	16. Mai: Tätliche Übergriffe der Spanier. Alvarado läßt zahlreiche Indianer niedermetzeln.

17. Mai: Die Mexikaner belagern die spanische Besatzung in deren Quartier.
29. Mai: Cortés siegt bei Cempoal über die Streitkräfte des Narváez.
15. Juni: Papst Leo X. erläßt die Bulle »Exsurge Domine« gegen Luther.
24. Juni: Cortés trifft wieder in Tenochtitlán ein.
25. Juni: Angriff der Mexikaner. Schwere Kämpfe.
26. Juni: Moteczuma wird von Cuauhtemoc und anderen Mexikanern angegriffen und verletzt.
29. Juni: Moteczuma erliegt seinen Verletzungen. Cuitlahuac wird sein Nachfolger.
30. Juni/1. Juli: Die Spanier erkämpfen sich einen Fluchtweg und können unter großen Verlusten Tacuba erreichen.
Cortés zieht mit dem Rest des Heeres nach Xoloc und Otumba.
7. Juli: Der mexikanische Oberbefehlshaber Ciaucoatl fällt im Gefecht gegen die Spanier. Ende der Kämpfe.
12. Juli: Rückzug des spanischen Heeres nach Tlaxcala. Cortés formiert seine Truppen neu.
August: Erfolgreicher Feldzug gegen Tepeaca mit Unterstützung der Tlaxcateken.
Cortés gründet Segura de la Frontera.
Herbst: Pockenepidemie in Mexiko.
September 1520 – April 1521: Aufstand der »comuneros« in Spanien.
September: Vei Tlatoani Cuitlahuac stirbt an den Pokken.
Oktober: Fernão de Magalhães entdeckt die nach ihm benannte Magellanstraße.
23. Oktober: Krönung Karls V. in Aachen.
Dezember: Cuauhtemoc wird zum Nachfolger Cuitlahuacs gewählt.
10. Dezember: Luther verbrennt die päpstliche Bulle.
28. Dezember: Cortés beginnt den Zug gegen Tenochtitlán.
Martin Luther: »An den christlichen Adel deutscher Nation«, »Von der babylonischen Gefangenschaft der Kirche«, »Von der Freiheit eines Christenmenschen«.

1521 – 1526 Erster Krieg des französischen Königs Franz I. gegen Kaiser Karl V.

1521 3. Januar: Papst Leo X. verhängt den Bann über Luther.
25. – 29. Januar: Thronbesteigung Cuauhtemocs.
27. Januar: Karl V. eröffnet den Reichstag zu Worms.

	13. April: Cortés erobert Cuauhnauac.
	27. April: Fernão de Magalhães (Magellan) auf den Philippinen von Eingeborenen getötet.
	28. April: Cortés' neue Flotte läuft vom Stapel.
	28. April 1521/7. Februar 1522: Karl V. überläßt die deutschen Erblande seinem Bruder Ferdinand.
	8./26. Mai: Wormser Edikt. Über Luther wird die Reichsacht verhängt.
	Anfang Juni: Eroberung der Felseninsel Tepepolco und der Festung Xoloc.
	Schwere Kämpfe um Tenochtitlán.
	13. August: Eroberung der Hauptstadt.
	Cortés betreibt den Wiederaufbau der Stadt.
	24. November: Geheimvertrag zwischen Kaiser, Papst und dem König von England.
	1. Dezember: Papst Leo X. gestorben.
	13. Dezember: Manuel I., der Glückliche, von Portugal gestorben. Johann III. wird König.
1522/23	Erhebung der Reichsritter in Deutschland.
1522	9. Januar: Hadrian VI. (Adrian von Utrecht) wird Papst.
	Sommer: Cortés Frau Catalina Xuárez trifft im Hafen von Ayagualulco ein.
	Oktober: Catalina in Mexiko gestorben.
	15. Oktober: Cortés wird von Karl V. offiziell zum legitimen Regenten von Neuspanien ernannt.
	Dezember: Cortés sendet Antonio de Quiñones und Alonso Dávila als Prokuratoren mit den mexikanischen Schätzen nach Spanien.
	20. Dezember: Abreise von Veracruz.
	Durch den französischen Piraten Jean Florin gelangt die wertvolle Fracht aus Mexiko in die Hände König Franz I. von Frankreich.
	Genua wird von deutschen und spanischen Truppen besetzt.
	Martin Luther veröffentlicht das »Neue Testament Deutsch«.
1523	Karl V. schließt Verträge mit Venedig, Papst Hadrian VI. und Erzherzog Ferdinand von Österreich gegen Franz I. von Frankreich.
	14. September: Hadrian VI. gestorben.
	19. November: Clemens VII. (Giulio de' Medici) wird Papst.
	Zürcher Reformation unter Führung Ulrich Zwinglis.
1524/25	Bauernkriege in Ober- und Mitteldeutschland, Salzburg und Tirol.

1524 *13. Mai: Zwölf Franziskanermönche treffen in San Juan de Ulúa als erste Missionare ein.*
Ehrenvoller Empfang durch Cortés in der Hauptstadt.
Oktober: Aufstand des Cristóbal de Olid. Cortés unternimmt eine Strafexpedition gegen Olid.
12. Oktober: Aufbruch von Mexiko nach Yucatan. Cuauhtemoc begleitet den Zug.
24. Dezember: Vasco da Gama in Indien gestorben.
Gründung des »Indienrates« (»Consejo Real y Supremo de las Indias«) als Zentralbehörde für die amerikanischen Besitzungen Spaniens.
Peter Apian (P. Bienewitz): »Cosmographia«.
Erasmus von Rotterdam: »De libero arbitrio« (»Über den freien Willen«).

1525 24. Februar: Sieg der Kaiserlichen bei Pavia. Franz I. wird gefangengenommen. Ende der französischen Vorherrschaft in Oberitalien.
28. Februar: Cuauhtemoc und der Fürst von Tacuba werden auf Cortés' Anordnung als Verschwörer gehängt.
Spanische Truppen erobern Mailand.
Martin Luther: »Vom unfreien Willen« (»De servo arbitrio«).

1526–1529 Zweiter Krieg Franz' I. gegen Kaiser Karl V.

1526 14. Januar: Friede von Madrid zwischen Karl V. und Franz I. Der französische König verzichtet auf Mailand, Genua, Neapel, Asti und das Herzogtum Burgund.
11. März: Kaiser Karl V. heiratet Isabella (Elisabeth) von Portugal.
25. April: Cortés kehrt auf dem Seeweg nach Mexiko zurück.
22. Mai: »Heiliger Bund« (»Liga von Cognac«) zwischen Franz I., Papst Clemens VII., Venedig, Florenz und Mailand.
24. Mai: Cortés trifft in Veracruz ein.
29. August: Der türkische Sultan Soliman der Prächtige siegt bei Mohács. König Ludwig II. von Böhmen und Ungarn fällt im Kampf. Nach den Bestimmungen der Erbverträge gehen Böhmen und Ungarn an Ferdinand von Habsburg.
Luis Ponce de León kommt als Beauftragter der spanischen Krone nach Mexiko, um die Zustände im Land zu untersuchen. Er erliegt bald nach der Ankunft einer Krankheit.
Entdeckung Neuguineas.

1527 16. März: Estrada wird durch königlichen Erlaß zum Gouverneur bestimmt.

6. Mai: »Sacco di Roma«. Die Soldaten Karls V. plündern Rom. Papst Clemens VII. bis Jahresende in Gefangenschaft.

21. Mai: Don Felipe, der spätere spanische König Philipp II., als erster Sohn Kaiser Karls V. in Valladolid geboren.

22. Juni: Niccolò Machiavelli gestorben.

1. August: Erzherzog Ferdinands Sohn Maximilian, der spätere Kaiser Maximilian II., in Wien geboren.

Kaiser Karl V. verpfändet Venezuela an die Kaufmannsfamilie Welser (bis 1546).

Sturz der Medici in Florenz. Letzte florentinische Republik (bis 1530).

1528 *17. März: Nach der Ausweisung durch Estrada kehrt Cortés nach Spanien zurück. Er läßt sich in Palos nieder.*

6. April: Tod Albrecht Dürers.

31. August: Matthias Grünewald (M. Gotthard Nithard) gestorben.

Herbst: Cortés wird von Karl V. empfangen. Der Kaiser ernennt ihn zum Markgrafen vom Tal Oaxaca (Marqués del Valle de Oaxaca) und zum Generalkapitän von Neuspanien.

Cortés erhält große Gebiete in Neuspanien sowie Grundbesitz in der Stadt Mexiko zugesprochen und wird Ritter des Sankt-Jakob-Ordens. Sein Ersuchen um die Gouverneurswürde bleibt ohne Erfolg.

Andrea Doria befreit Genua. Wiedererrichtung der Republik.

1529 *7. Januar: Peter Vischer d. Ä. gestorben.*

Cortés heiratet Doña Juana die Zúñiga.

19. April: »Protestatio« der evangelischen Stände auf dem Reichstag zu Speyer (»Protestanten«).

29. Juni: Friede von Barcelona zwischen Kaiser und Papst.

5. August: Im »Damen-Frieden« von Cambrai (vermittelt durch Margarete von Österreich und Königinmutter Louise von Savoyen) zwischen Karl V. und Franz I. verzichtet Frankreich auf Burgund und auf alle Ansprüche in Italien.

September/Oktober: Türkische Truppen belagern Wien.

Martin Luther: »Großer Katechismus«.

1530 24. Februar: Karl V. durch Papst Clemens VII. in Bologna zum Kaiser gekrönt (zwei Tage zuvor Krönung mit der Lombardenkrone).

Frühjahr: Cortés kehrt nach Mexiko zurück, wo unter Guzmán, Matienzo und Delgadillo anarchische Zustände herrschen.

25. Juni: Die Protestanten übergeben auf dem Augsburger Reichstag die »Confessio Augustana«.

15. Juli: Ankunft Cortés' in Veracruz.

3. August: Katholische »Confutatio« als Erwiderung auf die »Confessio Augustana«.

9. August: Nach einem kaiserlichen Erlaß darf sich Cortés der Stadt nur bis auf zwanzig Kilometer nähern.

12. August: Florenz kapituliert vor einem kaiserlich-päpstlichen Heer. Wiedereinsetzung der Medici.

Jean Bodin, französischer Staatsrechtslehrer, geboren.

1531 Jahresanfang: Vier Richter treffen in Neuspanien ein; sie haben den Auftrag, Mißstände zu beseitigen.

5. Januar: Ferdinand von Habsburg, Bruder Karls V., zum römischen König gewählt und gekrönt.

27. Februar: Die protestantischen Reichsstände Deutschland vereinigen sich im »Schmalkaldischen Bund«.

7. Juli: Tilman Riemenschneider gestorben.

11. Oktober: Ulrich Zwingli, Schweizer Reformator, in der Schlacht bei Kappel gefallen.

Cortés zieht sich mit seiner Familie nach Cuernavaca zurück, das ihm als Lehen zugeteilt wird.

Pläne für Expedition in die Südsee.

1532/33 Spanische Truppen unter Francisco Pizarro erobern Peru.

1532 *Mai: Cortés entsendet eine Expedition in die Südsee. Diego Hurtado de Mendoza leitet das Unternehmen.*

23. Juli: Nürnberger Religionsfriede zwischen Kaiser Karl V. und den protestantischen Reichsständen. Freie Religionsausübung wird zugesichert.

August/September: Türkische Truppen unter Führung Solimans erneut vor Wien.

Orlando di Lasso geboren.

1533 28. Februar: Michel de Montaigne, französischer Philosoph, geboren.

7. September: Elisabeth Tudor, die spätere Königin Elisabeth I., geboren.

26./28. Oktober: Der französische Thronfolger Heinrich (Heinrich II.) heiratet Katharina de' Medici.

	Veit Stoß gestorben.
	Iwan IV., der Schreckliche, wird Großfürst von Moskau.
1534	9. Januar: Aventinus (Johannes Turmair), deutscher Geschichtsschreiber, gestorben.
	25. September: Clemens VII. gestorben.
	13. Oktober: Paul III. (Alessandro Farnese) wird Papst.
	3. November: Englische »Suprematsakte«. Heinrich VIII. wird Oberhaupt der anglikanischen Staatskirche. Endgültiger Bruch Englands mit der römischen Kirche.
	Chairedin Barbarossa fällt in Süditalien ein. Eroberung von Tunis.
	Ignatius von Loyola gründet den Jesuitenorden (»Societas Jesu«).
	Martin Luther: »Biblia, das ist die ganze Heilige Schrift Deutsch«.
1535	Feldzug Karls V. gegen Chairedin Barbarossa. Tunis wird eingenommen.
	Jahresanfang: Cortés zweite Südsee-Expedition unter Diego Becerra de Mendoza sticht in See.
	18. Februar: Tod des Arztes Agrippa von Nettesheim.
	17. April: Antonio Mendoza wird von Kaiser Karl V. zum Vizekönig von Neuspanien ernannt.
	18. April: Cortés unternimmt eine Schiffsexpedition nach Santa Cruz/Kalifornien.
	6. Juli: In England wird Staatskanzler Thomas More (Morus) hingerichtet.
	Gründung der Kolonie Neu-Frankreich am St.-Lorenz-Strom.
	Diego de Almagro erobert Chile.
1536–1538	Dritter Krieg Franz' I. gegen Kaiser Karl V.
1536	15. Mai: Königin Anna Boleyn von England hingerichtet.
	12. Juli: Erasmus von Rotterdam (Gerhard Gerhards) gestorben.
	Franz I. besetzt Savoyen. Bündnis zwischen dem französischen König und dem türkischen Sultan.
	Eroberung Paraguays.
1538	12. Februar: Albrecht Altdorfer gestorben.
	»Heilige Liga« gegen die Türken.
	Eroberung Boliviens.
1539	1. Mai: Kaiserin Isabella (Elisabeth) gestorben.
	Im Auftrag Cortés' unternimmt Kapitän Ulloa eine Expedition zum Golf von Kalifornien.
1540	*Frühjahr: Cortés kehrt nach Spanien zurück.*

	28. Juli: In England wird Kanzler Thomas Cromwell hingerichtet.
	Papst Paul III. bestätigt den Jesuitenorden.
1541	24. September: Paracelsus (Theophrastus Bombastus von Hohenheim) gestorben.
	Oktober/November: Erfolgloser Feldzug Karls V. gegen Algier. Stürme und Unwetter erzwingen den Abbruch des Unternehmens. Cortés nimmt mit seinen Söhnen Martín und Luis am Feldzug teil.
	Reformation Johann Calvins (Jean Caulvins) in Genf.
	Ofen (Buda) von den Türken erobert.
1542 – 1544	Vierter Krieg Franz' I. gegen Karl V.
1542	20. November: Karl V. erläßt die »Leyes Nuevas« zum Schutz der Indios in Amerika.
	14. Dezember: Jakob V. von Schottland gestorben. Maria Stuart folgt auf den Thron. Marie von Guise führt die Regentschaft.
	Der Portugiese Fernão Mendes Pinto entdeckt Japan.
	Papst Paul III. erneuert die Inquisition.
1543	Beistandspakt zwischen Kaiser Karl V. und König Heinrich VIII. gegen Franz I. Heinrich VIII. zieht gemeinsam mit dem Kaiser gegen den französischen König.
	Nikolaus Kopernikus: »De revolutionibus orbium coelestium« (»Über die Umläufe der Himmelskörper«).
	24. Mai: Kopernikus gestorben.
	Tod Hans Holbeins d. J.
	Das spanische Vizekönigreich Peru wird gebildet.
1544	18. September: Friede von Crépy zwischen Karl V. und Franz I. Frankreich verzichtet erneut auf seine Ansprüche in Oberitalien; Neapel bleibt spanisch.
1545 – 1563	Konzil von Trient.
1546/47	Schmalkaldischer Krieg der protestantischen Reichsfürsten gegen Karl V.
1546	18. Februar: Martin Luther in Eisleben gestorben.
	7. Juni: Heinrich VIII. schließt Frieden mit Franz I.
1547	16. Januar: Iwan IV., der Schreckliche, läßt sich zum Zaren von Rußland krönen.
	28. Januar: König Heinrich VIII. von England gestorben. Eduard VI. wird Nachfolger auf dem Thron.
	31. März: Franz I. von Frankreich gestorben. Heinrich II. wird französischer König.
	September: Miguel de Cervantes Saavedra geboren.
	12. Oktober: Cortés verfaßt sein Testament.
	2. Dezember: Cortés in Castilleja de la Cuesta bei Sevilla gestorben.

Bibliographie

Die nachstehende Liste enthält die tatsächlich benutzten Werke, die hier mit den Abkürzungen der englischen Originalausgabe in alphabetischer Reihenfolge aufgeführt werden:

Alamán Disertaciones sobre la historia de la República Megicana desde la época de la Conquista que los Españoles hicieron a fines del siglo XV y principios del XVI de las Islas y Continente americano hasta la Independencia, por D. Lucas Alamán. Méjico, 1844. 3 Bände.

A. M. N. M. Anales del Museo Nacional de Mexiko.

B. D. C. Historia verdadera de la Conquista de la Nueva España, por Bernal Díaz del Castillo, uno de sus Conquistadores. Unica Edición hecha según el Códice Autógrafo. La publica Genaro García. Mexico, 1904. 2 Bände.

Bourne Spain in Amerika, by Edward G. Bourne. 1904.

C. C. S. M. Christoph Columbus. Das Leben des sehr hochmögenden Señor Don Cristóbal Colón. Von Salvador de Madariaga. Stuttgart, 1951.

C. D. H. M. Colección de Documentos para la Historia de Mexico, publicada por Joaquín García Icazbalceta. Mexico, 1858, 2 Bände.

C. D. I. A. I. Colección de documentos inéditos relativos al descubrimiento, conquista y colonización de las posesiones españolas en América y Occeanîa [*sic*], sacados, en su mayor parte, del Real archivo de Indias, bajo la dirección de los Señores Don Joaquin F. Pacheco y Don Francisco de Cárdenas, miembros de varias reales academias científicas, y Don Luis Torres de Mendoza, abogado de los Tribunales del Reino. Madrid, 1864 – 84. 42 Bände.

C. M. Codex Mendoza: The Mexican Manuscript known as The Collection of Mendoza and preserved in the Bodleian Library, Oxford, edited and translated by James Cooper Clark. London, 1938.

C. S. Crónica de la Nueva España que escribió el Dr. Francisco Cervantes de Salazar, cronista de la Imperial Ciudad de México. The Hispanic Society of America, Madrid, 1914.
Dieses um 1560 unter den Augen einiger noch lebender Konquistadoren geschriebene Werk blieb bis 1914 lediglich als Manuskript erhalten. Herrera kannte es und hat oft davon Gebrauch gemacht.

Chaplain Itinerario de la Armada del Rey Católico a la Isla de Yacután, en la India; el Año 1518, en la que fue por Comandante y Capitán General Juan de Grijalva. Escrito para Su Alteza por e Capellán Mayor de la dicha Armada.
Eine spanische Übersetzung einer italienischen Übersetzung des Originals, das jetzt verloren ist, findet sich in C. D. H. M. I, S. 281 – 568. Der Verfasser kann niemand anders als Juan Díaz sein, der einzige Priester in Grijalvas Geschwader.

Conway The Last Will and Testament of Hernando Cortés, Marqués del Valle. A Facsimile and Paleographic Version, Together with an English Translation of the Original Testament, dated Seville, the Eleventh Day of October 1547. Edited with an Introduction and Notes by G. R. G. Conway. Privately printed in the City of Mexiko, 1939.

Cuevas Cartas y otros documentos de Hernán Cortés novisimamente descubiertos en el Archivo de Indias de la Cuidad de Sevilla e ilustrados por el P. Mariano Cuevas S. J., Sevilla, 1915.

Cuevas-D. Documentos inéditos del Siglo XVI para la Historia de México colegidos y anatados por el P. Mariano Cuevas S. J., México, 1914.

F. A. I. Historia Chicimeca, por Don Fernando de Alva Ixtlilxochitl, in K., Band IX, S. 197 – 316.

F. A. I. – R. H. Relaciones Históricas, por Don Fernando de Alva Ixtlilxochitl, in K., Band IX, S. 317 – 468.

F. C. Doña Catalina Xuarez Marcayda, Prima Esposa de Hernán Cortés, y su familia, por Francisco Fernández del Castillo. Mexico (ohne Daten).

Gayangos Cartas y Relaciones de Hernán Cortés al Emperador Carlos V. colegidas e ilustradas por Don Pascual de Gayangos. Paris, 1866.

Gómara Crónica de la Nueva España, con la conquista de Mexico y otras cosas notables hechas por el valeroso Hernando Cortés, Marqués del Valle, Capitán de su Magestad en aquellas partes. Con mucha diligencia corregida y añadida por el mesmo autor en Çaragoça.

H. C. C. C. Hernán Cortés: Copias de Documentos Existentes en el Archivo de Indias y en su Palacio de Castilleja de la Cuesta, sobre la Conquista de Méjico. Sevilla, 1889.

Herrera Historia General de los Hechos de los Castellanos en las Islas y Tierra Firme del Mar Occeano, escrita por Antonio de Herrera coronista mayor de su M^D de las Indias y su coronista de Castilla. En cuatro Décadas desde el año de 1492 hasta el de 1531. Madrid, 1601.

Humboldt-Essai Essai Politique sur le Royaume de la Nouvelle Espagne, par Alexandre de Humboldt. Paris, 1811. 2 Bände.

Humboldt-Vues Vues des Cordillères et Monuments des Peuples Indigènes de l'Amérique, par Al. de Humboldt, avec 19 Planches, dont plusieurs colorées. Paris, 1816. 2 Bände.

K. Antiquities of Mexiko, edited by Lord Kingsborough. London, 1831. 9 Bände.

Las Casas Historia de las Indias, by Bartolomé de las Casas. Band 62 – 65 der Colección de Documentos Inéditos para la Historia de España, por el Marqués de la Fuensanta del Valle y Don José Sancho Rayón. Madrid, 1875.

Las Casas-D. Brevissima Relación de la Destruyción de las Indias: colegida por el Obispo dô Fray Bartolome de las Casas o Casaus de la orden de Sânto Domingo. 1552.

MacNutt Fernando Cortés and the Conquest of Mexico, 1485 – 1547, by Francis Augustus MacNutt. New York, 1909.

Maudslay The True History of the Conquest of New Spain, by Bernal Díaz del Castillo, one of its conquerors. From the only exact copy of the Original Manuscript, edited and published in Mexico by Genaro García. Translated into English with Introduction and Notes by Alfred Percival Maudslay, M. A., Hon. Professor of Archaeology, National Museum, Mexiko. London, printed for the Hakluyt Society, MDCCCCVIII. 5 Bände.

Means History of the Spanish Conquest of Yucatán and of the Itzas, by Philip Ainsworth Means, in Papers of the Peabody Museum of American Archaeology and Ethnology, Harvard University, Band VII. Cambridge, Mass., 1917.

Means-Main The Spanish Main: Focus of Envy, 1492 – 1700, by Philip Ainsworth Means. New York, 1935.

Mendieta Historia Eclesiástica Indiana, obraescrita a fines del siglo XVI por Fray Gerónimo de Mendieta, de la Orden den San Francisco. La publica por primera vez Joaquín García Icazbalceta. Mexico, MDCCLXX (Druckfehler für MDCCCLXX).

Motolinia Historia de los Indios de Nueva España por Fray Toribio de Benavente o Motolinia, in C. D. H. M., Band I, S. 1 – 249.

Motolinia-L Letter to Carlos V, Taxcala, Jan. 2, 1555, in C. D. H. M., Band I, S. 253 – 276.

N. C. D. H. M. Nueva Colección de Documentos para la Historia de México, publicada por Joaquín García Icazbalceta. México, 1886. 2 Bände.

Navarra Dialogos de la differencia del hablar al escrevir... dictados por el Illustrissimo y Reuerendissimo Señor Don Pedro de Nauarra, Obispo 9e de Comenge, y del consejo supremo del Rey Christianissimo. Tolosa, 1565.

Navarrete Colección de los viajes y descubrimientos que hicieron por mar los Españoles, por Martín Fernández de Navarrete. Imprenta Real. Madrid 1825. 5 Bände.

O. Y B. Historia antigua y de la Conquista de Mexico, por el Lic. Manuel Orozco y Berra. Mexico, 1880. 4 Bände.

O. Y B.-G. Geografía de las lenguas y carta etnográfica de México, precedidas de un ensayo de clasificación de las mismas lenguas y de apuntes para las inmigraciones de las tribus, por el Lic. Manuel Orozco y Berra. Mexico, 1864.

Oviedo Historia general y natural de las Indias, islas y tierra firme del mar océano, por el capitan Gonzalo Fernandez de Oviedo y Valdés, Primer Cronista del Nuevo Mundo, publícala la Real Academia de la Historia (...), por D. José Amador de los Rios. Madrid, 1853. 4 Bände.

Pereyra Hernán Cortés, por Carlos Pereyra. Madrid, 1931.

Prescott History of the Conquest of Mexico, by William H. Prescott, edited by Wilfred Harold Munro, Professor of European History in Brown University, and comprising the notes of the Edition by John Foster Kirk. Philadelphia and London, 1904. 4 Bände.

R. G. De Rebus Gestis Ferdinandi Cortesii (Incerto Auctore), in C. D. H. M., Band I, S. 510ff.

Ricard La »Conquête spirituelle« du Mexique: Essai sur l'apostolat et les méthodes missionaires des Ordres Mendiants en Nouvelle Espagne de 1523–24 à 1572, par Robert Ricard. Paris, Institut d'Ethnologie, 1933.

Sahagún Historia universal de las cosas de Nueva España, por el M. R. P. Fray Bernardino de Sahagún, in K., Band VII.

Sandoval Historia de la vida y hechos del Emperador Carlos V. max. fortissimo rey catholico de España y de las Indias, islas y tierra firme del mar oceano. Al Catholico Rey Don Felipe III deste nombre nuestro Señor. Por el Maestro Don Fray Prudencio de Sandoval su coronista, Obispo de Pamplona, 1634. 2 Bände.

Tapia Relación hecha por el Señor Andrés de Tapia, sobre la Conquista de Mexico, in C. D. H. M., Band II, S. 554–594.

Thorne »The Great Temple of Mexico«, by Rosalie Thorne, in Vassar Journal of Undergraduate Studies, Band XII, May, 1939, p. I.

Torquemada Monarchia Indiana con el origen y guerras de las Indias Occidentales, de las Poblaciones, Descubrimiento, conquista, Conversión y otras cosas marauillo sas de la mesma tierra distribuidos en tres tomos. Madrid, 1723 (erste Ausgabe 1615). 3 Bände.

Tezozomoc Crónica Mexicana de Fernando de Alvarado Tezozomoc (wahrscheinlich um 1589), in K., Band IX, S. 5–196.

Waley The Way and Its Power. A Study of the Tao tê Ching and Its Place in Chinese Thought, by Artur Waley. London, 1934.

Wilgus Histories and Historians of Hispanic America, by Alva Curtis Wilgus. Washington, 1936.

Ergänzungsbibliographie

Cortés, H., Die Eroberung Mexikos. Drei Berichte an Kaiser Karl V. Hg. v. C. Litterscheid. Übers. v. M. Spiro u. C. W. Koppe. Ill. v. M. Slevogt. (= Insel-Taschenbücher. 393). Frankfurt a. M. 1980.

Cortés, H., Die Eroberung Mexikos. Eigenhändige Berichte an Kaiser Karl V. 1520 – 1524. Neu hg. u. bearb. v. H. Homann. (= Alte abenteuerliche Reise- und Entdeckungsberichte). Tübingen o. J.

Cortés, H., Letters from Mexiko. Hg. v. A. R. Pagden. New York 1971.

Cortés, H., Cartas y documentos. Hg. v. M. Hernández Sánchez-Barba. (= Biblioteca Porrúa. 2). México 1963.

Cortés, H., Cartas de relacion. Codex Vindobonensis S. N. 1600. Faks. Graz 1960.

Cortés, H., Relaciones a Carlos V. Hg. v. E. Guzmán. México 1950.

Cortés, H., Cartas y relaciones. (= Clásicos Emecé. 15). Buenos Aires 1946.

Diaz del Castillo, B., Wahrhafte Geschichte der Entdeckung und Eroberung von Mexiko. Hg. u. bearb. v. G. A. Narciß. Nachw. v. T. Todorov. Frankfurt a. M. 1981.

Diaz del Castillo, B., Historia verdadera de la conquista de la Nueva España. México 1950.

Durán, D., Historia de las Indias de Nueva-España y islas de Tierra Firme. México 1951.

Las Casas, B. de, Kurzgefaßter Bericht von der Verwüstung der Westindischen Länder. Hg. v. H. M. Enzensberger. Frankfurt a. M. 1966.

Las Casas, B. de, Historia General de las Indias, Neuausg. nach dem Originalmanuskript. 3 Bde. México 1951.

Sahagun, B. de, General History of the Things of New Spain. Hg. u. übers. v. A. J. O. Anderson u. C. Dibble. Santa Fé 1950 ff.

Auswahl neuerer Literatur über Cortés und seine Zeit.
Eine gute Übersicht bietet Aguado Bleye (s. o.); die umfassendste Zusammenstellung bringt
– Valle R., Bibliographia de Hernán Cortés. (= Burt Franklin Bibliography and Reference Ser. 386. Literature of Discovery, Exploration, Geography Ser. 7) New York 1970.

Aguado Bleye, P., Manual de historia de España. Bd. 2. Reyes Catolicos – Casa de Austria (1474 – 1700). Madrid [9]1964.
Arias de Canal, F., Intento de psicoanalisis de Cortés. México 1971.
Benitez, F., Auf den Spuren Hernando Cortes'. Aus d. Span. übertr. v. H. v. Kuegelgen. Stuttgart o. J.
Blacker, I. R., Hernando Cortez. Die Eroberung Mexikos. Hg. v. H. Pleticha. Reutlingen 1966.
Borah, W., The Cortés Codex. Washington 1962.
Chaunu, P., Conquête et exploitation des Nouveaux Mondes. Paris 1969.
Collis, M., Cortés and Montezuma. London 1954. Dt. Ausg. u. d. T. König, Priester und Gott. Montezumas Vision und Schicksal. Übers. v. K. Focke. Hamburg 1956.
Della Corte, C., Cortés. Novara 1976.
Disselhoff, H.-D., Cortés in Mexiko. (= Janus-Bücher. 2). München 1957.
Dotor, A., Hernán Cortés. El conquistador invencible. (= Colección histórica »Gran Capitan«). Madrid 1948.
Elliott, J. H., Imperial Spain 1469 – 1716. London 1963.
Estudios cortesianos. Recopilados con motivo del IV centenario de la muerte de Hernán Cortés (1547 – 1947). Hg. v. Instituto Gonzalo Fernandez de Oviedo. Madrid 1948.
Fuentes, P. de (Hg.), The Conquistadors. First-Person Accounts of the Conquest of Mexico. New York 1963.
Gibson, C., The Aztecs under Spanish Rule. Stanford 1964.
Gurria Lacroix, J., Cortés ante la juventud. (= Publicaciones de la Sociedad de Estudios cortésianos. 3). México 1949.
Haring, C. H., The Spanish Empire in America. New York 1947.
Innes, H., The Conquistadors. London 1969. Dt. Ausg. u. d. T. Die Konquistadoren. (= Heyne-Taschenbücher. 7045). München 1978.
Johnson. W. W., Cortés. Boston 1971. Dt. Ausg. u. d. T. Cortez. Die Eroberung und Zerstörung des Aztekenreiches. Wiesbaden 1979.
Konetzke. R., Süd- und Mittelamerika I. Die Indianerkulturen Altamerikas und die spanisch-portugiesische Kolonialherrschaft. (= Fischer Weltgeschichte. 22). Frankfurt a. M. 1965.
Konetzke, R., Entdecker und Eroberer Amerikas. Von Christoph Kolumbus bis Hernán Cortes. (= Fischer-Taschenbücher. 535). Frankfurt a. M. 1963.
Konetzke. R., Das spanische Weltreich. (= Historia Mundi. 8. Die überseeische Welt und ihre Erschließung). München 1959.
Leon-Portilla, M. (Hg.), Rückkehr der Götter. Die Aufzeichnungen der Azteken über den Untergang ihres Reiches. Köln 1962/München 1965.
López de Gomarra, F. de, Historia de la conquista de México. México 1943.

Magariños, S., Hernán Cortés. Estampas de su vida. Madrid 1947.
Manzano Manzano. J., Colonización española en América. Madrid 1961.
Manzano Manzano, J., La incorporación de las Indias a la Corona de Castilla. Madrid 1948.
Mathes, W. M., The Conquistador in California, 1535. (= Baja California Travels Series. 31). Los Angeles 1973.
Matis, H., Hernán Cortés. Eroberer und Kolonisator. (= Persönlichkeit und Geschichte. 45). Göttingen 1967.
Moldovan, K., Cortés in Mexico. Wien/München 1969.
Ots Capdequí, J. M., El estado español en las Indias. Buenos Aires/México 41965.
Prescott, W., Die Eroberung von Mexiko. Hg. v. G. Kutscher. Berlin 1956.
Reynolds, W. A., Romancero de Hernán Cortés. (= Colección Aula Magna. 12). Madrid 1967.
Riley, G. M., Fernando Cortes and the Marquesado in Morelos, 1522–1547. A Case Study in the Socioeconomic Development of 16th-Century Mexico. Albuquerque 1973.
Séjourné, L., Altamerikanische Kulturen. (= Fischer Weltgeschichte 21). Frankfurt a. M. 1971.
Siguenza y Góngora, C. de, Piedad heroyca de Don Fernando Cortés. Hg. v. J. Delgado. (= Colección chimalistac de libros y documentos acerca de la Nueva España). Madrid 1960.
Straub, J., Das Bellum iustum des Hernán Cortés in Mexiko. (= Beihefte zum Archiv für Kulturgeschichte. 11). Köln/Wien 1976.
Valero Silva, J., El legalismo de Hernán Cortés como instrumento de su conquista. (= Instituto de investigaciones históricas. Cuadernos. I. Ser. hist. 13). México 1965.
Válgoma y Díaz-Varela, D. de la, Ascendientes y descendientes de Hernán Cortés. Linea de Medina Sidonia y otras. (= Colección »Ambos mundos«). Madrid 1951.
Vicens Vives, J. (Hg.)., Historia social y económica de España y América. 5 Bde. Barcelona 1957–1959, Neubearb. 1961.
Viñas, D., México y Cortés. (= Historia de América Latina. 4). Madrid 1978.
Wagner, H., The Rise of Fernando Cortés. Los Angeles 1944. Repr. (= Documents and Narratives Concerning the Discovery and Conquest of Latin America. NS. 3). New York 1969.
White, J. M., Cortes and the Downfall of the Aztec Empire. London 1971.

Citlaltepec
Zumpango
See von Zumpango
Xoloc
Xaltocan
See von Xaltocan
Cuauhtitlan
Tenayocan
Tepeyac
Tetzcuco
See von Tetzcuco
Azcapotzalco
Tacuba
Tepetzinco
MEXIKO
Coatlich
Chimalhuacan
Chapultepec
Tepepolco
Coatepec
Coyoacán
Iztapalapa
Mexicalcingo
Churubuscu
See von Xochimilco
Tlapan
Tlaltengo
Tlapacoyan
Xochimilco
See von Chalco
Chalco
Xalpa
Cuitlahuac
Mizquic
Ayotzinco
0 5 10 20 30 Km

Otumba
N
Acolman
MEXIKO
UND UMGEBUNG
1519
Tlaxcala
Tezmolocan
Ixtaccihuatl-Vulkan
Teotlatlzinco
lmanalco
Guaxocingo
Amecameca
Calpan
Popocatepetl-Vulkan
Cholula

Register